PMMG

SOLDADO DA POLÍCIA MILITAR DE MINAS GERAIS

4ª EDIÇÃO

EDITORA
AlfaCon
Concursos Públicos

Proteção de direitos

Todos os direitos autorais desta obra são reservados e protegidos pela Lei nº 9.610/1998. É proibida a reprodução de qualquer parte deste material didático, sem autorização prévia expressa por escrito do autor e da editora, por quaisquer meios empregados, sejam eletrônicos, mecânicos, videográficos, fonográficos, reprográficos, microfílmicos, fotográficos, gráficos ou quaisquer outros que possam vir a ser criados. Essas proibições também se aplicam à editoração da obra, bem como às suas características gráficas.

Diretor Geral: Jadson Siqueira
Diretor Editorial: Javert Falco
Editor(a): Mateus Ruhmke Vazzoller
Gerente de Editoração: Alexandre Rossa
Diagramador(a): Emilly Lazarotto

Língua Portuguesa e Interpretação de Textos
Adriano Paccielo, Giancarla Bombonato, Glaucia Cansian, Pablo Jamilk, Priscila Conte

Literatura
Priscila Conte

Noções de Língua Inglesa
Ely Cuimbra, Guilherme Figura, Henrique Ferreira

Noções de Direito
Daniel Sena, Diogo Medeiros, Gustavo Muzy, Nilton Matos, Rafael Mendonça

Raciocínio Lógico-Matemático
André Arruda, Daniel Lustosa

Questões Comentadas
Tatiana Aparecida Campos, Danniel Maia Palladino, Andre Adriano do Nascimento da Silva, Verônica Mariano da Silva, Fabyanne Cavaggioni da Cruz, Alessandra Karl Rodrigues da Silva, Barbara Monteiro Gomes de Campos

---

Dados Internacionais de Catalogação na Publicação (CIP)
Jéssica de Oliveira Molinari CRB-8/9852

S668
    Soldado da polícia militar de Minas Gerais / Equipe de professores Alfacon. - Cascavel, PR : AlfaCon, 2024.
    274 p.

Bibliografia
ISBN 978-65-5918-720-1

1. Serviço público - Concursos – Brasil 2. Polícia militar – Minas Gerais 3. Língua portuguesa 4. Literatura 5. Língua inglesa 6. Direito 7. Raciocínio lógico

23-6356   CDD 351.81076

Índices para catálogo sistemático:
1. Serviço público - Brasil - Concursos

Dúvidas?
Acesse: www.alfaconcursos.com.br/atendimento

Núcleo Editorial:
Rua: Paraná, nº 3193, Centro - Cascavel/PR
CEP: 85810-010

Núcleo Comercial/Centro de Distribuição:
Rua: Dias Leme, nº 489, Mooca - São Paulo/SP
CEP: 03118-040

SAC: (45) 3037-8888

Data de fechamento 1ª impressão: 08/11/2023

EDITORA AlfaCon Concursos Públicos
www.alfaconcursos.com.br/apostilas

Atualizações e erratas

Esta obra é vendida como se apresenta. Atualizações - definidas a critério exclusivo da Editora AlfaCon, mediante análise pedagógica – e erratas serão disponibilizadas no site www.alfaconcursos.com.br/codigo, por meio do código disponível no final do material didático Ressaltamos que há a preocupação de oferecer ao leitor uma obra com a melhor qualidade possível, sem a incidência de erros técnicos e/ou de conteúdo. Caso ocorra alguma incorreção, solicitamos que o leitor, atenciosamente, colabore com sugestões, por meio do setor de atendimento do AlfaCon Concursos Públicos.

APRESENTAÇÃO

A sua chance de fazer parte do Serviço Público chegou, e a oportunidade está com a obra para **PMMG – Soldado da Polícia Militar de Minas Gerais – 4ª Edição.** Neste universo dos concursos públicos, estar bem-preparado faz toda a diferença e para ingressar nesta carreira, é fundamental que esteja preparado com os conteúdos que o AlfaCon julga mais importante cobrados na prova:

Aqui, você encontrará os conteúdos básicos de:

> - Língua Portuguesa e Interpretação de Textos
> - Literatura
> - Noções de Língua Inglesa
> - Noções de Direito
> - Raciocínio Lógico-Matemático

O AlfaCon preparou todo o material com explicações, reunindo os principais conteúdos relacionados a prova, dando ênfase aos tópicos mais cobrados. ESTEJA ATENTO AO CONTEÚDO ONLINE POR MEIO DO CÓDIGO DE RESGATE, para que você tenha acesso a todo conteúdo do solicitado pelo edital.

Desfrute de seu material o máximo possível, estamos juntos nessa conquista!

Bons estudos e rumo à sua aprovação!

COMO ESTUDAR PARA UM CONCURSO PÚBLICO!

AlfaCon Concursos Públicos

Para se preparar para um concurso público, não basta somente estudar o conteúdo. É preciso adotar metodologias e ferramentas, como plano de estudo, que ajudem o concurseiro em sua organização.

As informações disponibilizadas são resultado de anos de experiência nesta área e apontam que estudar de forma direcionada traz ótimos resultados ao aluno.

Curso on-line GRATUITO

- Como montar caderno
- Como estudar
- Como e quando fazer simulados
- O que fazer antes, durante e depois de uma prova!

Ou pelo link: alfaconcursos.com.br/cursos/material-didatico-como-estudar

ORGANIZAÇÃO

Organização é o primeiro passo para quem deseja se preparar para um concurso público.

Conhecer o conteúdo programático é fundamental para um estudo eficiente, pois os concursos seguem uma tendência e as matérias são previsíveis. Usar o edital anterior - que apresenta pouca variação de um para outro - como base é uma boa opção.

Quem estuda a partir desse núcleo comum precisa somente ajustar os estudos quando os editais são publicados.

PLANO DE ESTUDO

Depois de verificar as disciplinas apresentadas no edital, as regras determinadas para o concurso e as características da banca examinadora, é hora de construir uma tabela com seus horários de estudo, na qual todas as matérias e atividades desenvolvidas na fase preparatória estejam dispostas.

PASSO A PASSO

VEJA AS ETAPAS FUNDAMENTAIS PARA ORGANIZAR SEUS ESTUDOS

PASSO 1
Selecionar as disciplinas que serão estudadas.

PASSO 2
Organizar sua rotina diária: marcar pontualmente tudo o que é feito durante 24 horas, inclusive o tempo que é destinado para dormir, por exemplo.

PASSO 3
Organizar a tabela semanal: dividir o horário para que você estude 2 matérias por dia e também destine um tempo para a resolução de exercícios e/ou revisão de conteúdos.

PASSO 4
Seguir rigorosamente o que está na tabela, ou seja, destinar o mesmo tempo de estudo para cada matéria. Por exemplo: 2h/dia para cada disciplina.

PASSO 5
Reservar um dia por semana para fazer exercícios, redação e também simulados.

Esta tabela é uma sugestão de como você pode organizar seu plano de estudo. Para cada dia, você deve reservar um tempo para duas disciplinas e também para a resolução de exercícios e/ou revisão de conteúdos. Fique atento ao fato de que o horário precisa ser determinado por você, ou seja, a duração e o momento do dia em que será feito o estudo é você quem escolhe.

AlfaCon — Concursos Públicos

TABELA SEMANAL

SEMANA	SEGUNDA	TERÇA	QUARTA	QUINTA	SEXTA	SÁBADO	DOMINGO
1							
2							
3							
4							

SUMÁRIO

LÍNGUA PORTUGUESA E INTERPRETAÇÃO DE TEXTOS 19

1 FONOLOGIA 20
- 1.1 Partição silábica 20

2 ACENTUAÇÃO GRÁFICA 21
- 2.1 Padrões de tonicidade 21
- 2.2 Encontros vocálicos 21
- 2.3 Regras gerais 21

3 ACORDO ORTOGRÁFICO DA LÍNGUA PORTUGUESA 22
- 3.1 Trema 22
- 3.2 Regras de acentuação 22
- 3.3 Hífen com compostos 22
- 3.4 Uso do hífen com palavras formadas por prefixos 23

4 ORTOGRAFIA 26
- 4.1 Alfabeto 26
- 4.2 Emprego da letra H 26
- 4.3 Emprego de E e I 26
- 4.4 Emprego de O e U 26
- 4.5 Emprego de G e J 27
- 4.6 Orientações sobre a grafia do fonema /s/ 27
- 4.7 Emprego da letra Z 28
- 4.8 Emprego do X e do CH 28
- 4.9 Escreveremos com X 28
- 4.10 Escreveremos com CH 28

5 NÍVEIS DE ANÁLISE DA LÍNGUA 29

6 ESTRUTURA E FORMAÇÃO DE PALAVRAS 30
- 6.1 Estrutura das palavras 30
- 6.2 Radicais gregos e latinos 30
- 6.3 Origem das palavras de Língua Portuguesa 30
- 6.4 Processos de formação de palavras 31
- 6.5 Acrônimo ou sigla 31
- 6.6 Onomatopeia ou reduplicação 31

7 MORFOLOGIA 32
- 7.1 Substantivos 32
- 7.2 Artigo 32

Sumário

    7.3 Pronome 33
    7.4 Verbo 37
    7.5 Adjetivo 42
    7.6 Advérbio 44
    7.7 Conjunção 44
    7.8 Interjeição 45
    7.9 Numeral 46
    7.10 Preposição 47

8 SINTAXE BÁSICA **48**
    8.1 Período simples (oração) 48
    8.2 Termos integrantes da oração 49
    8.3 Termos acessórios da oração 49
    8.4 Período composto 49

9 FUNÇÕES DO "SE" **52**
    9.1 Partícula apassivadora 52
    9.2 Pronome reflexivo 52
    9.3 Pronome recíproco 52
    9.4 Partícula expletiva (de realce) 52
    9.5 Pronome indeterminador do sujeito 52
    9.6 Parte do verbo pronominal 52
    9.7 Conjunção 52

10 FUNÇÕES DO "QUE" **53**
    10.1 Substantivo 53
    10.2 Pronome 53
    10.3 Interjeição 53
    10.4 Preposição 53
    10.5 Advérbio 53
    10.6 Conjunção 53
    10.7 Conjunção subordinativa 53
    10.8 Partícula expletiva (de realce) 53

11 CONCORDÂNCIA VERBAL E NOMINAL **54**
    11.1 Concordância verbal 54
    11.2 Concordância nominal 55

12 REGÊNCIA VERBAL E NOMINAL **56**
    12.1 Regência verbal 56
    12.2 Regência nominal 57

13 PARALELISMO **58**
    13.1 Paralelismo sintático 58
    13.2 Paralelismo semântico 58

14 COLOCAÇÃO PRONOMINAL **59**
    14.1 Regras de próclise 59
    14.2 Regras de mesóclise 59
    14.3 Regras de ênclise 59
    14.4 Casos facultativos 59

15 CRASE **60**
    15.1 Crase proibitiva 60
    15.2 Crase obrigatória 60
    15.3 Crase facultativa 60

16 PONTUAÇÃO **61**
    16.1 Principais sinais e usos 61

17 PARÁFRASE **63**
    17.1 Passos da paráfrase 63

18 REESCRITURA DE FRASES **64**
    18.1 Substituição de palavras ou de trechos de texto 64
    18.2 Conectores de mesmo valor semântico 64
    18.3 Retextualização de diferentes gêneros e níveis de formalidade 64

19 FIGURAS DE LINGUAGEM **67**
    19.1 Vícios de linguagem 68
    19.2 Funções da linguagem 68

20 TIPOLOGIA TEXTUAL **69**
    20.1 Texto narrativo 69
    20.2 Texto dissertativo 69
    20.3 Texto descritivo 70
    20.4 Conotação × denotação 70

21 GÊNEROS TEXTUAIS **71**
    21.1 Gêneros textuais e esferas de circulação 71
    21.2 Exemplos de gêneros textuais 71

Sumário

Sumário

22 COMPREENSÃO E INTERPRETAÇÃO DE TEXTOS 73
- 22.1 Ideias preliminares sobre o assunto 73
- 22.2 Semântica ou pragmática? 73
- 22.3 Questão de interpretação 73
- 22.4 Dicas para interpretação 73
- 22.5 Dicas para organização 74

23 INTERPRETAÇÃO DE TEXTO POÉTICO 76
- 23.1 Tradução de sentido 76
- 23.2 Organização de texto 76
- 23.3 Significação das palavras 77
- 23.4 Inferência 77

24 TIPOS DE DISCURSO 79
- 24.1 Discurso direto 79
- 24.2 Discurso indireto 79
- 24.3 Discurso indireto livre 79

LITERATURA 80

1 INTRODUÇÃO À LITERATURA 81
- 1.1 A arte literária 81
- 1.2 Gêneros literários 81
- 1.3 Noções de versificação 82
- 1.4 Evolução da arte literária em portugal e no Brasil 83

2 LITERATURA BRASILEIRA 85
- 2.1 Contexto histórico 85
- 2.2 Quinhentismo 85
- 2.3 Barroco 85
- 2.4 Arcadismo 86
- 2.5 Romantismo 86
- 2.6 Realismo 87
- 2.7 Naturalismo 87
- 2.8 Impressionismo 88
- 2.9 Parnasianismo 88
- 2.10 Simbolismo 88
- 2.11 Movimentos da vanguarda europeia no Brasil 88
- 2.12 Modernismo 88
- 2.13 Tendências da literatura contemporânea 89

NOÇÕES DE LÍNGUA INGLESA 90

1 NUMBERS, PRONOUNS AND DEFINITE AND INDEFINITE ARTICLES 91
    1.1 Cardinal numbers 91
    1.2 Ordinal numbers 91
    1.3 Articles 91
    1.4 Indefinite articles 92
    1.5 Pronouns 92

2 SIMPLE PRESENT, POSSESSIVE ADJECTIVES, POSSESSIVE PRONOUNS, GENITIVE CASE 95
    2.1 Simple Present 95

3 POSSESSIVE ADJECTIVES X POSSESSIVE PRONOUNS 96
    3.1 Genitive case 96

4 PRESENT CONTINUOUS, ADJECTIVES AND ADVERBS 97
    4.1 Present continuous 97
    4.2 Adjetivos 97
    4.3 Advérbios 97

5 SIMPLE PAST, PAST CONTINUOUS, THERE TO BE 99
    5.1 Simple past 99
    5.2 Past continuous 99
    5.3 There To Be 99

6 IMPERATIVO, SUBJUNTIVO, QUESTION WORDS, DEMONSTRATIVE PRONOUNS 101
    6.1 Imperativo 101
    6.2 Forma do subjuntivo 101
    6.3 Question Words 101
    6.4 Demonstrative Pronouns 101

7 COMPARATIVE ADJECTIVES, SUPERLATIVE ADJECTIVES 102
    7.1 Comparative Adjectives 102
    7.2 Superlative of superiority 102

8 QUESTION TAGS, PREPOSIÇÕES DE LUGAR E TEMPO 103
    8.1 Question tags 103
    8.2 Preposições 103
    8.3 Preposições de lugar 103

9 SIMPLE FUTURE, FUTURE WITH BE GOING TO 104

Sumário

Sumário

9.1 Simple future 104
9.2 Future with be going to 104

10 MODAL VERBS, NOUNS, QUANTIFIERS, INDEFINETE PRONOUNS **105**
10.1 Modal Verbs 105
10.2 Nouns 105
10.3 Quantifiers 106
10.4 Indefinite pronouns 106

11 PRESENT PERFECT, PRESENT PERFECT CONTINUOUS **107**
11.1 Present Perfect 107
11.2 Present perfect continuous 107

12 PAST PERFECT, PAST PERFECT CONTINUOUS **108**
12.1 Past perfect 108
12.2 Past perfect continuous 108

13 PASSIVE VOICE **109**

14 GERUND AND INFINITIVE, CONJUNCTIONS **110**
14.1 Gerund X Infinitive 110
14.2 Conjunctions 110

15 CONDITIONAL SENTENCES, REPORTED SPEECH **112**
15.1 Conditional sentences 112
15.2 Reported speech 112

16 RELATIVE PRONOUNS AND ADVERBS, PHRASAL VERBS **114**
16.1 Relative Pronouns 114
16.2 Relative adverbs 114
16.3 Phrasal Verbs 114

17 APÊNDICE **115**

18 LINKING WORDS **117**

19 INTERPRETAÇÃO DE TEXTOS **120**

NOÇÕES DE DIREITO 126

1 INTRODUÇÃO AO DIREITO CONSTITUCIONAL **127**
1.1 Noções gerais 127

2 PRINCÍPIOS FUNDAMENTAIS **128**
2.1 Princípio da tripartição dos poderes 128
2.2 Princípio federativo 128
2.3 Princípio republicano 129

2.4 Presidencialismo 129
2.5 Regime democrático 129
2.6 Fundamentos da República Federativa do Brasil 130
2.7 Objetivos fundamentais da República Federativa do Brasil 130
2.8 Princípios que regem as relações internacionais do Brasil 130

3 DIREITOS FUNDAMENTAIS – REGRAS GERAIS **132**
3.1 Conceito 132
3.2 Classificação 132
3.3 Características 132
3.4 Dimensões dos direitos fundamentais 132
3.5 Titulares dos direitos fundamentais 133
3.6 Cláusulas pétreas fundamentais 133
3.7 Eficácia dos direitos fundamentais 133
3.8 Força normativa dos tratados internacionais 134
3.9 Tribunal Penal Internacional (TPI) 134
3.10 Direitos e garantias 134

4 DIREITOS E DEVERES INDIVIDUAIS E COLETIVOS **135**
4.1 Direito à vida 135
4.2 Direito à igualdade 135
4.3 Direito à liberdade 136
4.4 Direito à propriedade 138
4.5 Direito à segurança 139
4.6 Remédios constitucionais 144

5 NACIONALIDADE **147**
5.1 Direitos de nacionalidade 147

6 DIREITOS POLÍTICOS **149**
6.1 Direitos políticos 149

7 ADMINISTRAÇÃO PÚBLICA **152**
7.1 Conceito 152
7.2 Princípios expressos da Administração Pública 152
7.3 Princípios implícitos da Administração Pública 153
7.4 Regras aplicáveis aos servidores públicos 154
7.5 Direitos sociais dos servidores públicos 156
7.6 Regras para servidores em exercício de mandato eletivo 158
7.7 Regras de remuneração dos servidores públicos 158

Sumário

    7.8 Regras de aposentadoria 159
    7.9 Militares dos estados, Distrito Federal e territórios 160
8 PODER JUDICIÁRIO **161**
    8.1 Disposições gerais 161
    8.2 Composição dos órgãos do Poder Judiciário 161
9 DEFESA DO ESTADO E DAS INSTITUIÇÕES DEMOCRÁTICAS **163**
    9.1 Forças Armadas 163
    9.2 Órgãos de segurança pública 164
10 CONSTITUIÇÃO BRASILEIRA E TRATADOS DE DIREITOS HUMANOS **166**
    10.1 Contexto histórico 166
    10.2 Redemocratização e tratados internacionais de Direitos Humanos ... 166
    10.3 Localização dos Tratados Internacionais dos Direitos Humanos na Pirâmide de Hans Kelsen 166
    10.4 Fases de incorporação 167
    10.5 Declaração Universal dos Direitos Humanos (DUDH) 167
    10.6 Convenção Americana de Direitos Humanos (Pacto de São José) ... 169
    10.7 Comissão Interamericana de Direitos Humanos (arts. 34 a 51) 170
    10.8 Corte Interamericana de Direitos Humanos (arts. 52 a 73) 171
11 LEI DE INTRODUÇÃO ÀS NORMAS BRASILEIRAS (LINDB) **172**
    11.1 Ordenamento jurídico 172
    11.2 Diálogo das fontes 172
    11.3 Vigência das leis 173
    11.4 Revogação da norma 174
    11.5 Conflitos de lei no tempo 175

RACIOCÍNIO LÓGICO-MATEMÁTICO **177**
1 PROPOSIÇÕES **178**
    1.1 Definições 178
    1.2 Tabela verdade e valores lógicos das proposições compostas 179
    1.3 Tautologias, contradições e contingências 180
    1.4 Equivalências lógicas 180
    1.5 Relação entre todo, algum e nenhum 182
2 ARGUMENTOS **183**
    2.1 Definições 183
    2.2 Métodos para classificar os argumentos 183

3 CONJUNTOS 185
3.1 Definição 185
3.2 Subconjuntos 185
3.3 Operações com conjuntos 185
4 CONJUNTOS NUMÉRICOS 187
4.1 Números naturais 187
4.2 Números inteiros 187
4.3 Números racionais 187
4.4 Números irracionais 189
4.5 Números reais 189
4.6 Intervalos 189
4.7 Múltiplos e divisores 189
4.8 Números primos 189
4.9 MMC e MDC 189
4.10 Divisibilidade 190
4.11 Expressões numéricas 190
5 SISTEMA LEGAL DE MEDIDAS 191
5.1 Medidas de tempo 191
5.2 Sistema métrico decimal 191
6 PROPORCIONALIDADE 192
6.1 Grandeza 192
6.2 Razão 192
6.3 Proporção 192
6.4 Divisão em partes proporcionais 192
6.5 Regra das torneiras 193
6.6 Regra de três 193
7 FUNÇÕES 194
7.1 Definições 194
7.2 Plano cartesiano 194
7.3 Funções injetoras, sobrejetoras e bijetoras 194
7.4 Funções crescentes, decrescentes e constantes 194
7.5 Funções inversas e compostas 194
7.6 Função afim 195
7.7 Equação e função exponencial 197
7.8 Equação e função logarítmica 197

Sumário

Sumário

8 SEQUÊNCIAS NUMÉRICAS 199
    8.1 Definições 199
    8.2 Lei de formação de uma sequência 199
    8.3 Progressão aritmética (P.A.) 199
    8.4 Progressão geométrica (P.G.) 200

9 TRIGONOMETRIA 201
    9.1 Triângulos 201
    9.2 Trigonometria no triângulo retângulo 201
    9.3 Trigonometria em um triângulo qualquer 201
    9.4 Medidas dos ângulos 201
    9.5 Ciclo trigonométrico 202
    9.6 Funções trigonométricas 203
    9.7 Identidades e operações trigonométricas 203
    9.8 Bissecção de arcos ou arco metade 204

10 GEOMETRIA PLANA 205
    10.1 Semelhanças de figuras 205
    10.2 Relações métricas nos triângulos 205
    10.3 Quadriláteros 206
    10.4 Polígonos regulares 207
    10.5 Círculos e circunferências 208
    10.6 Polígonos regulares inscritos e circunscritos 208
    10.7 Perímetros e áreas dos polígonos e círculos 210

11 ANÁLISE COMBINATÓRIA 211
    11.1 Definição 211
    11.2 Fatorial 211
    11.3 Princípio fundamental da contagem (pfc) 211
    11.4 Arranjo e combinação 211
    11.5 Permutação 212

12 PROBABILIDADE 213
    12.1 Definições 213
    12.2 Fórmula da probabilidade 213
    12.3 Eventos complementares 213
    12.4 Casos especiais de probabilidade 213

13 NOÇÕES DE MATEMÁTICA FINANCEIRA 215
13.1 Porcentagem 215
13.2 Lucro e prejuízo 215
13.3 Juros simples 215
13.4 Juros compostos 215
13.5 Capitalização 215
14 AMOSTRAGEM 216
15 VARIÂNCIA E DESVIO PADRÃO DA VARIÁVEL ALEATÓRIA 217
15.1 Coeficiente de variação 217
16 COVARIÂNCIA 218
16.1 Densidade de probabilidade 218
16.2 Função densidade de probabilidade 218
17 MEDIDAS DE FORMA: ASSIMETRIA E CURTOSE 219
17.1 Assimetria 219
17.2 Curtose (ou achatamento) 220
18 CORRELAÇÃO LINEAR 221
19 MEDIDAS DE DISPERSÃO OU DE VARIAÇÃO 222
19.1 Amplitude total ou range (R) 222
19.2 Desvio médio 222
19.3 Variância 222
19.4 Desvio padrão 223
19.5 Coeficiente de variação (CV) ou de dispersão 223
19.6 Desvio interquartílico (IQR) 223
19.7 Boxplot 224
19.8 Esquema dos cinco números 225
20 DISTRIBUIÇÃO BINOMIAL 226
21 INTERVALO DE CONFIANÇA PARA A MÉDIA 227
22 FUNÇÃO DISTRIBUIÇÃO DE PROBABILIDADE 228
22.1 Distribuição uniforme discreta 228
22.2 Distribuição de Bernoulli 228
23 DISTRIBUIÇÃO POISSON 229
23.1 Distribuição uniforme contínua 229
24 TESTE DE HIPÓTESES PARA A MÉDIA 230

Sumário

Sumário

25 REGRESSÃO LINEAR 232
26 ESTATÍSTICA DESCRITIVA 233
    26.1 Conceitos 233
    26.2 Apresentação dos dados 233
    26.3 Distribuição de frequências 235
    26.4 Medidas de tendência central ou de posição 237
27 INTERVALO DE CONFIANÇA PARA A PROPORÇÃO 245
28 ESTIMADORES 246
29 AMPLITUDE DO INTERVALO E ERRO MÁXIMO COMETIDO 247
30 VARIÁVEIS ALEATÓRIAS (INTRODUÇÃO) 248
    30.1 Esperança para variáveis aleatórias discretas 248
    30.2 Propriedades da esperança 248
31 DISTRIBUIÇÃO DA MÉDIA AMOSTRAL 249
32 TESTE DE HIPÓTESES 250
33 DISTRIBUIÇÃO DE QUI-QUADRADO 251
    33.1 Utilização da distribuição do qui-quadrado 251
    33.2 Teste de qui-quadrado para proporções 251
34 DISTRIBUIÇÃO NORMAL 252
QUESTÕES COMENTADAS **253**

LÍNGUA PORTUGUESA E INTERPRETAÇÃO DE TEXTOS

FONOLOGIA

1 FONOLOGIA

Para escrever corretamente, dentro das normas aplicadas pela gramática, é preciso estudar o menor elemento sonoro de uma palavra: o fonema. A fonologia, então, é o estudo feito dos fonemas.

Os fonemas podem ser classificados em vogais, semivogais e consoantes. Esta qualificação ocorre de acordo com a forma como o ar passa pela boca e/ou nariz e como as cordas vocais vibram para produzir o som deles.

Cuidado para não confundir fonema com letra! A letra é a representação gráfica do fonema. Uma palavra pode ter quantidades diferentes de letras e fonemas.

Por exemplo:

Manhã: 5 letras

m/ /a/ /nh/ /ã/: 4 fonemas

- **Vogais:** existem **vogais nasais**, quando ocorre o movimento do ar saindo pela boca e pelo nariz. Tais vogais acompanham as letras m e n, ou também podem estar marcadas pelo til (~). No caso das **vogais orais**, o som passa apenas pela boca.

    Por exemplo:

    Mãe, lindo, tromba → vogais nasais

    Flor, calor, festa → vogais orais

- **Semivogais:** os fonemas /i/ e /u/ acompanhados por uma vogal na mesma sílaba da palavra constituem as semivogais. O som das semivogais é mais fraco do que o das vogais.

    Por exemplo: automóvel, história.

- **Consoantes:** quando o ar que sai pela boca sofre uma quebra formada por uma barreira como a língua, os lábios ou os dentes. São elas: b, c, d, f, g, j, k, l, lh, m, n, nh, p, rr, r, s, t, v, ch, z.

Lembre-se de que estamos tratando de fonemas, e não de letras. Por isso, os dígrafos também são citados como consoantes: os dígrafos são os encontros de duas consoantes, também chamados de encontros consonantais.

O encontro de dois sons vocálicos, ou seja, vogais ou semivogais, chama-se encontro vocálico. Eles são divididos em: ditongo, tritongo e hiato.

- **Ditongo:** na mesma sílaba, estão uma vogal e uma semivogal.

    Por exemplo: p**ai** (A → vogal, I → semivogal).

- **Tritongo:** na mesma sílaba, estão juntas uma semivogal, uma vogal e outra semivogal.

    Por exemplo: Urug**uai** (U → semivogal, A → vogal, I → semivogal).

- **Hiato:** são duas vogais juntas na mesma palavra, mas em sílabas diferentes.

    Por exemplo: juíza (ju-í-za).

1.1 Partição silábica

Quando um fonema é falado em uma só expiração, ou seja, em uma única saída de ar, ele recebe o nome de sílaba. As palavras podem ser classificadas de diferentes formas, de acordo com a quantidade de sílabas ou quanto à sílaba tônica.

Pela quantidade de sílabas, as palavras podem ser:

- Monossílaba: 1 sílaba.

    Por exemplo: céu (monossílaba).

- Dissílaba: 2 sílabas.

    Por exemplo: jovem (jo-vem).

- Trissílaba: 3 sílabas.

    Por exemplo: palhaço (pa-lha-ço).

- Polissílaba: 4 ou mais sílabas.

    Por exemplo: dignidade (dig-ni-da-de,), particularmente (par-ti-cu-lar-men-te).

Pela tonicidade, ou seja, pela força com que a sílaba é falada e sua posição na palavra:

- **Oxítona:** a última sílaba é a tônica.
- **Paroxítona:** a penúltima sílaba é a tônica.
- **Proparoxítona:** a antepenúltima sílaba é a tônica.

A identificação da posição da sílaba tônica de uma palavra é feita de trás para frente. Desta forma, uma palavra oxítona possui como sílaba tônica a sílaba final da palavra.

Para realizar uma correta divisão silábica, é preciso ficar atento às regras.

- Não separe ditongos e tritongos.

    Por exemplo: sau-da-de, sa-guão.

- Não separe os dígrafos **CH, LH, NH, GU, QU**.

    Por exemplo: ca-**ch**o, a-be-**lh**a, ga-li-**nh**a, Gui-**lh**er-me, **qu**e-ri-do.

- Não separe encontros consonantais que iniciam sílaba.

    Por exemplo: **ps**i-có-lo-go, a-**gl**u-ti-nar.

- Separe as vogais que formam um hiato.

    Por exemplo: pa-**ra**-í-so, sa-**ú**-de.

- Separe os dígrafos **RR, SS, SC, SÇ, XC**.

    Por exemplo: ba**r-r**i-ga, a**s-s**a-do, pi**s-c**i-na, cre**s-ç**o, e**x-c**e-der.

- Separe as consoantes que estejam em sílabas diferentes.

    Por exemplo: a**d-j**un-to, su**bs-t**an-ti-vo, pra**g-m**á-ti-co.

2 ACENTUAÇÃO GRÁFICA

Antes de começar o estudo, é importante que você entenda quais são os padrões de tonicidade da Língua Portuguesa e quais são os encontros vocálicos presentes na Língua. Assim, fica mais fácil entender quais são as regras e como elas surgem.

2.1 Padrões de tonicidade

- **Palavras oxítonas:** última sílaba tônica (so-**fá**, ca-**fé**, ji-**ló**).
- **Palavras paroxítonas:** penúltima sílaba tônica (fer-**ru**-gem, a-**du**-bo, sa-**ú**-de).
- **Palavras proparoxítonas:** antepenúltima sílaba tônica (**â**-ni-mo, **ví**-ti-ma, **ó**-ti-mo).

2.2 Encontros vocálicos

- **Hiato:** encontro vocálico que se separa (pi-a-no, sa-ú-de).
- **Ditongo:** encontro vocálico que permanece unido na sílaba (cha-**péu**, to-**néis**).
- **Tritongo:** encontro vocálico que permanece unido na sílaba (sa-**guão**, U-ru-**guai**).

2.3 Regras gerais

2.3.1 Quanto às proparoxítonas

Acentuam-se todas as palavras proparoxítonas:
- Por exemplo: **ví**-ti-ma, **â**-ni-mo, hi-per-**bó**-li-co.

2.3.2 Quanto às paroxítonas

Não se acentuam as paroxítonas terminadas em **A, E, O** (seguidas ou não de S) **M** e **ENS**.
- Por exemplo: cast**e**lo, gran**a**da, pan**e**la, pep**i**no, p**a**jem, im**a**gens etc.

Acentuam-se as terminadas em **R, N, L, X, I** ou **IS, US, UM, UNS, PS, Ã** ou **ÃS** e ditongos.
- Por exemplo: sust**en**tável, **tó**rax, **hí**fen, **tá**xi, **ál**bum, **bí**ceps, prin**cí**pio etc.

Fique de olho em alguns casos particulares, como as palavras terminadas em **OM, ON, ONS**.
- Por exemplo: i**ân**dom; **pró**ton, **nêu**trons etc.

Com a reforma ortográfica, deixam de se acentuar as paroxítonas com **OO** e **EE**:
- Por exemplo: voo, enjoo, perdoo, magoo, leem, veem, deem, creem etc.

2.3.3 Quanto às oxítonas

São acentuadas as terminadas em:
- **A** ou **AS**: sof**á**, Par**á**.
- **E** ou **ES**: rap**é**, caf**é**.
- **O** ou **OS**: av**ô**, cip**ó**.
- **EM** ou **ENS**: tamb**ém**, parab**éns**.

2.3.4 Acentuação de monossílabos

Acentuam-se os monossílabos tônicos terminados em **A, E O**, seguidos ou não de **S**.
- Por exemplo: **pá, pó, pé, já, lá, fé, só**.

2.3.5 Acentuação dos hiatos

Acentuam-se os hiatos quando forem formados pelas letras **I** ou **U**, sozinhas ou seguidas de **S**:
- Por exemplo: sa**ú**va, ba**ú**, bala**ú**stre, pa**í**s.

Exceções:
- Seguidas de **NH**: tain**h**a.
- Paroxítonas antecedidas de ditongo: feiura.
- Com o **I** duplicado: xiita.

2.3.6 Ditongos abertos

Serão acentuados os ditongos abertos **ÉU, ÉI** e **ÓI**, com ou sem **S**, quando forem oxítonos ou monossílabos.
- Por exemplo: chap**éu**, r**éu**, ton**éis**, her**ói**, past**éis**, hot**éis**, lenç**óis** etc.

Com a reforma ortográfica, caiu o acento do ditongo aberto em posição de paroxítona.
- Por exemplo: ide**i**a, onomatope**i**a, jib**oi**a, paran**oi**a, her**oi**co etc.

2.3.7 Formas verbais com hífen

Para saber se há acento em uma forma verbal com hífen, deve-se analisar o padrão de tonicidade de cada bloco da palavra:
- Ajud**á**-lo (oxítona terminada em "a" → monossílabo átono).
- Cont**a**r-lhe (oxítona terminada em "r" → monossílabo átono).
- Convid**á**-la-íamos (oxítona terminada em "a" → proparoxítona).

2.3.8 Verbos "ter" e "vir"

Quando escritos na 3ª pessoa do singular, não serão acentuados:
- Ele **tem/vem**.

Quando escritos na **3ª pessoa do plural**, receberão o **acento circunflexo**:
- Eles **têm/vêm**.

Nos verbos derivados das formas apresentadas anteriormente:
- Acento agudo para singular: contém, convém.
- Acento circunflexo para o plural: contêm, convêm.

2.3.9 Acentos diferenciais

Alguns permanecem:
- Pôde/pode (pretérito perfeito/presente simples).
- Pôr/por (verbo/preposição).
- Fôrma/forma (substantivo/verbo ou ainda substantivo).

Caiu o acento diferencial de:
- Para/pára (preposição/verbo).
- Pelo/pêlo (preposição + artigo/substantivo).
- Polo/pólo (preposição + artigo/substantivo).
- Pera/pêra (preposição + artigo/substantivo).

3 ACORDO ORTOGRÁFICO DA LÍNGUA PORTUGUESA

O Acordo Ortográfico busca simplificar as regras ortográficas da Língua Portuguesa e unificar a nossa escrita e a das demais nações de língua portuguesa: Portugal, Angola, Moçambique, Cabo Verde, Guiné-Bissau, São Tomé e Príncipe e Timor-Leste.

Sua implementação no Brasil passou por algumas etapas:
- **2009**: vigência ainda não obrigatória.
- **2010-2015**: adaptação completa às novas regras.
- **A partir de 1º de janeiro de 2016**: emprego obrigatório. O acordo ortográfico passa a ser o único formato da língua reconhecido no Brasil.

Entre as mudanças na língua portuguesa decorrentes da reforma ortográfica, podemos citar o fim do trema, alterações na forma de acentuar palavras com ditongos abertos e que sejam hiatos, supressão dos acentos diferenciais e dos acentos tônicos, novas regras para o emprego do hífen e inclusão das letras w, k e y ao idioma.

3.1 Trema

Não se usa mais o trema (¨), sinal colocado sobre a letra u para indicar que ela deve ser pronunciada nos grupos **gue, gui, que, qui**.

- Por exemplo: aguentar, bilíngue, cinquenta, delinquente, eloquente, ensanguentado, frequente, linguiça, quinquênio, sequência, sequestro, tranquilo etc.

Obs.: o trema permanece apenas nas palavras estrangeiras e em suas derivadas. Exemplos: Müller, mülleriano.

3.2 Regras de acentuação

3.2.1 Ditongos abertos em paroxítonas

Não se usa mais o acento dos ditongos abertos **EI** e **OI** das palavras paroxítonas (palavras que têm acento tônico na penúltima sílaba).

- Por exemplo: alcateia, androide, apoia, apoio (verbo), asteroide, boia, celuloide, claraboia, colmeia, Coreia, debiloide, epopeia, estoico, estreia, geleia, heroico, ideia, jiboia, joia, odisseia, paranoia, paranoico, plateia, tramoia etc.

Obs.: a regra vale somente para palavras paroxítonas. Assim, continuam a ser acentuadas as palavras oxítonas e os monossílabos tônicos terminados em ÉI(S), ÓI(S).

- Por exemplo: papéis, herói, heróis, dói (verbo doer), sóis etc.

A palavra **ideia** não leva mais acento, assim como **heroico**, mas o termo **herói** é acentuado.

3.2.2 I e U tônicos depois de um ditongo

Nas palavras paroxítonas, não se usa mais o acento no **I** e no **U** tônicos quando vierem depois de um ditongo.

- Por exemplo: baiuca, bocaiuva (tipo de palmeira), cauila (avarento).

Obs.:
- Se a palavra for oxítona e o I ou o U estiverem em posição final (ou seguidos de S), o acento permanece. Exemplos: tuiuiú, tuiuiús, Piauí.
- Se o I ou o U forem precedidos de ditongo crescente, o acento permanece. Exemplos: guaíba, Guaíra.

3.2.3 Hiatos EE e OO

Não se usa mais acento em palavras terminadas em **EEM** e **OO(S)**.

- Abençoo, creem, deem, doo, enjoo, leem, magoo, perdoo, povoo, veem, voos, zoo.

3.2.4 Acento diferencial

Não se usa mais o acento que diferenciava os pares pára/para, péla(s)/pela(s), pêlo(s)/pelo(s), pólo(s)/polo(s) e pêra/pera. Por exemplo:
Ele para o carro.
Ele foi ao polo Norte.
Ele gosta de jogar polo.
Esse gato tem pelos brancos.
Comi uma pera.

Obs.:
- Permanece o acento diferencial em **pôde/pode**. Pôde é a forma do passado do verbo poder (pretérito perfeito do indicativo), na 3ª pessoa do singular. Pode é a forma do presente do indicativo, na 3ª pessoa do singular.
    - Por exemplo: Ontem, ele não **pôde** sair mais cedo, mas hoje ele **pode**.
- Permanece o acento diferencial em pôr/por. Pôr é verbo. Por é preposição.
    - Por exemplo: Vou **pôr** o livro na estante que foi feita **por** mim.
- Permanecem os acentos que diferenciam o singular do plural dos verbos ter e vir, assim como de seus derivados (manter, deter, reter, conter, convir, intervir, advir etc.). Por exemplo:
Ele **tem** dois carros. Eles **têm** dois carros.
Ele **vem** de Sorocaba. Eles **vêm** de Sorocaba.
Ele **mantém** a palavra. Eles **mantêm** a palavra.
Ele **convém** aos estudantes. Eles **convêm** aos estudantes.
Ele **detém** o poder. Eles **detêm** o poder.
Ele **intervém** em todas as aulas. Eles **intervêm** em todas as aulas.
- É facultativo o uso do acento circunflexo para diferenciar as palavras **forma/fôrma**. Em alguns casos, o uso do acento deixa a frase mais clara. Por exemplo: Qual é a forma da fôrma do bolo?

3.2.5 Acento agudo no U tônico

Não se usa mais o acento agudo no **U** tônico das formas (tu) arguis, (ele) argui, (eles) arguem, do presente do indicativo dos verbos **arguir** e **redarguir**.

3.3 Hífen com compostos

3.3.1 Palavras compostas sem elementos de ligação

Usa-se o hífen nas palavras compostas que não apresentam elementos de ligação.

- Por exemplo: guarda-chuva, arco-íris, boa-fé, segunda-feira, mesa-redonda, vaga-lume, joão-ninguém, porta-malas, porta-bandeira, pão-duro, bate-boca etc.

Exceções: não se usa o hífen em certas palavras que perderam a noção de composição, como girassol, madressilva, mandachuva, pontapé, paraquedas, paraquedista, paraquedismo.

3.3.2 Compostos com palavras iguais

Usa-se o hífen em compostos que têm palavras iguais ou quase iguais, sem elementos de ligação.
- Por exemplo: reco-reco, blá-blá-blá, zum-zum, tico-tico, tique-taque, cri-cri, glu-glu, rom-rom, pingue-pongue, zigue-zague, esconde-esconde, pega-pega, corre-corre.

3.3.3 Compostos com elementos de ligação

Não se usa o hífen em compostos que apresentam elementos de ligação.
- Por exemplo: pé de moleque, pé de vento, pai de todos, dia a dia, fim de semana, cor de vinho, ponto e vírgula, camisa de força, cara de pau, olho de sogra.

Obs.: incluem-se nesse caso os compostos de base oracional.
- Por exemplo: Maria vai com as outras, leva e traz, diz que diz que, Deus me livre, Deus nos acuda, cor de burro quando foge, bicho de sete cabeças, faz de conta.

Exceções: água-de-colônia, arco-da-velha, cor-de-rosa, mais-que-perfeito, pé-de-meia, ao deus-dará, à queima-roupa.

3.3.4 Topônimos

Usa-se o hífen nas palavras compostas derivadas de topônimos (nomes próprios de lugares), com ou sem elementos de ligação. Por exemplo:
- Belo Horizonte: belo-horizontino.
- Porto Alegre: porto-alegrense.
- Mato Grosso do Sul: mato-grossense-do-sul.
- Rio Grande do Norte: rio-grandense-do-norte.
- África do Sul: sul-africano.

3.4 Uso do hífen com palavras formadas por prefixos

3.4.1 Casos gerais

Antes de H

Usa-se o hífen diante de palavra iniciada por **H**.
- Por exemplo: anti-higiênico, anti-histórico, macro-história, mini-hotel, proto-história, sobre-humano, super-homem, ultra-humano.

Letras iguais

Usa-se o hífen se o prefixo terminar com a mesma letra com que se inicia a outra palavra.
- Por exemplo: micro-ondas, anti-inflacionário, sub-bibliotecário, inter-regional.

Letras diferentes

Não se usa o hífen se o prefixo terminar com letra diferente daquela com que se inicia a outra palavra.
- Por exemplo: aeroespacial agroindustrial autoescola, antiaéreo, intermunicipal, supersônico, superinteressante, semicírculo.

Obs.: se o prefixo terminar por vogal e a outra palavra começar por **R** ou **S**, dobram-se essas letras.
- Por exemplo: minissaia, antirracismo, ultrassom, semirreta.

3.4.2 Casos particulares

Prefixos SUB- e SOB-

Com os prefixos **SUB-** e **SOB-**, usa-se o hífen também diante de palavra iniciada por **R**.
- Por exemplo: sub-região, sub-reitor, sub-regional, sob-roda.

Prefixos CIRCUM- e PAN-

Com os prefixos **CIRCUM-** e **PAN-**, usa-se o hífen diante de palavra iniciada por **M, N** e vogal.
- Por exemplo: circum-murado, circum-navegação, pan-americano.

Outros prefixos

Usa-se o hífen com os prefixos **EX-, SEM-, ALÉM-, AQUÉM-, RECÉM-, PÓS-, PRÉ-, PRÓ-, VICE-**.
- Por exemplo: além-mar, além-túmulo, aquém-mar, ex-aluno, ex-diretor, ex-hospedeiro, pós-graduação, pré-história, pré-vestibular, pró-europeu, recém-casado, recém-nascido, sem-terra, vice-rei.

Prefixo CO

O prefixo **CO** junta-se com o segundo elemento, mesmo quando este se inicia por **O** ou **H**. Neste último caso, corta-se o **H**. Se a palavra seguinte começar com **R** ou **S**, dobram-se essas letras.
- Por exemplo: coobrigação, coedição, coeducar, cofundador, coabitação, coerdeiro, corréu, corresponsável, cosseno.

Prefixos PRE- e RE-

Com os prefixos **PRE-** e **RE-**, não se usa o hífen, mesmo diante de palavras começadas por **E**.
- Por exemplo: preexistente, reescrever, reedição.

Prefixos AB-, OB- e AD-

Na formação de palavras com **AB-, OB-** e **AD-**, usa-se o hífen diante de palavra começada por **B, D** ou **R**.
- Por exemplo: ad-digital, ad-renal, ob-rogar, ab-rogar.

3.4.3 Outros casos do uso do hífen

NÃO e QUASE

Não se usa o hífen na formação de palavras com **não** e **quase**.
- Por exemplo: (acordo de) não agressão, (isto é, um) quase delito.

MAL

Com **mal**, usa-se o hífen quando a palavra seguinte começar por vogal, **H** ou **L**.
- Por exemplo: mal-entendido, mal-estar, mal-humorado, mal-limpo.

Obs.: quando **mal** significa doença, usa-se o hífen se não houver elemento de ligação.
- Por exemplo: mal-francês.

Se houver elemento de ligação, escreve-se sem o hífen.
- Por exemplo: mal de Lázaro, mal de sete dias.

Tupi-guarani

Usa-se o hífen com sufixos de origem tupi-guarani que representam formas adjetivas: **açu, guaçu, mirim**.
- Por exemplo: capim-açu, amoré-guaçu, anajá-mirim.

ACORDO ORTOGRÁFICO DA LÍNGUA PORTUGUESA

Combinação ocasional

Usa-se o hífen para ligar duas ou mais palavras que ocasionalmente se combinam, formando não propriamente vocábulos, mas encadeamentos vocabulares.

- Por exemplo: ponte Rio-Niterói, eixo Rio-São Paulo.

Hífen e translineação

Para clareza gráfica, se no final da linha a partição de uma palavra ou combinação de palavras coincidir com o hífen, ele deve ser repetido na linha seguinte.

- Por exemplo: O diretor foi receber os ex-
  -alunos.

3.4.4 Síntese das principais regras do hífen

	Síntese do hífen	Exemplos
Letras diferentes	Não use hífen	Infraestrutura, extraoficial, supermercado
Letras iguais	Use hífen	Anti-inflamatório, contra-argumento, inter-racial, hiper-realista
Vogal + R ou S	Não use hífen (duplique R ou S)	Corréu, cosseno, minissaia, autorretrato
Bem	Use hífen	Bem-vindo, bem-humorado

3.4.5 Quadro resumo do emprego do hífen com prefixos

Prefixos	Letra que inicia a palavra seguinte
Ante-, anti-, contra-, entre-, extra-, infra-, intra-, sobre-, supra-, ultra-	H/VOGAL IDÊNTICA À QUE TERMINA O PREFIXO Exemplos com H: ante-hipófise, anti-higiênico, anti-herói, contra-hospitalar, entre-hostil, extra-humano, infra-hepático, sobre-humano, supra-hepático, ultra-hiperbólico. Exemplos com vogal idêntica: anti-inflamatório, contra-ataque, infra-axilar, sobre-estimar, supra-auricular, ultra-aquecido.
Ab-, ad-, ob-, sob-	B/R/D (Apenas com o prefixo "Ad") Exemplos: ab-rogar (pôr em desuso), ad-rogar (adotar), ob-reptício (astucioso), sob-roda, ad-digital
Circum-, pan-	H/M/N/VOGAL Exemplos: circum-meridiano, circum-navegação, circum-oral, pan-americano, pan-mágico, pan-negritude.
Ex- (no sentido de estado anterior), sota-, soto-, vice-, vizo-	DIANTE DE QUALQUER PALAVRA Exemplos: ex-namorada, sota-soberania (não total), soto-mestre (substituto), vice-reitor, vizo-rei.
Hiper-, inter-, super-	H/R Exemplos: hiper-hidrose, hiper-raivoso, inter-humano, inter-racial, super-homem, super-resistente.
Pós-, pré-, pró- (tônicos e com significados próprios)	DIANTE DE QUALQUER PALAVRA Exemplos: pós-graduação, pré-escolar, pró-democracia. Obs.: se os prefixos não forem autônomos, não haverá hífen. Exemplos: predeterminado, pressupor, pospor, propor.
Sub-	B /H/R Exemplos: sub-bloco, sub-hepático, sub-humano, sub-região. Obs.: "subumano" e "subepático" também são aceitas.
Pseudoprefixos (diferem-se dos prefixos por apresentarem elevado grau de independência e possuírem uma significação mais ou menos delimitada, presente à consciência dos falantes.) Aero-, agro-, arqui-, auto-, bio-, eletro-, geo-, hidro-, macro-, maxi-, mega-, micro-, mini-, multi-, neo-, pluri-, proto-, pseudo-, retro-, semi-, tele-	H/VOGAL IDÊNTICA À QUE TERMINA O PREFIXO Exemplos com H: geo-histórico, mini-hospital, neo-helênico, proto-história, semi-hospitalar. Exemplos com vogal idêntica: arqui-inimigo, auto-observação, eletro-ótica, micro-ondas, micro-ônibus, neo-ortodoxia, semi-interno, tele-educação.

LÍNGUA PORTUGUESA E INTERPRETAÇÃO DE TEXTOS

Não se utilizará o hífen:

- Em palavras iniciadas pelo prefixo **CO-**.
  - Por exemplo: Coadministrar, coautor, coexistência, cooptar, coerdeiro corresponsável, cosseno.
- Em palavras iniciadas pelos prefixos **DES-** ou **IN-** seguidos de elementos sem o "h" inicial.
  - Por exemplo: desarmonia, desumano, desumidificar, inábil, inumano etc.
- Com a palavra não.
  - Por exemplo: Não violência, não agressão, não comparecimento.
- Em palavras que possuem os elementos **BI, TRI, TETRA, PENTA, HEXA** etc.
  - Por exemplo: bicampeão, bimensal, bimestral, bienal, tridimensional, trimestral, triênio, tetracampeão, tetraplégico, pentacampeão, pentágono etc.
- Em relação ao prefixo **HIDRO-**, em alguns casos pode haver duas formas de grafia.
  - Por exemplo: hidroelétrica e hidrelétrica.
- No caso do elemento **SOCIO**, o hífen será utilizado apenas quando houver função de substantivo (= de associado).
  - Por exemplo: sócio-gerente / socioeconômico.

4 ORTOGRAFIA

A ortografia é a parte da Gramática que estuda a escrita correta das palavras. O próprio nome da disciplina já designa tal função. É oriunda das palavras gregas *ortho* que significa "correto" e *graphos* que significa "escrita".

4.1 Alfabeto

As letras **K, W** e **Y** foram inseridas no alfabeto devido a uma grande quantidade de palavras que são grafadas com tais letras e não podem mais figurar como termos exóticos em relação ao português. Eis alguns exemplos de seu emprego:

- Em abreviaturas e em símbolos de uso internacional: **kg** - quilograma / **w** - watt.
- Em palavras estrangeiras de uso internacional, nomes próprios estrangeiros e seus derivados: Kremlin, Kepler, Darwin, Byron, byroniano.

O alfabeto, também conhecido como abecedário, é formado (a partir do novo acordo ortográfico) por 26 letras.

FORMA MAIÚSCULA	FORMA MINÚSCULA	FORMA MAIÚSCULA	FORMA MINÚSCULA
A	a	N	n
B	b	O	o
C	c	P	p
D	d	Q	q
E	e	R	r
F	f	S	s
G	g	T	t
H	h	U	u
I	i	V	v
J	j	W	w
K	k	X	x
L	l	Y	y
M	m	Z	z

4.2 Emprego da letra H

A letra **H** demanda um pouco de atenção. Apesar de não possuir verdadeiramente sonoridade, ainda a utilizamos por convenção histórica. Seu emprego, basicamente, está relacionado às seguintes regras:

- No início de algumas palavras, por sua origem: hoje, hodierno, haver, Helena, helênico.
- No fim de algumas interjeições: Ah! Oh! Ih! Uh!
- No interior de palavra compostas que preservam o hífen, nas quais o segundo elemento se liga ao primeiro: super-homem, pré-história, sobre-humano.
- Nos dígrafos **NH, LH** e **CH**: tainha, lhama, chuveiro.

4.3 Emprego de E e I

Existe uma curiosidade a respeito do emprego dessas letras nas palavras que escrevemos: o fato de o "e", no final da palavra, ser pronunciado como uma semivogal faz com que muitos falantes pensem ser correto grafar a palavra com **I**.

Aqui, veremos quais são os principais aspectos do emprego dessas letras.

- Escreveremos com "e" palavras formadas com o prefixo **ANTE-** (que significa antes, anterior).
  - Por exemplo: antebraço, antevéspera, antecipar, antediluviano etc.
- A sílaba final de formas conjugadas dos verbos terminados em **–OAR** e **–UAR** (quando estiverem no subjuntivo).
  - Por exemplo: abençoe (abençoar), continue (continuar), pontue (pontuar).
- Algumas palavras, por sua origem.
  - Por exemplo: arrepiar, cadeado, creolina, desperdiçar, desperdício, destilar, disenteria, empecilho, indígena, irrequieto, mexerico, mimeógrafo, orquídea, quase, sequer, seringa, umedecer etc.
- Escreveremos com "i" palavras formadas com o prefixo **ANTI-** (que significa contra).
  - Por exemplo: antiaéreo, anticristo, antitetânico, anti-inflamatório.
- A sílaba final de formas conjugadas dos verbos terminados em **-AIR, -OER** e **-UIR**.
  - Por exemplo: cai (cair), sai (sair), diminui (diminuir), dói (doer).
- Os ditongos AI, OI, ÓI, UI.
  - Por exemplo: pai, foi, herói, influi.
- As seguintes palavras: aborígine, chefiar, crânio, criar, digladiar, displicência, escárnio, implicante, impertinente, impedimento, inigualável, lampião, pátio, penicilina, privilégio, requisito etc.

Vejamos alguns casos em que o emprego das letras **E** e **I** pode causar uma alteração semântica:

- Escrito com **E**:
  Arrear = pôr arreios.
  Área = extensão de terra, local.
  Delatar = denunciar.
  Descrição = ação de descrever.
  Descriminação = absolver.
  Emergir = vir à tona.
  Emigrar = sair do país ou do local de origem.
  Eminente = importante.
- Escrito com **I**:
  Arriar = abaixar, desistir.
  Ária = peça musical.
  Dilatar = alargar, aumentar.
  Discrição = separar, estabelecer diferença.
  Imergir = mergulhar.
  Imigrar = entrar em um país estrangeiro.
  Iminente = próximo, prestes a ocorrer.

O Novo Acordo Ortográfico explica que, agora, escreve-se com **I** antes de sílaba tônica. Veja alguns exemplos: acriano (admite-se, por ora, acreano, de Acre), rosiano (de Guimarães Rosa), camoniano (de Camões), nietzschiano (de Nietzsche) etc.

4.4 Emprego de O e U

Apenas por exceção, palavras em português com sílabas finais átonas (fracas) terminam por **US**; o comum é que se escreva com **O** ou **OS**. Por exemplo: carro, aluno, abandono, abono, chimango etc.

Exemplos das exceções a que aludimos: bônus, vírus, ônibus etc.

Em palavras proparoxítonas ou paroxítonas com terminação em ditongo, são comuns as terminações em **-UA, -ULA, -ULO**: tábua, rábula, crápula, coágulo.

As terminações em **-AO, -OLA, -OLO** só aparecem em algumas palavras: mágoa, névoa, nódoa, agrícola, vinícola, varíola etc.

Fique de olho na grafia destes termos:
- **Com a letra O:** abolir, boate, botequim, bússola, costume, engolir, goela, moela, moleque, mosquito etc.
- **Com a letra U:** bulício, buliçoso, bulir, camundongo, curtume, cutucar, jabuti, jabuticaba, rebuliço, urtiga, urticante etc.

4.5 Emprego de G e J

Essas letras, por apresentarem o mesmo som, eventualmente, costumam causar problemas de ortografia. A letra **G** só apresenta o som de **J** diante das letras **E** e **I**: gesso, gelo, agitar, agitador, agir, gíria.

4.5.1 Escreveremos com G

- Palavras terminadas em **-AGEM, -IGEM, -UGEM**. Por exemplo: garagem, vertigem, rabugem, ferrugem, fuligem etc.
    Exceções: pajem, lambujem (doce ou gorjeta), lajem (pedra da sepultura).
- Palavras terminadas em **-ÁGIO, -ÉGIO, -ÍGIO, -ÓGIO, -ÚGIO:** contágio, régio, prodígio, relógio, refúgio.
- Palavras derivadas de outras que já possuem a letra **G**. Por exemplo: **viagem** – viageiro; **ferrugem** – ferrugento; **vertigem** – vertiginoso; **regime** – regimental; **selvagem** – selvageria; **regional** – regionalismo.
- Em geral, após a letra "r". Por exemplo: aspergir, divergir, submergir, imergir etc.
- Palavras:
    De origem latina: agir, gente, proteger, surgir, gengiva, gesto etc.
    De origem árabe: álgebra, algema, ginete, girafa, giz etc.
    De origem francesa: estrangeiro, agiotagem, geleia, sargento etc.
    De origem italiana: gelosia, ágio etc.
    Do castelhano: gitano.
    Do inglês: gim.

4.5.2 Escreveremos com J

- Os verbos terminados em **-JAR** ou **-JEAR** e suas formas conjugadas:
    Gorjear: gorjeia (lembre-se das "aves"), gorjeiam, gorjearão.
    Viajar: viajei, viaje, viajemos, viajante.

> Cuidado para não confundir os termos **viagem** (substantivo) com **viajem** (verbo "viajar"). Vejamos o emprego:
> Ele fez uma bela viagem.
> Tomara que eles viajem amanhã.

- Palavras derivadas de outras terminadas em -JA. Por exemplo: **granja:** granjeiro, granjear; **loja:** lojista, lojinha; **laranja:** laranjal, laranjeira; **lisonja:** lisonjeiro, lisonjeador; **sarja:** sarjeta.
- Palavras cognatas (raiz em comum) ou derivadas de outras que possuem o J. Por exemplo:
    Laje: lajense, lajedo.
    Nojo: nojento, nojeira.
    Jeito: jeitoso, ajeitar, desajeitado.
- Palavras de origem ameríndia (geralmente tupi-guarani) ou africana: canjerê, canjica, jenipapo, jequitibá, jerimum, jia, jiboia, jiló, jirau, Moji, pajé.

- Palavras: conjetura, ejetar, injeção, interjeição, objeção, objeto, objetivo, projeção, projeto, rejeição, sujeitar, sujeito, trajeto, trajetória, trejeito, berinjela, cafajeste, jeca, jegue, Jeremias, jerico, jérsei, majestade, manjedoura, ojeriza, pegajento, rijeza, sujeira, traje, ultraje, varejista.

4.6 Orientações sobre a grafia do fonema /s/

Podemos representar o fonema /s/ por:
- S: ânsia, cansar, diversão, farsa.
- SS: acesso, assar, carrossel, discussão.
- C, Ç: acetinado, cimento, açoite, açúcar.
- SC, SÇ: acréscimo, adolescente, ascensão, consciência, nasço, desça.
- X: aproximar, auxiliar, auxílio, sintaxe.
- XC: exceção, exceder, excelência, excepcional.

4.6.1 Escreveremos com S

- A correlação **ND – NS**:
    Pretender – pretensão, pretenso.
    Expandir – expansão, expansivo.
- A correlação **RG – RS**:
    Aspergir – aspersão.
    Imergir – imersão.
    Emergir – emersão.
- A correlação **RT – RS**:
    Divertir – diversão.
    Inverter – inversão.
- O sufixo **-ENSE**:
    Paranaense.
    Cearense.
    Londrinense.

4.6.2 Escreveremos com SS

- A correlação **CED – CESS**:
    Ceder – cessão.
    Interceder – intercessão.
    Retroceder – retrocesso.
- A correlação **GRED – GRESS**:
    Agredir – agressão, agressivo.
    Progredir – progressão, progresso.
- A correlação **PRIM – PRESS**:
    Imprimir – impressão, impresso.
    Oprimir – opressão, opressor.
    Reprimir – repressão, repressivo.
- A correlação **METER – MISS**:
    Submeter – submissão.
    Intrometer – intromissão.

4.6.3 Escreveremos com C ou com Ç

- Palavras de origem tupi ou africana. Por exemplo: açaí, araçá, Iguaçu, Juçara, muçurana, Paraguaçu, caçula, cacimba.
- **O Ç só será usado antes das vogais A, O e U.**
- Com os sufixos:
    -AÇA: barcaça.
    -AÇÃO: armação.
    -ÇAR: aguçar.
    -ECER: esmaecer.

ORTOGRAFIA

-**IÇA**: carniça.
-**NÇA**: criança.
-**UÇA**: dentuça.

- Palavras derivadas de verbos terminados em **-TER** (não confundir com a regra do **–METER – -MISS**):
  Abster: abstenção.
  Reter: retenção.
  Deter: detenção.
- Depois de ditongos:
  Feição; louça; traição.
- Palavras de origem árabe:
  Açúcar; açucena; cetim; muçulmano.

4.6.4 Emprego do SC

Escreveremos com **SC** palavras que são termos emprestados do latim. Por exemplo: adolescência; ascendente; consciente; crescer; descer; fascinar; fescenino.

4.6.5 Grafia da letra S com som de /z/

Escreveremos com **S**:

- Terminações em **-ÊS**, **-ESA** e **-ISA**, que indicam nacionalidade, título ou origem:
  Japonês – japonesa.
  Marquês – marquesa.
  Camponês – camponesa.
- Após ditongos: causa; coisa; lousa; Sousa.
- As formas dos verbos **pôr** e **querer** e de seus compostos:
  Eu pus, nós pusemos, pusésseis etc.
  Eu quis, nós quisemos, quisésseis etc.
- Terminações **-OSO** e **-OSA**, que indicam qualidade. Por exemplo: gostoso; garboso; fervorosa; talentosa.
- Prefixo **TRANS-**: transe; transação; transoceânico.
- Em diminutivos cujo radical termine em **S**:
  Rosa – rosinha.
  Teresa – Teresinha.
  Lápis – lapisinho.
- Na correlação **D – S**:
  Aludir – alusão, alusivo.
  Decidir – decisão, decisivo.
  Defender – defesa, defensivo.
- Verbos derivados de palavras cujo radical termina em **S**:
  Análise – analisar.
  Presa – apresar.
  Êxtase – extasiar.
  Português – aportuguesar.
- Substantivos com os sufixos gregos **-ESE**, **-ISA** e **-OSE**: catequese, diocese, poetisa, virose, (obs.: "catequizar" com **Z**).
- Nomes próprios: Baltasar, Heloísa, Isabel, Isaura, Luísa, Sousa, Teresa.
- Palavras: análise, cortesia, hesitar, reses, vaselina, avisar, defesa, obséquio, revés, vigésimo, besouro, fusível, pesquisa, tesoura, colisão, heresia, querosene, vasilha.

4.7 Emprego da letra Z

Escreveremos com **Z**:

- Terminações **-EZ** e **-EZA** de substantivos abstratos derivados de adjetivos:
  Belo – beleza.
  Rico – riqueza.
  Altivo – altivez.
  Sensato - sensatez.
- Verbos formados com o sufixo **-IZAR** e palavras cognatas: balizar, inicializar, civilizar.
- As palavras derivadas em:
  -**ZAL**: cafezal, abacaxizal.
  -**ZEIRO**: cajazeiro, açaizeiro.
  -**ZITO**: avezita.
  -**ZINHO**: cãozinho, pãozinho, pezinho
- Derivadas de palavras cujo radical termina em **Z**: cruzeiro, esvaziar.
- Palavras: azar, aprazível, baliza, buzina, bazar, cicatriz, ojeriza, prezar, proeza, vazamento, vizinho, xadrez, xerez.

4.8 Emprego do X e do CH

A letra X pode representar os seguintes fonemas:
/**ch**/: xarope.
/**cx**/: sexo, tóxico.
/**z**/: exame.
/**ss**/: máximo.
/**s**/: sexto.

4.9 Escreveremos com X

- Em geral, após um ditongo. Por exemplo: caixa, peixe, ameixa, rouxinol, caixeiro. **Exceções**: recauchutar e guache.
- Geralmente, depois de sílaba iniciada por **EN-**: enxada; enxerido; enxugar; enxurrada.
- Encher (e seus derivados); palavras que iniciam por **CH** e recebem o prefixo **EN-**. Por exemplo: encharcar, enchumaçar, enchiqueirar, enchumbar, enchova.
- Palavras de origem indígena ou africana: abacaxi, xavante, xará, orixá, xinxim.
- Após a sílaba **ME** no início da palavra. Por exemplo: mexerica, mexerico, mexer, mexida. **Exceção**: mecha de cabelo.
- Palavras: bexiga, bruxa, coaxar, faxina, graxa, lagartixa, lixa, praxe, vexame, xícara, xale, xingar, xampu.

4.10 Escreveremos com CH

- As seguintes palavras, em razão de sua origem: chave, cheirar, chuva, chapéu, chalé, charlatão, salsicha, espadachim, chope, sanduíche, chuchu, cochilo, fachada, flecha, mecha, mochila, pechincha.
- **Atente para a divergência de sentido com os seguintes elementos:**
  Bucho – estômago.
  Buxo – espécie de arbusto.
  Cheque – ordem de pagamento.
  Xeque – lance do jogo de xadrez.
  Tacha – pequeno prego.
  Taxa – imposto.

5 NÍVEIS DE ANÁLISE DA LÍNGUA

A Língua Portuguesa possui quatro níveis de análise. Veja cada um deles:

- **Nível fonético/fonológico:** estuda a produção e articulação dos sons da língua.
- **Nível morfológico:** estuda a estrutura e a classificação das palavras.
- **Nível sintático:** estuda a função das palavras dentro de uma sentença.
- **Nível semântico:** estuda as relações de sentido construídas entre as palavras.

Na **Semântica**, entre outras coisas, estuda-se a diferença entre linguagem de sentido denotativo (ou literal, do dicionário) e linguagem de sentido conotativo (ou figurado).

- Rosa é uma flor.
    - **Morfologia:**
        - *Rosa:* substantivo;
        - *É:* verbo ser;
        - *Uma:* artigo;
        - *Flor:* substantivo
    - **Sintaxe:**
        - *Rosa:* sujeito;
        - *É uma flor:* predicado;
        - *Uma flor:* predicativo do sujeito.
    - **Semântica:**
        - Rosa pode ser entendida como uma pessoa ou como uma planta, depende do sentido.

6 ESTRUTURA E FORMAÇÃO DE PALAVRAS

6.1 Estrutura das palavras

Para compreender os termos da Língua Portuguesa, deve-se observar, nos vocábulos, a presença de algumas estruturas como **raiz**, **desinências** e **afixos**:

- **Raiz ou radical (morfema lexical):** parte que guarda o sentido da palavra.
    - **Ped**reiro.
    - **Ped**rada.
    - Em**ped**rado.
    - **Ped**regulho.
- **Desinências:** fazem a flexão dos termos.
    - **Nominais:**
    - **Gênero:** jogador/jogador**a**.
    - **Número:** aluno/aluno**s**.
    - **Grau:** cadeira/cadeir**inha**.
    - **Verbais:**
    - **Modo-tempo:** cantá**va**mos, vendê**ra**mos.
    - **Número-pessoa:** fize**mos**, compra**stes**.
- **Afixos:** conectam-se às raízes dos termos.
    - **Prefixos:** colocados antes da raiz.
    - In**feliz**, **des**fazer, **re**tocar.
    - **Sufixos:** colocados após a raiz.
    - Feliz**mente**, capac**idade**, igual**dade**.

Também é importante atentar aos termos de ligação. São eles:

- **Vogal de ligação:**
    - Gas**ô**metro, bar**ô**metro, caf**e**icultura, carn**í**voro.
- **Consoante de ligação:**
    - Gira**s**sol, cafe**t**eira, paula**d**a, chal**e**ira.

6.2 Radicais gregos e latinos

O conhecimento sobre a origem dos radicais é, muitas vezes, importante para a compreensão e memorização de inúmeras palavras.

6.2.1 Radicais gregos

Os radicais gregos têm uma importância expressiva para a compreensão e fácil memorização de diversas palavras que foram criadas e vulgarizadas pela linguagem científica.

Podemos observar que esses radicais se unem, geralmente, a outros elementos de origem grega e, frequentemente, sofrem alterações fonéticas e gráficas para formarem palavras compostas.

Seguem alguns radicais gregos, seus respectivos significados e algumas palavras de exemplo:

- *Ácros* **(alto):** acrópole, acrobacia, acrofobia.
- *Álgos* **(dor):** algofilia, analgésico, nevralgia.
- *Ánthropos* **(homem):** antropologia, antropófago, filantropo.
- *Astér, astéros* **(estrela):** asteroide, asterisco.
- *Ástron* **(astro):** astronomia, astronauta.
- *Biblíon* **(livro):** biblioteca, bibliografia, bibliófilo.
- *Chéir, cheirós* **(mão – cir –, quiro):** cirurgia, cirurgião, quiromante.
- *Chlorós*, **(verde):** cloro, clorofila, clorídrico.
- *Chróma, chrómatos,* **(cor):** cromático, policromia.
- *Dáktylos* **(dedo):** datilografia, datilografar.
- *Déka* **(dez):** decálogo, decâmetro, decassílabo.
- *Gámos,* **(casamento):** poligamia, polígamo, monogamia.
- *Gastér, gastrós,* **(estômago):** gastrite, gastrônomo, gástrico.
- *Glótta, glóssa,* **(língua):** poliglota, epiglote, glossário.
- *Grámma* **(letra, escrito):** gramática, anagrama, telegrama.
- *Grápho* **(escrevo):** grafia, ortografia, caligrafia.
- *Heméra* **(dia):** hernoteca, hernerologia, efêmero.
- *Hippos* **(cavalo):** hipódromo, hipismo, hipopótamo.
- *Kardía* **(coração):** cardíaco, cardiologia, taquicardia.
- *Mésos,* **(meio, do meio):** mesocarpo, mesóclise, mesopotâmia.
- *Mnéme* **(memória, lembrança):** mnemônico, amnésia, mnemoteste.
- *Morphé* **(forma):** morfologia, amorfo, metamorfose.
- *Nekrós* **(morto):** necrotério, necropsia, necrológio.
- *Páis, paidós* **(criança):** pedagogia, pediatria, pediatra.
- *Pyr, pyrós* **(fogo):** pirosfera, pirotécnico, antipirético.
- *Rhis, rhinós* **(nariz):** rinite, rinofonia, otorrino.
- *Theós* **(deus):** teologia, teólogo, apoteose.
- *Zóon* **(animal):** zoologia, zoológico, zoonose.

6.2.2 Radicais latinos

Outras palavras da língua portuguesa possuem radicais latinos. A maioria delas entrou na língua entre os séculos XVIII e XX. Seguem algumas das que vieram por via científica ou literária:

- *Ager, agri* **(campo):** agrícola, agricultura.
- *Ambi* **(de ambo, ambos):** ambidestro, ambíguo.
- *Argentum, argenti* **(prata):** argênteo, argentífero, argentino.
- *Capillus, capilli* **(cabelo):** capilar, capiliforme, capilaridade.
- *Caput, capitis* **(cabeça):** capital, decapitar, capitoso.
- *Cola-, colere* **(habitar, cultivar):** arborícola, vitícola.
- *Cuprum, cupri* **(cobre):** cúpreo, cúprico, cuprífero.
- *Ego* **(eu):** egocêntrico, egoísmo,ególatra.
- *Equi-, aequus* **(igual):** equivalente, equinócio, equiângulo.
- *-fero, ferre* **(levar, conter):** aurífero, lactífero, carbonífero.
- *Fluvius* **(rio):** fluvial, fluviômetro.
- *Frigus, frigoris* **(frio):** frigorífico, frigomóvel.
- *Lapis, lapidis* **(pedra):** lápide, lapidificar, lapidar.
- *Lex, legis* **(lei):** legislativo, legislar, legista.
- *Noceo, nocere* **(prejudicar, causar mal):** nocivo, inocente, inócuo.
- *Pauper, pauperis* **(pobre):** pauperismo, depauperar.
- *Pecus* **(rebanho):** pecuária, pecuarista, pecúnia.
- *Pluvia* **(chuva):** pluvial, pluviômetro.
- *Radix, radieis* **(raiz):** radical, radicar, erradicar.
- *Sidus, sideris* **(astro):** sideral, sidéreo, siderar.
- *Stella* **(estrela):** estelar, constelação.
- *Triticum, tritici* **(trigo):** triticultura, triticultor, tritícola.
- *Vinum, vini* **(vinho):** vinicultura, vinícola.
- *Vitis* **(videira):** viticultura, viticultor, vitícola.
- *Volo, volare* **(voar):** volátil, noctívolo.
- *Vox, vocis* **(voz):** vocal, vociferar.

6.3 Origem das palavras de Língua Portuguesa

As palavras da Língua Portuguesa têm múltiplas origens, mas a maioria delas veio do latim vulgar, ou seja, o latim que era falado pelo povo duzentos anos antes de Cristo.

No geral, as palavras que formam o nosso léxico podem ser de origem latina, de formação vernácula ou de importação estrangeira.

Quanto às palavras de origem latina, sabe-se que algumas datam dos séculos VI e XI, aproximadamente, e outras foram introduzidas na língua por escritores e letrados ao longo do tempo, sobretudo no período áureo, o século XVI, e de forma ainda mais abundante durante os séculos que o seguiram, por meios literário e científico. As primeiras, as formas populares, foram grandemente alteradas na fala do povo rude, mas as formas eruditas tiveram leves alterações.

Houve, ao longo desses séculos, com incentivo do povo luso-brasileiro, a criação de palavras que colaboraram para enriquecer o vocabulário. Essas palavras são chamadas criações vernáculas.

Desde os primórdios da língua, diversos termos estrangeiros entraram em uso, posteriormente enriquecendo definitivamente o patrimônio léxico, porque é inevitável que palavras de outros idiomas adentrem na língua por meio das relações estabelecidas entre os povos e suas culturas.

Devido a isso, encontramos, no vocabulário português, palavras provenientes:

- Do grego: por influência do cristianismo e do latim literário: anjo, bíblia, clímax. E por criação de sábios e cientistas: nostalgia, microscópio.
- Do hebraico: veiculadas pela Bíblia: aleluia, Jesus, Maria, sábado.
- Do alemão: guerra, realengo, interlância.
- Do árabe: algodão, alfaiate, algema.
- Do japonês: biombo, micado, samurai.
- Do francês: greve, detalhe, pose.
- Do inglês: bife, futebol, tênis.
- Do turco: lacaio, algoz.
- Do italiano: piano, maestro, lasanha.
- Do russo: vodca, esputinique.
- Do tupi: tatu, saci, jiboia, pitanga.
- Do espanhol: cavalheiro, ninharia, castanhola.
- De línguas africanas: macumba, maxixe, marimbondo.

Atualmente, o francês e o inglês são os idiomas com maior influência sobre a língua portuguesa.

6.4 Processos de formação de palavras

Há dois processos mais fortes (presentes) na formação de palavras em Língua Portuguesa: a composição e a derivação. Vejamos suas principais características.

6.4.1 Composição

É uma criação de vocábulo. Pode ocorrer por:
- **Justaposição:** sem perda de elementos.
  Guarda-chuva, girassol, arranha-céu etc.
- **Aglutinação:** com perda de elementos.
  Embora, fidalgo, aguardente, planalto, boquiaberto etc.
- **Hibridismo:** união de radicais oriundos de línguas distintas.
  Automóvel (latim e grego); sambódromo (tupi e grego).

6.4.2 Derivação

É uma transformação no vocábulo. Pode ocorrer das seguintes maneiras:
- **Prefixal (prefixação):** reforma, anfiteatro, cooperação.
- **Sufixal (sufixação):** pedreiro, engenharia, florista.
- **Prefixal – sufixal:** infelizmente, ateísmo, desordenamento.
- **Parassintética:** prefixo e sufixo simultaneamente, sem a possibilidade de remover umas das partes.
  Avermelhado, anoitecer, emudecer, amanhecer.
- **Regressão (regressiva) ou deverbal:** advinda de um verbo.
  Abalo (abalar), luta (lutar), fuga (fugir).
- **Imprópria (conversão):** mudança de classe gramatical.
  O jantar, um não, o seu sim, o pobre.

6.4.3 Estrangeirismo

Pode-se entender como um empréstimo linguístico.
- **Com aportuguesamento:** abajur (do francês *abat-jour*), algodão (do árabe *al-qutun*), lanche (do inglês *lunch*) etc.
- **Sem aportuguesamento:** *networking, software, pizza, show, shopping* etc.

6.5 Acrônimo ou sigla

- **Silabáveis:** podem ser separados em sílabas.
  Infraero (Infraestrutura Aeroportuária), **Petrobras** (Petróleo Brasileiro) etc.
- **Não-silabáveis:** não podem ser separados em sílabas.
  FMI, MST, SPC, PT, INSS, MPU etc.

6.6 Onomatopeia ou reduplicação

- **Onomatopeia:** tentativa de representar um som da natureza.
  Pow, paf, tum, psiu, argh.
- **Reduplicação:** repetição de palavra com fim onomatopaico.
  Reco-reco, tique-taque, pingue-pongue.
- **Redução ou abreviação:** eliminação do segmento de alguma palavra.
  Fone (telefone), cinema (cinematógrafo), pneu (pneumático) etc.

7 MORFOLOGIA

Antes de adentrar nas conceituações, veja a lista a seguir para facilitar o estudo. Nela, temos uma classe de palavra seguida de um exemplo.

Artigo: o, a, os, as, um, uma, uns, umas.
Adjetivo: legal, interessante, capaz, brasileiro, francês.
Advérbio: muito, pouco, bem, mal, ontem, certamente.
Conjunção: que, caso, embora.
Interjeição: Ai! Ui! Ufa! Eita!
Numeral: sétimo, vigésimo, terço.
Preposição: a, ante, até, após, com, contra, de, desde, em, entre.
Pronome: cujo, o qual, quem, eu, lhe.
Substantivo: mesa, bicho, concursando, Pablo, José.
Verbo: estudar, passar, ganhar, gastar.

7.1 Substantivos

É a palavra variável que designa qualidades, sentimentos, sensações, ações etc.

Quanto à sua classificação, o substantivo pode ser:
- **Primitivo** (sem afixos): pedra.
- **Derivado** (com afixos): pedreiro/empedrado.
- **Simples** (1 núcleo): guarda.
- **Composto** (mais de 1 núcleo): guarda-roupas.
- **Comum** (designa ser genérico): copo, colher.
- **Próprio** (designa ser específico): Maria, Portugal.
- **Concreto** (existência própria): cadeira, lápis.
- **Abstrato** (existência dependente): glória, amizade.

7.1.1 Substantivos concretos

Designam seres de existência própria, como: padre, político, carro e árvore.

7.1.2 Substantivos abstratos

Nomeiam qualidades ou conceitos de existência dependente, como: beleza, fricção, tristeza e amor.

7.1.3 Substantivos próprios

São sempre concretos e devem ser grafados com iniciais maiúsculas. Alguns substantivos próprios, no entanto, podem vir a se tornar comuns pelo processo de derivação imprópria que, geralmente, ocorre pela anteposição de um artigo e a grafia do substantivo com letra minúscula (um judas = traidor/um panamá = chapéu). As flexões dos substantivos podem se dar em gênero, número e grau.

7.1.4 Gênero dos substantivos

Quanto à distinção entre masculino e feminino, os substantivos podem ser:
- **Biformes:** quando apresentam uma forma para o masculino e outra para o feminino. Por exemplo: gato, gata, homem, mulher.
- **Uniformes:** quando apresentam uma única forma para ambos os gêneros. Nesse caso, eles estão divididos em:
  - **Epicenos:** usados para animais de ambos os sexos (macho e fêmea). Por exemplo: besouro, jacaré, albatroz.
  - **Comum de dois gêneros:** aqueles que designam pessoas. Nesse caso, a distinção é feita por um elemento ladeador (artigo, pronome). Por exemplo: o/a terrícola, o/a estudante, o/a dentista, o/a motorista.
  - **Sobrecomuns:** apresentam um só gênero gramatical para designar seres de ambos os sexos. Por exemplo: o indivíduo, a vítima, o algoz.

Em algumas situações, a mudança de gênero altera também o sentido do substantivo:
- O cabeça (líder).
- A cabeça (parte do corpo).

7.1.5 Número dos substantivos

Tentemos resumir as principais regras de formação do plural nos substantivos.

TERMINAÇÃO	VARIAÇÃO	EXEMPLO
vogal ou ditongo	acréscimo do S	barco – barcos
M	NS	pudim – pudins
ÃO (primeiro caso)	ÕES	ladrão – ladrões
ÃO (segundo caso)	ÃES	pão – pães
ÃO (terceiro caso)	S	cidadão – cidadãos
R	ES	mulher – mulheres
Z	ES	cartaz – cartazes
N	ES	abdômen – abdômenes
S (oxítonos)	ES	inglês – ingleses
AL, EL, OL, ULI	IS	tribunal – tribunais
IL (oxítonos)	S	barril – barris
IL (paroxítonos)	EIS	fóssil – fósseis
ZINHO, ZITO	S	anelzinho – aneizinhos

Alguns substantivos são grafados apenas no plural: alvíssaras, anais, antolhos, arredores, belas-artes, calendas, cãs, condolências, esponsais, exéquias, fastos, férias, fezes, núpcias, óculos, pêsames.

7.1.6 Grau do substantivo

Aumentativo/diminutivo

Analítico: quando se associam os adjetivos ao substantivo. Por exemplo: carro grande, pé pequeno.

Sintético: quando se adiciona ao substantivo sufixos indicadores de grau, carrão, pezinho.
- **Sufixos:**
  - **Aumentativos:** -ÁZIO, -ORRA, -OLA, -AZ, -ÃO, -EIRÃO, -ALHÃO, -ARÃO, -ARRÃO, -ZARRÃO.
  - **Diminutivos:** -ITO, -ULO-, -CULO, -OTE, -OLA, -IM, -ELHO, -INHO, -ZINHO. O sufixo -ZINHO é obrigatório quando o substantivo terminar em vogal tônica ou ditongo: cafezinho, paizinho etc.

O aumentativo pode exprimir tamanho (casarão), desprezo (sabichão, ministraço, poetastro) ou intimidade (amigão); enquanto o diminutivo pode indicar carinho (filhinho) ou ter valor pejorativo (livreco, casebre), além das noções de tamanho (bolinha).

7.2 Artigo

O artigo é a palavra variável que tem por função individualizar algo, ou seja, possui como função primordial indicar um elemento, por meio de definição ou indefinição da palavra que, pela anteposição do artigo, passa a ser substantivada. Os artigos se subdividem em:

- **Artigos definidos (O, A, OS, AS):** definem o substantivo a que se referem. Por exemplo:

    Hoje à tarde, falaremos sobre **a** aula da semana passada.
    Na última aula, falamos **do** conteúdo programático.

- **Artigos indefinidos (um, uma, uns, umas):** indefinem o substantivo a que se referem. Por exemplo:

    Assim que eu passar no concurso, eu irei comprar **um** carro.
    Pela manhã, papai, apareceu **um** homem da loja aqui.

É importante ressaltar que os artigos podem ser contraídos com algumas preposições essenciais, como demonstrado na tabela a seguir:

PREPOSIÇÕES	ARTIGO							
	DEFINIDO				INDEFINIDO			
	O	A	OS	AS	UM	UMA	UNS	UMAS
A	ao	à	aos	às	-	-	-	-
De	do	da	dos	das	dum	duma	duns	dumas
Em	no	na	nos	nas	num	numa	nuns	numas
Per	pelo	pela	pelos	pelas	-	-	-	-
Por	polo	pola	polos	polas	-	-	-	-

O artigo é utilizado para substantivar um termo. Ou seja, quer transformar algo em um substantivo? Coloque um artigo em sua frente.

Cantar alivia a alma. (Verbo)
O **cantar** alivia a alma. (Substantivo)

7.2.1 Emprego do artigo com a palavra "todo"

Quando inserimos artigos ao lado da palavra "todo", em geral, o sentido da expressão passa a designar totalidade. Como no exemplo abaixo:

Pobreza é um problema que acomete **todo país**. (todos os países)
Pobreza é um problema que acomete **todo o país**. (o país em sua totalidade).

7.3 Pronome

Em uma definição breve, podemos dizer que pronome é o termo que substitui um substantivo, desempenhando, na sentença em que aparece, uma função coesiva. Podemos dividir os pronomes em sete categorias, são elas: pessoais, tratamento, demonstrativos, relativos, indefinidos, interrogativos, possessivos.

Antes de partir para o estudo pormenorizado dos pronomes, vamos fazer uma classificação funcional deles quando empregados em uma sentença:

- **Pronomes substantivos:** são aqueles que ocupam o lugar do substantivo na sentença. Por exemplo:

    Alguém apareceu na sala ontem.
    Nós faremos todo o trabalho.

- **Pronomes adjetivos:** são aqueles que acompanham um substantivo na sentença. Por exemplo:

    Meus alunos são os mais preparados.
    Pessoa **alguma** fará tal serviço por **esse** valor.

7.3.1 Pronomes substantivos e adjetivos

É chamado **pronome substantivo** quando um pronome substitui um substantivo.

É chamado **pronome adjetivo** quando determina o substantivo com o qual se encontra.

7.3.2 Pronomes pessoais

Referem-se às pessoas do discurso, veja:

- Quem fala (1ª pessoa).
- Com quem se fala (2ª pessoa).
- De quem se fala (3ª pessoa).

Classificação dos pronomes pessoais (caso **reto** × caso **oblíquo**):

PESSOA GRAMATICAL	RETOS	OBLÍQUOS	
		ÁTONOS	TÔNICOS
1ª – Singular	eu	me	mim, comigo
2ª – Singular	tu	te	ti, contigo
3ª – Singular	ele, ela	o, a, lhe, se	si, consigo
1ª – Plural	nós	nos	nós, conosco
2ª – Plural	vós	vos	vós, convosco
3ª – Plural	eles, elas	os, as, lhes, se	si, consigo
Função	Sujeito	Complemento/Adjunto	

Veja a seguir o emprego de alguns pronomes (**certo** × **errado**).

Eu e tu × mim e ti

1ª regra: depois de preposição essencial, usa-se pronome oblíquo. Observe:

Entre mim e ti, não há acordo.
Sobre Manoel e ti, nada se pode falar.
Devo **a** ti esta conquista.
O presente é **para** mim.
Não saia **sem** mim.
Comprei um livro **para** ti.

Observe a preposição essencial destacada nas sentenças.

2ª regra: se o pronome utilizado na sentença for sujeito de um verbo, deve-se empregar os do caso reto.

Não saia sem **eu** deixar.
Comprei um livro para **tu** leres.
O presente é para **eu** desfrutar.

Observe que o pronome desempenha a função de sujeito do verbo destacado. Ou seja: "mim" não faz nada!

Não se confunda com as sentenças em que a ordem frasal está alterada. Deve-se, nesses casos, tentar colocar a sentença na ordem direta.

Para mim, fazer exercícios é muito bom. → Fazer exercícios é muito bom para mim.
Não é tarefa para mim realizar esta revisão. → Realizar esta revisão não é para mim.

Com causativos e sensitivos

Regra com verbos causativos (mandar, fazer, deixar) ou sensitivos (ver, ouvir, sentir): quando os pronomes oblíquos átonos são empregados com verbos causativos ou sensitivos, pode haver a possibilidade de desempenharem a função de sujeito de uma forma verbal próxima. Veja os exemplos:

Fiz **Juliana** chorar. (Sentença original).
Fi-**la** chorar. (Sentença reescrita com a substituição do termo Juliana pelo pronome oblíquo).

MORFOLOGIA

Em ambas as situações, a "Juliana é a chorona". Isso quer dizer que o termo feminino que está na sentença é sujeito do verbo "chorar". Pensando dessa maneira, entenderemos a primeira função da forma pronominal "la" que aparece na sentença reescrita.

Outro fator a ser considerado é que o verbo "fazer" necessita de um complemento, portanto, é um verbo transitivo. Ocorre que o complemento do verbo "fazer" não pode ter outro referente senão "Juliana". Então, entendemos que, na reescrita da frase, a forma pronominal "la" funciona como complemento do verbo "fazer" e sujeito do verbo "chorar".

Si e consigo

Esses pronomes somente podem ser empregados se se referirem ao sujeito da oração, pois possuem função reflexiva. Observe:

Alberto só pensa em si. ("Si" refere-se a "Alberto": sujeito do verbo "pensar").

O aluno levou as apostilas consigo. ("consigo" refere-se ao termo "aluno").

Estão erradas, portanto, frases como estas:

Creio muito em si, meu amigo.

Quero falar consigo.

Corrigindo:

Creio muito em você, meu amigo.

Quero falar contigo.

Conosco e convosco

As formas **"conosco"** e **"convosco"** são substituídas por **"com nós"** e **"com vós"** quando os pronomes pessoais são reforçados por palavras como **outros, mesmos, próprios, todos, ambos** ou **algum numeral**. Por exemplo:

Ele disse que iria com nós três.

Ele(s), ela(s) × o(s), a(s)

É muito comum ouvirmos frases como: "vi **ela** na esquina", "não queremos **eles** aqui". De acordo com as normas da Língua Portuguesa, é errado falar ou escrever assim, pois o pronome em questão está sendo utilizado fora de seu emprego original, ou seja, como um complemento (ao passo que deveria ser apenas sujeito). O certo é: "vi-**a** na esquina", "não **os** queremos aqui".

"O" e "a"

São complementos diretos, ou seja, são utilizados juntamente aos verbos transitivos diretos, ou nos bitransitivos, como no exemplo a seguir:

Comprei **um carro** para minha namorada = Comprei-**o** para ela. (Ocorreu a substituição do objeto direto)

É importante lembrar que há uma especificidade em relação à colocação dos pronomes "o" e "a" depois de algumas palavras:

- Se a palavra terminar em **R, S** ou **Z**: tais letras devem ser suprimidas e o pronome será empregado como **lo, la, los, las**.

    Fazer as tarefas = fazê-**las.**

    Querer o dinheiro = querê-**lo**.

- Se a palavra terminar com **ÃO, ÕE** ou **M**: tais letras devem ser mantidas e o pronome há de ser empregado como **no, na, nos, nas**.

    Compraram a casa = compraram-**na**.

    Compõe a canção = compõe-**na**.

Lhe

É um complemento indireto, equivalente a "a ele" ou "a ela". Ou seja, é empregado juntamente a um verbo transitivo indireto ou a um verbo bitransitivo, como no exemplo:

- Comprei um carro **para minha namorada** = comprei-**lhe** um carro. (Ocorreu a substituição do objeto indireto).

Muitas bancas gostam de trocar as formas "o" e "a" por "lhe", o que não pode ser feito sem que a sentença seja totalmente reelaborada.

7.3.3 Pronomes de tratamento

São pronomes de tratamento **você, senhor, senhora, senhorita, fulano, sicrano, beltrano** e as expressões que integram o quadro seguinte:

PRONOME	ABREVIATURA SINGULAR	ABREVIATURA PLURAL
Vossa Excelência(s)	V. Ex.ª	V. Ex.ᵃˢ
USA-SE PARA:		
Presidente (sem abreviatura), ministro, embaixador, governador, secretário de Estado, prefeito, senador, deputado federal e estadual, juiz, general, almirante, brigadeiro e presidente de câmara de vereadores.		
PRONOME	ABREVIATURA SINGULAR	ABREVIATURA PLURAL
Vossa(s) Magnificência(s)	V. Mag.ª	V. Mag.ᵃˢ
USA-SE PARA:		
Reitor de universidade para o qual também se pode usar V. Ex.ª.		

LÍNGUA PORTUGUESA E INTERPRETAÇÃO DE TEXTOS

PRONOME	ABREVIATURA SINGULAR	ABREVIATURA PLURAL
Vossa(s) Senhoria(s)	V. S^a	V. S.^{as}
USA-SE PARA:		
Qualquer autoridade ou pessoa civil não citada acima.		

PRONOME	ABREVIATURA SINGULAR	ABREVIATURA PLURAL
Vossa(s) Santidade(s)	V. S	VV. SS.
USA-SE PARA:		
Papa.		

PRONOME	ABREVIATURA SINGULAR	ABREVIATURA PLURAL
Vossa(s) Eminência(s)	V. Em.^{a}	V.Em.^{as}
USA-SE PARA:		
Cardeal.		

PRONOME	ABREVIATURA SINGULAR	ABREVIATURA PLURAL
Vossa(s) Excelência(s) Reverendíssima(s)	V. Exª. Rev.ma	V. Ex.^{as}. Rev.^{mas}
USA-SE PARA:		
Arcebispo e bispo.		

PRONOME	ABREVIATURA SINGULAR	ABREVIATURA PLURAL
Vossa(s) Reverendíssima(s)	V. Rev.^{ma}	V.Rev.^{mas}
Usa-se para:		
Autoridade religiosa inferior às acima citadas.		

PRONOME	ABREVIATURA SINGULAR	ABREVIATURA PLURAL
Vossa(s) Reverência(s)	V. Rev.^{a}	V. Rev.^{mas}
USA-SE PARA:		
Religioso sem graduação.		

PRONOME	ABREVIATURA SINGULAR	ABREVIATURA PLURAL
Vossa(s) Majestade(s)	V. M.	VV. MM.
USA-SE PARA:		
Rei e imperador.		

PRONOME	ABREVIATURA SINGULAR	ABREVIATURA PLURAL
Vossa(s) Alteza(s)	V. A.	VV. AA.
USA-SE PARA:		
Príncipe, arquiduque e duque.		

Todas essas expressões se apresentam também com "Sua" para cujas abreviaturas basta substituir o "V" por "S".

Emprego dos pronomes de tratamento

- **Vossa Excelência** etc. × **Sua Excelência** etc.

Os pronomes de tratamento iniciados com "Vossa(s)" empregam-se em uma relação direta, ou seja, indicam o nosso interlocutor, pessoa com quem falamos:

Soube que V. Ex.ª, Senhor Ministro, falou que não estava interessado no assunto da reunião.

Empregaremos o pronome com a forma "sua" quando a relação não é direta, ou seja, quando falamos sobre a pessoa:

A notícia divulgada é de que Sua Excelência, o Presidente da República, foi flagrado em uma boate.

Utilização da 3ª pessoa

Os pronomes de tratamento são de 3ª pessoa; portanto, todos os elementos relacionados a eles devem ser empregados também na 3ª pessoa, para que se mantenha a uniformidade:

É preciso que V. Ex.ª **diga** qual será o **seu** procedimento no caso em questão, a fim de que seus assessores possam agir a tempo.

MORFOLOGIA

Uniformidade de tratamento

No momento da escrita ou da fala, não é possível ficar fazendo "dança das pessoas" com os pronomes. Isso quer dizer que se deve manter a uniformidade de tratamento. Para tanto, se for utilizada 3ª pessoa no início de uma sentença, ela deve permanecer ao longo de todo o texto. Preste atenção para ver como ficou estranha a construção abaixo:

Quando **você** chegar, eu **te** darei o presente.

"Você" é de 3ª pessoa e "te" é de 2ª pessoa. Não há motivo para cometer tal engano. Tome cuidado, portanto. Podemos corrigir a sentença:

Quando tu chegares, eu te darei o presente.
Quando você chegar, eu lhe darei o presente.

7.3.4 Pronomes possessivos

São os pronomes que atribuem posse de algo às pessoas do discurso. Eles podem estar em:

- **1ª pessoa do singular:** meu, minha, meus, minhas.
- **2ª pessoa do singular:** teu, tua, teus, tuas.
- **3ª pessoa do singular:** seu, sua, seus, suas.
- **1ª pessoa do plural:** nosso, nossa, nossos, nossas.
- **2ª pessoa do plural:** vosso, vossa, vossos, vossas.
- **3ª pessoa do plural:** seu, sua, seus, suas.

Emprego

- Ambiguidade: "seu", "sua", "seus" e "suas" são os reis da ambiguidade (duplicidade de sentido).

    O policial prendeu o maconheiro em **sua** casa. (casa de quem?).
    Meu pai levou meu tio para casa em **seu** carro. (no carro de quem?).

- Corrigindo:

    O policial prendeu o maconheiro na casa **deste**.
    Meu pai, em **seu** carro, levou meu tio para casa.

- Emprego especial: não se usam os possessivos em relação às partes do corpo ou às faculdades do espírito. Devemos, pois, dizer:

    Machuquei a mão. (E não "a minha mão").
    Ele bateu a cabeça. (E não "a sua cabeça").
    Perdeste a razão? (E não "a tua razão").

7.3.5 Pronomes demonstrativos

São os que localizam ou identificam o substantivo ou uma expressão no espaço, no tempo ou no texto.

- **1ª pessoa:**
    Masculino: este(s).
    Feminino: esta(s).
    Neutro: isto.
    No espaço: com o falante.
    No tempo: presente.
    No texto: o que se pretende dizer ou o imediatamente retomado.

- **2ª pessoa**
    Masculino: esse(s).
    Feminino: essa(s).
    Neutro: isso.
    No espaço: pouco afastado.
    No tempo: passado ou futuro próximos.
    No texto: o que se disse anteriormente.

- **3ª pessoa**
    Masculino: aquele(s).
    Feminino: aquela(s).
    Neutro: aquilo.
    No espaço: muito afastado.
    No tempo: passado ou futuro distantes.
    No texto: o que se disse há muito ou o que se pretende dizer.

Quando o pronome retoma algo já mencionado no texto, dizemos que ele possui função **anafórica**. Quando aponta para algo que será dito, dizemos que possui função **catafórica**. Essa nomenclatura começou a ser cobrada em algumas questões de concurso público, portanto, é importante ter esses conceitos na ponta da língua.

Exemplos de emprego dos demonstrativos:

Veja **este** livro que eu trouxe, é muito bom.
Você deve estudar mais! **Isso** é o que eu queria dizer.
Vê **aquele** mendigo lá na rua? Terrível futuro o aguarda.

Há outros pronomes demonstrativos: **o, a, os, as**, quando antecedem o relativo que e podem ser permutados por **aquele(s), aquela(s), aquilo**. Veja os exemplos:

Não entendi o que disseste. (Não entendi aquilo que disseste.).
Esta rua não é a que te indiquei. (Esta rua não é aquela que te indiquei.).

Tal: quando puder ser permutado por qualquer demonstrativo:
Não acredito que você disse **tal** coisa. (Aquela coisa).

Semelhante: quando puder ser permutado por qualquer demonstrativo:
Jamais me prestarei a **semelhante** canalhice. (Esta canalhice).

Mesmo: quando modificar os pronomes eu, tu, nós e vós:
Eu **mesmo** investiguei o caso.

De modo análogo, classificamos o termo "**próprio**" (eu próprio, ela própria).

O termo "**mesmo**" pode ainda funcionar como pronome neutro em frases como: "é o mesmo", "vem a ser o mesmo".

Vejamos mais alguns exemplos:

José e **João** são alunos do ensino médio. Este gosta de matemática, **aquele** gosta de português.

Veja que a verdadeira relação estabelecida pelos pronomes demonstrativos focaliza, por meio do "este" o elemento mais próximo, por meio do "aquele" o elemento mais afastado.

Esta sala precisa de bons professores.
Gostaria de que esse órgão pudesse resolver meu problema.

Este(s), esta(s), isto indicam o local de onde escrevemos. **Esse(s), essa(s), isso** indicam o local em que se encontra o nosso interlocutor.

7.3.6 Pronomes relativos

São termos que relacionam palavras em um encadeamento. Os relativos da Língua Portuguesa são:

- **Que:** quando puder ser permutado por "o qual" ou um de seus termos derivados. Utiliza-se o pronome "que" para referências a pessoas ou coisas.

    O peão a **que** me refiro é Jonas.

- **O qual:** empregado para referência a coisas ou pessoas.

    A casa **na qual** houve o tiroteio foi interditada.

- **Quem:** é equivalente a dois pronomes: "aquele" e "que".

    O homem para **quem** se enviou a correspondência é Alberto.

- **Quanto:** será relativo quando seu antecedente for o termo "tudo".

  Não gastes tudo **quanto** tens.
- **Onde:** é utilizado para estabelecer referência a lugares, sendo permutável por "em que" ou "no qual" e seus derivados.

  O estado para **onde** vou é Minas Gerais.
- **Cujo:** possui um sentido possessivo. Não permite permuta por outro relativo. Também é preciso lembrar que o pronome "cujo" não admite artigo, pois já é variável (cujo/cuja, jamais "cujo o", "cuja a").

  Cara, o pedreiro em **cujo** serviço podemos confiar é Marcelino.

> A preposição que está relacionada ao pronome é, em grande parte dos casos, oriunda do verbo que aparece posteriormente na sentença.

7.3.7 Pronomes indefinidos

São os pronomes que se referem, de forma imprecisa e vaga, à 3ª pessoa do discurso.

Eles podem ser:

- **Pronomes indefinidos substantivos:** têm função de substantivo: alguém, algo, nada, tudo, ninguém.
- **Pronomes indefinidos adjetivos:** têm função de adjetivo: cada, certo(s), certa (s).
- **Que variam entre pronomes adjetivos e substantivos:** variam de acordo com o contexto: algum, alguma, bastante, demais, mais, qual etc.

VARIÁVEIS				INVARIÁVEIS
MASCULINO		FEMININO		
SINGULAR	PLURAL	SINGULAR	PLURAL	
Algum	Alguns	Alguma	Algumas	Alguém
Certo	Certos	Certa	Certas	Algo
Muito	Muitos	Muita	Muitas	Nada
Nenhum	Nenhuns	Nenhuma	Nenhumas	Ninguém
Outro	Outros	Outra	Outras	Outrem
Qualquer	Quaisquer	Qualquer	Quaisquer	Cada
Quando	Quantos	Quanta	Quantas	-
Tanto	Tantos	Tanta	Tantas	-
Todo	Todos	Toda	Todas	Tudo
Vário	Vários	Vária	Várias	-
Pouco	Poucos	Pouca	Poucas	-

Fique bem atento para as alterações de sentido relacionadas às mudanças de posição dos pronomes indefinidos.

> Alguma pessoa passou por aqui ontem. (Alguma pessoa = ao menos uma pessoa).
>
> Pessoa alguma passou por aqui ontem. (Pessoa alguma = ninguém).

Locuções pronominais indefinidas

"Cada qual", "cada um", "seja qual for", "tal qual", "um ou outro" etc.

7.3.8 Pronomes interrogativos

Chamam-se interrogativos os pronomes **que, quem, qual** e **quanto**, empregados para formular uma pergunta direta ou indireta:

Que conteúdo estão estudando?

Diga-me **que** conteúdo estão estudando.

Quem vai passar no concurso?

Gostaria de saber **quem** vai passar no concurso.

Qual dos livros preferes?

Não sei **qual** dos livros preferes.

Quantos de coragem você tem?

Pergunte **quanto** de coragem você tem.

7.4 Verbo

É a palavra com que se expressa uma ação (cantar, vender), um estado (ser, estar), mudança de estado (tornar-se) ou fenômeno da natureza (chover).

Quanto à noção que expressam, os verbos podem ser classificados da seguinte maneira:

- **Verbos relacionais:** exprimem estado ou mudança de estado. São os chamados verbos de ligação.
- **Verbos de ligação: ser, estar, continuar, andar, parecer, permanecer, ficar, tornar-se etc.**
- **Verbos nocionais:** exprimem ação ou fenômeno da natureza. São os chamados verbos significativos.

Os verbos nocionais podem ser classificados da seguinte maneira:

- **Verbo Intransitivo (VI):** diz-se daquele que não necessita de um complemento para que se compreenda a ação verbal. Por exemplo: "morrer", "cantar", "sorrir", "nascer", "viver".
- **Verbo Transitivo (VT):** diz-se daquele que necessita de um complemento para expressar o afetado pela ação verbal. Divide-se em três tipos:
  - **Diretos (VTD):** não possuem preposição para ligar o complemento verbal ao verbo. São exemplos os verbos "querer", "comprar", "ler", "falar" etc.
  - **Indiretos (VTI):** possuem preposição para ligar o complemento verbal ao verbo. São exemplos os verbos "gostar", "necessitar", "precisar", "acreditar" etc.
  - **Diretos e Indiretos (VTDI) ou bitransitivos:** possuem dois complementos, um não preposicionado, outro com preposição. São exemplos os verbos "pagar", "perdoar", "implicar" etc.

Preste atenção na dica que segue:

> João morreu. (Quem morre, morre. Não é preciso um complemento para entender o verbo).
>
> Eu quero um aumento. (Quem quer, quer alguma coisa. É preciso um complemento para entender o sentido do verbo).
>
> Eu preciso de um emprego. (Quem precisa, precisa "de" alguma coisa. Deve haver uma preposição para ligar o complemento ao seu verbo).
>
> Mário pagou a conta ao padeiro. (Quem paga, paga algo a alguém. Há um complemento com preposição e um complemento sem preposição).

MORFOLOGIA

7.4.1 Estrutura e conjugação dos verbos

Os verbos possuem:
- **Raiz:** o que lhes guarda o sentido (**cant**ar, **corr**er, **sorr**ir).
- **Vogal temática:** o que lhes garante a família conjugacional (AR, ER, IR).
- **Desinências:** o que ajuda a conjugar ou nominalizar o verbo (cant**ando**, cant**ávamos**).

Os verbos apresentam três conjugações, ou seja, três famílias conjugacionais. Em função da vogal temática, podem-se criar três paradigmas verbais. De acordo com a relação dos verbos com esses paradigmas, obtém-se a seguinte classificação:

- **Regulares:** seguem o paradigma verbal de sua conjugação sem alterar suas raízes (amar, vender, partir).
- **Irregulares:** não seguem o paradigma verbal da conjugação a que pertencem. As irregularidades podem aparecer na raiz ou nas desinências (ouvir – ouço/ouve, estar – estou/estão).
- **Anômalos:** apresentam profundas irregularidades. São classificados como anômalos em todas as gramáticas os verbos "ser" e "ir".
- **Defectivos:** não são conjugados em determinadas pessoas, tempo ou modo, portanto, apresentam algum tipo de "defeito" ("falir", no presente do indicativo, só apresenta a 1ª e a 2ª pessoa do plural). Os defectivos distribuem-se em grupos:
  - Impessoais.
  - Unipessoais: vozes ou ruídos de animais, só conjugados nas terceiras pessoas.
  - Antieufônicos: a sonoridade permite confusão com outros verbos – "demolir"; "falir", "abolir" etc.
- **Abundantes:** apresentam mais de uma forma para uma mesma conjugação.

Existe abundância **conjugacional** e **participial**. A primeira ocorre na conjugação de algumas formas verbais, como o verbo "haver", que admite "nós havemos/hemos", "vós haveis/heis". A segunda ocorre com as formas nominais de particípio.

A seguir segue uma lista dos principais abundantes na forma participial.

VERBOS	PARTICÍPIO REGULAR – EMPREGADO COM OS AUXILIARES "TER" E "HAVER"	PARTICÍPIO IRREGULAR – EMPREGADO COM OS AUXILIARES "SER", "ESTAR" E "FICAR"
aceitar	aceitado	aceito
acender	acendido	aceso
benzer	benzido	bento
eleger	elegido	eleito
entregar	entregado	entregue
enxugar	enxugado	enxuto
expressar	expressado	expresso
expulsar	expulsado	expulso
extinguir	extinguido	extinto
matar	matado	morto
prender	prendido	preso
romper	rompido	roto
salvar	salvado	salvo
soltar	soltado	solto
suspender	suspendido	suspenso
tingir	tingido	tinto

7.4.2 Flexão verbal

Relativamente à flexão verbal, anotamos:
- **Número:** singular ou plural.
- **Pessoa gramatical:** 1ª, 2ª ou 3ª.

Tempo: referência ao momento em que se fala (pretérito, presente ou futuro). O modo imperativo só tem um tempo, o presente.
- **Voz:** ativa, passiva, reflexiva e recíproca (que trabalharemos mais tarde).
- **Modo:** indicativo (certeza de um fato ou estado), subjuntivo (possibilidade ou desejo de realização de um fato ou incerteza do estado) e imperativo (expressa ordem, advertência ou pedido).

7.4.3 Formas nominais do verbo

As três formas nominais do verbo (infinitivo, gerúndio e particípio) não possuem função exclusivamente verbal.
- **Infinitivo:** assemelha-se ao substantivo, indica algo atemporal – o nome do verbo, sua desinência característica é a letra R: amar, realçar, ungir etc.
- **Gerúndio:** equipara-se ao adjetivo ou advérbio pelas circunstâncias que exprime de ação em processo. Sua desinência característica é -**NDO**: ama**ndo**, realça**ndo**, ungi**ndo** etc.
- **Particípio:** tem valor e forma de adjetivo – pode também indicar ação concluída, sua desinência característica é -**ADO** ou -**IDO** para as formas regulares: am**ado**, realç**ado**, ung**ido** etc.

7.4.4 Tempos verbais

Dentro do **modo indicativo**, anotamos os seguintes tempos:
- **Presente do indicativo:** indica um fato situado no momento ou época em que se fala.

  Eu amo, eu vendo, eu parto.
- **Pretérito perfeito do indicativo:** indica um fato cuja ação foi iniciada e concluída no passado.

  Eu amei, eu vendi, eu parti.
- **Pretérito imperfeito do indicativo:** indica um fato cuja ação foi iniciada no passado, mas não foi concluída ou era uma ação costumeira no passado.

  Eu amava, eu vendia, eu partia.
- **Pretérito mais-que-perfeito do indicativo:** indica um fato cuja ação é anterior a outra ação já passada.

  Eu amara, eu vendera, eu partira.
- **Futuro do presente do indicativo:** indica um fato situado em momento ou época vindoura.

  Eu amarei, eu venderei, eu partirei.
- **Futuro do pretérito do indicativo:** indica um fato possível, hipotético, situado num momento futuro, mas ligado a um momento passado.

  Eu amaria, eu venderia, eu partiria.

Dentro do **modo subjuntivo**, anotamos os seguintes tempos:
- Presente do subjuntivo: indica um fato provável, duvidoso ou hipotético, situado no momento ou época em que se fala. Para facilitar a conjugação, utilize a conjunção "que".

    Que eu ame, que eu venda, que eu parta.
- Pretérito imperfeito do subjuntivo: indica um fato provável, duvidoso ou hipotético, cuja ação foi iniciada, mas não concluída no passado. Para facilitar a conjugação, utilize a conjunção "se".

    Se eu amasse, se eu vendesse, se eu partisse.
- Futuro do subjuntivo: indica um fato provável, duvidoso, hipotético, situado num momento ou época futura. Para facilitar a conjugação, utilize a conjunção "quando".

    Quando eu amar, quando eu vender, quando eu partir.

7.4.5 Tempos compostos da voz ativa

Constituem-se pelos verbos auxiliares **"ter"** ou **"haver"** + particípio do verbo que se quer conjugar, dito principal.

No **modo indicativo**, os tempos compostos são formados da seguinte maneira:
- **Pretérito perfeito:** presente do indicativo do auxiliar + particípio do verbo principal (tenho amado).
- **Pretérito mais-que-perfeito:** pretérito imperfeito do indicativo do auxiliar + particípio do verbo principal (tinha amado).
- **Futuro do presente:** futuro do presente do indicativo do auxiliar + particípio do verbo principal (terei amado).
- **Futuro do pretérito:** futuro do pretérito indicativo do auxiliar + particípio do verbo principal (teria amado).

No **modo subjuntivo**, a formação se dá da seguinte maneira:
- **Pretérito perfeito:** presente do subjuntivo do auxiliar + particípio do verbo principal (tenha amado).
- **Pretérito mais-que-perfeito:** imperfeito do subjuntivo do auxiliar + particípio do verbo principal (tivesse amado).
- **Futuro composto:** futuro do subjuntivo do auxiliar + particípio do verbo principal (tiver amado).

Quanto às **formas nominais**, elas são formadas da seguinte maneira:
- **Infinitivo composto:** infinitivo pessoal ou impessoal do auxiliar + particípio do verbo principal (ter vendido/teres vendido).
- **Gerúndio composto:** gerúndio do auxiliar + particípio do verbo principal (tendo partido).

7.4.6 Vozes verbais

Quanto às vozes, os verbos apresentam voz:
- **Ativa:** o sujeito é agente da ação verbal.

    O corretor vende casas.
- **Passiva:** o sujeito é paciente da ação verbal.

    Casas são vendidas **pelo corretor**.
- **Reflexiva:** o sujeito é agente e paciente da ação verbal.

    A garota feriu-**se** ao cair da escada.
- **Recíproca:** há uma ação mútua descrita na sentença.

    Os amigos entreolh**aram-se**.

Voz passiva: sua característica é possuir um sujeito paciente, ou seja, que é afetado pela ação do verbo.
- **Analítica:** verbo auxiliar + particípio do verbo principal. Isso significa que há uma locução verbal de voz passiva.

    Casas **são *vendidas*** pelo corretor.

    Ele fez o trabalho – O trabalho **foi feito** por ele (mantido o pretérito perfeito do indicativo).

    O vento ia levando as folhas – As folhas iam **sendo levadas** pelo vento (mantido o gerúndio do verbo principal em um dos auxiliares).

    Vereadores entregarão um prêmio ao gari – Um prêmio **será entregue** ao gari por vereadores (veja como a flexão do futuro se mantém na locução).
- **Sintética:** verbo apassivado pelo termo "se" (partícula apassivadora) + sujeito paciente.

    Roubou-se **o dinheiro do povo**.

    Fez-se **o trabalho** com pressa.

É comum observar, em provas de concurso público, questões que mostram uma voz passiva sintética como aquela que é proveniente de uma ativa com sujeito indeterminado.

Alguns verbos da língua portuguesa apresentam **problemas de conjugação**:

Compraram um carro novo (ativa).

Comprou-se um carro novo (passiva sintética).

7.4.7 Verbos com a conjugação irregular

Abolir: defectivo – não possui a 1ª pessoa do singular do presente do indicativo, por isso não possui presente do subjuntivo e o imperativo negativo. (= banir, carpir, colorir, delinquir, demolir, descomedir-se, emergir, exaurir, fremir, fulgir, haurir, retorquir, urgir).

Acudir: alternância vocálica O/U no presente do indicativo – acudo, acodes etc. Pretérito perfeito do indicativo com U. (= bulir, consumir, cuspir, engolir, fugir).

Adequar: defectivo – só possui a 1ª e a 2ª pessoa do plural no presente do indicativo.

Aderir: alternância vocálica E/I no presente do indicativo – adiro, adere etc. (= advertir, cerzir, despir, diferir, digerir, divergir, ferir, sugerir).

Agir: acomodação gráfica G/J no presente do indicativo – ajo, ages etc. (= afligir, coagir, erigir, espargir, refulgir, restringir, transigir, urgir).

Agredir: alternância vocálica E/I no presente do indicativo – agrido, agrides, agride, agredimos, agredis, agridem. (= prevenir, progredir, regredir, transgredir).

Aguar: regular. Presente do indicativo – águo, águas etc. Pretérito perfeito do indicativo – aguei, aguaste, aguou, aguamos, aguastes, aguaram. (= desaguar, enxaguar, minguar).

Aprazer: irregular. Presente do indicativo – aprazo, aprazes, apraz etc. Pretérito perfeito do indicativo – aprouve, aprouveste, aprouve, aprouvemos, aprouvestes, aprouveram.

Arguir: irregular com alternância vocálica O/U no presente do indicativo – arguo (ú), arguis, argui, arguimos, arguis, arguem. Pretérito perfeito – argui, arguiste etc.

Atrair: irregular. Presente do indicativo – atraio, atrais etc. Pretérito perfeito – atraí, atraíste etc. (= abstrair, cair, distrair, sair, subtrair).

Atribuir: irregular. Presente do indicativo – atribuo, atribuis, atribui, atribuímos, atribuís, atribuem. Pretérito perfeito – atribuí, atribuíste, atribuiu etc. (= afluir, concluir, destituir, excluir, instruir, possuir, usufruir).

Averiguar: alternância vocálica O/U no presente do indicativo – averiguo (ú), averiguas (ú), averigua (ú), averiguamos, averiguais, averiguam (ú). Pretérito perfeito – averiguei, averiguaste etc. Presente do subjuntivo – averigue, averigues, averigue etc. (= apaziguar).

Cear: irregular. Presente do indicativo – ceio, ceias, ceia, ceamos, ceais, ceiam. Pretérito perfeito indicativo – ceei, ceaste, ceou, ceamos,

MORFOLOGIA

ceastes, cearam. (= verbos terminados em -ear: falsear, passear... - alguns apresentam pronúncia aberta: estreio, estreia...).

Coar: irregular. Presente do indicativo – coo, côas, côa, coamos, coais, coam. Pretérito perfeito – coei, coaste, coou etc. (= abençoar, magoar, perdoar).

Comerciar: regular. Presente do indicativo – comercio, comerciais etc. Pretérito perfeito – comerciei etc. (= verbos em -iar, exceto os seguintes verbos: mediar, ansiar, remediar, incendiar, odiar).

Compelir: alternância vocálica E/I. Presente do indicativo – compilo, compeles etc. Pretérito perfeito indicativo – compeli, compeliste.

Compilar: regular. Presente do indicativo – compilo, compilas, compila etc. Pretérito perfeito indicativo – compilei, compilaste etc.

Construir: irregular e abundante. Presente do indicativo – construo, constróis, constrói, construímos, construís, constroem. Pretérito perfeito indicativo – construí, construíste etc.

Crer: irregular. Presente do indicativo – creio, crês, crê, cremos, credes, creem. Pretérito perfeito indicativo – cri, creste, creu, cremos, crestes, creram. Imperfeito indicativo – cria, crias, cria, críamos, críeis, criam.

Falir: defectivo. Presente do indicativo – falimos, falis. Pretérito perfeito indicativo – fali, faliste etc. (= aguerrir, combalir, foragir-se, remir, renhir).

Frigir: acomodação gráfica G/J e alternância vocálica E/I. Presente do indicativo – frijo, freges, frege, frigimos, frigis, fregem. Pretérito perfeito indicativo – frigi, frigiste etc.

Ir: irregular. Presente do indicativo – vou, vais, vai, vamos, ides, vão. Pretérito perfeito indicativo – fui, foste etc. Presente subjuntivo – vá, vás, vá, vamos, vades, vão.

Jazer: irregular. Presente do indicativo – jazo, jazes etc. Pretérito perfeito indicativo – jázi, jazeste, jazeu etc.

Mobiliar: irregular. Presente do indicativo – mobílio, mobílias, mobília, mobiliamos, mobiliais, mobíliam. Pretérito perfeito indicativo – mobiliei, mobiliaste.

Obstar: regular. Presente do indicativo – obsto, obstas etc. Pretérito perfeito indicativo – obtei, obstaste etc.

Pedir: irregular. Presente do indicativo – peço, pedes, pede, pedimos, pedis, pedem. Pretérito perfeito indicativo – pedi, pediste etc. (= despedir, expedir, medir).

Polir: alternância vocálica E/I. Presente do indicativo – pulo, pules, pule, polimos, polis, pulem. Pretérito perfeito indicativo – poli, poliste etc.

Precaver-se: defectivo e pronominal. Presente do indicativo – precavemo-nos, precaveis-vos. Pretérito perfeito indicativo – precavi-me, precaveste-te etc.

Prover: irregular. Presente do indicativo – provejo, provês, provê, provemos, provedes, proveem. Pretérito perfeito indicativo – provi, proveste, proveu etc.

Reaver: defectivo. Presente do indicativo – reavemos, reaveis. Pretérito perfeito indicativo – reouve, reouveste, reouve etc. (verbo derivado do haver, mas só é conjugado nas formas verbais com a letra v).

Remir: defectivo. Presente do indicativo – remimos, remis. Pretérito perfeito indicativo – remi, remiste etc.

Requerer: irregular. Presente do indicativo – requeiro, requeres etc. Pretérito perfeito indicativo – requeri, requereste, requereu etc. (Derivado do querer, diferindo dele na 1ª pessoa do singular do presente do indicativo e no pretérito perfeito do indicativo e derivados, sendo regular).

Rir: irregular. Presente do indicativo – rio, ris, ri, rimos, rides, riem. Pretérito perfeito indicativo – ri, riste. (= sorrir).

Saudar: alternância vocálica. Presente do indicativo – saúdo, saúdas etc. Pretérito perfeito indicativo – saudei, saudaste etc.

Suar: regular. Presente do indicativo – suo, suas, sua etc. Pretérito perfeito indicativo – suei, suaste, sou etc. (= atuar, continuar, habituar, individuar, recuar, situar).

Valer: irregular. Presente do indicativo – valho, vales, vale etc. Pretérito perfeito indicativo – vali, valeste, valeu etc.

Também merecem atenção os seguintes verbos irregulares:

▷ **Pronominais:** apiedar-se, dignar-se, persignar-se, precaver-se.

- **Caber**

    Presente do indicativo: caibo, cabes, cabe, cabemos, cabeis, cabem.
    Presente do subjuntivo: caiba, caibas, caiba, caibamos, caibais, caibam.
    Pretérito perfeito do indicativo: coube, coubeste, coube, coubemos, coubestes, couberam.
    Pretérito mais-que-perfeito do indicativo: coubera, couberas, coubera, coubéramos, coubéreis, couberam.
    Pretérito imperfeito do subjuntivo: coubesse, coubesses, coubesse, coubéssemos, coubésseis, coubessem.
    Futuro do subjuntivo: couber, couberes, couber, coubermos, couberdes, couberem.

- **Dar**

    Presente do indicativo: dou, dás, dá, damos, dais, dão.
    Presente do subjuntivo: dê, dês, dê, demos, deis, deem.
    Pretérito perfeito do indicativo: dei, deste, deu, demos, destes, deram.
    Pretérito mais-que-perfeito do indicativo: dera, deras, dera, déramos, déreis, deram.
    Pretérito imperfeito do subjuntivo: desse, desses, desse, déssemos, désseis, dessem.
    Futuro do subjuntivo: der, deres, der, dermos, derdes, derem.

- **Dizer**

    Presente do indicativo: digo, dizes, diz, dizemos, dizeis, dizem.
    Presente do subjuntivo: diga, digas, diga, digamos, digais, digam.
    Pretérito perfeito do indicativo: disse, disseste, disse, dissemos, dissestes, disseram.
    Pretérito mais-que-perfeito do indicativo: dissera, disseras, dissera, disséramos, disséreis, disseram.
    Futuro do presente: direi, dirás, dirá etc.
    Futuro do pretérito: diria, dirias, diria etc.
    Pretérito imperfeito do subjuntivo: dissesse, dissesses, dissesse, disséssemos, dissésseis, dissessem.
    Futuro do subjuntivo: disser, disseres, disser, dissermos, disserdes, disserem.

- **Estar**

    Presente do indicativo: estou, estás, está, estamos, estais, estão.
    Presente do subjuntivo: esteja, estejas, esteja, estejamos, estejais, estejam.
    Pretérito perfeito do indicativo: estive, estiveste, esteve, estivemos, estivestes, estiveram.
    Pretérito mais-que-perfeito do indicativo: estivera, estiveras, estivera, estivéramos, estivéreis, estiveram.

Pretérito imperfeito do subjuntivo: estivesse, estivesses, estivesse, estivéssemos, estivésseis, estivessem.

Futuro do subjuntivo: estiver, estiveres, estiver, estivermos, estiverdes, estiverem.

- **Fazer**

    Presente do indicativo: faço, fazes, faz, fazemos, fazeis, fazem.

    Presente do subjuntivo: faça, faças, faça, façamos, façais, façam.

    Pretérito perfeito do indicativo: fiz, fizeste, fez, fizemos, fizestes, fizeram.

    Pretérito mais-que-perfeito do indicativo: fizera, fizeras, fizera, fizéramos, fizéreis, fizeram.

    Pretérito imperfeito do subjuntivo: fizesse, fizesses, fizesse, fizéssemos, fizésseis, fizessem.

    Futuro do subjuntivo: fizer, fizeres, fizer, fizermos, fizerdes, fizerem.

Seguem esse modelo os verbos: desfazer, liquefazer e satisfazer.

Os particípios destes verbos e seus derivados são irregulares: feito, desfeito, liquefeito, satisfeito etc.

- **Haver**

    Presente do indicativo: hei, hás, há, havemos, haveis, hão.

    Presente do subjuntivo: haja, hajas, haja, hajamos, hajais, hajam.

    Pretérito perfeito do indicativo: houve, houveste, houve, houvemos, houvestes, houveram.

    Pretérito mais-que-perfeito do indicativo: houvera, houveras, houvera, houvéramos, houvéreis, houveram.

    Pretérito imperfeito do subjuntivo: houvesse, houvesses, houvesse, houvéssemos, houvésseis, houvessem.

    Futuro do subjuntivo: houver, houveres, houver, houvermos, houverdes, houverem.

- **Ir**

    Presente do indicativo: vou, vais, vai, vamos, ides, vão.

    Presente do subjuntivo: vá, vás, vá, vamos, vades, vão.

    Pretérito imperfeito do indicativo: ia, ias, ia, íamos, íeis, iam.

    Pretérito perfeito do indicativo: fui, foste, foi, fomos, fostes, foram.

    Pretérito mais-que-perfeito do indicativo: fora, foras, fora, fôramos, fôreis, foram.

    Pretérito imperfeito do subjuntivo: fosse, fosses, fosse, fôssemos, fôsseis, fossem.

    Futuro do subjuntivo: for, fores, for, formos, fordes, forem.

- **Poder**

    Presente do indicativo: posso, podes, pode, podemos, podeis, podem.

    Presente do subjuntivo: possa, possas, possa, possamos, possais, possam.

    Pretérito perfeito do indicativo: pude, pudeste, pôde, pudemos, pudestes, puderam.

    Pretérito mais-que-perfeito do indicativo: pudera, puderas, pudera, pudéramos, pudéreis, puderam.

    Pretérito imperfeito do subjuntivo: pudesse, pudesses, pudesse, pudéssemos, pudésseis, pudessem.

    Futuro do subjuntivo: puder, puderes, puder, pudermos, puderdes, puderem.

- **Pôr**

    Presente do indicativo: ponho, pões, põe, pomos, pondes, põem.

    Presente do subjuntivo: ponha, ponhas, ponha, ponhamos, ponhais, ponham.

    Pretérito imperfeito do indicativo: punha, punhas, punha, púnhamos, púnheis, punham.

    Pretérito perfeito do indicativo: pus, puseste, pôs, pusemos, pusestes, puseram.

    Pretérito mais-que-perfeito do indicativo: pusera, puseras, pusera, puséramos, puséreis, puseram.

    Pretérito imperfeito do subjuntivo: pusesse, pusesses, pusesse, puséssemos, pusésseis, pusessem.

    Futuro do subjuntivo: puser, puseres, puser, pusermos, puserdes, puserem.

Todos os derivados do verbo pôr seguem exatamente este modelo: antepor, compor, contrapor, decompor, depor, descompor, dispor, expor, impor, indispor, interpor, opor, pospor, predispor, pressupor, propor, recompor, repor, sobrepor, supor, transpor são alguns deles.

- **Querer**

    Presente do indicativo: quero, queres, quer, queremos, quereis, querem.

    Presente do subjuntivo: queira, queiras, queira, queiramos, queirais, queiram.

    Pretérito perfeito do indicativo: quis, quiseste, quis, quisemos, quisestes, quiseram.

    Pretérito mais-que-perfeito do indicativo: quisera, quiseras, quisera, quiséramos, quiséreis, quiseram.

    Pretérito imperfeito do subjuntivo: quisesse, quisesses, quisesse, quiséssemos, quisésseis, quisessem.

    Futuro do subjuntivo: quiser, quiseres, quiser, quisermos, quiserdes, quiserem.

- **Saber**

    Presente do indicativo: sei, sabes, sabe, sabemos, sabeis, sabem.

    Presente do subjuntivo: saiba, saibas, saiba, saibamos, saibais, saibam.

    Pretérito perfeito do indicativo: soube, soubeste, soube, soubemos, soubestes, souberam.

    Pretérito mais-que-perfeito do indicativo: soubera, souberas, soubera, soubéramos, soubéreis, souberam.

    Pretérito imperfeito do subjuntivo: soubesse, soubesses, soubesse, soubéssemos, soubésseis, soubessem.

    Futuro do subjuntivo: souber, souberes, souber, soubermos, souberdes, souberem.

- **Ser**

    Presente do indicativo: sou, és, é, somos, sois, são.

    Presente do subjuntivo: seja, sejas, seja, sejamos, sejais, sejam.

    Pretérito imperfeito do indicativo: era, eras, era, éramos, éreis, eram.

    Pretérito perfeito do indicativo: fui, foste, foi, fomos, fostes, foram.

    Pretérito mais-que-perfeito do indicativo: fora, foras, fora, fôramos, fôreis, foram.

    Pretérito imperfeito do subjuntivo: fosse, fosses, fosse, fôssemos, fôsseis, fossem.

    Futuro do subjuntivo: for, fores, for, formos, fordes, forem.

As segundas pessoas do imperativo afirmativo são: sê (tu) e sede (vós).

MORFOLOGIA

- **Ter**

    Presente do indicativo: tenho, tens, tem, temos, tendes, têm.
    Presente do subjuntivo: tenha, tenhas, tenha, tenhamos, tenhais, tenham.
    Pretérito imperfeito do indicativo: tinha, tinhas, tinha, tínhamos, tínheis, tinham.
    Pretérito perfeito do indicativo: tive, tiveste, teve, tivemos, tivestes, tiveram.
    Pretérito mais-que-perfeito do indicativo: tivera, tiveras, tivera, tivéramos, tivéreis, tiveram.
    Pretérito imperfeito do subjuntivo: tivesse, tivesses, tivesse, tivéssemos, tivésseis, tivessem.
    Futuro do subjuntivo: tiver, tiveres, tiver, tivermos, tiverdes, tiverem.

Seguem esse modelo os verbos: ater, conter, deter, entreter, manter, reter.

- **Trazer**

    Presente do indicativo: trago, trazes, traz, trazemos, trazeis, trazem.
    Presente do subjuntivo: traga, tragas, traga, tragamos, tragais, tragam.
    Pretérito perfeito do indicativo: trouxe, trouxeste, trouxe, trouxemos, trouxestes, trouxeram.
    Pretérito mais-que-perfeito do indicativo: trouxera, trouxeras, trouxera, trouxéramos, trouxéreis, trouxeram.
    Futuro do presente: trarei, trarás, trará etc.
    Futuro do pretérito: traria, trarias, traria etc.
    Pretérito imperfeito do subjuntivo: trouxesse, trouxesses, trouxesse, trouxéssemos, trouxésseis, trouxessem.
    Futuro do subjuntivo: trouxer, trouxeres, trouxer, trouxermos, trouxerdes, trouxerem.

- **Ver**

    Presente do indicativo: vejo, vês, vê, vemos, vedes, veem.
    Presente do subjuntivo: veja, vejas, veja, vejamos, vejais, vejam.
    Pretérito perfeito do indicativo: vi, viste, viu, vimos, vistes, viram.
    Pretérito mais-que-perfeito do indicativo: vira, viras, vira, víramos, víreis, viram.
    Pretérito imperfeito do subjuntivo: visse, visses, visse, víssemos, vísseis, vissem.
    Futuro do subjuntivo: vir, vires, vir, virmos, virdes, virem.

Seguem esse modelo os derivados antever, entrever, prever, rever. Prover segue o modelo acima apenas no presente do indicativo e seus tempos derivados; nos demais tempos, comporta-se como um verbo regular da segunda conjugação.

- **Vir**

    Presente do indicativo: venho, vens, vem, vimos, vindes, vêm.
    Presente do subjuntivo: venha, venhas, venha, venhamos, venhais, venham.
    Pretérito imperfeito do indicativo: vinha, vinhas, vinha, vínhamos, vínheis, vinham.
    Pretérito perfeito do indicativo: vim, vieste, veio, viemos, viestes, vieram.
    Pretérito mais-que-perfeito do indicativo: viera, vieras, viera, viéramos, viéreis, vieram.
    Pretérito imperfeito do subjuntivo: viesse, viesses, viesse, viéssemos, viésseis, viessem.
    Futuro do subjuntivo: vier, vieres, vier, viermos, vierdes, vierem.
    Particípio e gerúndio: vindo.

7.4.8 Emprego do infinitivo

Apesar de não haver regras bem definidas, podemos anotar as seguintes ocorrências:

▷ Usa-se o **impessoal**:
- Sem referência a nenhum sujeito:
    É proibido **estacionar** na calçada.
- Nas locuções verbais:
    Devemos **pensar** sobre a sua situação.
- Se o infinitivo exercer a função de complemento de adjetivos:
    É uma questão fácil de **resolver**.
- Se o infinitivo possuir valor de imperativo:
    O comandante gritou: "**marchar!**"

▷ Usa-se o **pessoal**:
- Quando o sujeito do infinitivo é diferente do sujeito da oração principal:
    Eu não te culpo por **seres** um imbecil.
- Quando, por meio de flexão, se quer realçar ou identificar a pessoa do sujeito:
    Não foi bom **agires** dessa forma.

7.5 Adjetivo

É a palavra variável que expressa uma qualidade, característica ou origem de algum substantivo ao qual se relaciona.

- Meu terno é azul, elegante e italiano.

Analisando, entendemos assim:

    Azul: característica.
    Elegante: qualidade.
    Italiano: origem.

7.5.1 Estrutura e a classificação dos adjetivos

Com relação à sua formação, eles podem ser:

- **Explicativos:** quando a característica é comum ao substantivo referido.
    Fogo **quente**, homem **mortal**. (Todo fogo é quente, todo homem é mortal).
- **Restritivos:** quando a característica não é comum ao substantivo, ou seja, nem todo substantivo é assim caracterizado.
    Terno **azul**, casa **grande**. (Nem todo terno é azul, nem toda casa é grande).
- **Simples:** quando possui apenas uma raiz.
    Amarelo, brasileiro, competente, sagaz, loquaz, inteligente, grande, forte etc.
- **Composto:** quando possui mais de uma raiz.
    Amarelo-canário, luso-brasileiro, verde-escuro, vermelho-sangue etc.
- **Primitivo:** quando pode dar origem a outra palavra, não tendo sofrido derivação alguma.
    Bom, legal, grande, rápido, belo etc.
- **Derivado:** quando resultado de um processo de derivação, ou seja, oriundo de outra palavra.
    Bondoso (de bom), grandioso (de grande), maléfico (de mal), esplendoroso (de esplendor) etc.

Os adjetivos que designam origem de algum termo são denominados adjetivos pátrios ou gentílicos.

Adjetivos pátrios de estados:
Acre: acriano.
Alagoas: alagoano.
Amapá: amapaense.
Aracaju: aracajuano ou aracajuense.
Amazonas: amazonense ou baré.
Belém (PA): belenense.
Belo Horizonte: belo-horizontino.
Boa Vista: boa-vistense.
Brasília: brasiliense.
Cabo Frio: cabo-friense.
Campinas: campineiro ou campinense.
Curitiba: curitibano.
Espírito Santo: espírito-santense ou capixaba.
Fernando de Noronha: noronhense.
Florianópolis: florianopolitano.
Fortaleza: fortalezense.
Goiânia: goianiense.
João Pessoa: pessoense.
Macapá: macapaense.
Maceió: maceioense.
Manaus: manauense.
Maranhão: maranhense.
Marajó: marajoara.
Natal: natalense ou papa-jerimum.
Porto Alegre: porto alegrense.
Ribeirão Preto: ribeiropretense.
Rio de Janeiro (estado): fluminense.
Rio de Janeiro (cidade): carioca.
Rio Branco: rio-branquense.
Rio Grande do Norte: rio-grandense-do-norte, norte-riograndense ou potiguar.
Rio Grande do Sul: rio-grandense-do-sul, sul-rio-grandense ou gaúcho.
Rondônia: rondoniano.
Roraima: roraimense.
Salvador: salvadorense ou soteropolitano.
Santa Catarina: catarinense ou barriga verde.
Santarém: santarense.
São Paulo (estado): paulista.
São Paulo (cidade): paulistano.
Sergipe: sergipano.
Teresina: teresinense.
Tocantins: tocantinense.

Adjetivos pátrios de países:
Croácia: croata.
Costa Rica: costarriquense.
Curdistão: curdo.
Estados Unidos: estadunidense, norte-americano ou ianque.
El Salvador: salvadorenho.
Guatemala: guatemalteco.
Índia: indiano ou hindu (os que professam o hinduísmo).
Israel: israelense ou israelita.
Irã: iraniano.
Moçambique: moçambicano.
Mongólia: mongol ou mongólico.
Panamá: panamenho.
Porto Rico: porto-riquenho.
Somália: somali.

Na formação de adjetivos pátrios compostos, o primeiro elemento aparece na forma reduzida e, normalmente, erudita.

Observe alguns exemplos de adjetivos pátrios compostos:
África: afro-americana.
Alemanha: germano- ou teuto-: competições teutoinglesas.
América: Américo-: companhia américo-africana.
Ásia: ásio-: encontros ásio-europeus.
Áustria: austro-: peças austro-búlgaras.
Bélgica: belgo-: acampamentos belgo-franceses.
China: sino-: acordos sino-japoneses.
Espanha: hispano- + mercado: hispano-português.
Europa: euro + negociações euro-americanas.
França: franco- ou galo-: reuniões franco-italianas.
Grécia: greco-: filmes greco-romanos.
Índia: indo-: guerras indo-paquistanesas.
Inglaterra: anglo-: letras anglo-portuguesas.
Itália: ítalo-: sociedade ítalo-portuguesa.
Japão: nipo-: associações nipo-brasileiras.
Portugal: luso-: acordos luso-brasileiros.

7.5.2 Locução adjetiva

Expressão que tem valor adjetival, mas que é formada por mais de uma palavra. Geralmente, concorrem para sua formação uma preposição e um substantivo. Veja alguns exemplos de locução adjetiva seguida de adjetivo:

De águia: aquilino.
De aluno: discente.
De anjo: angelical.
De bispo: episcopal.
De cabelo: capilar.
De cão: canino.
De dedo: digital.
De estômago: estomacal ou gástrico.
De fera: ferino.
De gelo: glacial.
De homem: viril ou humano.
De ilha: insular.
De lago: lacustre.
De madeira: lígneo.
De neve: níveo ou nival.
De orelha: auricular.
De paixão: passional.
De quadris: ciático.
De rio: fluvial.
De serpente: viperino.
De trigo: tritício.
De urso: ursino.
De velho: senil.

7.5.3 Flexão do adjetivo

O adjetivo pode ser flexionado em gênero, número e grau.

Flexão de gênero (masculino/feminino)

Com relação ao gênero, os adjetivos podem ser classificados de duas formas:
- Biformes: quando possuem uma forma para cada gênero.
    Homem **belo**/mulher **bela**.
    Contexto **complicado**/questão **complicada**.

MORFOLOGIA

- **Uniformes:** quando possuem apenas uma forma, como se fossem elementos neutros.

    Homem **fiel**/mulher **fiel.**
    Contexto **interessante**/questão **interessante.**

Flexão de número (singular/plural)

Os adjetivos simples seguem a mesma regra de flexão que os substantivos simples. Serão, por regra, flexionados os adjetivos compostos que, em sua formação, possuírem dois adjetivos. A flexão ocorrerá apenas no segundo elemento da composição.

Guerra greco-**romana** – Guerras greco-**romanas.**
Conflito **socioeconômico** – Análises **socioeconômicas.**

Por outro lado, se houver um substantivo como elemento da composição, o adjetivo fica invariável.

Blusa **amarelo-canário** – Blusas **amarelo-canário.**
Mesa **verde-musgo** – Mesas **verde-musgo.**

O caso em questão também pode ocorrer quando um substantivo passa a ser, por derivação imprópria, um adjetivo, ou seja, também serão invariáveis os "substantivos adjetivados".

Terno cinza – Ternos cinza.
Vestido rosa – Vestidos rosa.

E também:

Surdo mudo – surdos mudos.
Pele vermelha – peles vermelhas.

Azul- marinho e azul-celeste são invariáveis.

7.5.4 Flexão de grau (comparativo e superlativo)

Há duas maneiras de se estabelecer o grau do adjetivo: por meio do **grau comparativo** e por meio do **grau superlativo**.

Grau comparativo: estabelece um tipo de comparação de características, sendo estabelecido de três maneiras:

- **Inferioridade:** o açúcar é **menos** doce (do) **que** os teus olhos.
- **Igualdade:** o meu primo é **tão** estudioso **quanto** o meu irmão.
- **Superioridade:** gramática **é mais legal** (do) **que** matemática.

Grau superlativo: reforça determinada qualidade em relação a um referente. Pode-se estabelecer o grau superlativo de duas maneiras:

▷ **Relativo:** em relação a um grupo.
- **De superioridade:** José é o **mais** inteligente dos alunos.
- **De inferioridade:** o presidente foi o **menos** prestigiado da festa.

▷ **Absoluto:** sem relações, apenas reforçando as características:
- **Analítico:** com auxílio de algum termo:
    Pedro é muito magro.
    Pedro é magro, magro, magro.
- **Sintético** (com o acréscimo de -íssimo ou -érrimo):
    Pedro é macérrimo.
    Somos todos estudiosíssimos.

Veja, agora, alguns exemplos de superlativos sintéticos:
Ágil: agilíssimo.
Bom: ótimo ou boníssimo.
Capaz: capacíssimo.
Difícil: dificílimo.
Eficaz: eficacíssimo.
Fiel: fidelíssimo.
Geral: generalíssimo.
Horrível: horribilíssimo.
Inimigo: inimicíssimo.
Jovem: juveníssimo.
Louvável: laudabilíssimo.
Mísero: misérrimo.
Notável: notabilíssimo.
Pequeno: mínimo ou pequeníssimo.
Sério: seríssimo.
Terrível: terribilíssimo.
Vão: vaníssimo.

Atente à mudança de sentido provocada pela alteração de posição do adjetivo.

Homem **grande** (alto, corpulento).
Grande homem (célebre).

Mas isso nem sempre ocorre. Se você analisar a construção "giz azul" e "azul giz", perceberá que não há diferença semântica.

7.6 Advérbio

É a palavra invariável que se relaciona ao verbo, ao adjetivo ou a outro advérbio para atribuir-lhes uma circunstância. Veja os exemplos:

Os alunos saíram **apressadamente**.
O caso era muito **interessante**.
Resolvemos **muito bem** o problema.

7.6.1 Classificação do advérbio

- **Afirmação:** sim, certamente, efetivamente etc.
- **Negação:** não, nunca, jamais.
- **Intensidade:** muito, pouco, assaz, bastante, mais, menos, tão, tanto, quão etc.
- **Lugar:** aqui, ali, aí, aquém, acima, abaixo, atrás, dentro, junto, defronte, perto, longe, algures, alhures, nenhures etc.
- **Tempo:** agora, já, depois, anteontem, ontem, hoje, jamais, sempre, outrora, breve etc.
- **Modo:** assim, bem, mal, depressa, devagar, melhor, pior e a maior parte das palavras formadas de um adjetivo, mais a terminação "mente" (leve + mente = levemente; calma + mente = calmamente).
- **Inclusão:** também, inclusive.
- **Designação:** eis.
- **Interrogação:** onde, como, quando, por que.

Também existem as chamadas locuções adverbiais que vêm quase sempre introduzidas por uma preposição: à farta (= fartamente), às pressas (= apressadamente), à toa, às cegas, às escuras, às tontas, às vezes, de quando em quando, de vez em quando etc.

Existem casos em que utilizamos um adjetivo como forma de advérbio. É o que chamamos de adjetivo adverbializado. Veja os exemplos:

Aquele orador fala **belamente**. (Advérbio de modo).
Aquele orador fala **bonito**. (Adjetivo adverbializado que tenta designar modo).

7.7 Conjunção

É a palavra invariável que conecta elementos em algum encadeamento frasal. A relação em questão pode ser de natureza lógico-semântica (relação de sentido) ou apenas indicar uma conexão exigida pela sintaxe da frase.

7.7.1 Coordenativas

São as conjunções que conectam elementos que não possuem dependência sintática, ou seja, as sentenças que são conectadas por meio desses elementos já estão com suas estruturas sintáticas (sujeito / predicado / complemento) completas.

- **Aditivas:** e, nem (= e não), também, que, não só..., mas também, não só... como, tanto ... como, assim... como etc.

    José não foi à aula **nem** fez os exercícios.

    Devemos estudar **e** apreender os conteúdos.

- **Adversativas:** mas, porém, contudo, todavia, no entanto, entretanto, senão, não obstante, aliás, ainda assim.

    Os países assinaram o acordo, **mas** não o cumpriram.

    A menina cantou bem, **contudo** não agradou ao público.

- **Alternativas:** ou... ou, já ... já, seja... seja, quer... quer, ora... ora, agora... agora.

    Ora diz sim, **ora** diz não.

    Ou está feliz, **ou** está no ludibriando.

- **Conclusivas:** logo, pois (depois do verbo), então, portanto, assim, enfim, por fim, por conseguinte, conseguintemente, consequentemente, donde, por onde, por isso.

    O **concursando** estudou muito, **logo**, deverá conseguir seu cargo.

    É professor, **por conseguinte** deve saber explicar o conteúdo.

- **Explicativas:** isto é, por exemplo, a saber, ou seja, verbi gratia, pois (antes do verbo), pois bem, ora, na verdade, depois, além disso, com efeito, que, porque, ademais, outrossim, porquanto etc.

    Deve ter chovido, **pois** o chão está molhado.

    O homem é um animal racional, **porque** é capaz de raciocinar.

    Não converse agora, **que** eu estou explicando.

7.7.2 Subordinativas

São as conjunções que denotam uma relação de subordinação entre orações, ou seja, a conjunção subordinativa evidencia que uma oração possui dependência sintática em relação a outra. O que se pretende dizer com isso é que uma das orações envolvidas nesse conjunto desempenha uma função sintática para com sua oração principal.

Integrantes

- Que, se:

    Sei **que** o dia do pagamento é hoje.

    Vejamos **se** você consegue estudar sem interrupções.

Adverbiais

- **Causais:** indicam a causa de algo.
    - Já que, porque, que, pois que, uma vez que, sendo que, como, visto que, visto como, como etc.

        Não teve medo do perigo, **já que** estava protegido.

        Passou no concurso, **porque** estudou muito.

- **Comparativas:** estabelecem relação de comparação:
    - Como, mais... (do) que, menos... (do) que, tão como, assim como, tanto quanto etc.

        Tal como procederes, receberás o castigo.

        Alberto é aplicado **como** quem quer passar.

- **Concessivas (concessão):** estabelecem relação de quebra de expectativa com respeito à sentença à qual se relacionam.
    - Embora, ainda que, dado que, posto que, conquanto, em que, quando mesmo, mesmo que, por menos que, por pouco que, apesar de (que).

        Embora tivesse estudado pouco, conseguiu passar.

        Conquanto estudasse, não conseguiu aprender.

- **Condicionais:** estabelecem relação de condição.
    - Se, salvo se, caso, exceto se, contanto que, com tal que, caso, a não ser que, a menos que, sem que etc.

        Se tudo der certo, estaremos em Portugal amanhã.

        Caso você tenha dúvidas, pergunte a seu professor.

- **Consecutivas:** estabelecem relação de consequência.
    - Tanto que, de modo que, de sorte que, tão...que, sem que etc.

        O aluno estudou **tanto que** morreu.

        Timeto Amon era **tão** feio **que** não se olhava no espelho.

- **Conformativas:** estabelecem relação de conformidade.
    - Conforme, consoante, segundo, da mesma maneira que, assim como, como que etc.

        Faça a prova **conforme** teu pai disse.

        Todos agem **consoante** se vê na televisão.

- **Finais:** estabelecem relação de finalidade.
    - Para que, a fim de que, que, porque.

        Estudou muito **para que** pudesse ter uma vida confortável.

        Trabalhei **a fim de que** o resultado seja satisfatório.

- **Proporcionais:** estabelecem relação de proporção.
    - À proporção que, à medida que, quanto mais... tanto mais, quanto menos... tanto menos, ao passo que etc.

        À medida que o momento de realizar a prova chegava, a ansiedade de todos aumentava.

        Quanto mais você estudar, **tanto mais** terá a chance de ser bem-sucedido.

- **Temporais:** estabelecem relação de tempo.
    - Quando, enquanto, apenas, mal, desde que, logo que, até que, antes que, depois que, assim que, sempre que, senão quando, ao tempo que, apenas que, antes que, depois que, sempre que etc.

        Quando todos disserem para você parar, continue.

        Depois que terminar toda a lição, poderá descansar um pouco.

        Mal chegou, já quis sair.

7.8 Interjeição

É o termo que exprime, de modo enérgico, um estado súbito de alma. Sem muita importância para a análise a que nos propomos, vale apenas lembrar que elas possuem uma classificação semântica:

- **Dor:** ai! ui!
- **Alegria:** ah! eh! oh!
- **Desejo:** oxalá! tomara!
- **Admiração:** puxa! cáspite! safa! quê!
- **Animação:** eia! sus! coragem!
- **Aplauso:** bravo! apoiado!
- **Aversão:** ih! chi! irra! apre!
- **Apelo:** ó, olá! psit! pitsiu! alô! socorro!
- **Silêncio:** psit! psiu! caluda!
- **Interrogação, espanto:** hem!

Há, também, locuções interjeitivas: **minha nossa! Meu Deus!**

A despeito da classificação acima, o que determina o sentido da interjeição é o seu uso.

MORFOLOGIA

7.9 Numeral

É a palavra que indica uma quantidade, multiplicação, fração ou um lugar em uma série. Os numerais podem ser divididos em:

- **Cardinais:** quando indicam um número básico: um, dois, três, cem mil etc.
- **Ordinais:** quando indicam um lugar numa série: primeiro, segundo, terceiro, centésimo, milésimo etc.
- **Multiplicativos:** quando indicam uma quantidade multiplicativa: dobro, triplo, quádruplo etc.
- **Fracionários:** quando indicam parte de um inteiro: meio, metade, dois terços etc.

ALGARISMO ROMANOS	ALGARISMO ARÁBICOS	CARDINAIS	ORDINAIS
I	1	um	primeiro
II	2	dois	segundo
III	3	três	terceiro
IV	4	quatro	quarto
V	5	cinco	quinto
VI	6	seis	sexto
VII	7	sete	sétimo
VIII	8	oito	oitavo
IX	9	nove	nono
X	10	dez	décimo
XI	11	onze	undécimo ou décimo primeiro
XII	12	doze	duodécimo ou décimo segundo
XIII	13	treze	décimo terceiro
XIV	14	quatorze ou catorze	décimo quarto
XV	15	quinze	décimo quinto
XVI	16	dezesseis	décimo sexto
XVII	17	dezessete	décimo sétimo
XVIII	18	dezoito	décimo oitavo
XIX	19	dezenove	décimo nono
XX	20	vinte	vigésimo
XXI	21	vinte e um	vigésimo primeiro
XXX	30	trinta	trigésimo
XXXL	40	quarenta	quadragésimo
L	50	cinquenta	quinquagésimo
LX	60	sessenta	sexagésimo
LXX	70	setenta	septuagésimo ou setuagésimo
LXXX	80	oitenta	octogésimo
XC	90	noventa	nonagésimo
C	100	cem	centésimo
CC	200	duzentos	ducentésimo
CCC	300	trezentos	trecentésimo
CD	400	quatrocentos	quadringentésimo
D	500	quinhentos	quingentésimo
DC	600	seiscentos	seiscentésimo ou sexcentésimo
DCC	700	setecentos	septingentésimo
DCCC	800	oitocentos	octingentésimo
CM	900	novecentos	nongentésimo ou noningentésimo
M	1.000	mil	milésimo
X'	10.000	dez mil	dez milésimos
C'	100.000	cem mil	cem milésimos
M'	1.000.000	um milhão	milionésimo
M''	1.000.000.000	um bilhão	bilionésimo

Lista de numerais multiplicativos e fracionários:

Algarismos	Multiplicativos	Fracionários
2	duplo, dobro, dúplice	meio ou metade
3	triplo, tríplice	terço
4	quádruplo	quarto
5	quíntuplo	quinto
6	sêxtuplo	sexto
7	sétuplo	sétimo
8	óctuplo	oitavo
9	nônuplo	nono
10	décuplo	décimo
11	undécuplo	onze avos
12	duodécuplo	doze avos
100	cêntuplo	centésimo

7.9.1 Cardinais

Para realizar a leitura dos cardinais, é necessário colocar a conjunção "e" entre as centenas e dezenas, assim como entre as dezenas e a unidade.

Exemplo: 3.068.724 = três milhões, sessenta e oito mil, setecentos e vinte e quatro.

7.9.2 Ordinais

Quanto à leitura do numeral ordinal, há duas possibilidades: quando é inferior a 2.000, lê-se inteiramente segundo a forma ordinal.

- 1.766º = milésimo septingentésimo sexagésimo sexto.

Acima de 2.000, lê-se o primeiro algarismo como cardinal e os demais como ordinais. Hodiernamente, entretanto, tem-se observado a tendência a ler os números redondos segundo a forma ordinal.

- 2.536º = dois milésimos quingentésimo trigésimo sexto.
- 8 000º = oitavo milésimo.

7.9.3 Fracionários

O numerador de um numeral fracionário é sempre lido como cardinal. Quanto ao denominador, há dois casos:

- Primeiro: se for inferior ou igual a 10, ou ainda for um número redondo, será lido como ordinal 2/6 = dois sextos; 9/10 = nove décimos; centésimos (se houver). São exceções: 1/2 = meio; 1/3 = um terço.
- Segundo: se for superior a 10 e não constituir número redondo, é lido como cardinal, seguido da palavra "avos". 1/12 = um doze avos; 4/25 = quatro vinte e cinco avos.

Ao se fazer indicação de reis, papas, séculos, partes de uma obra, usam-se os numerais ordinais até décimo. A partir daí, devem-se empregar os cardinais. Século V (século quinto), século XX (vinte), João Paulo II (segundo), Bento XVI (dezesseis).

7.10 Preposição

É a palavra invariável que serve de ligação entre dois termos de uma oração ou, às vezes, entre duas orações. Costuma-se denominar "regente" o termo que exige a preposição e "regido" aquele que recebe a preposição:

Ele comprou um livro **de** poesia.
Ele tinha medo **de** ficar solitário.

Como se vê, a preposição "de", no primeiro caso, liga termos de uma mesma oração; no segundo, liga orações.

7.10.1 Preposições essenciais

São aquelas que têm como função primordial a conexão das palavras:

- a, ante, até, após, com contra, de, desde, em, entre, para, per, perante, por, sem, sob, sobre, trás.

Veja o emprego de algumas preposições:

Os manifestantes lutaram **contra** a polícia.
O aluno chegou **ao** salão rapidamente.
Aguardo sua decisão **desde** ontem.
Entre mim e ti, não há qualquer problema.

7.10.2 Preposições acidentais

São palavras que pertencem a outras classes, empregadas, porém, eventualmente como preposições: conforme, consoante, durante, exceto, fora, agora, mediante, menos, salvante, salvo, segundo, tirante.

O emprego das preposições acidentais é mais comum do que parece, veja os exemplos:

Todos saíram da sala, **exceto** eu.
Tirante as mulheres, o grupo que estava na sala parou de falar.
Escreveu o livro **conforme** o original.

7.10.3 Locuções prepositivas

Além das preposições simples, existem também as chamadas locuções prepositivas, que terminam sempre por uma preposição simples:

- abaixo de, acerca de, acima de, a despeito de, adiante de, a fim de, além de, antes de, ao lado de, a par de, apesar de, a respeito de, atrás de, através de, de acordo com, debaixo de, de cima de, defronte de, dentro de, depois de, diante de, embaixo de, em cima de, em frente de(a), em lugar de, em redor de, em torno de, em vez de, graças a, junto a (de), para baixo de, para cima de, para com, perto de, por baixo de, por causa de, por cima de, por detrás de, por diante de, por entre, por trás de.

7.10.4 Conectivos

Os conectivos têm a função de ligar palavras ou orações. Eles podem ser coordenativos (ligam orações coordenadas) ou subordinativos (ligam orações subordinadas).

Coordenativos

- Conjunções coordenativas que iniciam as orações coordenadas:
  Aditivas: e.
  Adversativas: mas.
  Alternativas: ou.
  Conclusivas: logo.
  Explicativas: pois.

Subordinativos

- Pronomes relativos que iniciam as orações adjetivas:
  Que.
  Quem.
  Cujo/cuja.
  O qual/a qual.
- Conjunções subordinativas que iniciam as orações adverbiais:
  Causais: porque.
  Comparativas: como.
  Concessivas: embora.
  Condicionais: se.
  Conformativas: conforme.
  Consecutivas: (tão) que.
  Finais: para que.
  Proporcionais: à medida que.
  Temporais: quando.
- **Conjunções subordinativas que iniciam as orações substantivas:**
  Integrantes: que, se.

7.10.5 Formas variantes

Algumas palavras possuem mais de uma forma, ou seja, junto à forma padrão existem outras formas variantes.

Em algumas situações, é irrelevante a variação utilizada, mas em outros deve-se escolher a variação mais generalizada.

Exemplos:

Assobiar, assoviar.
Coisa, cousa.
Louro, loiro.
Lacrimejar, lagrimejar.
Infarto, enfarte.
Diabete, diabetes.
Transpassar, traspassar, trespassar.

8 SINTAXE BÁSICA

Sintaxe é a parte da Gramática que estuda a função das palavras ou das expressões em uma oração ou em um período.

Antes de iniciar o estudo da sintaxe, faz-se necessário definir alguns conceitos, tais como: frase, oração e período (conceitos essenciais).

- **Frase:** qualquer sentença dotada de sentido.
  Eu adoro estudar português!
  Fogo! Socorro!
- **Oração:** frase organizada em torno de uma forma verbal.
  Os alunos farão a prova amanhã!
- **Período:** conjunto de orações.
  - Período simples: 1 oração.
    Ex.: **Estudarei** português.
  - Período composto: mais de 1 oração.
    Ex.: **Estudarei** português e **farei** a prova.

8.1 Período simples (oração)

A oração é dividida em termos. Assim, o estudo fica organizado e impossibilita a confusão. São os termos da oração:
- Essenciais.
- Integrantes.
- Acessórios.

8.1.1 Termos essenciais da oração

Sujeito e predicado: são chamados de essenciais, porque são os elementos que dão vida à oração. Quer dizer, sem um deles (o predicado, ao menos) não se pode formar oração.

- O **Brasil** caminha para uma profunda transformação social.
  O Brasil: sujeito.
  Para uma profunda transformação social: predicado.

Sujeito

Sujeito é o termo sintático sobre o qual se declara ou se constata algo. Deve-se observar que há uma profunda relação entre o verbo que comporá o predicado e o sujeito da oração. Usualmente, o sujeito é formado por um substantivo ou por uma expressão substantivada.

O sujeito pode ser: simples; composto; oculto, elíptico ou desinencial; indeterminado; inexistente ou oracional.

- **Sujeito simples:** aquele que possui apenas um núcleo.
  O país deverá enfrentar difíceis rivais na competição.
  A perda de fôlego de algumas das grandes economias também já foi notada por outras gigantes do setor.
- **Sujeito composto:** é aquele que possui mais de um núcleo.
  João e Maria são amigos inseparáveis.
  Eu, meus **amigos** e todo o **resto** dos alunos faremos a prova.
- **Sujeito oculto, elíptico ou desinencial:** aquele que não se encontra expresso na oração, porém é facilmente subentendido pelo verbo apresentado.
  Acord**amos** cedo naquele dia. (Nós)
  Abri o blusão, tirei o 38, e perguntei com tanta raiva que uma gota de meu cuspe bateu na cara dele. (R. Fonseca) (eu)
  Vanderlei caminh**ou** pela manhã. À tarde pass**eou** pelo lago municipal, onde encont**rou** a Anaconda da cidade. (Ele, Vanderlei)

Perceba que o sujeito não está grafado na sentença, mas é facilmente recuperável por meio da terminação do verbo.

▷ **Sujeito indeterminado:** ocorre quando o verbo não se refere a um núcleo determinado. São situações de indeterminação do sujeito:
- Terceira pessoa do plural sem um referente:
  Nunca lhe **deram** nada.
  Fizeram comentários maldosos a seu respeito.
- Com verbos transitivos indiretos, intransitivo e relacionais (de ligação) acompanhados da partícula "se" que, no caso, será classificada como índice de indeterminação de sujeito:
  Vive-**se** muito bem.
  Precisa-**se** de força e coragem na vida de estudante.
  Nem sempre **se está** feliz na riqueza.

▷ **Sujeito inexistente ou oração sem sujeito:** ocorre em algumas situações específicas.
- Com verbos impessoais (principalmente os que denotam fenômeno da natureza).
  Em setembro **chove** muito.
  Nevava em Palotina.
- Com o verbo haver, desde que empregado nos sentidos de existir, acontecer ou ocorrer.
  Há poemas perfeitos, não **há** poetas perfeitos.
  Deveria **haver** soluções para tais problemas.
- Com os verbos ir, haver e fazer, desde que empregado fazendo alusão a tempo transcorrido.
  Faz um ano que não viajo. (verbo "fazer" no sentido de "tempo transcorrido")
  Há muito tempo que você não aparece. (verbo "haver" no sentido de "tempo")
  Vai para dois meses que não recebo salário. (verbo "ir" no sentido de "tempo")
- Com os verbos ser ou estar indicando tempo.
  Era noite fechada.
  É tarde, eles não vêm!
- Com os verbos bastar e chegar indicando cessamento.
  Basta de tanta corrupção no Senado!
  Chega de ficar calado quando a situação aperta!
- Com o verbo ser indicando data ou horas.
  São dez horas no relógio da torre.
  Amanhã **serão** dez de dezembro.

▷ **Sujeito oracional:** ocorre nas análises do período composto, quando se verifica que o sujeito de um verbo é uma oração.
  É preciso **que você estude Língua Portuguesa**.

Predicado

É o termo que designa aquilo que se declara acerca do sujeito. É mais simples e mais prudente para o aluno buscar identificar o predicado antes do sujeito, pois, se assim o fizer, terá mais concretude na identificação do sujeito.

O predicado pode ser nominal, verbal ou verbo-nominal.
- **Predicado Nominal:** o predicado nominal é formado por um verbo relacional (de ligação) + predicativo.

Principais verbos de ligação: ser, estar, permanecer, continuar, ficar, parecer, andar e torna-se.

A economia da Ásia parecia derrotada após a crise.
O deputado, de repente, virou patriota.
Português é legal.

- **Predicado Verbal:** o predicado verbal tem como núcleo um verbo nocional.

    Empresários **investirão R$ 250 milhões em novo berço para o Porto de Paranaguá**.

- **Predicado Verbo-nominal:** ocorre quando há um verbo significativo (nocional) + um predicativo do sujeito.

    O trem chegou atrasado. ("atrasado" é uma qualidade do sujeito que aparece após o verbo, portanto, é um predicativo do sujeito).

    Pedro Paladino já nasceu rico.

    Acompanhei a indignação de meus alunos preocupado.

Predicativo

O predicativo é um termo componente do predicado. Qualifica sujeito ou objeto.

Josefina era **maldosa, ruim, sem valor**. (predicativo do sujeito)

Leila deixou o garoto **louco**. (predicativo do objeto)

O diretor nomeou João **chefe da repartição**. (predicativo do objeto)

8.2 Termos integrantes da oração

Os termos integrantes da oração são: objeto direto (complemento verbal); objeto indireto (complemento verbal); complemento nominal e agente da passiva.

- **Objeto Direto:** é o complemento de um verbo transitivo direto.

    Os bons cidadãos cumprem **as leis**. (quem cumpre, cumpre algo)

    Em resumo: ele queria **uma mulher**. (quem quer, quer algo)

- **Objeto Indireto:** é o complemento de um verbo transitivo indireto.

    Os bons cidadãos obedecem **às leis**. (quem obedece, obedece a algo)

    Necessitamos **de manuais mais práticos** nos dias de hoje. (quem necessita, necessita de algo)

- **Complemento Nominal:** é o complemento, sempre preposicionado, de adjetivos, advérbios e substantivos que, em determinadas circunstâncias, pedem complemento, assim como os verbos transitivos indiretos.

    O filme era impróprio para crianças.

    Finalizou-se a construção do prédio.

    Agiu favoravelmente ao réu.

- **Agente da Passiva:** é o complemento que, na voz passiva, designa o ser praticante da ação sofrida ou recebida pelo sujeito. Veja os exemplos:

    Voz ativa: o zagueiro executou a jogada.

    Voz passiva: a jogada foi executada **pelo zagueiro**. (**Agente da passiva**)

    Conversas foram interceptadas pela **Polícia Federal**. (Agente da passiva)

8.3 Termos acessórios da oração

Os termos acessórios da oração são: adjunto adnominal; adjunto adverbial; aposto e vocativo.

▷ **Adjunto Adnominal:** a função do adjunto adnominal é desempenhada por qualquer palavra ou expressão que, junto de um substantivo ou de uma expressão substantivada, modifica o seu sentido. Vejamos algumas palavras que desempenham tal função.

- **Artigos: as** alunas serão aprovadas.
- **Pronomes adjetivos: aquela** aluna será aprovada.
- **Numerais adjetivos: duas** alunas serão aprovadas.
- **Adjetivos:** aluno **estudioso** é aprovado.
- **Locuções adjetivas:** aluno **de gramática** passa no concurso.

▷ **Adjunto Adverbial:** o adjunto adverbial é o termo acessório (que não é exigido por elemento algum da sentença) que exprime circunstância ao verbo e, às vezes, ao adjetivo ou mesmo ao advérbio.

- **Advérbios:** os povos antigos trabalhavam mais.
- **Locuções Adverbiais:** li vários livros **durante as férias**.
- **Alguns tipos de adjuntos adverbiais:**

    Tempo: ontem, choveu muito.

    Lugar: gostaria de que me encontrasse **na esquina da padaria**.

    Modo: Alfredo executou a aria **fantasticamente**.

    Meio: fui para a escola **a pé**.

    Causa: por amor, cometem-se loucuras.

    Instrumento: quebrou a **vidraça com uma pedra**.

    Condição: se estudar muito, será aprovado.

    Companhia: faremos sucesso **com essa banda**.

▷ **Aposto:** o aposto é o termo sintático que, possuindo equivalência semântica, esclarece seu referente. Tipos de aposto:

Explicativo: Alencar, **escritor romântico**, possui uma obra vastíssima.

Resumitivo ou recapitulativo: estudo, esporte, cinema, **tudo** o chateava.

Enumerativo: preciso de duas coisas: **saúde e dinheiro**.

Especificativo: a notícia foi publicada na revista **Veja**.

Distributivo: havia grupos interessados: **o da direita e o da esquerda**.

Oracional: desejo só uma coisa: **que vocês passem no concurso**.

Vocativo: é uma interpelação, é um chamamento. Normalmente, indica com quem se fala.

▷ **Ó mar**, por que não me levas contigo?

- Vem, **minha amiga**, abraçar um vitorioso.

8.4 Período composto

O período composto possui dois processos: coordenação e subordinação.

- **Coordenação:** ocorre quando são unidas orações independentes sintaticamente. Ou seja, são autônomas do ponto de vista estrutural. Vamos a um exemplo:

    - Altamiro pratica esportes e estuda muito.

- **Subordinação:** ocorre quando são unidas orações que possuem dependência sintática. Ou seja, não estão completas em sua estrutura. O processo de subordinação ocorre de três maneiras:

    - **Substantiva:** quando a oração desempenhar a função de um substantivo na sentença (**sujeito, predicativo, objeto direto, objeto indireto, complemento nominal ou aposto**).

    - **Adjetiva:** quando a oração desempenhar a função de adjunto adnominal na sentença.

    - **Adverbial:** quando a oração desempenhar a função de adjunto adverbial na sentença.

    Eu quero **que vocês passem no concurso**. (Oração subordinada substantiva objetiva direta – a função de objeto direto está sendo desempenhada pela oração)

    O Brasil, **que é um belíssimo país**, possui vegetação exuberante. (Oração subordinada adjetiva explicativa)

    Quando José entrou na sala, Manoel saiu. (Oração subordinada adverbial temporal)

SINTAXE BÁSICA

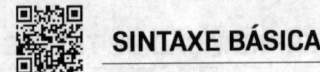

8.4.1 Processo de coordenação

Há dois tipos de orações coordenadas: **assindéticas** e **sindéticas**.

- **Assindéticas:**

O nome vem da palavra grega *sýndetos*, que significa conjunção, união. Ou seja, oração que não possui conjunção quando está colocada ao lado de outra.

> Valdevino **correu (oração coordenada assindética), correu (oração coordenada assindética), correu (oração coordenada assindética)** o dia todo.

Perceba que não há conjunções para ligar os verbos, ou seja, as orações estão colocadas uma ao lado da outra sem síndeto, portanto, são **orações coordenadas assindéticas**.

- **Sindéticas:**

Contrariamente às assindéticas, as sindéticas possuem conjunção para exprimir uma relação lógico-semântica. Cada oração recebe o nome da conjunção que a introduz. Por isso é necessário decorar as conjunções.

- **Aditivas:** são introduzidas pelas conjunções e, nem, mas também, também, como (após "não só"), como ou quanto (após "tanto"), mais etc., dando a ideia de adição à oração anterior.

> A seleção brasileira venceu a Dinamarca **e empatou com a Inglaterra**. (Oração coordenada assindética / **oração coordenada sindética aditiva**)

- **Adversativas:** são introduzidas pelas conjunções: mas, porém, todavia, contudo, entretanto, no entanto, não obstante, senão, apesar disso, embora etc., indicando uma relação de oposição à sentença anterior.

> O time batalhou muito, / **mas não venceu o adversário**. (Oração coordenada assindética / **oração coordenada sindética adversativa**)

- **Alternativas:** são introduzidas pelas conjunções ou... ou, ora... ora, já... já, quer... quer, seja... seja, nem... nem etc., indicando uma relação de alternância entre as sentenças.

> Ora estuda, / ora trabalha. (**Oração coordenada sindética alternativa / oração coordenada sindética alternativa**)

- **Conclusivas:** são introduzidas pelas conjunções: pois (posposto ao verbo), logo, portanto, então, por conseguinte, por consequência, assim, desse modo, destarte, com isso, por isto, consequentemente, de modo que, indicando uma relação de conclusão do período anterior.

> Comprei a carne e o carvão, / **portanto podemos fazer o churrasco**. (Oração coordenada assindética / **oração coordenada sindética conclusiva**)

> Estou muito doente, / **não posso, pois, ir à aula**. (Oração coordenada assindética/ **oração coordenada sindética conclusiva**)

- **Explicativas:** são introduzidas pelas conjunções que, porque, porquanto, por, portanto, como, pois (anteposta ao verbo), ou seja, isto é, indicando uma relação de explicação para com a sentença anterior.

> Não converse, / **pois estou estudando**. (Oração coordenada assindética / **oração coordenada sindética explicativa**)

8.4.2 Processo de subordinação

As orações subordinadas substantivas se dividem em seis tipos, introduzidas, geralmente, pelas conjunções "**que**" e "**se**".

- **Subjetiva:** exerce função de sujeito do verbo da oração principal.

> É interessante / **que todos joguem na loteria**. (Oração principal / **oração subordinada substantiva subjetiva**)

- **Objetiva direta:** exerce função de objeto direto.

> Eu quero / **que você entenda a matéria**. Quem quer, quer algo ou alguma coisa. (Oração principal / **oração subordinada substantiva objetiva direta**)

- **Objetiva indireta:** exerce função de objeto indireto.

> Os alunos necessitam / **de que as explicações fiquem claras**. Quem necessita, necessita de algo. (Oração principal / **oração subordinada substantiva objetiva indireta**)

- **Predicativa:** exerce função de predicativo.

> O bom é / **que você faça exercícios todos os dias**. (Oração principal / **oração subordinada substantiva predicativa**)

- **Completiva nominal:** exerce função de complemento nominal de um nome da oração principal.

> Jonas tem vontade / **de que alguém o mande calar a boca**. (Oração principal / **oração subordinada substantiva completiva nominal**)

- **Apositivas:** possuem a função de aposto da sentença principal, geralmente são introduzidas por dois-pontos (:).

> Eu quero apenas isto: / **que você passe no concurso**. (Oração principal / **oração subordinada substantiva apositiva**)

- **Orações subordinadas adjetivas:** dividem-se em dois tipos. Quando desenvolvidas, são introduzidas por um pronome relativo.

O nome oração subordinada adjetiva se deve ao fato de ela desempenhar a mesma função de um adjetivo na oração, ou seja, a função de adjunto adnominal. Na Gramática de Portugal, são chamadas de orações relativas pelo fato de serem introduzidas por pronome relativo.

- **Restritivas:** restringem a informação da oração principal. Não possuem vírgulas.

> O homem / **que mora ao lado** / é mal-humorado. (Oração principal / **oração subordinada adjetiva restritiva** / oração principal)

Para entender basta perguntar: qualquer homem é mal-humorado? Não. Só o que mora ao lado.

- **Explicativas:** explicam ou dão algum esclarecimento sobre a oração principal.

> João, / **que é o ex-integrante da comissão**, / chegou para auxiliar os novos contratados. (Oração principal / **oração subordinada adjetiva explicativa** /oração principal)

- **Orações subordinadas adverbiais:** dividem-se em nove tipos. Recebem o nome da conjunção que as introduz. Nesse caso, teremos uma principal (que não está negritada) e uma subordinada adverbial (que está em negrito).

Essas orações desempenham a função de adjunto adverbial da oração principal.

- **Causais:** exprimem a causa do fato que ocorreu na oração principal. Introduzidas, principalmente, pelas conjunções porque, visto que, já que, uma vez que, como que, como.

> **Já que precisamos de dinheiro**, vamos trabalhar.

- **Comparativas:** representam o segundo termo de uma comparação. Introduzidas, na maior parte dos casos, pelas conjunções que, do que, como, assim como, (tanto) quanto.

> Tiburcina fala **como uma gralha** (fala - o verbo está elíptico).

- **Concessivas:** indica uma concessão entre as orações. Introduzidas, principalmente, pelas conjunções embora, a menos que, ainda que, posto que, conquanto, mesmo que, se bem que, por mais que, apesar de que. Fique de olho na relação da conjunção com o verbo.

> **Embora não tivesse tempo disponível**, consegui estudar.

- **Condicionais:** expressa ideia de condição. Introduzidas, principalmente, pelas conjunções se, salvo se, desde que, exceto, caso, desde, contanto que, sem que, a menos que.

    Se ele não se defender, acabará como "boi-de-piranha" no caso.

- **Conformativas:** exprimem acordo, concordância entre fatos ou ideias. Introduzidas, principalmente, pelas conjunções como, consoante, segundo, conforme, de acordo com etc.

    Realize as atividades **conforme eu expliquei**.

- **Consecutivas:** indicam a consequência ou o efeito daquilo que se diz na oração principal. Introduzidas, principalmente, pelas conjunções que (precedida de tal, tão, tanto, tamanho), de sorte que, de modo que.

    Estudei tanto, **que saiu sangue dos olhos**.

- **Finais:** exprimem finalidade da ação primeira. Introduzidas, em grande parte dos casos, pelas conjunções para que, a fim de que, que e porque.

    Estudei muito **para que pudesse fazer a prova**.

- **Proporcionais:** expressa uma relação de proporção entre as orações. Introduzidas, principalmente, pelas conjunções (locuções conjuntivas) à medida que, quanto mais... mais, à proporção que, ao passo que, quanto mais.

    - José piorava, **à medida que abandonava seu tratamento**.

- **Temporais:** indicam circunstância de tempo. Introduzidas, principalmente, pelas conjunções quando, antes que, assim que, logo que, até que, depois que, mal, apenas, enquanto etc.

    Logo que iniciamos o trabalho os alunos ficaram mais tranquilos.

9 FUNÇÕES DO "SE"

A palavra "se", assim como o "que", possui diversas funções e costuma gerar muitas dúvidas. Por isso, para entender cada função e identificá-las, observe os exemplos a seguir.

9.1 Partícula apassivadora

Vendem-**se** plantas. (É possível passar a oração para a voz passiva analítica: plantas são vendidas).

Neste caso, o "se" nunca será seguido por preposição.

9.2 Pronome reflexivo

Nesse caso, o pronome expressa a igualdade entre o sujeito e o objeto da ação, exercendo a função de complemento verbal.

Penteou-**se** com capricho.

9.3 Pronome recíproco

Denota a ocorrência de que houve uma ação trocada entre os elementos do sujeito.

Amaram-**se** durante anos.

9.4 Partícula expletiva (de realce)

Tem o papel de realçar ou enfatizar um vocábulo ou um segmento da frase. Pode ser retirada da frase sem prejuízo sintático ou semântico.

Foi-**se** o tempo em que confiávamos nos políticos. (Não possui função na oração, apenas realça o que foi dito).

9.5 Pronome indeterminador do sujeito

O pronome "se" serve como índice de indeterminação do sujeito. O sujeito indeterminado é o sujeito que não quer ou não se pode identificar.

Precisa-**se** de secretária. (Não se pode passar a oração para a voz passiva analítica).

Nessa casa, come-**se** muito.

9.6 Parte do verbo pronominal

Alguns verbos exigem a presença da partícula "se" para indicar que a ação é referente ao sujeito que a pratica. Veja os exemplos:

Arrependeu-**se** de ter ligado.

Outros exemplos de verbos pronominais: lembrar-**se**, queixar-**se**, enganar-**se**, suicidar-**se**.

9.7 Conjunção

A conjunção "se" pode assumir várias funções, veja alguns exemplos:

Vou chegar no horário **se** não chover. (Conjunção condicional).

Não sei **se** dormirei em casa hoje. (Conjunção integrante).

Se vai ficar aqui, então fale comigo. (Conjunção adverbial causal).

Se queria ser mãe, nunca demonstrou amor pelas crianças. (Conjunção concessiva).

10 FUNÇÕES DO "QUE"

A palavra "que" possui diversas funções e costuma gerar muitas dúvidas. Por isso, para entender cada função e identificá-las, observe os exemplos a seguir:

10.1 Substantivo

Senti um **quê** de falsidade naquela fala.

Neste caso, o que está precedido por um determinante – um artigo –, e é acentuado, pois assume o papel de um substantivo. Poderia ser substituído por outro substantivo:

Senti um **ar** de falsidade naquela fala.

Quanto atua como substantivo, o quê será sempre acentuado e precedido por um artigo, pronome ou numeral.

10.2 Pronome

Exemplos:

Que beleza de festa! (Pronome exclamativo)
O livro **que** comprei estava em promoção. (Pronome relativo)
Que dia é a prova? (Pronome interrogativo)

10.3 Interjeição

Exemplos:

Quê? Não entendi.
Quê! Ela sabe sim!

10.4 Preposição

Temos **que** chegar cedo.

Observe que a regência do verbo ter exige a preposição "de": *temos de chegar cedo*. No entanto, na fala coloquial, já é aceito o uso do "que" como preposição.

10.5 Advérbio

Que bela está a casa!

Neste caso, antecede um adjetivo, modificando-o: **como** a casa está bela!

Que longe estava da cidade!

Neste caso, antecede um advérbio, intensificando-o: Estava **muito longe** da cidade.

10.6 Conjunção

Exemplos:

Que gostem ou **que** não gostem, tomei minha decisão. (Conjunção alternativa).
Pode entrar na fila **que** não será atendida. (Conjunção adversativa).
Não falte à aula **que** o conteúdo é importante. (Conjunção explicativa).

10.7 Conjunção subordinativa

Exemplos:

Estava tão cansada **que** não quis recebê-lo. (Conjunção subordinativa consecutiva).
Gostei da viagem, cara **que** tenha sido. (Conjunção subordinativa concessiva).
Não corra **que** o chão está molhado! (Conjunção subordinativa causal).

10.8 Partícula expletiva (de realce)

Que bonito **que** está o seu cabelo! (Não tem função na oração, apenas realça o que está sendo falado)

11 CONCORDÂNCIA VERBAL E NOMINAL

Trata-se do processo de flexão dos termos a fim de se relacionarem harmoniosamente na frase. Quando se pensa sobre a relação do verbo com os demais termos da oração, o estudo focaliza a concordância verbal. Quando a análise se volta para a relação entre pronomes, substantivos, adjetivos e demais termos do grupo nominal, diz-se que o foco é concordância nominal.

11.1 Concordância verbal

11.1.1 Regra geral

O verbo concorda com o sujeito em número e pessoa.

O **primeiro-ministro** russo **acusou** seus inimigos.
Dois **parlamentares rebateram** a acusação.
Contaram-se **mentiras** no telejornal.
Vós sois os responsáveis por vosso destino.

Regras para sujeito composto

- Anteposto se colocado antes do verbo, o verbo vai para o plural:
  Eu e meus irmãos vamos à praia.

- Posposto se colocado após o verbo, o verbo concorda com o mais próximo ou vai para o plural:
  Morreu (morreram), no acidente, **o prefeito e o vereador**.

- Formado por pessoas (gramaticais) diferentes: plural da predominante.
  Eu, você e os alunos **estudaremos** para o concurso. (a primeira pessoa é a predominante, por isso, o verbo fica na primeira pessoa do plural).

- Com núcleos em correlação, a concordância se dá com o mais próximo ou fica no plural:
  O professor assim como o monitor auxilia(m) os estudantes.

- **Ligado por NEM o verbo concordará:**
  - No singular: se houver exclusão.
    Nem Josias nem Josué **percebeu** o perigo iminente.
  - No singular: quando se pretende individualizar a ação, aludindo a um termo em específico.
    Nem os esportes nem a leitura **o entretém**.
  - No plural: quando não houver exclusão, ou seja, quando a intenção for aludir ao sujeito em sua totalidade.
    Nem a minha rainha nem o meu mentor **serão** tão convincentes a ponto de me fazerem mudar de ideia.

- **Ligado por COM o verbo concorda com o antecedente do COM ou vai para o plural:**
  O vocalista com os demais integrantes da banda **realizaram (realizou)** o show.

- **Ligado por OU o verbo fica no singular (se houver exclusão) ou no plural (se não houver exclusão):**
  Ou Pedro Amorim ou Jurandir Leitão **será** eleito vereador da cidade.
  O aviso ou o ofício **deveriam** ser expedidos antes da data prevista.

- **Se o sujeito for construído com os termos:** um e outro, nem um nem outro, o verbo fica no singular ou plural, dependendo do sentido pretendido.
  Um e outro **passou (passaram)** no concurso.
  Um ou outro: verbo no singular.
  Um ou outro fez a lição.

- **Expressões partitivas seguidas de nome plural:** verbo no singular ou plural.
  A maior parte das pessoas **fez (fizeram)** o exercício recomendado.

- **Coletivo geral:** verbo no singular.
  O cardume **nadou** rio acima.

- **Expressões que indicam quantidade aproximada seguida de numeral:** o verbo concorda com o substantivo.
  Aproximadamente 20% dos eleitores **compareceram** às urnas.
  Aproximadamente 20% do eleitorado **compareceu** às urnas.

- **Pronomes (indefinidos ou interrogativos) seguidos dos pronomes "nós" e/ou "vós":** o verbo fica no singular ou plural.
  Quem de nós **fará (faremos)** a diferença?

- **Palavra QUE (pronome relativo):** o verbo concorda com o antecedente do pronome "que".
  Fui eu que **fiz** a diferença.

- **Palavra QUEM:** verbo na 3ª pessoa do singular.
  Fui eu *quem* **fez** a diferença.

Pela repetida utilização errônea, algumas gramáticas já toleram a concordância do verbo com a pessoa gramatical distinta da terceira, no caso de se utilizar um pronome pessoal como antecedente do "quem".

- **Um dos que:** verbo no singular ou plural.
  Ele foi *um dos que* **fez (fizeram)** a diferença.

- **Palavras sinônimas:** verbo concorda com o mais próximo ou fica no plural.
  A ruindade, a maldade, a vileza **habita (habitam)** a alma do ser humano.

- **Quando os verbos estiverem acompanhados da palavra "SE":** fique atento à função da palavra "SE".
  - **SE na função de pronome apassivador:** o verbo concorda com o sujeito paciente.
    Vendem-se casas e sobrados em Alta Vista.
    Presenteou-se o aluno aplicado com uma gramática.
  - **SE na função de índice de indeterminação do sujeito:** o verbo fica sempre na 3ª pessoa do singular.
    Precisa-se de empregados com capacidade de aprender.
    Vive-se muito bem na riqueza.

A dica é ficar de olho na transitividade do verbo. Se o verbo for VTI, VI ou VL, o termo "SE" será índice de indeterminação do sujeito.

- **Casos de concordância com o verbo "ser":**
  - **Quando indicar tempo ou distância:** concorda com o predicativo.
    Amanhã **serão** 7 de fevereiro.
    São 890 quilômetros daqui até Florianópolis.
  - **Quando houver sujeito que indica quantidade e predicativo que indica suficiência ou excesso:** concorda com o predicativo.
    Vinte milhões **era** muito por aquela casa.
    Sessenta centavos **é** pouco por aquele lápis.
  - **O verbo "dar", no sentido de "bater" ou "soar", acompanhado do termo "hora(s)":** concorda com o sujeito.
    Deram cinco horas no relógio do juiz.
    Deu cinco horas o relógio juiz.
  - **Verbo "parecer" somado a infinitivo:** flexiona-se um dos dois.
    Os alunos **pareciam** estudar novos conteúdos.
    Os alunos **pareciam estudarem** novos conteúdos.

- **Quando houver sujeito construído com nome no plural**, com artigo no singular ou sem artigo: o verbo fica no singular.

  Memórias Póstumas de Brás Cubas **continua** sendo lido por jovens estudantes.

  Minas Gerais **é** um lindo lugar.

- Com artigo plural: o verbo fica no plural.

  Os Estados Unidos **aceitaram** os termos do acordo assinado.

11.2 Concordância nominal

A concordância nominal está relacionada aos termos do grupo nominal. Ou seja, relaciona-se com o substantivo, o pronome, o artigo, o numeral e o adjetivo. Vamos à regra geral para a concordância.

11.2.1 Regra geral

O artigo, o numeral, o adjetivo e o pronome adjetivo devem concordar com o substantivo a que se referem em gênero e número.

Meu belíssimo e **antigo** carro **amarelo** quebrou, ontem, em **uma** rua **estreita**.

Os termos destacados acima, mantém uma relação harmoniosa com o núcleo de cada expressão. Relação essa que se estabelece em questões de gênero e de número.

A despeito de a regra geral dar conta de grande parte dos casos de concordância, devemos considerar a existência de casos particulares, que merecem atenção.

11.2.2 Casos que devem ser estudados

Dependendo da intencionalidade de quem escreve, pode-se realizar a concordância atrativa, primando por concordar com apenas um termo de uma sequência ou com toda a sequência. Vejamos:

Vi um carro e uma **moto** *vermelha*. (concordância apenas com o termo "moto")

Vi um carro e uma **moto** *vermelhos*. (concordância com ambos os elementos)

A palavra "**bastante**", por exemplo, varia de acordo com o contexto. Se "bastante" é pronome adjetivo, será variável; se for advérbio (modificando o verbo), será invariável, ou seja, não vai para o plural.

Há *bastantes* **motivos** para sua ausência. (adjetivo)

Os alunos **falam** *bastante*. (advérbio)

Troque a palavra "bastante" por "muito". Se "muito" for para o plural, "bastante" também irá.

Anexo, incluso, apenso, obrigado, mesmo, próprio: são adjetivos que devem concordar com o substantivo a que se referem.

O *relatório* segue **anexo** ao documento.

Os *documentos* irão **apensos** ao relatório.

A expressão "em anexo" é invariável (não vai para plural nem para o feminino).

As planilhas irão **em anexo**.

É bom, é necessário, é proibido, é permitido: variam somente se o sujeito vier antecedido de um artigo ou outro termo determinante.

Maçã é **bom** para a voz. / A maçã é **boa** para a voz.

É necessário **aparecer** na sala. / É necessária **sua aparição** na sala.

"**Menos**" e "**alerta**" são sempre invariáveis, contanto que respeitem sua classe de origem - advérbio: se forem derivadas para substantivo, elas poderão variar.

Encontramos **menos** alunos na escola. / Encontramos **menos** alunas na escola.

O policial ficou **alerta**. / Os policiais ficaram **alerta**.

"**Só**" e "**sós**" variam apenas quando forem adjetivos: quando forem advérbios, serão invariáveis.

Pedro apareceu **só** (sozinho) na sala. / Os meninos apareceram **sós** (sozinhos) na sala. (adjetivo)

Estamos **só** (somente) esperando sua decisão. (advérbio)

- A expressão "a sós" é invariável.

  A menina ficou **a sós** com seus pensamentos.

Troque "só" por "sozinho" (vai para o plural) ou "somente" (fica no singular).

REGÊNCIA VERBAL E NOMINAL

12 REGÊNCIA VERBAL E NOMINAL

Regência é a parte da Gramática Normativa que estuda a relação entre dois termos, verificando se um termo serve de complemento a outro e se nessa complementação há uma preposição.

Dividimos a regência em:
- Regência verbal (ligada aos verbos).
- Regência nominal (ligada aos substantivos, adjetivos ou advérbios).

12.1 Regência verbal

Deve-se analisar, nesse caso, a necessidade de complementação, a presença ou ausência da preposição e a possibilidade de mudança de sentido do texto.

Vamos aos casos:
- **Agradar e desagradar:** são transitivos indiretos (com preposição a) nos sentidos de satisfazer, contentar.
  - A biografia de Aníbal Machado **agradou/desagradou** à maioria dos leitores.
  - A criança **agradava** ao pai por ser muito comportada.
- **Agradar:** pode ser transitivo direto (sem preposição) se significar acariciar, afagar.
  - **Agradar** a esposa.
  - Pedro passava o dia todo **agradando** os seus gatos.
- **Agradecer:** transitivo direto e indireto, com a preposição a, no sentido de demonstrar gratidão a alguém.
  - **Agradecemos** a Santo Antônio o milagre alcançado.
  - **Agradecemos-lhes** a benesse concedida.

O verbo em questão também pode ser transitivo direto no sentido de mostrar gratidão por alguma coisa:
  - **Agradeço** a dedicação de todos os estudantes.
  - Os pais **agradecem** a dedicação dos professores para com os alunos.
- **Aspirar:** é transitivo indireto (preposição "a") nos sentidos de desejar, pretender ou almejar.
  - Sempre **aspirei** a um cargo público.
  - Manoel **aspirava** a ver novamente a família na Holanda.
- **Aspirar:** é transitivo direto na acepção de inalar, sorver, tragar, ou seja, mandar para dentro.
  - **Aspiramos** o perfume das flores.
  - Vimos a empregada **aspirando** a poeira do sofá.
- **Assistir:** é transitivo direto no sentido de ajudar, socorrer etc.
  - O professor **assistia** o aluno.
  - Devemos **assistir** os mais necessitados.
- **Assistir:** é transitivo indireto (complemento regido pela preposição "a") no sentido de ver ou presenciar.
  - **Assisti** ao comentário da palestra anterior.
  - Você deve **assistir** às aulas do professor!
- **Assistir:** é transitivo indireto (complemento regido pela preposição "a") no sentido de "ser próprio de", "pertencer a".
  - O direito à vida **assiste** ao ser humano.
  - Esse comportamento **assiste** às pessoas vitoriosas.
- **Assistir:** é intransitivo no sentido de morar ou residir.
  - Maneco **assistira** em Salvador.
- **Chegar:** é verbo intransitivo e possui os adjuntos adverbiais de lugar introduzidos pela preposição "a".
  - **Chegamos** a Cascavel pela manhã.
  - Este é o ponto a que pretendia **chegar**.

Caso a expressão indique posição em um deslocamento, admite-se a preposição em:
  - **Cheguei** no trem à estação.

Os verbos ir e vir têm a mesma regência de chegar:
  - Nós **iremos** à praia amanhã.
  - Eles **vieram** ao cursinho para estudar.
- **Custar no sentido de** ter valor ou preço: verbo transitivo direto.
  - O avião **custa** 100 mil reais.
- **Custar no sentido de** ter como resultado certa perda ou revés é verbo transitivo direto e indireto:
  - Essa atitude **custou**-lhe a vida.
- **Custar no sentido de** ser difícil ou trabalhoso é intransitivo:
  - **Custa** muito entender esse raciocínio.
- **Custar no sentido de** levar tempo ou demorar é intransitivo:
  - **Custa** a vida para aprender a viver.
- **Esquecer/lembrar:** possuem a seguinte regra – se forem pronominais, terão complemento regido pela preposição "de"; se não forem, não haverá preposição.
  - Lembrei-**me de** seu nome.
  - Esqueci-**me de** seu nome.
  - **Lembrei** seu nome.
  - **Esqueci** seu nome.
- **Gostar:** é transitivo indireto no sentido de apreciar (complemento introduzido pela preposição "de").
  - **Gosto** de estudar.
  - **Gosto** muito de minha mãe.
- **Gostar:** como sinônimo de experimentar ou provar é transitivo direto.
  - **Gostei** a sobremesa apenas uma vez e já adorei.
  - **Gostei** o chimarrão uma vez e não mais o abandonei.
- **Implicar** pode ser:
  - **Transitivo direto** (sentido de acarretar):
    - Cada escolha **implica** uma renúncia.
  - **Transitivo direto e indireto** (sentido de envolver alguém em algo):
    - **Implicou** a irmã no crime.
  - **Transitivo indireto** (sentido de rivalizar):
    - Joana estava **implicando** com o irmão menor.
- **Informar:** é bitransitivo, ou seja, é transitivo direto e indireto. Quem informa, informa:
  - Algo a alguém: **informei** o acontecido para Jonas.
  - Alguém de algo: **informei**-o do acontecido.
  - Alguém sobre algo: **informei**-o sobre o acontecido.
- **Morar/residir:** verbos intransitivos (ou, como preconizam alguns dicionários, transitivo adverbiado), cujos adjuntos adverbiais de lugar são introduzidos pela preposição "em".
  - José **mora** em Alagoas.
  - Há boas pessoas **residindo** em todos os estados do Brasil.
- **Obedecer:** é um verbo transitivo indireto.
  - Os filhos **obedecem** aos pais.
  - **Obedeça** às leis de trânsito.

Embora transitivo indireto, admite forma passiva:
  - Os pais são obedecidos pelos filhos.

O antônimo "desobedecer" também segue a mesma regra.
- **Perdoar:** é transitivo direto e indireto, com objeto direto de coisa e indireto de pessoa.
  - Jesus **perdoou** os pecados aos pecadores.
  - **Perdoava**-lhe a desconsideração.

Perdoar admite a voz passiva:

    Os pecadores foram perdoados por Deus.

- **Precisar:** é transitivo indireto (complemento regido pela preposição de) no sentido de "necessitar".

    Precisaremos de uma nova Gramática.

- **Precisar:** é transitivo direto no sentido de indicar com precisão.

    Magali não soube **precisar** quando o marido voltaria da viagem.

- **Preferir:** é um verbo bitransitivo, ou seja, é transitivo direto e indireto, sempre exigindo a preposição a (preferir alguma coisa à outra).

    Adelaide **preferiu** o filé ao risoto.
    Prefiro estudar a ficar em casa descansando.
    Prefiro o sacrifício à desistência.

É incorreto reforçar o verbo "preferir" ou utilizar a locução "do que".

- **Proceder:** é intransitivo na acepção de "ter cabimento":

    Suas críticas são vazias, não **procedem**.

- **Proceder:** é também intransitivo na acepção de "portar-se":

Todas as crianças **procederam** bem ao lavarem as mãos antes do lanche.

- **Proceder:** no sentido de "ter procedência" é utilizado com a preposição de:

    Acredito que a dúvida **proceda** do coração dos curiosos.

- **Proceder:** é transitivo indireto exigindo a preposição a no sentido de "dar início":

    Os investigadores **procederam** ao inquérito rapidamente.

- **Querer:** é transitivo direto no sentido de "desejar":

    Eu **quero** um carro novo.

- **Querer:** é transitivo indireto (com o complemento de pessoa) no sentido de "ter afeto":

    Quero muito a meus alunos que são dedicados.

- **Solicitar:** é utilizado, na maior parte dos casos, como transitivo direto e indireto. Nada impede, entretanto, que se construa como transitivo direto.

    O juiz **solicitou** as provas ao advogado.
    Solicito seus documentos para a investidura no cargo.

- **Visar:** é transitivo direto na acepção de mirar.

    O atirador **visou** o alvo e disparou um tiro certeiro.

- **Visar:** é transitivo direto também no sentido de "dar visto", "assinar".

    O gerente havia **visado** o relatório do estagiário.

- **Visar:** é transitivo indireto, exigindo a preposição a, na acepção de "ter em vista", "pretender", "almejar".

    Pedro **visava** ao amor de Mariana.
    As regras gramaticais **visam** à uniformidade da expressão linguística.

12.2 Regência nominal

Alguns nomes (substantivos, adjetivos e advérbios) são comparáveis aos verbos transitivos indiretos: precisam de um complemento introduzido por uma preposição.

Acompanhemos os principais termos que exigem regência especial.

SUBSTANTIVO

Admiração a, por	Devoção a, para, com, por	Medo a, de
Aversão a, para, por	Doutor em	Obediência a
Atentado a, contra	Dúvida acerca de, em, sobre	Ojeriza a, por
Bacharel em	Horror a	Proeminência sobre
Capacidade de, para	Impaciência com	Respeito a, com, para com, por
Exceção a	Excelência em	Exatidão de, em
Dissonância entre	Divergência com, de, em, entre, sobre	Referência a
Alusão a	Acesso a	Menção a

ADJETIVOS

Acessível a	Diferente de	Necessário a
Acostumado a, com	Entendido em	Nocivo a
Afável com, para com	Equivalente a	Paralelo a
Agradável a	Escasso de	Parco em, de
Alheio a, de	Essencial a, para	Passível de
Análogo a	Fácil de	Preferível a
Ansioso de, para, por	Fanático por	Prejudicial a
Apto a, para	Favorável a	Prestes a
Ávido de	Generoso com	Propício a
Benéfico a	Grato a, por	Próximo a
Capaz de, para	Hábil em	Relacionado com
Compatível com	Habituado a	Relativo a
Contemporâneo a, de	Idêntico a	Satisfeito com, de, em, por
Contíguo a	Impróprio para	Semelhante a
Contrário a	Indeciso em	Sensível a
Curioso de, por	Insensível a	Sito em
Descontente com	Liberal com	Suspeito de
Desejoso de	Natural de	Vazio de
Distinto de, em, por	Dissonante a, de, entre	Distante de, para

ADVÉRBIOS

Longe de	Perto de	Relativamente a
Contemporaneamente a	Impropriamente a	Contrariamente a

É provável que você encontre muitas listas com palavras e suas regências, porém a maneira mais eficaz de se descobrir a regência de um termo é fazer uma pergunta para ele e verificar se, na pergunta, há uma preposição. Havendo, descobre-se a regência.

- A descoberta era **acessível** a todos.

Faz-se a pergunta: algo que é acessível é acessível? (a algo ou a alguém). Descobre-se, assim, a regência de acessível.

13 PARALELISMO

Ocorre quando há uma sequência de expressões com estrutura idêntica.

13.1 Paralelismo sintático

O paralelismo sintático é possível quando a estrutura de termos coordenados entre si é idêntica. Nesse caso, entende-se que "termos coordenados entre si" são aqueles que desempenham a mesma função sintática em um período ou trecho.

> João comprou **balas** e **biscoitos**.

Perceba que "balas" e "biscoitos" têm a mesma função sintática (objeto direto). Além disso, ambas são expressões nominais. Assim, apresentam, na sentença, uma estrutura sintática idêntica.

> Os formandos **estão pensando na carreira, isto é, no futuro**.

Tanto "na carreira" quanto "no futuro" são complementos do verbo pensar. Ademais, as duas expressões são formadas por preposição e substantivo.

13.2 Paralelismo semântico

Estrutura-se pela coerência entre as informações.

> Lucélia **gosta de maçã e de pera**.

Percebe-se que há uma relação semântica entre maçã e pera, pois ambas são frutas.

> Lucélia **gosta de livros de ação e de pizza**.

Observa-se que os termos "livros de ação" e "pizza" não possuem sentidos semelhantes que garantam a sequência lógica esperada no período.

14 COLOCAÇÃO PRONOMINAL

Esta parte do conteúdo é relativa ao estudo da posição dos pronomes oblíquos átonos em relação ao verbo. Antes de iniciar o estudo, memorize os pronomes em questão.

PRONOMES OBLÍQUOS ÁTONOS
me
te
o, a, lhe, se
nos
vos
os, as, lhes, se

Quatro casos de colocação:
- **Próclise** (anteposto ao verbo):
    Nunca **o** vi.
- **Mesóclise** (medial em relação ao verbo):
    Dir-**te**-ei algo.
- **Ênclise** (posposto ao verbo):
    Passa-**me** a resposta.
- **Apossínclise** (intercalação de uma ou mais palavras entre o pronome e o verbo):
    - Talvez tu **me** já não creias.

14.1 Regras de próclise

- Palavras ou expressões negativas:
    Não **me** deixe aqui neste lugar!
    Ninguém **lhe** disse que seria fácil.
- Pronomes relativos:
    O material de que **me** falaste é muito bom.
    Eis o conteúdo que **me** causa nojo.
- Pronomes indefinidos:
    Alguém **me** disse que você vai ser transferido.
    Tudo **me** parece estranho.
- Conjunções subordinativas:
    Confiei neles, assim que **os** conheci.
    Disse que **me** faltavam palavras.
- Advérbios:
    Sempre **lhe** disse a verdade.
    Talvez **nos** apareça a resposta para essa questão.
- Pronomes interrogativos:
    Quem **te** contou a novidade?
    Que **te** parece essa situação?
- "Em + gerúndio"
    Em **se** tratando de Gramática, eu gosto muito!
    Nesta terra, em **se** plantando, tudo há de nascer.
- Particípio
    Ele havia avisado-**me**. (errado)
    Ele **me** havia avisado. (certo)
- Sentenças optativas:
    Deus **lhe** pague!
    Deus **o** acompanhe!

14.2 Regras de mesóclise

Emprega-se o pronome oblíquo átono no meio da forma verbal, quando ela estiver no futuro do presente ou no futuro simples do pretérito do indicativo.
    Chamar-**te**-ei, quando ele chegar.
    Se houver tempo, contar-**vos**-emos nossa aventura.
    Contar-**te**-ia a novidade.

14.3 Regras de ênclise

Não se inicia sentença, em Língua Portuguesa, por pronome oblíquo átono. Ou seja, o pronome átono não deve ficar no início da frase.

Formas verbais:
- Do **infinitivo impessoal** (precedido ou não da preposição "a");
- Do **gerúndio**;
- Do **imperativo afirmativo**:
    Alcança-**me** o prato de salada, por favor!
    Urge obedecer-**se** às leis.
    O garoto saiu da sala desculpando-**se**.
    Tratando-**se** desse assunto, não gosto de pensar.
    Dá-**me** motivos para estudar.

Se o gerúndio vier precedido da preposição "em", deve-se empregar a próclise.
    Em **se** tratando de Gramática, eu gosto muito.

14.4 Casos facultativos

Sujeito expresso, próximo ao verbo.
    O menino se machucou (-**se**).
    Eu **me** refiro (-**me**) ao fato de ele ser idiota.
Infinitivo antecedido de "não" ou de preposição.
    Sabemos que não se habituar (-**se**) ao meio causa problemas.
    O público o incentivou a se jogar (-**se**) do prédio.

15 CRASE

O acento grave é solicitado nas palavras quando há a união da preposição "a" com o artigo (ou a vogal dependendo do caso) feminino "a" ou com os pronomes demonstrativos (aquele, aquela, aquilo e "a").

- Mário foi à festa ontem.
    Tem-se o "a" preposição e o "a" artigo feminino.
    Quem vai, vai a algum lugar. "Festa" é palavra feminina, portanto, admite o artigo "a".
- Chegamos àquele assunto (a + aquele).
- A gravata que eu comprei é semelhante à que você comprou (a + a).

Decore os casos em que não ocorre crase, pois a tendência da prova é perguntar se há crase ou não. Sabendo os casos proibitivos, fica muito fácil.

15.1 Crase proibitiva

Não se pode usar acento grave indicativo de crase:

- Antes de palavras masculinas.
    Fez uma pergunta a Mário.
- Antes de palavras de sentido indefinido.
    Não vai a festas, a reuniões, a lugar algum.
- Antes de verbos.
    Todos estão dispostos a colaborar.
- Antes de pronomes pessoais.
    Darei um presente a ela.
- Antes de nomes de cidade, estado ou país que não utilizam o artigo feminino.
    Fui a Cascavel.
    Vou a Pequim.
- Antes da palavra "casa" quando tem significado de próprio lar, ou seja, quando ela aparecer indeterminada na sentença.
    Voltei a casa, pois precisava comer algo.

> Quando houver determinação da palavra casa, ocorrerá crase.
> "Voltei à casa de meus pais."

- Da palavra "terra" quando tem sentido de solo.
    Os tripulantes vieram a terra.

> A mesma regra da palavra "casa" se aplica à palavra terra.

- De expressões com palavras repetidas.
    Dia a dia, mano a mano, face a face, cara a cara etc.
- Diante de numerais cardinais referentes a substantivos que não estão determinados pelo artigo.
    Assistirei a duas aulas de Língua Portuguesa.

> No caso de locuções adverbiais que exprimem hora determinada e nos casos em que o numeral estiver precedido de artigo, acentua-se:
> "Chegamos às oito horas da noite."
> "Assisti às duas sessões de ontem."

> No caso dos numerais, há uma dica para facilitar o entendimento dos casos de crase. Se houver o "a" no singular e a palavra posterior no plural, não ocorrerá o acento grave. Do contrário, ocorrerá.

15.2 Crase obrigatória

Deve-se usar acento grave indicativo de crase:

- Antes de locução adverbial feminina.
    À noite, à tarde, às pressas, às vezes, à farta, à vista, à hora certa, à esquerda, à direita, à toa, às sete horas, à custa de, à força de, à espera de, à vontade, à toa.
- Antes de termos femininos ou masculinos com sentido da expressão "à moda de" ou "ao estilo de".
    Filé à milanesa, servir à francesa, brigar à portuguesa, gol à Pelé, conto à Machado de Assis, discurso à Rui Barbosa etc.
- Antes de locuções conjuntivas proporcionais.
    À medida que, à proporção que.
- Antes de locuções prepositivas.
    À procura de, à vista de, à margem de, à beira de, à custa de, à razão de, à mercê de, à maneira de etc.
- Para evitar ambiguidade: receberá o acento o termo afetado pela ação do verbo (objeto direto preposicionado).
    Derrubou a menina à panela.
    Matou a vaca à cobra.
    Diante da palavra distância quando houver determinação da distância em questão:
    Achava-se à distância de cem (ou de alguns) metros.
- Antes das formas de tratamento "senhora", "senhorita" e "madame" = não há consenso entre os gramáticos, no entanto, opta-se pelo uso.
    Enviei lindas flores à senhorita.
    Josias remeteu uma carta à senhora.

15.3 Crase facultativa

- Após a preposição até.
    As crianças foram até à escola.
- Antes de pronomes possessivos femininos.
    Ele fez referência à nossa causa!
- Antes de nomes próprios femininos.
    Mandei um SMS à Joaquina.
- Antes da palavra "Dona".
    Remeti uma carta à Dona Benta.
    Não se usa crase antes de nomes históricos ou sagrados.
    O padre fez alusão a Nossa Senhora.
    Quando o professor fez menção a Joana D'Arc, todos ficaram entusiasmados.

16 PONTUAÇÃO

A pontuação assinala a melodia de nossa fala, ou seja, as pausas, a ênfase etc.

16.1 Principais sinais e usos

16.1.1 Vírgula

É o sinal mais importante para concurso público.

Usa-se a vírgula para:

- Separar termos que possuem mesma função sintática no período.

  José, **Maria**, **Antônio** e **Joana** foram ao mercado. (Função de núcleo do sujeito).

- Isolar o vocativo.

  Então, **minha cara**, não há mais o que se dizer!

- Isolar um aposto explicativo (cuidado com essa regra, veja que não há verbo no aposto explicativo).

  O João, **ex-integrante da comissão**, veio fazer parte da reunião.

- Isolar termos antecipados, como: complemento, adjunto ou predicativo.

  Na semana passada, comemos camarão no restaurante português. (Antecipação de adjunto adverbial).

- Separar expressões explicativas, conjunções e conectivos.

  Isto é, ou seja, por exemplo, além disso, pois, porém, mas, no entanto, assim etc.

- Separar os nomes dos locais de datas.

  Cascavel, 2 de maio de 2012.

- Isolar orações adjetivas explicativas (pronome relativo + verbo + vírgula).

  O Brasil, **que é um belíssimo país**, possui ótimas praias.

- Separar termos de uma enumeração.

  Vá ao mercado e traga **cebola**, **alho**, **sal**, **pimenta e coentro**.

- Separar orações coordenadas.

  Esforçou-se muito, **mas não venceu o desafio**. (Oração coordenada sindética adversativa).

  Roubou todo o dinheiro, **e ainda apareceu na casa**. (Oração coordenada sindética aditiva).

A vírgula pode ser utilizada antes da conjunção aditiva "e" caso se queira enfatizar a oração por ela introduzida.

- Omitir um termo, elipse (no caso da elipse verbal, chamaremos "zeugma").
  - De dia era um anjo, de noite um **demônio**. (Omissão do verbo "ser").
- Separar termos de natureza adverbial deslocados dentro da sentença.

  Na semana passada, trinta alunos foram aprovados no concurso. (Locução adverbial temporal)

  Se estudar muito, você será aprovado no concurso. (Oração subordinada adverbial condicional)

16.1.2 Ponto final

Usa-se o ponto final:

- Ao final de frases para indicar uma pausa total; é o que marca o fim de um período.

  Depois de passar no concurso, comprarei um carro.

Em abreviaturas:

Sr., a. C., Ltda., num., adj., obs., máx., *bat.*, *brit. etc.*

16.1.3 Ponto e vírgula

Usam-se ponto e vírgula para:

- Separar itens que aparecem enumerados.

  Uma boa dissertação apresenta:
  Coesão;
  Coerência;
  Progressão lógica;
  Riqueza lexical;
  Concisão;
  Objetividade;
  Aprofundamento.

- Separar um período que já se encontra dividido por vírgulas.

  Não gostava de trabalhar; queria, no entanto, muito dinheiro no bolso.

- Separar partes do texto que se equilibram em importância.

  Os pobres dão pelo pão o trabalho; os ricos dão pelo pão a fazenda; os de espíritos generosos dão pelo pão a vida; os de nenhum espírito dão pelo pão a alma. (Vieira)

  O capitalismo é a exploração do homem pelo homem; o socialismo é exatamente o contrário.

16.1.4 Dois pontos

São usados dois pontos quando:

- Se vai fazer uma citação ou introduzir uma fala.

  José respondeu:
  – Não, muito obrigado!

- Se quer indicar uma enumeração.

  Quero apenas uma coisa: que vocês sejam aprovados no concurso!

16.1.5 Aspas

São usadas aspas para indicar:

- Citação presente no texto.

  "Há distinção entre categorias do pensamento" – disse o filósofo.

- Expressões estrangeiras, neologismos, gírias.

  Na parede, haviam pintado a palavra "love". (Expressão estrangeira).

  Ficava "bailarinando", como diria Guimarães. (Neologismo).

  "Velho", esconde o "cano" aí e "deixa baixo". (Gíria).

16.1.6 Reticências

São usadas para indicar supressão de um trecho, interrupção na fala, ou dar ideia de continuidade ao que se estava falando.

[...] Profundissimamente hipocondríaco. Este ambiente me causa repugnância. Sobe-me à boca uma ânsia análoga à ânsia. Que se escapa pela boca de um cardíaco [...]

Eu estava andando pela rua quando...

Eu gostei da nova casa, mas da garagem...

16.1.7 Parênteses

- São usados quando se quer explicar melhor algo que foi dito ou para fazer simples indicações.

  Foi o homem que cometeu o crime (o assassinato do irmão).

PONTUAÇÃO

16.1.8 Travessão

- Indica a fala de um personagem.
    Ademar falou.
    Amigo, preciso contar algo para você.
- Isola um comentário no texto.
    O estudo bem realizado – **diga-se de passagem, que quase ninguém faz** – é o primeiro passo para a aprovação.
- Isola um aposto na sentença.
    A Semântica – **estudo sobre as relações de sentido** – é importantíssima para o entendimento da Língua.
- Reforçar a parte final de um enunciado.
    Para passar no concurso, é preciso estudar muito – **muito mesmo.**

16.1.9 Trocas

A banca, eventualmente, costuma perguntar sobre a possibilidade de troca de termos, portanto, atenção!

Vírgulas, travessões e parênteses, quando isolarem um aposto, podem ser trocados sem prejuízo para a sentença.

Travessões podem ser trocados por dois pontos, a fim de enfatizar um enunciado.

16.1.10 Regra de ouro

Na ordem natural de uma sentença, é proibido:

- Separar sujeito e predicado com vírgulas:
    Aqueles maravilhosos velhos ensinamentos de meu pai foram de grande utilidade. (Certo)
    Aqueles maravilhosos velhos ensinamentos de meu pai, foram de grande utilidade. (Errado)
- Separar verbo de objeto:
    "O presidente do maravilhoso país chamado Brasil assinou uma lei importante. (Certo)
    O presidente do maravilhoso país chamado Brasil assinou, uma lei importante. (Errado)

17 PARÁFRASE

Parafrasear, em sentido lato, significa reescrever uma sequência de texto sem alterar suas informações originais. Isso quer dizer que o texto resultante deve apresentar o mesmo sentido do texto original, modificando, evidentemente, apenas a ordem frasal ou o vocabulário. Há algumas exigências para uma paráfrase competente. São elas:

- Usar a mesma ordem das ideias que aparecem no texto original.
- Em hipótese alguma é possível omitir informações essenciais.
- Não tecer comentários acerca do texto original, apenas parafrasear, sem frescura.
- Usar construções sintáticas e vocabulares que, apesar de manterem o sentido original, sejam distintas das do texto base.

17.1 Passos da paráfrase

Há alguns recursos para parafrasear um texto:

- Utilização de termos sinônimos.

    O presidente assinou o documento, **mas** esqueceu-se de pegar sua caneta.

    O presidente assinou o documento, **contudo** esqueceu-se de pegar sua caneta.

- Uso de palavras antônimas, valendo-se de palavra negativa.

    José era um **covarde**.

    José **não** era um **valente**.

- Emprego de termos anafóricos.

    São Paulo e Palmeiras são dois times brasileiros. O São Paulo venceu o Palmeiras na semana passada.

    São Paulo e Palmeiras são dois times brasileiros. **Aquele** (São Paulo) venceu **este** (Palmeiras) na semana passada.

- Permuta de termo verbal por nominal, e vice-versa.

    É importante que chegue cedo.

    Sua chegada é importante.

- Deixar termos elípticos.

    Eu preciso da colaboração de todos.

    Preciso da colaboração de todos.

- Alteração da ordem frasal.

    Adalberto venceu o último desafio de sua vida ontem.

    Ontem, Adalberto venceu o último desafio de sua vida.

- Transposição de voz verbal.

    Joel cortou a seringueira centenária. A seringueira centenária foi cortada por Joel.

- Troca de discurso.

    Naquela manhã, Oséas dirigiu-se ao pai dizendo: "Cortarei a grama sozinho." (Discurso direto).

    Naquela manhã, Oséas dirigiu-se ao pai dizendo que cortaria a grama sozinho. (Discurso indireto).

- Troca de palavras por expressões perifrásticas.

    O Rei do Futebol esteve presente durante as celebrações.

    Pelé esteve presente durante as celebrações.

- Troca de locuções por palavras de mesmo sentido.

    A turma **da noite** está comprometida com os estudos.

    A turma **noturna** está mais comprometida com os estudos.

18 REESCRITURA DE FRASES

A reescrita de frases é uma paráfrase que visa à mudança da forma de um texto. Para que o novo período esteja correto, é preciso que sejam respeitadas a correção gramatical e o sentido do texto original. Desse modo, quando há qualquer inadequação do ponto de vista gramatical e/ou semântico, o trecho reescrito deve ser considerado incorreto.

Assim, para resolver uma questão que envolve reescrita de trechos ou períodos, é necessário verificar os aspectos gramaticais (principalmente, pontuação, elementos coesivos, ortografia, concordância, emprego de pronomes, colocação pronominal, regência etc.) e aspectos semânticos (significação de palavras, alteração de sentido etc.).

Existem diversas maneiras de se parafrasear uma frase, por isso cada banca examinadora pode formular questões a partir de muitas formas. Nesse sentido, é essencial conhecer e dominar as variadas estruturas que uma sentença pode assumir quando ela é reescrita.

18.1 Substituição de palavras ou de trechos de texto

No processo de reescrita, pode haver a substituição de palavras ou trechos. Ao se comparar o texto original e o que foi reestruturado, é necessário verificar se essa substituição mantém ou altera o sentido e a coerência do primeiro texto.

18.1.1 Locuções × palavras

Em muitos casos, há locuções (expressões formadas por mais de uma palavra) que podem ser substituídas por uma palavra, sem alterar o sentido e a correção gramatical. Isso é muito comum com verbos.

Os alunos **têm buscado** formação profissional. (Locução: têm buscado).

Os alunos **buscam** formação profissional. (Uma palavra: buscam).

Ambas as frases têm sentido atemporal, ou seja, expressam ações constantes, que não têm fim.

18.1.2 Significação das palavras

Ao avaliarmos a significação das palavras, devemos ficar atentos a alguns aspectos: sinônimos, antônimos, polissemia, homônimos e parônimos.

Sinônimos

Palavras que possuem significados próximos, mas não são totalmente equivalentes.

Casa – lar – moradia – residência.
Carro – automóvel.

Para verificar a validade da substituição, deve-se também ficar atento ao significado contextual. Por exemplo, na frase "as fronteiras entre o bem e o mal", não há menção a limites geográficos, pois a palavra "fronteira" está em sentido conotativo (figurado).

Além disso, nem toda substituição é coerente. Por exemplo, na frase "eu comprei uma casa", fica incoerente reescrever "eu comprei um lar".

Antônimos

Palavras que possuem significados diferentes, opostos, contrários.

Mal – bem.
Ausência – presença.
Subir – descer.
Cheio – vazio.
Possível – impossível.

Polissemia

Ocorre quando uma palavra apresenta mais de um significado em diferentes contextos.

Banco (instituição comercial financeira; assento).
Manga (parte da roupa; fruta).

A polissemia está relacionada ao significado contextual, ou seja, uma palavra tem um sentido específico apenas no contexto em que está inserida. Por exemplo:

A eleição foi marcada por debates explosivos (ou seja: debates acalorados, e não com sentido de explodir algo).

Homônimos

Palavras com a mesma pronúncia (algumas vezes, a mesma grafia), mas com significados diferentes.

Acender: colocar fogo. **As**cender: subir.
Con**c**erto: sessão musical. Con**s**erto: reparo.

Homônimos perfeitos

Palavras com a mesma grafia e o mesmo som.

Eu **cedo** este lugar você. (**Cedo** = verbo).
Cheguei **cedo** para jantar. (**Cedo** = advérbio de tempo).

Percebe-se que o significado depende do contexto em que a palavra aparece. Portanto, deve-se ficar atento à ortografia quando a questão é de reescrita.

Parônimos

Palavras que possuem significados diferentes, mas são muito parecidas na pronúncia e na escrita.

Ab**s**olver: perdoar, inocentar. Ab**s**orver: aspirar.
Comprimento: extensão. **C**umprimento: saudação.

18.2 Conectores de mesmo valor semântico

Há palavras, principalmente as conjunções, que possuem valores semânticos específicos, os quais devem ser levados em conta no momento de fazer uma substituição.

Logo, pode-se reescrever um período, alterando a conjunção. Para tanto, é preciso que a outra conjunção tenha o mesmo valor semântico. Além disso, é importante verificar como ficam os tempos verbais após a substituição.

Embora fosse tarde, fomos visitá-lo. (Conjunção subordinativa concessiva).

Apesar de ser tarde, fomos visitá-lo. (Conjunção subordinativa concessiva).

No exemplo anterior, o verbo também sofreu alteração.

Toque o sinal **para que** todos entrem na sala. (Conjunção subordinativa final).

Toque o sinal **a fim de que** todos entrem na sala. (Conjunção subordinativa final).

No exemplo anterior, o verbo permaneceu da mesma maneira.

18.3 Retextualização de diferentes gêneros e níveis de formalidade

Na retextualização, pode-se alterar o nível de linguagem do texto, dependendo de qual é a finalidade da transformação proposta. Nesse caso, são possíveis as seguintes alterações: linguagem informal para a formal; tipos de discurso; vozes verbais; oração reduzida para desenvolvida; inversão sintática; dupla regência.

18.3.1 Linguagem formal × linguagem informal

Um texto pode estar escrito em linguagem coloquial (informal) ou formal (norma padrão). A proposta de reescrita pode mudar de uma linguagem para outra. Veja o exemplo:

Pra que serve a política? (Informalidade)
Para que serve a política? (Formalidade)

A oralidade, geralmente, é mais informal. Portanto, fique atento: a fala e a escrita são diferentes, ou seja, a escrita não reproduz a fala e vice-versa.

18.3.2 Tipos de discurso

Discurso está relacionado à construção de textos, tanto orais quanto escritos, portanto, ele é considerado uma prática social.

Em um texto, podem ser encontrados três tipos de discurso: o discurso direto, o indireto e o indireto livre.

Discurso direto

São as falas das personagens. Esse discurso pode aparecer em forma de diálogos e citações, e vêm marcados com alguma pontuação (travessão, dois pontos, aspas etc.). Ou seja, o discurso direto reproduz fielmente a fala de alguém.

O médico disse à paciente:
Você precisa fazer exercícios físicos regularmente.

Discurso indireto

É a reprodução da fala de alguém, a qual é feita pelo narrador. Normalmente, esse discurso é escrito em terceira pessoa.

O médico disse à paciente que ela precisava fazer exercícios regulamente.

Discurso indireto livre

É a ocorrência do discurso direto e indireto ao mesmo tempo. Ou seja, o narrador conta a história, mas as personagens também têm voz própria.

No exemplo a seguir, há um discurso direto: "que raiva", que mostra a fala da personagem.

Retirou as asas e estraçalhou-a. Só tinham beleza. Entretanto, qualquer urubu... que raiva...
(Ana Maria Machado)

No trecho a seguir, há uma fala da personagem, mesclada com a narração: "Para que estar catando defeitos no próximo?".

D. Aurora sacudiu a cabeça e afastou o juízo temerário. Para que estar catando defeitos no próximo? Eram todos irmãos. Irmãos.
(Graciliano Ramos)

Exemplo de uma transposição de discurso direto para indireto:
Ana perguntou:
– Qual é a resposta correta?
Ana perguntou qual era a resposta correta.

Nas questões de reescrita que tratam da transposição de discursos, é mais frequente a substituição do direto pelo indireto. Nesse caso, deve-se ficar atento aos tempos verbais.

18.3.3 Voz verbal

Um verbo pode apresentar-se na voz ativa, passiva ou reflexiva.

Ativa

Ocorre quando o sujeito é agente, ou seja, pratica a ação expressa pelo verbo.

O aluno resolveu o exercício.

Passiva

Ocorre quando o sujeito é paciente, ou seja, recebe a ação expressa pelo verbo.

O exercício foi resolvido pelo aluno.

Reflexiva

Ocorre quando o sujeito é agente e paciente ao mesmo tempo, ou seja, pratica e recebe a ação.

A criança feriu-se com a faca.

Não confunda o emprego reflexivo do verbo com a reciprocidade. Por exemplo:

Os lutadores de MMA feriram-se. (Um ao outro)

Formação da voz passiva

A voz passiva pode ocorrer de forma analítica ou sintética.

- **Voz passiva analítica:** verbo SER + particípio do verbo principal.

    A academia de polícia **será pintada**.
    O relatório é **feito** por ele.

- A variação de tempo é determinada pelo verbo auxiliar (SER), pois o particípio é invariável.

    João **fez** a tarefa. (Pretérito perfeito do indicativo)
    A tarefa **foi** feita por João. (Pretérito perfeito do indicativo)
    João **faz** a tarefa. (Presente do indicativo)
    A tarefa **é** feita por João. (Presente do indicativo)
    João **fará** a tarefa. (Futuro do presente)
    A tarefa **será** feita por João. (Futuro do presente)

- **Voz passiva sintética:** verbo na 3ª pessoa, seguido do pronome apassivador SE.

    Abriram-se as inscrições para o concurso.

Transposição da voz ativa para a voz passiva

Pode-se mudar de uma voz para outra sem alterar o sentido da frase.

Os médicos brasileiros **lançaram** um tratamento para o câncer.
Um tratamento para o câncer **foi lançado** pelos médicos brasileiros.

Nas questões de concursos, costuma-se cobrar a transposição da voz ativa para a passiva, e da voz passiva sintética para a analítica.

Veja os exemplos:

A fiscalização exige o passaporte.
O passaporte é exigido pela fiscalização.
Exige-se comprovante de pagamento.
É exigido comprovante de pagamento.

18.3.4 Oração reduzida × oração desenvolvida

As orações subordinadas podem ser reduzidas ou desenvolvidas. Não há mudança de sentido se houver a substituição de uma pela outra. Veja os exemplos:

Ao terminar a aula, todos podem sair. (Reduzida de infinitivo)
Quando terminarem a prova, todos podem sair. (Desenvolvida)
Os vizinhos ouviram uma criança chorando na rua. (Reduzida de gerúndio)
Os vizinhos ouviram uma criança que chorava na rua. (Desenvolvida)
Terminada a reforma, a família mudou-se para a nova casa. (Reduzida de particípio)
Assim que terminou a reforma, a família mudou-se para a nova casa. (Desenvolvida)

REESCRITURA DE FRASES

18.3.5 Inversão sintática

Um período pode ser escrito na ordem direta ou indireta. Nesse caso, quando ocorre a inversão sintática, a correção gramatical é mantida. Apenas é necessário ficar atento ao sentido do período.

- Ordem direta: sujeito – verbo – complementos/adjuntos adverbiais.

    Os documentos foram levados para o gerente. (Direta)
    Foram levados os documentos para o gerente. (Indireta)

18.3.6 Dupla regência

Há verbos que exigem a presença da preposição e outros não. Deve-se ficar atento ao fato de que a regência pode influenciar no significado de um verbo.

Verbos transitivos diretos ou indiretos

Sem alterar o sentido, alguns verbos admitem duas construções: uma transitiva direta e outra indireta. Portanto, a ocorrência ou não da preposição mantém um trecho com o mesmo sentido.

- Almejar

    Almejamos **a** paz entre os países que estão em guerra.
    Almejamos **pela** paz entre os países que estão em guerra.

- Atender

    O gerente atendeu **os** meus pedidos.
    O gerente atendeu **aos** meus pedidos.

- Necessitar

    Necessitamos algumas horas para organizar o evento.
    Necessitamos **de** algumas horas para organizar o evento.

Transitividade e mudança de significado

Existem alguns verbos que, conforme a mudança de transitividade, têm o sentido alterado.

- **Aspirar:** é **transitivo direto** no sentido de sorver, inspirar (o ar), inalar.

    Aspirava o suave perfume. (Aspirava-o.)

- **Aspirar:** é **transitivo indireto** no sentido de desejar, ter como ambição.

    Aspirávamos ao cargo de diretor.

19 FIGURAS DE LINGUAGEM

As figuras de linguagem (também chamadas de figuras de pensamento) são construções que se relacionam com a função **poética da linguagem**, ou seja, estão articuladas em razão de modificar o código linguístico para dar ênfase no sentido de uma frase.

É comum vermos exemplos de figuras de linguagem em propagandas publicitárias, poemas, músicas etc. Essas figuras estão presentes em nossa fala cotidiana, principalmente na fala de registro **informal**.

O registro dito informal é aquele que não possui grande preocupação com a situação comunicativa, uma vez que não há tensão para a comunicação entre os falantes. Gírias, erros de concordância e subtração de termos da frase são comuns nesse baixo nível de formalidade comunicativa. Até grandes poetas já escreveram textos sobre esse assunto, veja o exemplo do escritor Oswald de Andrade, que discute a norma gramatical em relação à fala popular do brasileiro:

> *Pronominais*
> Dê-me um cigarro
> Diz a gramática
> Do professor e do aluno
> E do mulato sabido
> Mas o bom negro e o bom branco
> Da Nação Brasileira
> Dizem todos os dias
> Deixa disso camarada
> Me dá um cigarro

ANDRADE, Oswald de Andrade. **Os Cem Melhores Poemas Brasileiros do Século** - Seleção e Organização de Ítalo Moriconi. Rio de Janeiro: Editora Objetiva, 2001.

Vejamos agora algumas das principais figuras de linguagem que costumam ser cobradas em provas de concursos públicos:

- **Metáfora:** uma figura de linguagem, que consiste na comparação de dois termos sem o uso de um conectivo.

    > Rosa **é uma flor**. (A pessoa é como uma flor: perfumada, delicada, bela etc.).
    > Seus olhos **são dois oceanos**. (Os olhos possuem a profundidade do oceano, a cor do oceano etc.).
    > João **é fera**. (João é perito em alguma coisa, desempenha determinada tarefa muito bem etc.).

- **Metonímia:** figura de linguagem que consiste em utilização de uma expressão por outra, dada a semelhança de sentido ou a possibilidade de associação lógica entre elas.

Há vários tipos de metonímia, vejamos alguns deles:

Efeito pela causa: O carrasco ergueu **a morte**. (O efeito é a morte, a causa é o machado)

Marca pelo produto: Vá ao mercado e traga um **Nescau**. (Achocolatado em pó)

Autor pela obra: Li **Camões** com entusiasmo. (Quem leu, leu a obra, não o autor)

Continente pelo conteúdo: Comi **dois pratos de feijão**. (Comeu o feijão, ou seja, o conteúdo do prato)

Parte pelo todo: Peço sua **mão** em casamento. (Pede-se, na verdade, o corpo todo)

Possuidor pelo possuído: Mulher, vou **ao médico**. (Vai-se ao consultório que pertence ao médico, não ao médico em si)

- **Antítese:** figura de linguagem que consiste na exposição de ideias opostas.

    > Nasce o **Sol** e **não dura mais que um dia**
    > Depois da **Luz** se segue à **noite escura**
    > Em **tristes sombras** morre a formosura,
    > Em contínuas **tristezas** e **alegrias**.
    >
    > (Gregório de Matos)

Os termos em negrito evidenciam relações semânticas de distinção (oposição). Nascer é o contrário de morrer, assim como sombra é o contrário de luz. Essa figura foi muito utilizada na poesia brasileira, em especial pelo autor dos versos citados anteriormente: Gregório de Matos Guerra.

- **Paradoxo:** expressão que contraria o senso comum. Ilógica.

    > Amor é fogo que **arde sem se ver**;
    > É ferida que **dói e não se sente**;
    > É um **contentamento descontente**;
    > É dor que **desatina sem doer**.
    >
    > (Luís de Camões)

A construção semântica apresentada é totalmente ilógica, pois é impossível uma ferida doer e não ser sentida, assim como não é possível o contentamento ser descontente.

- **Perífrase:** expressão que tem por função substituir semanticamente um termo:

    > **A última flor do Lácio** anda muito judiada. (Português é a última flor do Lácio)
    > **O país do futebol** é uma grande nação. (Brasil)
    > **O Bruxo do Cosme Velho** foi um grande escritor. (Machado de Assis era conhecido como o Bruxo do Cosme Velho)
    > **O anjo de pernas tortas** foi o melhor jogador do mundo. (Garrincha)

- **Eufemismo:** figura que consiste em atenuar uma expressão desagradável:

    > José **pegou emprestado sem avisar**. (Roubou)
    > Maurício **entregou a alma a Deus**. (Morreu)
    > Coitado, só porque **é desprovido de beleza**. (Feio)

- **Disfemismo:** contrário ao eufemismo, é a figura de linguagem que consiste em tornar uma expressão desagradável em algo ainda pior.

    > O homem **abotoou o paletó de madeira**. (Morreu)
    > **Está chupando cana pela raiz**. (Morreu)
    > **Sentou no colo do capeta**. (Morreu)

- **Prosopopeia:** atribuição de características animadas a seres inanimados.

    > O vento **sussurrou em meus ouvidos**.
    > Parecia que a **agulha odiava o homem**.

- **Hipérbole:** exagero proposital de alguma característica.

    > Estou **morrendo de rir**.
    > **Chorou rios de lágrimas**.

- **Hipérbato:** inversão sintática de efeito expressivo.

    > Ouviram do Ipiranga as margens plácidas./ De um povo heroico o brado e retumbante.

    - **Colocando na ordem direta:**

        > As margens plácidas do Ipiranga ouviram o brado retumbante de um povo heroico.

- **Gradação:** figura que consiste na construção de uma escala de termo que fazem parte do mesmo campo semântico.

    > Plantou **a semente**, zelou pelo **broto**, regou a **planta** e colheu o **fruto**. (A gradação pode ser do campo semântico da palavra semente – broto, planta e fruto – ou da palavra plantar – zelar, regar, colher)

- **Ironia:** figura que consiste em dizer o contrário do que se pensa.

    > **Lamento por ter sido eu o vencedor dessa prova.** (Evidentemente a pessoa não lamenta ser o vencedor de alguma coisa)

- **Onomatopeia:** tentativa de representar um som da natureza. Figura muito comum em histórias em quadrinhos.

    > Pof, tic-tac, click, bum, vrum!

FIGURAS DE LINGUAGEM

- **Sinestesia:** confusão dos sentidos do corpo humano para produzir efeitos expressivos.

    Ouvi uma **voz suave** saindo do quarto.
    O seu **perfume doce** é extremamente inebriante.

19.1 Vícios de linguagem

Em âmbito geral, vício de linguagem é toda expressão contrária à lógica da norma gramatical. Vejamos quais são os principais deslizes que se transformam em vícios.

- **Pleonasmo vicioso:** consiste na repetição desnecessária de ideias.

    Subir para cima.
    Descer para baixo.
    Entrar para dentro.
    Cardume de peixes.
    Enxame de abelhas.
    Elo de ligação.
    Fato real.

OBSERVAÇÃO

Pode existir o plágio expressivo em um texto poético. Na frase "ele penetrou na escura treva" há pleonasmo, mas não é vicioso.

- **Ambiguidade:** ocorre quando a construção frasal permite que a sentença possua dois sentidos.

    Tenho de buscar **a cadela da sua irmã**.
    A empregada disse para o chefe que o cheque estava sobre **sua mesa**.

- **Cacofonia:** ocorre quando a pronúncia de determinadas palavras permite a construção de outra palavra.

    Dei um beijo na bo**ca dela**. (Cadela)
    Nos**so hino** é belo. (Suíno)
    Na **vez passada**, esca**pei de** uma. (Vespa assada)

- **Barbarismo:** é um desvio na forma de falar ou grafar determinada palavra.

    Mortandela (em vez de mortadela).
    Poblema (em vez de problema).
    Mindingo (em vez de mendigo).
    Salchicha (em vez de salsicha).

Esse conteúdo costuma ser simples para quem pratica a leitura de textos poéticos, portanto, devemos sempre ler poesia.

19.2 Funções da linguagem

Deve-se a Roman Jakobson a discriminação das seis funções da linguagem na expressão e na comunicação humanas, conforme o realce particular que cada um dos componentes do processo de comunicação recebe no enunciado. Por isso mesmo, é raro encontrar em uma única mensagem apenas uma dessas funções, ou todas reunidas em um mesmo texto. O mais frequente é elas se superporem, apresentando-se uma ou outra como predominante.

Em que pese tal fato, é preciso considerar que há particularidades com relação às funções da linguagem, ou seja, cada função descreve algo em particular. Com isso, pretendo dizer que, antes de o estudante se ater às funções em si, é preciso que ele conheça o sistema que é um pouco mais amplo, ou seja, o ato comunicativo. Afinal, a teoria de Roman Jakobson se volta à descrição do ato comunicativo em si.

Na obra *Linguística e comunicação*, o linguista Roman Jakobson, pensando sobre o ato comunicativo e seus elementos, identifica seis funções da linguagem.

- Nesse esquema, identificamos:
    - **Emissor:** quem enuncia.
    - **Mensagem:** aquilo que é transmitido pelo emissor.
    - **Receptor:** quem recebe a mensagem.
    - **Código:** o sistema em que a mensagem é codificada. O código deve ser comum aos polos da comunicação.
    - **Canal:** meio físico porque ocorre a comunicação.

Pensando sobre esses elementos, Jakobson percebeu que cada função da linguagem está centrada em um elemento específico do ato comunicativo. É o que veremos agora.

As funções da linguagem são:

- **Referencial:** centrada na mensagem, ou seja, na transmissão do conteúdo. Como possui esse caráter, a objetividade é uma constante para a função referencial. É comum que se busque a imparcialidade quando dela se faz uso. É também conhecida como função denotativa. Como a terceira pessoa do singular é predominante, podem-se encontrar exemplos de tal função em textos científicos, livros didáticos, textos de cunho apenas informativo etc.

- **Emotiva:** centrada no emissor, ou seja, em quem enuncia a mensagem. Basicamente, a primeira pessoa predomina quando o texto se apoia sobre a função emotiva. É muito comum a observarmos em depoimentos, discursos, em textos sentimentais, e mesmo em textos líricos.

- **Apelativa:** centrada no receptor, ou seja, em quem recebe a mensagem. As características comuns a manifestações dessa função da linguagem são os verbos no modo imperativo, a tentativa de persuadir o receptor, a utilização dos pronomes de tratamento que tangenciem o interlocutor. É comum observar a função apelativa em propaganda, em discursos motivacionais etc.

- **Poética:** centrada na transformação da mensagem, ou seja, em como modificar o conteúdo da mensagem a fim de torná-lo mais expressivo. As figuras de linguagem são abundantes nessa função e, por sua presença, convencionou-se chamar, também, função poética de função conotativa. Textos literários, poemas e brincadeiras com a mensagem são fontes em que se pode verificar a presença da função poética da linguagem.

- **Fática:** centrada no canal comunicativo. Basicamente, busca testar o canal para saber se a comunicação está ocorrendo. Expressões como "olá", "psiu" e "alô você" são exemplos dessa função.

- **Metalinguística:** centrada no código. Quando o emissor se vale do código para explicar o próprio código, ou seja, num tipo de comunicação autorreferente. Como exemplo, podemos citar um livro de gramática, que se vale da língua para explicar a própria língua; uma aula de didática (sobre como dar aula); ou mesmo um poema que se refere ao processo de escrita de um poema. O poema a seguir é um ótimo exemplo de função metalinguística.

Catar feijão

Catar feijão se limita com escrever:
jogam-se os grãos na água do alguidar
e as palavras na da folha de papel;
e depois, joga-se fora o que boiar.
Certo, toda palavra boiará no papel,
água congelada, por chumbo seu verbo:
pois para catar esse feijão, soprar nele,
e jogar fora o leve e oco, palha e eco.
Ora, nesse catar feijão entra um risco:
o de que entre os grãos pesados entre
um grão qualquer, pedra ou indigesto,
um grão imastigável, de quebrar dente.
Certo não, quando ao catar palavras:
a pedra dá à frase seu grão mais vivo:
obstrui a leitura fluviante, flutual,
açula a atenção, isca-a com risco.

MELO NETO, João Cabral de. **Obra completa**. Rio de Janeiro: Nova Aguilar, 1995.

20 TIPOLOGIA TEXTUAL

O primeiro item que se deve ter em mente na hora de analisar um texto segundo sua tipologia é o caráter da predominância. Isso quer dizer que um mesmo agrupamento textual pode possuir características de diversas tipologias distintas, porém as questões costumam focalizar qual é o "tipo" predominante, o que mais está evidente no texto. Um pouco de bom-senso e uma pequena dose de conhecimento relativo ao assunto são necessários para obter sucesso nesse conteúdo.

Trabalharemos com três tipologias básicas: **narração, dissertação e descrição**.

20.1 Texto narrativo

Facilmente identificável, a tipologia narrativa guarda uma característica básica: contar algo, transmitir a ocorrência de fatos e/ou ações que possuam um registro espacial e temporal. Quer dizer, a narração necessita, também, de um espaço bem-marcado e de um tempo em que as ações narradas ocorram. Discorramos sobre cada aspecto separadamente.

São elementos de uma narração:
- **Personagem:** quem pratica ação dentro da narrativa, é claro. Deve-se observar que os personagens podem possuir características físicas (altura, aparência, cor do cabelo etc.) e psicológicas (temperamento, sentimentos, emoções etc.), as quais podem ser descritas ao longo do texto.
- **Espaço:** trata-se do local em que a ação narrativa ocorre.
- **Tempo:** é o lapso temporal em que a ação é descrita. O tempo pode ser enunciado por um simples "era uma vez".
- **Ação:** não existe narração sem ação! Ou seja, os personagens precisam fazer algo, ou sofrer algo para que haja ação narrativa.
- **Narrador:** afinal, como será contada uma estória sem uma voz que a narre? Portanto, este é outro elemento estruturante da tipologia narrativa. O narrador pode estar inserido na narrativa ou apenas "observar" e narrar os acontecimentos.

Note-se que, na tipologia narrativa, os verbos flexionados no pretérito são mais evidentes.

Eis um exemplo de narração, tente observar os elementos descritos anteriormente, no texto a seguir:

Um apólogo
Era uma vez uma agulha, que disse a um novelo de linha:
— Por que está você com esse ar, toda cheia de si, toda enrolada, para fingir que vale alguma cousa neste mundo?
— Deixe-me, senhora.
— Que a deixe? Que a deixe, por quê? Por que lhe digo que está com um ar insuportável? Repito que sim, e falarei sempre que me der na cabeça.
— Que cabeça, senhora? A senhora não é alfinete, é agulha. Agulha não tem cabeça. Que lhe importa o meu ar? Cada qual tem o ar que Deus lhe deu. Importe-se com a sua vida e deixe a dos outros.
— Mas você é orgulhosa.
— Decerto que sou.
— Mas por quê?
— É boa! Porque coso. Então os vestidos e enfeites de nossa ama, quem é que os cose, senão eu?
— Você? Esta agora é melhor. Você é que os cose? Você ignora que quem os cose sou eu e muito eu? – Você fura o pano, nada mais; eu é que coso, prendo um pedaço ao outro, dou feição aos babados...
— Sim, mas que vale isso? Eu é que furo o pano, vou adiante, puxando por você, que vem atrás obedecendo ao que eu faço e mando...
— Também os batedores vão adiante do imperador.
— Você é imperador?
— Não digo isso. Mas a verdade é que você faz um papel subalterno, indo adiante; vai só mostrando o caminho, vai fazendo o trabalho obscuro e ínfimo. Eu é que prendo, ligo, ajunto...

Estavam nisto, quando a costureira chegou à casa da baronesa. Não sei se disse que isto se passava em casa de uma baronesa, que tinha a modista ao pé de si, para não andar atrás dela. Chegou à costureira, pegou do pano, pegou da agulha, pegou da linha, enfiou a linha na agulha, e entrou a coser. Uma e outra iam andando orgulhosas, pelo pano adiante, que era a melhor das sedas, entre os dedos da costureira, ágeis como os galgos de Diana – para dar a isto uma cor poética. E dizia a agulha:
— Então, senhora linha, ainda teima no que dizia há pouco? Não repara que esta distinta costureira só se importa comigo; eu é que vou aqui entre os dedos dela, unidinha a eles, furando abaixo e acima...
A linha não respondia; ia andando. Buraco aberto pela agulha era logo enchido por ela, silenciosa e ativa, como quem sabe o que faz, e não está para ouvir palavras loucas. A agulha, vendo que ela não lhe dava resposta, calou-se também, e foi andando. E era tudo silêncio na saleta de costura; não se ouvia mais que o plic-plic-plic-plic da agulha no pano. Caindo o sol, a costureira dobrou a costura, para o dia seguinte. Continuou ainda nessa e no outro, até que no quarto acabou a obra, e ficou esperando o baile.

Veio a noite do baile, e a baronesa vestiu-se. A costureira, que a ajudou a vestir-se, levava a agulha espetada no corpinho, para dar algum ponto necessário. E enquanto compunha o vestido da bela dama, e puxava de um lado ou outro, arregaçava daqui ou dali, alisando, abotoando, acolchetando, a linha para mofar da agulha, perguntou-lhe:
— Ora, agora, diga-me, quem é que vai ao baile, no corpo da baronesa, fazendo parte do vestido e da elegância? Quem é que vai dançar com ministros e diplomatas, enquanto você volta para a caixinha da costureira, antes de ir para o balaio das mucamas? Vamos, diga lá.
Parece que a agulha não disse nada; mas um alfinete, de cabeça grande e não menor experiência, murmurou à pobre agulha:
— Anda, aprende, tola. Cansas-te em abrir caminho para ela e ela é que vai gozar da vida, enquanto aí ficas na caixinha de costura. Faze como eu, que não abro caminho para ninguém. Onde me espetam, fico. Contei esta história a um professor de melancolia, que me disse, abanando a cabeça:
— Também eu tenho servido de agulha a muita linha ordinária!

ASSIS, Machado de. Um apólogo. In: **Para Gostar de Ler**. v. 9, Contos. São Paulo: Ática, 1984, p. 59.

20.2 Texto dissertativo

O texto dissertativo, também chamado por alguns de informativo, possui a finalidade de discorrer sobre determinado assunto, apresentando fatos, opiniões de especialistas, dados quantitativos ou mesmo informações sobre o assunto da dissertação. É preciso entender que nem sempre a dissertação busca persuadir o seu interlocutor, ela pode simplesmente transmitir informações pertinentes ao assunto dissertado.

Quando a persuasão é objetivada, o texto passa a ter também características argumentativas. A rigor, as questões de concurso público focalizam a tipologia, não seus interstícios, portanto, não precisa ficar desesperado com o fato de haver diferença entre texto dissertativo-expositivo e texto dissertativo-argumentativo. Importa saber que ele é dissertativo.

Ressalta-se que toda boa dissertação possui a **introdução** do tema, o **desenvolvimento** coeso e coerente, que está vinculado ao que se diz na introdução, e uma **conclusão** lógica do texto, evidenciando o que se permite compreender por meio da exposição dos parágrafos de desenvolvimento.

A tipologia dissertativa pode ser facilmente encontrada em editoriais, textos de divulgação acadêmica, ou seja, com caráter científico, ensaios, resenhas, artigos científicos e textos pedagógicos.

Exemplo de dissertação:

Japão foi avisado sobre problemas em usinas dois anos antes, diz Wikileaks
O Wikileaks, site de divulgação de informações consideradas sigilosas, vazou um documento que denuncia que o governo japonês já havia sido avisado pela vigilância nuclear internacional que suas usinas poderiam não ser capazes de resistir a terremotos. O relatório, assinado pelo embaixador Thomas Schieffer obtido pelo WikiLeaks foi publicado hoje pelo jornal britânico, The Guardian.

TIPOLOGIA TEXTUAL

O documento revela uma conversa de dezembro de 2008 entre o então deputado japonês, Taro Kono, e um grupo diplomático norte-americano durante um jantar. Segundo o relatório, um membro da Agência Internacional de Energia Atômica (AIEA) disse que as normas de segurança estavam obsoletas para aguentar os fortes terremotos, o que significaria "um problema grave para as centrais nucleares". O texto diz ainda que o governo do Japão encobria custos e problemas associados a esse ramo da indústria.

Diante da recomendação da AIEA, o Japão criou um centro de resposta de emergência em Fukushima, capaz de suportar, apenas, tremores até magnitude 7,0.

Como visto anteriormente, conceituar, polemizar, questionar a lógica de algum tema, explicar ou mesmo comentar uma notícia são estratégias dissertativas. Vamos dividir essa tipologia textual em dois tipos essencialmente diferentes: o **dissertativo-expositivo** e o **dissertativo-argumentativo**.

Padrão dissertativo-expositivo

A característica fundamental do padrão expositivo da dissertação é utilizar a estrutura da prosa não para convencer alguém de alguma coisa, e sim para apresentar uma ideia, apresentar um conceito. O princípio do texto expositivo não é a persuasão, é a informação e, justamente por tal fato, ficou conhecido como informativo. Para garantir uma boa interpretação desse padrão textual, é importante buscar a ideia principal (que deve estar presente na introdução do texto) e, depois, entender quais serão os aspectos que farão o texto progredir.

- **Onde posso encontrar esse tipo de texto?** Jornais revistas, sites sobre o mundo de economia e finanças. Diz-se que esse tipo de texto focaliza a função referencial da linguagem.
- **Como costuma ser o tipo de questão relacionada ao texto dissertativo-expositivo?** Geralmente, os elaboradores questionam sobre as informações veiculadas pelo texto. A tendência é que o elaborador inverta as informações contidas no texto.
- **Como resolver mais facilmente?** Toda frase que mencionar o conceito ou a quantidade de alguma coisa deve ser destacada para facilitar a consulta.

Padrão dissertativo-argumentativo

No texto do padrão dissertativo-argumentativo, existe uma opinião sendo defendida e existe uma posição ideológica por detrás de quem escreve o texto. Se analisarmos a divisão dos parágrafos de um texto com características argumentativas, perceberemos que a introdução apresenta sempre uma tese (ou hipótese) que é defendida ao longo dos parágrafos.

Uma vez feito isso, o candidato deve entender qual é a estratégia utilizada pelo produtor do texto para defender seu ponto de vista. Na verdade, agora é o momento de colocar "a mão na massa" para valer, uma vez que aqueles enunciados que iniciam com "infere-se da argumentação do texto", "depreende-se dos argumentos do autor" serão vencidos caso se observem os fatores de interpretação corretos:

- Conexão entre as ideias do texto (atenção para as conjunções).
- Articulação entre as ideias do texto (atenção para a combinação de argumentos).
- Progressão do texto.

Recursos argumentativos

Quando o leitor interage com uma fonte textual, deve observar – tratando-se de um texto com o padrão dissertativo-argumentativo – que o autor se vale de recursos argumentativos para construir seu raciocínio dentro do texto. Vejamos alguns recursos importantes:

- **Argumento de autoridade:** baseado na exposição do pensamento de algum especialista ou alguma autoridade no assunto. Citações, paráfrases e menções ao indivíduo podem ser tomadas ao longo do texto. É importante saber diferenciar se a opinião colocada em foco é a do autor ou se é a do indivíduo que ele cita ao longo do texto.
- **Argumento com base em consenso:** parte de uma ideia tomada como consensual, o que leva o leitor a entender apenas aquilo que o elaborador mostra. Sentenças do tipo "todo mundo sabe que", "é de conhecimento geral que" identificam esse tipo de argumentação.
- **Argumento com fundamentação concreta:** basear aquilo que se diz em algum tipo de pesquisa ou fato que ocorre com certa frequência.
- **Argumento silogístico (com base em um raciocínio lógico):** do tipo hipotético – "Se ... então".
- **Argumento de competência linguística:** consiste em adequar o discurso ao panorama linguístico de quem é tido como possível leitor do texto.
- **Argumento de exemplificação:** utilizar casos ou pequenos relatos para ilustrar a argumentação do texto.

20.3 Texto descritivo

Em um texto descritivo, faz-se um tipo de retrato por escrito de um lugar, uma pessoa, um animal ou um objeto. Os adjetivos são abundantes nessa tipologia, uma vez que a sua função de caracterizar os substantivos é extremamente exigida nesse contexto. É possível existir um texto descritivo que enuncie características de sensações ou sentimentos, porém não é muito comum em provas de concurso público. Não há relação temporal na descrição. Os verbos relacionais são mais presentes para poder evidenciar aspectos e características. Significa "criar" com palavras uma imagem.

Exemplo de texto descritivo:

Texto extraído da prova do BRB (2010) – Banca CESPE/UnB

Nome científico: *Ginkgo biloba L.*
Nome popular: *Nogueira-do-japão*
Origem: *Extremo Oriente*
Aspecto: *as folhas dispõem-se em leque e são semelhantes ao trevo; a altura da árvore pode chegar a 40 metros; o fruto lembra uma ameixa e contém uma noz que pode ser assada e comida*

20.4 Conotação × denotação

É interessante, quando se estuda o conteúdo de tipologia textual, ressaltar a distinção conceitual entre o sentido conotativo e o sentido denotativo da linguagem. Vejamos como se opera essa distinção:

Sentido conotativo: figurado, ou abstrato. Relaciona-se com as figuras de linguagem.

- Adalberto **entregou sua alma a Deus**.

A ideia de entregar a alma a Deus é figurada, ou seja, não ocorre literalmente, pois não há um serviço de entrega de almas. Essa é uma figura que convencionamos chamar de **metáfora**.

Sentido denotativo: literal, ou do dicionário. Relaciona-se com a função **referencial** da linguagem.

- Adalberto **morreu**.

Quando dizemos função referencial, entende-se que o falante está preocupado em transmitir precisamente o fato ocorrido, sem apelar para figuras de pensamento. Essa frase do exemplo serviu para mostrar o sinônimo da figura de linguagem anterior.

21 GÊNEROS TEXTUAIS

Os gêneros textuais podem ser textos orais ou escritos, formais ou informais. Eles possuem características em comum, como a intenção comunicativa, mas há algumas características que os distinguem uns dos outros.

21.1 Gêneros textuais e esferas de circulação

Cada gênero textual está vinculado a uma esfera de circulação, ou seja, um lugar comum em que ele pode ser encontrado.

Cotidiana: adivinhas, diário, álbum de família exposição oral, anedotas, fotos, bilhetes, músicas, cantigas de roda, parlendas, carta pessoal, piadas, cartão, provérbios, cartão postal, quadrinhas, causos, receitas, comunicado, relatos de experiências vividas, convites, trava-línguas, *curriculum vitae*.

Literária/artística: autobiografia, letras de músicas, biografias, narrativas de aventura, contos, narrativas de enigma, contos de fadas, narrativas de ficção, contos de fadas contemporâneos, narrativas de humor, crônicas de ficção, narrativas de terror, escultura, narrativas fantásticas, fábulas, narrativas míticas, fábulas contemporâneas, paródias, haicais, pinturas, histórias em quadrinhos, poemas, lendas, romances, literatura de cordel, tankas, memórias, textos dramáticos.

Científica: artigos, relatos históricos, conferências, relatórios, debates, palestras, verbetes, pesquisas.

Escolar: atas, relatos históricos, cartazes, relatórios, debates, regrados, relatos de experiências, diálogos/discussões argumentativas científicas, exposições orais, resenhas, júris simulados, resumos, mapas, seminários, palestras, textos argumentativos, pesquisas, textos de opinião, verbetes de enciclopédias.

Jornalística: imprensas, agendas culturais, fotos, anúncios de emprego, horóscopos, artigos de opinião, infográficos, caricaturas, manchetes, cartas ao leitor, mapas, mesas redondas, cartuns, notícias, charges, reportagens, classificados, resenhas críticas, crônicas jornalísticas, sinopses de filmes, editoriais, tiras, entrevistas (orais e escritas).

Publicidade: anúncios, músicas, caricaturas, **paródias**, cartazes, placas, comerciais para televisão, publicidades comerciais, *e-mails*, publicidades institucionais, *folders*, publicidades oficiais, fotos, textos políticos, *slogans*.

Política: abaixo-assinados, debates regrados, assembleias, discursos políticos, cartas de emprego, fóruns, cartas de reclamação, manifestos, cartas de solicitação, mesas redondas, debates, panfletos.

Jurídica: boletins de ocorrência, estatutos, constituição brasileira, leis, contratos, ofícios, declaração de direitos, procurações, depoimentos, regimentos, discursos de acusação, regulamentos, discursos de defesa, requerimentos.

Social: bulas, relatos históricos, manuais técnicos, relatórios, placas, relatos de experiências científicas, resenhas, resumos, seminários, textos argumentativos, textos de opinião, verbetes de enciclopédias.

Midiática: *blogs, realities show, chats, talks show*, desenhos animados, telejornais, e-mails, telenovelas, entrevistas, torpedos, filmes, vídeos clip, fotoblogs, videoconferências, *home page*.

21.2 Exemplos de gêneros textuais

Artigo: o artigo de opinião é um gênero textual que faz parte da esfera jornalística e tem por finalidade a exposição do ponto de vista sobre um determinado assunto. Assim como a dissertação, ele também se compõe de um título, uma introdução, um desenvolvimento e uma conclusão.

Ata: a ata tem como finalidade registrar ocorrências, resoluções e decisões de reuniões, sessões realizadas por algum órgão, setor, entidade etc.

Estrutura da ata:
- Dia, mês, ano e hora (por extenso);
- Local da reunião;
- Pessoas presentes, devidamente qualificadas;
- Ordem do dia (pauta);
- Fecho.

Observações:
- Não há disposição quanto à quantidade de pessoas que deve assinar a ata; pode ser assinada apenas pelo presidente e pelo secretário.
- A ata deve ser redigida de modo que não sejam possíveis alterações posteriores à assinatura (há o emprego de expressões "digo" e "em tempo").
- Não há parágrafos ou alíneas.
- A ata é o registro fiel.

Atestado: atestado é o documento mediante o qual a autoridade comprova um fato ou situação de que tenha conhecimento em razão do cargo que ocupa ou da função que exerce. Destina-se à comprovação de fatos ou situações passíveis de modificações frequentes. É uma mera declaração, ao passo que a certidão é uma transcrição. Ato administrativo enunciativo, o atestado é, em síntese, afirmação oficial de fatos.

Partes:
- **Título ou epígrafe:** denominação do ato (atestado).
- **Texto:** exposição do objeto da atestação. Pode-se declarar, embora não seja obrigatório, a pedido de quem e com que finalidade o documento é emitido.
- **Local e data:** cidade, dia, mês e ano da emissão do ato, podendo também citar, preferentemente sob forma de sigla, o nome do órgão em que a autoridade signatária do atestado exerce suas funções.
- **Assinatura:** nome e cargo ou função da autoridade que atesta.

Apostila: apostila é a averbação, feita abaixo dos textos ou no verso de decretos e portarias pessoais (nomeação, promoção, ascensão, transferência, readaptação, reversão, aproveitamento, reintegração, recondução, remoção, exoneração, demissão, dispensa, disponibilidade e aposentadoria), para que seja corrigida flagrante inexatidão material do texto original (erro na grafia de nomes próprios, lapso na especificação de datas etc.), desde que essa correção não venha a alterar a substância do ato já publicado.

Tratando-se de erro material em decreto pessoal, a apostila deve ser feita pelo Ministro de Estado que o propôs. Se o lapso houver ocorrido em portaria pessoal, a correção por apostilamento estará a cargo do ministro ou secretário signatário da portaria. Nos dois casos, a apostila deve sempre ser publicada no Boletim de Serviço ou Boletim Interno correspondente e, quando se tratar de ato referente a ministro de Estado, também no Diário Oficial da União.

A finalidade da correção de inexatidões materiais por meio de apostila é evitar que se sobrecarregue o Presidente da República com a assinatura de atos repetidos, e que se onere a Imprensa Nacional com a republicação de atos.

Forma e estrutura:
- Título, em maiúsculas e centralizado sobre o texto.
- Texto, no qual deve constar a correção que está sendo feita, a ser iniciada com a remissão ao decreto que autoriza esse procedimento.
- Local e data, por extenso:
  - Por exemplo: Brasília, em 12 de novembro de 1990.
- Identificação do signatário, abaixo da assinatura:
  - Por exemplo: NOME (em maiúsculas)
  Secretário da Administração Federal

No original do ato normativo, próximo à apostila, deverá ser mencionada a data de publicação da apostila no Boletim de Serviço ou no Boletim Interno.

Carta: pode ter caráter argumentativo quando se trata de uma carta aberta ou carta do leitor. Quando se trata de carta pessoal, há a presença de aspectos narrativos ou descritivos.

GÊNEROS TEXTUAIS

Charge: é um gênero textual em que é feita uma ilustração cômica, irônica, por meio de caricaturas, com o objetivo de satirizar, criticar ou fazer um comentário sobre algum acontecimento, que é atual, em sua grande maioria.

A charge é um dos gêneros textuais mais cobrados em questões de concurso. Deve-se dar atenção à crítica feita pelo autor, a qual pode ser percebida pela relação texto verbal e não verbal (palavras e imagens).

Certidão: certidão é o ato pelo qual se procede à publicidade de algo relativo à atividade Cartorária, a fim de que não haja dúvidas. Possui formato padrão próprio, termos essenciais que lhe dão suas características. Exige linguagem formal, objetiva e concisão.

Termos essenciais da certidão:
- **Afirmação:** certidão e dou fé que.
- **Identificação do motivo de sua expedição:** a pedido da parte interessada.
- **Ato a que se refere:** revendo os assentamentos constantes deste cartório, não logrei encontrar ação movida contra (nome).
- **Data:** de sua expedição.
- **Assinatura:** do escrivão.

Circular: é utilizada para transmitir avisos, ordens, pedidos ou instruções, dar ciência de leis, decretos, portarias etc.
- Destina-se a uma ou mais de uma pessoa/órgão/empresa. No caso de mais de um destinatário, todas as vias distribuídas devem ser iguais.
- A paragrafação pode seguir o estilo americano (sem entradas de parágrafo), ou estilo tradicional. No caso de estilo americano, todo o texto, a data e a assinatura devem ser alinhados à margem esquerda. No estilo tradicional, devem ser centralizados.

Partes:
- **Timbre:** impresso no alto do papel.
- **Título e número:** cerca de três linhas do timbre e no centro da folha. O número pode vir seguido do ano.
- **Data:** deve estar próxima do título e número, ao lado ou abaixo, podendo se apresentar de várias formas:
    - Por exemplo:
    - CIRCULAR Nº 01, DE 2 MARÇO DE 2002
    - CIRCULAR Nº 01
    - De 2 de março de 2002
    - CIRCULAR Nº 01/02
    - Rio de Janeiro, 2 de março de 2002
- **Ementa (opcional):** deve vir abaixo do título e data, cerca de três linhas.
    - Ementa: Material de consumo.
    - Ref.: Material de consumo.
- **Invocação:** cerca de quatro linhas do título. Dependendo do assunto e destinatários, a invocação é dispensável.
    - Excelentíssimo Senhor:
    - Senhor Prefeito:
    - Senhores Pais:
- **Texto:** cerca de três linhas do título. Deve conter:
    - Exposição do assunto, desenvolvida a partir dos objetivos.
    - A sensibilização do receptor/destinatário;
    - Convite a agir.
    - Cumprimento final:
    - Respeitosamente,
    - Atenciosamente,
- **Assinatura:** cerca de quatro linhas do cumprimento final. É composta do nome do emissor (só as iniciais maiúsculas) e cargo ou função (todo em maiúscula):
    - Por exemplo:
    - Herivelto Nascimento
    - DIRETOR
- **Anexos:** quando houver documentos a anexar, escreve-se a palavra anexo à margem esquerda, seguida da relação do que está anexado:
    - Por exemplo:
    - Anexo: quadro de horários.
    - Anexa: cópia do documento.
    - Anexas: tabela de horários e cópia dos documentos.
- **Iniciais:** na última linha útil do papel, à esquerda, devemos escrever as iniciais de quem elaborou o texto (redator), seguidas das iniciais de quem a datilografou/digitou (em maiúscula ou minúscula, tanto faz). Quando o redator e o datilógrafo forem a mesma pessoa, basta colocar a barra seguida das iniciais:
    - PPS/AZ
    - Pps/az
    - /pps
    - /PPS
- **Declaração:** a declaração deve ser fornecida por pessoa credenciada ou idônea que nele assume a responsabilidade sobre uma situação ou a concorrência de um fato. Portanto, é uma comprovação escrita com caráter de documento. A declaração pode ser manuscrita em papel almaço simples ou digitada. Quanto ao aspecto formal, divide-se nas seguintes etapas:
    - **Timbre:** impresso com cabeçalho, contendo o nome do órgão ou empresa. Nas declarações particulares, usa-se papel sem timbre.
    - **Título:** no centro da folha, em caixa alta.
    - **Texto:**
        - Identificação do emissor.
        - O verbo atestar ou declarar deve aparecer no presente do indicativo, terceira pessoa do singular ou do plural.
        - Finalidade do documento: em geral, costuma-se usar o termo "para os devidos fins". Também se pode especificar: "para fins de trabalho", "para fins escolares" etc.
        - Nome e dados de identificação do interessado.
        - Citação do fato a ser atestado.
    - **Local e data:** deve-se escrevê-lo acerca de três linhas do texto.

Editorial: é um gênero textual dissertativo-argumentativo que apresenta o posicionamento de uma empresa, revista, jornal sobre determinado assunto.

Entrevista: é um gênero textual em que aparece o diálogo entre o entrevistador e o(s) entrevistado(s), para obter informações sobre o entrevistado ou algum assunto. Podem aparecer elementos expositivos, argumentativos e narrativos.

Edital: é um documento em que são apresentados avisos, citações, determinações.

São diversos os tipos de editais, de acordo com o objetivo: pode comunicar uma citação, um proclame, um contrato, uma exoneração, uma licitação de obras, serviços, tomada de preço etc.

Entre eles, os editais mais comuns são os de concursos públicos, que determinam as etapas dos processos seletivos e as competências necessárias para a sua execução.

22 COMPREENSÃO E INTERPRETAÇÃO DE TEXTOS

22.1 Ideias preliminares sobre o assunto

Para interpretar um texto, o indivíduo precisa de muita atenção e de muito treino. Interpretar pode ser comparado com o disparar de uma arma: apenas temos chance de acertar o alvo se treinarmos muito e soubermos combinar todos os elementos externos ao disparo: velocidade do ar, direção, distância etc.

Quando o assunto é texto, o primordial é estabelecer uma relação contextual com aquilo que estamos lendo. Montar o contexto significa associar o que está escrito no texto-base com o que está disposto nas questões. Lembre-se de que as questões são elaboradas com a intenção de testar os concursandos, ou seja, deve ficar atento para todas as palavras e para todas as possibilidades de mudança de sentido que possa haver nas questões.

É preciso, para entender as questões de interpretação de qualquer banca, buscar o raciocínio que o elaborador da questão emprega na redação da questão. Usualmente, objetiva-se a depreensão dos sentidos do texto. Para tanto, destaque os itens fundamentais (as ideias principais contidas nos parágrafos) para poder refletir sobre tais itens dentro das questões.

22.2 Semântica ou pragmática?

Existe uma discussão acadêmica sobre o que possa ser considerado como semântica e como pragmática. Em que pese o fato de os universitários divergirem a respeito do assunto, vamos estabelecer uma distinção simples, apenas para clarear nossos estudos.

- **Semântica:** disciplina que estuda o **significado** dos termos. Para as questões relacionadas a essa área, o comum é que se questione acerca da troca de algum termo e a manutenção do sentido original da sentença.
- **Pragmática:** disciplina que estuda o **sentido** que um termo assume dentro de determinado contexto. Isso quer dizer que a identificação desse sentido depende do entorno linguístico e da intenção de quem exprime a sentença.

Para exemplificar essa situação, vejamos o exemplo a seguir:

- **Pedro está na geladeira.**

Nesse caso, é possível que uma questão avalie a capacidade de o leitor compreender que há, no mínimo, dois sentidos possíveis para essa sentença: um deles diz respeito ao fato de a expressão "na geladeira" poder significar algo como "ele foi até a geladeira buscar algo", o que – coloquialmente – significaria uma expressão indicativa de lugar.

O outro sentido diz respeito ao fato de "na geladeira" significar que "foi apartado de alguma coisa para receber algum tipo de punição".

A questão sobre **semântica** exigiria que o candidato percebesse a possibilidade de trocar a palavra "geladeira" por "refrigerador" – havendo, nesse caso, uma relação de sinonímia.

A questão de **pragmática** exigiria que o candidato percebesse a relação contextualmente estabelecida, ou seja, a criação de uma figura de linguagem (um tipo de metáfora) para veicular um sentido particular.

22.3 Questão de interpretação

Como se faz para saber que uma questão de interpretação é uma questão de interpretação?

Respondendo a essa pergunta, entende-se que há pistas que identificam a questão como pertencente ao rol de questões para interpretação. Os indícios mais precisos que costumam aparecer nas questões são:

- Reconhecimento da intenção do autor.
- Ponto de vista defendido.
- Argumentação do autor.
- Sentido da sentença.

Apesar disso, não são apenas esses os indícios de que uma questão é de intepretação. Dependendo da banca, podemos ter a natureza interpretativa distinta, principalmente porque o critério de interpretação é mais subjetivo que objetivo. Algumas bancas podem restringir o entendimento do texto; outras podem extrapolá-lo.

22.4 Dicas para interpretação

Há três elementos fundamentais para boa interpretação:

- Eliminação dos vícios de leitura.
- Organização.
- Sagacidade.

22.4.1 Vícios de leitura

A pior coisa que pode acontecer com o concursando, quando recebe um texto complexo para ler e interpretar, é cair num vício de leitura. Veja se você possui algum deles. Caso possua, tente eliminar o quanto antes.

Movimento

Como tudo inicia. O indivíduo pega o texto para ler e não para quieto. Troca a maneira de sentar, troca a posição do texto, nada está bom, nada está confortável. Em casa, senta para estudar e o que acontece? Fome. Depois? Sede. Então, a pessoa fica se mexendo para pegar comida, para tomar água, para ficar mais sossegado e o fluxo de leitura vai para o espaço. Fique quieto! O conceito é militar! Sente-se e permaneça assim até acabar a leitura, do contrário, vai acabar com a possibilidade de entender o que está escrito. Estudar com televisão, rádio, redes sociais e qualquer coisa dispersiva desse gênero só vai atrapalhar você.

Apoio

Não é aconselhável utilizar apoios para a leitura, tais como: réguas, acompanhar a linha com a caneta, ler em voz baixa, passar o dedo pelo papel etc. Basta pensar que seus olhos são muito mais rápidos que qualquer movimento ou leitura em voz alta.

"Garoto da borboleta"

Se você possui os vícios anteriores, certamente é um "garoto da borboleta" também. Isso quer dizer que é desatento e fica facilmente (fatalmente) disperso. Tudo chama sua atenção: caneta batendo na mesa, o concorrente barulhento, a pessoa estranha que está em sua frente, o tempo passando etc. Você vai querer ficar voltando ao início do texto porque não conseguiu compreender nada e, finalmente, vai perder as questões de interpretação.

22.4.2 Organização da leitura

Para que ocorra organização, é necessário compreender que todo texto possui:

- **Posto:** aquilo que é dito no texto. O conteúdo expresso.
- **Pressuposto:** aquilo que não está dito, mas que é facilmente compreendido.
- **Subentendido:** o que se pode interpretar por uma soma de dito com não-dito.

COMPREENSÃO E INTERPRETAÇÃO DE TEXTOS

Veja um exemplo:

Alguém diz: "felizmente, meu tio parou de beber." É certo que o dito se compõe pelo conteúdo da mensagem: o homem parou de beber. O não-dito, ou pressuposto, fica a cargo da ideia de que o homem bebia e, agora, não bebe mais. Por sua vez, o subentendido pode ser abstraído como "meu tio possuía problemas com a bebida e eu assumo isso por meio da sentença que profiro". Não é difícil! É necessário, no entanto, possuir uma certa "malandragem linguística" para perceber isso de início.

22.5 Dicas para organização

As dicas de organização não são novas, mas são eficazes, vamos lá:

- **Ler mais de uma vez o texto (quando for curto, é lógico)**

A primeira leitura é para tomar contato com o assunto, a segunda, para observar como o texto está articulado.

Ao lado de cada parágrafo, escreva a principal ideia (tópico frasal) ou argumento mais forte do trecho. Isso ajuda você a ter clareza da temática e como ela está sendo desenvolvida.

Se o texto for muito longo, recomenda-se ler primeiro a questão de interpretação, para, então, buscá-la na leitura.

- **Observar as relações entre parágrafos**

Observar que há relações de exemplificação, oposição e causalidade entre os parágrafos do texto, por isso, tente compreender as relações intratextuais nos parágrafos.

Ficar de olho aberto para as conjunções adversativas: *no entanto, contudo, entretanto* etc.

- **Atentar para o comando da questão**

Responda àquilo que foi pedido.

- **Dica:** entenda que modificar e prejudicar o sentido não são a mesma coisa.

- **Palavras de alerta (polarizadoras)**

Sublinhar palavras como: *erro, incorreto, correto* e *exceto*, para não se confundir no momento de responder à questão.

Inaceitável, incompatível e *incongruente* também podem aparecer.

- **Limitar os horizontes**

Não imaginar que você sabe o que o autor quis dizer, mas sim entender o que ele disse: o que ele escreveu. Não extrapolar a significação do texto. Para isso, é importante prestar atenção ao significado das palavras.

Pode até ser coerente o que você concluiu, mas se não há base textual, descarte.

O homem **pode** morrer de infarto. / O homem **deve** morrer de infarto.

- **Busque o tema central do texto**

Geralmente aparece no primeiro parágrafo do texto.

- **Desenvolvimento**

Se o enunciado mencionar a argumentação do texto, você deve buscar entender o que ocorre com o desenvolvimento dos parágrafos.

Verificar se o desenvolvimento ocorre por:

- Causa e consequência.
- Enumeração de fatos.
- Retrospectiva histórica.
- Fala de especialista.
- Resposta a um questionamento.
- Sequência de dados.
- Estudo de caso.
- Exemplificação.

- **Relatores**

Atentar para os pronomes relativos e demonstrativos no texto. Eles auxiliam o leitor a entender como se estabelece a coesão textual.

Alguns deles: *que, cujo, o qual, onde, esse, este, isso, isto* etc.

- **Entender se a questão é de interpretação ou de compreensão**
    - Interpretação

Parte do texto para uma conclusão. As questões que solicitam uma inferência costumam apresentar as seguintes estruturas:

"É possível entender que..."
"O texto possibilita o entendimento de que..."
"O texto encaminha o leitor para..."
"O texto possibilita deduzir que..."
"Depreende-se do texto que..."
"Com apoio no texto, infere-se que..."
"Entende-se que..."
"Compreende-se que..."
"Compreensão"

Buscam-se as informações solicitadas pela questão no texto. As questões dessa natureza possuem as seguintes estruturas:

"De acordo com o texto, é possível afirmar..."
"Segundo o texto..."
"Conforme o autor..."
"No texto..."
"Conforme o texto..."

- **Tome cuidado com as generalizações**

Na maior parte das vezes, o elaborador da prova utiliza a generalização para tornar a questão incorreta.

Atenção para as palavras: *sempre, nunca, exclusivamente, unicamente, somente*.

O que você não deve fazer!
"Viajar" no texto: interpretar algo para além do que o texto permite.
Interpretar apenas um trecho do texto.
Entender o contrário: fique atento a palavras como "pode", "não", "deve" etc.

22.5.1 Astúcia da banca

Talvez seja essa a característica mais difícil de se desenvolver no concursando, pois ela envolve o conhecimento do tipo de interpretação e dos limites estabelecidos pelas bancas. Só há uma maneira de ficar esperto estudando para concurso público: realizando provas! Pode parecer estranho, mas depois de resolver 200 questões da mesma banca, você já consegue prever como será a próxima questão. Prever é garantir o acerto! Então, faça exercícios até cansar e, quando cansar, faça mais um pouco.

Vamos trabalhar com alguns exemplos agora:

- **Exemplo I**

Entre os maiores obstáculos ao pleno desenvolvimento do Brasil, está a educação. Este é o próximo grande desafio que deve ser enfrentado com paciência, mas sem rodeios. É a bola da vez dentro das políticas públicas prioritárias do Estado. Nos anos 1990 do século passado, o país derrotou a inflação – que corroía salários, causava instabilidade política e irracionalidade econômica. Na primeira década deste século, os avanços deram-se em direção a uma agenda social, voltada para a redução da pobreza e da desigualdade estrutural. Nos próximos anos, a questão da melhoria da qualidade do ensino deve ser uma obrigação dos governantes, sejam quais forem os ungidos pelas decisões das urnas.

Jornal do Brasil, Editorial, 21/1/2010 (com adaptações).

Agora o mesmo texto, devidamente marcado.

> Entre **os maiores obstáculos** ao pleno desenvolvimento do Brasil, está a educação. Este é o **próximo grande desafio** que deve ser enfrentado com paciência, mas sem rodeios. É a **bola da vez** dentro das políticas públicas prioritárias do Estado. **Nos anos 90 do século passado**, o país derrotou a inflação – que corroía salários, causava instabilidade política e irracionalidade econômica. **Na primeira década deste século**, os avanços deram-se em direção a uma agenda social, voltada para a redução da pobreza e da desigualdade estrutural. **Nos próximos anos**, a questão da melhoria da qualidade do ensino deve ser uma **OBRIGAÇÃO DOS GOVERNANTES**, sejam quais forem os ungidos pelas decisões das urnas.

Observe que destacamos para você elementos que podem surgir, posteriormente como questões. O texto inicia falando que há mais obstáculos além da educação. Também argumenta, posteriormente, que já houve outros desafios além desse que ele chama de "próximo grande desafio". Utilizando uma expressão de sentido **conotativo** (bola da vez), o escritor anuncia que a educação ocupa posição de destaque quando o assunto se volta para as políticas públicas prioritárias do Estado.

No decorrer do texto, que se desenvolve por um tipo de retrospectiva histórica (veja o que está destacado), o redator traça um panorama dessas políticas públicas ao longo da história do país, fazendo uma previsão para os anos vindouros (o que foi destacado em caixa alta).

- **Exemplo II**

> Um passo fundamental para que não nos enganemos quanto à **natureza do capitalismo contemporâneo** e o significado das políticas empreendidas pelos países centrais para enfrentar a recente **crise econômica** é problematizarmos, com cuidado, o termo **neoliberalismo**: "começar pelas palavras talvez não seja coisa vã", escreve Alfredo Bosi em Dialética da Colonização.
>
> **A partir da década de 1980**, buscando exprimir a natureza do capitalismo contemporâneo, muitos, principalmente os críticos, utilizaram esta palavra que, por fim, se generalizou. Mas o que, de fato, significa? O prefixo neo quer dizer novo; portanto, novo liberalismo. Ora, durante o século **XIX deu-se a construção de um liberalismo** que viria encontrar a sua crise definitiva na I Guerra Mundial em 1914 e na crise de 1929. Mas desde o período entre guerras e, sobretudo, depois, com o término da II Guerra Mundial, em 1945, tomou corpo um novo modelo, principalmente na Europa, que de certa forma se contrapunha ao velho liberalismo: era **o mundo da socialdemocracia**, da presença do Estado na vida econômica, das ações políticas inspiradas na reflexão teórica do economista britânico John Keynes, um crítico do liberalismo econômico clássico que viveu na primeira metade do século XX. Quando esse modelo também entrou em crise, no princípio da década de 1970, surgiu a perspectiva de **reconstrução da ordem liberal**. Por isso, novo liberalismo, neoliberalismo.

Grupo de São Paulo, disponível em: http://www.correiocidadania.com.br/content/view/5158/9/. Acesso em: 28/10/2010. (Adaptado)

- **Exemplo III**

> **Em Defesa do Voto Obrigatório**
>
> O voto, direito duramente conquistado, **deve ser considerado um dever** cívico, sem o exercício do qual o **direito se descaracteriza ou se perde**, afinal liberdade e democracia são fins e não apenas meios. Quem vive em uma comunidade política não pode estar **desobrigado** de opinar sobre os rumos dela. Nada contra a desobediência civil, recurso legítimo para o protesto cidadão, que, no caso eleitoral, se pode expressar no voto nulo (cuja tecla deveria constar na máquina utilizada para votação). Com o **voto facultativo**, o direito de votar e o de não votar ficam inscritos, em pé de igualdade, no corpo legal. Uma parte do eleitorado deixará voluntariamente de opinar sobre a constituição do poder político. O desinteresse pela política e a descrença no voto são registrados como mera "escolha", sequer como desobediência civil ou protesto. **A consagração da alienação política** como um direito legal interessa aos conservadores, reduz o peso da soberania popular e desconstitui o sufrágio como universal.
>
> Para o **cidadão ativo**, que, além de votar, se organiza para garantir os direitos civis, políticos e sociais, o enfoque é inteiramente outro. O tempo e o **trabalho dedicados ao acompanhamento continuado da política não se apresentam como restritivos da liberdade individual.** Pelo contrário, são obrigações auto assumidas no esforço de construção e aprofundamento da democracia e de vigília na defesa das liberdades individuais e públicas. A ideia de que a democracia se constrói nas lutas do dia a dia se contrapõe, na essência, ao modelo liberal. O cidadão escolado na disputa política sabe que a liberdade de não ir votar é uma armadilha. Para que o sufrágio continue universal, para que todo poder emane do povo e não, dos donos do poder econômico, o voto, além de ser um direito, **deve conservar a sua condição de dever cívico.**

23 INTERPRETAÇÃO DE TEXTO POÉTICO

Cada vez mais comum em provas de concursos públicos, o texto poético possui suas particularidades. Nem todas as pessoas possuem a capacidade de ler um texto poético, quanto mais interpretá-lo. Justamente por esse fato, ele tem sido o predileto dos examinadores que querem dificultar a vida dos candidatos.

Antes de passar à interpretação propriamente dita, é preciso identificar a nomenclatura das partes de um poema. Cada "linha" do poema é chamada de **"verso"**, o conjunto de versos é chamado de **"estrofe"**. A primeira sugestão para quem pretende interpretar um poema é segmentar a interpretação por estrofe e anotar o sentido trazido ao lado e cada trecho.

Geralmente, as bancas pecam ao diferenciar **autor** de **eu-lírico**. O primeiro é realmente a pessoa por detrás da caneta, ou seja, é quem efetivamente escreve o texto; o segundo é a "voz" do poema, a "pessoa" fictícia, abstrata que figura como quem traz o poema para o leitor.

Outra dificuldade muito comum é a leitura do texto. Como o texto está em uma disposição que não é mais tão usual, as pessoas têm dificuldade para realizar a leitura. Eis uma dica fundamental: só interrompa a leitura quando chegar a um ponto ou a uma vírgula, porque é dessa maneira que se lê um texto poético. Além disso, é preciso que, mesmo mentalmente, o indivíduo tente dar ênfase na leitura, pois isso pode ajudar na interpretação.

Comumente, o vocabulário do texto poético não é acessível e, em razão disso, costuma haver notas explicativas com o significado das palavras, jamais ignore essa informação! Pode ser a salvação para a interpretação do texto lido.

Veja um exemplo:

Nel mezzo del camin
Cheguei. Chegaste. Vinhas fatigada
E triste, e triste e fatigado eu vinha.
Tinhas a alma de sonhos povoada,
E a alma de sonhos povoada eu tinha...

E paramos de súbito na estrada
Da vida: longos anos, presa à minha
A tua mão, a vista deslumbrada
Tive da luz que teu olhar continha.

Hoje, segues de novo... Na partida
Nem o pranto os teus olhos umedece,
Nem te comove a dor da despedida.
E eu, solitário, volto a face, e tremo,
Vendo o teu vulto que desaparece
Na extrema curva do caminho extremo.

(Olavo Bilac)

Existe outro fator extremamente importante na hora de tentar entender o conteúdo de um texto poético: o **título**! Nem todo poema possui um título, é claro, mas os que possuem ajudam, e muito, na compreensão do "assunto" do poema.

É claro que ter conhecimento do autor e do estilo de escrita por ele adotado é a ferramenta mais importante para que o candidato compreenda com profundidade o que está sendo veiculado pelo texto, porém, como grande parte das bancas ainda não chegou a esse nível de aprofundamento interpretativo, apenas o reconhecimento da superfície do texto já é suficiente para responder às questões.

Vejamos alguns textos para explanar melhor:

Bem no fundo
No fundo, no fundo,
Bem lá no fundo,
A gente gostaria
De ver nossos problemas
Resolvidos por decreto

A partir desta data,
Aquela mágoa sem remédio
É considerada nula
E sobre ela – silêncio perpétuo

Extinto por lei todo o remorso,
Maldito seja quem olhar pra trás,
Lá pra trás não há nada,
E nada mais

Mas problemas não se resolvem,
Problemas têm família grande,
E aos domingos saem todos passear
O problema, sua senhora
E outros pequenos probleminhas

(Paulo Leminski)

Interpretação: por mais que trabalhemos para resolvermos nossos problemas, a única certeza é a de que eles continuarão existindo, pois é isso o que nos move.

23.1 Tradução de sentido

As questões de tradução de sentido costumam ser o "calcanhar de Aquiles" dos candidatos. A maneira mais eficaz de resolvê-las é buscar relações de sinonímia em ambos os lados da sentença. Com isso, fica mais fácil acertar a questão.

Consideremos a relação de sinonímia presente entre "alegria" e "felicidade". Esses dois substantivos não significam, rigorosamente, a mesma coisa, mas são considerados sinônimos contextuais, se considerarmos um texto. Disso, entende-se que o sinônimo é identificado contextualmente e não depende, necessariamente, do conhecimento do sentido de todas as palavras.

Seria bom se fosse sempre dessa maneira. Ocorre que algumas bancas tentam selecionar de maneira não rigorosa os candidatos, cobrando deles o chamado "conhecimento que não é básico". O melhor exemplo é pedir o significado da palavra "adrede", o qual pouquíssimas pessoas conhecem.

23.2 Organização de texto

Em algumas bancas, é comum haver questões que apresentam um texto desordenado, para que o candidato o reordene, garantido a **coesão** e a **coerência**. Além disso, não é raro haver trecho de texto com lacunas para preencher com alguns parágrafos. Para que isso ocorra, é mister saber o que significa coesão e coerência. Vamos a algumas definições simples.

23.2.1 Coesão

Coesão é o conjunto de procedimentos e mecanismos que estabelecem conexão dentro do texto, o que busca garantir a progressão daquilo que se escreve nas sentenças. Pronomes, perífrases e sinônimos estão entre os mecanismos de coesão que podem ser empregados na sentença.

23.2.2 Coerência

Coerência diz respeito à organização de significância do texto, ou seja, o sentido daquilo que se escreve. A sequência temporal e o princípio de não contradição são os dispostos mais emergentes da coerência.

Em questões dessa natureza, busque analisar as sequências de entrada e saída dos textos. Veja se há definições e conectivos que encerram ideias, ou se há pronomes que buscam sequenciar as sentenças. Desse modo, fica mais fácil acertar a questão.

23.3 Significação das palavras

23.3.1 Compreensão, interpretação e intelecção

O candidato que é concurseiro de longa data sabe que, dentre as questões de interpretação de texto, é muito comum surgirem nomenclaturas distintas para fenômenos não tão distintos assim. Quer dizer que, se no seu edital há elementos como leitura, compreensão, intelecção ou interpretação de texto, no fundo, o conceito é o mesmo. Ocorre que, dentro desse processo de interpretação, há elementos importantes para a resolução dos certames.

O que se diz e o que se pode ter dito

Sempre que há um momento de enunciação, o material linguístico serve de base para que os interlocutores negociem o sentido daquilo que está na comunicação. Isso ocorre por meio de vários processos. É possível destacar alguns mais relevantes:

- **Dito:** consiste na superfície do enunciado. O próprio material linguístico que se enuncia.
- **Não-dito:** consiste naquilo que se identifica imediatamente, quando se trabalha com o que está posto (o dito).
- **Subentendido:** consiste nos sentidos ativados por um processo inferencial de análise e síntese do material linguístico somado ao não-dito.

Vejamos isso em uma sentença para compreendermos a teoria.

- "A eleição de Barack Obama não é um evento apenas americano."

    Dito: é o próprio conteúdo da sentença – o fato de a eleição em questão não ser um evento apenas americano.
    Não-dito: alguém poderia pensar que a eleição teria importância apenas para os americanos.
    Subentendido: pode-se concluir que a eleição em questão terá grandes repercussões, a um nível global.

23.4 Inferência

Para a finalidade dos concursos públicos, vamos considerar que a inferência é o resultado do processamento na leitura, ou seja, é aquilo que se pode "concluir" ou "depreender" da leitura de um texto.

No momento de responder a uma questão dessa natureza, recomenda-se prudência. Existe um conceito que parece fundamental para facilitar a resolução dessas questões. Ele se chama **ancoragem lexical**. Basicamente, entende-se como ancoragem lexical a inserção de algum elemento que dispara pressuposições e fomenta inferências, ou seja, se alguma questão pedir se é possível inferir algo, o candidato só poderá responder afirmativamente, se houver uma palavra ou uma expressão (âncora lexical) que permita associar diretamente esses elementos.

Semântica (sentido)

Evidentemente, o conteúdo relativo à significação das palavras deve muito a uma boa leitura do dicionário. Na verdade, o vocabulário faz parte do histórico de leitura de qualquer pessoa: quanto mais você lê, maior é o número de palavras que você vai possuir em seu vocabulário. Como é impossível receitar a leitura de um dicionário, podemos arrolar uma lista com palavras que possuem peculiaridades na hora de seu emprego. Falo especificamente de **sinônimos, antônimos, homônimos e parônimos**. Mãos à obra!

▷ **Sinônimos:**
- Sentido aproximado: não existem sinônimos perfeitos:

    Feliz – alegre – contente.
    Palavra – vocábulo.
    Professor – docente.
    O professor Mário chegou à escola. O **docente** leciona matemática.

▷ **Antônimos:**
- Oposição de sentido:

    Bem – mal.
    Bom – mau.
    Igual – diferente.

▷ **Homônimos:** são palavras com escrita ou pronúncia iguais (semelhantes), porém com significado (sentido) diferente.

    Adoro comer **manga** com sal.
    Derrubei vinho na **manga** da camisa.

Há três tipos de homônimos: homógrafos, homófonos e homônimos perfeitos.

- **Homógrafos** – palavras que possuem a mesma grafia, mas o som é diferente.

    O meu **olho** está doendo.
    Quando eu **olho** para você, dói.

- **Homófonos** – apresentam grafia diferente, mas o som é semelhante.

    A **cela** do presídio foi incendiada.
    A **sela** do cavalo é novinha.

- **Homônimos perfeitos** – possuem a mesma grafia e o mesmo som.

    O **banco** foi assaltado.
    O **banco** da praça foi restaurado ontem.
    Ele não **para** de estudar.
    Ele olhou **para** a prova.

- **Parônimos:** são palavras que possuem escrita e pronúncia semelhantes, mas com significado distinto.

    O professor fez a **descrição** do conteúdo.
    Haja com muita **discrição**, Marivaldo.

Aqui vai uma lista para você se precaver quanto aos sentidos desses termos:

- **Ascender** (subir) e **acender** (pôr fogo, alumiar).

    Quando Nero **ascendeu** em Roma, ele **acendeu** Roma.

- **Acento** (sinal gráfico) e **assento** (lugar de sentar-se).

    O **acento** grave indica crase.
    O **assento** 43 está danificado.

- **Acerca de** (a respeito de) e **cerca de** (aproximadamente).

    Há cerca de (faz aproximadamente).
    Falamos **acerca de** Português ontem.
    José mora **cerca de** mim.
    Há cerca de 10 anos, leciono Português.

- **Afim** (semelhante a) e **a fim de** (com a finalidade de).

    Nós possuímos ideias **afins**.
    Nós estamos estudando **a fim** de passar.

INTERPRETAÇÃO DE TEXTO POÉTICO

- **Aprender** (instruir-se) e **apreender** (assimilar).
    Quando você **apreender** o conteúdo, saberá que **aprendeu** o conteúdo.
- **Área** (superfície) e **ária** (melodia, cantiga).
    O tenor executou a ária.
    A polícia cercou a área.
- **Arrear** (pôr arreios) e **arriar** (abaixar, descer).
    Precisamos **arrear** o cavalo.
    Joaquim **arriou** as calças.
- **Caçar** (apanhar animais) e **cassar** (anular).
    O veado foi **caçado**.
    O deputado teve sua candidatura **cassada**.
- **Censo** (recenseamento) e **senso** (raciocínio).
    Finalizou-se o **censo** no Brasil.
    Argumentou com bom-**senso**.
- **Cerração** (nevoeiro) **serração** (ato de serrar).
    Nos dias de chuva, pode haver **cerração**.
    Rolou a maior **serração** na madeireira ontem.
- **Cerrar** (fechar) e **serrar** (cortar).
    Cerrou os olhos para a verdade.
    Marina **serrou**, acidentalmente, o nariz na serra.
- **Cessão** (ato de ceder), **seção** (divisão), **secção** (corte) e **sessão** (reunião).
    O órgão pediu a **cessão** do espaço.
    Compareça à **seção** de materiais.
    Fez-se uma **secção** no azulejo.
    Assisti à **sessão** de cinema ontem. Passava "A Lagoa Azul".
- **Concerto** (sessão musical) e **conserto** (reparo).
    Vamos ao **concerto** hoje.
    Fizeram o **conserto** do carro.
- **Mal** (antônimo de bem) e **mau** (antônimo de bom).
    O homem **mau** vai para o inferno.
    O **mal** nunca prevalece sobre o bem.
- **Ratificar** (confirmar) e **retificar** (corrigir).
    O documento **ratificou** a decisão.
    O documento **retificou** a decisão.
- **Tacha** (pequeno prego, mancha) e **taxa** (imposto, percentagem).
    Comprei uma **tacha**.
    Paguei outra **taxa**.
    Bucho (estômago) e **buxo** (arbusto)
- **Calda** (xarope) e **cauda** (rabo)
- **Cela** (pequeno quarto) e **sela** (arreio)
- **Chá** (bebida) e **xá** (título do soberano da Pérsia, atual Irã, antes da revolução islâmica)
- **Cheque** (ordem de pagamento) e **xeque** (lance do jogo de xadrez)
- **Comprimento** (extensão) e **cumprimento** (saudação)
- **Conjetura** (hipótese) e **conjuntura** (situação)
- **Coser** (costurar) e **cozer** (cozinhar)
- **Deferir** (costurar) e **diferir** (distinguir-se)
- **Degredado** (desterrado, exilado) e **degradado** (rebaixado, estragado)
- **Descrição** (ato de descrever) e **discrição** (reserva, qualidade de discreto)
- **Descriminar** (inocentar) e **discriminar** (distinguir)
- **Despensa** (lugar de guardar mantimentos) e **dispensa** (isenção, licença)
- **Despercebido** (não notado) e **desapercebido** (desprovido, despreparado)
- **Emergir** (vir à tona) e **imergir** (mergulhar)
- **Eminente** (notável, célebre) e **iminente** (prestes a acontecer)
- **Esbaforido** (ofegante, cansado) e **espavorido** (apavorado)
- **Esperto** (inteligente) e **experto** (perito)
- **Espiar** (observar) e **expiar** (sofrer castigo)
- **Estada** (ato de estar, permanecer) e **estadia** (permanência, estada por tempo limitado)
- **Estático** (imóvel) e **extático** (pasmo)
- **Estrato** (tipo de nuvem) e **extrato** (resumo)
- **Flagrante** (evidente) e **fragrante** (perfumado)
- **Fluir** (correr) e **fruir** (gozar, desfrutar)
- **Incidente** (episódio) e **acidente** (acontecimento grave)
- **Incipiente** (principiante) e **insipiente** (ignorante)
- **Inflação** (desvalorização do dinheiro) e **infração** (violação, transgressão)
- **Infligir** (aplicar castigo) e **infringir** (transgredir)
- **Intercessão** (ato de interceder) e **interseção ou intersecção** (ato de cortar)
- **Laço** (nó) e **lasso** (frouxo)
- **Mandado** (ordem judicial) e **mandato** (período político)
- **Ótico** (relativo ao ouvido) e **óptico** (relativo à visão)
- **Paço** (palácio) e **passo** (passada)
- **Peão** (empregado/peça de xadrez) e **pião** (brinquedo)
- **Pequenez** (pequeno) e **pequinês** (ração de cão, de Pequim)
- **Pleito** (disputa) e **preito** (homenagem)
- **Proeminente** (saliente) e **preeminente** (nobre, distinto)
- **Prescrição** (ordem expressa) e **proscrição** (eliminação, expulsão)
- **Prostrar-se** (humilhar-se) e **postar-se** (permanecer por muito tempo)
- **Ruço** (grisalho, desbotado) e **russo** (da Rússia)
- **Sexta** (numeral cardinal), **cesta** (utensílio) e **sesta** (descanso depois do almoço)
- **Sortido** (abastecido) e **surtido** (produzido, causado)
- **Sortir** (abastecer) e **surtir** (efeito ou resultado)
- **Sustar** (suspender) e **suster** (sustentar)
- **Tilintar** (soar) e **tiritar** (tremer)
- **Tráfego** (trânsito) e **tráfico** (comércio ilícito)
- **Vadear** (passa a pé ou a cavalo, atravessar o rio) e **vadiar** (vagabundear)
- **Viagem** (substantivo) e **viajem** (verbo)
- **Vultoso** (volumoso, grande vulto) e **vultuoso** (inchado)

24 TIPOS DE DISCURSO

Discurso está relacionado à construção de textos, tanto orais quanto escritos, portanto, ele é considerado uma prática social.

Em um texto, podem ser encontrados três tipos de discurso: o discurso **direto**, o **indireto** e o **indireto livre**.

24.1 Discurso direto

São as falas das personagens. Esse discurso pode aparecer em forma de diálogos e citações, e vem marcado com alguma pontuação (travessão, dois pontos, aspas etc.). Ou seja, o discurso direto reproduz fielmente a fala de alguém.

- Por exemplo:
    O médico disse à paciente:
    Você precisa fazer exercícios físicos regularmente.

24.2 Discurso indireto

É a reprodução da fala de alguém, a qual é feita pelo narrador. Normalmente, esse discurso é escrito em terceira pessoa.

- Por exemplo:
    O médico disse à paciente que ela precisava fazer exercícios regulamente.

24.3 Discurso indireto livre

É a ocorrência do discurso direto e indireto ao mesmo tempo. Ou seja, o narrador conta a história, mas as personagens também têm voz própria.

No exemplo a seguir, há um discurso direto: "que raiva", que mostra a fala da personagem.

"Retirou as asas e estraçalhou-a. Só tinham beleza. Entretanto, qualquer urubu... que raiva..." (Ana Maria Machado)

No trecho a seguir, há uma fala da personagem, mesclada com a narração: "Para que estar catando defeitos no próximo?".

"D. Aurora sacudiu a cabeça e afastou o juízo temerário. Para que estar catando defeitos no próximo? Eram todos irmãos. Irmãos." (Graciliano Ramos)

Exemplo de uma transposição de discurso direto para indireto:

Ana perguntou:
– Qual a resposta correta?
Ana perguntou qual era a resposta correta.

Ressalta-se que nas questões de reescrita que tratam da transposição de discursos, é mais frequente a substituição do direto pelo indireto.

LITERATURA

1 INTRODUÇÃO À LITERATURA

1.1 A arte literária

A Literatura foi classificada como a 6ª Arte, de acordo com Ricciotto Canudo, no Manifesto das Sete Artes, em 1912.

As artes foram enumeradas de acordo com seu surgimento. Assim, temos: Música, Dança, Artes Plásticas, Escultura, Artes Cênicas, Literatura e Cinema. O que difere os textos literários dos demais é a capacidade do autor em expressar seus sentimentos utilizando os mais variados recursos de linguagem, dando a sua visão da realidade que está sendo apresentada.

Então, a Literatura tem como objetivo estudar autores e obras de determinados períodos da humanidade, levando em conta a época em que estavam inseridos. Cada um desses períodos, devido às suas características, é chamado de escola literária.

As escolas literárias serão estudadas adiante, em Literatura Brasileira.

1.2 Gêneros literários

Os gêneros literários foram criados por Aristóteles e, apesar de tantas modificações ocorridas na linguagem, eles ainda são estudados. O filósofo os classificou em três: gênero épico (atualmente chamado de narrativo), gênero lírico e gênero dramático.

1.2.1 Gênero narrativo

É caracterizado pela presença de um narrador, podendo ser um texto ficcional ou não. Precisa sempre responder a cinco perguntas: O quê?, Quem?, Quando?, Onde? e Por quê?.

As respostas a essas perguntas formam a estrutura do texto narrativo, ou seja, narrador, personagens, tempo, espaço, enredo.

Narrador: não deve ser confundido com o autor do texto. O narrador conta a história, podendo ele mesmo ser um dos personagens dela. Assim, quando ele é também um personagem, chama-se narrador em primeira pessoa. Quando isto não acontece, ele é chamado de narrador em terceira pessoa.

Personagens: são eles que praticam as ações no decorrer da narrativa, ou seja, os personagens desenrolam a história. O personagem principal é chamado de protagonista.

Tempo: a narrativa pode ocorrer no tempo cronológico, aquele em que se verificam marcações temporais - dia e noite, dias da semana, meses, anos -, ou no tempo psicológico, quando a passagem do tempo é marcada por reflexões, memórias dos personagens, não há como medi-lo.

Espaço: lugar (ou lugares) onde ocorre a narrativa.

Enredo: é a sequência de fatos da narrativa. É composto, também, pelos conflitos e o tema, motivo central do texto.

São parte deste gênero os textos de: crônica, conto, novela, fábula, romance, entre outros.

Crônica: narrativa de acontecimentos diários, é um texto curto e, geralmente, narrado em 1ª pessoa. Um dos principais cronistas brasileiros foi Nelson Rodrigues. Entre suas temáticas, está o futebol, como pode ser visto em *A pátria de chuteiras*.

Conto: breve narrativa focada em apenas uma história. Luís Fernando Veríssimo e o conto *Paixões* são exemplos que merecem destaque.

Novela: nas novelas existe mais de um enredo sendo desenvolvido simultaneamente, contudo, geralmente todos tratados em uma sequência. Os personagens são essenciais para as tramas e utilizam linguagem adaptada à época em que o enredo ocorre. Alguns autores dizem que as novelas não devem ultrapassar as 200 páginas. Por essas características, alguns textos são feitos ou adaptados à televisão. Como exemplo deste gênero temos *O exército de um homem só*, de Moacyr Scliar.

Fábula: tem como objetivo transmitir uma lição de moral e, como principal característica o fato de que seus personagens são animais. Um exemplo nacional é a fábula *O cão e o Lobo*, de Monteiro Lobato.

Romance: narrativa mais longa e complexa, composta por diversos conflitos e personagens, apresentando situações ficcionais de cunho real. Podem existir diferentes tipos de romance, dependendo da temática, como romance policial, romance de aventura, romance histórico, entre outros. *Amor, verbo intransitivo* é um exemplo de romance de Mário de Andrade.

1.2.2 Gênero lírico

Esse gênero sempre é apresentado em versos e tem como principal objetivo exprimir sentimentos do eu lírico. Deste gênero surgiu a métrica dos versos poéticos, pois os autores prezam pela musicalidade do texto.

Neste material, o estudo sobre a métrica está em Noções de versificação.

São exemplos do gênero: soneto, ode ou hino, elegia, écloga, entre outros.

Soneto: composto por 14 versos divididos em dois quartetos e dois tercetos, utiliza sempre a métrica e a rima. Um dos sonetos mais conhecidos é o *Soneto de fidelidade*, de Vinicius de Moraes.

Ode e hino: a ode é utilizada para exaltar algo ou alguém e o hino é direcionado à pátria, a divindades etc. A letra do Hino Nacional brasileiro, por exemplo, foi escrita por Joaquim Osório Duque Estrada.

Elegia: a "poesia da tristeza". Fala apenas de situações tristes, como a morte.

Écloga: enaltece a natureza, a vida no campo. Um exemplo é o *Cântico do Calvário*, de Fagundes Varela.

Observe, a seguir, um exemplo de soneto.

Amor é um fogo que arde sem se ver,
é ferida que dói, e não se sente;
é um contentamento descontente,
é dor que desatina sem doer.

É um não querer mais que bem querer;
é um andar solitário entre a gente;
é nunca contentar se de contente;
é um cuidar que ganha em se perder.

É querer estar preso por vontade;
é servir a quem vence, o vencedor;
é ter com quem nos mata, lealdade.

Mas como causar pode seu favor
nos corações humanos amizade,
se tão contrário a si é o mesmo Amor?

Luís Vaz de Camões

1.2.3 Gênero dramático

Todos os textos passíveis de encenação teatral estão ligados a este gênero. Os personagens travam diálogos ou mesmo monólogos, apresentando o texto ao público.

INTRODUÇÃO À LITERATURA

Tragédias, comédias, autos, farsas, entre outros, pertencem a este gênero.

Tragédia: apresenta conflitos que geram no público dor, tristeza, medo, angústia como forma de alerta. Ex.: *O pagador de promessas*, de Dias Gomes.

Comédia: desde sua origem, busca criticar costumes e posturas da sociedade por meio da ridicularização de situações, levando ao riso. Ex.: *Nova viagem à Lua*, de Artur de Azevedo.

Auto: texto breve, geralmente em versos, com caráter religioso e profano. Ex.: *Auto da Compadecida*, de Ariano Suassuna.

Farsa: utiliza um texto também curto, com poucos personagens, e tem por objetivo fazer rir por meio de caricaturas e exageros a respeito de situações do dia a dia.

A seguir, transcreve-se um trecho do **Auto da Barca do Inferno**, de Gil Vicente.

> *E passando por diante da proa do batel dos danados assim cantando, com suas espadas e escudos, disse o Arrais da perdição desta maneira:*
> *DIABO Cavaleiros, vós passais*
> *e nom perguntais onde is?*
> *1º CAVALEIRO Vós, Satanás, presumis?*
> *Atentai com quem falais!*
> *2º CAVALEIRO Vós que nos demandais?*
> *Siquer conhecê-nos bem:*
> *morremos nas Partes d'Além,*
> *e não queirais saber mais.*
> *DIABO Entrai cá! Que cousa é essa?*
> *Eu nom posso entender isto!*
> *CAVALEIROS Quem morre por Jesu Cristo*
> *não vai em tal barca como essa!*
> *Tornaram a prosseguir, cantando, seu caminho direito à barca da Glória, e, tanto que chegam, diz o Anjo:*
> *ANJO Ó cavaleiros de Deus,*
> *a vós estou esperando,*
> *que morrestes pelejando*
> *por Cristo, Senhor dos Céus!*
> *Sois livres de todo mal,*
> *mártires da Santa Igreja,*
> *que quem morre em tal peleja*
> *merece paz eternal.*
> *E assi embarcam.*

Auto da Barca do Inferno. Disponível em: <http://www.dominiopublico.gov.br/download/texto/bv000107.pdf>. Acesso em: 15 jul. 2016.

1.3 Noções de versificação

1.3.1 Estrutura do verso

Ao escrever em versos, é preciso conhecer alguns conceitos. Observe o texto de Vinicius de Moraes:

Soneto de separação

De repente do riso fez-se o pranto → verso
Silencioso e branco como a bruma → verso
E das bocas unidas fez-se a espuma → verso
E das mãos espalmadas fez-se o espanto. → verso
De repente da calma fez-se o vento
Que dos olhos desfez a última chama
E da paixão fez-se o pressentimento
E do momento imóvel fez-se o drama.
De repente, não mais que de repente
Fez-se de triste o que se fez amante
E de sozinho o que se fez contente.
Fez-se do amigo próximo o distante
Fez-se da vida uma aventura errante
De repente, não mais que de repente.

Cada linha do texto chama-se verso e apresenta uma característica de ritmo. O conjunto de versos chama-se estrofe. Neste caso, temos um soneto - é uma forma fixa com dois quartetos e dois tercetos. O conjunto de estrofes forma um poema.

> **Fique ligado**
>
> Os versos com mais de 12 sílabas poéticas são chamados de versos bárbaros. Os versos com 12 sílabas poéticas também são chamados de alexandrinos ou clássicos.

1.3.2 Tipos de verso

Para conhecermos os tipos de versos, é preciso fazer a escansão do poema, ou seja, fazer a divisão e contagem das sílabas poéticas. A medida usada nesta contagem é a métrica.

É importante lembrar que a métrica não utiliza a divisão silábica das palavras; ela é realizada de acordo com o ritmo da palavra.

De/ re/pen/te/ do/ ri/so/ fez/-se o/ pran/to

Si/len/ci/o/so e /bran/co/ co/mo a/ bru/ma

A última sílaba poética destes versos são "pran" e "bru", desta forma, estes versos possuem 10 sílabas poéticas cada - são versos, então, decassílabos.

NÚMERO DE SÍLABAS POÉTICAS	CLASSIFICAÇÃO
1	Monossílabo
2	Dissílabo
3	Trissílabo
4	Tetrassílabo
5	Pentassílabo
6	Hexassílabo
7	Heptassílabo
8	Octassílabo
9	Eneassílabo
10	Decassílabo
11	Hendecassílabo
12	Dodecassílabo

Para classificar os tipos de versos, podemos usar três variantes: quanto à métrica, quanto à acentuação e quanto à rima.

Quanto à métrica, os versos podem ser:

- **Versos de arte menor:** são os que possuem de uma a oito sílabas poéticas.
- **Versos de arte maior:** são os que possuem de nove a mais sílabas poéticas.

Quanto à acentuação, os versos podem ser:

- **Trocaicos:** quando o acento de uma das palavras está em uma sílaba poética ímpar.
- **Lâmbicos:** quando o acento de uma das palavras está em uma sílaba poética par.

- **Mistos:** quando acontecem simultaneamente.

Quanto à rima, os versos podem ser:

- **Versos rimados:** o final da palavra de um verso rima com um ou mais versos da estrofe.
- **Versos brancos:** são os que possuem métrica igual à de outros versos no poema, mas não possuem rima.
- **Versos livres:** não possuem uma métrica fixa, ou seja, em uma mesma estrofe, os versos têm quantidades de sílabas poéticas diferentes; também não possuem rima.

1.3.3 Rima

Observe, novamente, a segunda estrofe do poema apresentado:

De repente da calma fez-se o vento → A
Que dos olhos desfez a última chama → B
E da paixão fez-se o pressentimento → A
E do momento imóvel fez-se o drama. → B

As rimas podem ser classificadas pela disposição, qualidade e sonoridade.

Quanto à disposição, existem quatro possibilidades:

- emparelhadas ou paralelas (AABB);
- opostas ou interpoladas (ABBA ou A--A);
- cruzadas ou alternadas (ABAB);
- encadeadas ou internas (dentro dos versos).

Quanto à qualidade, as rimas podem ser classificadas em:

- **Ricas: as palavras que rimam pertencem a classes de palavras diferentes. Há rima entre um substantivo e um adjetivo. Ex.:** quente/infelizmente.
- **Pobres: as rimas são feitas com palavras na mesma classe gramatical. Entre dois substantivos. Ex.:** marmelo/amarelo.

Ao tratar da sonoridade das palavras envolvidas nas rimas, podemos classificá-las em:

- **Toantes: quando há repetição dos sons de vogais. Ex.:** amo/clamo.
- **Aliterantes: quando há repetição dos sons de consoantes. Ex.:** quis/feliz.
- **Agudas: rimas entre palavras oxítonas. Ex.:** coração/emoção.
- **Graves: rimas entre palavras paroxítonas. Ex.:** lealdade/fidelidade.
- **Esdrúxulas: rimas entre palavras proparoxítonas. Ex.:** calórico/bucólico.

1.3.4 Estrofação

Uma estrofe pode possuir um ou mais versos. Observe a nomenclatura a ser usada conforme a quantidade de versos de uma estrofe.

VERSOS POR ESTROFE	NOMENCLATURA
1	Monóstico
2	Dístico
3	Terceto
4	Quarteto ou quadra
5	Quintilha
6	Sextilha
7	Septilha ou sete-versos
8	Oitava
9	Nona ou nove-versos
10	Décima

1.3.5 Poemas de Forma Fixa

Alguns poemas - por possuírem determinado número, tipo ou divisão de estrofes - são chamados de poemas de forma fixa. Soneto, balada, trova e haicai são os mais comuns.

- **Soneto: possuem 14 versos:** uma sequência de dois quartetos e dois tercetos, geralmente com versos decassílabos. Como apresentado anteriormente, temos o Soneto da Separação, entre vários outros.
- **Balada:** poema formado por três oitavas e uma quadra, geralmente todos octassílabos.

Azul...

Lembra-te bem! Azul-celeste
Era essa alcova em que amei.
O último beijo que me deste
Foi nessa alcova que o tomei!
É o firmamento que a reveste
Toda de um cálido fulgor:
— Um firmamento, em que puseste
Como uma estrela, o teu amor.
Lembras-te? Um dia me disseste:
'Tudo acabou!' E eu exclamei:
'Se vais partir, por que vieste?'
E às tuas plantas me arrastei...
Beijei a fímbria à tua veste,
Gritei de espanto, uivei de dor:
'Quem há que te ame e te requeste
Com febre igual ao meu amor?'
Por todo o mal que me fizeste,
Por todo o pranto que chorei,
— Como uma casa em que entra a peste,
Fecha essa casa em que fui rei!
Que nada mais perdure e reste
Desse passado embriagador:
E cubra a sombra de um cipreste
A sepultura deste amor!
Desbote-a o inverno! o estio a creste!
Abale-a o vento com fragor!
— Desabe a igreja azul-celeste
Em que oficiava o meu amor!

Olavo Bilac

- **Trova:** possui apenas um quarteto com versos heptassílabos.

Ficou pronta a criação
Sem um defeito sequer,
E atingiu a perfeição
Quando Deus fez a mulher.

Eva Reis

- **Haicai: poema composto por uma estrofe de três versos, sendo sua formação:** um verso pentassílabo + um verso heptassílabo + um verso pentassílabo.

Observei um lírio:
De fato, nem Salomão
É tão bem vestido...

Afrânio Peixoto

1.4 Evolução da arte literária em portugal e no Brasil

A literatura de um país depende muito da cultura do povo local, de suas influências históricas, do momento político-social em que se está

INTRODUÇÃO À LITERATURA

vivendo, entre outros inúmeros fatores. Com Portugal e Brasil não foi diferente e, para conhecermos a evolução da arte literária do Brasil, é preciso estudar sobre como se deu a formação da literatura em Portugal.

O primeiro registro em língua portuguesa que se tem conhecimento data de 1189 ou 1198. Trata-se da "Cantiga da Ribeirinha", de Paio Soares de Taveirós. Esse texto faz parte da primeira escola literária de Portugal, o Trovadorismo.

O Trovadorismo ocorreu do século XII ao século XIV e foi a época das cantigas medievais, ou seja, poesias feitas pelos trovadores para serem cantadas ao som de instrumentos como a flauta e o alaúde. As cantigas são classificadas em quatro: cantiga de amor, cantiga de amigo, cantiga de escárnio e cantiga de maldizer.

Durante este período, a Europa viu sua população diminuir muito devido às guerras e, principalmente, à peste negra. Contudo, a partir do século XV, este cenário mudou, assim como o interesse literário dos intelectuais da época: as poesias deixaram de ser musicadas e o homem virou o centro das descobertas.

Começa, então, o Humanismo (séculos XV a XVI). Gil Vicente e Fernão Lopes são os grandes nomes portugueses desta época. O primeiro, é considerado o fundador do teatro em Portugal. Gil Vicente se dedicou aos textos teatrais que pregavam a real obediência ao catolicismo e criticavam a sociedade. O *Auto da Barca do Inferno*, visto anteriormente, é um grande exemplo de seu trabalho e de qual era seu objetivo. Fernão Lopes é considerado o pai da historiografia portuguesa: era o responsável pelos documentos da Corte portuguesa e, aproveitando-se de seu conhecimento junto à vivência dos nobres, dedicou-se às crônicas, cujo objetivo era mostrar a vida além da realeza, os feitos também da população.

Com o início da era moderna, o Renascimento proporcionou desenvolvimento em várias áreas da sociedade. Chegamos à era das Grandes Navegações. O Classicismo surge logo no século XVI, seu maior nome é Luís de Camões e sua grande obra foi *Os Lusíadas*. A literatura portuguesa, agora, misturava a sofisticação e o caráter popular.

Neste mesmo período, os portugueses chegaram ao nosso país. O primeiro texto sobre o Brasil foi escrito por Pero Vaz de Caminha: uma carta ao rei português sobre as terras recém-descobertas pela frota de Pedro Álvares Cabral. Para transmitir as informações sobre as novas terras à Corte, os navegadores e jesuítas escreviam o que foi chamado de Literatura Informativa sobre o Brasil.

O Classicismo, então, logo deu lugar ao Barroco (XVII-XVIII). Após o Concílio de Trento (1545-1563), instalou-se uma crise religiosa em países católicos e houve a volta do teocentrismo. As manifestações artísticas foram censuradas e, desta forma, a liberdade de pensamento tolhida. Nas palavras de Douglas Tufano, no Barroco, há a exaltação dos sentimentos, a religiosidade é expressa de forma dramática, intensa, procurando envolver emocionalmente as pessoas [...] assistimos a uma retomada do espírito religioso e místico da Idade Média. Além disso, as dificuldades econômicas também afetaram esse período, o que fez com que as pessoas passassem por conflitos entre a religiosidade e a vida mundana.

Diferente de Portugal, que já possuía uma literatura consistente, o Brasil ainda era muito novo também nesta área. Em Portugal, um dos autores de destaque do Barroco foi o padre Antônio Vieira. No Brasil, Gregório de Matos produziu vários textos – nenhum deles publicado enquanto ele estava vivo – e nos quais se nota uma grande influência da literatura estrangeira. É conhecido como "Boca do Inferno" por suas fortes críticas à sociedade baiana.

No Brasil, o Barroco é fortemente empregado na arte, principalmente nas igrejas de Minas Gerais, pelo escultor Antônio Francisco Lisboa, conhecido como Aleijadinho.

A igreja e convento de São Francisco, em Salvador (BA) é a maior representante da arte barroca no Brasil. Ela é toda coberta por ouro esculpido.

No Arcadismo/Neoclassicismo (séculos XVIII-XIX), há a volta ao Classicismo e à temática pastoril, valorizando a simplicidade, como resposta à linguagem rebuscada utilizada no Barroco. Em Portugal, o autor de destaque neste movimento foi Bocage. No Brasil, alguns nomes merecem ser citados: Cláudio Manuel da Costa - autor de Obras, Tomás Antônio Gonzaga - autor de Marília de Dirceu, Frei José de Santa Rita Durão - autor de Caramuru, entre outros.

O período em que o Romantismo surgiu em Portugal correspondeu a um momento político conturbado: devido à ameaça de invasão por Napoleão, toda a Corte portuguesa transferiu-se para o Brasil. O Romantismo português foi influenciado por escritores ingleses e franceses. Isso porque a Inglaterra e a França eram países onde se exilavam vários escritores lusitanos fugindo das perseguições políticas. Almeida Garrett, Camilo Castelo Branco, João de Deus e Alexandre Herculano são os nomes de destaque em Portugal. Já no Brasil, Gonçalves de Magalhães foi o precursor do movimento, com a obra Suspiros poéticos e saudades.

O Realismo surgiu da preocupação em trabalhar com a realidade da época, que se modificava tanto sob os aspectos sociais e políticos quanto sob o contexto religioso. Objetivou-se voltar a tratar das questões científicas e filosóficas e dar à literatura os ares modernos que a sociedade estava experimentando. Eça de Queirós é o destaque português, enquanto que, no Brasil, Machado de Assis e Aluísio de Azevedo, entre outros, publicavam seus romances.

Fique ligado

Apesar de ser estudado em Literatura Brasileira como autor brasileiro, um dos destaques do Barroco, Padre Antônio Vieira, era português.

2 LITERATURA BRASILEIRA

2.1 Contexto histórico

Ao chegar às terras que hoje são chamadas de Brasil, os portugueses não tinham a intenção de colonizá-las, mas, sim, de explorar suas riquezas. Depois de mais de três décadas de exploração das terras, é que a Corte portuguesa começou o processo de colonização de nosso país.

Assim, os jesuítas foram trazidos de Portugal para o Brasil com a intenção de catequizar os indígenas, para que eles seguissem o catolicismo, e passassem a obedecer aos colonizadores.

Assim é que o homem europeu, especificamente o ibérico, apresentava-se em pleno século XVI com duas preocupações distintas: a conquista material, resultante da política das Grandes Navegações, e a conquista espiritual, resultante, no caso português, do movimento de Contrarreforma.

Fonte: NICOLA, J. de. Literatura brasileira: das origens aos nossos dias. São Paulo: Scipione, 1993. p. 30.

E então surgiram também os primeiros registros sobre o Brasil. Como vimos, a linguagem está em constante transformação e, somada às mudanças do cenário político, econômico e social de nosso país no decorrer dos anos, foi-se constituindo a Literatura Brasileira.

2.2 Quinhentismo

2.2.1 Características, principais autores e obras

Literatura informativa

Cartas dos navegadores à Coroa com a intenção de descrever o local encontrado, quais riquezas poderiam ser exploradas, como era a fauna e flora do lugar etc. O principal autor foi Pero Vaz de Caminha, com sua obra Carta a El-Rei Dom Manuel sobre o achamento do Brasil. Observemos um trecho desta obra:

> Nela até agora não pudemos saber que haja ouro, nem prata, nem nenhum cousa de metal, nem de ferro; nem lho vimos. A terra, porém, em si, é de muito bons ares. [...]

Fique ligado

O Quinhentismo (1500-1601) é considerado literatura feita no Brasil, e não brasileira. Nesse período, o que foi produzido era feito pelos portugueses, com sua visão sobre sua colônia. Dividiu-se em literatura informativa e literatura jesuítica.

Mas o melhor fruto que nela se pode fazer me parece que será salvar esta gente. E, esta deve ser a principal semente que Vossa Alteza em ela deve lançar. E que aí não houvesse mais que ter aqui esta pousada para esta navegação de Calecute, bastaria, quanto mais disposição para se nela cumprir e fazer o que Vossa Alteza tanto deseja, a saber, acrescentamento de nossa santa fé.

Literatura jesuítica

Textos utilizados para catequizar os indígenas, continham os ensinamentos católicos nas mais variadas formas, como textos teatrais, sermões e poesias, todas escritas em tupi pelo padre José de Anchieta, principal autor. A seguir, transcrevemos um trecho de uma de suas obras.

A Santa Inês

Cordeirinha linda,
como folga o povo
porque vossa vinda
lhe dá lume novo!
Cordeirinha santa,
de Iesu querida,
vossa santa vinda
o diabo espanta.
Por isso vos canta,
com prazer, o povo,
porque vossa vinda
lhe dá lume novo.
Nossa culpa escura
fugirá depressa,
pois vossa cabeça
vem com luz tão pura. [...]

2.3 Barroco

2.3.1 Características, principais autores e obras

A literatura barroca trata da dualidade do ser humano à época: o conflito entre a religiosidade e o mundo profano; o espiritual e o material. Por isso, os textos barrocos contêm muitas figuras de linguagem – como metáforas, antíteses e hipérboles –, exageros, linguagem rebuscada.

Os principais representantes no Brasil são Bento Teixeira, como o poema Prosopopeia, considerado o primeiro texto do Barroco brasileiro, e Gregório de Matos, conhecido como "Boca do Inferno" por suas sátiras extremamente críticas à sociedade baiana - quanto às suas obras, algumas ainda são de autoria não confirmada, pois nenhum texto de Gregório de Matos foi publicado enquanto ele estava vivo. Apesar de português, Padre Antônio Vieira também pode ser destacado na literatura brasileira, pois chegou à Bahia ainda criança e aqui viveu. O *Sermão da sexagésima* é sua obra de destaque.

Prosopopeia

(Bento Teixeira)

[...]
E se determinais a cega fúria
executar de tão feroz intento,
a mim fazei o mal, a mim a injúria,
fiquem livres os mais de tal tormento.
Mas o Senhor que assiste na alta Cúria
um mal atalhará tão violento,
dando-nos brando Mar, vento galerno,
com que vamos no Minho entrar paterno.
[...]

Epigrama

(Gregório de Matos)

[...]
Que falta nesta cidade?... Verdade.
Que mais por sua desonra?... Honra.
Falta mais que se lhe ponha?... Vergonha.
O demo a viver se exponha,
Por mais que a fama a exalta,
Numa cidade onde falta
Verdade, honra, vergonha. [...]
À Bahia aconteceu

LITERATURA BRASILEIRA

O que a um doente acontece:
Cai na cama, e o mal cresce,
Baixou, subiu, morreu.
A Câmara não acode?... Não pode.
Pois não tem todo o poder?... Não quer.
É que o Governo a convence?... Não vence.
[...]

Sermão da Sexagésima
(Padre Antônio Vieira)

E se quisesse Deus que este tão ilustre e tão numeroso auditório saísse hoje tão desenganado da pregação, como vem enganado com o pregador! Ouçamos o Evangelho, e ouçamo-lo todo, que todo é do caso que me levou e trouxe de tão longe.

Ecce exiit qui seminat, seminare. Diz Cristo que saiu o pregador evangélico a semear a palavra divina. Bem parece este texto dos livros de Deus. Não só faz menção do semear, mas também faz caso do sair: Exiit, porque no dia da messe hão-nos de medir a semeadura e hão-nos de contar os passos. O Mundo, aos que lavrais com ele, nem vos satisfaz o que dispendeis, nem vos paga o que andais. Deus não é assim. Para quem lavra com Deus até o sair é semear, porque também das passadas colhe fruto. Entre os semeadores do Evangelho há uns que saem a semear, há outros que semeiam sem sair. Os que saem a semear são os que vão pregar à Índia, à China, ao Japão; os que semeiam sem sair, são os que se contentam com pregar na Pátria. Todos terão sua razão, mas tudo tem sua conta. Aos que têm a seara em casa, pagar-lhes-ão a semeadura; aos que vão buscar a seara tão longe, hão-lhes de medir a semeadura e hão-lhes de contar os passos. Ah Dia do Juízo! Ah pregadores! Os de cá, achar-vos-eis com mais paço; os de lá, com mais passos: Exiit seminare.
[...]

2.4 Arcadismo

2.4.1 Características, principais autores e obras

Também chamado de Neoclassicismo, o Arcadismo é a volta da linguagem simples, pastoril, utilizada no Classicismo - o que justifica sua nomenclatura. Além desse aspecto, outras características do Arcadismo são: a idealização da mulher amada; fingimento poético, pela utilização de apelidos por parte dos autores; busca pela natureza.

Entre os autores e as obras de destaque estão Cláudio Manuel da Costa e seu livro *Obras*, Basílio da Gama com *O Uruguai*, Santa Rita Durão com *O Caramuru*. O também português, mas estudado como autor brasileiro, Tomás Antônio Gonzaga, é um dos grandes nomes do Arcadismo com a famosa obra Marília de Dirceu.

Soneto sobre a terra natal
(Cláudio Manuel da Costa)

Leia a posteridade, ó pátrio Rio,
Em meus versos teu nome celebrado;
Por que vejas uma hora despertado
O sono vil do esquecimento frio:
Não vês nas tuas margens o sombrio,
Fresco assento de um álamo copado;
Não vês ninfa cantar, pastar o gado
Na tarde clara do calmoso estio.
Turvo banhando as pálidas areias
Nas porções do riquíssimo tesouro
O vasto campo da ambição recreias.
Que de seus raios o planeta louro
Enriquecendo o influxo em tuas veias,
Quanto em chamas fecunda, brota em ouro.

Marília de Dirceu
(Tomás Antônio Gonzaga)

Leve-me a sementeira muito embora
O rio sobre os campos levantado:
Acabe, acabe a peste matadora,
Sem deixar uma rês, o nédio gado.
Já destes bens, Marília, não preciso:
Nem me cega a paixão, que o mundo arrasta;
Para viver feliz, Marília, basta
Que os olhos movas, e me dês um riso.
Graças, Marília bela,
Graças à minha Estrela!
[...]

2.5 Romantismo

2.5.1 Características, principais autores e obras

A valorização do sentimento, o egocentrismo do poeta, o nacionalismo, as fugas da realidade (álcool, procura pela prostituição e a morte) são características do Romantismo. Há, também, a criação do herói nacional - o indígena, uma maior produção de textos em prosa e mais longos.

O Romantismo é dividido em três gerações, devido ao tempo que esse estilo permaneceu em voga, durante mais de 40 anos. Neste período, muitas mudanças ocorrem na história social e política do Brasil, o que diferencia as temáticas utilizadas pelos autores de diferentes gerações.

A seguir, destacaremos esta divisão, os nomes dos principais autores do Romantismo brasileiro e suas principais obras:

- **Primeira geração: nacionalista ou indianista:** Gonçalves Dias, com *Canção do Exílio*, Gonçalves de Magalhães, com *Suspiros poéticos e saudades* e Joaquim Manuel de Macedo, com *A Moreninha*.
- **Segunda geração:** Álvares de Azevedo, com *Noite na taverna*, Casimiro de Abreu, com seu único livro *As primaveras*, Fagundes Varela, com *Cântico do calvário* e Junqueira Freire, com *Inspirações do claustro*.
- **Terceira geração:** Castro Alves, com *O navio negreiro* e Sousândrade, com *O guesa errante*.

José de Alencar é um dos grandes nomes também do Romantismo brasileiro. Apesar de ser considerado um autor da primeira geração, sua obra perpassa por todas elas, pois escreveu sobre todos os temas. Suas obras principais são *Cinco minutos*, *Senhora*, *Lucíola*, *O guarani* e *Iracema*.

Canção do exílio
(Gonçalves Dias)

Minha terra tem palmeiras,
Onde canta o Sabiá;
As aves, que aqui gorjeiam,
Não gorjeiam como lá.
Nosso céu tem mais estrelas,
Nossas várzeas têm mais flores,
Nossos bosques têm mais vida,
Nossa vida mais amores.
Em cismar, sozinho, à noite,
Mais prazer eu encontro lá;
Minha terra tem palmeiras,
Onde canta o Sabiá.
Minha terra tem primores,

Que tais não encontro eu cá;
Em cismar – sozinho, à noite –
Mais prazer eu encontro lá;
Minha terra tem palmeiras,
Onde canta o Sabiá.
Não permita Deus que eu morra,
Sem que eu volte para lá;
Sem que disfrute os primores
Que não encontro por cá;
Sem qu'inda aviste as palmeiras,
Onde canta o Sabiá.

Se eu morresse amanhã

(Álvares de Azevedo)

Se eu morresse amanhã, viria ao menos
Fechar meus olhos minha triste irmã;
Minha mãe de saudades morreria
Se eu morresse amanhã!
Quanta glória pressinto em meu futuro!
Que aurora de porvir e que amanhã!
Eu perdera chorando essas coroas
Se eu morresse amanhã!
Que sol! que céu azul! que doce n'alva
Acorda a natureza mais louçã!
Não me batera tanto amor no peito
Se eu morresse amanhã!
Mas essa dor da vida que devora
A ânsia de glória, o doloroso afã...
A dor no peito emudecera ao menos
Se eu morresse amanhã!

O navio negreiro

(Castro Alves)

[...]
Era um sonho dantesco... o tombadilho
Que das luzernas avermelha o brilho.
Em sangue a se banhar.
Tinir de ferros... estalar de açoite...
Legiões de homens negros como a noite,
Horrendos a dançar...
Negras mulheres, suspendendo às tetas
Magras crianças, cujas bocas pretas
Rega o sangue das mães:
Outras moças, mas nuas e espantadas,
No turbilhão de espectros arrastadas,
Em ânsia e mágoa vãs!
[...]

Iracema

(José de Alencar)

[...]
Um dia, ao pino do sol, ela repousava em um claro da floresta. Banhava-lhe o corpo a sombra da oiticica, mais fresca do que o orvalho da noite. Os ramos da acácia silvestre esparziam flores sobre os úmidos cabelos. Escondidos na folhagem os pássaros ameigavam o canto.
Iracema saiu do banho: o aljôfar d'água ainda a roreja, como à doce mangaba que corou em manhã de chuva. Enquanto repousa, empluma das penas do gará as flechas de seu arco, e concerta com o sabiá da mata, pousado no galho próximo, o canto do agreste.
[...]

2.6 Realismo

2.6.1 Características, principais autores e obras

Madame Bovary, publicado em 1857 na França por Gustave Flaubert, é considerado o primeiro romance realista da literatura universal.

Personagens densos, descrição de ambientes, tempo psicológico, objetivismo, interesses sociais acima dos sentimentos, ausência de idealização da mulher são algumas das características do Realismo, que tem como principal representante Machado de Assis e sua mais famosa obra: *Dom Casmurro*. Outro autor que se destaca é Raul Pompeia, com *O Ateneu*.

Dom Casmurro

(Machado de Assis)

[...]
Deixe ver os olhos, Capitu.
Tinha-me lembrado da definição que José Dias dera deles, 'olhos de cigana oblíqua e dissimulada'. Eu não sabia o que era oblíqua, mas dissimulada sabia, e queria ver se podiam chamar assim. Capitu deixou-se fitar e examinar. Só me perguntava o que era, se nunca os vira; eu nada achei extraordinário; a cor e a doçura eram minhas conhecidas. A demora da contemplação creio que lhe deu outra ideia do meu intento; imaginou que era um pretexto para mirá-los mais de perto, com os meus olhos longos, constantes, enfiados neles, e a isto atribuo que entrassem a ficar crescidos, crescidos e sombrios
[...]

O Ateneu

(Raul Pompeia)

[...]
Aqui suspendo a crônica das saudades. Saudades verdadeiramente? Puras recordações, saudades talvez se ponderarmos que o tempo é a ocasião passageira dos fatos, mas sobretudo – o funeral para sempre das horas.
[...]

2.7 Naturalismo

2.7.1 Características, principais autores e obras

Muito relacionado ao Realismo, o Naturalismo também dedicou-se a descrever aspectos da vida cotidiana sem mascará-los. Tratava de assuntos como o preconceito racial e criticava a sociedade.

O principal representante deste estilo é Aluísio de Azevedo, com *O cortiço*.

O cortiço

(Aluísio de Azevedo)

[...]
"Estalagem de São Romão. Alugam-se casinhas e tinas para lavadeiras." As casinhas eram alugadas por mês e as tinas por dia; tudo pago adiantado. O preço de cada tina, metendo a água, quinhentos réis; sabão à parte. As moradoras do cortiço tinham preferência e não pagavam nada para lavar. [...]
E aquilo se foi constituindo numa grande lavanderia, agitada e barulhenta, com as suas cercas de varas, as suas hortaliças verdejantes e os seus jardinzinhos de três e quatro palmos, que apareciam como manchas alegres por entre a negrura das limosas tinas transbordantes e o revérbero das claras barracas de algodão cru, armadas sobre os lustrosos bancos de lavar. E os gotejantes jiraus, cobertos de roupa molhada, cintilavam ao sol, que nem lagos de metal branco.

LITERATURA BRASILEIRA

E naquela terra encharcada e fumegante, naquela umidade quente e lodosa, começou a minhocar, a esfervilhar, a crescer, um mundo, uma coisa viva, uma geração, que parecia brotar espontânea, ali mesmo, daquele lameiro, e multiplicar-se como larvas no esterco.

[...]

Fonte: Azevedo, Aluísio de. O cortiço. São Paulo: Ática, 1997. In. AMARAL, Emília; FERREIRA, Mauro; LEITE, Ricardo; ANTÔNIO, Severino. Português: novas palavras. São Paulo: FTD, 2000.

2.8 Impressionismo

O Impressionismo foi um movimento artístico, o qual predominou especialmente na pintura, com Claude Monet como seu principal representante.

Na Literatura, esse movimento é estudado de maneira concomitante com o Realismo, o Naturalismo e até com o Simbolismo, pois também trata de expressar a realidade e descrever mais profundamente os personagens, contudo, de forma a provocar impressões quanto ao que se é dito. A obra *O primo Basílio*, do português Eça de Queirós é um exemplo do impressionismo na literatura.

2.9 Parnasianismo

2.9.1 Características, principais autores e obras

Os autores parnasianos prezam pela perfeição: utilizam a forma regular de métrica, linguagem refinada, fazem referência às artes, colocam a sensualidade da mulher em destaque. Olavo Bilac é o principal autor desta fase e sua obra de destaque é *Via Láctea*.

Via Láctea

(Olavo Bilac)

'Ora (direis) ouvir estrelas! Certo
Perdeste o senso!' E eu vos direi, no entanto,
Que, para ouvi-las, muita vez desperto
E abro as janelas, pálido de espanto...

E conversamos toda a noite, enquanto
A Via-Láctea, como um pálio aberto,
Cintila. E, ao vir do sol, saudoso e em pranto,
Inda as procuro pelo céu deserto.

Direis agora: 'Tresloucado amigo!
Que conversas com elas? Que sentido
Tem o que dizem, quando estão contigo?'

E eu vos direi: 'Amai para entendê-las!
Pois só quem ama pode ter ouvido
Capaz de ouvir e de entender estrelas.'

[...]

2.10 Simbolismo

2.10.1 Características, principais autores e obras

Musicalidade, a busca pelo resgate de sentimentos profundos, a mulher agora como um ser espiritualizado, religiosidade: essas são as características do Simbolismo.

Cruz e Sousa é o principal autor e sua obra *Broquéis* merece destaque.

O grande sonho

(Cruz e Souza)

Sonho profundo, ó Sonho doloroso
Doloroso e profundo Sentimento!
Vai, vai nas harpas trêmulas do vento
Chorar o teu mistério tenebroso.

Sobe dos astros ao clarão radioso,
Aos leves fluidos do luar nevoento,
Às urnas de cristal do firmamento,
Ó velho Sonho amargo e majestoso!

Sobe às estrelas rútilas e frias,
Brancas e virginais eucaristias,
De onde uma luz de eterna paz escorre.

Nessa Amplidão das Amplidões austeras
Chora o Sonho profundo das esferas,
Que nas azuis Melancolias morre...

2.11 Movimentos da vanguarda europeia no Brasil

As Vanguardas Europeias foram uma série de movimentações artísticas que ocorreram no século XX, na Europa, e foram um momento de inovação em várias artes, dentre elas a literatura, rompendo o senso estético da época e buscando liberdade de expressão. Esse movimento confrontou o padrão da época, que era a arte como reprodução do real, valorizando a harmonia, a ordem e o equilíbrio, mas suas obras não foram bem aceitas pela crítica.

Ocorriam, na época, diversas mudanças sociais e políticas devido à Revolução Industrial, iniciada em 1840, e devido à 1ª Guerra Mundial em 1914, o que inspirou o tema de suas obras.

Os movimentos mais importantes da época foram o Futurismo, de 1909, que enalteceu as inovações tecnológicas da época, em contraponto às coisas tradicionais, e valorizou as guerras e as máquinas; o Cubismo, de 1908 e 1910, explorou as formas geométricas, promovendo a fragmentação de tais formas e possibilitando várias perspectivas, o que na literatura culminou uma mudança na disposição das palavras, a fim de mostrar imagens; o Expressionismo, de 1912, que valorizou a subjetividade e utilizou a caricatura para demonstrar a angústia e o sofrimento proveniente do período pré 1ª Guerra Mundial; o Dadaísmo, 1916, que buscava chocar a burguesia e refletia as consequências da guerra que estava acontecendo, entoando a agressividade e a revolta para com o capitalismo burguês; e o Surrealismo, de 1924, que focou no inconsciente humano e na psicanálise, considerando as fantasias e os sonhos e criando cenários que os representavam e, por vezes, pareciam loucura.

As vanguardas influenciaram o Brasil a criar uma identidade própria, utilizando diversas críticas sociais que se opunham à burguesia. As mudanças na literatura brasileira se consolidaram na Semana de Arte Moderna, ou Semana de 22, que ocorreu no centenário da independência do Brasil.

2.12 Modernismo

2.12.1 Características, principais autores e obras

O Modernismo teve como marco, no Brasil, a Semana de Arte Moderna de 1922, a qual teve o objetivo de romper com todos os padrões previamente estabelecidos na literatura de nosso país. A palavra de ordem era "inovação" e, baseados nos movimentos de escritores europeus do Futurismo, Dadaísmo, Surrealismo e Expressionismo, escritores como Mário de Andrade, Heitor Villa-Lobos e Oswald de Andrade transformaram a literatura brasileira.

O Modernismo foi dividido em três gerações:

- **Primeira geração (1922-1930): os autores de destaque nesta fase foram Mário de Andrade, com suas obras** *Pauliceia desvairada*, **na poesia, e** *Macunaíma: o herói sem nenhum caráter*, **e Oswald de Andrade, com a** *Poesia pau-brasil* **e** *Memórias sentimentais de João Miramar*.

- **Segunda geração (1930-1945):** Carlos Drummond de Andrade, com *Antologia poética*, e Cecília Meireles, com *A viagem*, **são os destaques na poesia da 2ª geração do Modernismo, assim como Vinicius de Moraes, Jorge de Lima e Mário Quintana. Quanto à prosa, destacam-se:** Graciliano Ramos, com *São Bernardo*, Jorge Amado, com *Capitães da areia*, Érico Veríssimo, com *O tempo e o vento*, além de Rachel de Queiroz, Ciro dos Anjos e José Lins do Rego.
- **Terceira geração (1945-1960): o Brasil experimenta profundas transformações relacionadas aos aspectos políticos e sociais; o tom dos textos acompanha este ritmo e os destaques são Guimarães Rosa,** com *Grande Sertão: Veredas* e *Sagarana*; Clarice Lispector, com *Laços de família* e *A hora da estrela*; João Cabral de Melo Neto, com *Morte e vida Severina*; e Nelson Rodrigues, com *Vestido de noiva*.

Pauliceia desvairada

(Mário de Andrade)

Prefácio Interessantíssimo
'Dans mon pays de fiel et d'or j'en suis la loi.'
Leitor:
Está fundado o Desvairismo.
Este prefácio, apesar de interessante, inútel.
Alguns dados. Nem todos. Sem conclusões. Para quem me aceita são inúteis amos. Os curiosos terão prazer em descobrir minhas conclusões, confrontando obra e dados. Para quem me rejeita trabalho perdido explicar o que, antes de ler, já não aceitou.
Quando sinto a impulsão lírica escrevo sem pensar tudo o que meu inconsciente me grita. Penso depois: não só para corrigir, como para justificar o que escrevi. Daí a razão deste Prefácio Interessantíssimo. Aliás muito difícil nesta prosa saber onde termina a blague, onde principia a seriedade. Nem eu sei.
E desculpo-me por estar tão atrasado dos movimentos artísticos atuais. sou passadista, confesso. Ninguém pode se libertar duma só vez das teorias-avós que bebeu; e o autor deste livro seria hipócrita si pretendesse representar orientação moderna que ainda não compreende bem.
Livro evidentemente impressionista. Ora, segundo modernos, erro grave o Impressionismo. Os arquitetos fogem do gótico como da arte nova, filiando-se, para além dos tempos históricos, nos volumes elementares: cubo, esfera, etc. Os pintores desdenham Delacroix como Whistler, para apoiarem na calma construtiva de Rafael, de Ingres, do Grecco. Na escultura Rodin é ruim, os imaginários africanos são bons. Os músicos desprezam Debussy, genuflexos diante da polifonia catedralesca de Palestrina e João Sebastião Bach. A poesia... 'tende a despojar o homem de todos os seus aspectos contingentes e efêmeros, para apanhar nele a humanidade... 'Sou passadista, confesso.
'Este Alcorão nada mais é que uma embrulhada de sonhos confusos e incoerentes. Não é inspiração provinda de Deus, mas criada pelo autor. Maomé não é profeta, é um homem que faz versos. Que se apresente com algum sinal revelador do seu destino, como os antigos profetas.' Talvez digam de mim o que disseram do criador de Alá. Diferença cabal entre nós dois: Maomé apresentava-se como profeta; julguei mais conveniente apresentar-me como louco.
[...]

2.13 Tendências da literatura contemporânea

A literatura contemporânea teve início após o pós-modernismo, em meados do século XX e é a que está ocorrendo agora. As literaturas mudam conforme a sociedade se transforma e isso pode ocorrer por fatores sociais, políticos, econômicos, dentre outros.

Nos anos 1960, com o Golpe Militar, um clima de censura, tensão e medo dominou o Brasil. Devido ao exílio de diversas pessoas que se mostravam contra o governo, muitas das obras eram um disfarce para dizer o que não poderia ser dito.

Nos anos 1970, com o sancionamento da Lei da Anistia, os exilados retornaram ao país e surgiu um sentimento de esperança e otimismo, que se instalou em 1985, com o fim da ditadura.

A maior característica da literatura contemporânea, nas últimas décadas, é a diversidade e variedade de temas e das formas das obras, que transitam entre erudita e popular, rompendo seus limites, crônicas, contos, minicontos, temas cotidianos, temas sociais, entre outros.

As tendências da literatura contemporânea têm transitado entre temas variados, e algumas delas são a poesia marginal, que expressa as mazelas e os anseios de uma parcela expressiva de nossa sociedade, e a poesia social, que expressa e denuncia problemas sociais. Além disso, reúne diversas características de movimentos literários anteriores, inovando crônicas, poemas e prosas.

Alguns dos autores de referência são Ariano Suassuna, Ferreira Gullar, Millôr Fernandes e Rubem Braga.

NOÇÕES DE LÍNGUA INGLESA

NOÇÕES DE LÍNGUA INGLESA

1 NUMBERS, PRONOUNS AND DEFINITE AND INDEFINITE ARTICLES

1.1 Cardinal numbers

Os numerais cardinais são usados no nosso dia a dia para expressar diversas funções, dentre elas: informar o número de telefone, expressar endereços e falar sobre preços. Segue abaixo uma lista dos principais numerais cardinais:

0	zero
1	one
2	two
3	three
4	four
5	five
6	six
7	seven
8	eight
9	nine
10	ten
11	eleven
12	twelve
13	thirteen
14	fourteen
15	fifteen
16	sixteen
17	seventeen
18	eighteen
19	nineteen
20	twenty
30	thirty
40	forty
50	fifty
60	sixty
70	seventy
80	eighty
90	ninety
99	ninety nine
100	one hundred/a hundred
200	two hundred
300	three hundred
400	four hundred
500	fifty hundred
600	six hundred
700	seven hundred
800	eight hundred
900	nine hundred
1000	one thousand /a thousand
100000	one hundred thousand
1000000000	one million

Where do you live?
I live in that building, apartment 214.

1.2 Ordinal numbers

Os números ordinais são utilizados para indicar ordem ou hierarquia relativa a uma sequência.

Na Língua Inglesa, a formação dos números ordinais é diferente da formação dos ordinais em Português: apenas o último número é escrito sob a forma ordinal.

Todos os outros números são utilizados sob a forma de números cardinais em Inglês.

1st – First
2nd – Second
3rd – Third
4th- Fourth
23rd - twenty-third
135th - a/one hundred thirty-fifth
1.234th - a/one thousand two hundred thirty-four

1.3 Articles

Artigo é a classe de palavras que se antepõe ao substantivo para definir, limitar ou modificar seu uso. Os artigos dividem-se em **definidos** e **indefinidos**.

A seguir, estudaremos cada um deles.

1.3.1 Definite article

"The" é o artigo definido na Língua Inglesa, e significa *o, a, os, as* e pode ser usado com substantivos contáveis no singular ou plural e com substantivos incontáveis. É utilizado quando queremos sinalizar especificamente a que elemento(s) estamos nos referindo especificamente, ou seja, que se trata de um elemento único. A seguir serão apresentadas situações típicas de seu uso:

▷ **Antes de substantivos com sentido específico:**
The water in the world.

▷ **Antes de numerais ordinais:**
The 4th of July.

▷ **Antes de nomes de países no plural ou de países que são união de estados, ilhas etc.:**
The United States of America
The Falklands

▷ **Antes de adjetivos e advérbios no grau superlativo:**
Mary is **the** most intelligent person of this class.

▷ **Antes de nomes de ilhas, desertos, montanhas, rios, mares etc.:**
The Pacific Ocean
The Saara Desert

▷ **Antes de nomes de navios, modelos de carros e aviões:**
The Titanic was enourmous.

▷ **Antes de nomes de famílias no plural:**
The Smiths

▷ **Antes de nomes de instrumentos musicais:**
He plays **the** guitar very well.

Quando NÃO USAR o artigo definido?

▷ **Antes de substantivos tomados em sentido genérico:**
Grape juice is good for you.

▷ **Antes de nomes próprios no singular (pessoas, cidades etc.):**
São Paulo is a big city.
Mike loves coffee.

NUMBERS, PRONOUNS AND DEFINITE AND INDEFINITE ARTICLES

▷ **Antes de possessive adjectives:**
| **His** car is over there.
▷ **Antes de nomes de profissões (se o nome do profissional for citado):**
| **Judge** Louis will talk to you later.
▷ **Antes de palavras que se referem a idiomas, desde que não sejam seguidas do termo "language":**
| **Portuguese** is interesting.

1.4 Indefinite articles

Os artigos indefinidos em Língua Inglesa na forma do singular são dois: *a* e *an*. Ambos só podem ser empregados com substantivos contáveis.

A é usado antes de palavras que iniciam com som de consoante e **AN** antes das que iniciam com som de vogal.

| She has **a** doll.
| Look! That's **an** apple tree!

Existem casos em que a pronúncia determina o uso de artigos indefinidos. Observe as seguintes regras:

1.4.1 Usa "A"

▷ **Antes de palavras que iniciam com H aspirado:**
| a house, a horse, a homerun
▷ **Antes de palavras que começam com os sons de eu, ew e u:**
| **a** European trip, **a** unicorn, **a** useful skill.

1.4.2 Usa "AN"

▷ **Antes de palavras que iniciam com H não pronunciado (mudo):**
| **an** hour, **an** heir, **an** honest man.

1.5 Pronouns

São palavras que acompanham os substantivos, podendo substituí-los (direta ou indiretamente), retomá-los ou se referir a eles. Os pronomes são divididos em várias categorias. Neste módulo falaremos dos pronomes pessoais:

1.5.1 Personal pronouns

Os pronomes são termos utilizados para substituir nomes completos ou substantivos em frases. Eles são divididos de acordo com quatro classificações:

- **Quanto ao número:** singular ou plural;
- **Quanto à pessoa:** primeira, segunda ou terceira;
- **Quanto ao gênero:** masculino, feminino ou neutro;
- **Quanto à função que cumprem nas sentenças:** sujeito ou objeto.

Vejamos quais são os pronomes pessoais de acordo com as classificações a seguir:

Pronomes pessoais	Subjet pronouns	Object pronouns	
1ª Pessoa do singular	Eu	I	Me
2ª Pessoa do singular	Tu/Você	You	You
3ª Pessoa do singular	Ele Ela Ele/Ela (Neutro)	He She It	Him Her It
1ª Pessoa do plural	Nós	We	Us
2ª Pessoa do plural	Vós/Vocês	You	You
3ª Pessoa do plural	Eles/Elas	They	Them

- **O elemento neutro representa vocábulos sem gênero na Língua Inglesa, tais como:** objetos, animais, fenômenos da natureza.

- A 2ª pessoa, tanto do singular quanto do plural, possui a mesma forma. Sendo assim, dependemos do contexto para identificá-la.
- A 3ª pessoa do plural é a mesma para o gênero masculino, feminino ou ainda para os elementos neutros.

Agora veremos o uso dos pronomes pessoais em frases. Os verbos (ações) estão sublinhados para que ajudem a identificar a posição do pronome, seja antes (subject pronouns) ou depois (object pronouns).

| **I** live in New York.
| **He** bought a gift for **you**.
| **They** didn't like **it**.
| **He** saw **her** yesterday.
| Boys, **you** don't have to wake up early tomorrow.

1.5.2 Pronomes Pessoais (Reto e Oblíquo)

Os pronomes podem também ser utilizados para criar uma referência a um determinado ser ou objeto, relacionando-o assim com outras pessoas ou objetos no discurso.

Desta maneira, discutiremos a partir de agora estas categorias, tentando entendê-las de maneira mais apropriada como elas funcionam e o que podemos usar para fazermos uma boa interpretação textual considerando o seu domínio.

VERBS	
Subject pronoun	**Object Pronoun**
I (Eu)	Me (me, mim)
You (você, tu)	You (-lhe, -o, -a, -lo, -la, -no, -na, ti a você)
He (Ele)	Him (-lhe, -a, -lo, -no, a ele)
She (Ela)	Her (-lhe, -a, -la,-na, a ela)
It (ele, ela, isto)	It (-lhe, -o, -a , -lo, -no, -la, -na a ele, a ela.)
We (Nós)	Us (-nos, nós)
You (vocês)	You(-lhes, -os, -as, -los, -las, -nos, -nas, a vocês)
They (eles, elas)	Them (-lhes, -os, -as , -los, -nos, -las, -nas a eles, a elas.)

O pronome **it** é específico para animais e seres inanimados. É um pronome neutro, equivale a ele/ela.

Os pronomes **he, she** e **it**, ou seja, os pronomes da terceira pessoa, são que falam sujeitos que não estão presentes no momento da fala.

Note que normalmente o "subject pronoun" antecede o verbo, portanto, na maioria dos casos, ele é um sujeito, enquanto o "object pronoun" é um complemento e surge após ao verbo.

| I love that **big house**.
(Note como "big house" equivale, em termos de pronome, a "it".)
| I love **her**.
(Perceba que neste exemplo simples nós temos dois sujeitos completamente diferentes, EU e a seguir ELA.)

Fique ligado

O "you" é o pronome equivalente tanto para "você" como para "vocês". O verbo e o contexto é que determinarão se é singular ou plural.

1.5.3 Possessivos (pronomes e adjetivos)

SUBSTANTIVO	
Adjetivo possessivo (Adjective possessive, pedem substantivo)	**Pronome possessivo** (possessive pronouns, seguem a um substantivo)
My (meu(s), minha(s))	Mine (meu(s), minha(s))
Your (seu, sua, teu, tua)	YourS (seu, sua, teu, tua)
His (seu, dele)	His (seu, dele)
Her (sua, dela)	HerS (sua, dela)
Its (seu, sua, disto, deste, desta)	itS (seu, sua, disto, deste, desta)
Our (nosso(s), nossa(s))	OurS (nosso(s), nossa(s))
Your (seus, suas)	YourS (seus, suas)
Their (seus, suas, deles, delas)	TheirS (seus, suas, deles, delas)

O adjetivo possessivo antecede um substantivo, de maneira que este serve de complemento. Já o pronome possessivo não exige complemento, mas irá se referir a um substantivo já mencionado e, portanto, promove uma ligação entre os elementos da sentença analisada, esta ligação será conhecida como relação pronominal.

Perceba que traço distintivo dos pronomes possessivos, que por acaso é um "S", o que sob aspecto algum é um traço de pluralidade, mas sim um indicativo de que o pronome segue ao substantivo. Desta forma, temos uma maneira de distinguir ambos os casos, o que para todos os efeitos, são os mesmos.

> **My** *house is very big!_How about YourS?* (Minha casa é muito grande! E a sua?)

Note que, no primeiro caso, My refere-se a casa, que ainda não foi apresentada, e, no segundo, yours, refere-se ao mesmo objeto, casa, mas nesse caso, ela, a casa, já foi apresentada.

My: adjetivo possessivo referente a minha casa.

Yours: pronome possessivo referente à casa de quem o sujeito está perguntando. (sua)

1.5.4 Pronomes reflexivos

Myself	I	Me	**My**	Mine
Yourself	You	You	**Your**	Yours
Himself	He	**Him**	His	His
Herself	She	**Her**	Her	Hers
Itself	It	**It**	Its	Its
Ourselves	We	Us	**Our**	Ours
Yourselves	You	You	**Your**	Yours
Themselves	They	**Them**	Their	Theirs

Os pronomes reflexivos são responsáveis por apresentarem sujeitos os quais são objetos de suas próprias ações, ou seja, enquanto os pronomes reto e objeto mostram dois sujeitos completamente diferentes, os pronomes reflexivos mostram o mesmo sujeito sofrendo uma determinada ação realizada por si mesmo.

Os sufixos que formam os pronomes reflexivos podem ser –self ou –selves, sendo que –self é um sufixo que indica singularidade e –selves é um sufixo que indica pluralidade, uma das poucas ocasiões em que a segunda pessoa do singular e a segunda pessoa do plural possuem uma diferença clara.

Yourself – singular

Yourselves - plural

> *I hurt **myself** preparing the food.* (Eu machuquei a mim mesmo preparando a comida.)
>
> *They saw **themselves** on the mirror and didn't like it.* (Eles viram eles mesmos no espelho e não gostaram disso.)

O pronome reflexivo em ambos os casos mostra sujeitos os quais sofrem suas próprias ações, neste caso "Hurt" e "Saw".

Fique ligado

Sempre faça a pergunta: quem é? para o substantivo para conhecer o pronome utilizado. Billy loves old cars. Quem é Billy? ELE. A sua resposta indica o pronome buscado.

1.5.5 Pronomes Interrogativos, pronomes relativos e relações pronominais

Anteriormente, falamos sobre os pronomes, sua natureza, quais suas funções em relação ao sujeito ou verbo. Agora, vamos estudar uma classe de pronomes que além de exercer o papel de pronomes interrogativos, desempenham variadas funções no uso da língua. Eles se encontram na tabela a seguir:

WHAT	O quê / Qual? (De forma abrangente)
WHICH	O quê / Qual? (De forma específica)
WHERE	Onde?
WHEN	Quando
WHY	Porque? Por que?
WHO WHOSE WHOM	Quem? De quem? A quem?
HOW	Quanto / Como?

Cada pronome interrogativo gera um sentido distintivo dentro da sentença analisada, possibilitando um determinado raciocínio para a mesma. Eles são mais fortes que os auxiliares, por exemplo, e devem, quando necessário, iniciar a sentença.

> *Do you like to study?* (Você gosta de estudar?)

Perceba que a pregunta é direta e temos duas respostas possíveis: "Sim" ou "Não".

Agora vejamos o próximo exemplo:

> *When do you like to study?* (Quando você gosta de estudar?)

Repare que, neste caso, temos uma referência temporal inserida na sentença, o **"quando"** muda o valor da questão e propõe um raciocínio que agora já não permite mais um "Sim" ou "Não" como respostas, mas uma construção que guarde relação de tempo.

Which e What são pronomes muito semelhantes em sentido, porém são usados em casos diferentes.

> *Which is you favorite color? Blue or Yellow?*

Nesse caso, "Which" foi utilizado para delimitar um número possível de cores.

What is your favorite color? Já neste exemplo, o universo de cores possíveis não foi delimitado, o que torna possível o uso de "WHAT".

NUMBERS, PRONOUNS AND DEFINITE AND INDEFINITE ARTICLES

Entretanto, tais pronomes podem não ser usados apenas para construir perguntas, mas para propor conexões em sentenças e/ou construir relações com elementos já apresentados no texto.

A essas conexões damos o nome de relações pronominais e elas podem se construir sob diversas formas:

| *I have recently bought a new house.* **It** *is big, comfortable and safe.*

O pronome "it" negritado após o ponto se refere a quem? Caso você tenha respondido casa, resposta certa. De fato, o pronome "it" foi usado para resgatar a palavra "house" já mencionada anteriormente. Portanto este pronome promove coesão para a sentença. Isso já foi visto anteriormente, e quanto aos outros pronomes? Bem, aqui encontramos os pronomes relativos.

Eles são os mesmos pronomes interrogativos e são usados de forma a conectar também frases de sentidos distintos.

| *Shirley has a new boyfriend. He is a handsome doctor.*

No exemplo acima, já existe uma relação pronominal, sendo que "He" resgata a palavra boyfriend, mas ainda podemos construir essa sentença de uma outra forma eliminando o ponto final da frase.

| *Shirley has a boyfriend WHO is a handsome doctor.*

Nesse caso, o ponto deixou a sentença dando lugar ao "who", o qual conecta a duas frases, promovendo um novo tipo de conexão. Agora o pronome "who" é o elo que conecta ambas as frases e também serve para referência de um elemento mencionado. Assim, Shirley's boyfriend, ou seja ainda, "he".

Normalmente, os pronomes "Who" e "which" são mais utilizados para construir tais relações, e correspondem geralmente a "O qual" "A qual" ou mesmo "cujo", sendo que nesses casos podemos também utilizar o pronome "that" que é um substituto válido para ambos.

WHAT	This is WHAT we saw in the fridge.
WHICH	This is the restaurant WHICH I mentioned.
WHERE	This is WHERE I live.
WHEN	Yesterday was WHEN I saw her at the bank.
WHY	This is WHY I love English.
WHO WHOSE WHOM	This is the person WHO I love ou This is the person THAT I love. This is the man WHOSE car was stolen. This is the girl to WHOM I was talking yesterday.
HOW	If you knew HOW far I went.

Portanto, percebemos que estes pronomes "amarram" ou mesmo "atam" as orações possibilitando referências, e criando sentidos mais amplos e, por fim, evitando redundância.

"Who" e "which" são equivalentes a "that" e muitas vezes, este pode substituí-los.

Este conteúdo é bastante importante para provas de concurso e afins, pois são essenciais à interpretação textual.

2 SIMPLE PRESENT, POSSESSIVE ADJECTIVES, POSSESSIVE PRONOUNS, GENITIVE CASE

2.1 Simple Present

Utilizamos a forma do presente simples para tratar de ações relacionadas à rotina, a fatos/opiniões ou verdades naturais.

> John has English classes on Mondays.
> Sara loves pizza.
> The moon is our natural satellite.

2.1.1 Forma afirmativa

Na forma afirmativa, é necessário prestar atenção na 3ª pessoa do singular(he/she/it), pois nesse caso os verbos recebem o acréscimo de s/es/ies. Entretanto, quando o sujeito da sentença for I/you/we/they, o verbo principal permanece na forma do infinitivo.

> Tony cooks very well.
> I have an important meeting tomorrow.

Atenção especial para alguns casos:

▷ Acrescentamos ES aos verbos terminados em ss,sh,ch,x,o e z.
> Miss → Miss**es**

▷ Acrescentamos IES aos verbos terminados em y antecedidos de consoante.
> Study → Stud**ies**

▷ Acrescentamos S às demais formações, por isso podemos chamar esta forma de regra geral.
> Take → take**s**
> Play → play**s**

O verbo **have** é uma exceção. Sua conjugação na 3ª pessoa do singular é **has**.

2.1.2 Forma negativa

Na forma negativa do presente simples, temos a presença de dois auxiliares: do e does. Ambos acompanhados da partícula de negação "not" e seguidos por um verbo na forma do infinitivo. Contudo, é necessário estar atento ao sujeito da frase, pois utilizaremos a forma "Does" com he/she/it, e a forma "Do" com I/you/we/they.

> Jessica does not work on Sundays.
> They do not live in New York.

Lembrando que podemos contrair ambas as formas: *does not (doesn't)* **e** *do not (don't).*

2.1.3 Forma interrogativa

Ao estabelecermos perguntas devemos posicionar o verbo auxiliar na frente do sujeito da frase. Vale lembrar que o verbo principal permanece na forma do infinitivo, vejamos:

> Does Jessica work on Sundays?
> Do they live in New York?

3 POSSESSIVE ADJECTIVES X POSSESSIVE PRONOUNS

Os pronomes possessivos adjetivos modificam o substantivo, por isso sempre o antecedem. A concordância nesse caso é sempre feita com o "possuidor" (ao contrário do Português, que se dá com a "coisa possuída").

| **My** name is Peter.
| **Juliet** sent **her** father a letter.

Os pronomes possessivos nunca são usados antes dos substantivos, pois têm como função substituí-los. Esse recurso na maioria dos casos é empregado a fim de evitar repetições.

| This brand new car is **yours**.

Possessive adjectives	Possessive pronouns
my (meu, minha)	**mine** [(o) meu, (a) minha]
your (teu, tua, seu, sua)	**yours** [(o) teu, (a) tua, (o) seu, (a) sua]
his (dele)	**his** [(o)/(a) dele]
her (dela)	**hers** [(o)/(a) dela]
its [dele, dela (neutro)]	**its** [(o)/(a) dele, (o)/(a) dela (neutro)]
our (nosso, nossa)	**ours** [(o) nosso, (a) nossa]
your (vosso, vossa, seu, sua, de vocês)	**yours** [(o) vosso, (a) vossa, (o) seu, (a) sua]
their [deles, delas (neutro)]	**theirs** [(o)/(a) deles, (o)/(a) delas (neutro)]

Os *possessive adjectives* acompanham os substantivos aos quais se referem, enquanto que os possessive pronouns substituem os substantivos aos quais se referem.

| This is my book. That one is yours.

3.1 Genitive case

Consiste no uso da forma do caso genitivo para indicar que algo pertence ou está associado a alguém ou a algum elemento, por meio de acréscimo de 's (apóstrofo + s) ou simplesmente '(apóstrofo). A ordem estrutural é estabelecida da seguinte forma:

Possuidor 's	
ou	+ "objeto possuído"
Possuidor '	

| Jane's sister is very smart.
| The boy's room is a mess.

A forma com **'s** é somente usada quando o possuidor é um ser animado, o que abrange: pessoas e animais, além de nomes próprios, parentes em todos os graus, títulos, cargos, funções, profissões, e outros substantivos que só podem se referir a pessoas: criança, menino(a), amigo(a), vizinho(a), colega de escola ou trabalho, etc. No entanto, há algumas exceções para a aplicação de 's em seres inanimados. É o caso de tempo, medidas, lugares com nomes de pessoas, países, corpos celestes.

▷ **Usamos 'S:** Substantivos no singular não terminados em "S".
| The boy's toy.
| St. Peter's park is near our house.

▷ Substantivos no plural não terminados em "S".
| The children's toys

▷ **Usamos ':** Substantivos no plural terminados em "S".
| The boys' room.

NOÇÕES DE LÍNGUA INGLESA

4 PRESENT CONTINUOUS, ADJECTIVES AND ADVERBS

4.1 Present continuous

4.1.1 Uso

O presente contínuo é um tempo verbal usado para indicar ações que estão em progresso no presente; no momento da fala. Ele é empregado para falar sobre situações temporárias, ações contínuas que estão acontecendo ou ainda para indicar futuro.

| Jane is watching TV now.

4.1.2 Forma afirmativa

O present continuous é composto por um verbo principal e um verbo auxiliar.

Utiliza-se o verbo to be na forma do presente (is/am/are) como auxiliar e ao verbo principal, é acrescida a terminação –ing(gerúndio).

Ou seja, na construção frasal esse tempo verbal segue o seguinte padrão de formação:

SUJEITO + VERBO TO BE + VERBO COM -ING + COMPLEMENTO

| He is playing soccer.
| I am talking to Jane now.
| They are watching TV.

4.1.3 Forma negativa

Na forma negativa, acrescenta-se o not depois do verbo to be, ou seja, a construção das frases negativas é feita da seguinte forma:

SUJEITO + VERBO TO BE + NOY + VERBO COM -ING + COMPLEMENTO

| He is not playing soccer.
| I am not Talking to Jane now.
| They are not watching TV.

4.1.4 Forma interrogativa

Na forma interrogativa, o verbo auxiliar to be aparece no início da frase. O padrão da estrutura das frases interrogativas é o seguinte:

VERBO TO BE + SUJEITO + VERBO COM -ING + COMPLEMENTO

| Is he playing soccer?
| Am I sleeping on the couch?
| Are they watching TV?

4.1.5 Formação dos verbos no gerúndio (-ing)

Na maioria dos casos, basta acrescentar a forma do –ing ao final do verbo (play- playing). Entretanto existem alguns casos que exigem atenção:

Quando o verbo principal termina em –e e é precedido de consoante, retira-se a vogal e acrescenta-se o –ing.

| Dance → Dancing

Quando o verbo termina com –ie, troca-se essa terminação por –y e acrescenta-se –ing. (Die – Dying).

Quando o verbo é monossílabo ou dissílabo e segue o padrão de consoante+vogal+consoante (CVC), duplica-se a última consoante.

| Cut → cutting

4.2 Adjetivos

Os adjetivos são a classe gramatical responsável por caracterizar um substantivo. Diferentemente da Língua Portuguesa, em Inglês os adjetivos não flexionam em relação a número ou gênero e sempre são posicionados antes dos substantivos.

| Alice has a yellow dress.
| Marcos bought an expensive car.

4.2.1 Ordem

Quando em uma sentença utilizamos mais de um adjetivo para descrever algo, é necessário seguir uma ordem em relação à disposição das qualidades citadas, vejamos:

4.2.2 Formação

Muitos adjetivos têm como origem de formação os verbos. Neste caso eles recebem o sufixo -ED ou -ING. Mas o que isso significa?

Nós usamos o particípio presente (que termina com -ing) como um adjetivo para descrever como o sujeito causa o efeito e usamos o particípio passado (terminando com -ed) como um adjetivo para descrever como o sujeito experimenta o efeito.

Verbo "surpreender":
David is **surprising**." (David causes surprise.)
David is **surprised**." (David experiences surprise.)

Vejamos alguns outros exemplos:

Verbo Original	Adjetivo "-ing"	Adjetivo "-ed"
bore	boring	bored
disappoint	disappointing	disappointed
disgust	disgusting	disgusted
embarrass	embarrassing	embarrassed
exhaust	exhausting	exhausted
excite	exciting	excited
interest	interesting	interested
satisfy	satisfying	satisfied
shock	shocking	shocked
surprise	surprising	surprised
tire	tiring	tired

4.3 Advérbios

Os advérbios em Inglês (adverbs) são palavras que modificam o verbo, o adjetivo ou o advérbio.

De acordo com o sentido que apresentam na frase, eles são classificados em: advérbios de tempo.

Modo: actively (ativamente); amiss (erroneamente); badly (mal); boldly (audaciosamente); faithfully (fielmente); fast (rapidamente); fiercely (ferozmente); gladly (alegremente); ill (mal); quickly (rapidamente); purposely (propositadamente); simply (simplesmente).

| She did it so quickly.

Lugar: above (em cima); anywhere (em qualquer parte); around (em redor); bellow (abaixo); everywhere (em toda a parte); far (longe); here (aqui); hither (para cá); near (perto); nowhere (em parte alguma); there (lá); thither (para lá); where (onde); yonder (além).

| There is a gas station near here.

PRESENT CONTINUOUS, ADJECTIVES AND ADVERBS

Afirmação: certainly (certamente); evidently (evidentemente); indeed (sem dúvida); obviously (obviamente); surely (certamente); yes (sim).

| He is obviously disappointed with you.

Dúvida: maybe (possivelmente); perchance (porventura); perhaps (talvez); possibly (possivelmente).

| Perhaps he won't come.

Intensidade: completely (completamente); enough (bastante); entirely (inteiramente); equally (igualmente); exactly (exatamente); greatly (grandemente); largely (grandemente); little (pouco); merely (meramente); much (muito); nearly (quase); pretty (bastante); quite (completamente); rather (bastante); slightly (ligeiramente); sufficiently (suficientemente); throughly (completamente); too (demasiadamente); utterly (totalmente); very (muito); wholly (inteiramente).

| I love her so much.

Frequência: daily (diariamente); monthly (mensalmente); occassionally (ocasionalmente); often (frequentemente); yearly (anualmente); rarely (raramente); always (sempre); weekly (semanalmente); never (nunca);.

| I always go out on Fridays.

Tempo: already (já); early (cedo); formerly (outrora); hereafter (doravante); immediately (imediatamente); late (tarde); lately (ultimamente); now (agora); presently (dentro em pouco); shortly (em breve); soon (brevemente); still (ainda); then (então); today (hoje); tomorrow (amanhã); when (quando); yesterday (ontem).

| I have already done the paper.

4.3.1 Formação

Geralmente, as palavras terminadas com o sufixo –ly são advérbios. No entanto, existem exceções, como, por exemplo, os adjetivos: lovely (amável), friendly (amigável), lonely (sozinho) etc.

Alguns advérbios apresentam a forma irregular, ou seja, não mantêm nenhuma relação de proximidade ortográfica com o adjetivo correspondente. É o caso, por exemplo, do adjetivo good (bom) e do advérbio well (bem).

4.3.2 Posição

O posicionamento de um advérbio em uma frase, por norma, segue duas ordens básicas:

ADVERB + VERB + OBJECT (ADVÉRBIO + VERBO + OBJETO)

| He Always comes to class on time.

VERB + OBJECT + ADVERB. (VERBO + OBJETO + ADVÉRBIO)

| He sings very well.

Alguns adjetivos e advérbios possuem a mesma grafia, logo só é possível identificar sua classe gramatical e sentido pela posição ocupada por ele na frase. Vejamos alguns exemplos:

Adjective	Adverb	Adjetivo - Advérbio
Daily	Daily	Diário - Diariamente
Far	Far	Distante - Distantemente
Fast	Fast	Rápido - Rapidamente
Free	Fre	Livre - Livremente
Long	Long	Longo - Longamente
Right	Right	Certo - Certamente

| I've always interested in fast cars. (Adjective)
| You are driving too fast. (Adverb)

5 SIMPLE PAST, PAST CONTINUOUS, THERE TO BE

5.1 Simple past

O passado simples é usado para indicar ações passadas já concluídas, ou seja, para falar de fatos que já aconteceram; que começaram e terminaram no passado.

Para reforçar o uso desse tempo verbal, muitas expressões temporais são utilizadas nas frases, como, por exemplo: yesterday (ontem), the day before yesterday (anteontem), last night (ontem à noite), last year (ano passado) etc.

| Mike visited Maria yesterday.

5.1.1 Forma afirmativa

A forma afirmativa tem como particularidade a presença de um verbo na forma do passado. Sua organização fica estabelecida da seguinte forma:

SUJEITO + VERBO NO PASSADO + COMPLEMENTO

| Mike traveled to Curitiba.
| Jonathan bought a TV last week.

Os verbos na forma do passado são divididos em dois grupos, os verbos regulares e os irregulares.

5.1.2 Regulares

Acrescentamos os sufixos D/ED/IED aos verbos considerados regulares seguindo os seguintes parâmetros:

Aos verbos regulares terminados em –e, acrescenta-se somente o –d no final do verbo. (Dance→ danced)

Aos verbos terminados em –y precedido de consoante, retira-se o y e acrescenta-se o –ied. (Study → studied)

As terminações restantes são caracterizadas como uma espécie de regra geral, logo acrescentaremos -ed (Watch → watched).

5.1.3 Irregulares

Os verbos irregulares não seguem as regras estabelecidas pela gramática, logo cada um deles possui sua própria forma. Na sequência encontraremos alguns exemplos:

Forma no infinitivo	Forma no passado
Go	Went
Make	Made
Buy	Bought
Have	Had
Put	Put
Send	Sent
Come	Came

5.1.4 Forma Negativa

Para a construção de frases negativas no simple past, o verbo do, flexionado passado, é empregado como verbo auxiliar. O verbo principal não é conjugado no passado, uma vez que o auxiliar já indica o tempo verbal. A construção das frases negativas é feita da seguinte forma:

SUJEITO + DID NOT/ DIDN'T + VERBO NO INFINITIVO + COMPLEMENTO

| Jonas did not come to class yesterday.

5.1.5 Forma interrogativa

Para a construção de perguntas, colocaremos o verbo -do, flexionado no passado, antes do sujeito. A construção das frases é feita da seguinte forma:

DID + SUJEITO + VERBO NO INFINITIVO + COMPLEMENTO

| Did you take the garbage out yesterday?

5.2 Past continuous

5.2.1 Uso

O passado contínuo, basicamente, descreve uma ação que estava ocorrendo em certo período no passado.

| Fred was dancing with his girlfriend.

Podemos tomar como exemplo a forma do present continuous. A diferença entre esses dois tempos está nos auxiliares, pois o presente continuous utiliza a forma do verbo "to be" no presente(is/am/are), enquanto que o past continuous usará a forma do passado do verbo "to be"(was/were).

Forma afirmativa

Para as frases afirmativas no past continuous, organizaremos as sentenças da seguinte forma:

SUJEITO + VERBO TO BE NO SIMPLE PAST + VERBO COM –ING + COMPLEMENTO

| She was going to my house.
| The kids were playing together.

5.2.2 Forma negativa

Para as frases negativas, a única diferença será a presença da partícula de negação "not" após o verbo "to be" na forma do passado. Sua construção será feita da seguinte forma:

SUJEITO + VERBO TO BE NO SIMPLE PAST +NOT + VERBO COM –ING + COMPLEMENTO

| She was not going to my house.
| The kids were not playing together.

Podemos contrair as formas negativas: was not (wasn't), were not (weren't)

5.2.3 Forma interrogativa

Para a construção de perguntas, colocaremos o verbo "to be" na forma do passado antes do sujeito. A construção das frases é feita da seguinte forma:

VERBO "TO BE" NO SIMPLE PAST + SUJEITO + VERBO COM – ING + COMPLEMENTO

| Was she going to my house?
| Were the kids playing together?

5.3 There To Be

5.3.1 Uso

Usamos o "there to be" para indicar a existência de pessoas, situações e objetos. A expressão tem o mesmo significado que o verbo

SIMPLE PAST, PAST CONTINUOUS, THERE TO BE

"haver" (ou "ter" no sentido de existir), em Português. Podemos construir sentenças nas formas do presente, passado e futuro.

> There is a book on the table.
> There was a car in front of your house.
> There will be a party here tomorrow.

5.3.2

Mesmo podendo ser organizado no presente, passado ou futuro, a parte que realmente sofre alterações é o verbo "to be". A construção frasal será basicamente a mesma para todas as formas, o que será diferente são as flexões da forma do verbo "to be", bem como das expressões temporais que podem aparecer.

5.3.3 Afirmações

THERE + VERBO "TO BE" +COMPLEMENTO

> There are some children in the backyard.
> There were some children in the backyard.
> There will be an event tonight.

5.3.4 Negações

THERE + VERBO "TO BE" + COMPLEMENTO

> There is not milk in the fridge.
> There was not a bag inside the locker last night.
> There will not be available seats for you tonight.

5.3.5 Perguntas

Verbo "to be" + sujeito + complemento

> Are there bottles of wine on the table?
> Was there a car in front of your house last night?
> Will there be a person to help me?

Presente: is/am/are.

Passado: was/were.

Futuro: will be.

6 IMPERATIVO, SUBJUNTIVO, QUESTION WORDS, DEMONSTRATIVE PRONOUNS

6.1 Imperativo

6.1.1 Uso

O imperativo é usado pelo falante para dar uma sugestão, uma ordem, um conselho ou uma instrução para que uma determinada ação aconteça.

> Call me now!
> Do your job, Doug.

6.1.2 Estrutura

Em Inglês, utiliza-se o verbo sem a partícula "to" para montar uma sentença no imperativo, além de não ser necessário informar o sujeito, pois se subentende que este receberá a ordem, a sugestão ou o conselho implicitamente.

6.1.3 Afirmações

VERBO NO INFINITIVO SEM A PARTÍCULA "TO" + COMPLEMENTO

> Come with me.
> Please, help me!

6.1.4 Negações

DO NOT (DON'T) + VERBO NO INFINITIVO SEM A PARTÍCULA "TO" = COMPLEMENTO

> Don't eat this cake.
> Do not hit that button!

6.2 Forma do subjuntivo

6.2.1 Uso

O uso do subjuntivo não é muito comum na linguagem coloquial em Inglês. Entretanto, devido aos verbos e às expressões com os quais ocorre, trata-se de um tempo verbal bastante frequente na linguagem formal.

O subjuntivo é usado para expressar a **importância de algo ou a opinião, o desejo ou a ordem de alguém.**

A forma do subjuntivo é caracterizada pelo uso de verbos no infinitivo. Além disso, ao contrário do subjuntivo em Português, o subjuntivo em Inglês possui a mesma forma tanto no presente como no passado e no futuro.

Alguns verbos que tipicamente ocorrem com o subjuntivo:

- to advise (that) – recomendar
- to agree (that) – concordar, obrigar-se
- to ask (that) – pedir
- to beg (that) – implorar
- to command (that) – determinar
- to decree (that) – decretar, determinar
- to demand (that) – exigir

6.2.2 Estrutura

Presente: The Chairman insists that they keep to schedule.
Passado: The Chairman insisted that they keep to schedule.
Futuro: The Chairman will insist that they keep to schedule.

Deve-se notar que após as expressões em itálico, os verbos sempre permanecem na sua forma original.

6.3 Question Words

6.3.1 Uso

As question words são palavras utilizadas no começo das sentenças com o intuito de realizarmos perguntas específicas, nas quais a resposta esperada vai além de "sim" ou "não". Cada uma delas possui um sentido/uso diferente e pode ser utilizada com qualquer tempo verbal.

Question word	Tradução	Exemplo
What?	Qual/ O quê?	What's your name? What are you doing?
Which?	Qual (opções)?	Which do you prefer? Dark chocolate or white?
Who?	Quem?	Who is Peter?
Whom?	Quem?	Whom did you call?
Whose?	De quem?	Whose car is that?
Why?	Por quê?	Why are you crying
Where?	Onde/ Aonde?	Where does Mark live?
When?	Quando?	When did you come back from England?
How?	Como?	How did you do that?

A forma HOW combinada com outros vocábulos pode ter outros sentidos, vejamos alguns:

▷ **How much (Quanto custa)**
> How much is that dress?

▷ **How many (Quantos)**
> How many dogs do you have?

▷ **How old (Quantos anos)**
> How old are you?

▷ **How long (Quanto tempo)**
> How long will it take?

▷ **How often (Com que frequência)**
> How often do you go to the movies?

6.4 Demonstrative Pronouns

Os pronomes demonstrativos em Inglês são utilizados para indicar algo (pessoa, lugar ou objeto) e mostrar sua posição no espaço. Isso porque alguns deles são utilizados quando o falante está perto, e outros, quando está longe.

Diferentemente do que ocorre com o Português, os pronomes demonstrativos não variam de gênero. No entanto, há variação de número (singular e plural).

Demonstrative pronoun	Exemplo
This (singular/perto)	This is my sister.
That (singular/longe)	That is my brother
These (plural/perto)	These are my dogs
Those (plural/longe)	Those are my bags

Existem duas classificações existentes levando em consideração os pronomes demonstrativos: quando eles fazem função de substantivo e quando fazem função de adjetivo.

Sujeito: tem a função de substituir o substantivo na frase. Ele surge antes do verbo, ou sozinho na frase, e sua formação é: *demonstrative pronoun + verb.*

> This is my car.

Adjetivo: tem a função de atribuir qualidade ao substantivo, descrevendo-o. Ele surge antes do nome e sua formação é: *demonstrative adjective + noun.*

> This car is old.

COMPARATIVE ADJECTIVES, SUPERLATIVE ADJECTIVES

7 COMPARATIVE ADJECTIVES, SUPERLATIVE ADJECTIVES

7.1 Comparative Adjectives

As comparações em Língua Inglesa podem ser estabelecidas em 3 níveis: igualdade, inferioridade e superioridade. Podemos comparar características envolvendo pessoas, animais, lugares ou experiências.

7.1.1 Comparativo de igualdade

Como o próprio nome sugere, é utilizado para estabelecermos comparações entre substantivos em um parâmetro de equivalência.

A estrutura básica pode ser caracterizada da seguinte forma:

> **P1+ VERB TO BE + AS+ ADJETIVO + P2**

| Derick is as tal as Bob.
| Denis and Maria are as intelligent as Doug.

7.1.2 Comparativo de inferioridade

É utilizado para estabelecermos comparações entre substantivos em um parâmetro no qual um dos lados é "inferior" ao outro em relação a uma determinada característica.

A estrutura básica pode ser determinada da seguinte forma:

> **P1 + VERBO TO BE + LESS + ADJETIVO + THAN + P2**

| Jane is less emotional than Patricia.

7.1.3 Comparativo de superioridade

É utilizado para estabelecermos comparações entre substantivos em um parâmetro no qual um dos lados é "superior" ao outro em relação a uma determinada característica.

Ao estabelecermos comparações neste nível, é necessário estar atento ao fato de que o "tamanho" (número de sílabas) do adjetivo/característica influencia diretamente na construção da frase.

7.1.4 Adjetivos longos

Os adjetivos longos são caracterizados desta forma por possuírem 3 sílabas ou mais. A estrutura básica da sentença com estes vocábulos é:

> **P1 + VERBO TO BE + MORE+ ADJETIVO + THAN + P2**

| Marta is more beautiful than Teresa.

7.1.5 Adjetivos curtos

Os adjetivos curtos são caracterizados dessa forma por possuírem até 2 sílabas. Ao elaborarmos as sentenças, deveremos, ao invés de utilizar a palavra more (mais) para destacar superioridade, acrescentar os sufixos R/ER/IER ao final dos adjetivos. Vejamos:

> **P1 + VERBO TO BE + ADJETIVO COM -ER + THAN + P2**

| Maria is older than me.
| Derick is funnier than Tomas.
| Brazil is larger than Argentina.

Vejamos o padrão de formação dos adjetivos curtos:
Para a maior parte dos adjetivos, acrescentamos o sufixo -ER:
| tall → taller

Para adjetivos terminados em "e", acrescentamos -R:
| nice → nicer

Para adjetivos terminados em "y", acrescentamos -IER:
| funny → funnier

Para adjetivos monossílabos terminados em consoante- vogal-consoante (CVC), dobramos a última consoante e acrescentamos –ER:
| big → bigger

7.1.6 Exceções

Existem alguns adjetivos que não seguem o padrão de formação. Eles são chamados de irregulares e possuem sua própria forma. São eles:

Adjetivo	Forma no comparativo de superioridade
Good	Better
Bad	Worse
Far	Farther/Further

7.2 Superlative of superiority

7.2.1 Uso

Usamos o superlativo toda vez que queremos expressar a qualidade de um adjetivo no seu mais alto grau. Não há comparações com outros seres, uma vez que a intenção é intensificar uma determinada característica.

7.2.2 Estrutura

Assim como no comparativo de superioridade, na forma do superlativo de superioridade é necessário diferenciar os adjetivos de acordo com o seu número de sílabas.

7.2.3 Adjetivos longos

Os adjetivos com três ou mais sílabas seguem a seguinte estrutura:

> **SUJEITO + TO BE + THE MOST + ADJETIVO + COMPLEMENTO**

| Sandra is the most beautiful girl of our school.

7.2.4 Adjetivos curtos

Os adjetivos curtos possuem até 2 sílabas e para formarmos o superlativo de superioridade é necessário acrescentarmos os sufixos -est/st/iest a eles.

A estrutura básica segue a seguinte ordem:

> **SUJEITO + TO BE + THE + ADJETIVO COM –EST + COMPLEMENTO**

| My grandfather is the oldest person in my family.

Para a maior parte dos adjetivos acrescentamos o sufixo -EST
| Tall → tallest

Para adjetivos terminados em "e" acrescentamos o sufixo -ST
| Nice → nicest

Para adjetivos terminados em "y" acrescentamos -IEST:
| Funny → funniest

Para adjetivos monossílabos terminados em consoante-vogal-consoante (CVC), dobra-se a última consoante e acrescentamos -EST
| Big → biggest

7.2.5 Exceções

Existem alguns adjetivos que não seguem o padrão de formação. Eles são chamados de irregulares e possuem sua própria forma. São eles:

Adjetivo	Forma no comparativo de superioridade
Good	Best
Bad	Wort
Far	Farthes/Furthest

8 QUESTION TAGS, PREPOSIÇÕES DE LUGAR E TEMPO

8.1 Question tags

Question tags são perguntas de confirmação, antecedidas por uma vírgula, posicionadas ao final de sentenças afirmativas ou negativas.

| Today is a beautiful day, isn't it?
| She doesn't like coffee, does she?

A *question tag* "discordará" obrigatoriamente da primeira declaração da frase. Quando a primeira for afirmativa, a *question tag* será negativa, e vice-versaserá. Para isso devemos levar em consideração o sujeito da frase principal, bem como o tempo verbal, com o intuito de utilizar o auxiliar correto.

Portanto, a estrutura será:

> Frase afirmativa, **AUXILIAR COM NEGAÇÃO CONTRAÍDO + SUJEITO**

| She loves pizza, **DOESN'T SHE?**
| He is sick, **ISN'T HE?**

Frase negativa, **AUXILIAR + SUJEITO?**

| Tommy didn't help Marie, **DID HE?**
| Monica will not come tomorrow, **WILL SHE?**

Casos de exceção:

Quando a frase começar com a expressão LET'S, o tag será SHALL WE.

| Let's dance, shall we?

Quando a frase estiver na forma do IMPERATIVO, o tag será WILL YOU.

| Close the door, will you?

Quando a frase, na forma afirmativa, for iniciada com I AM, o tag será AREN'T I.

| I am crazy, aren't I?

8.2 Preposições

8.2.1 Preposições de tempo

As preposições de tempo são termos utilizados para indicar alguns momentos relativos ao tempo em que ocorrem. Observe a tabela na sequência e conheça algumas delas:

Preposição	Uso	Exemplo
In	Ano Mês(sozinho) Estações do ano Periodos do dia (exeto noite)	In 1945, the World War II ended. My birthday is in October. We will travel again in the summer. I will see you in the morning.
On	Dias da semana Datas (mês e dia) Feriados (dia)	I have Math classes on Mondays. I was born on March 15 th. Sue will come on Christmas.
At	Horas Feriados (períodos) Noite	I wake up at 7:00 A.M. every day. Juliet will be here at Easter. I'll see you at night.
For	Durante um determinado período de tempo até agora	I have studied French for 2 years.
Before	Antes de um período de tempo passado	I have never visited Chicago before.
Since	Marca o início de uma ação no passado que se estende até o presente	My father has worked here since 2000.
By	No sentido de mais tardar Até um certo tempo	I'll be back by 6 o'clock. By 11 o'clock, i will have read five pages.
Till/Untill	No sentido de quanto tempo algo irá durar	He will not be in Curitiba until Friday.
From	Indica um determinado período de tempo	From now on, we'll be friends.

8.3 Preposições de lugar

As preposições de lugar (ou posição) são utilizadas para indicar o local de determinadas pessoas e/ou objetos no espaço. Observe a tabela na sequência e conheça algumas delas:

Preposição	Uso	Exemplo
On	Sobre alguma superfície Indicar endereços	The book is on the table. I live on the 5th street avenue.
In	Dentro de algo/algum lugar Países Cidades	Get in the car. She lives in Brazil. She lives in São Paulo.
At	Indica um ponto em algum lugar ou endereço específico	She is at Harvard's Universaty.
Behind	Atrás	The dog is behind the couch.
Between	Entre	The wallet is between the couch and the arm chair.
In front of	Em frente	There is a car in front of your house.
Beside	Ao lado	Your t-shirt is beside the bed.
Among	Entre um grupo	Our house is among the trees.
Over	Acima/sobre	The cat jumped over the dog.
Next to	Próximo	She is next to her brother.
From	Indica origem	She came out of the jungle.
From/to	Indica abrangência de um lugar	She is walking from one side to another.

9 SIMPLE FUTURE, FUTURE WITH BE GOING TO

9.1 Simple future

Simple future (futuro simples) é um tempo verbal usado para expressar ações futuras que irão ocorrer, ou seja, que ainda não aconteceram.

Ele pode indicar uma decisão que está sendo tomada no ato da fala. Além disso, pode expressar um pedido, uma promessa, um aviso, um convite e uma oferta.

| She will travel to New York next year.

Na presença de todas as formas, encontraremos o auxiliar "will" e também um verbo na forma do infinitivo.

9.1.1 Forma afirmativa

Para a formação de frases afirmativas, o simple future apresenta a seguinte construção:

SUJEITO + WILL + VERBO NO INFINITIVO + COMPLEMENTO

| Bob will help me next time.

9.1.2 Forma negativa

Para a formação de frases negativas, a única diferença será a presença do verbo auxiliar "WILL" seguido da partícula de negação "not", vejamos:

SUJEITO + WILL NOT/ WON'T + VERBO NO INFINITIVO + COMPLEMENTO

| I will not come tomorrow.

9.1.3 Forma interrogativa

Na forma interrogativa ocorre a inversão da posição entre sujeito e auxiliar, vejamos:

WILL + SUJEITO + VERBO NO INFINITIVO + COMPLEMENTO

| Will you marry me?

9.2 Future with be going to

Usamos o "be going to" para indicar uma ação futura que já está planejada e tem grande chance de acontecer num futuro próximo.

| I'm going to marry Susan next weekend.

O futuro com going to utiliza a forma do verbo "to be" (is/am/are) no presente como auxiliar e o verbo principal fica na forma do infinitivo.

9.2.1 Forma afirmativa

Para construirmos afirmações, encontramos a seguinte estrutura:

SUJEITO + VERBO 'TO BE" + GOING TO + VERBO NO INFINITIVO + COMPLEMENTO

| She is going to visit us tomorrow.
| I am going to help you tonight.
| They are going to the movies on the weekend.

9.2.2 Forma negativa

A única diferença no caso das negações é a presença da partícula de negação "not" após o auxiliar, vejamos:

SUJEITO + VERBO "TO BE" + NOT + VERBO NO INFINITIVO + COMPLEMENTO

| She is not going to visit us tomorrow.
| I am not going to help you tonight.
| They are not going to the movies tomorrow.

9.2.3 Forma interrogativa

Ao elaboramos perguntas, devemos inverter a ordem entre sujeito e auxiliar, vejamos:

VERBO "TO BE" + SUJEITO + GOING TO + VERBO NO INFINITIVO + COMPLEMENTO

| Is she going to visit us tomorrow?
| Am I going to see her again?
| Are they going to the movies next weekend?

Em ambos os casos, tanto no simple future, quanto no future with be going to, será comum encontrarmos expressões que remetem ao futuro. Aqui estão as mais utilizadas a título de conhecimento:

Expressão	Significado
Tomorrow	Amanhã
Soon	Em breve
The day after tomorrow	Depois de amanhã
Next week	Próxima semana
Next Month	Próximo mês
Next Weekend	Próximo final de semana
Next Year	Próximo ano
In a few days	Em poucos/alguns dias
In a short time	Em um curto período de tempo

10 MODAL VERBS, NOUNS, QUANTIFIERS, INDEFINETE PRONOUNS

10.1 Modal Verbs

É uma classe especial de auxiliares que possuem características próprias e não seguem algumas regras de gramática comuns para outros verbos.

Can: é utilizado para falarmos de capacidade/habilidade, pedidos de maneira geral ou para tratarmos de permissão de maneira informal.

| I can speak French very well.

Could: é utilizado para falarmos, assim como o can, de capacidade/habilidade. Entretanto, a diferença consiste no fato de esse verbo modal trabalhar com ações passadas. Além disso, podemos fazer pedidos de maneira mais educada ou ainda fazer deduções.

| My cousin could play the guitar when he was younger.

Should/ ought to: ambos modais têm em comum o fato de lidar com conselhos/sugestões. A diferença entre eles está no quesito formalidade. Apesar de ser pouco utilizada atualmente, a forma ought to é mais rebuscada.

| Jane shouldn't work so much.
| Jane ought to help her family.

May: é utilizado para falar de permissão de maneira formal ou ainda em relação à possibilidade/probabilidade de algo acontecer(chance de mais de 50%).

| May I take your order sir?

Might: é utilizado também para indicar possibilidade/ probabilidade, entretanto apesar da semelhança de uso em relação ao verbo modal may, a chance de algo acontecer é pequena.

| I'm not sure but Denis might not come tonight.

Must: é utilizado para falarmos de obrigações, na forma afirmativa e de proibições na forma negativa. Podemos ainda estabelecer deduções em ambas as formas.

| A judge must be fair on a trial.

Would: é utilizado para fazermos pedidos, oferecermos algo de maneira educada ou ainda para tratarmos de situações hipotéticas.

| Would you like some tea?
| I would love to buy a boat.

Shall: esse verbo modal é mais comum em perguntas ou quando se oferece algo, sugere alguma coisa ou fazemos convites; é considerado bastante formal. Shall só é usado na primeira pessoa do singular (I) e do plural (We).

| Shall I open the window?

Cada um dos verbos modais possui suas próprias funções semânticas. Entretanto, ao organizarmos as frases, a forma de construí-las é a mesma para todos.

10.1.1 Forma afirmativa

SUJEITO + VERBO MODAL + VERBO NO INFINITIVO + COMPLEMENTO

| Jane can sing very well.

10.1.2 Forma negativa

SUJEITO + VERBO MODAL COM NEGAÇÃO + VERBO NO INFINITIVO + COMPLEMENTO

| Jack should not walk alone in the park at night.

10.1.3 Forma interrogativa

VERBO MODAL + SUJEITO + VERBO NO INFINITIVO + COMPLEMENTO

| May I ask you a question?

10.2 Nouns

Os substantivos são as palavras responsáveis por nomear as coisas, pessoas, emoções, etc. Suas classificações e subdivisões são inúmeras, entretanto, focalizaremos dois aspectos em especial: a formação do plural e também a divisão existente entre substantivos contáveis e incontáveis.

10.2.1 Countable and uncountable nouns

Os substantivos são divididos em duas categorias: contáveis e incontáveis. Os contáveis, como o próprio nome sugere, podem ser contados, pois têm forma tanto no singular quanto no plural.

| Cat → cats
| dog dogs
| car → cars
| person → people
| day → days

- Os substantivos incontáveis são aqueles que para serem quantificados exigem uma unidade de medida.

| coffee, bread, music, water, wine, milk, sugar, money etc.

- Para podermos "contá-los", necessitamos de uma "unidade de medida".

| I want a glass of water. (Eu quero um copo d'agua)
| Josh drank a bottle of wine. (Josh bebeu uma garrafa de vinho)
| I will grab a cup of coffee for you. (Eu pegarei uma xícara de café para você)

10.2.2 Plural of nouns

A construção da forma do plural em Língua Inglesa se parece em alguns aspectos com a Língua Portuguesa, entretanto temos regras bem específicas, que veremos a seguir.

Como em Português, a forma geral de se colocar uma palavra no plural consiste em acrescentar o –s:

| Boy → boys
| Book → books

Quando o substantivo terminar em –s, –ss, –ch, –sh, –x, –z e a maioria dos substantivos que terminam em –o, receberá –ES no final:

| Box → boxes
| Hero → heroes

Entretanto, nos substantivos a seguir, acrescenta-se somente –s: photo (foto), radio (rádio), piano (piano), kilo (quilo), video (vídeo), avocado (abacate). Já alguns possuem as duas formas, como mosquito (mosquito) e volcano (vulcão).

Ao terminar em –y precedido por consoante, substitui-se o y por –ies:

| Body → bodies
| City → cities

Alguns substantivos que terminam com –f ou –fe têm esse final trocado por -ves:

| Life → lives
| Wolf →wolves

Alguns substantivos advindos de outro idioma conservam o plural de origem:

| Medium → media

MODAL VERBS, NOUNS, QUANTIFIERS, INDEFINETE PRONOUNS

Alguns plurais irregulares:
- Man → men
- Woman → women
- Tooth → teeth
- Person → people
- Mouse → mice
- Child → Children
- Goose → geese

Substantivos com a mesma forma no plural e no singular:
- Fish
- Species

Apesar de terminarem com –s, há alguns substantivos que estão no singular:
- News
- Politics

Outras só existem no plural e concordam com verbos também no plural:
- Clothes
- Savings

10.3 Quantifiers

Quantifiers são palavras usadas quando nos referimos à quantidade de alguma coisa, mas sem especificar essa quantia. Eles podem ser usados com substantivos contáveis e incontáveis.

- Much (muito / incontáveis)
  - There isn't much milk left in the fridge.
- Many (muito/ contáveis)
  - There are many things I want to tell you.
- A lot of/ lots of

É utilizado para falar de uma grande quantidade, independentemente se o substantivo que está à sua frente é contável ou incontável.
  - Jessica told a lot of things about her.
  - He has lots of money.
- Few (pequena quantidade/ contáveis)
  - I have few friends.
- Little (pequena quantidade/ incontáveis)
  - We have little food.

10.4 Indefinite pronouns

Some e any são adjetivos indefinidos utilizados quando não se pode usar a/an, isto é, com os incontáveis e com substantivos no plural.

Some: algum, alguns, alguma, algumas; um pouco de.
Any: algum, alguns, alguma, algumas; qualquer; nenhum, nenhuma.

A possibilidade de uso e o sentido serão afetados dependendo do tipo de frase em que eles forem utilizados.

10.4.1 Some

Tipo de frase	Sentido	Exemplo
Afirmativa	Algum/alguns alguma/algumas/ um pouco	I have some friends. I have some money.
Interrogativa (oferecimento/ pedido)		Do you want some?

- Não podemos utilizar essa forma em sentenças negativas.

10.4.2 Any

Tipo de frase	Sentido	Exemplo
Afirmativa	Qualquer	Any person would remind me of her.
Negativa	Nenhum/nenhuma	I don't have any friends.
Interrogativa	Algum/alguma Alguns/algumas	Do you have any idea? Are there any books here?

10.4.3 No

Usa-se no (= adjetivo; nenhum, nenhuma) com verbos na forma afirmativa para dar um sentido negativo à frase. Isso mesmo! O significado da frase indica negação, entretanto a estrutura dela será de afirmação.
- I have no friends.
- There is no butter left.

As formas: some, any e no podem ainda dar origem a outras palavras recebendo os sufixos one/body, thing, where. Essas novas palavras são chamadas pronomes indefinidos. Elas são utilizadas para representar de maneira genérica e indefinida pessoas, coisas ou lugares. Vale frisar que as regras para sua utilização continuam sendo as mesmas de some/any/no.

10.4.4 Some

Someone/ somebody	Alguém	I know someone who can help us. Someone stole my bike.
Something	Alguma coisa	I have something for you. Would you like something to drink?
Somewhere	Algum lugar	There must be a restaurant somewhere near you house.

10.4.5 Any

Anyone / anybody	Qualquer um/Alguém/ ninguém	Anyone could do this. I didn't see anyone here. Did you see anyone here?
Anything	Qualquer coisa/alguma coisa/nada	Anything is possible. I don't want anything. Did you see anything strange?
Anywhere	Qualquer lugar/algum lugar/nenhum lugar	Where are we going to sleep? Anywhere. I can't find my shoes anywhere. Is there anywhere nice to go in theis city

10.4.6 No

No one/nobody	Ninguém	Nobody wants to see me.
Nothing	Nada	There's nothing we can do.
Nowhere	Nenhum lugar	There's nowhere nice to go in this city

11 PRESENT PERFECT, PRESENT PERFECT CONTINUOUS

11.1 Present Perfect

O present perfect é um tempo verbal utilizado para falar sobre eventos que ocorreram em um tempo indefinido do passado e que podem perdurar até hoje ou já terem sido concluídos. Em Português, não temos um tempo correspondente a esse.

| I have lived there for a long time.

As frases no present perfect, independentemente da forma, contarão com a presença dos auxiliares HAVE ou HAS e de um verbo na forma do particípio passado.

O que são verbos no particípio passado ou também chamados de verbos na 3ª coluna?

Os verbos na forma do particípio passado seguem uma lógica parecida com as dos utilizados no simple past, ou seja, verbos regulares recebem o acréscimo de d/ed/ied e verbos irregulares apresentam uma flexão única, que pode ou não ser a mesma do passado simples.

Os verbos regulares continuam os mesmos seguindo as mesmas regras, o que realmente acaba dificultando são os irregulares que em sua maioria ganham uma nova conjugação, vejamos alguns exemplos:

Verbo no infinitivo	Verbo no simple past	Verbo no particípio passado
Go	Went	Gone
Do	Did	Done
Come	Came	Come
Drink	Drank	Drunk
Buy	Bougth	Bought
See	Saw	Seen
Get	Got	Gotten/got

11.1.1 Forma afirmativa

Na forma afirmativa do presente perfeito encontraremos dois auxiliares: have e has seguidos por um verbo na forma do particípio passado. Os auxiliares têm seu uso diferenciado pelo sujeito da frase. Utilizaremos has com a 3ª pessoa do singular (he/she/it). Em contrapartida, quando o sujeito da sentença for I/you/we/they, utilizaremos a forma have.

SUJEITO + AUXILIAR + VERBO NO PARTICÍPIO PASSADO + COMPLEMENTO

| Jonathan has worked here for years.
| I have worked here for years.

Podemos utilizar as formas contraídas 's(has) e 've(have).

11.1.2 Forma negativa

Na forma negativa do presente perfeito teremos os auxiliares have ou has acompanhados da partícula de negação not, seguidos de um verbo no particípio passado.

SUJEITO + AUXILIAR COM NEGAÇÃO + VERBO NO PARTICÍPIO PASSADO + COMPLEMENTO

| I have not lived there for a long time.
| Sara has not arrived on time.

Podemos contrair ambos os auxiliares: have not (haven't) e has not (hasn't).

11.1.3 Forma interrogativa

Ao estabelecermos perguntas no presente perfeito, devemos posicionar os auxiliares à frente do sujeito, que é seguido de um verbo na forma do particípio passado.

AUXILIAR + SUJEITO + VERBO NO PARTICÍPIO PASSADO + COMPLEMENTO

| Have you seen Patrick lately?
| Has Doug visited Peter?

11.2 Present perfect continuous

O present perfect continuous é usado, basicamente, para enfatizar a continuidade de uma ação que começou no passado e que se prolonga até o presente.

| Jane has been watching TV for 2 hours.
| Peter and Mike have been playing tennis for 1 hour.

O present perfect continuous utiliza os mesmos auxiliares do present perfect (have e has). O verbo principal aparece na forma do gerúndio (-ing). A seguir veremos as classificações.

11.2.1 Forma afirmativa

SUJEITO + AUXILIAR + BEEN + VERBO COM -ING + COMPLEMENTO

| Jessica has been studying for 2 hours.
| They have been playing video game for 2 hours.

11.2.2 Forma negativa

Na forma negativa teremos o acréscimo da partícula de negação "not" ao auxiliar.

SUJEITO + AUXILIAR COM NEGAÇÃO + BEEN + VERBO COM -ING + COMPLEMENTO

| Jessica has not been studying all day long.
| They have not been playing video game for 2 hours.

11.2.3 Forma interrogativa

Na forma interrogativa não podemos nos esquecer de inverter a ordem entre sujeito e auxiliar.

AUXILIAR + SUJEITO + BEEN + VERBO COM -ING + COMPLEMENTO

| Has Jessica been studying all day long?
| Have they been playing video game for 2 hours?

12 PAST PERFECT, PAST PERFECT CONTINUOUS

12.1 Past perfect

O past perfect é usado para descrever uma ação que ocorreu no passado, antes de outra ação também passada. Ou seja, de maneira simplista, podemos considerá-lo o "passado do passado".

| The film had already started when we got to the cinema.

Convém observar que ambas as ações estão no passado, entretanto, a que está representada pelo past perfect (filme ter começado) acontece antes do que aquela representada pelo simple past (nós temos chegado ao cinema).

O past perfect possui apenas um auxiliar (had), que é acompanhado por um verbo na forma do particípio passado. Vejamos:

12.1.1 Forma afirmativa

SUJEITO + HAD + VERBO NO PARTICÍPIO PASSADO + COMPLEMENTO

| She had done her job before the dead line.

Podemos contrair a forma had ('d).

12.1.2 Forma negativa

Na forma negativa o auxiliar vem acompanhado da partícula de negação "not".

SUJEITO + HAD NOT/HADN'T + VERBO NO PARTICÍPIO PASSADO + COMPLEMENTO

| Denis hadn't realized that the place was so dangerous.

12.1.3 Forma interrogativa

Na forma interrogativa não podemos nos esquecer de inverter a ordem entre sujeito e auxiliar.

HAD + SUJEITO + VERBO NO PARTICÍPIO PASSADO + COMPLEMENTO

| Had she read the book before seeing the movie?

12.2 Past perfect continuous

O past perfect continuous é usado para enfatizar a repetição ou a duração de uma ação no passado anterior à outra ação também no passado.

| He had been studying for seven hours so he was tired to go out.

Assim como o past perfect, o past perfect continuous também utiliza como auxiliar a forma do passado do verbo "to have" (*had*). O verbo principal aparece na forma do gerúndio (*-ing*). Vejamos:

12.2.1 Forma afirmativa

SUJEITO + HAD + BEEN + VERBO COM -ING + COMPLEMENTO

| I had been saving my money to buy this house.

12.2.2 Forma negativa

Na forma negativa, o auxiliar, vem acompanhado da partícula de negação "not".

SUJEITO + HAD NOT/HADN'T + BEEN + VERBO COM -ING + COMPLEMENTO

| I had not been running for more than fifteen minutes when I felt tired.

12.2.3 Forma interrogativa

Na forma interrogativa não podemos nos esquecer de inverter a posição entre sujeito e auxiliar

HAD + SUJEITO + BEEN + VERBO COM -ING + COMPLEMENTO

| Had he been waiting for her for a long time?

NOÇÕES DE LÍNGUA INGLESA

13 PASSIVE VOICE

13.2.1 Uso

Diferentemente da voz ativa, em que a ênfase está em quem praticou a ação, A voz passiva se preocupa em enfatizar o objeto, ou seja, aquele que sofre a ação expressa pelo verbo. Para entender isso vamos comparar sentenças:

> Gina wrote this letter. (Gina escreveu esta carta)
> This letter was written by Gina. (Esta carta foi escrita por Gina)

Repare que no primeiro exemplo, que está na voz ativa, quem faz o papel de sujeito é a pessoa responsável por desempenhar a ação. Em contrapartida no segundo caso o sujeito é a "pessoa" que sofre a ação.

A voz passiva é utilizada como recurso para mudarmos o foco do discurso. É um recurso bastante útil presente em vários gêneros textuais.

As construções na forma da voz passiva são variadas, pois para organizá-las, além de invertermos a posição entre agente e paciente, é necessário estarmos atentos ao tempo verbal da frase.

Cada tempo verbal sofrerá alterações pontuais em sua construção, vejamos:

Tempo na voz ativa	Voz Passiva	Exemplos
Presente simples	are/is + verbo no particípio passado	Voz ativa: Daniel fixies cars. Voz passiva: Cars are fixed by Daniel.
Presente contínuo	is/are + being + verbo no particípio passado	Voz ativa: Daniel is fixing my car. Voz passiva: My car is being fixed by Daniel.
Passado simples	was/were + verbo no particípio passado	Voz ativa: Daniel fixed my car. Voz passiva: My car was fixed by Daniel.
Passado contínuo	was/were + being + verbo no particípio passado	Voz ativa: Daniel was fixing my car. Voz passiva: My car was being fixed by Daniel.
Futuro simples	will be + verbo no particípio passado	Voz ativa: Daniel will fix my car. Voz passiva: My car will be fixed by Daniel.
Presente perfeito	has/have + been + verbo no particípio passado	Voz ativa: Daniel has fixed my car. Voz passiva: My car has been fixed by Daniel
Passado perfeito	had been + verbo no particípio passado	Voz ativa: Daniel had fixed my car. Voz passiva: My car had been fixed by Daniel.
Futuro com o "going to"	am/is/are + going to be + verbo n particípio passado	Voz ativa: Daniel is going to fix my car. Voz passiva: My car is going to be fixed by Daniel.
Verbos modais	Verbo modal + be + verbo no particípio passado	Voz ativa: Daniel must write this paper. Voz passiva: This papper must be written by Daniel

Fique ligado

Quando o sujeito da voz ativa for indeterminado (someone – alguém, people – pessoas), não se coloca o agente da passiva (aquele que sofreu a ação pelo verbo), nem by.

Voz ativa: Someone opened the gate.
Voz passiva: The gate was opened.

Quando o sujeito da voz ativa não for "importante" podemos omiti-lo na forma da voz passiva.

Voz ativa: He called the police officer.
Voz passiva: The police officer was called.

14 GERUND AND INFINITIVE, CONJUNCTIONS

14.1 Gerund X Infinitive

Nesta unidade, falaremos acerca dos usos das formas do gerúndio e do infinitivo.

Primeiramente, vamos lembrar como reconhecer essas formas.

Gerúndio: o gerúndio é representado na Língua Inglesa pelo sufixo -ING acrescentado ao final dos verbos.

| working, watching, swimming, etc.

Infinitivo: a forma do presente é o estado básico/original do verbo. Podemos e apresenta-lo utilizando a proposição "to" ou não antes do verbo.

| To work / work.

Vejamos as diferenças de uso.

▷ Quando devemos utilizar a forma do gerúndio? Além dos tempos verbais caracterizados como "continuous", podemos encontrar a forma do gerúndio nas seguintes situações.

- **Como um substantivo:**
  | Swimming is my favorite sport.
  | Painting is her favorite hobby.

- **Após preposições:** segundo a gramática, faz-se necessário a forma do gerúndio após preposições (about, against, at, in, of, for, on, after, before etc.) As preposições podem formar unidades após adjetivos, substantivos ou ainda verbos.
  | After watching this episode, I'll do the dishes.
  | Before opening the letter, she took a deep breath.
  | You can save 10% by booking on the internet.
  | They are afraid of losing the match.
  | I'm worried about making mistakes.
  | What are the chances of finding a taxi?
  | I thought about asking her on a date.

- **Após os verbos:** admit - appreciate - avoid - carry on - consider - contemplate - delay - deny - detest - endure - enjoy - escape - excuse - face - fancy - feel like - finish - forgive - give up - imagine - include - involve - keep - mention - mind - miss - postpone - practice - put off - recommend - resent - resist - risk - suggest - understand – quit
  | He admitted being guilty.
  | They avoid talking to her.
  | I enjoy going out with my friends.

- **Após determinadas expressões como:** can't stand - can't help - be worth - feel like - it is no good - it is good - it is no use - look forward to
  | I can't stand watching soap operas.
  | I can't help falling in love with you.
  | It was worth listening to her.

Quando devemos utilizar a forma do infinitivo sem o "to"? Além dos casos envolvendo os verbos modais e os auxiliares do e will encontramos a forma do infinitivo sem o "to" nas seguintes situações:

- **Após as expressões had better e would rather:**
  | You had better find a job urgently.
  | I would rather go home on foot.

- **Após os verbos let e make na seguinte estrutura:** let/make someone do something.
  | She makes me feel good.
  | Let me stay here with you.

- **Após verbos de percepção (feel, hear, notice, watch, observe, see) que seguem a estrutura:** verb + object + infinitive without to.
  | I didn't see you come in.

Quando utilizar o infinitivo com o "to":

- **Como sujeito de uma frase (é uma maneira formal e pouco utilizada):**
  | To be or not to be that's the question.

- **Após the first, the second, the third, the last, the only, the next, etc.:**
  | I was the first to arrive this morning.

- **Após adjetivos, quando não forem seguidos por preposição e quando um adjetivo ou advérbio estiver acompanhado de too e enough:**
  | It is easy to learn any language
  | I think my daughter is too young to get married.

- **Após alguns verbos; os mais comuns são:** afford - agree - appear - arrange - ask - attempt - be able - beg - begin - care - choose - consent - continue - dare - decide - expect - fail - forget - go on - happen - hate - have - help - hesitate - hope - intend - invite - learn - like - love - manage - mean - neglect - offer - plan - prefer - prepare - pretend - propose - promise - refuse - regret - remember - seek - seem - start - swear - trouble - try - want - wish
  | I want to break free.
  | She asked to talk to me.

- **Após expressões derivadas de would:** (would like, would love, would prefer, would hate)
  | I would love to go out with my friends.

14.2 Conjunctions

Conjunções são palavras que ligam duas orações ou termos semelhantes, dentro de uma mesma oração. Estudaremos na sequência alguns tipos:

14.2.1 Contrast

Conjunction	Tradução	Exemplo
But	Mas	She works hard, but she doesn't earn much money.
However	Entretanto	This trip is going to be expensive, however, It's going to be fun.
Although/even though/though	Apesar de	Although it was raining, we had fun.
Despite/in spite of	Apesar de	Despite the rain, we went to the beach.
Nevertheless/nonetheless	Todavia	There are serious problems in our country. Nevertheless, it is a good place to live.
While/whereas	Enquanto	He must be about 60, whereas his wife looks about 30.

14.2.2 Addition

And	e	She is intelligent and beautiful.
Also/too/as well	Também	She is hardworking, as well, he is.
Besides/moreover/futhermore/in addition to	Além do mais, além disso	She is smart. Besides, she is very Humble

14.2.3 Reason

Because	Porque	We can't stop working because we haven't finished the job yet.
Because of	Por causa de	There were so many people at the shop because of the sale.
Due to	Devido a	She had five days off the work due to illness.
Since/as	Visto que	They are expensive, since is hard to find them.

14.2.4 Result

Therefore/consequently	Portanto	Jack didn't buy the cake. Therefore, his mother yelled at him.
So	Por isso	We were tired, so we went to bed early.

15 CONDITIONAL SENTENCES, REPORTED SPEECH

15.1 Conditional sentences

As orações condicionais são sentenças que expressam uma condição. Ou seja, quando conversamos com alguém ou escrevemos algo, nós podemos falar/ escrever sobre condições. Elas são divididas em quatro tipos: zero conditional, first conditional, second conditional e third conditional. Vejamos agora cada um desses casos separadamente:

15.1.1 Zero conditional

De modo geral, usamos o zero conditional em Inglês quando estamos nos referindo a fatos que são sempre verdadeiros. Esses fatos podem ser verdades científicas/ naturais ou ainda pode expressar um fato verdadeiro sobre uma pessoa.

| If you heat ice, it melts.
| If I don't eat well, I get sick.

Observe que tanto o lado que representa a condição (parte com if), quanto o lado do resultado estão no mesmo tempo verbal. Logo, temos a seguinte estrutura:

If you heat ice,	It melts.
Condição	Resultado
Simple present	Simple present

15.1.2 First Conditional

First conditional sentences em Inglês são orações condicionais que indicam possibilidades ou prováveis ações futuras. Ou seja, desde que a condição seja satisfeita, a ação (resultado) acontecerá.

| If I go to Paris, I will buy a French guidebook.
| If you tell her anything, we will say it's a lie.

Observe que, diferentemente de zero conditional, em first conditional combinamos dois tempos verbais distintos para formarmos a conditional sentence:

If I go to Paris,	I will buy a French guidebook.
Condição	Resultado
Simple Present	Simple Future

15.1.3 Second conditional

Second conditional sentences são usadas para expressar ações ou situações improváveis, hipotéticas ou imaginárias no presente ou no futuro. Podemos dizer que são ações que dificilmente acontecerão.

| If I won the lottery, I would buy a castle.
| If I lived on a lonely island, I would become a savage.

Observe que a estrutura do second conditional também é composta de dois tempos verbais diferentes:

If I won the lottery,	I would buy a castle.
Condição	Resultado
Simple past	Would + verbo no infinitivo

Caso utilize o verbo "to be" na parte referente à condição, ele deverá ser conjugado no simple past. Entretanto, independentemente do sujeito, você deverá utilizar a forma "were", excepcionalmente neste caso.

| If I were you, I would tell her the truth.

15.1.4 Third Conditional

Third conditional representa ações impossíveis de acontecer. Utilizamos essa formação para imaginar um resultado diferente para algo que já aconteceu.

| If I had studied for the test, I would have got a better grade.
| If I had seen her, I would have talked with her.

Sua estrutura é composta de dois tempos verbais distintos:

15.2 Reported speech

O reported speech representa o discurso indireto em Inglês.

Utilizamos essa forma quando vamos reproduzir a fala de outra pessoa, ou seja, quando vamos reportar o que já foi dito por alguém. Portanto, é muito empregada para narrar histórias e fatos que já aconteceram. Vejamos:

| Direct Speech (Discurso Direto): I am not feeling well.
| Reported Speech (Discurso Indireto): He said that he wasn't feeling well.

15.2.1

Para que o discurso indireto siga as regras de formação corretas, é importante estar atento aos tempos verbais. Isso porque eles irão mudar, dependendo da utilização feita pelo falante.

Veja a seguir a tabela de formação do reported speech:

Direct Speech	Reported Speech
Present Simple → Bob said "I like your new car". (Eu gosto do seu carro novo.)	Past Simple → He said (that) he liked my new car (Ele disse que gostou do meu carro novo.)
Present Continuous → Sara said "I am getting married". (Eu vou me casar)	Past Continuous → She said (that) she was getting married. (Ela disse que vai se casar.)
Present Perfect → John said " We have bought the tickets." (Nós temos comprado os ingressos.)	Past Perfect → He said (that) they had bought the tickets. (Ele disse que eles tinham comprado os bilhetes.)
Simple Past → Derick said "I missed the train." (Eu perdi o trem.)	Past Perfect → He said (that) he had missed the train. (Ele disse que ele tinha perdido o trem.)
Will → Bob said "I will see you later." (Eu verei você mais tarde.)	Would → He said (that) he would see me later. (Ele disse que ele me veria mais tarde.)
Am/I/Are Going to → Derick said "I am going to join the class." (Eu estou indo me juntar à turma.)	Was/Were Going to → He said he was going to a class. (Ele disse que ele estava inde se juntar à turma.)
Can → John said "I can help Lisa" (Eu posso ajudar Lisa)	Could → He said (that) He could help Lisa (Ele disse que podia ajudar Lisa.)

Além dos tempos verbais, devemos ficar atentos também aos pronomes e às expressões de tempo. Lembre-se: você está adotando o ponto de vista de quem está observando a ação acontecer.

I (eu) → He/She (ele/ela)
We (nós) → They (eles, elas)
Me (mim) → Him/Her (ele/ela)
This (este) → That (aquele)
These (estes) → Those (aqueles)
Here (aqui) → There (lá)
Today (hoje) → Last day (aquele dia) / Yesterday (ontem)
Toninght (hoje à noite) → Last night (noite passada)

Tomorrow (amanhã) → The next day / The following day (o próximo dia/o dia seguinte)

A year ago (um ano atrás) → The year before (no ano anterior)

15.2.2 Estrutura perguntas

Ao transformarmos frases na forma interrogativa, as alterações nos tempos verbais, pronomes e expressões continuam as mesmas. Entretanto, no discurso indireto, as perguntas passam a ser afirmações ou negações. Vejamos:

> **Direct speech:** Bob asked me "Are you going to school tomorrow?"
> **Reported Speech:** Bob asked me if I was going to school the next day.

Outro fator importante é lembrar que existem 2 tipos de perguntas: as perguntas classificadas de "yes or no questions" e aquelas que utilizam pronomes interrogativos. Cada uma delas possui uma forma específica de ser construída.

- Perguntas de sim ou não

SUJEITO + ASKED + (OBJETO) + IF/WHETER + INFORMAÇÃO PERGUNTADA

> Bob asked me "Are you going to school tomorrow?" → Bob asked me if I was going to school the next day.

- Perguntas que utilizam pronomes interrogativos

SUJEITO + ASKED + (OBJETO) + PRONOME INTERROGATIVO+ INFORMAÇÃO PERGUNTADA

> Bob asked me "Where are you going?"
> Bob asked me where I was going.

15.2.3 Frases no Imperativo

As frases no imperativo também merecem destaque, pois apesar de não haver mudança de tempo verbal, sua construção também é feita de maneira peculiar.

15.2.4 Forma afirmativa

SUJEITO + TOLD/ORDERED/ASKED + TO + VERBO NO INFINITIVO + COMPLEMENTO

> Bob "Call me at home!"
> Bob told me to call him at home.

15.2.5 Forma negative

SUJEITO + TOLD/ORDERED/ASKED +NOT TO + VERBO NO INFINITIVO + COMPLEMENTO

> Bob "Don't do this!"
> Bob ordered not to do that.

16 RELATIVE PRONOUNS AND ADVERBS, PHRASAL VERBS

16.1 Relative Pronouns

Os pronomes relativos são utilizados para introduzirem uma oração dependente ou relativa. Os pronomes relativos podem exercer a função de sujeito ou objeto do verbo principal. Lembre-se de que quando o pronome relativo for seguido por um verbo, ele exerce função de sujeito. Caso o pronome relativo for seguido por um substantivo ou pronome, ele exerce função de objeto.

| Josh is the boy who I met last party.
| Susan is the girl whose car was stolen.

Pronome relativo	Faz referência a	Exemplo
Who	Pessoas	Mike is the boy who is sick at the hospital.
Whom (objeto)	Pessoas	The girl whom I saw was tired.
Which	Objetos/animais	This is the book which was on the table yesterday.
Whose	Posse	Mike, whose car was stolen, is sad.
That	Pessoas/objetos/animais	Mike is the boy that is sick at the hospital.

O pronome relativo that pode substituir os pronomes who ou which. Entretanto, não podemos realizar essa substituição quando o pronome relativo estiver entre vírgulas.

| My bike, which is new, is very expensive.

Em Inglês podemos omitir os pronomes relativos (who, which, that) das frases:

| Jack is the boy who I met yesterday.
| Jack is the boy I met yesterday.

Isso só pode acontecer quando o termo que sucede o pronome relativo fizer função de sujeito.

- O pronome relativo whose é sempre seguido de um substantivo e nunca pode ser omitido.
- O pronome relativo também não pode ser omitido quando estiver entre vírgulas.

| Mike, who is my friend, traveled to Europe last month.

16.2 Relative adverbs

Os advérbios relativos são palavras utilizadas para introduzir uma oração subordinada.

Relative adverbs	Faz referência a	Exemplo
When	Tempo	I will Always remember when I saw you for the first time.
Where	Lugar	The hotel where we spent our last vacation is very expensive.
Why	Razão	I don't have to tell you the reason why I came back.

16.3 Phrasal Verbs

Phrasal verbs (verbos frasais) são verbos que vêm acompanhados por preposições ou advérbios. Essa junção acaba resultando em um novo sentido para o verbo, que em muitos casos, não tem nenhuma relação com o sentido original do verbo. Vejamos:

| Call (chamar)
| Call + in = convidar.
| Call + off = cancelar.

Phrasal verbs não podem ser traduzidos literalmente, ou seja, ao pé da letra. Portanto, a melhor forma de aprendê-los é treinando. Eles são tão importantes e constituem uma quantidade de informação semântica enorme, a ponto de existirem muitos dicionários de phrasal verbs.

16.3.1 Classificação

Os phrasal verbs podem ser divididos em dois grupos: aqueles considerados separáveis e os inseparáveis. Vejamos:

Separáveis: representam os verbos que acompanham complementos (objetos). Nesse caso, os verbos exigem a colocação do objeto entre o verbo e a preposição sempre que o objeto for um pronome.

| They called up the women.
| They called the women up.
| They called her up.

Inseparáveis: nesse caso, os verbos são chamados de prepositional verbs (verbos preposicionados) e geralmente não aceitam complemento (objetos). Ou seja, eles não permitem a colocação do objeto entre o verbo e a preposição.

| They called on the women.
| They called on her.

Os phrasal verbs são muitos, logo seria impossível colocarmos todos nesta unidade. A seguir, disponibilizamos os mais comuns:

Phrasal verb	Tradução	Phrasal verb	Tradução
Blow up	Explodir	Look forward to	Esperar ansiosamente
Call for	Exigir, requerer	Look after	Cuidar
Call out	Gritar para	Look for	Procurar
Call back	Retornar a ligação	Look over	Revisar
Get in	Entrar	Make up	Criar, inventar
Get out	Sair	Make into	Transformar
Get up	Levantar-se	Put aside	Guardar, economizar
Get away with	Safar-se	Put on	Vestir
Get over	Superar	Put off	Adiar
Get home	Chegar em casa	Take apart	Desmontar
Give up	Desistir	Take off	Decolar, tirar
Give away	Doar	Take on	Contratar
Give back	Devolver	Take out	Levar para fora
Go after	Ir atrás, perseguir	Take over	Assumir o controle
Go back	Retornar	Turn on	Ligar, acender
Go off	Explodir	Turn off	Desligar, apagar
Go out	Sair	Take down	Derrotar, destruir

17 APÊNDICE

Lista de verbos irregulares em Inglês

Infinitive	Simple past	Past participle	Translation
abide	abode	abode	permanecer, sobreviver
arise	arose	arisen	erguer-se, surgir
awake	awoke	awoken	despertar, acordar
be	was/were	been	ser, estar
bear	bore	born	nascer, produzir
beat	beat	beaten	bater
become	became	become	tornar-se, transformar-se
begin	began	begun	começar
bet	bet	bet	apostar
break	broke	broken	quebrar, romper
bid	bid	bid	fazer uma oferta (apostar)
bind	bound	bound	unir, ligar
bite	bit	bitten	morder
bleed	bled	bled	sangrar
break	broke	broken	quebrar
bring	brought	brought	trazer, executar
build	built	built	construir, fabricar
buy	bought	bought	comprar
catch	caught	caught	pegar
choose	chose	chosen	escolher, preferir
come	came	come	vir, chegar
cost	cost	cost	custar
cut	cut	cut	cortar
do	did	done	fazer, cuidar, funcionar
draw	drew	drawn	desenhar, traçar
drink	drank	drunk	beber
drive	drove	driven	dirigir, guiar
eat	ate	eaten	comer, mastigar
fall	fell	fallen	cair, descer
feed	fed	fed	alimentar, nutrir
feel	felt	felt	sentir, perceber
fight	fought	fought	brigar, lutar
find	found	found	encontrar, descobrir
fly	flew	flown	voar
forbid	forbade	forbidden	proibir, impedir
forget	forgot	forgotten	esquecer
forgive	forgave	forgiven	perdoar, desculpar
freeze	froze	frozen	congelar
get	got	gotten	receber, conseguir, pegar
give	gave	given	dar, entregar
go	went	gone	ir, partir
grow	grew	grown	crescer
have	had	had	ter, possuir
hear	heard	heard	ouvir, escutar
hide	hid	hidden	ocultar, esconder
hit	hit	hit	bater
hold	held	held	segurar
hurt	hurt	hurt	machucar, magoar
keep	kept	kept	manter, guardar
know	knew	known	saber, conhecer
lead	led	led	comandar, guiar
learn	learnt	learnt	aprender, estudar
leave	left	left	sair, deixar, partir
lend	lent	lent	emprestar
lie	lay	lain	deitar
lose	lost	lost	perder, desperdiçar
make	made	made	fazer, criar
mean	meant	meant	pensar, significar
meet	met	met	conhecer, encontrar
pay	paid	paid	pagar, saldar
put	put	put	pôr, colocar

APÊNDICE

read	read	read	ler, aprender
ride	rode	ridden	andar, passear
ring	rang	rung	tocar (campainha, telefone)
run	ran	run	correr
say	said	said	dizer, contar
see	saw	seen	ver, observar
sell	sold	sold	vender, negociar
send	sent	sent	enviar, mandar
set	set	set	definir, configurar, marcar, ajustar
shake	shook	shaken	sacudir, balançar, tremer
shine	shone	shone	brilhar
shoot	shot	shot	atirar, disparar, fotografar, filmar
show	showed	shown	mostrar
shut	shut	shut	fechar
sing	sang	sung	cantar
sit	sat	sat	sentar
sleep	slept	slept	dormir, descansar
slide	slid	slid	escorregar, deslizar
speak	spoke	spoken	falar, dizer
spend	spent	spent	gastar, passar (férias, feriado)
stand	stood	stood	ficar/estar em pé
steal	stole	stolen	roubar
swear	swore	sworn	jurar
swim	swam	swum	nadar
take	took	taken	pegar, tirar
teach	taught	taught	ensinar
tell	told	told	contar, saber
think	thought	thought	pensar, acreditar
throw	threw	thrown	jogar, arremessar
understand	understood	understood	entender
wake	woke	waked	acordar, despertar
wear	wore	worn	usar, vestir
win	won	won	ganhar, conseguir
write	wrote	written	escrever, anotar

18 LINKING WORDS

Linking words são palavras de ligação, em português, nós as estudamos como locuções, advérbios e conjunções. Chamamo-las de CONECTIVAS, servem para ligar uma ideia a uma frase. Esse é um vocabulário especial e único, vamos estudá-lo nesse capítulo para que você possa se sair bem resolvendo os textos propostos.

Estão presentes em quase tudo na língua Inglesa, conhecendo esse vocabulário você estará à frente de muita gente na hora de executar os textos no concurso!

> **Either ... or** - ou ... ou
> **Either ... or** - nem ... nem

São iguais, mas teremos duas traduções diferentes, por quê?

Quando tivermos uma sentença positiva, por exemplo, teremos que *either ... or* se apresentará como ou ... ou:

> **Either** *you play soccer* **or** *chess*. (Ou você joga futebol ou xadrez.)

Se a sentença for negativa, o mesmo aparecerá como nem... nem:

> *Jane doesn´t sweep* **either** *the room* **or** *the bathroom*. (Jane não varre nem a sala nem o banheiro.)

Neither ... nor - nem ... nem. Esse só pode ser usado quando a sentença for positiva, pois ele já é negativo.

> **Neither** *you drink beer* **nor** *wine*. (Você não bebe nem cerveja nem vinho.)

Both ... and - tanto ... quanto. Cuidado com esse *Linking*, ele pode enganar, sabemos que BOTH é ambos, e AND significa e, mas quando usados juntos, teremos a tradução acima, tanto ... quanto.

> **Both** *Josh* **and** *you are working hard*. (Tanto Josh quanto você estão trabalhando arduamente.)

Vamos lembrar de alguns outros *Linkings*, começando pelas explicativas:

As - como- assim
> *As the wind started blowing harder, the launch was postponed.* (Como o vento começou a soprar mais forte, o lançamento foi adiado.)

For - pois, por causa de,
> *You had to start the work, for it was late.* (Você tinha que começar o trabalho, pois estava atrasado.)

Since - já que
> *Since he hasn´t had more time he couldn´t finish his work.* (Já que ele não teve mais tempo, não pôde terminar seu serviço.)

Because - porque
> *I am working because I need Money.* (Eu estou trabalhando porque eu preciso de dinheiro.)

Alguns *Linkings* de acréscimo:

> **Apart from** - além de, exceto, fora
> **Besides** - além de, além disso
> **Moreover** - além de
> **Furthermore** - além disso
> **In addition** - além de, além disso
> **What´s more** - além de, além disso
> **Besides Math, I love English.**
> **In addition to Math I love English.**
> **Apart from Math, I love English.**

Alguns concessivos:

> **Although/ Though** - embora
> **Even though** - mesmo embora
> **In spite of** - despite - apesar de, a despeito de
> **Regardless of** - apesar de, independentemente de
> **Although / though** *he is sick, he works hard.*(Embora ele esteja doente, ele trabalha arduamente.)

Alguns *Linkings* conclusivos:

> **Hence** - por isso, logo, daí
> **Thus** - por isso
> **Therefore** - portanto
> **Consequently** - consequentemente
> **Then** - então
> **So** - por isso, assim
> **Thereby** - assim, desse modo
> **They were late, so/consequently/therefore/thus/hence** *We went home.* (Eles estavam atrasados, então / por isso, fomos para casa.)

Alguns *Linkings* adversativos. (contraste)

> **But** - mas, porém
> **However** - contudo, entretanto
> **(and)Yet** - (e)contudo, (e)no entanto
> **Nevertheless** - contudo, não obstante, mesmo assim
> **Nonetheless** - contudo, não obstante, mesmo assim
> *He was not polite,* **however/but/and yet/nevertheless**, *he was a good teacher.*

(Ele não era educado, porém/contudo/no entanto, mas ele era um bom professor.)

O próprio termo, *LINKING WORDS*, já traz na tradução, to link= ligar, este tipo de vocabulário é muito importante, vamos ver agora uma lista bem ampla de outros Linking Words para você poder estudar e pesquisar quando estiver estudando e resolvendo as atividades propostas, a técnica mais eficaz consiste em você fazer uma leitura diária, a cada dia de leitura você, vai construir o seu banco de dados, o seu dicionário próprio. A partir disso, você vai começar a entender mais e mais a Língua Inglesa.

List of Linking Words

Em primeiro lugar - *first of all*
Antes de tudo - *in the first place*
Para começar - *to begin with*
Para início de conversa - *to begin with*
Com relação a - *regarding*
No que diz respeito a - *with regard to*
No que tange a - *concerning - considering*
A propósito - *by the way*
Por falar nisso - *speaking of that*
Por sinal - *as a matter of fact - in fact*
Aliás - *by the way - besides*
Pelo contrário - *on the contrary*
Na verdade - *actually*
De acordo com - *according to*
Conforme - *in accordance with*
Segundo - *in accordance with*
Principalmente - *mainly - specially*
Sobretudo - *specially*
Especialmente - *specially*
Porque - *because*
Por causa de - *because - since*
Uma vez que - *since*
Já que - *since - because*
Visto que - *since*

LINKING WORDS

Pois - *because - since*
Em função de - *as a result of - due to*
Em razão de - *as a result of - due to*
Por motivos de - *as a result of - due to*
Em virtude de - *as a result of - due to*
Devido a - *as a result of - due to*
Levando isto em consideração - *taking this into consideration - with this in mind - for this reason*
Por este motivo - *for this reason - that's why*
Por esta razão - *for this reason - that's why*
Por isso - *for this reason - that's why*
Desta forma - *this way*
Assim sendo (sendo assim) - *this way - in doing so*
Nesse sentido - *this way - in doing so*
De maneira (forma) (modo) que - *so that*
Como consequência - *as a result*
Diante do exposto - *in face of*
Frente a - *in view of - in face of*
Tanto é (assim) que - *so much - so that*
A ponto de - *so much - so that*
Com o objetivo de - *in order to (that) - so that*
A fim de - *in order to - so that - in na effort to*
Para que - *in order to - so that - in na effort to*
Para - *in order to - so that - in na effort to*
A partir de agora - *from now on - hence forth*
De agora em diante - *from now on - hence forth*
Daqui para a frente - *form now on - hence forth*
Até agora - *so far - up till now*
Até hoje - *so far - up till now*
Até o momento - *so far - up till now*
Ainda - *Still - ... not ... yet.*
Por enquanto - *For the time being - for some time.*
Nesse meio tempo - *in the meantime*
Enquanto isso - *meanwhile* Enquanto (durante o tempo em que) - *While (during the time)*
Em meio a - *in the midst of*
Em geral - *in general*
Via de regra - *as a rule*
Sempre que - *whenever*
À medida que (o tempo passa) - *as (time goes by)*
Com o passar (decorrer) do tempo - *as (time goes by)*
A quem interessar possa - *to whom it may concern*
Para sua informação - *for your information*
Que eu saiba - *as far as I know - as far as I can tell*
Pelo que eu sei - *as far as I know - as far as I can tell*
Pelo que me consta - *to my knowledge - as far as I know*
Se não me engano - *if I am not wrong - if I remember well*
Se eu não estiver enganado - *if I am not wrong - if I remember well*
Se não me falha a memória - *if I am not wrong - if I remember well*
Na minha opinião - *in my opinion - in my view*
No que se refere a mim - *as far as I'm concerned - as for me*
Quanto a mim - *as far as I'm concerned*
De minha parte - *as for me - as far as I'm concerned*

Do ponto de vista de - *from the standpoint of - from my point of view - based on the assumption that*
Partindo do pressuposto (de) que - *Based on the assumption that*
Sem dúvida - *of course - for sure - defenitely - certainly - without a doubt*
Certamente - *of course - for sure - defenitely - certainly - without a doubt*
Com certeza - *of course - for sure - defenitely - certainly - without a doubt*
Evidentemente - *of course - for sure - defenitely - certainly - without a doubt*
Da mesma forma que - *in the same way that - likewise*
Assim como - *in the same way that - likewise*
Tal como - *in the same way that - likewise*
Através de - *through - by means of - hereby*
Por meio de - *through - by means of - hereby*
Mediante - *hereby - through - hereby*
Por intermédio de - *through - by means of - by way of - hereby*
Se - *if*
Desde que - *as long as - On condition that - Provided (that)*
Enquanto - *while - On condition that - Provided (that)*
Contanto que - *On condition that - Provided (that)*
Mesmo que - *even if*
(Por um lado, ...) Por outro lado - *on (the) one hand, on the other hand*
Em compensação - *Conversely* Ao contrário de - *unlike* Em outras palavras - *In other words*
O que eu quero dizer - *What I'm trying to say*
Quer dizer - *I mean*
Ou seja - *that is*
Por exemplo - *for example - for instance*
Tal (tais) como - *such as*
Por assim dizer - *so to speak - if you will*
Por sua vez - *in his/her/its turn*
Em último caso - *as a last resort*
Na pior das hipóteses - *if worst comes to worst - at worst - in a worst case scenario*
Se acontecer o pior - *if worst comes to worst - at worst - in a worst case scenario*
Na melhor das hipóteses - *at best*
Pelo (ao) menos - *at least - if nothing else*
No mínimo - *at least - if nothing else*
Para não dizer - *if not*
Isso se não for - *if not*
A não ser por (isso) - *apart from (that) - otherwise*
Com exceção de - *except for - aside from (that)*
Afora (isso) - *aside from (that)*
Senão - *if not*
A não ser que - *unless*
A menos que - *unless* Em vez de - *instead of*
Em lugar de - *in place of*
Ao invés de - *instead of*
De preferência - *rather (than)*
De qualquer modo (forma) (maneira) - *anyway*
Seja como for - *in any case*
Seja qual for o motivo - *Whatever the case may be*

NOÇÕES DE LÍNGUA INGLESA

Get going. Move forward. Aim High. Plan a takeoff. Don't just sit on the runway and hope someone will come along and push the airplane. It simply won't happen. Change your attitude and gain some altitude. Believe me, you'll love it up here."

Glossary
Get going - continue
Move - mova-se
Forward - para frente
Aim - almeje, mire
High - alto
Plan - planeje
Takeoff - decolagem
Just - só, somente
Sit - sente, sentar
Runway - pista de decolagem
Hope - espere, ter esperança
Someone - alguém
Will come along - aparecerá
Push - empurrar
Airplane - avião
Change - mude
Attitude - atitude
Gain - ganhe
Altitude - altitude
Believe - acredite
Love - amar
Up here - aqui em cima

19 INTERPRETAÇÃO DE TEXTOS

Falar, ler e escrever outra língua requer um pouco de estudo e atenção. A Língua Inglesa, como qualquer outra, é composta por estruturas gramaticais, interpretações de textos e conhecimento de vocabulários. Ao estudar você percebe o quão fácil e interessante ela é, podendo compreender textos, filmes, músicas e conversações.

Aqui, vamos interpretar textos realizados em alguns concursos com o intuito de revisar vocabulário e interpretação assim como algumas perspectivas gramaticais.

Sempre é bom lembrar: toda vez que pegar um texto, faça uma leitura total, procure os rodapés, eles também podem conter informações importantes para você. Leia o texto integralmente.

Para treinar um pouco mais a leitura e a interpretação, serão disponibilizados os textos de forma integral, em inglês, seguido de um glossário. Concentre-se e leia atentamente. Esse vocabulário vai ajudar você a ler e entender melhor o texto. Grife as palavras do vocabulário no texto. Assim, você começa a ter uma ideia de como está sendo usado, fornecendo uma visão ampla e uma interpretação mais aprofundada. Essa técnica deve ser usada para a resolução de textos e exercícios sempre que necessário.

Agora que você sublinhou os vocábulos no texto e conseguiu uma visão geral, colocaremos a tradução do texto, para que você consiga identificar se leu conforme o esperado.

Text 1 – English

A Coup in Paraguay

On June 22, 2012, the Paraguayan Senate invoked a clause in the constitution which authorized it to impeach the president for "poor performance in his duties." The President was Fernando Lugo, who had been elected some three years earlier and whose term was about to end in April 2013. Under the rules, Lugo was limited to a single term of office.

Lugo charged that this was a coup, and if not technically illegal, certainly illegitimate. Almost every Latin American government agreed with this analysis, denouncing the destitution, and cutting relations in various ways with Paraguay.

The removal of Lugo had the negative consequence for those who made the coup of making possible the one thing the Paraguayan Senate had been blocking for years.

Paraguay is a member of the common market Mercosur, along with Brazil, Argentina and Uruguay. Venezuela had applied to join. This required ratification by the legislatures of all five member states. All had long since given their assent except the Paraguayan Senate. After the coup, Mercosur suspended Paraguay, and immediately welcomed Venezuela as a member.

[From: International Herald Tribune 18-7-12] - ESAF - Escola de Administração Fazendária

GLOSSARY

Coup - golpe
To invoke - invocar
Clause - cláusula, artigo
Performance - atuação, execução, cumprimento
Duties - obrigações, deveres
Had been elected - tinha sido eleito
Whose - cujo - pronome relativo
Term - período, prazo, mandato
Illegitimate - ilegítimo
Almost - quase
Removal - remoção, retirada
Blocking - bloqueado, fechado
To apply - candidatar, solicitar, requerer
To join - juntar-se
Assent - consentimento, aprovação
To welcome - acolher, receber, dar as boas-vindas

Texto I - Translation

Um golpe no Paraguai

Em 22 de Junho de 2012, o senado Paraguaio invocou uma cláusula da constituição que autorizou o impeachment do Presidente por uma performance fraca de suas obrigações. O Presidente era Fernando Lugo, que havia sido eleito três anos antes e cujo mandato terminaria em Abril de 2013.

Lugo afirmou que era um golpe de estado e que, se não fosse tecnicamente ilegal, era no mínimo ilegítimo. Quase todos os governos Latino Americanos concordaram com a destituição e cortaram relações de várias maneiras com o Paraguai.

A retirada de Lugo teve consequências negativas para aqueles do senado Paraguaio que durante anos têm feito bloqueios.

Paraguai é um membro do mercado comum MERCOSUL (MERCOSUR- espanhol), junto com Brasil, Argentina, e Uruguai. Venezuela se candidatou a participar. Isto requeria uma modificação na legislatura dos cinco países membros, todos haviam concordado exceto o Senado Paraguaio.

Após o golpe, o Mercosul suspendeu Paraguai, e, imediatamente deu as boas-vindas à Venezuela como membro do mesmo.

No texto vamos perceber o uso do passado simples (a segunda conjugação da lista de verbos), presente perfeito, que tem sua formação a partir de um verbo auxiliar e o particípio do verbo a ser usado, Have + PP1 (indica que uma ação teve seu início mas não mostre seu término), passado perfeito, Had + PP (é usado para descrever uma ação que ocorreu no passado, antes de outra ação também passada).

Text 2 - English

Armenia: prisoner of history

ARMENIA tends to feature in the news because of its problems (history, geography, demography and economics to name but a few). But a new report says not all is doom and gloom. The parliamentary elections in May showed significant improvement. Media coverage was more balanced, and the authorities permitted greater freedom of assembly, expression and movement than in previous years. That bodes well for the future.

The economy is still recovering from the global financial crisis, which saw GDP contract by 14.2% in 2009. In the same period, the construction sector contracted by more than 40%. Remittances from the diaspora dropped by 30%.

That led Forbes magazine to label Armenia the world's second worst performing economy in 2011. Over one-third of the country lives below the poverty line. Complaints of corruption are widespread, and inflation is high.

Low rates of tax collection - 19.3% of GDP, compared with a 40% average in EU countries-limit the government's reach.

---
1 PP = Particípio

NOÇÕES DE LÍNGUA INGLESA

Cracking down on tax evasion could increase government revenue by over $400 million, says the World Bank. A few, high-profile businessmen dominate the economy.

Their monopolies and oligopolies put a significant brake on business development. Their influence also weakens political will for the kind of reforms that the country sorely needs.

[From The Economist print edition June 24, 012]

Glossary

To tend - tender, inclinar-se
Feature - esboçar, delinear, dar destaque a
Report - relatório
To name but a few - para citar apenas alguns
To say - dizer
Doom and gloom - tristeza e melancolia
The parliamentary elections - as eleições do Parlamento
To show - mostrar
Improvement - melhora
Midia coverage - cobertura da mídia
Balanced - equilibrado
Greater - maior
Freedom - liberdade
Assembly - assembleia, reunião, comício
Expression - expressão, manifestação
Moviment - movimento
Previous - prévio, anterior
Bodes well - ser bom sinal para o futuro
To recover - recuperar
GDP - Gross domestic product - produto interno bruto
To contract - contrair, cair (de acordo com o texto)
In the same period - no mesmo período
Remittances - remessas, dinheiro ou mercadoria enviados
Diaspora - deslocamento, normalmente forçado ou incentivado, de grandes massas populacionais originárias de uma zona determinada para várias áreas de acolhimento distintas.
To label - rotular
Complaints - reclamações
Widespread - espalhada(s)
Crack down - cair, quebrar
Evasion -fuga
Could - poderia
To increase - aumentar
To weaken - enfraquecer
Political will - força política
Sorely - muito, altamente, expressamente, pessimamente, violentamente

Texto 2 – Translation

Armênia: prisioneira da História

A Armênia tende a ser notícia por causa de seus problemas (histórico, geográfico, demográfico, econômico, só para citar alguns deles). Mas um novo relatório diz que nem tudo é tristeza e melancolia. As eleições Parlamentares em maio mostraram uma melhora significante. A cobertura da mídia foi equilibrada e as autoridades deram mais liberdade de expressão e movimento do que nos anos anteriores. Isto foi um bom sinal para o futuro. A economia ainda está se recuperando da crise global e viu seu produto interno bruto cair para 14,2 em 2009. O envio de mercadorias e recursos financeiros caiu 30%.

Isto levou a revista Forbes a rotular a Armenia como a segunda pior economia do mundo em 2011. Mais de um terço do país vive abaixo da linha da pobreza. Denúncias e reclamações de corrupção assolam o país e a inflação é alta.

Baixa taxa de arrecadação de impostos 19,3% comparada com 40% dos países da União Europeia, limita o poder do governo. Se Armênios que moram fora do país do país pagassem impostos, poderiam aumentar em $400 milhões, diz o Banco Central, poucos empresários com muito poder dominam a economia.

O monopólio e oligopólio (um sistema que faz parte da economia política que caracteriza um mercado em que existem poucos vendedores para muitos compradores), freia significantemente o desenvolvimento do país.

Sua influência também enfraquece o poder político que poderia fazer as reformas que o país precisa.

Nesse texto, podemos perceber o uso do tempo presente, vários verbos sofreram a flexão da Terceira pessoa, recebendo "S" para indicar que é presente e é terceira pessoa do singular.

Text 3 - English

Brazil's exports

Trade barriers imposed by Argentina on imports in general have resulted in a drop of 16% in Brazil's exports to its neighbor in the first half of this year. Between January and June last year, Brazil sold goods worth US$ 10.43 billion to Argentina. This year, during the same period, the value of goods sold to Argentina is US$ 1.6 billion less.

In spite of the trade barriers, the executive secretary at the Ministry of Development, Industry and Foreign Trade, Alessandro Teixeira, blames the international crisis for the situation. "The cause of these problems is the international crisis. It affects Argentina and it affects us, too," he declared. Teixeira noted that negotiations have improved the relationship with Argentina, that there has been a more positive dialogue.

Brazil's exports to Eastern Europe are down 38% and down 8% to the European Union in the first half. On the other hand, they have risen by over US$ 2 billion to China during the same period.

From: Brazzil Magazine July 2012 [adapted] ESAF

GLOSSARY

Trade - comércio
Barriers - barreiras
To impose - impor
Imports - importações
General - em geral
Have resulted - resultou
Drop - queda
Exports - exportações
Neighbor - vizinho
First - primeiro(a)
Half - metade, meio
Between - entre (preposição)
Last year - ano passado
To sell-sold-sold - vender
Goods - mercadorias, bens
Worth - no valor (de acordo com o texto)
Value - valor

INTERPRETAÇÃO DE TEXTOS

Less - menos
Secretary - secretário(a)
Ministry of Development, Industry and Foreign Trade - Ministério do Desenvolvimento, Indústria e Comércio Exterior
To blame - culpar
Crisis - crise (crises - plural)
To affect - afetar
To declare - declarar
To note - observar
Negotiations - negociações
Have improved - melhoraram
Relationship - relacionamento
There has been - houve
Dialogue - diálogo
Are down - caíram (de acordo com o texto)
On the other hand - por outro lado
To rise - rose - risen - aumentar, subir
During - durante
Same - mesmo
Period – período

Text 3 - Translation

Exportações do Brasil

As barreiras impostas pela Argentina para importações em geral, resultaram numa queda de 16% no que o Brasil exporta para seu vizinho na primeira metade deste ano. Entre janeiro e junho do ano passado, o Brasil vendeu mercadorias no valor de $10.43 bilhões para a Argentina. Este ano, durante o mesmo período, o valor de mercadorias vendidas é de $1,6 bilhões a menos.

Apesar das barreiras o secretário executivo do Ministério do Desenvolvimento, Indústria e Comércio Exterior, Alessandro Teixeira, culpa a crise internacional por essa situação. "A causa desses problemas é a crise internacional. Ela afeta a Argentina e a nós também." Ele declarou. Teixeira observou que as negociações tem melhorado o relacionamento com a Argentina, tem havido um diálogo mais positivo.

Exportações do Brasil para a Europa Oriental estão em baixa de 38% e em 8% para a União Européia na primeira metade do ano. Por outro lado, as exportações aumentaram em mais de $2 bilhões para a China durante o mesmo período.

Dica: Você pode perceber o uso de alguns LINKING WORDS no texto, isso contribui para a interpretação.

Text 4 - English

A thankful of sugar. Has Brazil found the answer to high petrol prices.

While motorists elsewhere fret about high fuel prices, new-car buyers in Brazil can feel smug. They can fill up with petrol, ethanol (alcohol) or any combination of the two. And right now, ethanol is 55% cheaper at the pump in Brazil than regular gasoline.

Brazilians are the beneficiares of an automotive revolution: "Flex-fuel" cars that run readily on ethanol as on regular petrol were introduced in 2003, and have since grabbed nearly two-thirds of the market. In America some 4.5m vehicles can run on blends of up to 85% ethanol, but that fuel is available only in Minnesota. In Brazil ethanol is everywhere, thanks to a thirty-year-old policy of promoting fuel derived from home-grown sugar cane.

Eager for energy independence or lower emissions of greenhouse gasses, other countries are now starting to promote "biofuels". But America and Europe favor their own farmers, who produce fuel-based corn or rapeseed that is mainly used as an additive to conventional petrol and is dirtier and more expensive than Brazil's sugar-based ethanol.

So biofuelled cars may take years to catch on in other markets. Excerpt from The economist. Sep. 25th 2005

GLOSSARY

While - enquanto
Motorist - motorista
Elsewhere - em outra parte
Fret - lamentar, lamúria
High - alto(s)
Fuel - combustível
Price - preço
New-cars buyers - compradores de carros novos
Can - poder
To feel - sentir
Smug - presunçoso, convencido, satisfeito
To fill up - encher o tanque, abastecer
Petrol - gasolina
Etanol - álcool
Cheaper - mais barato
Pump - bomba de gasolina
Beneficiares - beneficiários
Automotive - automotiva
Revolution - revolução
To run - funcionar, correr
Readily - facilmente, sem problemas
To grab - grabbed - grabbed - agarrar, pegar, roubar
Nearly - quase
To introduce - apresentar
Blends - mistura
Available - disponível
Everywhere - todo lugar
Policy - política
Promoting - promoção
Derived - derivado
Home-grown sugar cane - cana de açúcar doméstica
Eager - ávido por, ansioso
Energy - energia
Independence - independência
Lower - mais baixos
Emissions - emissões
Greenhouse - efeito estufa
Countries - países
To start - começar
Biofuel - biocombustível
To favor - favorecer, beneficiar, proteger
Farmers - fazendeiros
Own - próprios
Fuel-based corn - combustível à base de milho

Rapeseed - colza - uma planta da família da Brassicaceae, em seu estado natural é usada na produção de biodísel e outros fins industriais.
Mainly - principalmente
Used as - usado como
Additive - aditivo
Dirtier - mais sujo
More expensive - mais caro
Biofueled cars - carros movidos à biocombustível
May - poder
To take - levar, pegar, tomar
Years - anos
To catch on - popularizar, compreender
Other - outro
Market - mercado
Except - extraído, tirado

Text 4 – Translation

Um agradecimento ao açúcar. O Brasil encontrou a resposta para o alto preço da gasolina

Enquanto motoristas de outras partes do mundo reclamam sobre o alto preço de combustíveis, proprietários de carros novos no Brasil podem se sentir tranquilos. Eles podem encher o tanque com gasolina, etanol ou qualquer mistura dos dois. E agora, etanol está 55% mais barato na bomba de gasolina do que a gasolina.

Brasileiros são os beneficiários de uma revolução automotiva: "flex" (bi-combustível), carros que funcionam tão bem com etanol como gasolina regular, foram apresentados em 2003 e desde então pego quase dois terços do Mercado.

Na América cerca 4.5 milhões de carros funcionam com uma mistura com 85% de etanol, mas esse combustível só está disponível em Minessota. No Brasil, etanol está em todos os lugares, graças a uma política de trinta anos promovendo a cana de açúcar de casa (doméstica)

Ansiosos pela independência de energia ou baixar emissões de gases, outros países estão começando a promover o biocombustível. América e Europa favorecem seus fazendeiros que produzem combustível à base de milho e colza (ver glossário), que é principalmente como aditivo para gasolina convencional e é mais sujo e mais caro que o etanol de cana de açúcar do Brasil.

Então, carros movidos a biocombustível podem levar anos até se popularizarem em outros mercados.

Text 5 - English

Rio+20: reasons to be cheerful

Read the commentaries from Rio+20, and you'd think a global disaster had taken place. The UN multilateral system is said to be in crisis. Pundits and NGOs complain that it was "the greatest failure of collective leadership since the first world war", "a bleak day, a disastrous meeting" and "a massive waste of time and money".

Perspective, please. Reaction after the 1992 Rio summit was uncannily similar. Countries passed then what now seem far-sighted treaties and embedded a slew of aspirations and commitments into international documents – but NGOs and journalists were still distraught. In short, just like Rio 2012, the meeting was said to be a dismal failure of governments to co-operate.

I was pretty downhearted then, too. So when I returned I went to see Richard Sandbrook, a legendary environmental activist who co-founded Friends of the Earth, and profoundly influenced a generation of governments, business leaders and NGOs before he died in 2005. Sandbrook made the point that NGOs always scream blue murder because it is their job to push governments and that UN conferences must disappoint because all views have to be accommodated. Change, he said, does not happen in a few days' intense negotiation. It is a long, muddled, cultural process that cannot come from a UN meeting.. Real change comes from stronger institutions, better public information, promises being kept, the exchange of views, pressure from below, and events that make people see the world differently.

Vast growth in global environmental awareness has taken place in the past 20 years, and is bound to grow in the next 20.

[From The Guardian Poverty Matters blog- adapted]

GLOSSARY
Reason - razão
Cheerful - alegre, animado
To read - ler
Commentaries - comentários
You´d think (you would think) - você pensaria
Global disaster - catástrofe global
Had taken palce - tinha acontecido
Is said to be in crisis - diz estar em crise
Pundits - especialistas, pessoas eruditas
NGO - Non-Governmental Organization - ONG
To complain - reclamar
The greatest - o(a) maior
Failure - falha, erro
Collective - coletivo
Leadership - liderança
Since - desde
First world war - primeira guerra mundial
A bleak day - um dia sombrio, desolador, desanimador
Disastrous - desastroso
Meeting - reunião
Massive waste of time - grande perda de tempo
Perspective - perspectiva, panorama
Reaction - reação
After - após
Summit - reunião, conferencia de cúpula
Uncannily - inexplicável, sinistramente, estranhamente
Countries - países
Passed - passaram
Then - então
To seem - parecer
Far-sighted - prudente
Treaties - tratado
Embedded - embutido
A slew of - uma grande quantidade de
Aspirations - aspirações, ambições
Commitments - compromissos
Distraught - distraído, perturbado
In short - em resumo
Downhearted -desanimado, abatido
Just like - assim como
Dismal - sombrio, escuro, triste, sinistro, total(de acordo com o texto)
Legendary - legendário

INTERPRETAÇÃO DE TEXTOS

Environmental activist - ativista ambiental
Co-founded - co-fundou
Profoundly - profundamente
Influenced - influenciou, influenciado
Leaders - líderes
Before - antes
To die-died - morrer, morreu
Scream - gritar, chorar
Blue - triste, melancólico, deprimido, azul
Murder - assassinato
Job - trabalho
To push - empurrar, pressionar
Must - dever
Disappoint - decepcionar
All - todo(a)(s)
Views - visões, pontos de vista
Accommodated - acomodar, hospedar, prover, fornecer, suprir
Change - mudar, mudança
Happen - acontecer
Few days - poucos dias
Muddled - confuso, atrapalhado
Cultural process - processo cultural
Cannot - não pode
To come - vir
From - de(origem)
Promises being kept - promessas sendo cumpridas
Exchanges - trocas
Pressure - pressão
Bellow - debaixo, em baixo
Growth - crescimento, educação, criação
Awareness - consciência
To take place - acontecer
To be(is) boud to - estar prestes a
To grow - crescer

Text 5 - Translation

Rio + 20 - razões para estar alegre

Leia os comentários do Rio +20, e você pensaria que um desastre global aconteceu. O Sistema multilateral das Nações Unidas diz estar em crise. Experts e ONGs reclamam que aquilo foi o maior desastre de liderança coletiva desde a Primeira Guerra Mundial, um dia sombrio, uma reunião desastrosa e um grande desperdício de tempo e dinheiro.

Reação após o encontro de 1992 foi estranhamente parecida. Países passaram então a tratados mais prudentes e uma série de aspirações e compromissos com documentos internacionais, em resumo, assim como Rio 2012, o encontro foi considerado um fracasso total dos governos cooperarem entre si. Eu fiquei bem desapontado também.

Eu fui ver Richard Sandbrook, um legendário ativista ambiental que co-fundou os Amigos da Terra (Friends of the Earth), e influenciou profundamente governos, empresários e ONGs antes de morrer em 2005.

Sandbrook mostrou o que as ONGs sempre acusam, pois é dever das mesmas fiscalizar governos e que os encontros das Nações Unidas sempre são enganadoras pois a visão é sempre acomodada. Mudança, ele disse, não acontece em poucos dias de negociação intensa. É um processo confuso, cultural e longo que não pode vir de um encontro das Nações Unidas. Mudanças reais vêm de instituições fortes, uma boa informação pública, promessas que são cumpridas, trocas de ideias, pressão que vem do povo e eventos que façam as pessoas verem o mundo diferentemente.

Um grande crescimento da consciência global e ambiental aconteceu nos últimos vinte anos e ainda vai crescer mais nos próximos 20.

Text 6 - English

RIO DE JANEIRO — In a quick and decisive military operation, Brazilian security forces took control of this city's most notorious slum on Sunday, celebrating victory over drug gangs after a weeklong battle.

In the afternoon, the military police raised the flags of Brazil and Rio de Janeiro atop a building on the highest hill in the Alemão shantytown complex, providing a rare moment of happiness and celebration in a decades-long battle to rid this city's violent slums of drug gangs.

An air of calm and relief swept through the neighborhood, as residents opened their windows and began walking the streets. Dozens of children ran from their houses in shorts and bikinis to jump into a swimming pool that used to belong to a gang leader. Residents congregated around televisions in bars and restaurants, cheering for the police as if they were cheering for their favorite soccer teams.

"Now the community is ours," Jovelino Ferreira, a 60-year-old pastor, said, his eyes filling with tears. "This time it will be different. We have to have faith. Many people who didn't deserve have suffered here"

ESAF. Brazilian Forces Claim Victory in Gang Haven

Glossary

To claim - reclamar, reivindicar
Haven - abrigo, refúgio
Quick - rápido
Decisive - decisivo
Military - militar
Operation - operação
Security - segurança
To take control - tomar o controle
Notorious - notória
Slum - favela
Weeklong - durante a semana
Battle - batalha
Raised - levantou, ergueu
Atop - alto, superior, de cima
The highest - o mais alto
Shantytown - favela
Complex - complex
To provide - prover
Rare - raro
Moment - momento
Happiness - felicidade
Decade - década
Relief - alívio
To sweep - swept - swept - varrer
Neighborhood - vizinhança
To open - opened - opened - abrir
To begin - began, begun - começar
To walk - walked - walked - caminhar
Streets - ruas
To run - ran - run - corer

NOÇÕES DE LÍNGUA INGLESA

Swimming pool - piscine
Used to belong - costumava pertencer
Gang leader - chefe do tráfico (de acordo com o texto)
Congregated - congregado
Cheering - aplaudindo, torcendo
Soccer - futebol
Eyes - olhos
Filling with tears - cheios de lágrimas
Faith - fé
To deserve - merecer
To suffer - suffered - suffered - sofrer
Here - aqui

Teenagers - tens - adolescentes
Movie - filme, cinema
To look at - olhar para
To smile - smiled - smiled - sorrir
Sadly - tristemente
To say - said - said - dizer
Can't - no pode (podemos)
To write - wrote - written - escrever
Happy - feliz
Endings - finais
Relationships - relacionamentos
Both ... and ... - tanto quanto (linking words)
Nearly - quase
To become - tornar-se
To behave - comportar
To think - thought - thought - pensar
Handsome - bonito - adjetivo para dizer que um homem é bonito
To sit - sat-sat - sentar
Next - próximo
Friendship - amizade
Best-friends - melhores amigos

Text 6 – Translation

Tropas Brasileiras comemoram vitória na tomada de morro (abrigo das gangues)

Em uma rápida e decisiva operação militar tropas do exército tomaram o controle da maior favela do Rio de Janeiro no Domingo, celebrando vitória após uma semana inteira de batalhas.

Na mesma tarde o exército hasteou as bandeiras do Brasil e do Rio de Janeiro no topo de um prédio no morro mais alto do complexo do Alemão, proporcionando um raro momento de felicidade e celebração em décadas de batalha para livrar a favela das gangues de drogas.

Um ar de calma e alívio soprou pela vizinhança quando os moradores puderam abrir suas janelas e caminhar pelas ruas. Dezenas de crianças sairam de suas casas com shorts e bikinis para pular na piscina que era de um chefe do tráfico, os moradores ficaram em frente de aparelhos de televisões em bares e restaurantes, torcendo para a polícia como se o estivessem fazendo pelo seu time de coração.

"Agora a comunidade é nossa" disse Jovelino Ferreira, um pastor de 60 anos de idade com seus olhos cheios de lágrimas. "Desta vez será diferente, temos que ter fé, muitas pessoas que não mereciam, sofreram aqui."

Text 7 - English

Life and the Movies Joey Potter looked at her friend Dawson Leery and she smiled sadly. "Life isn't like a movie", Dawson, she said. "We can't write happy endings to all our relationships."

Joey was a pretty girl with a long brown hair.

Both Joey and Dawson were nearly sixteen years old. The two teenagers had problems. All teenagers have the same problems – life, love, school work, and parents. It isn't easy to become an adult.

Dawson loved movies himself. Dawson wanted to be a film director. His favorite director was Steve Spielberg. Dawson spent a lot of his free time filming with his video camera. He loved watching videos of great movies from the past.

Most evenings he watched movies with Joey.

"These days, Dawson always wants us to behave like people in movies," Joey thought. And life in the little seaside town of Capeside wasn't like the movies.

Joey looked at the handsome, blond boy who was sitting next to her. She thought about the years of their long friendship. They were best friends...

Glossary
Life - vida
Pretty - bonita
Brown hair - cabelos castanhos

Text 7 – Translation

Vida e cinema, Joey Potter olhou para seu amigo Dawson Lerry e ela sorriu tristemente.

"A vida não é como o cinema", Dawson, ela disse. "Nós podemos escrever finais felizes para todos os nossos relacionamentos".

Joey era uma menina bonita com longos cabelos castanhos.

Tanto Joey quanto Dawson tinham quase 16 anos. Os dois adolescentes tinham problemas - vida - amor - trabalho de escola e pais. Não é fácil se tornar adulto.

Dawson adorava cinema. Queria ser diretor de cinema, seu diretor preferido era Steve Spilberg. Dawson passava a maior parte do seu tempo livre filmando com sua câmera. Ele adorava assistir a vídeos de filmes antigos (do passado). Na maioria das noites ele assistia a filmes com Joey.

"Nesses dias Dawson sempre queria que nos comportássemos como pessoas em um cinema," Joey pensava. E a vida na pequena cidade praiana de Capeside (se traduzíssemos nomes, cape - cabo ; seide lado), não era como os filmes de cinema.

Joey olhou para o menino loiro e bonitoque estava sentado próximo a ela. Ela lembrou (pensou) nos anos de sua longa amizade. Eles eram melhores amigos ...

Este é, um fragmento de um texto em que não encontramos.

NOÇÕES DE DIREITO

NOÇÕES DE DIREITO

1 INTRODUÇÃO AO DIREITO CONSTITUCIONAL

1.1 Noções gerais

Para iniciarmos o estudo do Direito Constitucional, alguns conceitos precisam ser esclarecidos.

Primeiramente, faz-se necessário conhecer qual será o objeto de estudo desta disciplina jurídica: **Constituição Federal**.

A Constituição Federal é a norma mais importante de todo o ordenamento jurídico brasileiro. Ela é a norma principal, a norma fundamental.

Se pudéssemos posicionar as espécies normativas na forma de uma pirâmide hierárquica, a Constituição Federal apareceria no topo desta pirâmide, ao passo que as outras espécies normativas estariam todas abaixo dela, como na ilustração:

```
        /\
       /CF/\
      /1988 \
     /--------\
    / LEI, MP  \
   /------------\
  /   DECRETO    \
 /  PRESIDENCIAL  \
/------------------\
/     PORTARIA      \
----------------------
```

Para que sua preparação seja adequada, é necessário ter em vista uma Constituição atualizada. Isso por conta de que a Constituição Federal atual foi promulgada em 1988, mas já sofreu diversas alterações. Significa dizer, numa linguagem mais jurídica, que ela foi **emendada**.

As emendas constitucionais são a única forma de alteração do texto constitucional. Portanto, uma lei ou outra espécie normativa hierarquicamente inferior à Constituição jamais poderá alterar o seu texto.

Neste ponto, caberia a seguinte pergunta: o que torna a Constituição Federal a norma mais importante do direito brasileiro? A resposta é muito simples: a Constituição possui alguns elementos que a distinguem das outras espécies normativas, por exemplo:

- **Princípios constitucionais;**
- **Direitos fundamentais;**
- **Organização do Estado;**
- **Organização dos Poderes.**

De nada adiantaria possuir uma Constituição Federal com tantos elementos essenciais ao Estado se não existisse alguém para protegê-la. O próprio texto constitucional previu um Guardião para a Constituição: o **Supremo Tribunal Federal (STF)**.

O STF é o órgão de cúpula do Poder Judiciário e possui como atribuição principal a guarda da Constituição. Ele é tão poderoso que, se alguém editar uma norma que contrarie o disposto no texto constitucional, o STF a declarará inconstitucional. Uma norma declarada inconstitucional pelo STF não produzirá efeitos na sociedade.

Além de guardião da Constituição Federal, o STF possui outra atribuição: a de intérprete do texto fundamental. É o STF quem define a melhor interpretação para esta ou aquela norma constitucional. Quando um Tribunal manifesta sua interpretação, dizemos que ele revelou sua **jurisprudência** (o pensamento dos tribunais), sendo a do STF a que mais interessa para o estudo do Direito Constitucional.

É exatamente neste ponto que se encontra a maior importância do STF para o objetivo que se tem em vista: é essencial conhecer sua jurisprudência, pois costuma cair em prova. Para se ter ideia da importância dessa matéria, é possível que alguma jurisprudência do STF seja contrária ao próprio texto constitucional. Dessa forma, o aluno precisa ter uma dupla percepção: conhecer o texto da Constituição e conhecer a jurisprudência do STF.

Contudo, ainda existe outra fonte de conhecimento essencial para o aprendizado em Direito Constitucional: a **doutrina**. A doutrina é o pensamento produzido pelos estudiosos do Direito Constitucional. Conhecer a doutrina também faz parte de sua preparação.

Em suma, para estudar Direito Constitucional é necessário estudar:
- **A Constituição Federal;**
- **A jurisprudência do Supremo Tribunal Federal;**
- **A doutrina do Direito Constitucional.**

Neste estudo, apresentaremos o conteúdo de Direito Constitucional atualizado, objetivo e necessário para prova, de forma que se tenha à mão um material suficiente ao estudo para concurso público.

> **Atenção**
>
> **Metodologia de Estudo**
> A preparação em Direito Constitucional precisa observar três passos:
> 1. Leitura da Constituição Federal;
> 2. Leitura de material teórico;
> 3. Resolução de exercícios.
> O aluno que seguir esses passos certamente chegará à aprovação em concurso público. Essa é a melhor orientação para quem está iniciando os estudos.

1.1.1 Classificações

A partir de algumas **características** que possuem as constituições, é possível classificá-las, agrupá-las. As classificações a seguir não são as únicas possíveis, realçando apenas aqueles elementos mais comumente cobrados nos concursos públicos.

- **Quanto à origem:** a Constituição Federal pode ser promulgada ou outorgada. A **promulgada** é aquela decorrente de um verdadeiro processo democrático para a sua elaboração, fruto de uma Assembleia Nacional Constituinte. A **outorgada** é aquela imposta, unilateralmente, por um governante ou por um grupo de pessoas, ao povo.
- **Quanto à possibilidade de alteração, mutação:** podem ser **flexíveis**, **rígidas** ou **semirrígidas**. As **flexíveis** não exigem, para a sua alteração, qualquer processo legislativo especial. As **rígidas**, contudo, dependem de um processo legislativo de alteração mais difícil do que aquele utilizado para as normas ordinárias. Já as constituições **semirrígidas** são aquelas cuja parte de seu texto só pode ser alterada por um processo mais difícil, sendo que outra parte pode ser mudada sem qualquer processo especial.
- **Quanto à forma adotada:** podem ser **escritas/dogmáticas** e **costumeiras**. As **dogmáticas** são aquelas que apresentam um único texto, no qual encontramos sistematizadas e organizadas todas as disposições essenciais do Estado. As **costumeiras** são aquelas formadas pela reunião de diversos textos esparsos, reconhecidos pelo povo como fundamentais, essenciais.
- **Quanto à extensão:** podem ser **sintéticas** ou **analíticas**. As **sintéticas** são aquelas concisas, enxutas e que só trazem as disposições políticas essenciais a respeito da forma, organização, fundamentos e objetivos do Estado. As analíticas são aquelas que abordam diversos assuntos, não necessariamente relacionados com a organização do Estado e dos poderes.

A partir das classificações apresentadas acima, temos que a Constituição Federal de 1988 pode ser considerada por **promulgada**, **rígida**, **escrita** e **analítica**.

2 PRINCÍPIOS FUNDAMENTAIS

Os Princípios fundamentais, também chamados de Princípios constitucionais, formam a **base de toda a organização do Estado Brasileiro**. Como bem citado por José Afonso da Silva, na obra *Curso de Direito Constitucional Positivo*, "os Princípios Fundamentais visam essencialmente definir e caracterizar a coletividade política e o Estado e enumerar as principais opções político-constitucionais".

Exatamente em razão de sua importância, a Constituição Federal os colocou logo no início, pois eles são a base de todo o texto. O que se segue a partir desses princípios é mero desdobramento de seu conteúdo.

Quem se prepara para concurso público deve saber que, quando esse tema é abordado, costuma-se trabalhar questões com o conteúdo previsto nos arts. 1º ao 4º do texto constitucional. Geralmente, aparece apenas texto constitucional puro, mas, dependendo do concurso, as bancas costumam cobrar questões doutrinárias mais difíceis.

Quais princípios serão abordados?
- Princípio da tripartição dos poderes;
- Princípio federativo;
- Princípio republicano;
- Presidencialismo;
- Princípio democrático;
- Fundamentos da República Federativa do Brasil;
- Objetivos fundamentais da República Federativa do Brasil;
- Princípios que regem as relações internacionais do Brasil.

2.1 Princípio da tripartição dos poderes

Esse princípio, também chamado de princípio da separação dos poderes, originou-se, historicamente, numa tentativa de limitar os poderes do Estado. Alguns filósofos perceberam que, se o poder do Estado estivesse dividido entre três entidades diferentes, seria possível que a sociedade exercesse um maior controle de sua utilização.

Na verdade, a divisão não é do poder estatal, haja vista ser ele uno, indivisível e indelegável, mas apenas uma divisão das suas funções. Nos dizeres de José Afonso da Silva, na obra *Curso de Direito Constitucional Positivo*:

> O poder político, uno, indivisível e indelegável, se desdobra e se compõe de várias funções, fato que permite falar em distinções das funções, que fundamentalmente são três: a legislativa, a executiva e a jurisdicional.

A previsão constitucional desse princípio encontra-se no art. 2º, que diz:

> *Art. 2º São Poderes da União, independentes e harmônicos entre si, o Legislativo, o Executivo e o Judiciário.*

Esses são os três poderes, cada qual responsável pelo desenvolvimento de uma função principal do Estado:
- **Poder Executivo:** função principal (típica) de administrar o Estado.
- **Poder Legislativo:** função principal (típica) de legislar e fiscalizar as contas públicas.
- **Poder Judiciário:** função principal (típica) jurisdicional.

Além da sua própria função, a Constituição criou uma sistemática que permite a cada um dos poderes o exercício da função do outro poder. Essa função acessória chamamos de **função atípica**:
- **Poder Executivo:** função atípica de legislar e julgar.
- **Poder Legislativo:** função atípica de administrar e julgar.
- **Poder Judiciário:** função atípica de administrar e legislar.

Dessa forma, pode-se dizer que além da própria função, cada poder exerce de forma acessória a função do outro poder.

Uma pergunta sempre surge na cabeça dos candidatos: qual dos três poderes é mais importante?

A única resposta possível é a inexistência de poder mais importante. Cada poder possui sua própria função de forma que não se pode afirmar que exista hierarquia entre os poderes do Estado.

Eles são independentes e harmônicos entre si, e para se garantir essa harmonia, a doutrina norte-americana desenvolveu um sistema que mantém a igualdade entre os poderes: **sistema de freios e contrapesos** *(checks and balances)*.

O sistema de freios e contrapesos adotado pela nossa Constituição, revela-se nas inúmeras medidas previstas no texto constitucional que condicionam a competência de um poder à apreciação de outro poder de forma a garantir o equilíbrio entre os três poderes. A seguir estão alguns exemplos delas:

- **Necessidade de sanção do chefe do Poder Executivo** para que um projeto de lei aprovado pelo Poder Legislativo possa entrar em vigor.
- **Processo do chefe do Poder Executivo** por crime de responsabilidade a ser realizado no Senado Federal, cuja sessão de julgamento é presidida pelo presidente do STF.
- **Necessidade de apreciação** pelo Poder Legislativo das Medidas Provisórias editadas pelo chefe do Poder Executivo.
- **Nomeação dos ministros** do STF é feita pelo Presidente da República depois de aprovada pelo Senado Federal.

Em todas as hipóteses acima apresentadas, faz-se necessária a participação de mais de um Poder para a consecução de um ato administrativo. Isso cria uma verdadeira relação de interdependência entre os poderes, o que garante o equilíbrio entre eles.

Por último, não se pode esquecer que a separação dos poderes é uma das cláusulas pétreas por força do art. 60, § 4º, inciso III, da Constituição Federal.

Significa dizer que a separação dos poderes não pode ser abolida do texto constitucional por meio de emenda:

> *Art. 60 [...]*
> *§ 4º Não será objeto de deliberação a proposta de emenda tendente a abolir: [...]*
> *III – A separação dos Poderes.*

2.2 Princípio federativo

Esse princípio apresenta a forma de Estado adotada no Brasil: federação. A forma de Estado reflete o modo de exercício do poder político em função do território. É uma forma composta ou complexa, visto que prevalece a pluralidade de poderes políticos internos. Está baseada na descentralização política do Estado, cuja representação se dá por meio de quatro entes federativos:
- **União;**
- **Estados;**
- **Distrito Federal;**
- **Municípios.**

Cada ente federativo possui sua **própria autonomia política**, o que **não** pode ser confundido com o atributo da soberania, pertencente ao Estado Federal.

A autonomia de cada ente confere-lhe a capacidade política de, inclusive, criar sua própria Constituição. Apesar de cada ente federativo possuir essa independência, não se pode esquecer que a existência do pacto federativo pressupõe a existência de uma Constituição Federal e da impossibilidade de separação (princípio da indissolubilidade do vínculo federativo). Havendo quebra do pacto federativo, a Constituição Federal prevê como instrumento de manutenção da forma de Estado a chamada Intervenção Federal, a qual será estudada em momento oportuno.

Não existe hierarquia entre os entes federativos. O que os distingue é a competência que cada um recebeu da Constituição Federal. Deve-se ressaltar que os estados e o Distrito Federal possuem direito de participação na formação da vontade nacional ao possuírem representantes no Senado Federal. Os municípios não possuem representantes no Senado Federal. Caracteriza-se, ainda, pela existência de um guardião da Constituição Federal, o Supremo Tribunal Federal (STF). A doutrina tem apontado para algumas características da forma federativa brasileira:

- **Tricotômica:** a Federação é constituída em três níveis: federal, estadual e municipal. O Distrito Federal não é considerado nessa classificação, haja vista possuir competência híbrida, ou seja, ora age como estado ora como município.
- **Centrífuga:** essa característica reflete a formação da federação brasileira. É a formação "de dentro para fora". A força de criação do estado federal brasileiro surgiu a partir de um Estado Unitário para a criação de um estado federado, ou seja, o poder centralizado que se torna descentralizado. O poder político era concentrado nas mãos de um só ente e, depois, passa a fazer parte de vários entes federativos.
- **Por desagregação:** ocorre quando um estado unitário resolve se descentralizar politicamente, desagregando o poder central em favor de vários entes titulares de poder político.

Como última observação, não menos importante, a **forma federativa de Estado** também é uma **cláusula pétrea.**

Depois de estudar os princípios da tripartição dos poderes e o poder federativo, passa-se a ver como eles estão estruturados dentro da República Federativa do Brasil. Uma informação importante antes disso: a autonomia política existente em cada ente federativo pode ser percebida por meio de existência dos poderes em cada um.

- União
  - Poder Executivo – Presidente da República.
  - Poder Legislativo – Congresso Nacional.
  - Poder Judiciário – STF e demais órgãos judiciais federais.
- Estados
  - Poder Executivo – Governador.
  - Poder Legislativo – Assembleia Legislativa.
  - Poder Judiciário – Tribunal de Justiça.
- Municípios
  - Poder Executivo – Prefeito.
  - Poder Legislativo – Câmara de Vereadores.
  - Poder Judiciário – Não existe.
- Distrito Federal
  - Poder Executivo – Governador.
  - Poder Legislativo – Câmara Legislativa.
  - Poder Judiciário – Tribunal de Justiça.

2.3 Princípio republicano

O princípio republicano representa a **forma de governo** adotada no Brasil. A forma de governo reflete o modo de aquisição e exercício do poder político, além de medir a relação existente entre o governante e o governado.

A melhor forma de entender esse instituto é conhecendo suas características. A primeira característica decorre da análise etimológica da expressão *res publica*. Essa expressão, que dá origem ao princípio ora estudado, significa coisa pública, ou seja, em um Estado republicano, o governante cuida da coisa pública, governa para o povo.

Outra característica importante é a temporariedade. Esse atributo revela o caráter temporário do exercício do poder político. Por causa desse princípio, em nosso Estado, o governante permanece no poder por tempo determinado.

Em uma República, o governante é escolhido pelo povo. Essa é a chamada eletividade. O poder político é adquirido pelas eleições, sendo que a vontade popular se concretiza nas urnas.

Por fim, em um Estado republicano, o governante pode ser responsabilizado por seus atos.

A forma de governo republicana se contrapõe à monarquia, cujas características são opostas às estudadas aqui.

É importante destacar que o princípio republicano não é uma cláusula pétrea, pois esse princípio não se encontra listado no rol das cláusulas pétreas do art. 60, § 4º, da Constituição Federal. Apesar disso, a Constituição o considerou como princípio sensível. Princípios sensíveis são aqueles que, se tocados, ensejarão a chamada Intervenção Federal, conforme previsto no art. 34, inciso VII, da Constituição Federal de 1988:

> *Art. 34 A União não intervirá nos Estados nem no Distrito Federal, exceto para: [...]*
>
> *VII – assegurar a observância dos seguintes princípios constitucionais:*
> *a) forma republicana, sistema representativo e regime democrático.*

2.4 Presidencialismo

O Presidencialismo é o sistema de governo adotado no Brasil. O sistema de governo rege a relação entre o Poder Executivo e o Legislativo medindo o grau de dependência entre eles. No presidencialismo, prevalece a separação entre os Poderes Executivo e Legislativo, os quais são independentes e harmônicos entre si.

A Constituição Federal de 1988 declara, em seu art. 76, que:

> *O Poder Executivo é exercido pelo Presidente da República, auxiliado pelos Ministros de Estado.*

O Presidencialismo possui uma característica muito importante, que é a concentração das funções executivas em uma só pessoa, o Presidente, o qual é eleito pelo povo, e exerce ao mesmo tempo três funções: chefe de Estado, chefe de governo, e chefe da Administração Pública.

A função de chefe de Estado diz respeito a todas as atribuições do presidente nas relações externas do País. Como chefe de governo, o presidente possui inúmeras atribuições internas no que tange à governabilidade do país. Já como chefe da Administração Pública, o presidente exercerá as funções relacionadas com a chefia da Administração Pública federal.

2.5 Regime democrático

Este princípio revela o regime de governo adotado no Brasil. Caracteriza-se pela existência do Estado Democrático de Direito e pela preservação da dignidade da pessoa humana.

A democracia significa o governo do povo, pelo povo e para o povo. É a chamada soberania popular. Sua fundamentação constitucional encontra-se no art. 1º da CF/1988/1988:

> *Art. 1º [...]*
>
> *Parágrafo único. Todo o poder emana do povo, que o exerce por meio de representantes eleitos ou diretamente, nos termos desta Constituição.*

PRINCÍPIOS FUNDAMENTAIS

Esse princípio também é conhecido como princípio sensível e, no Brasil, caracteriza-se por seu exercício se dar de forma direta e indireta. Por esse motivo, a democracia brasileira é conhecida como semidireta ou participativa. Esse tema, porém, será abordado na seção sobre **Direitos Políticos**.

- Forma de Estado → Federativa
- Forma de Governo → Republicana
- Sistema de Estado → Presidencialista
- Regime de Estado → Democrático

2.6 Fundamentos da República Federativa do Brasil

Entre os Princípios Constitucionais mais importantes, destacam-se os Fundamentos da República Federativa do Brasil, os quais estão elencados no art. 1º da Constituição Federal de 1988:

Art. 1º A República Federativa do Brasil, formada pela união indissolúvel dos Estados e Municípios e do Distrito Federal, constitui-se em Estado Democrático de Direito e tem como fundamentos:

I – A soberania;
II – A cidadania;
III – A dignidade da pessoa humana;
IV – Os valores sociais do trabalho e da livre iniciativa;
V – O pluralismo político.

- **Soberania:** é um fundamento que possui estreita relação com o Poder do Estado. É a capacidade que o Estado tem de impor sua vontade. Esse princípio possui uma dupla acepção: soberania interna e externa.
- **A soberania interna** é a capacidade de impor o poder estatal no âmbito interno, perante os administrados, sem se sujeitar a qualquer outro poder.
- **A soberania externa** é percebida pelo reconhecimento dos outros Estados soberanos de que o Estado Brasileiro possui sua própria autonomia no âmbito internacional.
- **Cidadania:** como princípio revela a condição jurídica de quem é titular de direitos políticos. Ela permite ao indivíduo que possui vínculo jurídico com o Estado participar de suas decisões e escolher seus representantes. O exercício da cidadania guarda estreita relação com a democracia, pois essa autoriza a participação popular na formação da vontade estatal.
- **Dignidade da pessoa humana:** é considerada o princípio com maior hierarquia axiológica da Constituição. Sua importância se traduz na medida em que deve ser assegurada, primordialmente, pelo Estado, mas também deve ser observada nas relações particulares. Como fundamento, embasa toda a gama de direitos fundamentais, os quais estão ligados em sua origem a esse princípio. A dignidade da pessoa humana representa o núcleo mínimo de direitos e garantias que devem ser assegurados aos seres humanos.
- **Valor social do trabalho e da livre iniciativa:** revela a adoção de uma economia capitalista ao mesmo tempo em que elege o trabalho como elemento responsável pela valorização social. Ao mesmo tempo em que a Constituição garante uma liberdade econômica, protege o trabalho como elemento relacionado à dignidade do indivíduo como membro da sociedade.
- **Pluralismo político:** ao contrário do que parece, não está relacionado apenas com a pluralidade de partidos políticos, devendo ser entendido sob um sentido mais amplo, pois revela uma sociedade em que pluralidade de ideias se torna um ideal a ser preservado. Liberdades, como de expressão, religiosa ou política estão entre as formas de manifestação desse princípio.

2.7 Objetivos fundamentais da República Federativa do Brasil

Outro grupo de princípios constitucionais que costuma ser cobrado em prova é o dos objetivos da República Federativa do Brasil, os quais estão previstos em um rol exemplificativo no art. 3º da Constituição Federal de 1988:

Art. 3º Constituem objetivos fundamentais da República Federativa do Brasil:
I – Construir uma sociedade livre, justa e solidária;
II – Garantir o desenvolvimento nacional;
III – Erradicar a pobreza e a marginalização e reduzir as desigualdades sociais e regionais;
IV – Promover o bem de todos, sem preconceitos de origem, raça, sexo, cor, idade e quaisquer outras formas de discriminação.

Os objetivos são verdadeiras metas a serem perseguidas pelo Estado com o fim de garantir os ditames constitucionais. Deve-se ter muita atenção em relação a esses dispositivos, pois eles costumam ser cobrados em prova fazendo-se alterações dos termos constitucionais.

Outra característica que distingue os fundamentos dos objetivos é o fato de os fundamentos serem nominados com substantivos ao passo que os objetivos se iniciam com verbos. Essa diferença pode ajudar a perceber qual a resposta correta na prova.

2.8 Princípios que regem as relações internacionais do Brasil

Têm-se os princípios que regem as relações internacionais, os quais estão previstos no art. 4º da Constituição Federal de 1988:

Art. 4º A República Federativa do Brasil rege-se nas suas relações internacionais pelos seguintes princípios:
I – Independência nacional;
II – Prevalência dos direitos humanos;
III – Autodeterminação dos povos;
IV – Não intervenção;
V – Igualdade entre os Estados;
VI – Defesa da paz;
VII – Solução pacífica dos conflitos;
VIII – Repúdio ao terrorismo e ao racismo;
IX – Cooperação entre os povos para o progresso da humanidade;
X – Concessão de asilo político.

Parágrafo único. A República Federativa do Brasil buscará a integração econômica, política, social e cultural dos povos da América Latina, visando à formação de uma comunidade latino-americana de nações.

Esses princípios revelam características muito interessantes do Brasil, ressaltando sua soberania e independência em relação aos outros Estados do mundo.

- **Independência nacional:** destaca, no âmbito da soberania externa, a relação do país com os demais estados, uma relação de igualdade, sem estar subjugado a outro Estado.
- **Prevalência dos direitos humanos:** vai ao encontro do fundamento da dignidade da pessoa humana, característica muito importante que se revela por meio do grande rol de direitos e garantias fundamentais previstos na Constituição Federal.
- **Autodeterminação dos povos:** por esse princípio, respeitam-se as decisões e escolhas de cada povo. Entende-se que cada povo é capaz de escolher o seu próprio caminho político e de resolver suas crises internas sem necessidade de intervenção externa de outros países.
- **Não intervenção:** no mesmo sentido de preservação e respeito à soberania dos demais Estados.

- **Igualdade entre os Estados:** sendo que cada país é reconhecido como titular de soberania na mesma proporção que os demais, sem hierarquia entre eles.
- **Defesa da paz:** princípio fundamental que funciona como bandeira defendida pelo Brasil em suas relações internacionais.
- **Solução pacífica dos conflitos:** revela o lado conciliador do governo brasileiro, que por vezes intermedeia relações conturbadas entre outros chefes de estado.
- **Repúdio ao terrorismo e ao racismo:** é princípio decorrente da dignidade da pessoa humana; terrorismo e racismo são tomados como inaceitáveis em sociedades modernas.
- **Cooperação entre os povos para o progresso da humanidade:** envolvimento em pesquisas científicas para cura de doenças, bem como na defesa e preservação do meio ambiente, entre outros.
- **Concessão de asilo político:** como princípio constitucional, fundamenta a decisão brasileira de amparar estrangeiros que estejam sendo perseguidos em seus países por questões políticas ou de opinião.

Destaca-se, entre os princípios que regem as relações internacionais, um mandamento para que a República Federativa do Brasil busque a integração econômica, política, social e cultural dos povos da América Latina, visando à formação de uma comunidade latino-americana de nações. Repare que o texto constitucional mencionou América Latina, não América do Sul. Parece não haver muita diferença, mas esse tema já foi cobrado em prova e a troca dos termos é considerada errada.

3 DIREITOS FUNDAMENTAIS – REGRAS GERAIS

3.1 Conceito

Os direitos e garantias fundamentais são institutos jurídicos que foram criados no decorrer do desenvolvimento da humanidade e se constituem de normas protetivas que formam um núcleo mínimo de prerrogativas inerentes à condição humana.

3.1.1 Amplitude horizontal e amplitude vertical

Possuem como objetivo principal a proteção do indivíduo diante do poder do Estado. Mas não só do Estado. Os direitos e garantias fundamentais também constituem normas de proteção do indivíduo em relação aos outros indivíduos da sociedade.

E é exatamente nesse ponto que surgem os conceitos de **amplitude vertical e amplitude horizontal**.

- **Amplitude vertical:** é o efeito protetor que as normas definidoras de direitos e garantias fundamentais produzem para um indivíduo diante do Estado.
- **Amplitude horizontal:** é o efeito protetor que as normas definidoras de direitos e garantias fundamentais produzem para um indivíduo diante dos outros indivíduos.

3.2 Classificação

A Constituição Federal, quando se refere aos direitos fundamentais, classifica-os em cinco grupos:

- Direitos e deveres individuais e coletivos;
- Direitos sociais;
- Direitos de nacionalidade;
- Direitos políticos;
- Partidos políticos.

Essa classificação encontra-se distribuída entre os arts. 5º e 17 do texto constitucional e é normalmente chamada pela doutrina de Conceito Formal dos Direitos Fundamentais. O Conceito Formal é o que a Constituição Federal resolveu classificar como sendo Direito Fundamental. É o rol de direitos fundamentais previstos expressamente no texto constitucional.

Costuma-se perguntar nas provas: "O rol de direitos fundamentais é um rol exaustivo? Ou melhor, taxativo?" O que se quer saber é se o rol de direitos fundamentais é só aquele que está expresso na Constituição ou não.

Responde-se a essa questão com o § 2º do art. 5º, que diz:

§ 2º Os direitos e garantias expressos nesta Constituição não excluem outros decorrentes do regime e dos princípios por ela adotados, ou dos tratados internacionais em que a República Federativa do Brasil seja parte.

Isso significa que o rol não é taxativo, mas exemplificativo. A doutrina costuma chamar esse parágrafo de cláusula de abertura material, que é exatamente a possibilidade de existirem outros direitos fundamentais, ainda que fora do texto constitucional. Esse seria o conceito material dos direitos fundamentais, ou seja, todos os direitos fundamentais que possuem a essência fundamental, ainda que não estejam expressos no texto constitucional.

3.3 Características

O elemento jurídico acima abordado, além de explicar a possibilidade de se inserirem novos direitos fundamentais no rol dos que já existem expressamente na Constituição Federal, também constitui uma das características que serão abordadas a seguir:

- **Historicidade:** essa característica revela que os direitos fundamentais são frutos da evolução histórica da humanidade. Significa que eles evoluem com o passar do tempo.
- **Inalienabilidade:** os direitos fundamentais não podem ser alienados, não podem ser negociados, não podem ser transigidos.
- **Irrenunciabilidade:** os direitos fundamentais não podem ser renunciados.
- **Imprescritibilidade:** os direitos fundamentais não se sujeitam aos prazos prescricionais. Não se perde um direito fundamental pelo decorrer do tempo.
- **Universalidade:** os direitos fundamentais pertencem a todas as pessoas, independentemente da sua condição.
- **Máxima Efetividade:** essa característica é mais uma imposição ao Estado, que está coagido a garantir a máxima efetividade dos direitos fundamentais. Esses direitos não podem ser ofertados de qualquer forma. É necessário que eles sejam garantidos da melhor forma possível.
- **Concorrência:** os direitos fundamentais podem ser utilizados em conjunto com outros direitos. Não é necessário abandonar um para usufruir outro direito.
- **Complementariedade:** um direito fundamental não pode ser interpretado sozinho. Cada direito deve ser analisado juntamente com outros direitos fundamentais, bem como com outros institutos jurídicos.
- **Proibição do retrocesso:** essa característica proíbe que os direitos já conquistados sejam perdidos.
- **Limitabilidade:** não existe direito fundamental absoluto. São direitos relativos.
- **Não Taxatividade:** essa característica, já tratada anteriormente, diz que o rol de direitos fundamentais é apenas exemplificativo, tendo em vista a possibilidade de inserção de novos direitos.

3.4 Dimensões dos direitos fundamentais

As dimensões, também conhecidas por gerações de direitos fundamentais, são uma classificação adotada pela doutrina que leva em conta a ordem cronológica de reconhecimento desses direitos. São cinco as dimensões atualmente reconhecidas:

- **1ª dimensão:** foram os primeiros direitos conquistados pela humanidade. São direitos relacionados à liberdade, em todas as suas formas. Possuem um caráter negativo diante do Estado, tendo em vista ser utilizado como uma verdadeira limitação ao poder estatal, ou seja, o Estado, diante dos direitos de primeira dimensão, fica impedido de agir ou interferir na sociedade. São verdadeiros direitos de defesa com caráter individual. Estão entre estes direitos as liberdades públicas, civis e políticas.
- **2ª dimensão:** estes direitos surgem na tentativa de reduzirem as desigualdades sociais provocadas pela primeira dimensão. Por isso, são conhecidos como direitos de igualdade. Para reduzir as diferenças sociais, o Estado precisa interferir na sociedade: essa interferência reflete a conduta positiva adotada por meio de prestações sociais. São exemplos de direitos de segunda dimensão: os direitos sociais, econômicos e culturais.
- **3ª dimensão:** aqui estão os conhecidos direitos de fraternidade. São direitos que refletem um sentimento de solidariedade entre os povos na tentativa de preservarem os direitos de toda a coletividade. São de terceira geração o direito ao meio ambiente saudável, o direito ao progresso da humanidade, ao patrimônio comum, entre outros.

- **4ª dimensão:** esses direitos ainda não possuem um posicionamento pacífico na doutrina, mas costuma-se dizer que nesta dimensão ocorre a chamada globalização dos direitos fundamentais. São direitos que rompem com as fronteiras entre os Estados. São direitos de todos os seres humanos, independentemente de sua condição, como o direito à democracia, ao pluralismo político. São também considerados direitos de 4ª geração os direitos mais novos, que estão em construção, como o direito genético ou espacial.
- **5ª dimensão:** essa é a mais nova dimensão defendida por alguns doutrinadores. É formado basicamente pelo direito à paz. Esse seria o direito mais almejado pelo homem e que consubstancia a reunião de todos os outros direitos.

Deve-se ressaltar que esses direitos, à medida que foram sendo conquistados, complementavam os direitos anteriores, de forma que não se pode falar em substituição ou superação de uma geração sobre a outra, mas em cumulação, de forma que hoje podemos usufruir de todos os direitos pertencentes a todas as dimensões.

Para não se esquecer das três primeiras dimensões é só lembrar-se do lema da Revolução Francesa: Liberdade (1ª dimensão), Igualdade (2ª dimensão) e Fraternidade (3ª dimensão).

3.5 Titulares dos direitos fundamentais

3.5.1 Quem são os titulares dos direitos fundamentais?

A própria Constituição Federal responde a essa pergunta quando diz no *caput* do art. 5º que são titulares "os brasileiros e estrangeiros residentes no país". Mas será que é necessário residir no país para que o estrangeiro tenha direitos fundamentais?

Imaginemos um avião cheio de alemães que está fazendo uma escala no Aeroporto Municipal de Cascavel-PR.

Nenhum dos alemães reside no país. Seria possível entrar no avião e matar todas aquelas pessoas, haja vista não serem titulares de direitos fundamentais por não residirem no país? É claro que não. Para melhor se compreender o termo "residente", o STF o tem interpretado de forma mais ampla no sentido de abarcar todos aqueles que estão no país. Ou seja, todos os que estão no território brasileiro, independentemente de residirem no país, são titulares de direitos fundamentais.

Mas será que, para ser titular de direitos fundamentais, é necessário ter a condição humana? Ao contrário do que parece, não é necessário. Tem-se reconhecido como titulares de direitos fundamentais as pessoas jurídicas. Ressalta-se que não só as pessoas jurídicas de direito privado, mas também as pessoas jurídicas de direito público.

Os animais não são considerados titulares de direitos fundamentais, mas isso não significa que seja possível maltratá-los. Na prática, a Constituição Federal de 1988 os protege contra situações de maus-tratos. O STF já se pronunciou sobre a "briga de galo" e a "farra do boi", declarando-as inconstitucionais. Quanto à "vaquejada", o Supremo se manifestou acerca da admissibilidade parcial, desde que não figure flagelação do animal. Por fim, o tema de "rodeios" ainda não foi pleiteado. De outro lado, mortos podem ser titulares de direitos fundamentais, desde que o direito seja compatível (por exemplo: honra).

3.6 Cláusulas pétreas fundamentais

O art. 60, § 4º da Constituição Federal de 1988, traz o rol das chamadas **Cláusulas Pétreas**:

> § 4º Não será objeto de deliberação a proposta de emenda tendente a abolir:
> I – A forma federativa de Estado;
> II – O voto direto, secreto, universal e periódico;
> III – A separação dos Poderes;
> IV – Os direitos e garantias individuais.

As Cláusulas Pétreas são núcleos temáticos formados por institutos jurídicos de grande importância, os quais não podem ser retirados da Constituição. Observe-se que o texto proíbe a abolição desses princípios, mas não impede que eles sejam modificados, no caso, para melhor. Isso já foi cobrado em prova. É importante notar que o texto constitucional prevê no inciso IV como sendo Cláusulas Pétreas apenas os direitos e garantias individuais. Pela literalidade da Constituição, não são todos os direitos fundamentais que são protegidos por esse instituto, mas apenas os de caráter individual. Parte da doutrina e da jurisprudência entende que essa proteção deve ser ampliada, abrangendo os demais direitos fundamentais. Deve-se ter atenção com esse tema em prova, pois já foram cobrados os dois posicionamentos.

3.7 Eficácia dos direitos fundamentais

O § 1º do art. 5º da Constituição Federal de 1988 prevê que:

> § 1º As normas definidoras dos direitos e garantias fundamentais têm aplicação imediata.

Quando a Constituição Federal de 1988 se refere à aplicação de uma norma, na verdade está falando da sua eficácia.

Esse tema é sempre cobrado em provas de concurso. Com o intuito de obter uma melhor compreensão, é necessário conceituar, classificar e diferenciar os vários níveis de eficácia das normas constitucionais.

Para que uma norma constitucional seja aplicada é indispensável que a ela possua eficácia, a qual é a capacidade que uma norma jurídica tem de produzir efeitos.

Se os efeitos produzidos se restringem ao âmbito normativo, tem-se a chamada **eficácia jurídica**, ao passo que, se os efeitos são concretos, reais, tem-se a chamada **eficácia social**. Eficácia jurídica, portanto, é a capacidade que uma norma constitucional tem de revogar todas as outras normas que com ela apresentem divergência. Já a eficácia social, também conhecida como efetividade, é a aplicabilidade na prática, concreta, da norma. Todas as normas constitucionais possuem eficácia jurídica, mas nem todas possuem eficácia social. Logo, é possível afirmar que todas as normas constitucionais possuem eficácia. O problema surge quando uma norma constitucional não pode ser aplicada na prática, ou seja, não possui eficácia social.

Para explicar esse fenômeno, foram desenvolvidas várias classificações acerca do grau de eficácia de uma norma constitucional. A classificação mais adotada pela doutrina e mais cobrada em prova é a adotada pelo professor José Afonso da Silva, na obra *Curso de Direito Constitucional Positivo*. Para esse estudioso, a eficácia social se classifica em:

- **Eficácia plena:** são aquelas **autoaplicáveis**. São normas que possuem aplicabilidade direta, imediata e integral. Seus efeitos práticos são plenos. É uma norma que não depende de complementação legislativa para produzir efeitos. Veja os exemplos: art. 1º; art. 5º, *caput* e incisos XXXV e XXXVI; art. 19; art. 21; art. 53; art. 60, § 1º e 4º; art. 69; art. 128, § 5º, incisos I e II; art. 145, § 2º; entre outros.
- **Eficácia contida:** também são **autoaplicáveis**. Assim como as normas de eficácia plena, elas possuem **aplicabilidade direta e imediata**. Contudo, sua aplicação não é integral. É neste ponto que a eficácia contida se diferencia da eficácia plena. A norma de eficácia contida nasce plena, mas pode ser restringida por outra norma.

- Daí a doutrina chamá-la de norma contível, restringível ou redutível. Essas espécies permitem que outra norma reduza a sua aplicabilidade. São normas que produzem efeitos imediatos, mas esses efeitos podem ser restringidos. Por exemplo: art. 5º, incisos VII, XII, XIII, XV, XXVII e XXXIII; art. 9º; art. 37, inciso I; art. 170, parágrafo único; entre outros.
- **Eficácia limitada:** são desprovidas de eficácia social. Diz-se que as normas de eficácia limitada não são autoaplicáveis, possuem aplicabilidade indireta, mediata e reduzida ou diferida.
- São normas que dependem de outra para produzirem efeitos. O que as difere das normas de eficácia contida é a dependência de outra norma para que produza efeitos sociais. Enquanto as de eficácia contida produzem efeitos imediatos, os quais poderão ser restringidos posteriormente, as de eficácia limitada dependem de outra norma para produzirem efeitos. Deve-se ter cuidado para não pensar que essas espécies normativas não possuem eficácia. Como se afirmou anteriormente, elas possuem eficácia jurídica, mas não possuem eficácia social. As normas de eficácia limitada são classificadas, ainda, em:
- **Normas de eficácia limitada de princípio institutivo:** são aquelas que dependem de outra norma para organizar ou instituir estruturas, entidades ou órgãos. Por exemplo: art. 18, § 2º; art. 22, parágrafo único; art. 25, § 3º; art. 33; art. 88; art. 90, § 2º; art. 102, § 1º; art. 107, § 1º; art. 113; art. 121; art. 125, § 3º; art. 128, § 5º; art. 131; entre outros.
- **Normas de eficácia limitada de princípio programático:** são aquelas que apresentam verdadeiros objetivos a serem perseguidos pelo Estado, programas a serem implementados. Em regra, possuem fins sociais. Por exemplo: art. 7º, incisos XI, XX e XXVII; art. 173, § 4º; arts. 196; 205; 215; 218; 227; entre outros.

O Supremo Tribunal Federal (STF) possui algumas decisões que conferiram o grau de eficácia limitada aos seguintes dispositivos: art. 5º, inciso LI; art. 37, inciso I; art. 37, inciso VII; art. 40, § 4º; art. 18, § 4º.

Feitas as considerações iniciais sobre esse tema, resta saber o que o § 1º do art. 5º da Constituição Federal de 1988 quis dizer com "aplicação imediata". Para traduzir essa expressão, basta analisar a explicação apresentada anteriormente. Segundo a doutrina, as normas que possuem aplicação imediata ou são de eficácia plena ou contida. Ao que parece, o texto constitucional quis restringir a eficácia dos direitos fundamentais em plena ou contida, não existindo, em regra, normas definidoras de direitos fundamentais com eficácia limitada. Entretanto, pelos próprios exemplos aqui apresentados, não é essa a realidade do texto constitucional. Certamente, existem normas de eficácia limitada entre os direitos fundamentais (art. 7º, incisos XI, XX e XXVII). A dúvida que surge então é: como responder na prova?

A doutrina e o STF têm entendido que, apesar do texto expresso na Constituição Federal, existem normas definidoras de direitos fundamentais que não possuem aplicabilidade imediata, as quais são de eficácia limitada. Diante dessa contradição, a doutrina tem orientado no sentido de se conferir a maior eficácia possível aos direitos fundamentais. Em prova, pode ser cobrada tanto uma questão abordando o texto puro da Constituição Federal quanto o posicionamento da doutrina. Deve-se responder conforme for perguntado.

A Constituição previu dois instrumentos para garantir a efetividade das normas de eficácia limitada: **Ação Direta de Inconstitucionalidade por Omissão** e o **Mandado de Injunção**.

3.8 Força normativa dos tratados internacionais

Uma regra muito importante para a prova é a que está prevista no § 3º do art. 5º da Constituição Federal de 1988:

> § 3º Os tratados e convenções internacionais sobre direitos humanos que forem aprovados, em cada Casa do Congresso Nacional, em dois turnos, por três quintos dos votos dos respectivos membros, serão equivalentes às emendas constitucionais.

Esse dispositivo constitucional apresenta a chamada força normativa dos tratados internacionais.

Segundo o texto constitucional, é possível que um tratado internacional possua força normativa de emenda constitucional, desde que preencha os seguintes requisitos:

- Deve falar de direitos humanos;
- Deve ser aprovado nas duas casas legislativas do Congresso Nacional, ou seja, na Câmara dos Deputados e no Senado Federal;
- Deve ser aprovado em dois turnos em cada casa;
- Deve ser aprovado por 3/5 dos membros em cada turno de votação, em cada casa.

Preenchidos esses requisitos, o Tratado Internacional terá força normativa de **Emenda à Constituição.**

Mas surge a seguinte questão: e se o Tratado Internacional for de Direitos Humanos e não preencher os requisitos constitucionais previstos no § 3º do art. 5º da Constituição? Qual será sua força normativa? Segundo o STF, caso o Tratado Internacional fale de direitos humanos, mas não preencha os requisitos do § 3º do art. 5º da CF/1988/1988, ele terá força normativa de **norma supralegal.**

Ainda há os tratados internacionais que não falam de direitos humanos. São tratados que falam de outros temas, por exemplo, o comércio. Esses tratados possuem força normativa de **lei ordinária.**

Em suma, são três as forças normativas dos Tratados Internacionais:

- Emenda à Constituição;
- Norma supralegal;
- Lei ordinária.

3.9 Tribunal Penal Internacional (TPI)

Há outra regra muito interessante prevista no § 4º do art. 5º da Constituição Federal de 1988:

> § 4º O Brasil se submete à jurisdição de Tribunal Penal Internacional a cuja criação tenha manifestado adesão.

É o chamado **Tribunal Penal Internacional**. Mas o que é o Tribunal Penal Internacional? É uma corte permanente, localizada em Haia, na Holanda, com competência de julgamento dos crimes contra a humanidade.

É um Tribunal, pois tem função jurisdicional; é penal porque só julga crimes; é internacional, haja vista sua competência não estar restrita à fronteira de um só Estado.

Mas uma coisa deve ser esclarecida. O TPI não julga qualquer tipo de crime. Só os crimes que tenham repercussão para toda a humanidade. Geralmente, são crimes de guerra, agressão estrangeira, genocídio, dentre outros.

Apesar de ser um tribunal com atribuições jurisdicionais, o TPI não faz parte do Poder Judiciário brasileiro. Sua competência é complementar à jurisdição nacional, não ofendendo, portanto, a soberania do Estado brasileiro. Isso significa que o TPI só age quando a Justiça Brasileira se omite ou é ineficaz.

3.10 Direitos e garantias

Muitos questionam se direitos e garantias são a mesma coisa, mas a melhor doutrina tem diferenciado esses dois institutos.

Os direitos são os próprios direitos previstos na Constituição Federal de 1988. São os bens jurídicos tutelados pela Constituição. Eles representam por si só esses bens.

As garantias são instrumentos de proteção dos direitos. São ferramentas disponibilizadas pela Constituição para a fruição dos direitos.

Apesar da diferença entre os dois institutos é possível afirmar que **toda garantia é um direito.**

4 DIREITOS E DEVERES INDIVIDUAIS E COLETIVOS

A Constituição Federal, ao disciplinar os direitos individuais, os coloca basicamente no art. 5º. Logo no *caput* desse artigo, já aparece uma classificação didática dos direitos ali previstos:

> **Art. 5º** *Todos são iguais perante a lei, sem distinção de qualquer natureza, garantindo-se aos brasileiros e aos estrangeiros residentes no País a inviolabilidade do direito à vida, à liberdade, à igualdade, à segurança e à propriedade, nos termos seguintes:*

Para estudarmos os direitos individuais, utilizaremos os cinco grupos de direitos previstos no *caput* do art. 5º:

- **Direito à vida;**
- **Direito à igualdade;**
- **Direito à liberdade;**
- **Direito à propriedade;**
- **Direito à segurança.**

Percebe-se que os 78 incisos do art. 5º, de certa forma, decorrem de um desses direitos que podem ser chamados de **"direitos raízes"**. Utilizando essa divisão, a seguir serão abordados os incisos mais importantes desse artigo, tendo em vista a preparação para a prova. Logicamente, não conseguiremos abordar todos os incisos, o que não tira a responsabilidade de lê-los.

4.1 Direito à vida

Ao falar desse direito, que é considerado pela doutrina como o **direito mais fundamental de todos**, por ser um pressuposto para o exercício dos demais direitos, enfrenta-se um primeiro desafio: esse direito é absoluto?

Assim como os demais direitos, o direito à vida não é absoluto. São várias as justificativas existentes para considerá-lo um direito passível de flexibilização.

4.1.1 Pena de morte

Existe pena de morte no Brasil? A resposta é sim. A alínea "a" do inciso XLVII do art. 5º traz essa previsão expressamente:

> XLVII – Não haverá penas:
> a) de morte, salvo em caso de guerra declarada, nos termos do art. 84, XIX;

Todas as vezes que a Constituição traz uma negação acompanhada de uma exceção, estamos diante de uma possibilidade.

4.1.2 Aborto

A prática de aborto no Brasil é permitida? O art. 128 do Código Penal Brasileiro apresenta duas possibilidades de prática de aborto que são verdadeiras excludentes de ilicitude:

> **Art. 128** *Não se pune o aborto praticado por médico:*
> *Aborto necessário*
> *I – Se não há outro meio de salvar a vida da gestante;*
> *Aborto sentimental*
> *II – Se a gravidez resulta de estupro e o aborto é precedido de consentimento da gestante ou, quando incapaz, de seu representante legal.*

São os **abortos necessário** e **sentimental**. Aborto necessário é aquele praticado para salvar a vida da gestante e o aborto sentimental é utilizado nos casos de estupro. Essas duas exceções à prática do crime de aborto são hipóteses em que se permite a sua prática no direito brasileiro. Além dessas duas hipóteses previstas expressamente na legislação brasileira, o STF também reconhece a possibilidade da prática de aborto do feto anencéfalo (feto sem cérebro). Mais uma vez, o direito à vida encontra-se flexibilizado.

4.1.3 Legítima defesa e estado de necessidade

Esses dois institutos, também excludentes de ilicitude do crime, são outras possibilidades de limitação do direito à vida, conforme disposto no art. 23 do Código Penal Brasileiro:

> **Art. 23** *Não há crime quando o agente pratica o fato:*
> *I – Em estado de necessidade;*
> *II – Em legítima defesa;*

Em linhas gerais e de forma exemplificativa, o estado de necessidade permite que, diante de uma situação de perigo, uma pessoa possa, para salvar uma vida, tirar a vida de outra pessoa. Na legítima defesa, caso sua vida seja ameaçada por alguém, existe legitimidade em retirar a vida de quem o ameaçou.

Outro ponto que deve ser ressaltado é que o direito à vida não está subordinado apenas ao fato de se estar vivo. Quando a constituição protege o direito à vida, a faz em suas diversas acepções. Existem dispositivos constitucionais que protegem o direito à vida no que tange a sua preservação da integridade física e moral (art. 5º, incisos III, V, XLVII e XLIX; art. 199, § 4º). A Constituição também protege o direito à vida no que tange à garantia de uma vida com qualidade (arts. 6º; 7º, inciso IV; 196; 205; 215).

4.2 Direito à igualdade

4.2.1 Igualdade formal e igualdade material

Possui como sinônimo o termo Isonomia. A doutrina classifica esse direito em:

- **Igualdade formal:** traduz-se no termo "todos são iguais perante a lei, sem distinção de qualquer natureza". É o previsto no *caput* do art. 5º. É uma igualdade jurídica, que não se preocupa com a realidade, mas apenas evita que alguém seja tratado de forma discriminatória.
- **Igualdade material:** também chamada de igualdade efetiva ou substancial. É a igualdade que se preocupa com a realidade. Traduz-se na seguinte expressão: "tratar os iguais com igualdade e os desiguais com desigualdade, na medida das suas desigualdades". Esse tipo de igualdade confere um tratamento com justiça para aqueles que não a possuem.

A igualdade formal é a regra utilizada pelo Estado para conferir um tratamento isonômico entre as pessoas. Contudo, por diversas vezes, um tratamento igualitário não consegue atender a todas as necessidades práticas. Faz-se necessária a utilização da igualdade em seu aspecto material para que se consiga produzir um verdadeiro tratamento isonômico.

Imaginemos as relações entre homens e mulheres. A regra é que homem e mulher são tratados da mesma forma conforme previsto no inciso I do art. 5º:

> *I – Homens e mulheres são iguais em direitos e obrigações, nos termos desta Constituição;*

Contudo, em diversas situações, homens e mulheres serão tratados de forma diferente:

- **Licença-maternidade:** tem duração de 120 dias para a mulher. Para o homem, apenas 5 dias de licença-paternidade;
- **Aposentadoria:** a mulher se aposenta 5 anos mais cedo que o homem;
- **Serviço militar obrigatório:** só o homem está obrigado.

Essas são algumas das situações em que são permitidos tratamentos desiguais entre as pessoas. As razões que justificam essa discriminação são as diferenças efetivas que existem entre os homens e as mulheres em cada uma das hipóteses. Exemplificando, a mulher tem mais tempo para se recuperar em razão da nítida distinção do desgaste feminino para o masculino no que tange ao parto. É indiscutível que, por mais desgastante que seja o nascimento de um filho para o pai, nada se compara ao sofrimento suportado pela mãe. Por essa razão, a licença-maternidade é maior que a licença-paternidade.

DIREITOS E DEVERES INDIVIDUAIS E COLETIVOS

4.2.2 Igualdade nos concursos públicos

O tema diz respeito à igualdade nos concursos públicos. Seria possível restringir o acesso a um cargo público em razão do sexo de uma pessoa? Ou por causa de sua altura? Ou ainda, pela idade que possui?

Essas questões encontram a mesma resposta: sim! É possível, desde que os critérios discriminatórios preencham alguns requisitos:

- **Deve ser fixado em lei:** não basta que os critérios estejam previstos no edital, precisam estar previstos em lei, no seu sentido formal.
- **Deve ser necessário ao exercício do cargo:** o critério discriminatório deve ser necessário ao exercício do cargo. A título de exemplo: seria razoável exigir para um cargo de policial militar, altura mínima ou mesmo, idade máxima, que representam vigor físico, tendo em vista a natureza do cargo que exige tal condição. As mesmas condições não poderiam ser exigidas para um cargo de técnico judiciário, por não serem necessárias ao exercício do cargo.

Em suma, podem ser exigidos critérios discriminatórios desde que previstos em lei e que sejam necessários ao exercício do cargo, observados os critérios de proporcionalidade e razoabilidade.

Esse tema sempre tem sido alvo de questões em prova, principalmente sob o aspecto jurisprudencial.

4.2.3 Ações afirmativas

Como formas de concretização da igualdade material foram desenvolvidas políticas públicas de compensação dirigidas às minorias sociais chamadas de **ações afirmativas ou discriminações positivas**. São verdadeiras ações de cunho social que visam a compensar possíveis perdas que determinados grupos sociais tiveram ao longo da história de suas vidas. Quem nunca ouviu falar nas "quotas para os pobres nas Universidades" ou ainda, "reserva de vagas para deficientes em concursos públicos"? Essas são algumas das espécies de ações afirmativas desenvolvidas no Brasil.

Mas por que reservar vagas para deficientes em concursos públicos? O deficiente, qualquer que seja sua deficiência, quando se prepara para um concurso público possui muito mais dificuldade que uma pessoa que tem a plenitude de seu vigor físico. Em razão dessa diferença, o Estado, na tentativa de reduzir a desigualdade existente entre os concorrentes, resolveu compensar a limitação de um portador de necessidades especiais reservando-lhe vagas especiais.

Perceba que, ao contrário do que parece, quando se reservam vagas num concurso público para deficientes estamos diante de um nítido tratamento discriminatório, que nesse caso é justificável pelas diferenças naturais entre o concorrente sadio e o concorrente deficiente. Lembre-se de que igualdade material é tratar iguais com igualdade e desiguais com desigualdade. O que se faz por meio dessas políticas de compensação é tratar os desiguais com desigualdade, na medida de suas desigualdades. Só dessa forma é possível alcançar um verdadeiro tratamento isonômico entre os candidatos.

Por fim, destaca-se o fato de o STF ter declarado constitucional a política de cotas étnico-raciais para seleção de estudantes em universidades públicas pacificando uma discussão antiga sobre esse tipo de ação afirmativa.

4.3 Direito à liberdade

O direito à liberdade pertence à primeira geração de direitos fundamentais por expressarem os direitos mais ansiados pelos indivíduos como forma de defesa diante do Estado. O que se verá a seguir são algumas das acepções desse direito que podem ser cobradas em prova.

4.3.1 Liberdade de ação

O inciso II do art. 5º apresenta aquilo que a doutrina chama de liberdade de ação:

> II – Ninguém será obrigado a fazer ou deixar de fazer alguma coisa senão em virtude de lei;

Essa é a liberdade por excelência. Segundo o texto constitucional, a liberdade só pode ser restringida por lei. Por isso, dizemos que esse inciso também apresenta o **princípio da legalidade**.

A liberdade pode ser entendida de duas formas, a depender do destinatário da mensagem:

- **Para o particular:** liberdade significa "fazer tudo que não for proibido".
- **Para o agente público:** liberdade significa "poder fazer tudo o que for determinado ou permitido pela lei".

4.3.2 Liberdade de locomoção

Uma das liberdades mais almejadas pelos indivíduos durante as lutas sociais é o grande carro-chefe na limitação dos poderes do Estado. O inciso XV do art. 5º já diz:

> XV – É livre a locomoção no território nacional em tempo de paz, podendo qualquer pessoa, nos termos da lei, nele entrar, permanecer ou dele sair com seus bens;

Perceba-se que o direito explanado nesse inciso não possui caráter absoluto, haja vista ter sido garantido em tempo de paz. Isso significa que em momentos sem paz seriam possíveis restrições às liberdades de locomoção. Destaca-se o Estado de Sítio que pode ser decretado nos casos previstos no art. 137 da Constituição Federal de 1988. Nessas circunstâncias, seriam possíveis maiores restrições à chamada liberdade de locomoção por meio de medidas autorizadas pela própria Constituição Federal:

> **Art. 137** O Presidente da República pode, ouvidos o Conselho da República e o Conselho de Defesa Nacional, solicitar ao Congresso Nacional autorização para decretar o estado de sítio nos casos de:
> I – Comoção grave de repercussão nacional ou ocorrência de fatos que comprovem a ineficácia de medida tomada durante o estado de defesa;
> II – Declaração de estado de guerra ou resposta a agressão armada estrangeira.

> **Art. 139** Na vigência do estado de sítio decretado com fundamento no art. 137, I, só poderão ser tomadas contra as pessoas as seguintes medidas:
> I – Obrigação de permanência em localidade determinada;
> II – Detenção em edifício não destinado a acusados ou condenados por crimes comuns;

Outro ponto interessante refere-se à possibilidade de qualquer pessoa entrar, permanecer ou sair do país com seus bens. Esse direito também não pode ser encarado de forma absoluta, haja vista a possibilidade de se exigir declaração de bens ou pagamento de imposto quando da entrada no país com bens. Nesse caso, liberdade de locomoção não se confunde com imunidade tributária.

Caso a liberdade de locomoção seja restringida por ilegalidade ou abuso de poder, a Constituição reservou um poderoso instrumento garantidor, o chamado *Habeas corpus*.

> **Art. 5º** [...]
> LXVIII – conceder-se-á "Habeas corpus" sempre que alguém sofrer ou se achar ameaçado de sofrer violência ou coação em sua liberdade de locomoção, por ilegalidade ou abuso de poder;

4.3.3 Liberdade de pensamento

Essa liberdade serve de amparo para uma série de possibilidades no que tange ao pensamento. Assim como os demais direitos fundamentais, a manifestação do pensamento não possui caráter absoluto, sendo restringido pela própria Constituição Federal, que proíbe seu exercício de forma anônima:

> **Art. 5º** [...]
> IV – É livre a manifestação do pensamento, sendo vedado o anonimato;

A vedação ao anonimato, além de ser uma garantia ao exercício da manifestação do pensamento, possibilita o exercício do direito de resposta caso alguém seja ofendido.

NOÇÕES DE DIREITO

Sobre Denúncia Anônima, é importante fazer uma observação. Diante da vedação constitucional ao anonimato, poder-se-ia imaginar que essa ferramenta de combate ao crime fosse considerada inconstitucional. Contudo, não tem sido esse o entendimento do STF. A denúncia anônima pode até ser utilizada como ferramenta de comunicação do crime, mas não pode servir como amparo para a instauração do Inquérito Policial, muito menos como fundamento para condenação de quem quer que seja.

4.3.4 Liberdade de consciência e crença religiosa

Uma primeira pergunta deve ser feita acerca da liberdade religiosa em nosso país: qual a religião oficial do Brasil? A única resposta possível: é nenhuma. A liberdade religiosa do Estado brasileiro é incompatível com a existência de uma religião oficial. É o que apresenta o inciso VI do art. 5º:

VI – É inviolável a liberdade de consciência e de crença, sendo assegurado o livre exercício dos cultos religiosos e garantida, na forma da lei, a proteção aos locais de culto e a suas liturgias;

Esse inciso marca a liberdade religiosa existente no Brasil. Por esse motivo, dizemos que o Brasil é um Estado laico, leigo ou não confessional. Isso significa, basicamente, que no Brasil existe uma relação de separação entre Estado e Igreja. Essa relação entre o Estado e a Igreja encontra, inclusive, vedação expressa no texto constitucional:

Art. 19 É vedado à União, aos Estados, ao Distrito Federal e aos Municípios:
I – Estabelecer cultos religiosos ou igrejas, subvencioná-los, embaraçar-lhes o funcionamento ou manter com eles ou seus representantes relações de dependência ou aliança, ressalvada, na forma da lei, a colaboração de interesse público;

Por causa da liberdade religiosa, é possível exercer qualquer tipo de crença no país. É possível ser católico, protestante, mulçumano, ateu ou satanista. Isso é liberdade de crença ou consciência. Liberdade de crer ou não crer. Perceba que o inciso VI, além de proteger as crenças e cultos, também protege as suas liturgias. Apesar do amparo constitucional, não se pode utilizar esse direito para praticar atos contrários às demais normas do direito brasileiro como, por exemplo, sacrificar seres humanos como forma de prestar culto a determinada divindade. Isso a liberdade religiosa não ampara.

Outro dispositivo importante é o previsto no inciso VII:

Art. 5º [...]
VII – É assegurada, nos termos da lei, a prestação de assistência religiosa nas entidades civis e militares de internação coletiva;

Nesse inciso, a Constituição Federal de 1988 garantiu a assistência religiosa nas entidades de internação coletivas, sejam elas civis ou militares. Entidades de internação coletivas são quartéis, hospitais ou hospícios. Em razão dessa garantia constitucional, é comum encontrarmos nesses estabelecimentos capelas para que o direito seja exercido.

Apesar da importância dos dispositivos analisados anteriormente, nenhum é mais cobrado em prova que o inciso VIII:

Art. 5º [...]
VIII – Ninguém será privado de direitos por motivo de crença religiosa ou de convicção filosófica ou política, salvo se as invocar para eximir-se de obrigação legal a todos imposta e recusar-se a cumprir prestação alternativa, fixada em lei;

Estamos diante do instituto da Escusa de Consciência. Esse direito permite a qualquer pessoa que, em razão de sua crença ou consciência, deixe de cumprir uma obrigação imposta sem que com isso sofra alguma consequência em seus direitos. Tal permissivo constitucional encontra uma limitação prevista expressamente no texto em análise. No caso de uma obrigação imposta a todos, se o indivíduo se recusar ao seu cumprimento, ser-lhe-á oferecida uma prestação alternativa. Não a cumprindo também, a Constituição permite que direitos sejam restringidos. O art. 15 prescreve que os direitos restringidos serão os direitos políticos:

Art. 15 É vedada a cassação de direitos políticos, cuja perda ou suspensão só se dará nos casos de: [...]
IV – Recusa de cumprir obrigação a todos imposta ou prestação alternativa, nos termos do art. 5º, VIII;

4.3.5 Liberdade de reunião

Acerca dessa liberdade, é importante ressaltar as condições estabelecidas pelo texto constitucional:

Art. 5º [...]
XVI – Todos podem reunir-se pacificamente, sem armas, em locais abertos ao público, independentemente de autorização, desde que não frustrem outra reunião anteriormente convocada para o mesmo local, sendo apenas exigido prévio aviso à autoridade competente;

Enumerando-as, de forma a facilitar o estudo, tem-se que as condições estabelecidas para o exercício do direito à reunião são:

- **Reunião pacífica:** não se legitima uma reunião que tenha fins não pacíficos.
- **Sem armas:** para evitar a violência ou coação por meio de armas.
- **Locais abertos ao público:** encontra-se subentendida a reunião em local fechado.
- **Independente de autorização:** não precisa de autorização.
- **Necessidade de prévio aviso.**
- **Não frustrar outra reunião convocada anteriormente para o mesmo local:** garantia de isonomia no exercício do direito prevalecendo o de quem exerceu primeiro.

Sobre o exercício da liberdade de reunião é importante saber que ele não depende de autorização, mas necessita de prévio aviso.

Outro ponto que já foi alvo de questão de prova é a possibilidade de restrição desse direito no Estado de Sítio e no Estado de Defesa. O problema está na distinção entre as limitações que podem ser adotadas em cada uma das medidas:

Art. 136 [...]
§ 1º O decreto que instituir o estado de defesa determinará o tempo de sua duração, especificará as áreas a serem abrangidas e indicará, nos termos e limites da lei, as medidas coercitivas a vigorarem, dentre as seguintes:
I – Restrições aos direitos de:
a) reunião, ainda que exercida no seio das associações;
Art. 139. Na vigência do estado de sítio decretado com fundamento no art. 137, I, só poderão ser tomadas contra as pessoas as seguintes medidas: [...]
IV – Suspensão da liberdade de reunião;

Ao passo que no **estado de defesa** ocorrerão **restrições** ao direito de reunião, no **estado de sítio** ocorrerá a **suspensão** desse direito.

4.3.6 Liberdade de associação

São vários os dispositivos constitucionais que regulam a liberdade de associação:

Art. 5º [...]
XVII – É plena a liberdade de associação para fins lícitos, vedada a de caráter paramilitar;
XVIII – A criação de associações e, na forma da lei, a de cooperativas independem de autorização, sendo vedada a interferência estatal em seu funcionamento;
XIX – As associações só poderão ser compulsoriamente dissolvidas ou ter suas atividades suspensas por decisão judicial, exigindo-se, no primeiro caso, o trânsito em julgado;
XX – Ninguém poderá ser compelido a associar-se ou a permanecer associado;
XXI – As entidades associativas, quando expressamente autorizadas, têm legitimidade para representar seus filiados judicial ou extrajudicialmente;

O primeiro ponto que deve ser lembrado é que a liberdade de associação só poderá ser usufruída para fins lícitos sendo proibida a criação de associação paramilitar.

Entende-se como associação de caráter paramilitar toda organização paralela ao Estado, sem legitimidade, com estrutura e organização tipicamente militar. São as facções criminosas, milícias ou qualquer outra organização que possua fins ilícitos e alheios aos do Estado.

DIREITOS E DEVERES INDIVIDUAIS E COLETIVOS

Destaca-se, com a mesma importância, a dispensa de autorização e interferência estatal no funcionamento e criação das associações.

Maior destaque deve ser dado ao inciso XIX, que condiciona qualquer limitação às atividades associativas a uma decisão judicial. As associações podem ter suas atividades **suspensas** ou **dissolvidas**. Em qualquer um dos casos deve haver **decisão judicial**. No caso da **dissolução**, por ser uma medida mais grave, não basta qualquer decisão judicial, tem que ser **transitada em julgado**. Isso significa uma decisão definitiva, à qual não caiba mais recurso.

O inciso XX tutela a chamada liberdade associativa, pela qual ninguém será obrigado a se associar ou mesmo a permanecer associado a qualquer entidade associativa.

Por fim, temos o inciso XXI, que permite às associações que representem seus associados tanto na esfera judicial quanto na administrativa desde que possuam expressa autorização. Expressa autorização significa por escrito, por meio de instrumento legal que comprove a autorização.

Vale destacar que, para suspender as atividades de uma associação, basta qualquer decisão judicial; para dissolver, tem que haver decisão judicial transitada em julgado.

4.4 Direito à propriedade

Quando se fala em direito à propriedade, alguns atributos que lhe são inerentes aparecem imediatamente. Propriedade é a faculdade que uma pessoa tem de usar, gozar dispor de um bem. O texto constitucional garante esse direito de forma expressa:

> *Art. 5º [...]*
> *XXII – É garantido o direito de propriedade.*

Apesar de esse direito aparentar possuir um caráter absoluto, quando se investiga mais a fundo esse tema, percebe-se que ele possui vários limitadores no próprio texto constitucional. E é isso que se passa a analisar agora.

4.4.1 Limitações

Dentre as limitações existentes na Constituição, estão: função social, requisição administrativa, desapropriação, bem de família, propriedade imaterial e direito à herança.

4.4.2 Função social

A Constituição Federal de 1988 exige, em seu art. 5º, que a propriedade atenda a sua função social:

> *XXIII – A propriedade atenderá a sua função social;*

Isso significa que a propriedade não é tão individual quanto pensamos. A necessidade de observância da função social demonstra que a propriedade é muito mais que uma titularidade privada. Esse direito possui reflexos em toda a sociedade. É só imaginar uma propriedade imóvel, um terreno urbano, que, apesar de possuir um proprietário, fica abandonado. Cresce o mato, as pessoas começam a jogar lixo naquele lugar, alguns criminosos começam a utilizar aquele ambiente para prática de atividades ilícitas. Veja quantas coisas podem acontecer numa propriedade e que importarão em consequências gravosas para o meio social mais próximo. É por isso que a propriedade tem que atender a sua função social.

4.4.3 Requisição administrativa

Consta no inciso XXV do art. 5º:

> *XXV – No caso de iminente perigo público, a autoridade competente poderá usar de propriedade particular, assegurada ao proprietário indenização ulterior, se houver dano;*

Essa é a chamada Requisição Administrativa. Esse instituto permite que a propriedade seja limitada pela necessidade de se solucionar situação de perigo público. Não se trata de uma forma de desapropriação, pois o dono da propriedade requisitada não a perde, apenas a empresta para uso público, sendo garantido, posteriormente, havendo dano, direito a indenização. Esse instituto limita o caráter absoluto da propriedade.

4.4.4 Desapropriação

É a perda da propriedade. Esse é o limitador por excelência do direito, restringindo o caráter perpétuo da propriedade. A seguir, estão exemplificadas as três modalidades de desapropriação.

- **Desapropriação pelo mero interesse público:** essa modalidade é utilizada pelo Estado quando o interesse social ou a utilidade pública prevalecem sobre o direito individual. Nesse tipo de desapropriação, destaca-se que o proprietário nada fez para merecê-la, contudo, o interesse público exige que determinada área seja desapropriada. É o caso de construção de uma rodovia que exige a desapropriação de várias propriedades para o asfaltamento da via.

- Deve ser destacado que essa modalidade de desapropriação gera direito à indenização, que deve ser paga em dinheiro, previamente e com valor justo.

- Conforme o texto da Constituição Federal de 1988:

> *Art. 5º [...]*
> *XXIV – A lei estabelecerá o procedimento para desapropriação por necessidade ou utilidade pública, ou por interesse social, mediante justa e prévia indenização em dinheiro, ressalvados os casos previstos nesta Constituição;*

- **Desapropriação-sanção:** nesta modalidade, o proprietário, por algum motivo, não observou a função social da propriedade. Por esse motivo, é chamada de Desapropriação-sanção, haja vista ser uma verdadeira punição. Segundo a Constituição Federal de 1988, essa desapropriação gera direito à indenização, que deverá ser paga em títulos da dívida pública ou agrária. Segundo os arts. 182, § 4º, inciso III e 184 da Constituição Federal de 1988:

> *Art. 182 [...]*
> *§ 4º É facultado ao Poder Público municipal, mediante lei específica para área incluída no plano diretor, exigir, nos termos da lei federal, do proprietário do solo urbano não edificado, subutilizado ou não utilizado, que promova seu adequado aproveitamento, sob pena, sucessivamente, de:*
> *I – Parcelamento ou edificação compulsórios;*
> *II – Imposto sobre a propriedade predial e territorial urbana progressivo no tempo;*
> *III – Desapropriação com pagamento mediante títulos da dívida pública de emissão previamente aprovada pelo Senado Federal, com prazo de resgate de até dez anos, em parcelas anuais, iguais e sucessivas, assegurados o valor real da indenização e os juros legais.*
>
> *Art. 184 Compete à União desapropriar por interesse social, para fins de reforma agrária, o imóvel rural que não esteja cumprindo sua função social, mediante prévia e justa indenização em títulos da dívida agrária, com cláusula de preservação do valor real, resgatáveis no prazo de até vinte anos, a partir do segundo ano de sua emissão, e cuja utilização será definida em lei.*

- **Desapropriação confiscatória:** *é a desapropriação que ocorre com a propriedade utilizada para cultivo de plantas psicotrópicas. Nesse caso, não haverá indenização, mas o proprietário poderá ser processado pela prática de ilícito penal.*

> *Art. 243 As propriedades rurais e urbanas de qualquer região do País onde forem localizadas culturas ilegais de plantas psicotrópicas ou a exploração de trabalho escravo na forma da lei serão expropriadas e destinadas à reforma agrária e a programas de habitação popular, sem qualquer indenização ao proprietário e sem prejuízo de outras sanções previstas em lei, observado, no que couber, o disposto no art. 5º.*
> *Parágrafo único. Todo e qualquer bem de valor econômico apreendido em decorrência do tráfico ilícito de entorpecentes e drogas afins e da exploração de trabalho escravo será confiscado e reverterá a fundo especial com destinação específica, na forma da lei.*

NOÇÕES DE DIREITO

Atenção!
Desapropriação por interesse público indenizada em dinheiro.
Desapropriação-sanção indenizada em títulos da Dívida Pública.
Desapropriação confiscatória não tem direito à indenização.

4.4.5 Bem de família

A Constituição consagra uma forma de proteção às pequenas propriedades rurais chamada de bem de família:

Art. 5º [...]
XXVI – A pequena propriedade rural, assim definida em lei, desde que trabalhada pela família, não será objeto de penhora para pagamento de débitos decorrentes de sua atividade produtiva, dispondo a lei sobre os meios de financiar o seu desenvolvimento; =

O mais importante para prova é atentar para os requisitos estabelecidos no inciso, quais sejam:

- **Pequena propriedade rural:** não se trata de qualquer propriedade.
- **Definida em lei:** não em outra espécie normativa.
- **Trabalhada pela família:** não por qualquer pessoa.
- **Débitos decorrentes da atividade produtiva:** não por qualquer débito.

4.4.6 Propriedade imaterial

Além das propriedades sobre bens materiais, a Constituição também consagra normas de proteção sobre a propriedade de bens imateriais. São duas as propriedades consagradas: autoral e industrial.

- **Propriedade autoral:** encontra-se protegida nos incisos XXVII e XXVIII do art. 5º:

XXVII – Aos autores pertence o direito exclusivo de utilização, publicação ou reprodução de suas obras, transmissível aos herdeiros pelo tempo que a lei fixar;
XXVIII – São assegurados, nos termos da lei:
a) a proteção às participações individuais em obras coletivas e à reprodução da imagem e voz humanas, inclusive nas atividades desportivas;
b) o direito de fiscalização do aproveitamento econômico das obras que criarem ou de que participarem aos criadores, aos intérpretes e às respectivas representações sindicais e associativas;

- **Propriedade industrial:** encontra-se protegida no inciso XXIX:

XXIX – A lei assegurará aos autores de inventos industriais privilégio temporário para sua utilização, bem como proteção às criações industriais, à propriedade das marcas, aos nomes de empresas e a outros signos distintivos, tendo em vista o interesse social e o desenvolvimento tecnológico e econômico do País;

Uma relação muito interessante entre a propriedade autoral e a industrial está no tempo de proteção previsto na Constituição Federal de 1988. Observe-se que na propriedade autoral o direito do autor é vitalício, tendo em vista a previsão de possibilidade de transmissão desses direitos aos herdeiros. Contudo, quando nas mãos dos sucessores, a proteção será pelo tempo que a lei fixar, ou seja, temporário.

Já na propriedade industrial, a proteção do próprio autor já possui caráter temporário.

4.4.7 Direito à herança

De nada adiantaria tanta proteção à propriedade se esse bem jurídico não pudesse ser transmitido por meio da sucessão de bens aos herdeiros após a morte. O direito à herança, consagrado expressamente na Constituição, traduz-se no coroamento do direito de propriedade. É a grande força motriz desse direito. Só faz sentido ter direito à propriedade se esse direito possa ser transferido aos herdeiros.

Art. 5º [...]
XXX – É garantido o direito de herança;
XXXI – A sucessão de bens de estrangeiros situados no País será regulada pela lei brasileira em benefício do cônjuge ou dos filhos brasileiros, sempre que não lhes seja mais favorável a lei pessoal do de cujus;

Destaque especial deve ser dado ao inciso XXXI, que prevê a possibilidade de aplicação de lei estrangeira no país em casos de sucessão de bens de pessoa estrangeira desde que esses bens estejam situados no Brasil. A Constituição Federal permite que seja aplicada a legislação mais favorável aos herdeiros, quer seja a lei brasileira, quer seja a lei estrangeira.

4.5 Direito à segurança

Ao se referir à segurança como direito individual, o art. 5º pretende significar "segurança jurídica" que trata de normas de pacificação social e que produzem uma maior segurança nas relações sociais. Esse é o ponto alto dos direitos individuais. Sem dúvida, aqui está a maior quantidade de questões cobradas em prova.

4.5.1 Princípio da segurança nas relações jurídicas

Este princípio tem como objetivo garantir a estabilidade das relações jurídicas. Veja o que diz a Constituição:

Art. 5º [...]
XXXVI – A lei não prejudicará o direito adquirido, o ato jurídico perfeito e a coisa julgada;

Os três institutos aqui protegidos encontram seu conceito formalizado na **Lei de Introdução às Normas do Direito brasileiro**.

Art. 6º [...]
§ 1º Reputa-se ato jurídico perfeito o já consumado segundo a lei vigente ao tempo em que se efetuou.
§ 2º Consideram-se adquiridos assim os direitos que o seu titular, ou alguém por ele, possa exercer, como aqueles cujo começo do exercício tenha termo pré-fixo, ou condição pré-estabelecida inalterável, a arbítrio de outrem.
§ 3º Chama-se coisa julgada ou caso julgado a decisão judicial de que já não caiba recurso.

Em linhas gerais, pode-se assim conceituá-los:

- **Direito adquirido:** direito já incorporado ao patrimônio do titular.
- **Ato jurídico perfeito:** ato jurídico que já atingiu seu fim. Ato jurídico acabado, aperfeiçoado, consumado.
- **Coisa julgada:** sentença judicial transitada em julgado. Aquela sentença em relação à qual não cabe mais recurso.

De uma coisa não se pode esquecer: a proibição de retroatividade da lei nos casos aqui estudados não se aplica às leis mais benéficas, ou seja, uma lei mais benéfica poderá produzir efeitos em relação ao direito adquirido, ao ato jurídico perfeito e à coisa julgada.

4.5.2 Devido processo legal

O devido processo legal possui como objetivo principal limitar o poder do Estado. Esse princípio condiciona a restrição da liberdade ou dos bens de um indivíduo à existência de um procedimento estatal que respeite todos os direitos e garantias processuais previstos na lei. É o que diz o inciso LIV do art. 5º:

LIV – Ninguém será privado da liberdade ou de seus bens sem o devido processo legal;

A exigência constitucional de existência de processo aplica-se tanto aos processos judiciais quanto aos procedimentos administrativos.

Desse princípio, surge a garantia constitucional à **proporcionalidade** e **razoabilidade**. Da mesma forma, é durante o devido processo legal que poderão ser exercidos os direitos ao contraditório e à ampla defesa, que serão analisados a seguir.

4.5.3 Contraditório e ampla defesa

Essas garantias constitucionais, conforme já salientado, decorrem do devido processo legal. São utilizadas como ferramenta de defesa diante das acusações impostas pelo Estado ou por um particular nos processos judiciais e administrativos:

DIREITOS E DEVERES INDIVIDUAIS E COLETIVOS

Art. 5º [...]
LV – Aos litigantes, em processo judicial ou administrativo, e aos acusados em geral são assegurados o contraditório e ampla defesa, com os meios e recursos a ela inerentes;

Mas o que significam o contraditório e a ampla defesa?

Contraditório é o direito de contradizer, contrariar, contraditar. Se alguém diz que você é ou fez alguma coisa, o contraditório lhe permite dizer que não é e que não fez o que lhe foi imputado. É simplesmente o direito de contrariar. Já a **ampla defesa** é a possibilidade de utilização de todos os meios admitidos em direito para se defender de uma acusação.

Em regra, o contraditório e a ampla defesa são garantidos em todos os processos judiciais ou administrativos, contudo, a legislação brasileira previu alguns procedimentos administrativos incompatíveis com o exercício desse direito:

- Inquérito policial.
- Sindicância investigativa.
- Inquérito civil.

Em suma, nos procedimentos investigatórios que não possuem o condão de punir o investigado não serão garantidos o contraditório e a ampla defesa.

Observem-se as Súmulas Vinculantes do Supremo Tribunal Federal que versam sobre esse tema:

Súmula Vinculante nº 3 – STF Nos processos perante o Tribunal de Contas da União asseguram-se o contraditório e a ampla defesa quando da decisão puder resultar anulação ou revogação de ato administrativo que beneficie o interessado, excetuada a apreciação da legalidade do ato de concessão inicial de aposentadoria, reforma e pensão.

Súmula Vinculante nº 5 – STF A falta de defesa técnica por advogado no processo administrativo disciplinar não ofende a Constituição.

Súmula Vinculante nº 14 – STF É direito do defensor, no interesse do representado, ter acesso amplo aos elementos de prova que, já documentados em procedimento investigatório realizado por órgão com competência de polícia judiciária, digam respeito ao exercício do direito de defesa.

Súmula Vinculante nº 21 – STF É inconstitucional a exigência de depósito ou arrolamento prévios de dinheiro ou bens para admissibilidade de recurso administrativo.

4.5.4 Proporcionalidade e razoabilidade

Eis uma garantia fundamental que não está expressa no texto constitucional apesar de ser um dos institutos mais utilizados pelo Supremo em suas decisões atuais. Trata-se de um princípio implícito, cuja fonte é o princípio do devido processo legal. Esses dois institutos jurídicos são utilizados como parâmetro de ponderação quando adotadas medidas pelo Estado, principalmente no que tange à restrição de bens e direitos dos indivíduos. Duas palavras esclarecem o sentido dessas garantias: necessidade e adequação.

Para saber se um ato administrativo observou os critérios de proporcionalidade e razoabilidade, deve-se questionar se o ato foi necessário e se foi adequado à situação.

Para exemplificar, imaginemos que um determinado fiscal sanitário, ao inspecionar um supermercado, depara-se com um pote de iogurte com a data de validade vencida há um dia. Imediatamente, ele prende o dono do mercado, dá dois tiros para cima, realiza revista manual em todos os clientes e funcionários do mercado e aplica uma multa de dois bilhões de reais. Pergunta-se: será que a medida adotada pelo fiscal foi necessária? Foi adequada? Certamente que não. Logo, a medida não observou os princípios da razoabilidade e proporcionalidade.

É importante deixar claro que os princípios da proporcionalidade e da razoabilidade estão implícitos no texto constitucional, ou seja, não estão previstos expressamente.

4.5.5 Inadmissibilidade das provas ilícitas

Uma das garantias mais importantes do direito brasileiro é a inadmissibilidade das provas ilícitas. Encontra-se prevista expressamente no inciso LVI do art. 5º:

LVI – São inadmissíveis, no processo, as provas obtidas por meios ilícitos.

Em razão dessa garantia, é proibida a produção de provas ilícitas num processo sob pena de nulidade processual. Em regra, a prova ilícita produz nulidade de tudo o que a ela estiver relacionado. Esse efeito decorre da chamada **Teoria dos Frutos da Árvore Envenenada**. Segundo a teoria, se a árvore está envenenada, os frutos também o serão. Se uma prova foi produzida de forma ilícita, as demais provas dela decorrentes também serão ilícitas (ilicitude por derivação). Contudo, deve-se ressaltar que essa teoria é aplicada de forma restrita no direito brasileiro, ou seja, encontrada uma prova ilícita num processo, não significa que todo o processo será anulado, mas apenas os atos e demais provas que decorreram direta ou indiretamente daquela produzida de forma ilícita.

Caso existam provas autônomas produzidas em conformidade com a lei, o processo deve prosseguir ainda que tenham sido encontradas e retiradas as provas ilícitas. Logo, é possível afirmar que a existência de uma prova ilícita no processo não anula de pronto todo o processo.

Deve-se destacar, ainda, a única possibilidade já admitida de prova ilícita nos tribunais brasileiros: a produzida em legítima defesa.

4.5.6 Inviolabilidade domiciliar

Essa garantia protege o indivíduo em seu recinto mais íntimo: a casa. A Constituição dispõe que:

Art. 5º [...]
XI – A casa é asilo inviolável do indivíduo, ninguém nela podendo penetrar sem consentimento do morador, salvo em caso de flagrante delito ou desastre, ou para prestar socorro, ou, durante o dia, por determinação judicial.

Como regra, só se pode entrar na casa de uma pessoa com o seu consentimento. Excepcionalmente, a Constituição Federal admite a entrada sem consentimento do morador nos casos de:

- Flagrante delito.
- Desastre.
- Prestar socorro.
- Determinação Judicial – só durante o dia.

No caso de determinação judicial, a entrada se dará apenas durante o dia. Nos demais casos, a entrada será permitida a qualquer hora.

Alguns conceitos importantes: o que é casa? O que pode ser entendido como casa para efeito de inviolabilidade? A jurisprudência tem interpretado o conceito de casa de forma ampla, em consonância com o disposto nos arts. 245 e 246 do Código de Processo Penal:

Art. 245 As buscas domiciliares serão executadas de dia, salvo se o morador consentir que se realizem à noite, e, antes de penetrarem na casa, os executores mostrarão e lerão o mandado ao morador, ou a quem o represente, intimando-o, em seguida, a abrir a porta.

Art. 246 Aplicar-se-á também o disposto no artigo anterior, quando se tiver de proceder a busca em compartimento habitado ou em aposento ocupado de habitação coletiva ou em compartimento não aberto ao público, onde alguém exercer profissão ou atividade.

O STF já considerou como casa, para efeitos de inviolabilidade, oficina mecânica, quarto de hotel ou escritório profissional.

Outra questão relevante é saber o que é dia? Dois são os posicionamentos adotados na doutrina:

- Das 6 h às 18 h.
- Da aurora ao crepúsculo.

Segundo a jurisprudência, isso deve ser resolvido no caso concreto, tendo em vista variação de fusos horários existentes em nosso país, bem como a ocorrência do horário de verão. Na prática, é possível entrar na casa independentemente do horário, desde que seja durante o dia.

NOÇÕES DE DIREITO

Em caso de flagrante delito, desastre ou para prestar socorro, pode-se entrar a qualquer momento

Entrada somente para pessoas autorizadas

Mas se for para cumprir determinação judicial só durante o dia

Casa – Asilo Inviolável

4.5.7 Princípio da inafastabilidade da jurisdição

Esse princípio, também conhecido como princípio do livre acesso ao poder judiciário ou direito de ação, garante, nos casos de necessidade, o acesso direto ao Poder Judiciário. Também, decorre desse princípio a ideia de que não é necessário o esgotamento das vias administrativas para ingressar com uma demanda no Poder Judiciário. Assim prevê a Constituição Federal:

Art. 5º [...]
XXXV – A lei não excluirá da apreciação do Poder Judiciário lesão ou ameaça a direito;

Perceba que a proteção possui sentido duplo: lesão ou ameaça à lesão. Significa dizer que a garantia pode ser utilizada tanto de forma preventiva como de forma repressiva. Tanto para prevenir a ofensa a direito como para reprimir a ofensa já cometida.

Quanto ao acesso ao Judiciário independentemente do esgotamento das vias administrativas, há algumas peculiaridades previstas na legislação brasileira:

- **Justiça desportiva:** a Constituição Federal de 1988 prevê no art. 217 que o acesso ao Poder Judiciário está condicionado ao esgotamento das vias administrativas.

    Art. 217 [...]
    § 1º O Poder Judiciário só admitirá ações relativas à disciplina e às competições desportivas após esgotarem-se as instâncias da justiça desportiva, regulada em lei.

- **Compromisso arbitral:** a Lei nº 9.307/1996 prevê que as partes, quando em discussão patrimonial, poderão optar pela arbitragem como forma de resolução de conflito. Não se trata de uma instância administrativa de curso forçado, mas de uma opção facultada às partes.

- *Habeas data:* o art. 8º da Lei nº 9.507/1997 exige, para impetração do *habeas data*, a comprovação da recusa ao acesso à informação. Parte da doutrina não considera isso como exigência de prévio esgotamento da via administrativa, mas condição da ação. Veja-se a súmula nº 2 do STJ:

    Súmula nº 2 – STJ Não cabe "Habeas Data" se não houve recusa de informações por parte da autoridade administrativa.

- **Reclamação Constitucional:** o art. 7º, § 1º da Lei nº 11.417/2006, que regula a edição de Súmulas Vinculantes, prevê que só será possível a Reclamação Constitucional nos casos de omissão ou ato da Administração Pública que contrarie ou negue vigência à Súmula Vinculante, após o esgotamento das vias administrativas.

4.5.8 Gratuidade das certidões de nascimento e de óbito

A Constituição Federal de 1988 traz expressamente que:

Art. 5º, LXXVI. São gratuitos para os reconhecidamente pobres, na forma da lei:
a) o registro civil de nascimento;
b) a certidão de óbito;

Observe-se que o texto constitucional condiciona o benefício da gratuidade do registro de nascimento e da certidão de óbito apenas para os reconhecidamente pobres. Entretanto, a Lei nº 6.015/1973 prevê que:

Art. 30 Não serão cobrados emolumentos pelo registro civil de nascimento e pelo assento de óbito, bem como pela primeira certidão respectiva.
§ 1º Os reconhecidamente pobres estão isentos de pagamento de emolumentos pelas demais certidões extraídas pelo cartório de registro civil.

Perceba que essa lei amplia o benefício garantido na Constituição para todas as pessoas no que tange ao registro e à aquisição da primeira certidão de nascimento e de óbito. Quanto às demais vias, só serão garantidas aos reconhecidamente pobres. Deve-se ter cuidado com essa questão em prova, pois deve ser levado em conta se a pergunta tem como referência a Constituição ou não.

4.5.9 Celeridade processual

Traz o texto constitucional:

Art. 5º [...]
LXXVIII – A todos, no âmbito judicial e administrativo, são assegurados a razoável duração do processo e os meios que garantam a celeridade de sua tramitação.

Essa é a garantia da celeridade processual. Decorre do princípio da eficiência que obriga o Estado a prestar assistência em tempo razoável. Celeridade quer dizer rapidez, mas uma rapidez com qualidade. Esse princípio é aplicável nos processos judiciais e administrativos, visa dar maior efetividade a prestação estatal. Deve-se garantir o direito antes que o seu beneficiário deixe de precisar. Após a inclusão desse dispositivo entre os direitos fundamentais, várias medidas para acelerar a prestação jurisdicional foram adotadas, dentre as quais destacam-se:

- Juizados especiais;
- Súmula vinculante;
- Realização de inventários e partilhas por vias administrativas;
- Informatização do processo.

Essas são algumas das medidas que foram adotadas para trazer mais celeridade ao processo.

4.5.10 Erro judiciário

Dispositivo de grande utilidade social que funciona como limitador da arbitrariedade estatal. O Estado, no que tange à liberdade do indivíduo, não pode cometer erros sob pena de ter que indenizar o injustiçado. Isso é o que prevê o inciso LXXV do art. 5º:

LXXV – O Estado indenizará o condenado por erro judiciário, assim como o que ficar preso além do tempo fixado na sentença;

4.5.11 Publicidade dos atos processuais

Em regra, os atos processuais são públicos. Essa publicidade visa a garantir maior transparência aos atos administrativos bem como permite a fiscalização popular. Além disso, atos públicos possibilitam um exercício efetivo do contraditório e da ampla defesa. Entretanto, essa publicidade comporta algumas exceções:

Art. 5º [...]
LX – A lei só poderá restringir a publicidade dos atos processuais quando a defesa da intimidade ou o interesse social o exigirem;

Nos casos em que a intimidade ou o interesse social exigirem, a publicidade poderá ser restringida apenas aos interessados. Imaginemos uma audiência em que estejam envolvidas crianças; nesse caso, como forma de preservação da intimidade, o juiz poderá restringir a participação na audiência apenas aos membros da família e demais interessados.

DIREITOS E DEVERES INDIVIDUAIS E COLETIVOS

4.5.12 Sigilo das comunicações

Uma das normas mais importantes da Constituição Federal que versa sobre segurança jurídica é esta:

Art. 5º [...]
XII – É inviolável o sigilo da correspondência e das comunicações telegráficas, de dados e das comunicações telefônicas, salvo, no último caso, por ordem judicial, nas hipóteses e na forma que a lei estabelecer para fins de investigação criminal ou instrução processual penal;

Esse dispositivo prevê quatro formas de comunicação que possuem proteção constitucional:

- Sigilo da correspondência;
- Comunicação telegráfica;
- Comunicação de dados;
- Comunicações telefônicas.

Dessas quatro formas de comunicação, apenas uma obteve autorização de violação do sigilo pelo texto constitucional: as comunicações telefônicas. Deve-se tomar cuidado com esse tema em prova. Segundo o texto expresso, só as comunicações telefônicas poderão ter o seu sigilo violado. E só o juiz poderá fazê-lo, com fins definidos também pela Constituição, os quais são para investigação criminal e instrução processual penal.

Entretanto, considerando a inexistência de direito fundamental absoluto, a jurisprudência tem considerado a possibilidade de quebra dos demais sigilos, desde que seja determinada por ordem judicial.

No que tange ao sigilo dos dados bancários, fiscais, informáticos e telefônicos, a jurisprudência tem permitido sua quebra por determinação judicial, determinação de Comissão Parlamentar de Inquérito, requisição do Ministério Público, solicitação da autoridade fazendária.

4.5.13 Tribunal do Júri

O Tribunal do Júri é uma instituição pertencente ao Poder Judiciário, que possui competência específica para julgar determinados tipos de crime. O Júri é formado pelo Conselho de Sentença, que é presidido por um Juiz Togado e por sete jurados que efetivamente farão o julgamento do acusado. A ideia do Tribunal do Júri é que o acusado seja julgado por seus pares.

A Constituição Federal apresenta alguns princípios que regem esse tribunal:

Art. 5º [...]
XXXVIII – É reconhecida a instituição do júri, com a organização que lhe der a lei, assegurados:
a) a plenitude de defesa;
b) o sigilo das votações;
c) a soberania dos veredictos;
d) a competência para o julgamento dos crimes dolosos contra a vida.

Segundo esse texto, o Tribunal do Júri é regido pelos seguintes princípios:

- **Plenitude de defesa:** esse princípio permite que no júri sejam utilizadas todas as provas permitidas em direito. Aqui, o momento probatório é bastante explorado haja vista a necessidade de se convencer os jurados que são pessoas comuns da sociedade.
- **Sigilo das votações:** o voto é sigiloso. Durante o julgamento não é permitido que um jurado converse com o outro sobre o julgamento sob pena de nulidade;
- **Soberania dos veredictos:** o que for decidido pelos jurados será considerado soberano. Nem o Juiz presidente poderá modificar o julgamento. Aqui quem decide são os jurados;
- **Competência para julgar os crimes dolosos contra a vida:** o júri não julga qualquer tipo de crime, mas apenas os dolosos contra a vida. Crimes dolosos, em simples palavras, são aqueles praticados com intenção, com vontade. São diferentes dos crimes culposos, os quais são praticados sem intenção.

4.5.14 Princípio da anterioridade

O inciso XXXIX do art. 5º da Constituição Federal de 1988 apresenta o chamado princípio da anterioridade penal:

XXXIX – Não há crime sem lei anterior que o defina, nem pena sem prévia cominação legal.

Esse princípio decorre na necessidade de se prever antes da aplicação da pena, a conduta que é considerada como crime e a pena que deverá ser cominada. Mais uma regra de segurança jurídica.

4.5.15 Princípio da irretroatividade

Esse princípio também possui sua importância ao prever que a lei penal não poderá retroagir, salvo se for para beneficiar o réu.

Art. 5º [...]
XL – A lei penal não retroagirá, salvo para beneficiar o réu.

4.5.16 Crimes imprescritíveis, inafiançáveis e insuscetíveis de graça e anistia

Os dispositivos a seguir estão entre os mais cobrados em prova. O ideal é que sejam memorizados na ordem proposta no quadro abaixo:

Art. 5º [...]
XLII – A prática do racismo constitui crime inafiançável e imprescritível, sujeito à pena de reclusão, nos termos da lei;
XLIII – A lei considerará crimes inafiançáveis e insuscetíveis de graça ou anistia a prática da tortura, o tráfico ilícito de entorpecentes e drogas afins, o terrorismo e os definidos como crimes hediondos, por eles respondendo os mandantes, os executores e os que, podendo evitá-los, se omitirem;
XLIV – Constitui crime inafiançável e imprescritível a ação de grupos armados, civis ou militares, contra a ordem constitucional e o Estado Democrático.

Atenção
Crimes imprescritíveis racismo; ação de grupos armados.
Crimes inafiançáveis racismo; ação de grupos armados; tráfico; terrorismo, tortura; crimes hediondos.
Crimes insuscetíveis de graça e anistia tráfico; terrorismo; tortura; crimes hediondos.

Os crimes inafiançáveis englobam todos os crimes previstos no art. 5º, incisos XLII, XLIII e XLIV.

Os crimes que são insuscetíveis de graça e anistia não são imprescritíveis, e vice e versa. Dessa forma, nunca pode existir, na prova, uma questão que trabalhe com as duas classificações ao mesmo tempo.

Nunca, na prova, pode haver uma questão em que se apresentem as três classificações ao mesmo tempo.

4.5.17 Princípio da personalidade da pena

Assim diz o inciso XLV, do art. 5º da Constituição Federal de 1988:

XLV – Nenhuma pena passará da pessoa do condenado, podendo a obrigação de reparar o dano e a decretação do perdimento de bens ser, nos termos da lei, estendidas aos sucessores e contra eles executadas, até o limite do valor do patrimônio transferido.

Esse inciso diz que a pena é pessoal, quem comete o crime responde pelo crime, de forma que não é possível que uma pessoa cometa um crime e outra responda pelo crime em seu lugar, porque a pena é pessoal.

É necessário prestar atenção ao tema, pois já apareceu em prova tanto na forma de um problema quanto com a modificação do próprio texto constitucional. Esse princípio da personalidade da pena diz que a pena é pessoal, isto é, a pena não pode passar para outra pessoa, mas permite que a responsabilidade pelos danos civis possa passar para seus herdeiros. Para exemplificar, imaginemos que uma determinada pessoa assalta uma padaria e consegue roubar uns R$ 50.000,00.

Em seguida, a polícia prende o ladrão por ter roubado a padaria. Em regra, todo crime cometido gera uma responsabilidade penal prevista no Código Penal brasileiro. Ainda, deve-se ressarcir os danos causados à vítima. Se ele roubou R$50.000,00, tem que devolver, no mínimo, esse valor à vítima.

É muito difícil conseguir o montante voluntariamente, por isso, é necessário entrar com uma ação civil *ex delicto* para reaver o dinheiro referente ao crime cometido. O dono da padaria entra com a ação contra o bandido pedindo os R$ 50.000,00 acrescidos juros e danos morais. Enquanto ele cumpre a pena, a ação está tramitando. Ocorre que o preso se envolve numa confusão dentro da penitenciária e acaba morrendo.

O preso possui alguns filhos, os quais são seus herdeiros. Quando os bens passam aos herdeiros, chamamos isso de sucessão. Quando foram contabilizar os bens que o bandido tinha, perceberam que sobraram apenas R$ 30.000,00, valor que deve ser dividido entre os herdeiros. Pergunta:

O homem que cometeu o crime estava cumprindo pena, mas ele morreu. Qual filho assume o lugar dele? O mais velho ou o mais novo?

Nenhum dos dois, porque a pena é personalíssima. Só cumpre a pena quem praticou o crime.

É possível que a responsabilidade de reparar os danos materiais exigidos pelo dono da padaria recaia sobre seus herdeiros?

Sim. A Constituição diz que os herdeiros respondem com o valor do montante recebido, até o limite da herança recebida.

O dono da padaria pediu R$ 50.000,00, mas só sobraram R$ 30.000,00. Os filhos terão que inteirar esse valor até completar os R$ 50.000,00?

Não, pois a Constituição diz que os sucessores respondem até o limite do patrimônio transferido. Ou seja, se só são transferidos R$ 30.000,00, então os herdeiros só vão responder pela indenização com esses R$ 30.000,00. E o os outros R$ 20.000,00, quem vai pagar? Ninguém. O dono da padaria fica com esse prejuízo.

4.5.18 Penas proibidas e permitidas

Vejamos agora dois incisos do art. 5º da Constituição Federal de 1988, que sempre caem em prova juntos: incisos XLVI e XLVII. Há no inciso XLVI as penas permitidas e no XLVII as penas proibidas. Mas como isso cai em prova? O examinador pega uma pena permitida e diz que é proibida ou pega uma proibida e diz que é permitida. Conforme os incisos:

> *Art. 5º [...]*
> *XLVI – A lei regulará a individualização da pena e adotará, entre outras, as seguintes:*
> *a) privação ou restrição da liberdade;*
> *b) perda de bens;*
> *c) multa;*
> *d) prestação social alternativa;*
> *e) suspensão ou interdição de direitos.*

Aqui há o rol de penas permitidas. Memorize essa lista para lembrar quais são as penas permitidas. Atenção para uma pena que é pouco comum e que geralmente em prova é colocada como pena proibida, que é a pena de perda de bens.

Veja o próximo inciso com o rol de penas proibidas:

> *XLVII – Não haverá penas:*
> *a) de morte, salvo em caso de guerra declarada, nos termos do art. 84, XIX;*
> *b) de caráter perpétuo;*
> *c) de trabalhos forçados;*
> *d) de banimento;*
> *e) cruéis.*

Essas são as penas que não podem ser aplicadas no Brasil. E, na prova, é cobrado da seguinte forma: existe pena de morte no Brasil? Deve-se ter muita atenção com esse tema, pois apesar de a Constituição ter dito que é proibida, existe uma exceção: no caso de guerra declarada. Essa exceção é uma verdadeira possibilidade, de forma que se deve afirmar que existe pena de morte no Brasil. Apesar de a regra ser a proibição, existe a possibilidade de sua aplicação. Só como curiosidade, a pena de morte no Brasil é regulada pelo Código Penal Militar, a qual será executada por meio de fuzilamento.

A próxima pena proibida é a de caráter perpétuo. Não existe esse tipo de pena no Brasil, pois as penas aqui são temporárias. No Brasil, uma pessoa só fica presa por, no máximo, 40 anos.

A outra pena é a de trabalhos forçados. É aquela pena em que o sujeito é obrigado a trabalhar de forma a denegrir a sua condição como ser humano. Esse tipo de pena não é permitido no Brasil.

Há ainda a pena de banimento, que é a expulsão do brasileiro, tanto nato como naturalizado.

Por fim, a Constituição veda a aplicação de penas cruéis. Pena cruel é aquela que denigre a condição humana, expõe o indivíduo a situações desumanas, vexatórias, que provoquem intenso sofrimento.

4.5.19 Princípio da individualização da pena

Nos termos do art. 5º, inciso XLVIII, da Constituição Federal de 1988:

> *XLVIII – A pena será cumprida em estabelecimentos distintos, de acordo com a natureza do delito, a idade e o sexo do apenado;*

Esse dispositivo traz uma regra muito interessante, o princípio da individualização da pena. Significa que a pessoa, quando cumprir sua pena, deve cumpri-la em estabelecimento e condições compatíveis com a sua situação. Se mulher, deve cumprir com mulheres; se homem, cumprirá com homens; se reincidente, com reincidentes; se réu primário, com réus primários; e assim por diante. O ideal é que cada situação possua um cumprimento de pena adequado que propicie um melhor acompanhamento do poder público e melhores condições para a ressocialização.

4.5.20 Regras sobre prisões

São vários os dispositivos constitucionais previstos no art. 5º, da Constituição Federal de 1988, que se referem às prisões:

> *LXI – Ninguém será preso senão em flagrante delito ou por ordem escrita e fundamentada de autoridade judiciária competente, salvo nos casos de transgressão militar ou crime propriamente militar, definidos em lei;*
>
> *LXII – A prisão de qualquer pessoa e o local onde se encontre serão comunicados imediatamente ao juiz competente e à família do preso ou à pessoa por ele indicada;*
>
> *LXIII – O preso será informado de seus direitos, entre os quais o de permanecer calado, sendo-lhe assegurada a assistência da família e de advogado;*
>
> *LXIV – O preso tem direito à identificação dos responsáveis por sua prisão ou por seu interrogatório policial;*
>
> *LXV – A prisão ilegal será imediatamente relaxada pela autoridade judiciária;*
>
> *LXVI – Ninguém será levado à prisão ou nela mantido, quando a lei admitir a liberdade provisória, com ou sem fiança;*
>
> *LXVII – Não haverá prisão civil por dívida, salvo a do responsável pelo inadimplemento voluntário e inescusável de obrigação alimentícia e a do depositário infiel.*

Como destaque para provas, é importante enfatizar o disposto no inciso LXVII, o qual prevê duas formas de prisão civil por dívida:

- **Devedor de pensão alimentícia;**
- **Depositário infiel.**

Apesar de a Constituição Federal de 1988 apresentar essas duas possibilidades de prisão civil por dívida, o STF tem entendido que só existe uma: a prisão do devedor de pensão alimentícia. Isso significa que o depositário infiel não poderá ser preso. Essa é a inteligência da Súmula Vinculante nº 25:

> *Súmula Vinculante nº 25 É ilícita a prisão civil de depositário infiel, qualquer que seja a modalidade do depósito.*

DIREITOS E DEVERES INDIVIDUAIS E COLETIVOS

Em relação a esse assunto, deve-se ter muita atenção ao resolver a questão. Se a Banca perguntar conforme a Constituição Federal, responde-se segundo a Constituição Federal. Mas se perguntar à luz da jurisprudência, responde-se conforme o entendimento do STF.

> **Atenção**
>
> **Constituição Federal** duas formas de prisão civil depositário infiel e devedor de pensão alimentícia.
> **STF** uma forma de prisão civil devedor de pensão alimentícia.

4.5.21 Extradição

Fruto de acordo internacional de cooperação, a extradição permite que determinada pessoa seja entregue a outro país para que seja responsabilizada pelo cometimento de algum crime. Existem duas formas de extradição:

- **Extradição ativa:** quando o Brasil pede para outro país a extradição de alguém.
- **Extradição passiva:** quando algum país pede para o Brasil a extradição de alguém.

A Constituição Federal preocupou-se em regular apenas a extradição passiva por meios dos incisos LI e LII do art. 5º:

> LI – Nenhum brasileiro será extraditado, salvo o naturalizado, em caso de crime comum, praticado antes da naturalização, ou de comprovado envolvimento em tráfico ilícito de entorpecentes e drogas afins, na forma da lei;
>
> LII – Não será concedida extradição de estrangeiro por crime político ou de opinião.

De acordo com a inteligência desses dispositivos, três regras podem ser adotadas em relação à extradição passiva:

- **Brasileiro nato:** nunca será extraditado.
- **Brasileiro naturalizado:** será extraditado em duas hipóteses: crime comum cometido antes da naturalização comprovado envolvimento com o tráfico ilícito de drogas, antes ou depois da naturalização.
- **Estrangeiro:** poderá ser extraditado salvo em dois casos: **crime político e crime de opinião.**

Na **extradição ativa**, qualquer pessoa pode ser extraditada, inclusive o brasileiro nato. Deve-se ter muito cuidado com essa questão em prova. Lembre-se de que a extradição ativa ocorre quando o Brasil pede a extradição de um criminoso para outro país. Isso pode ser feito pedindo a extradição de qualquer pessoa que o Brasil queira punir.

Quais princípios que regem a extradição no país?

- **Princípio da reciprocidade:** o Brasil só extradita ao país que extradita para o Brasil. Deve haver acordo ou tratado de extradição entre o país requerente e o Brasil.
- **Princípio da especialidade:** o extraditando só poderá ser processado e julgado pelo crime informado no pedido de extradição.
- **Comutação da pena:** o país requerente deverá firmar um compromisso de comutar a pena prevista em seu país quando a pena a ser aplicada for proibida no Brasil.
- **Dupla tipicidade ou dupla incriminação:** só se extradita se a conduta praticada for considerada crime no Brasil e no país requerente.

Deve-se ter muito cuidado para não confundir extradição com entrega, deportação, expulsão ou banimento.

- **Extradição:** a extradição, como se viu, é instituto de cooperação internacional entre países soberanos para a punição de criminosos. Pela extradição, um país entrega o criminoso a outro país para que ele seja punido pelo crime praticado.
- **Entrega:** é o ato por meio do qual o país entrega uma pessoa para ser julgada no Tribunal Penal Internacional.
- **Deportação:** é a retirada do estrangeiro que tenha entrado de forma irregular no território nacional.
- **Expulsão:** é a retirada do estrangeiro que tenha praticado um ato ofensivo ao interesse nacional conforme as regras estabelecidas no Estatuto do Estrangeiro (art. 65, Lei nº 6.815/1980).
- **Banimento:** é uma das penas proibidas no direito brasileiro que consiste na expulsão de brasileiros para fora do território nacional.

4.5.22 Princípio da presunção da inocência

Também conhecido como princípio da não culpabilidade, essa regra de segurança jurídica garante que ninguém poderá ser condenado sem antes haver uma sentença penal condenatória transitada em julgado. Ou seja, uma sentença judicial condenatória definitiva:

> Art. 5º [...]
>
> LVII – Ninguém será considerado culpado até o trânsito em julgado de sentença penal condenatória.

4.5.23 Identificação criminal

> Art. 5º [...]
>
> LVIII – O civilmente identificado não será submetido a identificação criminal, salvo nas hipóteses previstas em lei.

A Constituição garante que não será identificado criminalmente quem possuir identificação pública capaz de identificá-lo. Contudo, a Lei nº 12.037/2009 prevê hipóteses nas quais será possível a identificação criminal mesmo de quem apresentar outra identificação:

> Art. 3º Embora apresentado documento de identificação, poderá ocorrer identificação criminal quando:
>
> I – O documento apresentar rasura ou tiver indício de falsificação;
>
> II – O documento apresentado for insuficiente para identificar cabalmente o indiciado;
>
> III – O indiciado portar documentos de identidade distintos, com informações conflitantes entre si;
>
> IV – A identificação criminal for essencial às investigações policiais, segundo despacho da autoridade judiciária competente, que decidirá de ofício ou mediante representação da autoridade policial, do Ministério Público ou da defesa;
>
> V – Constar de registros policiais o uso de outros nomes ou diferentes qualificações;
>
> VI – O estado de conservação ou a distância temporal ou da localidade da expedição do documento apresentado impossibilite a completa identificação dos caracteres essenciais.

4.5.24 Ação penal privada subsidiária da pública

> Art. 5º [...]
>
> LIX – Será admitida ação privada nos crimes de ação pública, se esta não for intentada no prazo legal.

Em regra, nos crimes de ação penal pública, o titular da ação penal é o Ministério Público. Contudo, havendo omissão ou mesmo desídia por parte do órgão ministerial, o ofendido poderá promover a chamada ação penal privada subsidiária da pública. Esse tema encontra-se disciplinado no art. 29 do Código de Processo Penal:

> Art. 29 Será admitida ação privada nos crimes de ação pública, se esta não for intentada no prazo legal, cabendo ao Ministério Público aditar a queixa, repudiá-la e oferecer denúncia substitutiva, intervir em todos os termos do processo, fornecer elementos de prova, interpor recurso e, a todo tempo, no caso de negligência do querelante, retomar a ação como parte principal.

4.6 Remédios constitucionais

Os remédios constitucionais são espécies de garantias constitucionais que visam a proteger determinados direitos e até outras garantias fundamentais. São poderosas ações constitucionais que estão disciplinadas no texto da Constituição.

4.6.1 Habeas corpus

Sem dúvida, esse remédio constitucional é o mais importante para prova, haja vista a sua utilização para proteger um dos direitos mais ameaçados do indivíduo: a liberdade de locomoção. Vejamos o que diz o texto constitucional:

Art. 5º [...]
LXVIII – Conceder-se-á "Habeas corpus" sempre que alguém sofrer ou se achar ameaçado de sofrer violência ou coação em sua liberdade de locomoção, por ilegalidade ou abuso de poder.

É essencial, conhecer os elementos necessários para a utilização dessa ferramenta.

Deve-se compreender que o *Habeas corpus* é utilizado para proteger a liberdade de locomoção. Em relação a isso, é preciso estar atento, pois ele não tutela qualquer liberdade, mas apenas a liberdade de locomoção.

Outro ponto fundamental é que ele poderá ser utilizado tanto de forma preventiva quanto de forma repressiva.

- *Habeas corpus* **preventivo**: é aquele utilizado para prevenir a violência ou coação à liberdade de locomoção.
- *Habeas corpus* **repressivo**: é utilizado para reprimir à violência ou coação a liberdade de locomoção, ou seja, é utilizado quando a restrição da liberdade de locomoção já ocorreu.

Percebe-se que não é a qualquer tipo de restrição à liberdade de locomoção que caberá o remédio, mas apenas àquelas cometidas com ilegalidade ou abuso de poder.

Nas relações processuais que envolvem a utilização do *Habeas corpus*, é possível identificar a participação de três figurantes: o impetrante, o paciente e a autoridade coatora.

- **Impetrante:** o impetrante é a pessoa que impetra a ação. Quem entra com a ação. A titularidade dessa ferramenta é Universal, pois qualquer pessoa pode impetrar o HC. Não precisa sequer de advogado. Sua possibilidade é tão ampla que não precisa possuir capacidade civil ou mesmo qualquer formalidade. Esse remédio é desprovido de condições que impeçam sua utilização da forma mais ampla possível. Poderá impetrar essa ação tanto uma pessoa física quanto jurídica.
- **Paciente:** o paciente é quem teve a liberdade de locomoção restringida. Ele será o beneficiário do *Habeas corpus*. Pessoa jurídica não pode ser paciente de *Habeas corpus*, pois a liberdade de locomoção é um direito incompatível com sua natureza jurídica.
- **Autoridade coatora:** é quem restringiu a liberdade de locomoção com ilegalidade ou abuso de poder. Poderá ser tanto uma autoridade privada quanto uma autoridade pública.

Outra questão interessante que está prevista na Constituição é a gratuidade dessa ação:

Art. 5º [...]
LXXVII – São gratuitas as ações de Habeas corpus e Habeas Data, e, na forma da lei, os atos necessários ao exercício da cidadania.

A Constituição Federal de 1988 proíbe a utilização desse remédio constitucional em relação às punições disciplinares militares. É o que prevê o art. 142, § 2º:

§ 2º Não caberá "Habeas corpus" em relação a punições disciplinares militares.

Contudo, o STF tem admitido o remédio quando impetrado por razões de ilegalidade da prisão militar. Quanto ao mérito da prisão, deve-se aceitar a vedação Constitucional, mas em relação às legalidades da prisão, prevalece o entendimento de que o remédio seria possível.

Também não cabe *Habeas corpus* em relação às penas pecuniárias, multas, advertências ou, ainda, nos processos administrativos disciplinares e no processo de *Impeachment*. Nesses casos, o não cabimento deve-se ao fato de que as medidas não visam restringir a liberdade de locomoção.

Por outro lado, a jurisprudência tem admitido o cabimento para impugnar inserção de provas ilícitas no processo ou quando houver excesso de prazo na instrução processual penal.

Por último, cabe ressaltar que o magistrado poderá concedê-lo de ofício.

4.6.2 Habeas data

O *habeas data* cuja previsão está no inciso LXXII do art. 5º tem como objetivo proteger a liberdade de informação:

LXXII – conceder-se-á "Habeas Data":
a) para assegurar o conhecimento de informações relativas à pessoa do impetrante, constantes de registros ou bancos de dados de entidades governamentais ou de caráter público;
b) para a retificação de dados, quando não se prefira fazê-lo por processo sigiloso, judicial ou administrativo.

Duas são as formas previstas na Constituição para utilização desse remédio:

- **Para conhecer a informação.**
- **Para retificar a informação.**

É importante ressaltar que só caberá o remédio em relação às informações do próprio impetrante.

As informações precisam estar em um banco de dados governamental ou de caráter público, o que significa que seria possível entrar com um *habeas data* contra um banco de dados privado desde que tenha caráter público.

Da mesma forma que o *habeas corpus*, o *habeas data* também é gratuito:

Art. 5º [...]
LXXVII – São gratuitas as ações de "Habeas corpus" e "Habeas Data", e, na forma da lei, os atos necessários ao exercício da cidadania.

4.6.3 Mandado de segurança

O mandado de segurança é um remédio muito cobrado em prova em razão dos seus requisitos:

Art. 5º, CF/1988/1988 [...]
LXIX – Conceder-se-á mandado de segurança para proteger direito líquido e certo, não amparado por "Habeas corpus" ou "Habeas Data", quando o responsável pela ilegalidade ou abuso de poder for autoridade pública ou agente de pessoa jurídica no exercício de atribuições do Poder Público.

Como se pode ver, o mandado de segurança será cabível proteger direito líquido e certo desde que não amparado por *Habeas corpus* ou h*abeas data*. O que significa dizer que será cabível desde que não seja para proteger a liberdade de locomoção e a liberdade de informação. Esse é o chamado caráter subsidiário do mandado de segurança.

O texto constitucional exigiu também para a utilização dessa ferramenta a ilegalidade e o abuso de poder praticado por autoridade pública ou privada, desde que esteja no exercício de atribuições do poder público.

O mandado de segurança possui prazo decadencial para ser utilizado: 120 dias.

Existe também o mandado de segurança coletivo:

Art. 5º [...]
LXX – O mandado de segurança coletivo pode ser impetrado por:
a) partido político com representação no Congresso Nacional;
b) organização sindical, entidade de classe ou associação legalmente constituída e em funcionamento há pelo menos um ano, em defesa dos interesses de seus membros ou associados.

Observadas as regras do mandado de segurança individual, o mandado de segurança coletivo possui alguns requisitos que lhe são peculiares: os legitimados para propositura.

São legitimados para propor o mandado de segurança coletivo:

- **Partidos políticos com representação no Congresso Nacional:** para se ter representação no Congresso Nacional, basta um membro em qualquer uma das casas.
- **Organização sindical.**
- **Entidade de classe.**

- **Associação.**

Desde que legalmente constituída e em funcionamento há, pelo menos, um ano. Segundo o STF, a necessidade de estar constituída e em funcionamento há pelo menos um ano só se aplica às associações. A Banca FCC entende que esse requisito se aplica a todas as entidades.

4.6.4 Mandado de injunção

O mandado de injunção é uma ferramenta mais complexa para se entender. Vejamos o que diz a Constituição Federal de 1988:

> *Art. 5º [...]*
> *LXXI – Conceder-se-á mandado de injunção sempre que a falta de norma regulamentadora torne inviável o exercício dos direitos e liberdades constitucionais e das prerrogativas inerentes à nacionalidade, à soberania e à cidadania.*

O seu objetivo é suprir a omissão legislativa que impede o exercício de direitos fundamentais. Algumas normas constitucionais para que produzam efeitos dependem da edição de outras normas infraconstitucionais. Essas normas são conhecidas por sua eficácia como normas de eficácia limitada. O mandado de injunção visa a corrigir a ineficácia das normas com eficácia limitada.

Todas as vezes que um direito deixar de ser exercido pela ausência de norma regulamentadora, será cabível esse remédio.

No que tange à efetividade da decisão, deve-se esclarecer a possibilidade de adoção por parte do STF de duas correntes doutrinárias:

- **Teoria concretista geral:** o Poder Judiciário concretiza o direito no caso concreto aplicando seu dispositivo com efeito *erga omnes*, para todos os casos iguais;
- **Teoria concretista individual:** o Poder Judiciário concretiza o direito no caso concreto aplicando seu dispositivo com efeito *inter partes*, ou seja, apenas com efeito entre as partes.

4.6.5 Ação popular

A ação popular é uma ferramenta fiscalizadora utilizada como espécie de exercício direto dos direitos políticos. Por isso, só poderá ser utilizada por cidadãos. Segundo o inciso LXXIII do art. 5º da Constituição Federal de 1988:

> *LXXIII – Qualquer cidadão é parte legítima para propor ação popular que vise a anular ato lesivo ao patrimônio público ou de entidade de que o Estado participe, à moralidade administrativa, ao meio ambiente e ao patrimônio histórico e cultural, ficando o autor, salvo comprovada má-fé, isento de custas judiciais e do ônus da sucumbência.*

Além da previsão constitucional, essa ação encontra-se regulamentada pela Lei nº 4.717/1965. Percebe-se que seu objetivo consiste em proteger o patrimônio público, a moralidade administrativa, o meio ambiente e o patrimônio histórico e cultural.

O autor não precisa pagar custas judiciais ou ônus de sucumbência, salvo se houver má-fé.

NOÇÕES DE DIREITO

5 NACIONALIDADE

5.1 Direitos de nacionalidade

A nacionalidade é um vínculo jurídico existente entre um indivíduo e um Estado. Esse vínculo jurídico é a ligação existente capaz de gerar direitos e obrigações entre a pessoa e o Estado.

A aquisição da nacionalidade decorre do nascimento ou da manifestação de vontade. Quando a nacionalidade é adquirida pelo nascimento, estamos diante da chamada **nacionalidade originária**. Mas, se for adquirida por meio da manifestação de vontade, estamos diante de uma **nacionalidade secundária**.

A **nacionalidade originária**, também chamada de aquisição de nacionalidade primária, é aquela involuntária. Decorre do nascimento desde que preenchidos os requisitos previstos na legislação. Um brasileiro que adquire nacionalidade originária é chamado de nato.

Dois critérios foram utilizados em nossa Constituição para se conferir a nacionalidade originária: *jus solis* e *jus sanguinis*.

- *Jus solis:* esse é critério do solo, critério territorial. Serão considerados brasileiros natos as pessoas que nascerem no território nacional. Esse é o critério adotado como regra no texto constitucional.
- *Jus sanguinis:* esse é o critério do sangue. Serão considerados brasileiros natos os descendentes de brasileiros, ou seja, aqueles que possuem o sangue brasileiro.

A **nacionalidade secundária** ou adquirida é a aquisição que depende de uma manifestação de vontade. É voluntária e, quem a adquire, possui a qualificação de naturalizado.

5.1.1 Conflito de nacionalidade

Alguns países adotavam apenas o critério *jus sanguinis*, outros somente o critério *jus solis*, e isso gerou alguns problemas que a doutrina nominou de conflito de nacionalidade. O conflito de nacionalidade pode ser de duas formas: positivo e negativo.

- **Conflito positivo:** ocorre quando o indivíduo adquire várias nacionalidades. Ele será chamado de polipátrida.
- **Conflito negativo:** ocorre quando o indivíduo não adquire qualquer nacionalidade. Esse será chamado de apátrida (*heimatlos*).

Para evitar a ocorrência desses tipos de conflito, os países têm adotado critérios mistos de aquisição de nacionalidade originária, a exemplo do próprio Brasil.

A seguir, serão analisadas várias hipóteses previstas no art. 12 da Constituição Federal de aquisição de nacionalidade tanto originária quanto secundária.

5.1.2 Nacionalidade originária

As hipóteses de aquisição da nacionalidade originária estão previstas no art. 12, I da Constituição Federal, e são:

> *Art. 12 São brasileiros:*
> *I – Natos:*
> *a) os nascidos na República Federativa do Brasil, ainda que de pais estrangeiros, desde que estes não estejam a serviço de seu país;*
> *b) os nascidos no estrangeiro, de pai brasileiro ou mãe brasileira, desde que qualquer deles esteja a serviço da República Federativa do Brasil;*
> *c) os nascidos no estrangeiro de pai brasileiro ou de mãe brasileira, desde que sejam registrados em repartição brasileira competente ou venham a residir na República Federativa do Brasil e optem, em qualquer tempo, depois de atingida a maioridade, pela nacionalidade brasileira.*

A primeira hipótese, prevista na alínea "a", adotou para aquisição o critério *jus solis*, ou seja, serão considerados brasileiros natos aqueles que nascerem no país ainda que de pais estrangeiros, desde que, os pais não estejam a serviço do seu país. Para que os filhos de pais estrangeiros fiquem impedidos de adquirirem a nacionalidade brasileira, é preciso que ambos os pais sejam estrangeiros, mas basta que apenas um deles esteja a serviço do seu país. Se os pais estrangeiros estiverem a serviço de outro país, a doutrina tem entendido que não se aplicará a vedação.

Já a segunda hipótese, adotada na alínea "b", utilizou o critério *jus sanguinis* para fixação da nacionalidade originária. Serão brasileiros natos os nascidos fora do país, filho de pai ou mãe brasileira, desde que qualquer deles esteja a serviço da República Federativa do Brasil. Estar a serviço do país significa estar a serviço de qualquer ente federativo (União, estados, Distrito Federal ou municípios) incluídos os órgãos e entidades da administração indireta (fundações, autarquias, empresas públicas e sociedades de economia mista).

A terceira hipótese, prevista na alínea "c", apresenta, na verdade, duas possibilidades: uma depende do registro a outra depende da opção confirmativa.

Primeiro, temos a regra aplicada aos nascidos no estrangeiro, filho de pai brasileiro ou mãe brasileira, condicionada à aquisição da nacionalidade ao registro em repartição brasileira competente. Nessa hipótese, adota-se o critério *jus sanguinis* acompanhado do registro em repartição brasileira.

Em seguida, temos a segunda possibilidade destinada aos nascidos no estrangeiro de pai brasileiro ou de mãe brasileira, que venham a residir na República Federativa do Brasil e optem (opção confirmativa), em qualquer tempo, depois de atingida a maioridade, pela nacionalidade brasileira.

Essa é a chamada nacionalidade protestativa, pois depende da manifestação de vontade por parte do interessado. Deve-se ter cuidado com a condição para a manifestação da vontade que só pode ser exercida depois de atingida a maioridade, apesar de não existir tempo limite para o exercício desse direito.

5.1.3 Nacionalidade secundária

A seguir, serão apresentadas as hipóteses de aquisição de nacionalidade secundária:

> *Art. 12 [...]*
> *II – Naturalizados:*
> *a) Os que, na forma da lei, adquiram a nacionalidade brasileira, exigidas aos originários de países de língua portuguesa apenas residência por um ano ininterrupto e idoneidade moral;*
> *b) os estrangeiros de qualquer nacionalidade, residentes na República Federativa do Brasil há mais de quinze anos ininterruptos e sem condenação penal, desde que requeiram a nacionalidade brasileira.*

A primeira hipótese de naturalização, prevista na alínea "a" do inciso II, é a chamada naturalização ordinária. Essa naturalização apresenta uma forma de aquisição prevista em lei. Esta Lei é a nº 6.815/1980, que traz algumas regras para aquisição de nacionalidade, as quais não serão estudadas neste momento. O que interessa agora para a prova é a segunda parte da alínea, que confere um tratamento diferenciado para os originários de países de língua portuguesa, para quem será exigida apenas residência por um ano ininterrupto e idoneidade moral. Entende-se país de língua portuguesa qualquer país que possua a língua portuguesa como língua oficial (Angola, Portugal, Timor Leste, entre outros). Essa forma de naturalização não gera direito subjetivo ao estrangeiro, o que significa que ele poderá pleitear sua naturalização e essa poderá ser indeferida pelo Chefe do Poder Executivo, haja vista se tratar de um ato discricionário.

A alínea "b" do inciso II apresenta a chamada naturalização extraordinária ou quinzenária. Essa hipótese é destinada a qualquer estrangeiro e será exigida residência ininterrupta pelo prazo de 15 anos e não existência de condenação penal. Nessa espécie, não há discricionariedade em conceder a naturalização, pois ela gera direito subjetivo ao estrangeiro que tenha preenchido os requisitos.

O melhor é não esquecer que a ausência temporária da residência não quebra o vínculo ininterrupto exigido para a naturalização no país. Também deve ser ressaltado que não existe naturalização tácita ou automática, sendo exigido requerimento de quem desejar se naturalizar no Brasil.

NACIONALIDADE

5.1.4 Português equiparado

Art. 12 [...]
§ 1º Aos portugueses com residência permanente no País, se houver reciprocidade em favor de brasileiros, serão atribuídos os direitos inerentes ao brasileiro, salvo os casos previstos nesta Constituição.

Trata-se do chamado português equiparado ou quase nacional. Segundo o dispositivo, a Constituição assegura aos portugueses tratamento diferenciado, como se fossem brasileiros. Não se trata de uma hipótese de naturalização, nesse caso são atribuídos os mesmos direitos inerentes ao brasileiro.

Essa condição depende de reciprocidade por parte de Portugal. O Brasil possui um acordo internacional com Portugal por meio do Decreto nº 3.927/2001 que promulgou o Tratado de Cooperação, Amizade e Consulta Brasil/Portugal. Havendo o mesmo tratamento a um brasileiro quando estiver no país português, serão garantidos tratamentos diferenciados aos portugueses que aqui estiverem desde que manifestem interesse no recebimento desse tratamento diferenciado. Ressalta-se que para requerer esse tipo de tratamento será necessária, além do requerimento, a constituição de residência permanente no Brasil.

Por fim, não se pode esquecer de que o tratamento dado aos portugueses os equipara aos brasileiros naturalizados.

5.1.5 Tratamento diferenciado entre brasileiros

O § 2º do art. 12 proíbe o tratamento diferenciado entre brasileiros natos e naturalizados:

§ 2º A lei não poderá estabelecer distinção entre brasileiros natos e naturalizados, salvo nos casos previstos nesta Constituição.

O próprio dispositivo excepciona a regra permitindo que a Constituição Federal estabeleça tratamento diferenciado entre brasileiros natos e naturalizados. São quatro os tratamentos diferenciados estabelecidos pelo texto constitucional:

- **Cargos privativos de brasileiros natos;**
- **Funções privativas de brasileiros natos;**
- **Regras de extradição;**
- **Propriedade de empresas de jornalística ou de radiodifusão.**

O § 3º apresenta a primeira hipótese de distinção dentre brasileiros natos e naturalizados:

§ 3º São privativos de brasileiro nato os cargos:
I – De Presidente e Vice-Presidente da República;
II – De Presidente da Câmara dos Deputados;
III – De Presidente do Senado Federal;
IV – De Ministro do Supremo Tribunal Federal;
V – Da carreira diplomática;
VI – de oficial das Forças Armadas;
VII – De Ministro de Estado da Defesa.

Os cargos privativos aos brasileiros natos são muito incidentes em provas. Por esse motivo, sugere-se que sejam memorizados. Dois critérios foram utilizados para escolha desses cargos. O primeiro está relacionado com os cargos que sucedem o Presidente da República (presidente e vice-Presidente da República, presidente da Câmara dos Deputados, presidente do Senado Federal e ministro do Supremo Tribunal Federal). O segundo critério diz respeito à segurança nacional (carreira diplomática, oficial das forças armadas e ministro do Estado da Defesa).

As funções privativas de brasileiros natos estão previstas no art. 89, inciso VII da Constituição Federal de 1988:

Art. 89 O Conselho da República é órgão superior de consulta do Presidente da República, e dele participam:
I – O Vice-Presidente da República;
II – O Presidente da Câmara dos Deputados;
III – O Presidente do Senado Federal;
IV – Os líderes da maioria e da minoria na Câmara dos Deputados;
V – Os líderes da maioria e da minoria no Senado Federal;
VI – O Ministro da Justiça;
VII – Seis cidadãos brasileiros natos, com mais de trinta e cinco anos de idade, sendo dois nomeados pelo Presidente da República, dois eleitos pelo Senado Federal e dois eleitos pela Câmara dos Deputados, todos com mandato de três anos, vedada a recondução.

A terceira possibilidade de tratamento diferenciado diz respeito às regras de extradição previstas no inciso LI do art. 5º da Constituição Federal de 1988:

LI – Nenhum brasileiro será extraditado, salvo o naturalizado, em caso de crime comum, praticado antes da naturalização, ou de comprovado envolvimento em tráfico ilícito de entorpecentes e drogas afins, na forma da lei.

A quarta previsão está no art. 222 da Constituição Federal de 1988:

Art. 222 A propriedade de empresa jornalística e de radiodifusão sonora e de sons e imagens é privativa de brasileiros natos ou naturalizados há mais de dez anos, ou de pessoas jurídicas constituídas sob as leis brasileiras e que tenham sede no País.

5.1.6 Perda da nacionalidade

A seguir serão trabalhadas as hipóteses de perda da nacionalidade. Uma pergunta: brasileiro nato pode perder a nacionalidade?

Vejamos o que diz a Constituição Federal:

Art. 12, § 4º Será declarada a perda da nacionalidade do brasileiro que:
I – Tiver cancelada sua naturalização, por sentença judicial, em virtude de atividade nociva ao interesse nacional;
II – Adquirir outra nacionalidade, salvo nos casos:
a) de reconhecimento de nacionalidade originária pela lei estrangeira;
b) de imposição de naturalização, pela norma estrangeira, ao brasileiro residente em estado estrangeiro, como condição para permanência em seu território ou para o exercício de direitos civis.

Ao se analisar o dispositivo do *caput* desse parágrafo, é possível concluir que as regras são para os brasileiros natos ou naturalizados.

Mas vale a pena verificar cada hipótese:

- O inciso I deixa claro que é uma hipótese aplicada apenas aos brasileiros naturalizados (cancelamento de naturalização). Se o indivíduo tem seu vínculo com o Estado cancelado por decisão judicial, não há que se falar em permanência da nacionalidade brasileira;
- O inciso II já não permite a mesma conclusão, haja vista ter considerado qualquer brasileiro. Logo, ao brasileiro, seja ele nato ou naturalizado, que adquirir outra nacionalidade, será declarada a perda da nacionalidade, pelo menos em regra. Essa regra possui duas exceções: nos casos de reconhecimento de nacionalidade originária estrangeira ou de imposição de naturalização, não será declarada a perda da nacionalidade brasileira. É nestas hipóteses que se encontram permitidas as situações de dupla nacionalidade que conhecemos.

Uma questão interessante surge: seria possível a reaquisição da nacionalidade brasileira?

Uma vez perdida a nacionalidade, tem-se entendido que é possível a sua reaquisição dependo da forma que foi perdida.

Se o indivíduo perde a nacionalidade com fundamento no inciso I, por cancelamento de naturalização, só seria possível a reaquisição por meio de ação rescisória.

Caso o indivíduo perca a nacionalidade por ter adquirido outra, que revela a hipótese do inciso II, também será possível a reaquisição por decreto presidencial (art. 36, Lei nº 818/1949).

Apesar da divergência doutrinária, prevalece o entendimento de que o brasileiro, após a reaquisição, volta à condição anterior, ou seja, se era brasileiro nato, volta a ser nato, se era naturalizado, volta como naturalizado.

6 DIREITOS POLÍTICOS

6.1 Direitos políticos

Os direitos políticos são um conjunto de direitos fundamentais que permitem ao indivíduo participar da vontade política do Estado. Para se falar de direitos políticos, alguns conceitos são indispensáveis.

6.1.1 Cidadania, democracia e soberania popular

A Cidadania é a condição conferida ao indivíduo que possui direito político. É o exercício desse direito. Essa condição só é possível em nosso país por causa do regime de governo adotado, a Democracia. A democracia parte do pressuposto de que o poder do Estado decorre da vontade popular, da Soberania Popular. Conforme o parágrafo único do art. 1º da Constituição:

> Art. 1º [...]
> Parágrafo único. Todo o poder emana do povo, que o exerce por meio de representantes eleitos ou diretamente, nos termos desta Constituição.

A democracia brasileira é classificada como semidireta ou participativa, haja vista poder ser exercida tanto de forma direta como de forma indireta. Como forma de exercício direto temos o previsto no art. 14 da CF/1988/1988:

> Art. 14 A soberania popular será exercida pelo sufrágio universal e pelo voto direto e secreto, com valor igual para todos, e, nos termos da lei, mediante:
> I – Plebiscito;
> II – Referendo;
> III – Iniciativa popular.

Mas ainda há a ação popular que também é forma de exercício direto dos direitos políticos:

> Art. 5º [...]
> LXXIII – Qualquer cidadão é parte legítima para propor ação popular que vise a anular ato lesivo ao patrimônio público ou de entidade de que o Estado participe, à moralidade administrativa, ao meio ambiente e ao patrimônio histórico e cultural, ficando o autor, salvo comprovada má-fé, isento de custas judiciais e do ônus da sucumbência.

Entendamos o que significa cada uma das formas de exercício direto dos direitos políticos.

- **Plebiscito:** consulta popular realizada antes da tomada de decisão. O representante do poder público quer tomar uma decisão, mas, antes de tomá-la, ele pergunta para os cidadãos quem concorda. O que os cidadãos decidirem será feito.
- **Referendo:** consulta popular realizada depois da tomada de decisão. O representante do poder público toma uma decisão e depois pergunta o que os cidadãos acharam.
- **Iniciativa Popular:** essa é uma das formas de se iniciar o processo legislativo no Brasil. A legitimidade para propor criação de lei pelo eleitorado encontra amparo no art. 61, § 2º da CF/1988:

> Art. 61 [...]
> § 2º A iniciativa popular pode ser exercida pela apresentação à Câmara dos Deputados de projeto de lei subscrito por, no mínimo, um por cento do eleitorado nacional, distribuído pelo menos por cinco Estados, com não menos de três décimos por cento dos eleitores de cada um deles.

- **Ação popular:** remédio constitucional previsto no inciso LXXIII que funciona como instrumento de fiscalização dos poderes públicos nos termos do inciso citado.

Quando se fala em exercício indireto, significa exercício por meio dos representantes eleitos que representarão a vontade popular.

Todas essas ferramentas disponibilizadas acima constituem formas de exercício dos direitos políticos no Brasil.

6.1.2 Classificação dos direitos políticos

A doutrina costuma classificar os direitos políticos em **direitos políticos positivos e direitos políticos negativos.**

- **Direitos políticos positivos**

Os direitos políticos positivos se mostram pela possibilidade de participação na vontade política do Estado. Esses direitos políticos se materializam por meio da Capacidade Eleitoral Ativa e da Capacidade Eleitoral Passiva. O primeiro é a possibilidade de votar. O segundo, de ser votado.

Para que se possa exercer a capacidade eleitoral ativa, faz-se necessário o chamado alistamento eleitoral. É, simplesmente, inscrever-se como eleitor, o que acontece quando obtemos o título de eleitor. A Constituição apresenta três regras para o alistamento e o voto:

- **Voto Obrigatório:** maiores de 18 anos.
- **Voto Facultativo:** maiores de 16 e menores de 18; analfabetos e maiores de 70 anos.
- **Voto Proibido:** estrangeiros e conscritos.

Vejamos estas regras previstas no texto constitucional:

> Art. 14. [...]
> § 1º O alistamento eleitoral e o voto são:
> I – Obrigatórios para os maiores de dezoito anos;
> II – Facultativos para:
> a) os analfabetos;
> b) os maiores de setenta anos;
> c) os maiores de dezesseis e menores de dezoito anos.
> § 2º Não podem alistar-se como eleitores os estrangeiros e, durante o período do serviço militar obrigatório, os conscritos.

A capacidade eleitoral passiva é a capacidade de ser eleito. É uma das formas de participação política em que o cidadão aceita a incumbência de representar os interesses dos seus eleitores. Para que alguém possa ser eleito se faz necessário o preenchimento das condições de elegibilidade. São condições de elegibilidade as previstas no art. 14, § 3º da Constituição Federal de 1988:

> Art. 14 [...]
> § 3º São condições de elegibilidade, na forma da lei:
> I – a nacionalidade brasileira;
> II – o pleno exercício dos direitos políticos;
> III – o alistamento eleitoral;
> IV – o domicílio eleitoral na circunscrição;
> V – a filiação partidária;
> VI – a idade mínima de:
> a) trinta e cinco anos para Presidente e Vice-Presidente da República e Senador;
> b) trinta anos para Governador e Vice-Governador de Estado e do Distrito Federal;
> c) vinte e um anos para Deputado Federal, Deputado Estadual ou Distrital, Prefeito, Vice-Prefeito e juiz de paz;
> d) dezoito anos para Vereador.

- **Direitos políticos negativos**

Os direitos políticos negativos são verdadeiras vedações ao exercício da cidadania. São inelegibilidades, hipóteses de perda ou suspensão dos direitos políticos que se encontram previstos expressamente no texto constitucional. Só não se pode esquecer a possibilidade prevista no § 9º do art. 14 da Constituição, que admite que sejam criadas outras inelegibilidades por Lei Complementar, desde possuam caráter relativo. Inelegibilidade absoluta, segundo a doutrina, só na Constituição Federal de 1988.

A primeira inelegibilidade está prevista no art. 14, § 4º:

> Art. 14 [...]
> § 4º São inelegíveis os inalistáveis e os analfabetos.

Trata-se de uma inelegibilidade absoluta que impede os inalistáveis e analfabetos a concorrerem a qualquer cargo eletivo. Nota-se primeiramente que a Constituição se refere aos inalistáveis como "inelegíveis". Todas as vezes que se encontrar o termo inalistável, deve-se pensar

DIREITOS POLÍTICOS

automaticamente em estrangeiros e conscritos. Logo, são inelegíveis os estrangeiros, conscritos e analfabetos.

Quanto aos analfabetos, uma questão merece atenção: os analfabetos podem votar, mas não podem receber votos.

Em seguida, tem-se o § 5º, que traz a chamada regra da reeleição. Trata-se de uma espécie de inelegibilidade relativa por meio do qual alguns titulares de cargos políticos ficam impedidos de se reelegerem por mais de duas eleições consecutivas, ou seja, é permitida apenas uma reeleição:

> *Art. 14 [...]*
> *§ 5º O Presidente da República, os Governadores de Estado e do Distrito Federal, os Prefeitos e quem os houver sucedido, ou substituído no curso dos mandatos poderão ser reeleitos para um único período subsequente.*

O primeiro ponto interessante desse parágrafo está na restrição que só ocorre para os membros do Poder Executivo (presidente, governador e prefeito). Logo, um membro do Poder Legislativo poderá se reeleger quantas vezes ele quiser, enquanto o membro do Poder Executivo só poderá se reeleger uma única vez. Ressalte-se que o impedimento se aplica também a quem suceder ou substituir o titular dos cargos supracitados.

Mais uma regra de inelegibilidade relativa encontra-se no § 6º:

> *Art. 14 [...]*
> *§ 6º Para concorrerem a outros cargos, o Presidente da República, os Governadores de Estado e do Distrito Federal e os Prefeitos devem renunciar aos respectivos mandatos até seis meses antes do pleito.*

Estamos diante da chamada regra de **desincompatibilização**. Da mesma forma que o dispositivo anterior só se aplica aos membros do Poder Executivo, e essa norma exige que os representantes desse Poder, para que possam concorrer a outro cargo, devem renunciar os respectivos mandatos até seis meses antes do pleito.

Ainda há a chamada inelegibilidade reflexa, ou em razão do parentesco. Essa hipótese gera um impedimento, não ao titular do cargo político, mas aos seus parentes até segundo grau. Também se aplica apenas aos membros do Poder Executivo:

> *Art. 14 [...]*
> *§ 7º São inelegíveis, no território de jurisdição do titular, o cônjuge e os parentes consanguíneos ou afins, até o segundo grau ou por adoção, do Presidente da República, de Governador de Estado ou Território, do Distrito Federal, de Prefeito ou de quem os haja substituído dentro dos seis meses anteriores ao pleito, salvo se já titular de mandato eletivo e candidato à reeleição.*

O impedimento gerado está relacionado ao território de jurisdição do titular da seguinte forma:

- O prefeito gera inelegibilidade aos cargos de Prefeito e vereador do mesmo município;
- O governador gera inelegibilidade aos cargos de prefeito, vereador, deputado estadual, deputado federal, senador da República e governador do mesmo Estado Federativo;
- O Presidente gera inelegibilidade a todos os cargos eletivos do país.

São parentes de 1º grau: pai, mãe, filho, sogro. São parentes de 2º grau: avô, irmão, neto, cunhado.

O STF editou a Súmula Vinculante nº 18, que diz:

> **Súmula Vinculante nº 18** *A dissolução da sociedade ou do vínculo conjugal, no curso do mandato, não afasta a inelegibilidade prevista no § 7º do art. 14 da Constituição Federal.*

Lei complementar pode estabelecer novas hipóteses de inelegibilidade relativa. É o que dispõe o § 9º do art. 14:

> *Art. 14 [...]*
> *§ 9º Lei complementar estabelecerá outros casos de inelegibilidade e os prazos de sua cessação, a fim de proteger a probidade administrativa, a moralidade para exercício de mandato considerada vida pregressa do candidato, e a normalidade e legitimidade das eleições contra a influência do poder econômico ou o abuso do exercício de função, cargo ou emprego na administração direta ou indireta.*

Com base no texto, é possível concluir que o rol de inelegibilidades relativas previstas na Constituição Federal de 1988 é meramente exemplificativo. Há ainda a Lei Complementar nº 64/1990 que traz várias hipóteses de inelegibilidade.

6.1.3 Condições para eleição do militar

O militar pode se candidatar a cargo político eletivo desde que observadas as regras estabelecidas no § 8º do art. 14:

> *Art. 14 [...]*
> *§ 8º O militar alistável é elegível, atendidas as seguintes condições:*
> *I – se contar menos de dez anos de serviço, deverá afastar-se da atividade;*
> *II – se contar mais de dez anos de serviço, será agregado pela autoridade superior e, se eleito, passará automaticamente, no ato da diplomação, para a inatividade.*

Primeiramente, deve-se ressaltar que a Constituição veda a filiação partidária aos militares:

> *Art. 142 [...]*
> *§ 3º [...]*
> *V – O militar, enquanto em serviço ativo, não pode estar filiado a partidos políticos.*

Recordando as condições de elegibilidade, tem-se que é necessária a filiação partidária para ser elegível, contudo, no caso do militar, o TSE tem entendido que o registro da candidatura supre a falta de prévia filiação partidária.

Um segundo ponto interessante decorre da própria interpretação do § 8º, que prevê duas regras para eleição dos militares em razão do tempo de serviço:

- **Militar com menos de dez anos:** deve se afastar da atividade;
- **Militar com mais de dez anos:** deve ficar agregado pela autoridade superior e se eleito, passado para inatividade.

Esse prazo de dez anos escolhido pela Constituição decorre da garantia de estabilidade para os militares.

6.1.4 Impugnação de mandato eletivo

Estes parágrafos dispensam explicação e, quando aparecem em prova, costumam cobrar o próprio texto constitucional. Deve-se ter cuidado com o prazo de 15 dias para impugnação:

> *Art. 14 [...]*
> *§ 10 O mandato eletivo poderá ser impugnado ante a Justiça Eleitoral no prazo de quinze dias contados da diplomação, instruída a ação com provas de abuso do poder econômico, corrupção ou fraude.*
> *§ 11 A ação de impugnação de mandato tramitará em segredo de justiça, respondendo o autor, na forma da lei, se temerária ou de manifesta má-fé.*

6.1.5 Cassação, suspensão e perda dos direitos políticos

Uma coisa é certa: não existe cassação de direitos políticos no Brasil. Isso não pode ser esquecido, pois sempre é cobrado em prova. Apesar dessa norma protetiva, são permitidas a perda e a suspensão desses direitos, conforme disposto no art. 15 da Constituição:

> *Art. 15 É vedada a cassação de direitos políticos, cuja perda ou suspensão só se dará nos casos de:*
> *I – Cancelamento da naturalização por sentença transitada em julgado;*
> *II – Incapacidade civil absoluta;*
> *III – Condenação criminal transitada em julgado, enquanto durarem seus efeitos;*
> *IV – Recusa de cumprir obrigação a todos imposta ou prestação alternativa, nos termos do art. 5º, VIII;*
> *V – Improbidade administrativa, nos termos do art. 37, § 4º.*

Observe-se que o texto constitucional não esclareceu muito bem quais são as hipóteses de perda ou suspensão, trabalho esse que ficou a cargo da doutrina fazer. Seguem abaixo as hipóteses de perda ou suspensão:

- **Cancelamento da naturalização por sentença transitada em julgado:** trata-se de perda dos direitos políticos. Ora, se o indivíduo teve cancelado seu vínculo com o Estado Brasileiro, não há sentido em lhe garantir os direitos políticos.
- **Incapacidade civil absoluta:** apesar de ser absoluta, essa incapacidade civil pode cessar dependendo da situação. Logo, é hipótese de suspensão dos direitos políticos.
- **Condenação criminal transitada em julgado, enquanto durarem seus efeitos:** condenação criminal é suspensão, pois dura enquanto durar a pena. Deve-se ter cuidado com essa questão em prova. O efeito da suspensão sobre os direitos políticos independe do tipo de pena aplicada ao cidadão.
- **Recusa de cumprir obrigação a todos imposta ou prestação alternativa, nos termos do art. 5º, inciso VIII:** essa é a famosa hipótese da escusa de consciência. Em relação a esse tema, existe divergência na doutrina. Parte da doutrina Constitucional entende que é hipótese de perda, outra parte da doutrina, principalmente eleitoral, entende que seja hipótese de suspensão.
- **Improbidade administrativa, nos termos do art. 37, § 4º, CF/1988/1988:** essa é mais uma hipótese de suspensão dos direitos políticos.

6.1.6 Princípio da anterioridade eleitoral

Este princípio exige o prazo de um ano para aplicação de lei que altere processo eleitoral. Isso visa a evitar que os candidatos sejam pegos de surpresa com as regras eleitorais. O art. 16 da Constituição Federal de 1988 diz:

> *Art. 16 A lei que alterar o processo eleitoral entrará em vigor na data de sua publicação, não se aplicando à eleição que ocorra até um ano da data de sua vigência.*

ADMINISTRAÇÃO PÚBLICA

7 ADMINISTRAÇÃO PÚBLICA

7.1 Conceito

Primeiramente, faz-se necessário conceituar a Administração Pública, remetendo ao *caput* do art. 37, Constituição Federal de 1988.

> **Art. 37** *A Administração Pública direta e indireta de qualquer dos Poderes da União, dos Estados, do Distrito Federal e dos Municípios obedecerá aos princípios de legalidade, impessoalidade, moralidade, publicidade e eficiência e, também, ao seguinte:*

Neste primeiro momento, deve-se entender que alguns termos que aparecem no art. 37. O conceito da Administração Pública deve ser visto sob dois aspectos. Sob a perspectiva objetiva, a Administração Pública constitui a atividade desenvolvida pelo poder público, que tem como função a satisfação do interesse público. Sob a perspectiva subjetiva, Administração Pública é o conjunto de órgãos e pessoas jurídicas que desempenham a atividade administrativa. Interessa aqui conhecer a Administração Pública sob essa última perspective, a qual se classifica em Administração Direta e Indireta.

- **Administração Pública Direta**: é formada por pessoas jurídicas de direito público, ou pessoas políticas, entes que possuem personalidade jurídica e autonomia própria. São entes da Administração Pública Direta a União, os Estados, o Distrito Federal e os municípios. Esses entes são pessoas jurídicas de Direito Público que exercem as atividades administrativas por meio dos órgãos e agentes pertencentes aos Poderes Executivo, Legislativo e Judiciário. Os órgãos não são dotados de personalidade jurídica própria, pois agem em nome da pessoa jurídica a qual estão vinculados.
- **Administração Pública Indireta**: é formada por pessoas jurídicas próprias, de direito público ou privado, que executam atividades do Estado por meio da descentralização administrativa. São os entes da Administração Indireta as Autarquias, Fundações Públicas, Sociedades de Economia Mista e Empresas Públicas.

Segundo a Constituição Federal de 1988, a Administração Pública, seja ela direta ou indireta, pertencente a qualquer dos Poderes, deverá obedecer aos Princípios da legalidade, impessoalidade, moralidade, publicidade e eficiência, os quais serão estudados agora.

7.2 Princípios expressos da Administração Pública

Os princípios que regem a Administração Pública são verdadeiros parâmetros que orientam o desenvolvimento da atividade administrativa, os quais são de observância obrigatória. A Administração é regida por princípios expressos e princípios implícitos. Primeiramente vamos analisar os princípios expressos no texto constitucional, que são: legalidade, impessoalidade, moralidade, publicidade e eficiência.

7.2.1 Legalidade

Esse é o primeiro princípio expresso na Constituição Federal para a Administração Pública. Para se entender o princípio da legalidade, é preciso analisar suas duas acepções: a legalidade em relação aos particulares e a legalidade em relação à Administração Pública.

Para os particulares, a legalidade remete ao art. 5º da Constituição: significa que ele poderá fazer tudo o que não for proibido por lei, conforme já previa o art. 5º, inciso II da Constituição Federal de 1988:

> *II – ninguém será obrigado a fazer ou deixar de fazer alguma coisa senão em virtude de lei.*

Já em relação à Administração Pública, a legalidade impõe uma conduta mais rigorosa exigindo que se faça apenas o que estiver determinado por lei ou que seja permitido pela lei: quando se fala em lei, trata-se daquela em sentido estrito, ou em sentido formal, porque há exceções à aplicação do princípio da legalidade que já aparecem em prova, como a medida provisória, o estado de defesa e o estado de sítio; por isso, esse princípio não deve ser encarado de forma absoluta.

A medida provisória é exceção, pois é ato emitido pelo chefe do Poder Executivo, porque com sua publicação já produz efeitos na sociedade; em seguida, temos os sistemas constitucionais de crises, sendo exceções, porque o decreto que rege essas medidas prevê algumas situações excepcionais, com amparo constitucional, então são exceções à legalidade, mas com fundamento constitucional. O agente público, ao agir, deverá pautar sua conduta segundo a lei.

7.2.2 Impessoalidade

Esse princípio exige do administrador uma postura isenta de interesses pessoais. Ele não poderá agir com o fim de atender suas próprias vontades. Agir de forma impessoal é agir visando a atender o interesse público. A impessoalidade deve ser enxergada sob duas perspectivas: finalidade da atuação administrativa e proibição da promoção pessoal. A impessoalidade deve ser vista sob duas perspectivas: primeiro, a impessoalidade se confunde com o interesse público; segundo, a impessoalidade é a proibição da autopromoção, ou seja, vedação à promoção pessoal.

A título exemplificativo, para a finalidade da atuação administrativa, que será sempre a satisfação do interesse público em benefício da coletividade, é que se realizam os concursos públicos para contratação de pessoal e licitação para contratação dos serviços pela Administração Pública, são formas exigidas por lei que garantem o referido princípio. Isso impede que o administrador atue satisfazendo seus interesses pessoais.

Nesse sentido, fica proibida a vinculação da imagem do administrador a obras e propagandas não se permitindo também a vinculação da sigla do partido. Ressalte-se ainda o teor da Súmula Vinculante nº 13 do STF, que veda a prática de nepotismo:

> *Súmula Vinculante nº 13 A nomeação de cônjuge, companheiro ou parente em linha reta, colateral ou por afinidade, até o terceiro grau, inclusive, da autoridade nomeante ou de servidor da mesma pessoa jurídica, investido em cargo de direção, chefia ou assessoramento, para o exercício de cargo em comissão ou de confiança, ou, ainda, de função gratificada na Administração Pública direta e indireta, em qualquer dos Poderes da União, dos Estados, do Distrito Federal e dos municípios, compreendido o ajuste mediante designações recíprocas, viola a Constituição Federal.*

A impessoalidade também proíbe a promoção pessoal. O administrador público não poderá se utilizar da máquina administrativa para promover sua própria imagem. Veja o que diz o art. 37, § 1º diz:

> *§1º A publicidade dos atos, programas, obras, serviços e campanhas dos órgãos públicos deverá ter caráter educativo, informativo ou de orientação social, dela não podendo constar nomes, símbolos ou imagens que caracterizem promoção pessoal de autoridades ou servidores públicos.*

Notemos que esse parágrafo tem como objetivo trazer de forma expressa a proibição da vinculação da imagem do agente público com as obras e serviços realizadas durante seu mandato, nesse sentido, já existe proibição da utilização inclusive da sigla do partido.

7.2.3 Moralidade

Não é possível se definir o que é, mas é possível compreender por meio da interpretação das normas. Esse princípio prevê que o administrador deve agir conforme os fins públicos. Por esse princípio, ao administrador não basta fazer tudo conforme a lei. É importante o faça de boa-fé, respeitando os preceitos éticos, com probidade e justiça. E aqui não se fala em moral comum, mas em uma moral jurídica ou política.

A não observância do referido princípio poderá ser combatida por meio da Ação Popular, conforme prevê o art. 5º, inciso LXXIII da Constituição Federal de 1988:

> *LXXIII – Qualquer cidadão é parte legítima para propor ação popular que vise a anular ato lesivo ao patrimônio público ou de entidade de que o Estado participe, à moralidade administrativa, ao meio ambiente e ao patrimônio histórico e cultural, ficando o autor, salvo comprovada má-fé, isento de custas judiciais e do ônus da sucumbência.*

Ressalte-se também que, se o agente público agir em desconformidade com o princípio de moralidade, sua conduta poderá ensejar a ação de improbidade administrativa, a qual é punida nos termos do art. 37, § 4º:

> § 4º Os atos de improbidade administrativa importarão a suspensão dos direitos políticos, a perda da função pública, a indisponibilidade dos bens e o ressarcimento ao erário, na forma e gradação previstas em lei, sem prejuízo da ação penal cabível.

7.2.4 Publicidade

A publicidade como princípio também poderá ser analisada sob duas acepções: a primeira delas é a publicidade como condição de eficácia do ato administrativo; a segunda, como forma de se garantir a transparência destes mesmos atos.

Como condição de eficácia do ato administrativo, a publicidade muito aparece em prova; o examinador costuma dizer que a publicidade é requisito de validade do ato administrativo, mas isso é errado, porque validade e eficácia são diferentes. A publicidade é necessária, pois é a forma de tornar conhecido o conteúdo do ato, principalmente se esse ato for capaz de produzir efeitos externos ou que ensejem ônus para o patrimônio público. Em regra, a publicidade se dá pelos meios de comunicação oficiais, como o Diário Oficial da União.

A publicidade também tem a função de garantir a transparência do ato administrativo. É uma forma dos administrados fiscalizarem a atuação do poder público. Apesar de sua importância, nesse aspecto a publicidade encontra limitação na própria Constituição que prevê a possibilidade de sigilo dos atos administrativos todas as vezes que for necessário para preservar a segurança da sociedade e do Estado:

> Art. 5º [...]
> XXXIII – Todos têm direito a receber dos órgãos públicos informações de seu interesse particular, ou de interesse coletivo ou geral, que serão prestadas no prazo da lei, sob pena de responsabilidade, ressalvadas aquelas cujo sigilo seja imprescindível à segurança da sociedade e do Estado.

7.2.5 Eficiência

O princípio da eficiência foi o último incluído no rol dos princípios, em razão da reforma administrativa promovida pela Emenda Constitucional nº 19/1998. A sua inserção como princípio expresso está relacionada a necessidade de produção de resultados satisfatórios a sociedade. A Administração Pública deve ter produtividade em suas atividades como se fosse iniciativa privada.

Como forma de garantir uma nova postura na prestação dos seus serviços, esse princípio exige que as ações sejam praticadas com celeridade, perfeição, visando a atingir ótimos resultados, sempre tendo como destinatário o bem-estar do administrado. A celeridade dos processos encontra-se prevista no art. 5º, inciso LXXVIII da Constituição Federal de 1988:

> LXXVIII – A todos, no âmbito judicial e administrativo, são assegurados a razoável duração do processo e os meios que garantam a celeridade de sua tramitação.

Em respeito ao princípio da eficiência, a Constituição Federal previu formas de participação do administrado como fiscal da Administração Pública:

> Art. 37 [...]
> § 3º A lei disciplinará as formas de participação do usuário na Administração Pública direta e indireta, regulando especialmente:
> I – As reclamações relativas à prestação dos serviços públicos em geral, asseguradas a manutenção de serviços de atendimento ao usuário e a avaliação periódica, externa e interna, da qualidade dos serviços;
> II – O acesso dos usuários a registros administrativos e a informações sobre atos de governo, observado o disposto no art. 5º, X e XXXIII;
> III – A disciplina da representação contra o exercício negligente ou abusivo de cargo, emprego ou função na Administração Pública.

Decorre desse princípio, ainda, a necessidade de avaliação de desempenho para concessão da estabilidade ao servidor público em estágio probatório, bem como a existência da avaliação periódica de desempenho como uma das condições para perda do cargo nos termos do art. 41 da Constituição Federal de 1988:

> Art. 41 São estáveis após três anos de efetivo exercício os servidores nomeados para cargo de provimento efetivo em virtude de concurso público.
> § 1º O servidor público estável só perderá o cargo:
> I – Em virtude de sentença judicial transitada em julgado;
> II – Mediante processo administrativo em que lhe seja assegurada ampla defesa;
> III – Mediante procedimento de avaliação periódica de desempenho, na forma de lei complementar, assegurada ampla defesa.
> § 2º Invalidada por sentença judicial a demissão do servidor estável, será ele reintegrado, e o eventual ocupante da vaga, se estável, reconduzido ao cargo de origem, sem direito a indenização, aproveitado em outro cargo ou posto em disponibilidade com remuneração proporcional ao tempo de serviço.
> § 3º Extinto o cargo ou declarada a sua desnecessidade, o servidor estável ficará em disponibilidade, com remuneração proporcional ao tempo de serviço, até seu adequado aproveitamento em outro cargo.
> § 4º Como condição para a aquisição da estabilidade, é obrigatória a avaliação especial de desempenho por comissão instituída para essa finalidade.

Princípios expressos

Legalidade fazer aquilo que a lei determina.
Impessoalidade agir conforme fins públicos/vedação à promoção pessoal.
Moralidade agir conforme a ética, a probidade e a justiça.
Publicidade condição de eficácia dos atos/garantia da transparência.
Eficiência gestão de bons resultados.

7.3 Princípios implícitos da Administração Pública

Além dos princípios expressamente previstos no *caput* do art. 37 da Constituição Federal de 1988 (legalidade, impessoalidade, moralidade, publicidade e eficiência), a doutrina elenca outros como princípios gerais de direito que decorrem da interpretação constitucional. Vejamos a seguir.

7.3.1 Supremacia do interesse público

Esse princípio é tido pela doutrina como um dos pilares do regime jurídico administrativo. Nesse sentido, o Estado representa o interesse público ou da coletividade, e a coletividade, em regra, deve prevalecer sobre o interesse privado. A Administração Pública, em sua relação com os administrados tem prevalência sobre o interesse privado.

O Regime Democrático adotado no Estado brasileiro confere à Administração Pública o poder de representar os interesses da sociedade, é nessa relação que vamos desenvolver a supremacia do interesse público, que decorre da relação de verticalidade entre o Estado e os particulares.

Esse princípio não goza de caráter absoluto, pois o Estado também age como se fosse particular em suas relações jurídicas, geralmente econômicas, por exemplo, o Estado não pode abusar da autoridade estatal sobre os direitos e princípios fundamentais dos administrados, já que esses são os limites da supremacia do interesse público.

Decorre desse princípio o poder de império exercido pela Administração Pública, a qual poderá impor sua vontade ao particular de forma coercitiva, podendo inclusive restringir seus direitos e impor obrigações, como ocorre no caso da desapropriação e requisição administrativa. Logicamente, esse princípio não goza de caráter absoluto, não tendo aplicabilidade nos atos praticados de mera gestão administrativa ou quando o poder público atua como particular nas relações econômicas.

ADMINISTRAÇÃO PÚBLICA

7.3.2 Indisponibilidade do interesse público

Juntamente com a Supremacia do interesse público, o Princípio da indisponibilidade do interesse público forma a base do regime jurídico-administrativo. Por esse princípio, a Administração Pública não pode ser vista como dona da coisa pública, mas apenas gestora. A coisa pública pertence ao povo, e o Estado é o responsável pelo cuidado ou gestão da coisa pública.

Como limitação a esse princípio, existe o princípio da legalidade, que determina os passos e em que condições a Administração Pública pode se utilizar dos bens públicos, sempre respeitando a indisponibilidade do interesse público. Destaca-se ainda o papel que esse princípio exerce como limitador do princípio da supremacia do interesse público.

Um ponto importante a respeito desse princípio é que os bens públicos são indisponíveis, não pertencendo aos seus administradores ou aos seus agentes os quais estão proibidos, inclusive de renunciar a qualquer direito ou prerrogativa inerente ao Poder Público.

Na desapropriação, a Administração Pública pode retirar o bem de uma pessoa pelo fundamento da Supremacia do interesse público, por outro lado, em razão da Indisponibilidade do interesse público, há vedação à Administração Pública no sentido de não se apropriar de tal bem sem que o particular seja indenizado.

7.3.3 Razoabilidade e proporcionalidade

Esses princípios são, por vezes, vistos em separado pela doutrina; eles servem para a limitação da atuação administrativa, e devem ser vistos em conjunto, como unidade. A razoabilidade e a proporcionalidade decorrem do princípio do devido processo legal e são utilizados, principalmente, como limitador da discricionariedade administrativa, ainda mais quando o ato limitado restringe os direitos do administrado. Trata-se, portanto, de uma ferramenta para controle de legalidade que pode gerar a nulidade do ato administrativo. Ao pensar em razoabilidade e proporcionalidade, deve-se pensar em dois elementos que os identificam: adequação e necessidade.

A melhor forma de verificar a sua utilização prática é no caso concreto. Imagine uma fiscalização sanitária realizada pelo poder público em que o administrado é flagrado cometendo um ilícito sanitário, ou seja, encontra um produto com o prazo de validade vencido. Dependendo da infração cometida, será aplicada uma penalidade administrativa maior ou não. Com a aplicação dos princípios em tela, a penalidade deve ser necessária, adequada e equivalente à infração cometida. Os princípios garantem que a sanção aplicada não seja maior que a necessária para atingir o fim proposto pelo poder público. O que se busca é uma adequação entre os meios e os fins necessários, proibindo o excesso na aplicação das medidas.

Sem dúvida, esses princípios gerais de direito estão entre os mais utilizados atualmente nas decisões do Supremo Tribunal Federal, pois esses princípios são utilizados nas decisões para se adequar à lei ao caso concreto.

Em suma, esses princípios são a adequação dos meios com a finalidade proposta pela Administração Pública, com o fim de evitar os excessos cometidos pelo agente público. Em razão disso, também são conhecidos como a proibição do excesso, por isso, deve-se trabalhar a razoabilidade e a proporcionalidade como unidade.

7.3.4 Continuidade dos serviços públicos

Esse princípio se traduz pelo próprio nome. Ele exige que a atividade administrativa seja contínua, não sofra interrupções e seja adequada, com qualidade, para que não ocorram prejuízos tanto para a Administração quanto para os administrados. Apesar disso, há situações excepcionais, em que se permite a interrupção do serviço público. Existem limitações a esse princípio, tanto para a Administração, quanto para o particular que está incumbido de executar o serviço público, e sua atuação pode ser percebida no próprio direito de greve do servidor público que se encontra condicionado à observância da lei para ser exercido.

O poder de vinculação desse princípio é tão grande que o particular, ao prestar o serviço público por delegação, não poderá interrompê-lo ainda que a Administração Pública não cumpra sua parte no contrato. Significa dizer que o particular prejudicado no contrato administrativo **não poderá opor a exceção do contrato não cumprido**, ficando desobrigado apenas por decisão judicial transitada em julgado, ou seja, o particular não pode deixar de cumprir sua obrigação pelo não cumprimento por parte da administração, mas o particular pode deixar de prestar o serviço público quando determinado por decisão judicial.

O responsável pela prestação do serviço público só ficaria desobrigado da sua prestação em caso de emergência e desde que haja aviso prévio em situações de **segurança**, de **ordem técnica** ou mesmo por **inadimplência do usuário**.

7.3.5 Autotutela

Esse princípio permite que a Administração avalie e reveja seus próprios atos, tanto em relação à legalidade do ato, quanto ao aspecto do mérito. Essa possibilidade não impede o ato de ser apreciado pelo Poder Judiciário, limitando a verificação da legalidade, nunca o mérito. Quando o ato for revisto em razão de vício de legalidade, ocorre a anulação do ato, se a questão é de mérito (discricionariedade e oportunidade), a administração revoga seus atos.

Este princípio foi consagrado pelo Supremo por meio da Súmula Vinculante nº 473:

> **Súmula Vinculante nº 473, STF** *A administração pode anular seus próprios atos, quando eivados de vícios que os tornam ilegais, porque deles não se originam direitos; ou revogá-los, por motivo de conveniência ou oportunidade, respeitados os direitos adquiridos, e ressalvada, em todos os casos, a apreciação judicial.*

A autotutela dos atos administrativos não depende de provocação, podendo a administração analisar de ofício seus próprios atos. Essa é a ideia primordial da autotutela.

7.3.6 Segurança jurídica

Esse princípio tem fundamento inicial já no art. 5º da Constituição Federal de 1988, que decorre da própria garantia fundamental à Segurança Jurídica; no que tange a sua aplicabilidade na Administração Pública, esse princípio evoca a impossibilidade de a lei nova prejudicar o direito adquirido, o ato jurídico perfeito e a coisa julgada, ou seja, esse princípio veda a aplicação retroativa de nova interpretação da norma administrativa, para que o administrado não seja surpreendido com inovações jurídicas.

Por se tratar de um direito fundamental, a Administração Pública fica obrigada a assegurar o seu cumprimento sob pena de ser responsabilizada.

7.4 Regras aplicáveis aos servidores públicos

Passamos agora a analisar as regras aplicáveis aos servidores públicos, as quais estão previstas nos arts. 37 a 41 da Constituição Federal de 1988.

7.4.1 Cargos, empregos e funções

Os primeiros dispositivos relacionados aos servidores públicos e que foram apresentados pela Constituição Federal regulamentam o acesso a cargos, empregos e funções públicas. Vejamos o que diz o art. 37, I e II da Constituição Federal de 1988:

> *I – Os cargos, empregos e funções públicas são acessíveis aos brasileiros que preencham os requisitos estabelecidos em lei, assim como aos estrangeiros, na forma da lei;*
> *II – A investidura em cargo ou emprego público depende de aprovação prévia em concurso público de provas ou de provas e títulos, de acordo com a natureza e a complexidade do cargo ou emprego, na forma prevista em lei, ressalvadas as nomeações para cargo em comissão declarado em lei de livre nomeação e exoneração.*

Ao iniciarmos este estudo, uma distinção se faz necessária: qual a diferença entre cargo, emprego e função pública?

NOÇÕES DE DIREITO

- **Cargo público** é a unidade de competência ofertada por uma pessoa jurídica de direito público e ocupada por um agente público que tenha sido criado por lei com denominação específica e quantidade certa. Quem ocupa um cargo público fez concurso público e é submetido a um regime estatutário e pode ser de provimento efetivo ou em comissão.
- **Emprego público**, por sua vez, é a unidade de competência desempenhada por agentes contratados sob regime celetista, ou seja, quem ocupa um emprego público possui uma relação trabalhista com a Administração Pública.
- **Função pública** é a atribuição ocupada por quem não possui cargo ou emprego público. Ocorre em duas situações: nas contratações temporárias e nas atividades de confiança.

Os cargos, empregos e funções são acessíveis a todos os brasileiros e estrangeiros que preencherem os requisitos previstos em lei. Aos estrangeiros, o acesso é limitado, essa é norma de eficácia limitada, pois depende de regulamentação, como professores ou pesquisadores em universidades e instituições de pesquisa científica e tecnológica. Destaca-se ainda que existem cargos privativos de brasileiros natos, os quais estão previstos no art. 12, § 3º da Constituição Federal de 1988: presidente e vice-Presidente da República, presidente da Câmara dos Deputados, Presidente do Senado Federal, ministro do STF, oficial das forças armadas, carreira diplomática e ministro do estado da defesa.

O acesso aos cargos e empregos públicos depende de aprovação em concurso público de provas ou de provas e títulos dependendo do cargo a ser ocupado. A realização do concurso não será necessária para o preenchimento de cargos em comissão, haja vista serem de livre nomeação e exoneração. Estão obrigados a contratar por meio de concurso toda a Administração Pública direta e indireta, seja do Poder Executivo, Legislativo, ou Judiciário, seja da União, estados, Distrito Federal e municípios.

É importante ressaltar, neste momento, que a função pública aqui tratada não pode ser confundida com a função que todo agente da Administração Pública detém, que é aquele conjunto de atribuições inerentes ao cargo ou emprego; neste momento a função pública foi tratada como diferenciação do cargo e do emprego públicos. Em seguida, é necessário ressaltar que os cargos em comissão dispensam o concurso público, que é meio exigido para que se ocupe um cargo ou empregos públicos.

7.4.2 Validade do concurso público

A Constituição Federal de 1988 previu prazo de validade para os concursos públicos. Vejamos o que diz o art. 37, incisos III e IV:

> *Art. 37 [...]*
>
> *III – O prazo de validade do concurso público será de até dois anos, prorrogável uma vez, por igual período;*
>
> *IV – Durante o prazo improrrogável previsto no edital de convocação, aquele aprovado em concurso público de provas ou de provas e títulos será convocado com prioridade sobre novos concursados para assumir cargo ou emprego, na carreira.*

O prazo de validade será de **até dois anos**, podendo ser prorrogado apenas uma vez, por igual período. O prazo de validade passa a ser contado a partir da homologação do resultado. Este é o prazo que a Administração Pública terá para contratar ou nomear os aprovados para o preenchimento do emprego ou do cargo público, respectivamente.

Segundo posicionamento do STF, quem é aprovado dentro do número de vagas previstas no edital possui direito subjetivo à nomeação durante o prazo de validade do concurso. Uma forma de burlar esse sistema encontrada pela Administração Pública tem sido a publicação de edital com cadastro de reserva, que gera apenas uma expectativa de direito para quem foi classificado no concurso público.

Segundo a Constituição Federal de 1988, durante o prazo improrrogável do concurso, os aprovados terão prioridade na convocação diante dos novos concursados, o que não impede a abertura de novos certames apesar de a Lei nº 8.112/1990 proibir a abertura de novo concurso enquanto houver candidato aprovado no concurso anterior e desde que esteja dentro do prazo de validade. Na prova, deve-se responder conforme for perguntado. Se for segundo a Constituição Federal, não há proibição de realização de novo concurso enquanto existir outro com prazo de validade aberto. Se perguntar segundo a Lei nº 8.112/1990, não se abrirá novo concurso enquanto houver candidato aprovado em concurso anterior com prazo de validade não expirado.

7.4.3 Reserva de vaga para deficiente

Essa regra sobre concurso público é uma das mais importantes de inclusão social previstas no texto constitucional; é regra de ação afirmativa que visa à inserção social dos portadores de necessidades especiais, e compensar a perda social que alguns grupos têm. Possuindo valor social relevante, diz respeito à reserva de vagas para pessoas com necessidades especiais, que não podem ser tratados da mesma forma que as pessoas que estão em pleno vigor físico. Aqui, a isonomia deve ser material observando a nítida diferença entre os deficientes e os que não são. Vejamos o que dispõe a Constituição a respeito desse tema:

> *Art. 37 [...]*
>
> *VIII – A lei reservará percentual dos cargos e empregos públicos para as pessoas portadoras de deficiência e definirá os critérios de sua admissão.*

Por se tratar de norma de eficácia limitada, a Constituição exigiu regulamentação para este dispositivo o que foi feito, no âmbito federal, pela Lei nº 8.112/1990:

> *Art. 5 [...]*
>
> *§ 2º Às pessoas portadoras de deficiência é assegurado o direito de se inscrever em concurso público para provimento de cargo cujas atribuições sejam compatíveis com a deficiência de que são portadoras; para tais pessoas serão reservadas até 20% (vinte por cento) das vagas oferecidas no concurso.*

Esse dispositivo garante a reserva de até 20% das vagas oferecidas no concurso para os deficientes. Complementando esta norma, foi publicado o Decreto Federal nº 3.298/1999 que fixou o mínimo de 5% das vagas para deficientes, exigindo nos casos em que esse percentual gerasse número fracionado, que fosse arredondado para o próximo número inteiro. Essa proteção gerou um inconveniente nos concursos com poucas vagas, fazendo com que o STF interviesse e decidisse no sentido de que se a observância do mínimo de 5% ultrapassar o máximo de 20% não será necessário fazer a reserva da vaga. Isso é perfeitamente visível em concursos com duas vagas. Se fosse reservado o mínimo, ter-se-ia pelo menos 1 vaga para deficiente, o que corresponderia a 50% das vagas, ultrapassando assim o limite de 20% estabelecido em lei.

7.4.4 Funções de confiança e cargos em comissão

A Constituição Federal de 1988 prevê a existência das funções de confiança e os cargos em comissão:

> *Art. 37 [...]*
>
> *V – As funções de confiança, exercidas exclusivamente por servidores ocupantes de cargo efetivo, e os cargos em comissão, a serem preenchidos por servidores de carreira nos casos, condições e percentuais mínimos previstos em lei, destinam-se apenas às atribuições de direção, chefia e assessoramento.*

Existem algumas peculiaridades entre esses dois institutos que sempre são cobrados em prova. As funções de confiança são privativas de ocupantes de cargo efetivo, ou seja, para aquele que fez concurso público; já os cargos em comissão podem ser ocupados por qualquer pessoa, apesar de a Constituição estabelecer que deve se reservar um percentual mínimo para os ocupantes de cargo efetivo. Tanto as funções de confiança como os cargos em comissão destinam-se às atribuições de **direção, chefia** e **assessoramento**.

- **Funções de confiança:** livres designação e livres dispensa – são apenas para servidores públicos ocupantes de cargos efetivos, os quais serão designados para seu exercício podendo ser dispensados a critério da Administração Pública.

ADMINISTRAÇÃO PÚBLICA

- **Cargos em comissão:** são de livre nomeação e livre exoneração, podendo ser ocupados por qualquer pessoa, servidor público ou não. A ocupação de um cargo em comissão por pessoa não detentora de cargo de provimento efetivo não gera direito de ser efetivado, muito menos de adquirir a estabilidade.

7.4.5 Contratação por tempo determinado

Outra forma de ingresso no serviço público é por meio de contratação por tempo determinado. A Constituição prevê:

> **Art. 37, IX.** *A lei estabelecerá os casos de contratação por tempo determinado para atender a necessidade temporária de excepcional interesse público.*

Nesse caso, temos uma norma de eficácia limitada, pois a Constituição não regulamenta, apenas prevê que uma lei vai regulamentar. Na contratação por tempo determinado, o contratado não ocupa cargo público nem possui vínculo trabalhista. Ele exercerá função pública de caráter temporário. Essa contratação tem que ser embasada em excepcional interesse público, questão emergencial. Em regra, faz-se o processo seletivo simplificado, podendo ser feito por meio de provas, entrevista ou até mesmo entrega de currículo; esse processo simplificado não pode ser confundido com o concurso público.

O seu contrato com a Administração Pública é regido por norma específica de regime especial que, no caso da esfera federal, será a Lei nº 8.745/1993. A referida lei traz várias hipóteses de contratação temporária para atender a essa necessidade excepcional.

7.5 Direitos sociais dos servidores públicos

Quando se fala em direitos sociais aplicáveis aos servidores públicos, significa dizer uma parcela dos direitos de natureza trabalhista prevista no art. 7º da Constituição Federal de 1988. Vejamos quais direitos sociais trabalhistas foram destinados a esses trabalhadores ocupantes de cargos públicos.

7.5.1 Direitos trabalhistas

A Constituição Federal não concedeu todos os direitos trabalhistas aos servidores públicos, mas apenas os previstos expressamente no texto constitucional no art. 39, § 3º:

> **Art. 39 [...]**
> *§ 3º Aplica-se aos servidores ocupantes de cargo público o disposto no art. 7º, IV, VII, VIII, IX, XII, XIII, XV, XVI, XVII, XVIII, XIX, XX, XXII e XXX, podendo a lei estabelecer requisitos diferenciados de admissão quando a natureza do cargo o exigir.*

Segundo esse dispositivo, foram garantidos os seguintes direitos sociais aos servidores públicos:

> *IV – Salário-mínimo, fixado em lei, nacionalmente unificado, capaz de atender a suas necessidades vitais básicas e às de sua família com moradia, alimentação, educação, saúde, lazer, vestuário, higiene, transporte e previdência social, com reajustes periódicos que lhe preservem o poder aquisitivo, sendo vedada sua vinculação para qualquer fim;*
> *VII – Garantia de salário, nunca inferior ao mínimo, para os que percebem remuneração variável;*
> *VIII – Décimo terceiro salário com base na remuneração integral ou no valor da aposentadoria;*
> *IX – Remuneração do trabalho noturno superior à do diurno;*
> *XII – Salário-família pago em razão do dependente do trabalhador de baixa renda nos termos da lei;*
> *XIII – Duração do trabalho normal não superior a oito horas diárias e quarenta e quatro semanais, facultada a compensação de horários e a redução da jornada, mediante acordo ou convenção coletiva de trabalho;*
> *XV – Repouso semanal remunerado, preferencialmente aos domingos;*
> *XVI – Remuneração do serviço extraordinário superior, no mínimo, em cinquenta por cento à do normal;*
> *XVII – Gozo de férias anuais remuneradas com, pelo menos, um terço a mais do que o salário normal;*
> *XVIII – Licença à gestante, sem prejuízo do emprego e do salário, com a duração de cento e vinte dias;*
> *XIX – Licença-paternidade, nos termos fixados em lei;*
> *XX – Proteção do mercado de trabalho da mulher, mediante incentivos específicos, nos termos da lei;*
> *XXII – Redução dos riscos inerentes ao trabalho, por meio de normas de saúde, higiene e segurança;*
> *XXX – Proibição de diferença de salários, de exercício de funções e de critério de admissão por motivo de sexo, idade, cor ou estado civil.*

A experiência de ler os incisos destinados aos servidores públicos é muito importante para que você acerte em prova. O fato de outros direitos trabalhistas do art. 7º não terem sido previstos no art. 39 não significa que tais direitos não sejam concedidos aos servidores públicos. Ocorre que alguns direitos trabalhistas conferidos aos servidores públicos estão disciplinados em outros lugares na própria Constituição ou em leis esparsas. A título de exemplo, pode-se citar o direito à aposentadoria, que apesar de não ter sido referido no art. 39, § 3º, encontra-se previsto expressamente no art. 40 da Constituição Federal de 1988.

7.5.2 Liberdade de associação sindical

A Constituição Federal garante aos servidores públicos o direito à associação sindical:

> **Art. 37 [...]**
> *VI – É garantido ao servidor público civil o direito à livre associação sindical.*

A Constituição Federal de 1988 concede ao servidor público civil o direito à associação sindical. Dessa forma, a livre associação profissional ou sindical não é garantida aos militares em razão da peculiaridade do seu regime jurídico, cuja vedação está prevista na própria Constituição Federal:

> **Art. 142 [...]**
> *IV – Ao militar são proibidas a sindicalização e a greve.*

Segundo a doutrina, trata-se de uma norma autoaplicável, a qual não depende de regulamentação para ser exercida, pois o servidor pode prontamente usufruir desse direito.

7.5.3 Direito de greve

Segundo o art. 37, inciso VII, da Constituição Federal de 1988:

> *VII – O direito de greve será exercido nos termos e nos limites definidos em lei específica;*

O direito de greve, previsto na Constituição Federal aos servidores públicos, condiciona o seu exercício a uma norma regulamentadora, por isso é uma norma de eficácia limitada.

Como até o presente momento a necessária lei não foi publicada, o Supremo Tribunal Federal adotou a Teoria Concretista Geral, a partir da análise do Mandado de Injunção, e fez com que o direito de greve tivesse efetividade e conferiu efeito *erga omnes* à decisão, ou seja, os seus efeitos atingem todos os servidores públicos, ainda que aquele não tenha ingressado com ação judicial para exercer seu direito de greve.

A partir disso, segundo o STF, os servidores públicos de todo o país poderão se utilizar do seu direito de greve nos termos da Lei nº 7.783/1989, a qual regulamenta o direito de greve dos trabalhadores da iniciativa privada.

Ressalte-se que o direito de greve, juntamente com o de associação sindical, não se aplica aos militares pelos mesmos motivos já apresentados ao analisarmos o direito de liberdade de associação sindical.

7.5.4 Vedação à acumulação de cargos, empregos e funções públicas

A Constituição achou por bem regular a acumulação de cargos públicos no art. 37, incisos XVI e XVII:

> *XVI – É vedada a acumulação remunerada de cargos públicos, exceto, quando houver compatibilidade de horários, observado em qualquer caso o disposto no inciso XI:*
> *a) a de dois cargos de professor;*

b) a de um cargo de professor com outro técnico ou científico;

c) a de dois cargos ou empregos privativos de profissionais de saúde, com profissões regulamentadas;

XVII – A proibição de acumular estende-se a empregos e funções e abrange autarquias, fundações, empresas públicas, sociedades de economia mista, suas subsidiárias, e sociedades controladas, direta ou indiretamente, pelo poder público;

Segundo o texto constitucional, em regra, é vedada a acumulação de cargos públicos, ressalvadas as hipóteses previstas na própria Constituição Federal de 1988 e quando houver compatibilidade de horário.

Além dessas hipóteses, a CF/1988/1988 também previu a acumulação lícita em outros casos, observemos:

- **Magistrado + magistério:** é permitida a acumulação de um cargo de juiz com um de professor:

    Art. 95 [...]

    Parágrafo único. Aos juízes é vedado:

    I – Exercer, ainda que em disponibilidade, outro cargo ou função, salvo uma de magistério.

- **Membro do Ministério Público + Magistério:** é permitida a acumulação de um cargo de Membro do Ministério Público com um de professor:

    Art. 128 [...]

    § 5º. Leis complementares da União e dos Estados, cuja iniciativa é facultada aos respectivos Procuradores-Gerais, estabelecerão a organização, as atribuições e o estatuto de cada Ministério Público, observadas, relativamente a seus membros: [...]

    II – As seguintes vedações:

    d) exercer, ainda que em disponibilidade, qualquer outra função pública, salvo uma de magistério.

- **Cargo Eletivo + cargo, emprego ou função pública:** é permitida a acumulação de um cargo eletivo com um cargo emprego ou função pública:

    Art. 38 Ao servidor público da administração direta, autárquica e fundacional, no exercício de mandato eletivo, aplicam-se as seguintes disposições:

    I – Tratando-se de mandato eletivo federal, estadual ou distrital, ficará afastado de seu cargo, emprego ou função;

    II – Investido no mandato de Prefeito, será afastado do cargo, emprego ou função, sendo-lhe facultado optar pela sua remuneração;

    III – Investido no mandato de Vereador, havendo compatibilidade de horários, perceberá as vantagens de seu cargo, emprego ou função, sem prejuízo da remuneração do cargo eletivo, e, não havendo compatibilidade, será aplicada a norma do inciso anterior;

    IV – Em qualquer caso que exija o afastamento para o exercício de mandato eletivo, seu tempo de serviço será contado para todos os efeitos legais, exceto para promoção por merecimento;

    V – Na hipótese de ser segurado de regime próprio de previdência social, permanecerá filiado a esse regime, no ente federativo de origem.

A proibição de acumular se estende à percepção de remuneração e aposentadoria. Vejamos o que diz o §10º do art. 37:

§ 10 É vedada a percepção simultânea de proventos de aposentadoria decorrentes do art. 40 ou dos Arts. 42 e 142 com a remuneração de cargo, emprego ou função pública, ressalvados os cargos acumuláveis na forma desta Constituição, os cargos eletivos e os cargos em comissão declarados em lei de livre nomeação e exoneração.

Aqui, a acumulação dos proventos da aposentadoria com a remuneração será permitida nos casos em que são autorizadas a acumulação dos cargos, ou, ainda, quando acumular com cargo em comissão e cargo eletivo. Significa dizer ser possível a acumulação dos proventos da aposentadoria de um cargo, emprego ou função pública com a remuneração de cargo, emprego ou função pública.

A Constituição Federal de 1988 também vedou a percepção de mais de uma aposentadoria, ressalvados os casos de acumulação de cargos permitida, ou seja, o indivíduo pode acumular as aposentadorias dos cargos que podem ser acumulados:

Art. 40 [...]

§ 6º Ressalvadas as aposentadorias decorrentes dos cargos acumuláveis na forma desta Constituição, é vedada a percepção de mais de uma aposentadoria à conta de regime próprio de previdência social, aplicando-se outras vedações, regras e condições para a acumulação de benefícios previdenciários estabelecidas no Regime Geral de Previdência Social.

7.5.5 Estabilidade

Um dos maiores desejos de quem faz concurso público é alcançar a Estabilidade. Essa é a garantia que se dá aos titulares de cargo público, ou seja, ao servidor público. Essa garantia faz que o servidor tenha certa tranquilidade para usufruir do seu cargo com maior tranquilidade; o servidor passa exercer suas atividades sem a preocupação de perder seu cargo por qualquer simples motivo. Vejamos o que diz a Constituição Federal:

Art. 41 São estáveis após três anos de efetivo exercício os servidores nomeados para cargo de provimento efetivo em virtude de concurso público.

§ 1º. O servidor público estável só perderá o cargo:

I – Em virtude de sentença judicial transitada em julgado;

II – Mediante processo administrativo em que lhe seja assegurada ampla defesa;

III – Mediante procedimento de avaliação periódica de desempenho, na forma de lei complementar, assegurada ampla defesa.

§ 2º Invalidada por sentença judicial a demissão do servidor estável, será ele reintegrado, e o eventual ocupante da vaga, se estável, reconduzido ao cargo de origem, sem direito a indenização, aproveitado em outro cargo ou posto em disponibilidade com remuneração proporcional ao tempo de serviço.

§ 3º Extinto o cargo ou declarada a sua desnecessidade, o servidor estável ficará em disponibilidade, com remuneração proporcional ao tempo de serviço, até seu adequado aproveitamento em outro cargo.

§ 4º Como condição para a aquisição da estabilidade, é obrigatória a avaliação especial de desempenho por comissão instituída para essa finalidade.

O primeiro ponto relevante é que a estabilidade se adquire após três anos de efetivo exercício. Só adquire estabilidade quem ocupa um cargo público de provimento efetivo, após a aprovação em concurso público. Essa garantia não se estende aos titulares de emprego público nem aos que ocupam cargos em comissão de livre nomeação e exoneração.

Não confunda a estabilidade com estágio probatório. Esse é o período de avaliação inicial dentro do novo cargo a que o servidor concursado se sujeita antes de adquirir sua estabilidade. A Constituição Federal de 1988 não fala nada de estágio probatório, mas, para os servidores públicos federais, aplica-se o prazo previsto na Lei nº 8.112/1990. Aqui temos um problema. O referido estatuto dos servidores públicos federais prevê o prazo de 24 meses para o estágio probatório.

Contudo, tem prevalecido, na doutrina e na jurisprudência, o entendimento de que não tem como se dissociar o prazo do estágio probatório da aquisição da estabilidade, de forma que até o próprio STF e o STJ reconhecem que o prazo do estágio probatório foi revogado tacitamente pela Emenda Constitucional nº 19/1998 que alterou o prazo de aquisição da estabilidade para 3 anos. Reforça esse entendimento o fato de que a Advocacia-Geral da União já emitiu parecer vinculante determinando a aplicação do prazo de **três anos para o estágio probatório** em todo o Poder Executivo Federal, o que de fato acontece. Dessa forma, para prova o prazo do estágio probatório é de 3 anos.

Segundo o texto constitucional, é condição para a aquisição da estabilidade a avaliação especial de desempenhos aplicada por comissão instituída para essa finalidade.

O servidor estável só perderá o cargo nas hipóteses previstas na Constituição, as quais são:

- **Sentença judicial transitada em julgado.**
- **Procedimento administrativo disciplinar.**

ADMINISTRAÇÃO PÚBLICA

- **Insuficiência de desempenho comprovada na avaliação periódica.**
- **Excesso de despesas com pessoal nos termos do art. 169, § 3º.**

7.6 Regras para servidores em exercício de mandato eletivo

Para os servidores públicos que estão no exercício de mandato eletivo, aplicam-se as seguintes regras:

> *Art. 38 Ao servidor público da administração direta, autárquica e fundacional, no exercício de mandato eletivo, aplicam-se as seguintes disposições:*
>
> *I – Tratando-se de mandato eletivo federal, estadual ou distrital, ficará afastado de seu cargo, emprego ou função;*
>
> *II – Investido no mandato de Prefeito, será afastado do cargo, emprego ou função, sendo-lhe facultado optar pela sua remuneração;*
>
> *III – Investido no mandato de Vereador, havendo compatibilidade de horários, perceberá as vantagens de seu cargo, emprego ou função, sem prejuízo da remuneração do cargo eletivo, e, não havendo compatibilidade, será aplicada a norma do inciso anterior;*
>
> *IV – Em qualquer caso que exija o afastamento para o exercício de mandato eletivo, seu tempo de serviço será contado para todos os efeitos legais, exceto para promoção por merecimento;*
>
> *V – Na hipótese de ser segurado de regime próprio de previdência social, permanecerá filiado a esse regime, no ente federativo de origem.*

Em suma:

- **Mandato Eletivo Federal, Estadual ou Distrital:** afasta-se do cargo, emprego ou função;
- **Mandato Eletivo Municipal**
    - **Prefeito:** Afasta-se do cargo, mas pode optar pela remuneração;
    - **Vereador:** Havendo compatibilidade de horário, pode exercer os dois cargos e cumular as duas remunerações respeitando os limites legais. Não havendo compatibilidade de horário, deverá afastar-se do cargo podendo optar pela remuneração de um dos dois.

Havendo o afastamento, a Constituição Federal de 1988 determina ainda que esse período seja contabilizado como tempo de serviço gerando todos seus efeitos legais, com exceção da promoção de merecimento, além de ser contabilizado para efeito de benefício previdenciário.

7.7 Regras de remuneração dos servidores públicos

A Constituição Federal de 1988 previu várias regras referentes a remuneração dos servidores públicos, que consta no art. 37, da CF/1988/1988, as quais são bem interessantes para serem cobradas em sua prova:

> *X – A remuneração dos servidores públicos e o subsídio de que trata o § 4º do art. 39 somente poderão ser fixados ou alterados por lei específica, observada a iniciativa privativa em cada caso, assegurada revisão geral anual, sempre na mesma data e sem distinção de índices;*

O primeiro ponto importante sobre a remuneração dos servidores é que ela só pode ser fixada por meio de lei específica, se a Constituição Federal de 1988 não estabelece qualquer outro critério, essa lei é ordinária. Além disso, a iniciativa da lei também é específica, ou seja, cada poder tem competência para propor a lei que altere o quadro remuneratório dos seus servidores. Por exemplo, no âmbito do Poder Executivo Federal o Presidente da República é quem tem a iniciativa para propor o projeto de lei.

Ainda há que se fazer a revisão geral anual, sem distinção de índices e sempre na mesma data, que serve para suprir as perdas inflacionárias que ocorrem com a remuneração dos servidores. No que tange à revisão geral anual, o STF entende que a competência para a iniciativa é privativa do Presidente da República, com base no art. 61, § 1º, II, "a" da CF/1988:

> *§ 1º São de iniciativa privativa do Presidente da República as leis que: [...]*
>
> *II – Disponham sobre:*
>
> *a) criação de cargos, funções ou empregos públicos na administração direta e autárquica ou aumento de sua remuneração.*

Outro ponto importante é o **teto constitucional**, que é o limite imposto para fixação das tabelas remuneratórias dos servidores; conforme o inciso XI do art. 37 da Constituição Federal de 1988:

> *XI – A remuneração e o subsídio dos ocupantes de cargos, funções e empregos públicos da administração direta, autárquica e fundacional, dos membros de qualquer dos Poderes da União, dos Estados, do Distrito Federal e dos Municípios, dos detentores de mandato eletivo e dos demais agentes políticos e os proventos, pensões ou outra espécie remuneratória, percebidos cumulativamente ou não, incluídas as vantagens pessoais ou de qualquer outra natureza, não poderão exceder o subsídio mensal, em espécie, dos Ministros do Supremo Tribunal Federal, aplicando-se como limite, nos Municípios, o subsídio do Prefeito, e nos Estados e no Distrito Federal, o subsídio mensal do Governador no âmbito do Poder Executivo, o subsídio dos Deputados Estaduais e Distritais no âmbito do Poder Legislativo e o subsídio dos Desembargadores do Tribunal de Justiça, limitado a noventa inteiros e vinte e cinco centésimos por cento do subsídio mensal, em espécie, dos Ministros do Supremo Tribunal Federal, no âmbito do Poder Judiciário, aplicável este limite aos membros do Ministério Público, aos Procuradores e aos Defensores Públicos.*

Vamos entender essa regra, analisando os diversos tipos de limites previstos no texto constitucional.

O primeiro limite é o Teto Geral, que, segundo a Constituição, corresponde ao subsídio do Ministro do Supremo Tribunal Federal. Isso significa que nenhum servidor público no Brasil pode receber remuneração maior que o subsídio do Ministro do Supremo Tribunal Federal. Esse limite se aplica a todos os poderes em todos os entes federativos. Ressalte-se que a iniciativa de proposta legislativa para fixação da remuneração dos Ministros pertence aos próprios membros do STF.

Em seguida, nós temos os subtetos, que são limites aplicáveis a cada poder e em cada ente federativo. Vejamos de forma sistematizada as regras previstas na Constituição Federal:

7.7.1 Estados e DF

Poder Executivo: subsídio do governador.

Poder Legislativo: subsídio do deputado estadual ou distrital.

Poder Judiciário: subsídio do desembargador do Tribunal de Justiça. Aplica-se este limite aos membros do Ministério Público e da Defensoria Pública dos Estados e Distrito Federal.

7.7.2 Municípios

Poder Executivo: subsídio do prefeito.

A Constituição Federal de 1988 permite que os estados e o Distrito Federal poderão, por iniciativa do governador, adotar limite único nos termos do art. 37, § 12, mediante emenda à Constituição Estadual ou a lei orgânica do Distrito Federal, o qual não poderá ultrapassar 90,25% do subsídio do ministro do STF. Ressalte-se que, se porventura for criado este limite único, ele não será aplicado a alguns membros do Poder Legislativo, como aos deputados distritais e vereadores.

A seguir, são abordados alguns limites específicos que também estão previstos no texto constitucional, mas em outros artigos, pois são determinados a algumas autoridades:

- **Governador e Prefeito:** subsídio do ministro do STF;
- **Deputado Estadual e Distrital:** 75% do subsídio do Deputado Federal;
- **Vereador:** 75% do subsídio do Deputado Estadual para os municípios com mais de 500.000 habitantes. Nos municípios com menos habitantes, aplica-se a regra proporcional a população conforme o art. 29, VI da Constituição Federal.

- **Magistrados dos Tribunais Superiores:** 95% do subsídio dos ministros do STF. Dos demais magistrados, o subteto é 95% do subsídio dos ministros dos Tribunais Superiores.

> *Art. 93 [...]*
> *V – O subsídio dos Ministros dos Tribunais Superiores corresponderá a noventa e cinco por cento do subsídio mensal fixado para os Ministros do Supremo Tribunal Federal e os subsídios dos demais magistrados serão fixados em lei e escalonados, em nível federal e estadual, conforme as respectivas categorias da estrutura judiciária nacional, não podendo a diferença entre uma e outra ser superior a dez por cento ou inferior a cinco por cento, nem exceder a noventa e cinco por cento do subsídio mensal dos Ministros dos Tribunais Superiores, obedecido, em qualquer caso, o disposto nos Arts. 37, XI, e 39, § 4º.*

Tetos específicos

Governador e prefeito	subsídio do Ministro do STF.
Deputado estadual e distrital	75% do subsídio do Deputado Federal.
Vereador	75% do subsídio do Deputado Estadual (municípios + de 500 mil habitantes).
Magistrados dos Tribunais Superiores	95% do subsídio dos ministros do STF.

Lembre-se de que esses limites se aplicam quando for possível a acumulação de cargos prevista no texto constitucional, ressalvados os seguintes casos:

- **Magistratura + magistério:** a resolução nº 14/2006 do Conselho Nacional de Justiça prevê que não se sujeita ao teto a remuneração oriunda no magistério exercido pelos juízes;
- Exercício cumulativo de funções no Supremo Tribunal Federal e Tribunal Superior Eleitoral.

Os limites aplicam-se as empresas públicas e sociedades de economia mista desde que recebam recursos da União dos Estados e do Distrito Federal para pagamento do pessoal e custeio em geral:

> *Art. 37 [...]*
> *§ 9º O disposto no inciso XI aplica-se às empresas públicas e às sociedades de economia mista, e suas subsidiárias, que receberem recursos da União, dos Estados, do Distrito Federal ou dos Municípios para pagamento de despesas de pessoal ou de custeio em geral.*

A Constituição Federal também trouxe previsão expressa vedando qualquer equiparação ou vinculação de remuneração de servidor público:

> *Art. 37, XIII. É vedada a vinculação ou equiparação de quaisquer espécies remuneratórias para o efeito de remuneração de pessoal do serviço público.*

Antes da Emenda Constitucional nº 19/1998, muitos servidores incorporavam vantagens pecuniárias calculadas sobre outras vantagens, gerando aumento desproporcional da remuneração. Isso acabou com a alteração do texto constitucional:

> *Art. 37 [...]*
> *XIV – Os acréscimos pecuniários percebidos por servidor público não serão computados nem acumulados para fins de concessão de acréscimos ulteriores.*

Destaque-se, ainda, a regra constitucional que prevê a irredutibilidade da remuneração dos servidores públicos:

> *Art. 37 [...]*
> *XV – O subsídio e os vencimentos dos ocupantes de cargos e empregos públicos são irredutíveis, ressalvado o disposto nos incisos XI e XIV deste artigo e nos Arts. 39, § 4º, 150, II, 153, III, e 153, § 2º, I.*

A irredutibilidade aqui é meramente nominal, não existindo direito à preservação do valor real em proteção a perda do poder aquisitivo. A irredutibilidade também não impede a alteração da composição remuneratória; significa dizer que podem ser retiradas as gratificações, mantendo-se o valor nominal da remuneração, nem mesmo a supressão de parcelas ou gratificações; é preciso considerar que o STF entende não haver direito adquirido a regime jurídico.

7.8 Regras de aposentadoria

Esse tema costuma ser trabalhado em Direito Previdenciário devido às inúmeras regras de transição que foram editadas, além das previstas no texto constitucional. Para as provas de Direito Constitucional, é importante a leitura atenta dos dispositivos abaixo:

> *Art. 40 O regime próprio de previdência social dos servidores titulares de cargos efetivos terá caráter contributivo e solidário, mediante contribuição do respectivo ente federativo, de servidores ativos, de aposentados e de pensionistas, observados critérios que preservem o equilíbrio financeiro e atuarial.*
>
> *§ 1º O servidor abrangido por regime próprio de previdência social será aposentado:*
>
> *I – por incapacidade permanente para o trabalho, no cargo em que estiver investido, quando insuscetível de readaptação, hipótese em que será obrigatória a realização de avaliações periódicas para verificação da continuidade das condições que ensejaram a concessão da aposentadoria, na forma de lei do respectivo ente federativo;*
>
> *II – compulsoriamente, com proventos proporcionais ao tempo de contribuição, aos 70 (setenta) anos de idade, ou aos 75 (setenta e cinco) anos de idade, na forma de lei complementar;*
>
> *III – no âmbito da União, aos 62 (sessenta e dois) anos de idade, se mulher, e aos 65 (sessenta e cinco) anos de idade, se homem, e, no âmbito dos Estados, do Distrito Federal e dos Municípios, na idade mínima estabelecida mediante emenda às respectivas Constituições e Leis Orgânicas, observados o tempo de contribuição e os demais requisitos estabelecidos em lei complementar do respectivo ente federativo.*
>
> *§ 2º Os proventos de aposentadoria não poderão ser inferiores ao valor mínimo a que se refere o § 2º do art. 201 ou superiores ao limite máximo estabelecido para o Regime Geral de Previdência Social, observado o disposto nos §§ 14 a 16.*
>
> *§ 3º As regras para cálculo de proventos de aposentadoria serão disciplinadas em lei do respectivo ente federativo.*
>
> *§ 4º É vedada a adoção de requisitos ou critérios diferenciados para concessão de benefícios em regime próprio de previdência social, ressalvado o disposto nos §§ 4º-A, 4º-B, 4º-C e 5º.*
>
> *§ 4º-A Poderão ser estabelecidos por lei complementar do respectivo ente federativo idade e tempo de contribuição diferenciados para aposentadoria de servidores com deficiência, previamente submetidos a avaliação biopsicossocial realizada por equipe multiprofissional e interdisciplinar.*
>
> *§ 4º-B Poderão ser estabelecidos por lei complementar do respectivo ente federativo idade e tempo de contribuição diferenciados para aposentadoria de ocupantes do cargo de agente penitenciário, de agente socioeducativo ou de policial dos órgãos de que tratam o inciso IV do caput do art. 51, o inciso XIII do caput do art. 52 e os incisos I a IV do caput do art. 144.*
>
> *§ 4º-C Poderão ser estabelecidos por lei complementar do respectivo ente federativo idade e tempo de contribuição diferenciados para aposentadoria de servidores cujas atividades sejam exercidas com efetiva exposição a agentes químicos, físicos e biológicos prejudiciais à saúde, ou associação desses agentes, vedada a caracterização por categoria profissional ou ocupação.*
>
> *§ 5º Os ocupantes do cargo de professor terão idade mínima reduzida em 5 (cinco) anos em relação às idades decorrentes da aplicação do disposto no inciso III do § 1º, desde que comprovem tempo de efetivo exercício das funções de magistério na educação infantil e no ensino fundamental e médio fixado em lei complementar do respectivo ente federativo.*
>
> *§ 6º Ressalvadas as aposentadorias decorrentes dos cargos acumuláveis na forma desta Constituição, é vedada a percepção de mais de uma aposentadoria à conta de regime próprio de previdência social, aplicando-se outras vedações, regras e condições para a acumulação de benefícios previdenciários estabelecidas no Regime Geral de Previdência Social.*
>
> *§ 7º Observado o disposto no § 2º do art. 201, quando se tratar da única fonte de renda formal auferida pelo dependente, o benefício de pensão por morte será concedido nos termos de lei do respectivo ente federativo, a qual tratará de forma diferenciada a hipótese de morte dos servidores de que trata o § 4º-B decorrente de agressão sofrida no exercício ou em razão da função.*

ADMINISTRAÇÃO PÚBLICA

§ 8º É assegurado o reajustamento dos benefícios para preservar-lhes, em caráter permanente, o valor real, conforme critérios estabelecidos em lei.

§ 9º O tempo de contribuição federal, estadual, distrital ou municipal será contado para fins de aposentadoria, observado o disposto nos §§ 9º e 9º-A do art. 201, e o tempo de serviço correspondente será contado para fins de disponibilidade.

§ 10 A lei não poderá estabelecer qualquer forma de contagem de tempo de contribuição fictício.

§ 11 Aplica-se o limite fixado no art. 37, XI, à soma total dos proventos de inatividade, inclusive quando decorrentes da acumulação de cargos ou empregos públicos, bem como de outras atividades sujeitas a contribuição para o regime geral de previdência social, e ao montante resultante da adição de proventos de inatividade com remuneração de cargo acumulável na forma desta Constituição, cargo em comissão declarado em lei de livre nomeação e exoneração, e de cargo eletivo.

§ 12 Além do disposto neste artigo, serão observados, em regime próprio de previdência social, no que couber, os requisitos e critérios fixados para o Regime Geral de Previdência Social.

§ 13 Aplica-se ao agente público ocupante, exclusivamente, de cargo em comissão declarado em lei de livre nomeação e exoneração, de outro cargo temporário, inclusive mandato eletivo, ou de emprego público, o Regime Geral de Previdência Social.

§ 14 A União, os Estados, o Distrito Federal e os Municípios instituirão, por lei de iniciativa do respectivo Poder Executivo, regime de previdência complementar para servidores públicos ocupantes de cargo efetivo, observado o limite máximo dos benefícios do Regime Geral de Previdência Social para o valor das aposentadorias e das pensões em regime próprio de previdência social, ressalvado o disposto no § 16.

§ 15 O regime de previdência complementar de que trata o § 14 oferecerá plano de benefícios somente na modalidade contribuição definida, observará o disposto no art. 202 e será efetivado por intermédio de entidade fechada de previdência complementar ou de entidade aberta de previdência complementar.

§ 16 Somente mediante sua prévia e expressa opção, o disposto nos §§ 14 e 15 poderá ser aplicado ao servidor que tiver ingressado no serviço público até a data da publicação do ato de instituição do correspondente regime de previdência complementar.

§ 17 Todos os valores de remuneração considerados para o cálculo do benefício previsto no § 3° serão devidamente atualizados, na forma da lei.

§ 18 Incidirá contribuição sobre os proventos de aposentadorias e pensões concedidas pelo regime de que trata este artigo que superem o limite máximo estabelecido para os benefícios do regime geral de previdência social de que trata o art. 201, com percentual igual ao estabelecido para os servidores titulares de cargos efetivos.

§ 19 Observados critérios a serem estabelecidos em lei do respectivo ente federativo, o servidor titular de cargo efetivo que tenha completado as exigências para a aposentadoria voluntária e que opte por permanecer em atividade poderá fazer jus a um abono de permanência equivalente, no máximo, ao valor da sua contribuição previdenciária, até completar a idade para aposentadoria compulsória.

§ 20 É vedada a existência de mais de um regime próprio de previdência social e de mais de um órgão ou entidade gestora desse regime em cada ente federativo, abrangidos todos os poderes, órgãos e entidades autárquicas e fundacionais, que serão responsáveis pelo seu financiamento, observados os critérios, os parâmetros e a natureza jurídica definidos na lei complementar de que trata o § 22.

§ 21 (Revogado)

§ 22 Vedada a instituição de novos regimes próprios de previdência social, lei complementar federal estabelecerá, para os que já existam, normas gerais de organização, de funcionamento e de responsabilidade em sua gestão, dispondo, entre outros aspectos, sobre:

I – requisitos para sua extinção e consequente migração para o Regime Geral de Previdência Social;

II – modelo de arrecadação, de aplicação e de utilização dos recursos;

III – fiscalização pela União e controle externo e social;

IV – definição de equilíbrio financeiro e atuarial;

V – condições para instituição do fundo com finalidade previdenciária de que trata o art. 249 e para vinculação a ele dos recursos provenientes de contribuições e dos bens, direitos e ativos de qualquer natureza;

VI – mecanismos de equacionamento do déficit atuarial;

VII – estruturação do órgão ou entidade gestora do regime, observados os princípios relacionados com governança, controle interno e transparência;

VIII – condições e hipóteses para responsabilização daqueles que desempenhem atribuições relacionadas, direta ou indiretamente, com a gestão do regime;

IX – condições para adesão a consórcio público;

X – parâmetros para apuração da base de cálculo e definição de alíquota de contribuições ordinárias e extraordinárias.

7.9 Militares dos estados, Distrito Federal e territórios

A Constituição Federal distingue duas espécies de servidores, os civis e os militares, sendo que a estes reserva um regime jurídico diferenciado, previsto especialmente no art. 42 (Polícias Militares e Corpos de Bombeiros Militares) e no art. 142, § 3º (Forças Armadas – Exército, Marinha e Aeronáutica).

As Polícias Militares, os Corpos de Bombeiros Militares e as Forças Armadas são instituições organizadas com base na **hierarquia** e na **disciplina**.

Tomando de empréstimo o conceito constante do art. 14, § 1º e 2º, da Lei nº 6.880/1980 (Estatuto dos Militares das Forças Armadas), temos que a **hierarquia** militar é a ordenação da autoridade, em níveis diferentes, dentro da estrutura militar e a **disciplina** é a rigorosa observância e o acatamento integral das leis, regulamentos, normas e disposições que fundamentam o organismo militar e coordenam seu funcionamento regular e harmônico, traduzindo-se pelo perfeito cumprimento do dever por parte de todos e de cada um dos componentes desses organismos.

A hierarquia e a disciplina estão presentes em todo o serviço público. No entanto, no seio militar, elas são muito mais rígidas, objetivando garantir pronta e irrestrita obediência de seus membros, o que é imprescindível para o exercício das suas atividades.

As Polícias Militares e os Corpos de Bombeiros Militares são **órgãos de segurança pública** (art. 144, da Constituição Federal de 1988), organizados e mantidos pelos Estados.

Às Polícias Militares cabem as atribuições de polícia administrativa, ostensiva e a preservação da ordem pública. Aos Corpos de Bombeiros Militares cabe, além das atribuições definidas em lei (atividades de combate a incêndio, busca e resgate de pessoas etc.), a execução de atividades de defesa civil (art. 144, § 5º, da CF/1988/1988).

Segundo o § 6º, do art. 144, da CF/1988/1988, as Polícias Militares e os Corpos de Bombeiros Militares são forças auxiliares e reserva do Exército e subordinam-se aos governadores dos estados, do Distrito Federal e dos territórios.

Apesar de estarem subordinadas ao Governador do Distrito Federal, a organização e a manutenção da Polícia Militar e do Corpo de Bombeiros Militares do Distrito Federal são de competência da União (art. 21, inciso XIV, da CF/1988/1988).

No art. 42, a Constituição Federal estende aos policiais militares e aos bombeiros militares praticamente as mesmas **disposições** aplicáveis aos integrantes das Forças Armadas, militares da União, previstas no art. 142, § 2º e 3º, da Constituição Federal de 1988. Assim, entre outros:

- **O militar que seja alistável é elegível.** No entanto, se contar menos de dez anos de serviço, deverá afastar-se da atividade; se contar mais de dez anos de serviço será agregado pela autoridade superior e, se eleito, passará automaticamente, no ato da diplomação, para a inatividade.
- **Não cabe** *Habeas corpus* em relação a punições disciplinares militares.
- **Ao militar são proibidas** a sindicalização e a greve.
- O militar, **enquanto em serviço ativo**, não pode estar filiado a partidos políticos.

NOÇÕES DE DIREITO

8 PODER JUDICIÁRIO

8.1 Disposições gerais

O Poder Judiciário é o titular da chamada função jurisdicional. Ele possui a atribuição principal de "dizer o direito", "aplicar o direito ao caso concreto". Além de desempenhar esta função típica, o Judiciário também exerce de forma atípica a função dos demais poderes. Quando realiza concursos públicos ou contrata uma empresa prestadora de serviços, ele o faz no exercício da função administrativa (Poder Executivo). O Judiciário também exerce de forma atípica a função do Poder Legislativo quando edita instrumentos normativos que regulam as atividades dos tribunais.

Para desempenhar suas funções, o Poder Judiciário se utiliza de diversos órgãos os quais estão previstos no art. 92:

Art. 92 São órgãos do Poder Judiciário:
I – O Supremo Tribunal Federal;
I-A. O Conselho Nacional de Justiça;
II – O Superior Tribunal de Justiça;
II-A. O Tribunal Superior do Trabalho;
III – Os Tribunais Regionais Federais e Juízes Federais;
IV – Os Tribunais e Juízes do Trabalho;
V – Os Tribunais e Juízes Eleitorais;
VI – Os Tribunais e Juízes Militares;
VII – Os Tribunais e Juízes dos Estados e do Distrito Federal e Territórios.

§ 1º O Supremo Tribunal Federal, o Conselho Nacional de Justiça e os Tribunais Superiores têm sede na Capital Federal.

§ 2º O Supremo Tribunal Federal e os Tribunais Superiores têm jurisdição em todo o território nacional.

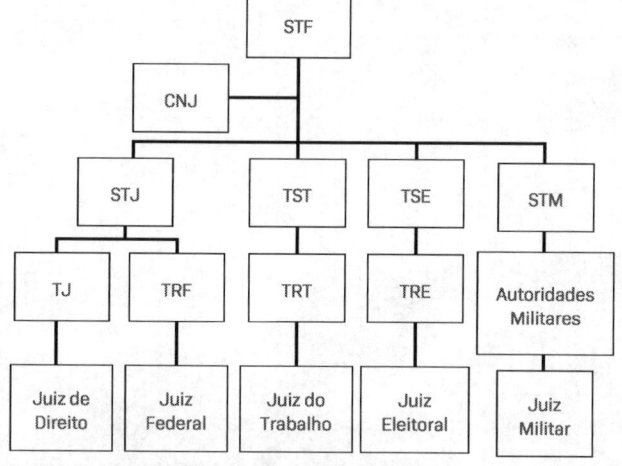

8.2 Composição dos órgãos do Poder Judiciário

A composição dos tribunais é tema recorrente em prova e requer um alto poder de memorização do candidato, principalmente pela composição diferenciada entre um e outro tribunal. A seguir descreve-se, então, a composição de cada um dos órgãos do Poder Judiciário.

8.2.1 Justiça Militar

A Justiça Militar compõe a chamada justiça especializada, nesse caso, em direito militar. A sua existência se deve à subordinação dos militares a um regime especial com direitos e deveres distintos quando comparados aos servidores civis.

A Constituição Federal definiu como órgãos da Justiça Militar os seguintes:

Art. 122 São órgãos da Justiça Militar:
I – O Superior Tribunal Militar;
II – Os Tribunais e Juízes Militares instituídos por lei.

Na sequência, pode-se ver a composição de cada um dos órgãos.

- **Superior Tribunal Militar**

O Superior Tribunal Militar é o órgão de cúpula da Justiça Militar, o qual é composto segundo as regras estabelecidas no art. 123 da Constituição Federal de 1988:

Art. 123 O Superior Tribunal Militar compor-se-á de quinze Ministros vitalícios, nomeados pelo Presidente da República, depois de aprovada a indicação pelo Senado Federal, sendo três dentre oficiais-generais da Marinha, quatro dentre oficiais-generais do Exército, três dentre oficiais-generais da Aeronáutica, todos da ativa e do posto mais elevado da carreira, e cinco dentre civis.

Parágrafo único. Os Ministros civis serão escolhidos pelo Presidente da República dentre brasileiros maiores de trinta e cinco anos, sendo:
I – Três dentre advogados de notório saber jurídico e conduta ilibada, com mais de dez anos de efetiva atividade profissional;
II – Dois, por escolha paritária, dentre juízes auditores e membros do Ministério Público da Justiça Militar.

O STM é composto por quinze ministros nomeados pelo Presidente da República, depois de aprovada a indicação pelo Senado Federal. Esses ministros ocuparão os cargos de forma vitalícia e serão escolhidos entre militares da ativa e do posto mais elevado da carreira, bem como entre civis escolhidos pelo Presidente da República com mais de 35 anos de idade, observadas as seguintes regras:

10 Militares:
- **Três** – oficiais-generais da Marinha;
- **Quatro** – oficiais-generais do Exército;
- **Três** – oficiais-generais da Aeronáutica.

5 Civis:
- **Três** – civis entre advogados de notório saber jurídico e conduta ilibada, com mais de dez anos de efetiva atividade profissional;
- **Dois** – civis escolhidos de forma paritária, entre juízes auditores e membros do Ministério Público da Justiça Militar.

- **Competências**

Segundo a Constituição Federal, a Justiça Militar é competente para processar e julgar os crimes militares definidos em lei:

Art. 124 À Justiça Militar compete processar e julgar os crimes militares definidos em lei.

Parágrafo único. A lei disporá sobre a organização, o funcionamento e a competência da Justiça Militar.

É importante lembrar que essa competência é da Justiça Militar da União, a qual só julgará crimes militares praticados por militares das Forças Armadas. A Constituição Federal de 1988 também previu a criação da Justiça Militar nos Estados com competência para julgar os militares dos estados (policiais e bombeiros militares) em seu art. 125, § 3º ao 5º:

Art. 125 Os Estados organizarão sua Justiça, observados os princípios estabelecidos nesta Constituição.

§ 3º A lei estadual poderá criar, mediante proposta do Tribunal de Justiça, a Justiça Militar estadual, constituída, em primeiro grau, pelos juízes de direito e pelos Conselhos de Justiça e, em segundo grau, pelo próprio Tribunal de Justiça, ou por Tribunal de Justiça Militar nos Estados em que o efetivo militar seja superior a vinte mil integrantes.

§ 4º Compete à Justiça Militar estadual processar e julgar os militares dos Estados, nos crimes militares definidos em lei e as ações judiciais contra atos disciplinares militares, ressalvada a competência do júri quando a vítima for civil, cabendo ao tribunal competente decidir sobre a perda do posto e da patente dos oficiais e da graduação das praças.

§ 5º Compete aos juízes de direito do juízo militar processar e julgar, singularmente, os crimes militares cometidos contra civis e as ações judiciais contra atos disciplinares militares, cabendo ao Conselho de Justiça, sob a presidência de juiz de direito, processar e julgar os demais crimes militares.

8.2.2 Tribunais e juízes estaduais

Em relação aos tribunais e juízes estaduais, a Constituição Federal fixou regras gerais e deixou a cargo de cada Estado organizar a sua justiça, observados os princípios estabelecidos na Constituição Federal:

> **Art. 125** *Os Estados organizarão sua Justiça, observados os princípios estabelecidos nesta Constituição.*
>
> *§ 1º A competência dos tribunais será definida na Constituição do Estado, sendo a lei de organização judiciária de iniciativa do Tribunal de Justiça.*
>
> *§ 2º Cabe aos Estados a instituição de representação de inconstitucionalidade de leis ou atos normativos estaduais ou municipais em face da Constituição Estadual, vedada a atribuição da legitimação para agir a um único órgão.*
>
> *§ 3º A lei estadual poderá criar, mediante proposta do Tribunal de Justiça, a Justiça Militar estadual, constituída, em primeiro grau, pelos juízes de direito e pelos Conselhos de Justiça e, em segundo grau, pelo próprio Tribunal de Justiça, ou por Tribunal de Justiça Militar nos Estados em que o efetivo militar seja superior a vinte mil integrantes.*
>
> *§ 4º Compete à Justiça Militar estadual processar e julgar os militares dos Estados, nos crimes militares definidos em lei e as ações judiciais contra atos disciplinares militares, ressalvada a competência do júri quando a vítima for civil, cabendo ao tribunal competente decidir sobre a perda do posto e da patente dos oficiais e da graduação das praças.*
>
> *§ 5º Compete aos juízes de direito do juízo militar processar e julgar, singularmente, os crimes militares cometidos contra civis e as ações judiciais contra atos disciplinares militares, cabendo ao Conselho de Justiça, sob a presidência de juiz de direito, processar e julgar os demais crimes militares.*
>
> *§ 6º O Tribunal de Justiça poderá funcionar descentralizadamente, constituindo Câmaras regionais, a fim de assegurar o pleno acesso do jurisdicionado à justiça em todas as fases do processo.*
>
> *§ 7º O Tribunal de Justiça instalará a justiça itinerante, com a realização de audiências e demais funções da atividade jurisdicional, nos limites territoriais da respectiva jurisdição, servindo-se de equipamentos públicos e comunitários.*
>
> **Art. 126** *Para dirimir conflitos fundiários, o Tribunal de Justiça proporá a criação de varas especializadas, com competência exclusiva para questões agrárias.*
>
> *Parágrafo único. Sempre que necessário à eficiente prestação jurisdicional, o juiz far-se-á presente no local do litígio.*

- **STF – 11 membros – entre 35 e 65 anos**

Composição: brasileiros natos. Notável saber jurídico e reputação ilibada. Nomeados pelo Presidente da República mediante aprovação do Senado pela maioria absoluta.

- **CNJ – 15 membros**

Composição: presidente do STF. Indicados pelo STF: 1 desembargador do TJ, 1 juiz estadual. Indicados pelo STJ: 1 ministro do STJ, 1 juiz do TRF, 1 juiz federal. Indicados pelo TST: 1 ministro do TST, 1 juiz do TRT, 1 juiz do trabalho. Indicados pelo PGR: 1 membro do MPE, 1 membro do MPU. Indicados pelo CF/1988OAB: 2 advogados. Indicado pela Câmara: 1 cidadão. Indicado pelo Senado: 1 cidadão.

- **STJ – mínimo de 33 membros – entre 35 e 65 anos**

Composição: Brasileiro. Notável saber jurídico e reputação ilibada. Nomeado pelo Presidente da República mediante aprovação do Senado. 1/3 juízes do TRF. 1/3 desembargadores do TJ. 1/3 advogados e membros do MPF, MPE e MPDFT.

- **TRF – mínimo de 7 membros – entre 30 e 65 anos**

Composição: Nomeados pelo Presidente da República. 1/5 advogados e membros do MPF (os advogados e membros do Ministério Público quando são nomeados para algum cargo do Poder Judiciário pelo Quinto Constitucional precisam comprovar 10 anos de experiência). 4/5 juízes federais.

- **TST – 27 membros – entre 35 e 65 anos**

Composição: Nomeado pelo Presidente da República mediante aprovação do Senado. 1/5 advogados e membros do MPT. 4/5 juízes do TRT da magistratura de carreira.

- **TRT – mínimo de 7 membros**

Composição: Eleição: 3 ministros do STF; 2 ministros do STJ. Nomeação pelo Presidente da República: 2 advogados de notável saber jurídico e idoneidade moral indicados pelo STF.

- **TRE – 7 membros**

Composição: Eleição: 2 desembargadores do TJ, 2 juízes de direito do TJ. 1 juiz do TRF ou juiz federal. Nomeação pelo Presidente da República: 2 advogados de notável saber jurídico e idoneidade moral indicados pelo TJ.

- **STM – 15 membros**

Composição: Ministros vitalícios. Nomeados pelo Presidente da República mediante aprovação do Senado. 3 oficiais-generais da Marinha. 4 oficiais-generais do Exército. 3 oficiais-generais da Aeronáutica. 5 civis escolhidos pelo Presidente entre brasileiros com mais de trinta e cinco anos sendo três dentre advogados com mais de dez anos de efetiva atividade profissional e dois entre juízes auditores e membros do Ministério Público Militar.

9 DEFESA DO ESTADO E DAS INSTITUIÇÕES DEMOCRÁTICAS

No título V, arts. 136 a 144, a Constituição Federal de 1988 apresenta instrumentos eficazes na proteção do Estado e de toda estrutura democrática. Os instrumentos disponibilizados são o Sistema Constitucional de Crises que compreende o Estado de Defesa e o Estado de Sítio, Forças Armadas e Segurança Pública, os quais serão analisados a partir de agora.

9.1 Forças Armadas

9.1.1 Instituições

As Forças Armadas são formadas por instituições que compõem a estrutura de defesa do Estado, a Marinha, o Exército e a Aeronáutica. Possuem como funções principais a defesa da pátria, a garantia dos poderes constitucionais, da lei e da ordem. Apesar de sua vinculação à União, suas atribuições têm caráter nacional e podem ser exercidas em todo o território brasileiro:

> *Art. 142 As Forças Armadas, constituídas pela Marinha, pelo Exército e pela Aeronáutica, são instituições nacionais permanentes e regulares, organizadas com base na hierarquia e na disciplina, sob a autoridade suprema do Presidente da República, e destinam-se à defesa da Pátria, à garantia dos poderes constitucionais e, por iniciativa de qualquer destes, da lei e da ordem.*

Segundo o *caput* do art. 142, são classificadas como instituições permanentes e regulares. Estão sempre prontas para agir. São regulares, pois desempenham funções sistemáticas e dependem de um efetivo de servidores para realizá-las.

Ainda, destaca-se a base de sua organização na hierarquia e na disciplina. Esses atributos típicos da Administração Pública são ressaltados nessas instituições devido ao caráter militar que possuem. As Forças Armadas valorizam demasiadamente essa estrutura hierárquica, com regulamentos que garantem uma distribuição do efetivo em diversos níveis de escalonamento, cujo comando supremo está nas mãos do Presidente da República.

Em linhas gerais, a Constituição Federal de 1988 previu algumas regras para o funcionamento das instituições militares:

> *Art. 142 [...]*
> *§ 1º Lei complementar estabelecerá as normas gerais a serem adotadas na organização, no preparo e no emprego das Forças Armadas.*
> *§ 3º Os membros das Forças Armadas são denominados militares, aplicando-se-lhes, além das que vierem a ser fixadas em lei, as seguintes disposições:*
> *I – as patentes, com prerrogativas, direitos e deveres a elas inerentes, são conferidas pelo Presidente da República e asseguradas em plenitude aos oficiais da ativa, da reserva ou reformados, sendo-lhes privativos os títulos e postos militares e, juntamente com os demais membros, o uso dos uniformes das Forças Armadas;*
> *II – o militar em atividade que tomar posse em cargo ou emprego público civil permanente, ressalvada a hipótese prevista no art. 37, inciso XVI, alínea "c", será transferido para a reserva, nos termos da lei;*
> *III – o militar da ativa que, de acordo com a lei, tomar posse em cargo, emprego ou função pública civil temporária, não eletiva, ainda que da administração indireta, ressalvada a hipótese prevista no art. 37, inciso XVI, alínea "c", ficará agregado ao respectivo quadro e somente poderá, enquanto permanecer nessa situação, ser promovido por antiguidade, contando-se-lhe o tempo de serviço apenas para aquela promoção e transferência para a reserva, sendo depois de dois anos de afastamento, contínuos ou não, transferido para a reserva, nos termos da lei;*
> *IV – ao militar são proibidas a sindicalização e a greve;*
> *V – o militar, enquanto em serviço ativo, não pode estar filiado a partidos políticos;*
> *VI – o oficial só perderá o posto e a patente se for julgado indigno do oficialato ou com ele incompatível, por decisão de tribunal militar de caráter permanente, em tempo de paz, ou de tribunal especial, em tempo de guerra;*
> *VII – o oficial condenado na justiça comum ou militar a pena privativa de liberdade superior a dois anos, por sentença transitada em julgado, será submetido ao julgamento previsto no inciso anterior;*
> *VIII – aplica-se aos militares o disposto no art. 7º, incisos VIII, XII, XVII, XVIII, XIX e XXV, e no art. 37, incisos XI, XIII, XIV e XV, bem como, na forma da lei e com prevalência da atividade militar, no art. 37, inciso XVI, alínea "c";*
> *IX – (Revogado pela Emenda Constitucional nº 41, de 19.12.2003).*
> *X – a lei disporá sobre o ingresso nas Forças Armadas, os limites de idade, a estabilidade e outras condições de transferência do militar para a inatividade, os direitos, os deveres, a remuneração, as prerrogativas e outras situações especiais dos militares, consideradas as peculiaridades de suas atividades, inclusive aquelas cumpridas por força de compromissos internacionais e de guerra.*

9.1.2 Habeas corpus

A Constituição declarou expressamente o não cabimento de *Habeas corpus* nas punições disciplinares militares:

> *Art. 142 [...]*
> *§ 2º Não caberá Habeas corpus em relação a punições disciplinares militares.*

Essa vedação decorre do regime constritivo rigoroso existente nas instituições castrenses, o qual permite como sanção administrativa a prisão. Deve-se ter muito cuidado com isso em prova. Segundo o STF, se o *Habeas corpus* versar sobre a ilegalidade da prisão, ele será admitido, ficando a vedação subordinada apenas ao seu mérito.

9.1.3 Vedações

Como foi dito anteriormente, o regime militar é bem rigoroso e a Constituição apresentou algumas vedações que sempre caem em prova:

> *Art. 142 [...]*
> *IV – ao militar são proibidas a sindicalização e a greve;*
> *V – o militar, enquanto em serviço ativo, não pode estar filiado a partidos políticos;*

A sindicalização e a greve são medidas que dificultam o trabalho do militar, pois o influencia a questionar as ordens recebidas de seus superiores. As atribuições dos militares dependem de uma obediência irrestrita, por essa razão a Constituição os impediu de se organizarem em sindicatos e de realizarem movimentos paredistas.

Quanto à vedação de filiação ao partido político, deve-se destacar que o militar, para que desenvolva suas atividades com eficiência, não pode se sujeitar às correntes político-partidárias. O militar deve obedecer apenas à Constituição Federal e executar suas atividades com determinação. Essa vedação não o impede de se candidatar a cargo eletivo, desde que não seja conscrito. Aqui cabe citar o art. 14, § 8º da Constituição Federal de 1988:

> *§ 8º O militar alistável é elegível, atendidas as seguintes condições:*
> *I – se contar menos de dez anos de serviço, deverá afastar-se da atividade;*
> *II – se contar mais de dez anos de serviço, será agregado pela autoridade superior e, se eleito, passará automaticamente, no ato da diplomação, para a inatividade.*

9.1.4 Serviço militar obrigatório

Outro tema importante acerca das Forças Armadas é a existência do serviço militar obrigatório, previsto no art. 143:

> *Art. 143 O serviço militar é obrigatório nos termos da lei.*
> *§ 1º Às Forças Armadas compete, na forma da lei, atribuir serviço alternativo aos que, em tempo de paz, após alistados, alegarem imperativo de consciência, entendendo-se como tal o decorrente de crença religiosa e de convicção filosófica ou política, para se eximirem de atividades de caráter essencialmente militar.*
> *§ 2º as mulheres e os eclesiásticos ficam isentos do serviço militar obrigatório em tempo de paz, sujeitos, porém, a outros encargos que a lei lhes atribuir.*

A lei que regula o serviço militar obrigatório é a Lei nº 4.375/1964, a qual obriga todos os brasileiros a se alistarem. Destaca-se que essa obrigatoriedade não se aplica aos eclesiásticos (líderes religiosos) e às mulheres, em tempos de paz, o que nos conduz à conclusão de que eles poderiam ser convocados em momentos de guerra ou mobilização nacional.

O § 1º apresenta um tema que já foi cobrado em prova: a dispensa do serviço obrigatório pela escusa de consciência. Isso ocorre quando o indivíduo se recusa a cumprir a obrigação essencialmente militar que é imposta pela Constituição Federal em razão da sua convicção filosófica, religiosa ou política. O referido parágrafo, em consonância com o inciso VIII do art. 5º, permite que nesses casos o interessado tenha respeitado o seu direito de escolha e de livre consciência desde que cumpra a prestação alternativa regulamentada na Lei nº 8.239/1991, a qual consiste no desempenho de atribuições de caráter administrativo, assistencial, filantrópico ou produtivo, em substituição às atividades de caráter essencialmente militar. Não havendo o cumprimento da atividade obrigatória ou da prestação alternativa fixada em lei, o art. 15 prevê como consequência a restrição dos direitos políticos:

> **Art. 15** É vedada a cassação de direitos políticos, cuja perda ou suspensão só se dará nos casos de:[...]
>
> IV – recusa de cumprir obrigação a todos imposta ou prestação alternativa, nos termos do art. 5º, VIII.

Acerca desse tema, um problema surge na doutrina. A Constituição não estabelece de forma clara qual consequência deverá ser aplicada ao indivíduo que se recusa a cumprir a obrigação ou a prestação alternativa. A Lei nº 8.239/1991, que regula a prestação alternativa ao serviço militar obrigatório, prevê que será declarada a suspensão dos direitos políticos de quem se recusar a cumprir a obrigação e a prestação alternativa. A doutrina tem se dividido entre as duas possibilidades: perda ou suspensão dos direitos políticos.

9.2 Órgãos de segurança pública

Conforme prescrito no *caput* do art. 144, a segurança pública é dever do Estado e tem como objetivo a preservação da ordem pública e da incolumidade das pessoas e do patrimônio. Esse tema é certo em concursos públicos da área de Segurança Pública e deve ser estudado com o foco na memorização de todo o artigo. Um dos pontos mais importantes está na definição de quais órgãos compõem a chamada segurança pública, os quais estão listados de forma taxativa no art. 144:

> **Art. 144** A segurança pública, dever do Estado, direito e responsabilidade de todos, é exercida para a preservação da ordem pública e da incolumidade das pessoas e do patrimônio, através dos seguintes órgãos:
>
> I – polícia federal;
>
> II – polícia rodoviária federal;
>
> III – polícia ferroviária federal;
>
> IV – polícias civis;
>
> V – polícias militares e corpos de bombeiros militares.
>
> VI – polícias penais federal, estaduais e distrital.

O STF já decidiu que esse rol é taxativo e que os demais entes federativos estão vinculados à classificação proposta pela Constituição. Diante disso, conclui-se que os estados, Distrito Federal e municípios estão proibidos de criar outros órgãos de segurança pública diferentes dos estabelecidos na Constituição Federal.

Ainda, como fruto dessa taxatividade, deve-se afirmar que nenhum outro órgão além dos estabelecidos nesse artigo poderá ser considerado como sendo de Segurança Pública. Isso se aplica às Guardas Municipais, aos Agentes Penitenciários, aos Agentes de Trânsito e aos Seguranças Privados.

Há ainda a chamada Força Nacional de Segurança, instituição criada como fruto de um acordo de cooperação entre os estados e o Distrito Federal que possui o objetivo de apoiar ações de segurança pública nesses locais. Apesar de ser formado por membros dos órgãos de segurança pública de todo o país, não se pode afirmar, principalmente numa prova de concurso, que essa instituição faça parte dos órgãos de Segurança Pública.

Não se pode esquecer das Polícias Legislativas criadas no âmbito da Câmara dos Deputados e do Senado Federal, previstas nos arts. 51, inciso IV e 52, inciso XIII. Também não entram na classificação de órgãos de Segurança Pública para a prova, pois não estão no rol do art. 144:

> **Art. 51** Compete privativamente à Câmara dos Deputados:[...]
>
> IV – dispor sobre sua organização, funcionamento, polícia, criação, transformação ou extinção dos cargos, empregos e funções de seus serviços, e a iniciativa de lei para fixação da respectiva remuneração, observados os parâmetros estabelecidos na lei de diretrizes orçamentárias.
>
> **Art. 52** Compete privativamente ao Senado Federal: [...]
>
> XIII – dispor sobre sua organização, funcionamento, polícia, criação, transformação ou extinção dos cargos, empregos e funções de seus serviços, e a iniciativa de lei para fixação da respectiva remuneração, observados os parâmetros estabelecidos na lei de diretrizes orçamentárias.

Cada um dos órgãos será organizado em estatuto próprio, conforme preleciona o § 7º do art. 144:

> § 7º. A lei disciplinará a organização e o funcionamento dos órgãos responsáveis pela segurança pública, de maneira a garantir a eficiência de suas atividades.

9.2.1 Polícia Administrativa e Polícia Judiciária

Antes de iniciar uma análise mais detida do artigo em questão, uma importante distinção doutrinária deve ser feita em relação às polícias de segurança pública: Polícia Administrativa e Polícia Judiciária.

- **Polícia Administrativa** é a polícia preventiva. Sua atividade ocorre antes do cometimento da infração penal com o intuito de impedir a sua ocorrência. Sua atuação é ostensiva, ou seja, visível pelos membros da sociedade. É aquela polícia a que recorremos quando temos um problema. Uma característica marcante das polícias ostensivas é o seu uniforme. É a vestimenta que identifica um policial ostensivo. O maior exemplo de polícia administrativa é a Polícia Militar. Também são consideradas como polícia preventiva: Polícia Federal (em situações específicas), Polícia Rodoviária Federal, Polícia Ferroviária Federal e Corpo de Bombeiros Militar.

- **Polícia Judiciária** é a polícia repressiva. Sua atividade ocorre após o cometimento da infração penal, quando a atuação da polícia preventiva não surtiu efeito. Sua atividade é investigativa com o fim de encontrar os elementos comprobatórios do ilícito penal cometido. O resultado do trabalho das polícias judiciárias é utilizado posteriormente pelo Ministério Público para subsidiar sua atuação junto ao Poder Judiciário. Daí a razão do nome ser Polícia Judiciária. O resultado de seu trabalho é utilizado pelo Poder Judiciário em seus julgamentos. Atente-se para a seguinte diferença, pois já caiu em prova de concurso: a Polícia Judiciária não faz parte do Poder Judiciário, mas do Poder Executivo. São consideradas como Polícia Judiciária a Polícia Civil e a Polícia Federal. A Polícia Militar também possui atribuições repressivas quando atua na investigação de crimes cometidos por policiais militares.

Além dessa classificação, pode-se distinguir os órgãos do art. 144 em federais e estaduais, a depender da sua vinculação federativa:

- **Federais:** Polícia Federal, Polícia Rodoviária Federal e Polícia Ferroviária Federal;
- **Estaduais:** Polícia Civil, Polícia Militar e Corpo de Bombeiro Militar.

Feitas essas considerações iniciais, prossegue-se agora com a análise de cada um dos órgãos de segurança pública do art. 144.

9.2.2 Polícia Federal

A Polícia Federal é o órgão de segurança pública com maior quantidade de atribuições previstas na Constituição Federal, razão pela qual é a mais cobrada em prova:

> § 1º A polícia federal, instituída por lei como órgão permanente, organizado e mantido pela União e estruturado em carreira, destina-se a:
>
> I – apurar infrações penais contra a ordem política e social ou em detrimento de bens, serviços e interesses da União ou de suas entidades autárquicas e empresas públicas, assim como outras infrações cuja prática tenha repercussão interestadual ou internacional e exija repressão uniforme, segundo se dispuser em lei;

II – prevenir e reprimir o tráfico ilícito de entorpecentes e drogas afins, o contrabando e o descaminho, sem prejuízo da ação fazendária e de outros órgãos públicos nas respectivas áreas de competência;
III – exercer as funções de polícia marítima, aeroportuária e de fronteiras;
IV – exercer, com exclusividade, as funções de polícia judiciária da União.

Deve-se destacar, como característica principal, a sua atuação como Polícia Judiciária exclusiva da União. É ela quem atuará na repressão dos crimes cometidos contra a União e suas entidades autárquicas e empresas públicas. Apesar de mencionar algumas entidades da administração indireta, não se mencionou as sociedades de economia mista. Isso força uma conclusão de que a Polícia Federal não tem atribuição nos crimes que envolvam interesses de sociedades de economia mista.

As demais atribuições serão exercidas concomitantemente com outros órgãos, limitando a exclusividade de sua atuação apenas à função investigativa no âmbito da União.

9.2.3 Polícia Rodoviária Federal

A Polícia Rodoviária Federal é órgão da União responsável pelo patrulhamento das rodovias federais:

§ 2º A polícia rodoviária federal, órgão permanente, organizado e mantido pela União e estruturado em carreira, destina-se, na forma da lei, ao patrulhamento ostensivo das rodovias federais.

Eventualmente, sua atuação se estenderá às rodovias estaduais ou distritais mediante convênio firmado entre os entes federativos. Não havendo esse convênio, o patrulhamento das rodovias estaduais e distritais fica a cargo das Polícias Militares. É comum no âmbito das Polícias Militares a criação de batalhões ou companhias com essa atribuição específica, as chamadas Polícias Rodoviárias.

9.2.4 Polícia Ferroviária Federal

A Polícia Ferroviária Federal é o órgão da União responsável pelo patrulhamento das ferrovias federais:

§ 3º. A polícia ferroviária federal, órgão permanente, organizado e mantido pela União e estruturado em carreira, destina-se, na forma da lei, ao patrulhamento ostensivo das ferrovias federais.

Diante da pouca relevância das ferrovias no Brasil, esse órgão ficou no esquecimento durante vários anos. No dia 5 agosto de 2011, a presidente Dilma sancionou a Lei nº 12.462, que criou no âmbito do Ministério da Justiça a Polícia Ferroviária Federal. O efetivo que comporá essa nova estrutura se originará das instituições que anteriormente cuidavam das ferrovias:

Art. 48 A Lei nº 10.683, de 28 de maio de 2003, passa a vigorar com as seguintes alterações:
Art. 29 [...]
XIV – Do Ministério da Justiça: o Conselho Nacional de Política Criminal e Penitenciária, o Conselho Nacional de Segurança Pública, o Conselho Federal Gestor do Fundo de Defesa dos Direitos Difusos, o Conselho Nacional de Combate à Pirataria e Delitos contra a Propriedade Intelectual, o Conselho Nacional de Arquivos, o Conselho Nacional de Políticas sobre Drogas, o Departamento de Polícia Federal, o Departamento de Polícia Rodoviária Federal, o Departamento de Polícia Ferroviária Federal, a Defensoria Pública da União, o Arquivo Nacional e até 6 (seis) Secretarias;
§ 8º Os profissionais da Segurança Pública Ferroviária oriundos do grupo Rede, Rede Ferroviária Federal (RFFSA), da Companhia Brasileira de Trens Urbanos (CBTU) e da Empresa de Trens Urbanos de Porto Alegre (Trensurb) que estavam em exercício em 11 de dezembro de 1990, passam a integrar o Departamento de Polícia Ferroviária Federal do Ministério da Justiça (NR).

9.2.5 Polícia Civil

Essa é a Polícia Judiciária no âmbito dos estados e do Distrito Federal. É dirigida por delegados de polícia de carreira e possui atribuição subsidiária à da Polícia Federal e à da Polícia Militar. Significa dizer que o que não for atribuição da Polícia Federal ou da Polícia Militar será da Polícia Civil:

§ 4º. às polícias civis, dirigidas por delegados de polícia de carreira, incumbem, ressalvada a competência da União, as funções de polícia judiciária e a apuração de infrações penais, exceto as militares.

9.2.6 Polícia Militar e Corpo de Bombeiros Militar

Essas duas instituições possuem caráter essencialmente ostensivo dentro das atribuições próprias. A Polícia Militar é responsável pelo policiamento ostensivo e preservação da ordem pública.

É a Polícia Militar quem exerce a função principal de prevenção do crime. Quando se pensa em polícia, certamente é a primeira que vem à mente, pois é vista pela sociedade. Já o Corpo de Bombeiros Militar, apesar de não ser órgão policial, possui atribuição de segurança pública à medida que executa atividades de defesa civil. São responsáveis por uma atuação voltada para a proteção da sociedade, prestação de socorro, atuação em incêndios e acidentes. Destaca-se pela agilidade no atendimento, o que muitas vezes acaba por coibir maiores tragédias:

§ 5º às polícias militares cabem a polícia ostensiva e a preservação da ordem pública; aos corpos de bombeiros militares, além das atribuições definidas em lei, incumbe a execução de atividades de defesa civil.
§ 6º As polícias militares e corpos de bombeiros militares, forças auxiliares e reserva do Exército, subordinam-se, juntamente com as polícias civis, aos Governadores dos Estados, do Distrito Federal e dos Territórios.

Por serem corporações militares, a eles se aplicam as mesmas regras que são aplicadas às Forças Armadas, como a proibição de greve, filiação partidária e sindicalização.

São ainda consideradas forças auxiliares e reserva do Exército. Significa que, em um momento de necessidade de efetivo, seria possível a convocação de Policiais e Bombeiros Militares como força reserva e de apoio.

Estão subordinados aos governadores dos estados, a Distrito Federal e dos territórios a quem compete a gestão da Segurança Pública em cada ente federativo.

No que tange à Polícia Militar, ao Corpo de Bombeiros Militares e à Polícia Civil do Distrito Federal, há um detalhe que não pode ser esquecido, pois já foi cobrado em prova. Apesar da subordinação destas forças ao governador do Distrito Federal, a competência para legislar e manter estas corporações é da União.

Aqui há uma exceção na autonomia federativa do Distrito Federal, que está prevista expressamente na Constituição no art. 21, XIV:

Art. 21 Compete à União:
XIV – organizar e manter a polícia civil, a polícia penal, a polícia militar e o corpo de bombeiros militar do Distrito Federal, bem como prestar assistência financeira ao Distrito Federal para a execução de serviços públicos, por meio de fundo próprio; (Redação dada pela Emenda Constitucional nº 104/2019)

9.2.7 Polícias penais

A Emenda Constitucional nº 104/2019 introduziu no rol de entidades de segurança pública as chamadas polícias penais.

De acordo com o art. 144, § 5º-A da Constituição Federal de 1988, cabe às polícias penais, vinculadas ao órgão administrador do sistema penal da unidade federativa a que pertencem, a segurança dos estabelecimentos penais.

10 CONSTITUIÇÃO BRASILEIRA E TRATADOS DE DIREITOS HUMANOS

10.1 Contexto histórico

A Constituição da República Federativa do Brasil de 1988 apresenta em seu corpo, principalmente no Título I (Dos Princípios Fundamentais) e no Título II (Dos Direitos e Garantias Fundamentais), os conceitos de Direitos Humanos que foram historicamente construídos.

Para isso, os Tratados Internacionais de Direitos Humanos foram fundamentais na formação ideológica e sociocultural no contexto da Assembleia Nacional Constituinte de 1987, momento da gênese de nossa Carta Magna.

Antes de abordarmos os Tratados Internacionais de Direitos Humanos e sua relação com a Legislação brasileira e a Constituição, é necessário entendermos o que são Tratados Internacionais.

> **Fique ligado**
>
> Tratados Internacionais: segundo a Convenção de Viena (1969), configura um Tratado Internacional um acordo entre duas partes ou mais em âmbito internacional concretizado e formalizado por meio de texto escrito, com ciência de função de efeitos jurídicos no plano internacional. É o mecanismo pelo qual os Estados estabelecem obrigações para si em âmbito internacional e coparticipativo.

Na conjuntura histórica dos ataques à vida humana, das diversas atrocidades e atentados cometidos contra os seres humanos durante a Segunda Guerra Mundial e logo após seu fim, em guerras pontuais, a comunidade internacional passou a:

▷ Estabelecer ações que visavam punir os próprios Estados em casos de violação dos Direitos Humanos;

▷ Relativizar a Soberania dos Estados envolvidos que, a partir dos Tratados, colocavam seus acordos internacionais acima de suas vontades particulares.

Dentre as atrocidades ocorridas durante a Segunda Guerra Mundial estão:

▷ **Genocídio:** aproximadamente seis milhões de judeus mortos em campos de concentração.

▷ **Tortura e crueldade:** a polícia militar japonesa (*Kempeitai*) a serviço do Império, aplicava técnicas de tortura em prisioneiros como lascas de metal marteladas embaixo das unhas e ferro em brasa nas genitálias.

▷ **Crimes de guerra:** prisioneiros alemães na Noruega foram obrigados a limpar campos minados. O saldo foi de 392 feridos e 275 mortos.

▷ **Estupros:** o Exército Vermelho estuprou milhares de alemãs; os militares japoneses usavam mulheres capturadas em guerra como escravas sexuais.

O breve século XX fez emergir, então, o Direito Internacional dos Direitos Humanos. Era a resposta que a comunidade internacional daria:

▷ Aos Estados devastados pela guerra e que almejavam um futuro de paz;

▷ Às violações aos Direitos Humanos ocorridos em alta escala durante a guerra;

▷ Aos países como mecanismo de prevenção contra tentativas de uma nova guerra.

Apesar do movimento mundial pós-guerra, de todo empenho entre as nações para consolidar acordos e tratados que mantivessem o respeito à dignidade humana e aos Direitos Humanos e prevenissem outra "catástrofe bélica" como havia sido a Segunda Guerra Mundial, o Brasil só começou a participar intensamente do corpo internacional dos Direitos Humanos a partir de 1985, quando o país voltou a dar passos no retorno à Democracia.

Vários Tratados, Pactos e Convenções foram ratificados pelo Brasil. As propostas trazidas pela Carta Constitucional de 1988, evidenciando os Direitos Humanos como norteadores das relações internacionais, exibiram uma nova forma de compreensão a respeito desses direitos. Temos, então, uma clara relação entre Direitos Humanos e Processo de Democratização do Estado brasileiro.

10.2 Redemocratização e tratados internacionais de Direitos Humanos

Juntamente com a necessidade de afirmação democrática, em 1985, tem início no Brasil o processo de ratificação de diversos Tratados Internacionais de Direitos Humanos. Seu ponto inicial foi a ratificação em 1989 da Convenção contra a Tortura e outros Tratamentos cruéis, Desumanos ou Degradantes.

> **Art. 5º, § 3º, CF/1988** *Os tratados e as convenções internacionais sobre direitos humanos que forem aprovados, em cada Casa do Congresso Nacional, em dois turnos, por três quintos dos votos dos respectivos membros, serão equivalentes às emendas constitucionais.*

▷ **Problema:** os Tratados Internacionais anteriores à Emenda Constitucional nº 45/2004 teriam força de Emenda Constitucional com sistema de votação de maioria simples. Isto significa que haveria um ferimento no processo legislativo ao utilizar processo de votação para leis ordinárias elegendo Emendas Constitucionais.

▷ **Solução:** os tratados e as convenções internacionais sobre direitos humanos incorporados ao ordenamento jurídico brasileiro pela forma comum, ou seja, sem observar o disposto no art. 5º, § 3º, da Constituição Federal, possuem, segundo a posição que prevaleceu no Supremo Tribunal Federal, *status* supralegal, mas infraconstitucional.

Norma supralegal:	está acima das leis, mas abaixo da Constituição Federal.
Rito ordinário:	maioria simples (todos os tratados anteriores à EC nº 45/2004).
Rito de emenda:	maioria qualificada (3/5, 2 turnos, 2 casas do Congresso Nacional).

O Direito Constitucional, depois de 1988, passou a contar com relações diferenciadas frente ao Direito Internacional dos Direitos Humanos. A visão da supralegalidade deste último encontra amparo em vários dispositivos constitucionais (art. 4º, art. 5º, §§ 2º ao 4º, CF/1988).

10.3 Localização dos Tratados Internacionais dos Direitos Humanos na Pirâmide de Hans Kelsen

A pirâmide de Hans Kelsen é uma teoria que caminha entre a Filosofia e o Direito e que se baseia na criação de uma hierarquia entre as leis. Dessa forma, quando houver um possível conflito legal, a pirâmide de Hans Kelsen pode ser utilizada para verificar o grau de prioridade das leis em discussão.

Dessa forma, os Tratados Internacionais dos Direitos Humanos, dentro de um contexto legal, também integram o *corpus* legislativo. Daí a importância de se entender como localizar e priorizar as diferentes leis sobre um determinado assunto.

NOÇÕES DE DIREITO

A Constituição Federal de 1988 é um marco de ruptura com o processo jurídico ditatorial dos anos que a precederam. Neste sentido, os diversos vínculos nela existentes com os Direitos Humanos podem ser evidenciados em toda redação jurídica constitucional:

▷ Dignidade da pessoa humana: art. 1º, III.
▷ Interação entre o direito brasileiro e os Tratados Internacionais de Direitos Humanos: art. 5º, § 2º.
▷ Sobre julgamento de causas relativas aos Direitos Humanos: art. 109, V.

Ao considerarmos os Tratados Internacionais e seu encontro com a legislação constitucional brasileira, podemos extrair como conclusão de que a natureza do Direito encontrado no Tratado Internacional poderá gerar conflitos entre um TIDH e o Direito interno. Se, na existência de conflito entre um Direito interno e os Direitos Internacionais dos Direitos Humanos, a conclusão a que chegamos é a de que sempre prevalece a norma que melhor beneficia os direitos da pessoa humana.

10.3.1 Art. 5º, LXVII, CF/1988

Não haverá prisão civil por dívida, salvo a do responsável pelo inadimplemento voluntário e inescusável de obrigação alimentícia e a do depositário infiel.

▷ **Pacto de San José de Costa Rica (art. 7, VII):** ninguém deve ser detido por dívidas. Este princípio não limita os mandatos de autoridade judiciária competente expedidos em virtude de inadimplemento de obrigação alimentar.
▷ Identificar-se com um direito já presente na Constituição. Exemplo: **CF/1988 (art. 5º, III):** ninguém será submetido à tortura ou a tratamento desumano ou degradante.
▷ **Documentos Internacionais:**
   Art. 5º Declaração Universal dos Direitos Humanos (1948).
   Art. 7º Pacto Internacional de Direitos Civis e Políticos (1966).
   Art. 5º Convenção Americana de Direitos Humanos (1969).

10.4 Fases de incorporação

▷ **Primeira fase (celebração):** é o ato de celebração do tratado, convenção ou ato internacional, para posteriormente e internamente o parlamento decidir sobre sua viabilidade, conveniência e oportunidade. Essa etapa compete privativamente ao Presidente da República, pois a este cabe celebrar todos os tratados e atos internacionais (art. 84, VIII, CF/1988). No Brasil, concedem-se poderes de negociação de convenções internacionais a pessoas específicas, ou seja, aqueles considerados aptos para negociar em nome do Presidente da República: os Chefes de Missões Diplomáticas, sob a responsabilidade do Ministério das Relações Exteriores. Com isso, exime-se o Chefe de Estado de negociação corriqueira no âmbito das relações internacionais.
▷ **Segunda fase (aprovação parlamentar):** é de competência exclusiva do Congresso Nacional, pois cabe a este resolver definitivamente sobre tratados, acordos ou atos internacionais que acarretam encargos ou compromissos gravosos ao patrimônio nacional (art. 49, I, CF/1988). Se o Congresso Nacional concordar com a celebração do ato internacional, elabora-se um decreto legislativo, de acordo com o art. 59, VI da Constituição Federal, que é o instrumento adequado para referendar e aprovar a decisão do Chefe do Executivo, dando-se a este uma carta branca para ratificar ou aderir ao tratado.
▷ **Terceira fase (ratificação pelo presidente):** com o objetivo de incorporar o tratado e, a partir daí, passar a ter efeitos no ordenamento jurídico interno, é a fase em que o Presidente da República, mediante decreto, promulga o texto, publicando-o em português, em órgão da imprensa oficial, dando-se, pois, ciência e publicidade da ratificação da assinatura já lançada. Com a promulgação do tratado, esse ato normativo passa a ser aplicado de forma geral e obrigatória.

A doutrina mais moderna de direito internacional defende uma força mais expressiva dos tratados e convenções sobre a legislação infraconstitucional. Defende-se, inclusive, uma equivalência entre normas constitucionais e tratados, especialmente aqueles que versarem sobre direitos humanos, de maneira que, afora o controle de constitucionalidade, o intérprete deve ainda verificar se o caso sob análise está de acordo com a "legislação" internacional (controle de convencionalidade).

10.5 Declaração Universal dos Direitos Humanos (DUDH)

O período que sucedeu a Segunda Guerra Mundial carregou consigo a memória viva das grandes atrocidades experimentadas em um conflito sangrento e de proporções alarmantes. A barbárie imposta pelos nazistas, consolidada sobre a lógica da "supremacia racial", fez com que o mundo se colocasse diante de situações de absoluta desumanidade em que os direitos mais básicos do ser humano eram negados, restando-lhe a fome, a falta de liberdade, o trabalho forçado, o sofrimento e a morte. Contudo, a consolidação das potências bélicas, vitoriosas da grande guerra, resultou no encabeçamento de um movimento que traria respeito e segurança aos direitos humanos, garantindo-lhes proteção em qualquer tempo e lugar.

A Organização das Nações Unidas (ONU), constituída por 58 Estados-membros em sua origem, entre eles o Brasil, em 10 de dezembro de 1948 instituiu, por meio da Resolução 217-A (III), a Declaração Universal dos Direitos Humanos (DUDH). Quando foi editada, era apenas uma recomendação, não possuía força vinculante. Este posicionamento, no entanto, não é mais adequado porque décadas após a Resolução que criou a DUDH, os Tribunais Internacionais consideram que essa Resolução pode ser vista como espelho do costume internacional de proteção dos Direitos Humanos.

Constituído por 30 artigos, o documento traz a defesa dos direitos básicos para a promoção da dignidade humana. Sem distinção de cor, nacionalidade, orientação sexual, política ou religiosa, a Resolução visa impedir as arbitrariedades dos indivíduos e dos Estados que firam os Direitos Humanos:

> *Considerando que o reconhecimento da dignidade inerente a todos os membros da família humana e de seus direitos iguais e inalienáveis é o fundamento da liberdade, da justiça e da paz no mundo. [...]*
> *Considerando que o desprezo e o desrespeito pelos direitos humanos resultam em atos bárbaros que ultrajam a consciência da humanidade e que o advento de um mundo em que os homens gozem de liberdade de palavra, descrença e da liberdade de viverem a salvo do temor e da necessidade foi proclamado como a mais alta aspiração do homem comum, [...]*
> *Considerando que os povos das Nações Unidas reafirmaram, na Carta, sua fé nos direitos humanos fundamentais, na dignidade e no valor da pessoa humana e na igualdade de direitos dos homens e das mulheres, e que decidiram promover o progresso social e melhores condições de vida em uma liberdade mais ampla, [...]*
> *Considerando que uma compreensão comum desses direitos e liberdades é da mais alta importância para o pleno cumprimento desse compromisso.*
> *Trechos retirados do Preâmbulo da DUDH, 1948.*

CONSTITUIÇÃO BRASILEIRA E TRATADOS DE DIREITOS HUMANOS

Outros trechos da DUDH:

> A presente Declaração Universal dos Direitos Humanos como o ideal comum a ser atingido por todos os povos e todas as nações, com o objetivo de que cada indivíduo e cada órgão da sociedade, tendo sempre em mente esta Declaração, se esforce, através do ensino e da educação, por promover o respeito a esses direitos e liberdades, e, pela adoção de medidas progressivas de caráter nacional e internacional, por assegurar o seu reconhecimento e a sua observância universal e efetiva, tanto entre os povos dos próprios Estados-Membros, quanto entre os povos dos territórios sob sua jurisdição.

▷ **Medidas progressivas:** não é intenção da Declaração Universal dos Direitos Humanos que suas medidas sejam compreendidas e estabelecidas de maneira absoluta.

▷ **Declaração dos Direitos do Homem e do Cidadão (1789)**

Artigo 1

Todos os seres humanos nascem livres e iguais em dignidade e direitos. São dotados de razão e consciência e devem agir em relação uns aos outros com espírito de fraternidade.

Nenhum pré-requisito é motivo de distinção entre cidadãos em relação ao direito.

Artigo 2

1. Todo ser humano tem capacidade para gozar os direitos e as liberdades estabelecidos nesta Declaração, sem distinção de qualquer espécie, seja de raça, cor, sexo, língua, religião, opinião política ou de outra natureza, origem nacional ou social, riqueza, nascimento, ou qualquer outra condição.

2. Não será também feita nenhuma distinção fundada na condição política, jurídica ou internacional do país ou território a que pertença uma pessoa, quer se trate de um território independente, sob tutela, sem governo próprio, quer sujeito a qualquer outra limitação de soberania.

▷ **Vedação à escravidão:** para alguns autores, temos um direito que se reveste de caráter absoluto.

Artigo 4

Ninguém será mantido em escravidão ou servidão; a escravidão e o tráfico de escravos serão proibidos em todas as suas formas.

▷ **Base para os remédios constitucionais.**

Artigo 8

Todo ser humano tem direito a receber dos tribunais nacionais competentes remédio efetivo para os atos que violem os direitos fundamentais que lhe sejam reconhecidos pela constituição ou pela lei.

▷ **Presunção de inocência e reserva legal.**

Artigo 11

1. Todo ser humano acusado de um ato delituoso tem o direito de ser presumido inocente até que a sua culpabilidade tenha sido provada de acordo com a lei, em julgamento público no qual lhe tenham sido asseguradas todas as garantias necessárias à sua defesa.

2. Ninguém poderá ser culpado por qualquer ação ou omissão que, no momento, não constituíam delito perante o direito nacional ou internacional. Também não será imposta pena mais forte do que aquela que, no momento da prática, era aplicável ao ato delituoso.

Em alguns artigos da DUDH, é possível verificar os principais **direitos tutelados** (grifos nossos):

Artigo 5

*Ninguém será submetido à tortura nem a tratamento ou **castigo cruel, desumano** ou **degradante**.*

Artigo 6

Todo ser humano tem o direito de ser, em todos os lugares, reconhecido como pessoa perante a lei.

Artigo 7

***Todos são iguais perante a lei** e têm direito, sem qualquer distinção, a igual proteção da lei. **Todos têm direito a igual proteção contra qualquer discriminação** que viole a presente Declaração e contra qualquer incitamento a tal discriminação.*

Artigo 13

*1. Todo ser humano tem direito à **liberdade de locomoção** e residência dentro das fronteiras de cada Estado.*

2. Todo ser humano tem o direito de deixar qualquer país, inclusive o próprio, e a este regressar.

Artigo 14

*1. Todo ser humano, vítima de perseguição, **tem o direito de procurar e de gozar asilo em outros países**.*

*2. Este direito **não pode ser invocado em caso de perseguição legitimamente motivada** por crimes de direito comum ou por atos contrários aos objetivos e princípios das Nações Unidas.*

Artigo 15

*1. Todo ser humano tem **direito a uma nacionalidade**.*

2. Ninguém será arbitrariamente privado de sua nacionalidade, nem do direito de mudar de nacionalidade.

Artigo 16

*1. Os homens e mulheres de maior idade, sem qualquer restrição de raça, nacionalidade ou religião, têm o **direito de contrair matrimônio e fundar uma família**. Gozam de iguais direitos em relação ao casamento, sua duração e sua dissolução.*

2. O casamento não será válido senão com o livre e pleno consentimento dos nubentes.

*3. A **família** é o núcleo natural e fundamental da sociedade e **tem direito à proteção da sociedade e do Estado**.*

Artigo 17

*1. Todo ser humano tem **direito à propriedade**, só ou em sociedade com outros.*

2. Ninguém será arbitrariamente privado de sua propriedade.

Artigo 20

*1. Todo ser humano tem direito à **liberdade de reunião e associação pacífica**.*

2. Ninguém pode ser obrigado a fazer parte de uma associação.

Artigo 21

*1. Todo ser humano tem o **direito de tomar parte no governo de seu país** diretamente ou por intermédio de representantes livremente escolhidos.*

*2. Todo ser humano tem igual direito de **acesso ao serviço público** do seu país.*

*3. A **vontade do povo** será a base da autoridade do governo; esta vontade será expressa em **eleições periódicas e legítimas**, por **sufrágio universal**, por **voto secreto** ou processo equivalente que assegure a liberdade de voto.*

Artigo 26

*1. Todo ser humano tem **direito à instrução**. A instrução será **gratuita, pelo menos nos graus elementares** e **fundamentais**. A instrução elementar será **obrigatória**. A instrução técnico-profissional será acessível a todos, bem como a **instrução superior**, está **baseada no mérito**.*

*2. A instrução **será orientada no sentido do pleno desenvolvimento da personalidade humana e do fortalecimento do respeito pelos direitos humanos e pelas liberdades fundamentais**. A instrução promoverá a compreensão, a tolerância e a amizade entre todas as nações e grupos raciais ou religiosos, e coadjuvará as atividades das Nações Unidas em prol da manutenção da paz.*

10.5.1 Considerações sobre a Declaração Universal dos Direitos Humanos

Quando a Declaração Universal dos Direitos Humanos começou a ser pensada, o mundo ainda sentia os efeitos da Segunda Guerra Mundial, encerrada em 1945.

Outros documentos já haviam sido redigidos em reação a tratamentos desumanos e injustiças, como a Declaração de Direitos Inglesa (elaborada em 1689, após as Guerras Civis Inglesas, para pregar a democracia) e a Declaração dos Direitos do Homem e do Cidadão

NOÇÕES DE DIREITO

(redigida em 1789, após a Revolução Francesa, a fim de proclamar a igualdade para todos).

Depois da Segunda Guerra e da criação da Organização das Nações Unidas (também em 1945), líderes mundiais decidiram complementar a promessa da comunidade internacional de nunca mais permitir atrocidades como as que haviam sido vistas na guerra. Assim, elaboraram um guia para garantir os direitos de todas as pessoas e em todos os lugares do globo.

O documento foi apresentado na primeira Assembleia Geral da ONU em 1946 e repassado à Comissão de Direitos Humanos para que fosse usado na preparação de uma declaração internacional de direitos. Na primeira sessão da comissão em 1947, seus membros foram autorizados a elaborar o que foi chamado de "esboço preliminar da Declaração Internacional dos Direitos Humanos".

Um comitê formado por membros de oito países recebeu a declaração e se reuniu pela primeira vez em 1947. Ele foi presidido por Eleanor Roosevelt, viúva do presidente americano Franklin D. Roosevelt. O responsável pelo primeiro esboço da declaração, o francês René Cassin, também participou.

O primeiro rascunho da Declaração Universal dos Direitos Humanos, que contou com a participação de mais de 50 países na redação, foi apresentado em setembro de 1948 e teve seu texto final redigido em menos de dois anos.

10.5.2 Declaração Universal dos Direitos Humanos e a legislação brasileira

Podemos afirmar que houve uma clara violação dos Direitos Humanos durante 21 anos (1964 a 1985).

Temos uma violação desigual que atinge a sociedade em diferentes níveis.

A Emenda Constitucional nº 01/1969 alterou o Texto Constitucional, formando, na prática, uma nova Constituição (referente a Constituição de 1967).

Em 1984, como resposta à repressão imposta pela Constituição de 1967 aos Direitos Políticos, surgiu o movimento "Diretas Já", que reivindicava a volta das eleições diretas no Brasil para eleger o Presidente da República. No primeiro momento, o movimento não logrou êxito plenamente, pois a primeira eleição após o regime militar foi indireta, realizada pelo Congresso. Entretanto, obteve bom resultado quando, nestas eleições, devolveu o governo à sociedade civil.

A Constituição de 1988, conhecida como "Constituição Cidadã", é a que melhor representa a harmonia do Brasil com os Direitos Humanos atualmente. Pela própria estrutura da Constituição, a forma pela qual é escrita e a organização dos artigos, percebemos maior destaque aos Direitos Humanos: eles aparecem logo nas primeiras linhas do texto constitucional, a demonstrar que o constituinte quis garanti-los e fazer deles a base para a sociedade que nascia a partir daquele momento.

Logo no primeiro artigo, encontramos como fundamento da República Federativa do Brasil a "dignidade da pessoa humana", os "valores sociais do trabalho e da livre iniciativa" e o "pluralismo político". Isto prova que a nova ordem social, acolhida e inaugurada pela Constituição, rompia com aquela criada em 1967, e valorizava os direitos sociais, trabalhistas e políticos. É, porém, no art. 5º da Carta de 1988, que encontramos o maior leque de direitos garantidos; são direitos individuais e coletivos, direitos civis e instrumentos de controle judiciário da vida social e de limitações ao direito estatal de punir. É um grande avanço comparado à Constituição anterior.

10.6 Convenção Americana de Direitos Humanos (Pacto de São José)

É um Tratado Internacional entre os países membros da Organização dos Estados Americanos (OEA) firmado durante a Conferência Interamericana Especializada de Direitos Humanos em 22 de novembro de 1969 na cidade de San José da Costa Rica (país).

Possui **82 artigos**, incluindo as disposições transitórias, que estabelecem os direitos fundamentais da pessoa humana, como o direito à vida, à liberdade, à dignidade, à integridade pessoal e moral, à educação, entre outros.

Tem como **objetivo** promover a garantia dos direitos fundamentais da pessoa humana: direito à liberdade, à vida, à dignidade, à integridade pessoal, proibir a escravidão e a servidão humana, afirmar a liberdade de consciência e liberdade de orientação religiosa, além de garantir os direitos e proteção da família.

Este Tratado busca afirmar que os direitos essenciais da dignidade humana resultam da condição humana e não de sua nacionalidade. Ou seja, em qualquer lugar, o ser humano possui os mesmos direitos essenciais, sem qualquer tipo de discriminação.

O governo brasileiro depositou a carta de adesão a essa convenção em 25 de setembro de 1992. Portanto, a Convenção Americana sobre Direitos Humanos (Pacto de São José) entrou em vigor, para o Brasil, em 25 de setembro de 1992, conforme o disposto no segundo parágrafo de seu art. 74. A promulgação veio com o Decreto nº 678, de 6 de novembro de 1992.

> *Artigo 74, 2 A ratificação desta Convenção ou a adesão a ela efetuar-se-á mediante depósito de um instrumento de ratificação ou de adesão na Secretaria-Geral da Organização dos Estados Americanos. Esta Convenção entrará em vigor logo que onze Estados houverem depositado os seus respectivos instrumentos de ratificação ou de adesão.* **Com referência a qualquer outro Estado que a ratificar ou que a ela aderir ulteriormente, a Convenção entrará em vigor na data do depósito do seu instrumento de ratificação ou de adesão.** *(grifo nosso).*

Fique ligado

Segundo a Emenda Constitucional nº 45/2004, sobre a reforma no Poder Judiciário, os tratados referentes aos direitos humanos passam a vigorar imediatamente e tornam-se equiparados às normas constitucionais.

Modo de aprovação: três quintos dos votos na Câmara dos Deputados e no Senado, em dois turnos em cada casa. Vale lembrar que o Pacto de São José é anterior à referida emenda.

PARTE I – DEVERES DOS ESTADOS E DIREITOS PROTEGIDOS
Capítulo I: Enumeração de Deveres
Art. 1º Obrigação de respeitar os direitos.
Art. 2º Dever de adotar disposições de direito interno.
Capítulo II: Direitos Civis e Políticos
Art. 3º Direito ao reconhecimento da personalidade jurídica.
Art. 4º Direito à vida.
Art. 5º Direito à integridade pessoal.
Art. 6º Proibição da escravidão e da servidão.
Art. 7º Direito à liberdade pessoal.
Art. 8º Garantias judiciais.
Art. 9º Princípios da legalidade e da retroatividade.
Art. 10 Direito à indenização.
Art. 11 Proteção da honra e dignidade.
Art. 12 Liberdade de consciência e religião.

Art. 13 Liberdade de pensamento e de expressão.
Art. 14 Direito da retificação ou resposta.
Art. 15 Direito à reunião.
Art. 16 Liberdade de associação.
Art. 17 Proteção da família.
Art. 18 Direito ao nome.
Art. 19 Direitos da criança.
Art. 20 Direito à nacionalidade.
Art. 21 Direito à propriedade privada.
Art. 22 Direito de circulação e de residência.
Art. 23 Direitos políticos.
Art. 24 Igualdade perante a lei.
Art. 25 Proteção judicial.
Capítulo III: Direitos Econômicos, Sociais e Culturais
Art. 26 Desenvolvimento progressivo.
Capítulo IV: Suspensão de Garantias, Garantias e Aplicação
Art. 27 Suspensão de garantias.
Art. 28 Cláusula federal.
Art. 29 Normas de interpretação.
Art. 30 Alcance das restrições.
Art. 31 Reconhecimento de outros direitos.
Capítulo V: Deveres das Pessoas
Art. 32 Correlação entre deveres e direitos.
PARTE II – MEIOS DA PROTEÇÃO
Capítulo VI: Órgãos Competentes
Art. 33 São competentes para conhecer dos assuntos relacionados com o cumprimento dos compromissos assumidos pelos Estados-Partes dessa convenção:
a) a Comissão Interamericana de Direitos Humanos, doravante denominada a Comissão; e
b) a Corte Interamericana de Direitos Humanos, doravante denominada a Corte.
Capítulo VII: Comissão Interamericana de Direitos Humanos (CIDH)
Art. 34 A Comissão Interamericana de Direitos Humanos compor-se-á de sete membros, que deverão ser pessoas de alta autoridade moral e de reconhecido saber em matéria de direitos humanos.
Art. 35 A Comissão representa todos os membros da Organização dos Estados Americanos.
Art. 36 Dos membros da comissão.
Art. 37 Da Eleição dos membros da comissão e do tempo de mandato.
Art. 38 Das Vagas.
Art. 39 Do Estatuto da Comissão.
Art. 40 Dos servidores de secretaria da Comissão.
Art. 41 Da principal função da Comissão.
Art. 42 Dos relatórios dos Estados-Partes.
Art. 43 Das informações dos Estados-Partes.
Art. 44 Dos órgãos não governamentais.
Art. 45 Do reconhecimento da Comissão como representante dos Estados-Partes.
Art. 46 Dos requisitos para apresentação de petição à Comissão.
Art. 47 Da inadmissibilidade das petições apresentadas à Comissão.
Art. 48 Dos procedimentos após aceitação de petição pela Comissão.
Art. 49 Do procedimento (fim amistoso) pós-resolução de problemas pela Comissão.
Art. 50 Do procedimento (fim não amistoso) pós-resolução de problemas pela Comissão.
Art. 51 Dos procedimentos e limites temporais estabelecidos aos Estados pela Comissão.
Capítulo VIII: Corte Interamericana de Direitos Humanos.
Art. 52 Da composição da Corte.
Art. 53 Da eleição para juízes da Corte.
Art. 54 Do tempo de mandato dos juízes da corte.
Art. 55 Da Nacionalidade dos Juízes.
Art. 56 Da formação de quórum pelos juízes.
Art. 57 Da Comissão e da Corte.
Art. 58 Da Sede da Corte.
Art. 59 Da Secretaria da Corte.
Art. 60 Da elaboração do Estatuto pela Corte.
Art. 61 Do direito de submeter decisões à Corte.
Art. 62 Do reconhecimento da competência da Corte pelos Estados-Partes.
Art. 63 Das Garantias da Corte aos Estados-Partes.
Art. 64 Da relação entre Estados-Partes e a Corte.
Art. 65 Do relatório sobre as atividades da Corte.
Art. 66 Dos fundamentos de um processo na Corte.
Art. 67 Da Sentença da Corte.
Art. 68 Do Comprometimento com a Corte por parte dos Estados-Partes.
Art. 69 Das Sentenças da Corte.
Capítulo IX: Disposições Comuns
Art. 70 Das Condições de Juízes e da Corte.
Art. 71 Da incompatibilidade das atividades dos juízes com outras atividades.
Art. 72 Dos Gastos com Juízes e membros da Corte.
Art. 73 Das Sanções à Corte ou aos Juízes.
PARTE III – DISPOSIÇÕES GERAIS E TRANSITÓRIAS
Capítulo X: Assinatura, Ratificação, Reserva, Emenda, Protocolo e Denúncia
Art. 74 Da adesão e da Ratificação à Convenção.
Art. 75 Da Condição de objeto de reserva.
Art. 76 Das propostas de emenda à Convenção.
Art. 77 Dos projetos de protocolo por parte dos Estados- Partes.
Art. 78 Da Denúncia pelos Estados-Partes.
Capítulo XI: Disposições Transitórias
Art. 79 da apresentação dos membros dos Estados-Partes à convenção
Art. 80 Da eleição dos membros da comissão.
Art. 81 Da apresentação dos Estados-Partes.
Art. 82 Das eleições dos juízes da corte.

Os Estados signatários da Convenção de São José se comprometem a respeitar os direitos e liberdades reconhecidas pela Convenção, algo essencial para o Direito Internacional e as relações diplomáticas entre os países.

Da mesma forma, os Estados Membros estão dispostos a tomar atitudes legais para que direitos acordados no Tratado sejam respeitados por todos os componentes.

A Convenção ainda estabelece um desenvolvimento progressivo dos direitos econômicos, sociais e culturais, de acordo com os recursos disponíveis. Esse é um meio encontrado para que as nações se tornem cada vez menos desiguais em um mundo cada vez mais globalizado.

O cumprimento e a proteção dos direitos humanos ficam sob a tutela de dois órgãos criados pela convenção: Comissão Interamericana dos Direitos Humanos e a Corte Interamericana dos Direitos Humanos.

10.7 Comissão Interamericana de Direitos Humanos (arts. 34 a 51)

A Comissão é o órgão principal da OEA, cuja função primordial é promover a observância e a defesa dos direitos humanos, além de servir como órgão consultivo nessa matéria, incorporando a sua estrutura básica por meio da sua inclusão na Carta da Organização. Compõe-se de sete membros que deverão ser pessoas de alta autoridade moral e de reconhecido saber em matéria de direitos humanos. Os membros da Comissão são eleitos a título pessoal, pela Assembleia Geral da Organização, de uma lista de candidatos propostos pelos governos dos Estados membros. Cada um dos referidos governos pode propor até três candidatos, nacionais do Estado que os propuser ou de qualquer outro Estado membro da Organização dos Estados Americanos. Quando proposta uma lista de três candidatos, pelo menos um deles deverá ser nacional de Estado diferente do proponente.

Os membros da Comissão são eleitos por quatro anos e só poderão ser reeleitos uma vez. Não pode integrar a Comissão mais de um nacional de um mesmo Estado. A Comissão tem a função principal de promover a observância e a defesa dos direitos humanos e, no exercício do seu mandato, tem as seguintes funções e atribuições:

Estimular a consciência dos direitos humanos nos povos da América.

Formular recomendações aos governos dos Estados membros, quando o considerar conveniente, no sentido de que adotem medidas progressivas em prol dos direitos humanos no âmbito de suas leis internas e seus preceitos constitucionais, bem como disposições apropriadas para promover o devido respeito a esses direitos.

Preparar os estudos ou relatórios que considerar convenientes para o desempenho de suas funções.

Solicitar aos governos dos Estados membros que lhe proporcionem informações sobre as medidas que adotarem em matéria de direitos humanos.

Atender às consultas que, por meio da Secretaria-Geral da Organização dos Estados Americanos, lhe formularem os Estados membros sobre questões relacionadas aos direitos humanos e, dentro de suas possibilidades, prestar-lhes o assessoramento que eles lhe solicitarem.

Atuar com respeito às petições e outras comunicações, no exercício de sua autoridade, conforme o disposto nos arts. 44 a 51 da Convenção Americana de Direitos Humanos.

Apresentar um relatório anual à Assembleia Geral da Organização dos Estados Americanos.

Qualquer pessoa ou grupo de pessoas, ou entidade não governamental legalmente reconhecida em um ou mais Estados membros da Organização, pode apresentar à Comissão petições que contenham denúncias ou queixas de violação desta Convenção por um Estado Parte.

10.8 Corte Interamericana de Direitos Humanos (arts. 52 a 73)

A Corte é um órgão de caráter jurisdicional criado pela Convenção com o objetivo de supervisionar o seu cumprimento, com uma função complementar àquela conferida pela mesma Convenção à Comissão. Com sede em San José, capital da Costa Rica, integra o Sistema Interamericano de Direitos Humanos. É um dos três Tribunais regionais de proteção dos Direitos Humanos, ao lado do Tribunal Europeu de Direitos Humanos e a Corte Africana de Direitos Humanos e dos Povos. Sua primeira reunião foi realizada em 1979, na sede da Organização dos Estados Americanos (OEA), em Washington, nos Estados Unidos.

A Corte é composta de sete juízes, nacionais dos Estados membros da Organização, eleitos a título pessoal dentre juristas da mais alta autoridade moral, de reconhecida competência em matéria de direitos humanos, que reúnam as condições requeridas para o exercício das mais elevadas funções judiciais, de acordo com a lei do Estado do qual sejam nacionais, ou do Estado que os propuser como candidatos. Não deve haver dois juízes da mesma nacionalidade.

Os juízes da Corte são eleitos, em votação secreta e pelo voto da maioria absoluta dos Estados Partes na Convenção, na Assembleia Geral da Organização, de uma lista de candidatos propostos pelos mesmos Estados. Cada um dos Estados Partes pode propor até três candidatos, nacionais do Estado que os propuser ou de qualquer outro Estado membro da Organização dos Estados Americanos. Quando se propuser uma lista de três candidatos, pelo menos um deles deverá ser nacional de Estado diferente do proponente. Os juízes da Corte serão eleitos por um período de seis anos e só poderão ser reeleitos uma vez. Somente os Estados Partes e a Comissão têm direito de submeter caso à decisão da Corte.

A Corte tem competência para conhecer de qualquer caso relativo à interpretação e aplicação das disposições da Convenção Americana de Direitos Humanos que lhe seja submetido, desde que os Estados Partes no caso tenham reconhecido ou reconheçam a referida competência. Quando decidir que houve violação de um direito ou liberdade protegidos nesta Convenção, a Corte determinará que se assegure ao prejudicado o gozo do seu direito ou liberdade violados. Determinará, também, se isso for procedente, que sejam reparadas as consequências da medida ou situação que haja configurado a violação desses direitos, além do pagamento de indenização justa à parte lesada.

Em casos de extrema gravidade e urgência, e quando se fizer necessário evitar danos irreparáveis às pessoas, a Corte, nos assuntos de que estiver conhecendo, poderá tomar as medidas provisórias consideradas pertinentes. Se se tratar de assuntos que ainda não estiverem submetidos ao seu conhecimento, poderá atuar a pedido da Comissão.

11 LEI DE INTRODUÇÃO ÀS NORMAS BRASILEIRAS (LINDB)

Lei de introdução à norma do direito brasileiro tem por definição ser um conjunto de regra e princípios a qual visa regular os aspectos acerca da **interpretação, aplicação, vigência** e **revogação** das normas, bem como o conflito de leis no **tempo** e no **espaço** (Intertemporal), além disso disciplina a estrutura da **administração pública**.

Ela disciplina outras questões no campo do **direito internacional privado** como também que envolvem o direito público, visa a forma como a administração pública deve atuar a fim de busca a eficiência do serviço público. Com isso, é possível separar a LINDB em três grandes partes.

- LINDB – art. 1º a art. 6º.
- Direito internacional privado – art. 7º a art. 19.
- Direito público – art. 20 a art. 30.

Diante dessa temática, deve-se atentar, especialmente para os dois primeiros pontos da LINDB.

11.1 Ordenamento jurídico

Dentro desse tópico é preciso entender duas distinções existente na LINDB tange ao ordenamento jurídico.

11.1.1 Ordenamento jurídico positivista

O ordenamento jurídico nacional positivista é importante destacar três principais características.

- **Único:** essa definição mostra que o estado possui apenas uma fonte de consulta dentro das suas diversas funções seja ela na atuação do poder executivo; judiciário; ou legislativo.
- **Completo:** essa característica quer dizer que para cada fato existente no ordenamento jurídico já existe uma norma correspondente. Importante destacar o que é mencionado no art. 4º da LINDB.

  Art. 4º Quando a lei for omissa, o juiz decidirá o caso de acordo com a analogia, os costumes e os princípios gerais de direito.

  Esse dispositivo deixa, de forma clara que quando houver uma lacuna no ordenamento jurídico, principalmente nos dias de hoje. Fazendo com que o judiciário reveja seus posicionamentos a uma certa decisão.

  Ponto importante sobre esses princípios, do ponto de vista, positivista eles têm um papel meramente **integrador**.

- **Sistemático:** LINDB trata-se de uma característica sistemática, isto é, ele é composto por um sistema de várias normas as quais não podem incidir no mesmo caso, quando isso acontecer estaremos diante de um conflito aparente da norma.
- Diante dessa temática surgem dois métodos de aplicação.

> **Fique ligado**
>
> **Método da hierarquia** (norma hierarquicamente superior) prevalece sobre a norma inferior; o **método da especialidade** versa sobre aplicabilidade de uma lei mais especial e prevalece sobre aplicabilidade de uma lei geral e, por fim, o **método temporal** que implica na aplicação de lei posterior e prevalece sobre a lei posterior, ambos esses métodos são aplicados respectivamente.

11.1.2 Ordenamento jurídico pós-positivista

O ordenamento jurídico nacional pós-positivista é importante **duas temáticas** a **normatização dos princípios**, os quais deixam de ser dispositivos meramente integrador do ordenamento e passam a ter uma natureza normativa, uma vez que, é possível você fazer uma divisão da norma em **regra** ou **princípio, ambos com caráter normativo**.

Uma segunda temática que é tratado na normatização dos princípios é o **conflito real** esse efeito jurídico acontece quando duas normas entram em conflito, e são aplicadas a uma mesma conduta.

11.1.3 Ponderação de interesse

Ela vai atuar basicamente quando houver um conflito de normas, conflito real, ele busca equacionar a colisão entre princípios da lei maior com a lei menor, para alcançar um ponto de equilíbrio.

- Uma distinção é importante para o nosso estudo é o art. 3º da LINDB e o art. 139, III.

  Art. 3º Ninguém se escusa de cumprir a lei, alegando que não a conhece.

> **Fique ligado**
>
> Esse dispositivo apresenta basicamente que o sujeito não pode alegar desconhecimento da norma para se livrar de uma sanção prevista nessa norma.

Art. 139 O erro é substancial quando:
*III - sendo de direito e não implicando **recusa à aplicação** da lei, for o motivo único ou principal do negócio jurídico.*

> **Fique ligado**
>
> Esse dispositivo trata do "erro iuris" (erro de direito) esse dispositivo trata do falso conhecimento da realidade. Esse erro não trata de um desconhecimento da norma, mas sim um falso conhecimento sobre a **aplicação da norma**.

11.2 Diálogo das fontes

Nosso ordenamento jurídico é único, como foi visto anteriormente. Contudo, nosso ordenamento jurídico é composto de inúmeros micros sistemas provenientes de um processo de descodificação que iniciou no Brasil com Getúlio Vargas, na década de 30. Anteriormente, reinava em nosso ordenamento apenas o código civil, que regulava todas as relações privadas.

Diante disso iniciou-se um processo de descodificação microssistema o qual regula situações específicas da sociedade. O primeiro decreto que passou por esse processo foi o Decreto nº 22.626/1933 – Lei da Usura. Diante disso, é necessário destacar três diálogos de fonte.

11.2.1 Diálogo sistemático de coerência

Nesse diálogo acontecem aplicação simultânea da norma em que uma delas apresenta um conceito importante acerca do instituto da outra norma, isto é, existe um diálogo entre as normas.

- Em uma norma existe conceitos estruturais da outra, como por exemplo.

  Ex.:
  Na compra de um veículo, em uma determinada concessionária, existe uma relação de consumo.
  Repare que para a relação de consumo será aplicada a regra ditas no CDC.

NOÇÕES DE DIREITO

Já para a relação de compra e venda, o que não é positivado pelo CDC, é regulamentada pelo código Civil.

Essa é aplicação básica de dois diplomas sistemático de coerência.

11.2.2 Diálogo de subsidiariedade

No diálogo de subsidiariedade, encontra-se aplicação de **duas leis**, de forma coordenada

Dentro desse diálogo uma da lei aplicada servirá de fundamento para a outra.

Ex.:

No art. 51, do CDC, apresenta um rol exemplificativo de cláusulas abusivas para fundamentar esse direito, é preciso citar o art. 187 Código Civil, que proíbe o exercício abusivo de direito. Dessa forma, fica evidente o efeito do diálogo de pôr subsidiariedade.

11.2.3 Diálogo de influência reciprocidade sistemática

Esse diálogo acontece quando o conceito estrutural de uma lei depende de outra lei.

Ex.:

O STJ, anteriormente, para conceituar consumidor usava a teoria maximalista que ampliava o conceito de consumidor. A partir do Código Civil de 2002, já apresentava tipificado uma forte aproximação princípio lógica do próprio CDC e das demandas contemporâneas após isso, e a entrada em vigor do CDC em 2002 o STJ passa a utilizar a teoria finalista para definir o consumidor.

11.3 Vigência das leis

11.3.1 Vigência x vigor

Em um primeiro momento, há uma diferenciação importante que deve ser feita é sobre a vigência e o vigor de um dispositivo legal. Para isso, é importante mencionar o Art. 1 § 1da LINDB.

▷ **Vigência:** a tem uma conotação estritamente TEMPORAL. É o período que se dá a um determinado dispositivo, entre a publicação e a revogação da norma, análise estritamente temporal.

▷ **Vigor:** diferentemente de vigência, ela tem uma relação com a eficácia, com a produção de efeitos da norma, surge com caráter informativo ao caso concreto. Em diversos casos, existe uma norma sendo aplicada, em vigência, mas sem o elemento vigor, o qual surge em um momento posterior.

Fique ligado

Repare que entre a publicação da norma e a sua revogação, encontra o vigor da norma a qual se origina da *vacatio legis*.

Publicação da Norma	Vigor	Revogação da Norma
"Vacatio Legis"		
Vigência		

Dessa forma pode-se afirmar que no ordenamento jurídico existem normas em vigência sem vigor. Isso vai acontecer quando ela encontrar em *vacatio legis*.

Ponto importante a ser comentado é que a *vacatio lgis* não é uma obrigação do ordenamento jurídico, uma vez que a lei a ser publicada definirá se haverá ou não o período de *vacatio*, bem como a duração desse período. Outro detalhe de importância para o nosso conhecimento é o fato da norma publicada não mencionar o período de *vacatio*; diante disso, quem explicitará o período de *vacatio legis* será a LINDB.

11.3.2 *Vacatio legis*

*Art. 1° Salvo disposição contrária, a lei começa a vigorar em todo o país **quarenta e cinco dias** depois de oficialmente publicada.*

*§ 1° Nos Estados, **estrangeiros**, a obrigatoriedade da lei brasileira, quando admitida, se inicia **três meses** depois de oficialmente publicada.*

Fique ligado

Importante lembrar que a norma publicada poderá ou não informar o seu período de *vacatio legis*.

11.3.3 Contagem do período de vacatio legis

Um ponto importante, a ser mencionado nesse contexto, é a forma de contagem do período de *vacatio legis*, quando **dado em dias**, por regra, segue o que está tipificado na LC.

Art. 8 §1 e 2§ da lei complementar de 95/98.

Art. 8° A vigência da lei será indicada de forma expressa e de modo a contemplar prazo razoável para que dela se tenha amplo conhecimento, reservada a cláusula "entra em vigor na data de sua publicação" para as leis de pequena repercussão.

*§ 1 A contagem do prazo para entrada em vigor das leis que estabeleçam período de vacância far-se-á com a inclusão da data da publicação e do último dia do prazo, entrando em vigor no dia **subseqüente à sua consumação integral**.*

§ 2 As leis que estabeleçam período de vacância deverão utilizar a cláusula 'esta lei entra em vigor após decorridos (o número de) dias de sua publicação oficial'.

Dentro dessa temática, vale destacar que é possível a normas revogada produzir efeitos mesmo não se encontrando em vigor no nosso ordenamento jurídico. Para essa produção de efeito, trata-se **do princípio da ultratividade** de lei, como por exemplo o art. 2.035 Código Civil, que não se encontra mais vigente no ordenamento jurídico. Essa norma já se encontra revogada, porém é um dispositivo regula situações concretas.

*Art. 2.035 **A validade dos negócios e demais atos jurídicos**, constituídos antes da entrada em vigor deste Código, obedece ao disposto nas leis anteriores, referidas no art. 2.045, mas os seus efeitos, produzidos **após a vigência** deste Código, aos preceitos dele se subordinam, salvo se houver sido prevista pelas partes determinada forma de execução.*

Parágrafo único. Nenhuma convenção prevalecerá se contrariar preceitos de ordem pública, tais como os estabelecidos por este Código para assegurar a função social da propriedade e dos contratos.

Fique ligado

É possível que uma norma tenha vigência, mas que não tenha vigor, quando prevista a *vacatio legis*, bem como uma norma que tenha vigor, mas não tenha vigência. Nesse sentido é importante destacar o princípio da ultratividade.

11.3.4 Correções ao texto de lei que não está em vigor

§ 3° Se, antes de entrar a lei em vigor, ocorrer nova publicação de seu texto, destinada a correção, o prazo deste artigo e dos parágrafos anteriores começará a correr da nova publicação.

O §3 da LINDB deixa claro que pode ser realizada uma correção no texto de lei antes da sua entrada em vigor, isto é, a alteração legislativa ocorreu entre a publicação da norma e sua entrada em vigor, *vacatio legis*. Importante acrescentar que o prazo de validade desse artigo de lei começa a valer a partir da nova publicação.

LEI DE INTRODUÇÃO ÀS NORMAS BRASILEIRAS (LINDB)

> **Fique ligado**
>
> Correção a texto de lei em período de *vacatio legis* não é considerado lei nova. O que acontece é apenas uma nova contagem do período de *vacatio legis*, que acontece antes da entrada em vigor da norma. Vale destacar que essa nova contagem de prazo, a rigor, é válida apenas para o dispositivo que foi alterado, salvo disposição em contrário na norma retificadora

O § 4º deixa claro que após a publicação da norma (início da vigência), porém no período de *vacatio* ocorre uma correção, antes da entrada em vigor, essa correção de texto de lei será considerada uma nova lei para todo os fins.

*§ 4º As correções a texto de **lei já em vigor** consideram-se lei nova.*

11.4 Revogação da norma

Antes de dar início a essa temática é importante lembra que regra geral do nosso ordenamento é o **princípio da continuidade da norma**, ela vai produzir efeito no ordenamento jurídico até que venha outra norma a modifique ou a revogue, conforme o tipificado no art. 2º e seus parágrafos, da LINDB.

*Art. 2º Não se destinando à **vigência temporária**, a lei terá vigor até que outra a **modifique** ou **revogue**.*

> **Fique ligado**
>
> Para o efeito de lei temporária, é importante mencionar, como exemplo, a Lei nº 14.010/2020 que trata sobre o regime jurídico emergencial e transitório das relações jurídicas de direito privado, ela regula relações privadas durante período de calamidade pública, decorrente da pandemia, em um marco temporal. Quando não for tipificada em caráter temporário, a lei vai produzir efeitos até que outra lei a modifique ou a revogue, esse conceito trata do princípio da continuidade da norma.

Importante manter atenção para algumas expressões do texto legal, a **modificação** de uma norma por outra é conhecida no ordenamento jurídico como **Derrogação (parte da norma é revogada)**. Já a **revogação** de uma norma por outra é conhecida como **ab-rogação (Revogação integral da norma)**.

Modificação	Revogação
Derrogação	Ab-rogação
Parte da norma é revogada	Norma é revogada de forma integral

Importante lembrar que a norma não será revogada pelo desuso. O Jurista Miguel Reale, em sua a Teoria Tridimensional do Direito, fato valor e norma ele defende a ideia de que a norma poderia ser revogada pelo desuso, uma vez que ela não constitui aderência social, mas esse é um entendimento é minoritário no cenário jurídico moderno.

11.4.1 Revogação expressa e tácita das normas

Nesse tópico, a LINDB prevê a revogação Expressa, notoriamente conhecida no mundo jurídico, a dúvida recai sobre a revogação tácita da norma, para esclarecer essa temática é de leitura obrigatória o §1 do art. 2º da LINDB.

*§ 1º **A lei posterior revoga a anterior** quando **expressamente** o declare, quando seja com ela **incompatível** ou quando regule **inteiramente** a matéria de que tratava a **lei anterior**.*

> **Fique ligado**
>
> O §1º do art. 2º da LINDB, apresenta hipóteses de revogação tácita, quando a lei se tornarem **incompatível** ou **regular inteiramente a matéria de que tratava a lei posterior**.

Lei que se tornou incompatível com a publicação de lei nova, pode ser mencionada a EC nº 66/2010 a qual tornou-se sem efeito uma vez que era incompatível com o art. 226, § 6º, CF/1988.

11.4.2 Vigência conjunta da norma

Como já foi mencionando anteriormente, o ordenamento jurídico aprecia duas formas de revogação, **tácita e expressa**.

Tática	
Pode ser incompatível com a lei anterior	Lei nova regulamentar toda a materia (Art. 2§1)

> **Fique ligado**
>
> Revogação tácita da norma, quando ela regulamenta toda a matéria conforme previsto no art. 2º, § 1º, é diferente quando uma lei nova se trata de disposições gerais ou especiais acerca da norma já existente, esse efeito normativo, **trata-se da vigência conjunta da norma**.

§ 2º A lei nova, que estabeleça disposições gerais ou especiais a par das já existentes, não revoga nem modifica a lei anterior.

11.4.3 Repristinação

Em seu conceito puro e simples é a retomada de vigência de uma lei pela simples revogação da norma revogadora, uma proibição do ordenamento jurídico brasileiro, proibindo a repristinação tácita, salvo disposição em contrário, isto é o direito brasileiro admite a repristinação expressa, vale ressaltar que é técnica legislativa pouco usual no ordenamento pátrio.

11.4.4 Repristinação VS efeito repristinatório

Esse efeito vai acontecer quando, em um determinado momento, a lei em vigência (LEI A) é revogada por uma nova norma (LEI B), porém essa lei B é declarado inconstitucional, caso de Nulidade absoluta.

Nesse sentido, a Lei A retorna ao ordenamento jurídico. Cabe ao STF, em regra geral, modular esses efeitos e se terá ou não efeitos retroativos.

> **Fique ligado**
>
> **Efeito repristinatório**
> Declaração de nulidade absoluta da norma.
> Efeitos *ex tunc* efeitos retroativos.
> Lei anteriormente revogada retorna ao ordenamento jurídico.
> Esse efeito em uma condenação penal é tratado como efeito repristinatório.

§ 3º Salvo disposição em contrário, a lei revogada não se restaura por ter a lei revogadora perdido a vigência.

NOÇÕES DE DIREITO

11.4.5 Hierarquia das normas

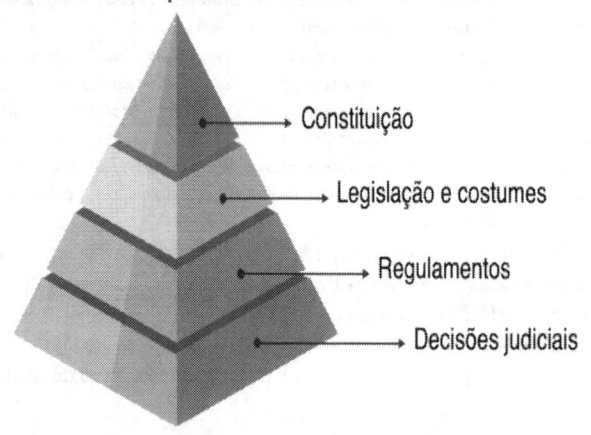

- Constituição
- Legislação e costumes
- Regulamentos
- Decisões judiciais

Para cada ato, vai existir um determinado controle relativo sua norma superior correspondente. Dentro da pirâmide de Kelsen é importante mencionar alguns tipos de controle quanto a sua legalidade convencionalidade e controle de constitucionalidade.

11.5 Conflitos de lei no tempo

Ponto bem importante que trata a LINDB é o conflito de leis, objeto de estudo que se remete ao estudo da retroatividade da norma e o conflito de lei no espaço.

11.5.1 Retroatividade da norma

Art. 6º A Lei em vigor terá efeito imediato e geral, respeitados o ato jurídico perfeito, o direito adquirido e a coisa julgada.

Diante dessa redação pode-se afirmar que a lei nova poderá retroagir desde que respeite o ato jurídico perfeito o direito adquirido e a coisa julgada.

Diante desse artigo pode-se mencionar dois tipos de retroatividade junta e injusta.

> **Fique ligado**
>
> **Retroatividade:** art. 6°;
> **Justa:** ela atinge o ato jurídico perfeito a coisa julgado e o direito adquirido
> **Injusta:** ela atinge o ato jurídico perfeito a coisa julgado e o direito adquirido
> **Espécies de retroatividade Injusta**
> I) Máxima
> II) Média
> II) Mínima
> O art. 2.035, 2ª parte, do Código Civil, admite a retroatividade injusta de grau mínimo.

Art. 2.035 A validade dos negócios e demais atos jurídicos, constituídos antes da entrada em vigor deste Código, obedece ao disposto nas leis anteriores, referidas no art. 2.045, mas os seus efeitos, produzidos após a vigência deste Código, aos preceitos dele se subordinam, salvo se houver sido prevista pelas partes determinada forma de execução.
Parágrafo único. Nenhuma convenção prevalecerá se contrariar preceitos de ordem pública, tais como os estabelecidos por este Código para assegurar a função social da propriedade e dos contratos.

▷ **Retroatividade em grau máximo:**
- Esse conceito determina que a lei nova pode atingir uma situação jurídica em que seus efeitos tiveram início e fim no vigor da lei velha.
- Situação essa que não é admitida (proibida)

▷ **Retroatividade grau médio:**
- A lei nova pode atingir uma situação jurídica em que seus efeitos tiveram início no vigor da lei antiga e foi sessado com vigor da lei nova
- Situação essa que não é admitida (Proibida)

▷ **Retroatividade de grau mínima:**
- A regra no Brasil é a **retroatividade mínima**.
- **Lei nova não vai atingir atos jurídicos perfeitos**
- **Retroatividade mínima admite que a lei nova vai alcançar os efeitos futuros do fato pretérito,**
- **Gerou fato diferido no tempo**
- **Retroatividade mínima trabalha no plano da eficácia**
- **Lei nova regular os efeitos futuros do fato pretérito**

> **Fique ligado**
>
> No entendimento mais moderno, o STF nega a **retroatividade** mínima uma vez que viola o art. 5; XXXVI.

Art. 5º Todos são iguais perante a lei, sem distinção de qualquer natureza, garantindo-se aos brasileiros e aos estrangeiros residentes no País a inviolabilidade do direito à vida, à liberdade, à igualdade, à segurança e à propriedade, nos termos seguintes: [...]
XXXVI - a lei não prejudicará o direito adquirido, o ato jurídico perfeito e a coisa julgada.

11.5.2 Ato jurídico perfeito, direito adquirido e coisa julgada

11.5.3 (art. 6º, LINDB)

Atente-se ao dispositivo os qual apresenta algumas definições sobre o

Art. 6º A Lei em vigor terá efeito imediato e geral, respeitados o ato jurídico perfeito, o direito adquirido e a coisa julgada.
§ 1º Reputa-se ato jurídico perfeito o já consumado segundo a lei vigente ao tempo em que se efetuou.
§ 2º Consideram-se adquiridos assim os direitos que o seu titular, ou alguém por ele, possa exercer, como aqueles cujo começo do exercício tenha termo pré-fixo, ou condição pré-estabelecida inalterável, a arbítrio de outrem.
§ 3º Chama-se coisa julgada ou caso julgado a decisão judicial de que já não caiba recurso.

11.5.4 aplicação da lei no espaço

É importante mencionar duas importantes teorias, sendo uma a regra do nosso ordenamento jurídico e a outra, exceção.

▷ **Princípio da territorialidade:** a lei a ser aplicada é a do próprio país.
▷ **Princípio da extraterritorialidade:** esse princípio vai admitir casos em que admite que uma determinada lei seja aplicada em território estrangeiro.

> **Fique ligado**
>
> O Brasil, apresenta a teoria territorialidade moderada: regra do estatuto pessoal, porta de entrada, teoria do domicílio.
> Ela permite que uma lei estrangeira vigore no ordenamento jurídico brasileiro, em casos excepcionais.

Dentro dessa temática, é importante destacar as hipóteses em que a lei estrangeira pode ser aplicada em território brasileiro. Logo, a seguir são destacadas algumas hipóteses em que a lei estrangeira é aplicada no Brasil.

LEI DE INTRODUÇÃO ÀS NORMAS BRASILEIRAS (LINDB)

Art. 7º *A lei do país em que* **domiciliada a pessoa** *determina as regras sobre o começo e o fim da personalidade, o nome, a capacidade e os direitos de família.*

§ 1º Realizando-se o casamento no Brasil, será aplicada a lei brasileira quanto aos impedimentos dirimentes e às formalidades da celebração.

§ 2º O casamento de estrangeiros poderá celebrar-se perante autoridades diplomáticas ou consulares do país de ambos os nubentes.

§ 3º Tendo os nubentes domicílio diverso, regerá os casos de invalidade do matrimônio a lei **do primeiro domicílio conjugal***.*

§ 4º O regime de bens, legal ou convencional, obedece à lei do país em que tiverem os nubentes domicílio, e, se este for diverso, a do primeiro domicílio conjugal.

§ 5º O estrangeiro casado, que se naturalizar brasileiro, pode, mediante expressa anuência de seu cônjuge, requerer ao juiz, no ato de entrega do decreto de naturalização, se apostile ao mesmo a adoção do regime de comunhão parcial de bens, respeitados os direitos de terceiros e dada esta adoção ao competente registro.

§ 6º O divórcio realizado no estrangeiro, se um ou ambos os cônjuges forem brasileiros, só será reconhecido no Brasil depois de 1 (um) ano da data da sentença, salvo se houver sido antecedida de separação judicial por igual prazo, caso em que a homologação produzirá efeito imediato, obedecidas as condições estabelecidas para a eficácia das sentenças estrangeiras no país. O Superior Tribunal de Justiça, na forma de seu regimento interno, poderá reexaminar, a requerimento do interessado, decisões já proferidas em pedidos de homologação de sentenças estrangeiras de divórcio de brasileiros, a fim de que passem a produzir todos os efeitos legais.

§ 7º Salvo o caso de abandono, o domicílio do chefe da família estende-se ao outro cônjuge e aos filhos não emancipados, e o do tutor ou curador aos incapazes sob sua guarda.

§ 8º Quando a pessoa não tiver domicílio, considerar-se-á domiciliada no lugar de sua residência ou naquele em que se encontre.

Art. 8º *Para* **qualificar** *os* **bens** *e* **regular as relações** *a eles concernentes, aplicar-se-á a* **lei do país em que estiverem situados.**

§ 1º Aplicar-se-á a **lei do país em que for domiciliado** *o proprietário, quanto aos* **bens moveis** *que ele trouxer ou se destinarem a transporte para outros lugares.*

§ 2º O **penhor** *regula-se pela lei do* **domicílio** *que tiver a pessoa, em* **cuja posse** *se encontre a coisa apenhada.*

Fique ligado

Lei que vai regular bens e imóveis será a lei do país que tiverem situados.
Lei que vai regular bens moveis será a lei do domicílio do proprietário.
Penhor a posse do bem fica com credor, isto é, o penhor será regulado pelo domicílio do credor.
Penhor trata de uma garantia real que recai apenas sobre bens moveis.
É basicamente a transferência do devedor transfere a posse direta do bem para o credor.

Art. 10º *A* **sucessão por morte ou por ausência** *obedece à lei do país em que domiciliado o defunto ou o desaparecido, qualquer que seja a natureza e a situação dos bens.*

§ 1º **A sucessão de bens de estrangeiros***, situados no País, será regulada pela lei brasileira em* **benefício do cônjuge ou dos filhos** *brasileiros, ou de quem os represente, sempre que não lhes seja mais favorável a lei pessoal do de cujus.*

§ 2º A lei do domicílio do herdeiro ou legatário regula a capacidade para suceder.

Art. 11 *As organizações destinadas a fins de interesse coletivo, como as sociedades e as fundações, obedecem à lei do Estado em que se constituírem.*

§ 1º Não poderão, entretanto, ter no Brasil filiais, agências ou estabelecimentos antes de serem os atos constitutivos aprovados pelo Governo brasileiro, ficando sujeitas à lei brasileira.

§ 2º Os Governos estrangeiros, bem como as organizações de qualquer natureza, que eles tenham constituído, dirijam ou hajam investido de funções públicas, não poderão adquirir no Brasil bens imóveis ou susceptíveis de desapropriação.

§ 3º Os Governos estrangeiros podem adquirir a propriedade dos prédios necessários à sede dos representantes diplomáticos ou dos agentes consulares.

Diante dessa temática, pode-se concluir que o Brasil adota a territorialidade, contudo, o Brasil adota a teoria da territorialidade moderada. Em casos excepcionais, a lei estrangeira poderá atuar no ordenamento jurídico brasileiro. Esse efeito acontecerá quando a regra do estatuto tiver previsão legal – a LINDB faz menção ao domicílio.

RACIOCÍNIO LÓGICO-MATEMÁTICO

PROPOSIÇÕES

1 PROPOSIÇÕES

1.1 Definições

Proposição é uma sentença declarativa que admite apenas um dos dois valores lógicos (verdadeiro ou falso). As sentenças podem ser classificadas em abertas – que são as expressões que não podemos identificar como verdadeiras ou falsas – ou fechadas – que são as expressões que podemos identificar como verdadeiras ou falsas.

A seguir exemplos de algumas sentenças:

p: Danilo tem duas empresas.
Q: Susana comprou um carro novo.
a: Beatriz é inteligente.
B: 2 + 7 = 10

Nos exemplos acima, as letras do alfabeto servem para representar (simbolizar) as proposições.

1.1.1 Valores lógicos das proposições

Uma proposição só pode ser classificada em dois valores lógicos, que são: **Verdadeiro (V)** ou **Falso (F)**, não admitindo outro valor.

As proposições têm três princípios básicos, no entanto, o princípio fundamental é:

▷ **Princípio da não contradição:** diz que uma proposição não pode ser verdadeira e falsa ao mesmo tempo.
▷ **Os outros dois são:**
▷ **Princípio da identidade:** diz que uma proposição verdadeira sempre será verdadeira e uma falsa sempre será falsa.
▷ **Princípio do terceiro excluído:** diz que uma proposição só pode ter dois valores lógicos, – verdadeiro ou falso – se **não existir** um terceiro valor.

Interrogações, exclamações, ordens e frase sem verbo não são proposições.

> Que dia é hoje?
> Que maravilha!
> Estudem muito.
> Ótimo dia.

1.1.2 Sentenças abertas e quantificadores lógicos

Existem algumas sentenças abertas com incógnitas (termo desconhecido) ou com sujeito indefinido, como x + 2 = 5, ou seja, não sendo consideradas proposições, porque não se pode classificá-las sem saber o valor de x ou se ter a definição do sujeito. Com o uso dos **quantificadores lógicos**, tornam-se proposições, uma vez que eles passam a dar valor ao x ou definir o sujeito.

Os quantificadores lógicos são:

$\forall$: para todo; qualquer que seja; todo;
$\exists$: existe; existe pelo menos um; algum;
$\nexists$: não existe; nenhum.

> x + 2 = 5 (sentença aberta – não é proposição).
> **p:** $\exists$ x, x + 2 = 5 (lê-se: existe x tal que, x + 2 =5). Agora é proposição, porque é possível classificar a proposição como verdadeira, já que sabemos que tem um valor de x que somado a dois é igual a cinco.

1.1.3 Negação de proposição (modificador lógico)

Negar uma proposição significa modificar o seu valor lógico, ou seja, se uma proposição é verdadeira, a sua negação será falsa, e se uma proposição for falsa, a sua negação será verdadeira.

Os símbolos da negação são (~) ou ($\neg$) antes da letra que representa a proposição.

p: 3 é ímpar.
~p: 3 não é ímpar.
$\neg$p: 3 é **par** (outra forma de negar a proposição).
~p: não é verdade que 3 é ímpar (outra forma de negar a proposição).
$\neg$p: é mentira que 3 é ímpar (outra forma de negar a proposição).

Lei da dupla negação:

~(~p) = p, negar uma proposição duas vezes significa voltar para a própria proposição:

q: 2 é par;
~q: 2 não é par;
~(~q): 2 não é ímpar;
Portanto:
q: 2 é par.

1.1.4 Tipos de proposição

Simples ou atômica: são únicas, com apenas um verbo (ação), não pode ser dividida/separada (fica sem sentido) e não tem conectivo lógico.

> Na proposição "João é professor", tem-se uma única informação, com apenas um verbo. Não é possível separá-la e não ter um conectivo.

Composta ou molecular: tem mais de uma proposição simples, unidas pelos conectivos lógicos. Podem ser divididas/separadas e ter mais de um verbo (pode ser o mesmo verbo referido mais de uma vez).

> "Pedro é advogado e João é professor". É possível separar em duas proposições simples: "Pedro é advogado" e "João é professor".

Simples (atômicas)	Compostas (moleculares)
Não têm conectivo lógico	Têm conectivo lógico
Não podem ser divididas	Podem ser divididas
1 verbo	+ de 1 verbo

Conectivo lógico

Serve para unir as proposições simples, formando proposições compostas. São eles:

e: conjunção ($\wedge$)
ou: disjunção ($\vee$)
ou... ou: disjunção exclusiva ($\underline{\vee}$)
se..., então: condicional ($\rightarrow$)
se..., e somente se: bicondicional ($\leftrightarrow$)

Alguns autores consideram a negação (~) como um conectivo, aqui não faremos isso, pois os conectivos servem para formar proposição composta, e a negação faz apenas a mudança do valor das proposições.

O e possui alguns sinônimos, que são: mas, porém, nem (nem = e não) e a vírgula. O condicional também tem alguns sinônimos que são: portanto, quando, como e pois (pois = condicional invertido, como: A, pois B = B $\rightarrow$ A).

a: Maria foi à praia.
b: João comeu peixe.
p: Se Maria foi a praia, então João comeu peixe.
q: ou 4 + 7 = 11 ou a Terra é redonda.

1.2 Tabela verdade e valores lógicos das proposições compostas

A tabela verdade é um mecanismo usado para dar valor às proposições compostas (podendo ser verdadeiras ou falsas), por meio de seus respectivos conectivos.

A primeira coisa que precisamos saber numa tabela verdade é o seu número de linhas, e que esse depende do número de proposições simples que compõem a proposição composta.

Número de linhas = 2^n

Em que **n** é o número de proposições simples que compõem a proposição composta. Portanto, se houver 3 proposições simples formando a proposição composta, então, a tabela dessa proposição terá 8 linhas ($2^3 = 8$). Esse número de linhas da tabela serve para que tenhamos as possíveis relações entre V e F das proposições simples. Veja:

P	Q	R
V	V	V
V	V	F
V	F	V
V	F	F
F	V	V
F	V	F
F	F	V
F	F	F

Observe que temos as relações entre os valores lógicos das proposições, que são três verdadeiras (1ª linha), três falsas (última linha), duas verdadeiras e uma falsa (2ª, 3ª e 5ª linhas), e duas falsas e uma verdadeira (4ª, 6ª e 7ª linhas). Nessa demonstração, observamos uma forma prática de como organizar a tabela, sem se preocupar se foram feitas todas relações entre as proposições.

Para o correto preenchimento da tabela, devemos seguir algumas regras:

- Comece sempre pelas proposições simples e suas negações, se houver.
- Resolva os parênteses, colchetes e chaves, respectivamente (igual à expressão numérica), se houver.
- Faça primeiro as conjunções e disjunções, depois os condicionais e, por último, os bicondicionais.
- Em uma proposição composta, com mais de um conectivo, o conectivo principal será o que for resolvido por último (importante saber o conectivo principal).
- A última coluna da tabela deverá ser sempre a da proposição toda, conforme as demonstrações a seguir.

O valor lógico de uma proposição composta depende dos valores lógicos das proposições simples que a compõem e do conectivo utilizado. Veja a seguir.

Valor lógico de uma proposição composta por conjunção (e) = tabela verdade da conjunção ($\wedge$)

Conjunção e: p e q são proposições, sua conjunção é denotada por p $\wedge$ q. Essas proposições só são verdadeiras simultaneamente (se p ou q for falso, então p $\wedge$ q será falso).

| $P \wedge Q$

P	Q	P$\wedge$Q
V	V	V
V	F	F
F	V	F
F	F	F

| Representado por meio de conjuntos, temos: P $\wedge$ Q

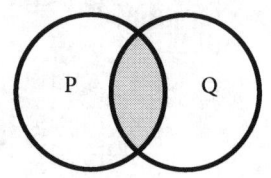

Valor lógico de uma proposição composta por disjunção (ou) = tabela verdade da disjunção ($\vee$)

Disjunção "ou": sejam p e q proposições, a disjunção é denotada por p $\vee$ q. Essas proposições só são falsas simultaneamente (se p ou q for verdadeiro, então p $\vee$ q será verdadeiro).

| $P \vee Q$

P	Q	P$\vee$Q
V	V	V
V	F	V
F	V	V
F	F	F

| Representado por meio de conjuntos, temos: P $\vee$ Q

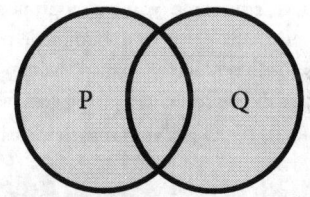

Valor lógico de uma proposição composta por disjunção exclusiva (ou, ou) = tabela verdade da disjunção exclusiva ($\underline{\vee}$)

Disjunção Exclusiva ou ..., ou ...: p e q são proposições, sua disjunção exclusiva é denotada por p $\underline{\vee}$ q. Essas proposições só são verdadeiras quando p e q tiverem valores diferentes/contrários (se p e q tiverem valores iguais, então p $\underline{\vee}$ q será falso).

| $P \underline{\vee} Q$

P	Q	P$\underline{\vee}$Q
V	V	F
V	F	V
F	V	V
F	F	F

| Representado por meio de conjuntos, temos: P $\underline{\vee}$ Q

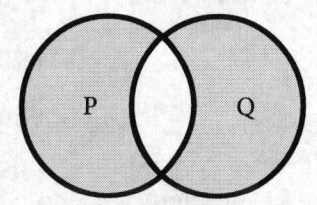

Valor lógico de uma proposição composta por condicional (se, então) = tabela verdade do condicional ($\rightarrow$)

Condicional Se p, e então q: p e q são proposições, sua condicional é denotada por p $\rightarrow$ q, onde se lê p condiciona q ou se p, então q. A proposição assume o valor falso somente quando p for verdadeira e q for falsa. A seguir, a tabela para a condicional de p e q.

PROPOSIÇÕES

| $P \to Q$

P	Q	P→Q
V	V	V
V	F	F
F	V	V
F	F	V

Dicas:

P é antecedente e Q é consequente = $P \to Q$

P é consequente e Q é antecedente = $Q \to P$

P é suficiente e Q é necessário = $P \to Q$

P é necessário e Q é suficiente = $Q \to P$

| Representado por meio de conjuntos, temos: $P \to Q$

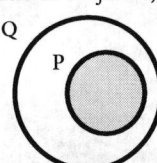

Valor lógico de uma proposição composta por bicondicional (se e somente se) = tabela verdade do bicondicional (↔)

Bicondicional se, e somente se: p e q são proposições, a bicondicional de p e q é denotada por p ↔ q, onde se lê p bicondicional q. Essas proposições só são verdadeias quando tiverem valores iguais (se p e q tiverem valores diferentes, então p ↔ q será falso).

No bicondicional, P e Q são ambos suficientes e necessários ao mesmo tempo.

| $P \leftrightarrow Q$

P	Q	P↔Q
V	V	V
V	F	F
F	V	F
F	F	V

| Representado por meio de conjuntos, temos: $P \leftrightarrow Q$

P = Q

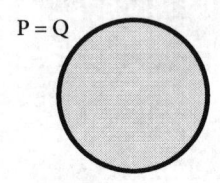

Proposição composta	Verdadeira quando:	Falsa quando:
P∧Q	P e Q são verdadeiras	Pelo menos uma falsa
P∨Q	Pelo menos uma verdadeira	P e Q são falsas
P⊻Q	P e Q têm valores diferentes	P e Q têm valores iguais
P→Q	P = verdadeiro, Q = verdadeiro ou P = falso	P = verdadeiro e Q = falso
P↔Q	P e Q têm valores iguais	P e Q têm valores diferentes

1.3 Tautologias, contradições e contingências

▷ **Tautologia:** proposição composta que é **sempre verdadeira**, independente dos valores lógicos das proposições simples que a compõem.

| $(P \wedge Q) \to (P \vee Q)$

P	Q	P∧Q	P∨Q	(P∧Q)→(P∨Q)
V	V	V	V	V
V	F	F	V	V
F	V	F	V	V
F	F	F	F	V

▷ **Contradição:** proposição composta que é **sempre falsa**, independente dos valores lógicos das proposições simples que a compõem.

| $\sim(P \vee Q) \wedge P$

P	Q	P∨Q	~(P∨Q)	~(P∨Q)∧P
V	V	V	F	F
V	F	V	F	F
F	V	V	F	F
F	F	F	V	F

▷ **Contingência:** ocorre quando não é tautologia nem contradição.

| $\sim(P \veebar Q) \leftrightarrow P$

P	Q	P⊻Q	~(P⊻Q)	~(P⊻Q)↔P
V	V	F	V	V
V	F	V	F	F
F	V	V	F	V
F	F	F	V	F

1.4 Equivalências lógicas

Duas ou mais proposições compostas são equivalentes, quando são formadas pelas mesmas proposições simples, e suas tabelas verdades (resultado) são iguais.

Fique Ligado

Atente-se para o princípio da equivalência. A tabela verdade está aí só para demonstrar a igualdade.

Seguem algumas demonstrações importantes:

▷ **P ∧ Q = Q ∧ P:** trocar as proposições de lugar – chamada de **recíproca**.

P	Q	P∧Q	Q∧P
V	V	V	V
V	F	F	F
F	V	F	F
F	F	F	F

RACIOCÍNIO LÓGICO-MATEMÁTICO

▷ **P ∨ Q = Q ∨ P**: trocar as proposições de lugar – chamada de **recíproca**.

P	Q	P∨Q	Q∨P
V	V	V	V
V	F	V	V
F	V	V	V
F	F	F	F

P ⊻ Q = Q ⊻ P: trocar as proposições de lugar – chamada de **recíproca**.
P ⊻ Q = ~P ⊻ ~Q: negar as proposições – chamada de **contrária**.
P ⊻ Q = ~Q ⊻ ~P: trocar as proposições de lugar e negar – chamada de **contrapositiva**.
P ⊻ Q = (P ∧ ~Q) ∨ (~P ∧ Q): observe a seguir a exclusividade dessa disjunção.

P	Q	~P	~Q	P∧~Q	~P∧Q	P⊻Q	Q⊻P	~P⊻~Q	~Q⊻~P	(P∧~Q)∨(~P∧Q)
V	V	F	F	F	F	F	F	F	F	F
V	F	F	V	V	F	V	V	V	V	V
F	V	V	F	F	V	V	V	V	V	V
F	F	V	V	F	F	F	F	F	F	F

P ↔ Q = Q ↔ P: trocar as proposições de lugar – chamada de **recíproca**.
P ↔ Q = ~P ↔ ~Q: negar as proposições – chamada de **contrária**.
P ↔ Q = ~Q ↔ ~P: trocar as proposições de lugar e negar – chamada de **contrapostiva**.
P ↔ Q = (P → Q) ∧ (Q → P): observe a seguir a condicional para os dois lados, ou seja, bicondicional.

P	Q	~P	~Q	P→Q	Q→P	P↔Q	Q↔P	~P↔~Q	~Q↔~P	(P→Q)∧(Q→P)
V	V	F	F	V	V	V	V	V	V	V
V	F	F	V	F	V	F	F	F	F	F
F	V	V	F	V	F	F	F	F	F	F
F	F	V	V	V	V	V	V	V	V	V

> **Fique Ligado**
> A disjunção exclusiva e o bicondicional são as proposições com o maior número de equivalências.

P → Q = ~Q → ~P: trocar as proposições de lugar e negar – chamada de **contrapositiva**.
P → Q = ~P ∨ Q: negar o antecedente ou manter o consequente.

P	Q	~P	~Q	P→Q	~Q→~P	~P∨Q
V	V	F	F	V	V	V
V	F	F	V	F	F	F
F	V	V	F	V	V	V
F	F	V	V	V	V	V

Equivalências importantes e mais cobradas em concursos.

PROPOSIÇÕES

1.4.1 Negação de proposição composta

São também equivalências lógicas. Veja

▷ ~(P ∧ Q) = ~P ∨ ~Q (Leis de Morgan)

Para negar a conjunção, troca-se o conectivo **e** (∧) por **ou** (∨) e nega-se as proposições que a compõem.

P	Q	~P	~Q	P∧Q	~(P∧Q)	~P∨~Q
V	V	F	F	V	F	F
V	F	F	V	F	V	V
F	V	V	F	F	V	V
F	F	V	V	F	V	V

▷ ~(P ∨ Q) = ~P ∧ ~Q (Leis de Morgan)

Para negar a disjunção, troca-se o conectivo **ou** (∨) por **e** (∧) e negam-se as proposições simples que a compõem.

P	Q	~P	~Q	P∨Q	~(P∨Q)	~P∧~Q
V	V	F	F	V	F	F
V	F	F	V	V	F	F
F	V	V	F	V	F	F
F	F	V	V	F	V	V

▷ ~(P → Q) = P ∧ ~Q

Para negar o condicional, mantém-se o antecedente e nega-se o consequente.

P	Q	~Q	P→Q	~(P→Q)	P∧~Q
V	V	F	V	F	F
V	F	V	F	V	V
F	V	F	V	F	F
F	F	V	V	F	F

▷ ~(P ⊻ Q) = P ↔ Q

Para negar a disjunção exclusiva, faz-se o bicondicional ou nega-se a disjunção exclusiva com a própria disjunção exclusiva, mas negando apenas uma das proposições que a compõe.

P	Q	P⊻Q	~(P⊻Q)	P↔Q
V	V	F	V	V
V	F	V	F	F
F	V	V	F	F
F	F	F	V	V

▷ ~(P ↔ Q) = (P ⊻ Q)

Para negar a bicondicional, faz-se a disjunção exclusiva ou nega-se o bicondicional com o próprio bicondicional, mas negando apenas uma das proposições que a compõe.

P	Q	P↔Q	~(P↔Q)	P⊻Q
V	V	V	F	F
V	F	F	V	V
F	V	F	V	V
F	F	V	F	F

1.5 Relação entre todo, algum e nenhum

Têm algumas relações entre si, conhecidas como **quantificadores lógicos**. Veja:

"Todo A é B" equivale a **"nenhum A não é B"**, vice-versa.

| "todo amigo é bom = nenhum amigo não é bom."

"Nenhum A é B" equivale a **"todo A não é B"**, vice-versa.

| "nenhum aluno é burro = todo aluno não é burro."

"Todo A é B" tem como negação **"algum A não é B"**, vice-versa.

| ~(todo estudante tem insônia) = algum estudante não tem insônia.

"Nenhum A é B" tem como negação **"algum A é B"**, vice-versa.

| ~(algum sonho é impossível) = nenhum sonho é impossível.

Representado em forma de conjuntos:

TODO A é B:

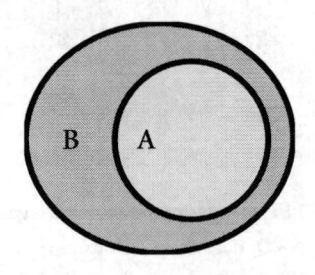

ALGUM A é B:

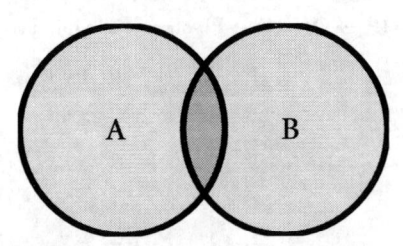

NENHUM A é B:

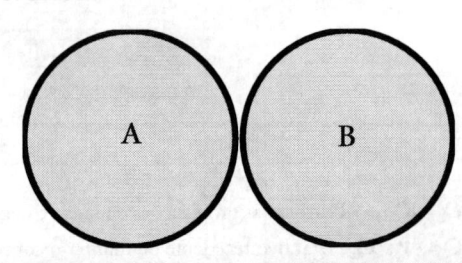

Relação de Equivalência	Relação de Negação
Todo A é B = Nenhum A não é B. *Todo diretor é bom ator. = Nenhum diretor é mau ator.*	Todo A é B = Algum A não é B. *Todo policial é honesto. = Algum policial não é honesto.*
Nenhum A é B = Todo A não é B. *Nenhuma mulher é legal. = Toda mulher não é legal.*	Nenhum A é B = Algum A é B. *Nenhuma ave é mamífera. = Alguma ave é mamífera.*

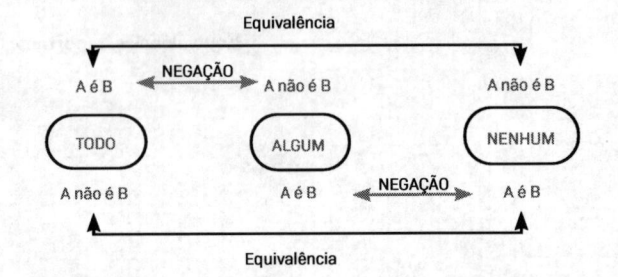

Equivalência

A é B ←NEGAÇÃO→ A não é B   A não é B

TODO   ALGUM   NENHUM

A não é B   A é B ←NEGAÇÃO→ A é B

Equivalência

2 ARGUMENTOS

Os argumentos são uma extensão das proposições, mas com algumas características e regras próprias. Veja:

2.1 Definições

Argumento é um conjunto de proposições, divididas em premissas (proposições iniciais – hipóteses) e conclusões (proposições finais – teses).

p_1: Toda mulher é bonita.
p_2: Toda bonita é charmosa.
p_3: Maria é bonita.
c: Portanto, Maria é charmosa.

p_1: Se é homem, então gosta de futebol.
p_2: Mano gosta de futebol.
c: Logo, Mano é homem.

p1, p2, p3, pn, correspondem às premissas, e c à conclusão.

2.1.1 Representação dos argumentos

Os argumentos podem ser representados das seguintes formas:

$$P_1$$
$$P_2$$
$$P_3$$
$$...$$
$$\underline{P_n}$$
$$c$$

ou

$$P_1 \wedge P_2 \wedge P_3 \wedge ... \wedge P_n \to C$$

ou

$$P_1, P_2, P_3, ..., Pn \vdash C$$

2.1.2 Tipos de argumentos

A seguir, conheça os tipos de argumentos.

Dedução

O argumento dedutivo é aquele que procede de proposições gerais para as proposições particulares. Esta forma de argumento é válida quando suas premissas, sendo verdadeiras, fornecem uma conclusão também verdadeira.

p_1: Todo professor é aluno.
p_2: Daniel é professor.
c: Logo, Daniel é aluno.

Indução

O argumento indutivo é o contrário do argumento dedutivo, procede de proposições particulares para proposições gerais. Quanto mais informações nas premissas, maior chance da conclusão estar correta.

p_1: Cerveja embriaga.
p_2: Uísque embriaga.
p_3: Vodca embriaga.
c: Portanto, toda bebida alcoólica embriaga.

Analogia

As analogias são comparações (nem sempre verdadeiras). Neste caso, procede de uma proposição conhecida para outra desconhecida, mas semelhante. Na analogia, não temos certeza.

p_1: No Piauí faz calor.
p_2: No Ceará faz calor.
p_3: No Paraná faz calor.
c: Sendo assim, no Brasil faz calor.

Falácia

As falácias são falsos argumentos, logicamente inconsistentes, inválidos ou que não provam o que dizem.

p_1: Eu passei num concurso público.
p_2: Você passou num concurso público.
c: Logo, todos passaram num concurso público.

Silogismos

Tipo de argumento formado por três proposições, sendo duas premissas e uma conclusão. São em sua maioria dedutivos.

p_1: Todo estudioso passará no concurso.
p_2: Beatriz é estudiosa.
c: Portanto, Beatriz passará no concurso.

2.1.3 Classificação dos argumentos

Os argumentos só podem ser classificados como válidos ou inválidos:

Válidos ou bem construídos

Os argumentos são válidos quando as premissas garantirem a conclusão, ou seja, quando a conclusão for uma consequência obrigatória do seu conjunto de premissas.

p_1: Toda mulher é bonita.
p_2: Toda bonita é charmosa.
p_3: Maria é mulher.
c: Portanto, Maria é bonita e charmosa.

Se Maria é mulher, toda mulher é bonita e toda bonita é charmosa, conclui-se que Maria só pode ser bonita e charmosa.

Inválidos ou mal construídos

Os argumentos são inválidos quando as premissas **não** garantem a conclusão, ou seja, quando a conclusão **não** for uma consequência obrigatória do seu conjunto de premissas.

p_1: Todo professor é aluno.
p_2: Daniel é aluno.
c: Logo, Daniel é professor.

Se Daniel é aluno, nada garante que ele seja professor, pois o que sabemos é que todo professor é aluno, não o contrário.

Alguns argumentos serão classificados apenas por meio desse conceito (da GARANTIA).

2.2 Métodos para classificar os argumentos

Os argumentos nem sempre podem ser classificados da mesma forma, por isso existem os métodos para sua classificação. Veja:

▷ **1º método:** diagramas lógicos (ou método dos conjuntos).

Utilizado sempre que houver as expressões **todo**, **algum** ou **nenhum** e seus respectivos sinônimos.

ARGUMENTOS

Fique ligado

Esse método é muito utilizado pelas bancas de concursos e tende a confundir o concurseiro, principalmente nas questões em que temos mais de uma opção de diagrama para o mesmo enunciado. Lembre-se que quando isso ocorrer, a questão só estará correta se a conclusão estiver presente em todas as representações e se todos os diagramas corresponderem à mesma condição.

Representaremos o que for dito em forma de conjuntos e verificaremos se a conclusão está correta (presente nas representações).

As representações genéricas são:

TODO A é B:

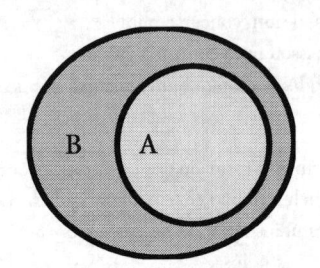

ALGUM A é B:

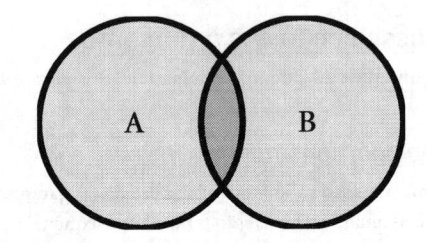

NENHUM A é B:

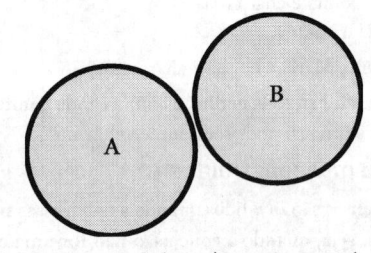

▷ **2º método:** premissas verdadeiras (proposição simples ou conjunção).

Utilizado sempre que não for possível os diagramas lógicos e se houver proposição simples ou conjunção.

A proposição simples ou a conjunção serão os pontos de partida da resolução, já que consideraremos todas as premissas verdadeiras e elas só admitem uma maneira de serem verdadeiras.

O método considera todas as premissas como verdadeiras, dá valor às proposições simples que as compõem e, no final, avalia a conclusão. Se a conclusão for verdadeira o argumento é válido, porém se a conclusão for falsa o argumento é inválido.

Premissas verdadeiras e conclusão verdadeira = argumento válido.

Premissas verdadeiras e conclusão falsa = argumento inválido.

▷ **3º método:** conclusão falsa (proposição simples, disjunção ou condicional).

Utilizado sempre que não for possível um dos dois métodos citados anteriormente e se na conclusão houver proposição simples, disjunção ou condicional.

A proposição simples, a disjunção ou o condicional serão os pontos de partida da resolução, já que consideraremos a conclusão como sendo falsa e elas só admitem um jeito de serem falsas.

O método considera a conclusão como falsa, dá valor às proposições simples que as compõem, pressupondo as premissas como verdadeiras e atribui valor às proposições simples das premissas. Se a conclusão for falsa e as premissas verdadeiras, o argumento será inválido; porém se uma das premissas mudar de valor, então o argumento passa a ser válido.

Conclusão falsa e premissas verdadeiras = argumento inválido.

Conclusão falsa e pelo menos uma premissa falsa = argumento válido.

Para o 2º método e o 3º método, podemos definir a validade dos argumentos da seguinte forma:

Premissas	Conclusão	Argumento
Verdadeiras	Verdadeira	Válido
Verdadeiras	Falsa	Inválido
Pelo menos uma falsa	Falsa	Válido

▷ **4º método:** tabela verdade.

Utilizado em último caso, quando não for possível usar qualquer um dos anteriores.

Depende da quantidade de proposições simples que tiver o argumento, esse método fica inviável, pois temos que desenhar a tabela verdade. No entanto, esse método é um dos mais garantidos nas resoluções das questões de argumentos.

Consiste em desenhar a tabela verdade do argumento em questão e avaliar se as linhas em que as premissas forem todas verdadeiras – ao mesmo tempo – a conclusão também será toda verdadeira. Caso isso ocorra, o argumento será válido, porém se uma das linhas em que as premissas forem todas verdadeiras e a conclusão for falsa, o argumento será inválido.

Linhas da tabela verdade em que as premissas são todas verdadeiras e a conclusão, for verdadeira = argumento válido.

Linhas da tabela verdade em que as premissas são todas verdadeiras e pelo menos uma conclusão for falsa = argumento inválido.

3 CONJUNTOS

3.1 Definição

Os conjuntos numéricos são advindos da necessidade de contar ou quantificar as coisas ou os objetos, adquirindo características próprias que os diferem. Os componentes de um conjunto são chamados de elementos. Costuma-se representar um conjunto nomeando os elementos um a um, colocando-os entre chaves e separando-os por vírgula, o que chamamos de representação por extensão. Para nomear um conjunto, usa-se geralmente uma letra maiúscula.

$$A = \{1,2,3,4,5\} \rightarrow \text{conjunto finito}$$

$$B = \{1,2,3,4,5,\ldots\} \rightarrow \text{conjunto infinito}$$

Ao montar o conjunto das vogais do alfabeto, os **elementos** serão a, e, i, o, u.

A nomenclatura dos conjuntos é formada pelas letras maiúsculas do alfabeto.

Conjunto dos estados da região Sul do Brasil:
A = {Paraná, Santa Catarina, Rio Grande do Sul}.

3.1.1 Representação dos conjuntos

Os conjuntos podem ser representados em **chaves** ou em **diagramas**.

> **Fique ligado**
> Quando é dada uma característica dos elementos de um conjunto, diz-se que ele está representado por compreensão.
> A = {x | x é um múltiplo de dois maior que zero}

▷ **Representação em chaves**

Conjunto dos estados brasileiros que fazem fronteira com o Paraguai:
B = {Paraná, Mato Grosso do Sul}.

▷ **Representação em diagramas**

Conjunto das cores da bandeira do Brasil:

D: Verde, Amarelo, Azul, Branco

3.1.2 Elementos e relação de pertinência

Quando um elemento está em um conjunto, dizemos que ele pertence a esse conjunto. A relação de pertinência é representada pelo símbolo ∈ (pertence).

Conjunto dos algarismos pares: **G** = {2, 4, 6, 8, 0}.
Observe que:
$4 \in G$
$7 \notin G$

3.1.3 Conjuntos unitário, vazio e universo

Conjunto unitário: possui um só elemento.
Conjunto da capital do Brasil: K = {Brasília}

Conjunto vazio: simbolizado por ∅ ou { }, é o conjunto que não possui elemento.
Conjunto dos estados brasileiros que fazem fronteira com o Chile: M = ∅.

Conjunto universo: em inúmeras situações é importante estabelecer o conjunto U ao qual pertencem os elementos de todos os conjuntos considerados. Esse conjunto é chamado de conjunto universo. Assim:
- Quando se estuda as letras, o conjunto universo das letras é o alfabeto.
- Quando se estuda a população humana, o conjunto universo é constituído de todos os seres humanos.

Para descrever um conjunto A por meio de uma propriedade característica p de seus elementos, deve-se mencionar, de modo explícito ou não, o conjunto universo U no qual se está trabalhando.
$A = \{x \in R \mid x > 2\}$, onde $U = R \rightarrow$ forma explícita.
$A = \{x \mid x > 2\} \rightarrow$ forma implícita.

3.2 Subconjuntos

Diz-se que B é um subconjunto de A se todos os elementos de B pertencem a A.

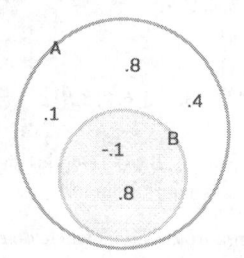

Deve-se notar que A = {-1, 0, 1, 4, 8} e B = {-1, 8}, ou seja, todos os elementos de B também são elementos do conjunto **A**.

- Os símbolos ⊂ (contido), ⊃ (contém), ⊄ (não está contido) e ⊅ (não contém) são utilizados para relacionar conjuntos.

Nesse caso, diz-se que B está contido em A ou B é subconjunto de A (B ⊂ A). Pode-se dizer também que A contém B (A ⊃ B).

Observações:
- Se $A \subset B$ e $B \subset A$, então $A = B$.
- Para todo conjunto A, tem-se $A \subset A$.
- Para todo conjunto A, tem-se $\emptyset \subset A$, onde ∅ representa o conjunto vazio.
- Todo conjunto é subconjunto de si próprio (D ⊂ D).
- O conjunto vazio é subconjunto de qualquer conjunto (∅ ⊂ D).
- Se um conjunto A possui p elementos, então ele possui 2p subconjuntos.
- O conjunto formado por todos os subconjuntos de um conjunto A, é denominado conjunto das partes de A. Assim, se A = {4, 7}, o conjunto das partes de A, é dado por {∅, {4}, {7}, {4, 7}}.

3.3 Operações com conjuntos

União de conjuntos: a união de dois conjuntos quaisquer será representada por $A \cup B$ e terá os elementos que pertencem a A ou a B, ou seja, todos os elementos.

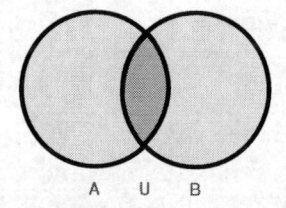

Interseção de conjuntos: a interseção de dois conjuntos quaisquer será representada por $A \cap B$. Os elementos que fazem parte do conjunto interseção são os elementos comuns aos dois conjuntos.

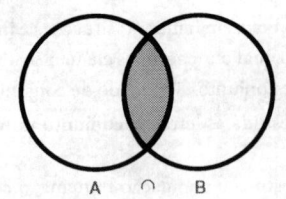

CONJUNTOS

Conjuntos disjuntos: se dois conjuntos não possuem elementos em comum, diz-se que eles são disjuntos. Simbolicamente, escreve-se $A \cap B = \emptyset$. Nesse caso, a união dos conjuntos A e B é denominada união disjunta. O número de elementos $A \cap B$ nesse caso é igual a zero.

$$n(A \cap B) = 0$$

Seja $A = \{1, 2, 3, 4, 5\}$, $B = \{1, 5, 6, 3\}$, $C = \{2, 4, 7, 8, 9\}$ e $D = \{10, 20\}$. Tem-se:
$A \cup B = \{1, 2, 3, 4, 5, 6\}$
$B \cup A = \{1, 2, 3, 4, 5, 6\}$
$A \cap B = \{1, 3, 5\}$
$B \cap A = \{1, 3, 5\}$
$A \cup B \cup C = \{1, 2, 3, 4, 5, 6, 7, 8, 9\}$ e
$A \cap D = \emptyset$
É possível notar que A, B e C são todos disjuntos com D, mas A, B e C não são dois a dois disjuntos.

Diferença de conjuntos: a diferença de dois conjuntos quaisquer será representada por $A - B$ e terá os elementos que pertencem somente a A, mas não pertencem a B, ou seja, que são exclusivos de A.

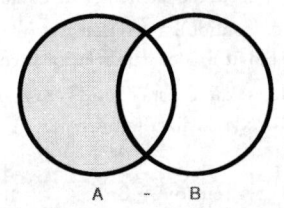

Complementar de um conjunto: se A está contido no conjunto universo U, o complementar de A é a diferença entre o conjunto universo e o conjunto A, será representado por $C_U(A) = U - A$ e terá todos os elementos que pertencem ao conjunto universo, menos os que pertencem ao conjunto A.

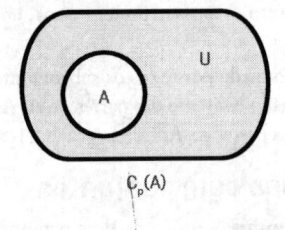

4 CONJUNTOS NUMÉRICOS

Os números surgiram da necessidade de contar ou quantificar coisas ou objetos. Com o passar do tempo, foram adquirindo características próprias.

4.1 Números naturais

É o primeiro dos conjuntos numéricos. Representado pelo símbolo $\mathbb{N}$ e formado pelos seguintes elementos:

$\mathbb{N} = \{0, 1, 2, 3, 4, 5, 6, 7, 8, 9, 10, 11, 12, 13, ... + \infty\}$

O símbolo ∞ significa infinito, o + quer dizer positivo, então $+\infty$ quer dizer infinito positivo.

4.2 Números inteiros

Esse conjunto surgiu da necessidade de alguns cálculos não possuírem resultados, pois esses resultados eram negativos. Representado pelo símbolo $\mathbb{Z}$ e formado pelos seguintes elementos:

$\mathbb{Z} = \{-\infty, ..., -3, -2, -1, 0, 1, 2, 3, ..., +\infty\}$

4.2.1 Operações e propriedades dos números naturais e inteiros

As principais operações com os números naturais e inteiros são: adição, subtração, multiplicação, divisão, potenciação e radiciação (as quatro primeiras são também chamadas operações fundamentais).

Adição

Na adição, a soma dos termos ou das parcelas resulta naquilo que se chama **total**.

| $2 + 2 = 4$

As propriedades da adição são:

- **Elemento neutro:** qualquer número somado ao zero tem como total o próprio número.
| $2 + 0 = 2$
- **Comutativa:** a ordem dos termos não altera o total.
| $2 + 3 = 3 + 2 = 5$
- **Associativa:** o ajuntamento de parcelas não altera o total.
| $(2 + 3) + 5 = 2 + (3 + 5) = 10$

Subtração

Operação contrária à adição é conhecida como diferença.

Os termos ou parcelas da subtração, assim como o total, têm nomes próprios:

M − N = P; em que M = minuendo, N = subtraendo e P = diferença ou resto.

| $7 - 2 = 5$

Quando o subtraendo for maior que o minuendo, a diferença será negativa.

Multiplicação

É a soma de uma quantidade de parcelas fixas. O resultado da multiplicação chama-se produto. Os sinais que indicam a multiplicação são o × e o ·.

| $4 \times 7 = 7 + 7 + 7 + 7 = 28$
| $7 \cdot 4 = 4 + 4 + 4 + 4 + 4 + 4 + 4 = 28$

As propriedades da multiplicação são:

Elemento neutro: qualquer número multiplicado por 1 terá como produto o próprio número.

| $5 \cdot 1 = 5$

Comutativa: ordem dos fatores não altera o produto.
| $3 \cdot 4 = 4 \cdot 3 = 12$

Associativa: o ajuntamento dos fatores não altera o resultado.
| $2 \cdot (3 \cdot 4) = (2 \cdot 3) \cdot 4 = 24$

Distributiva: um fator em evidência multiplica todas as parcelas dentro dos parênteses.
| $2 \cdot (3 + 4) = (2 \cdot 3) + (2 \cdot 4) = 6 + 8 = 14$

Fique ligado
Na multiplicação existe jogo de sinais. Veja a seguir:

Parcela	Parcela	Produto
+	+	+
+	−	−
−	+	−
−	−	+

| $2 \cdot (-3) = -6$
| $-3 \cdot (-7) = 21$

Divisão

É o inverso da multiplicação. Os sinais que indicam a divisão são: ÷, :, /.

| $14 \div 7 = 2$
| $25 : 5 = 5$
| $36/12 = 3$

Fique ligado
Por ser o inverso da multiplicação, a divisão também possui o jogo de sinal.

4.3 Números racionais

Os números racionais são os números que podem ser escritos na forma de fração, são representados pela letra $\mathbb{Q}$ e podem ser escritos em forma de frações.

| $\mathbb{Q} = \dfrac{a}{b}$ (com b diferente de zero → b ≠ 0); em que a é o numerador e b é o denominador.

Pertencem também a este conjunto as dízimas periódicas (números que apresentam uma série infinita de algarismos decimais, após a vírgula) e os números decimais (aqueles que são escritos com a vírgula e cujo denominador são potências de 10).

Toda fração cujo numerador é menor que o denominador é chamada de fração própria.

4.3.1 Operações com números racionais

Adição e subtração

Para somar frações deve estar atento se os denominadores das frações são os mesmos. Caso sejam iguais, basta repetir o denominador e somar (ou subtrair) os numeradores, porém se os denominadores forem diferentes é preciso fazer o MMC (mínimo múltiplo comum) dos denominadores, constituindo novas frações equivalentes às frações originais e proceder com o cálculo.

CONJUNTOS NUMÉRICOS

$$\frac{2}{7} + \frac{4}{7} = \frac{6}{7}$$

$$\frac{2}{3} + \frac{4}{5} = \frac{10}{15} + \frac{12}{15} = \frac{22}{15}$$

Multiplicação

Multiplicar numerador com numerador e denominador com denominador das frações.

$$\frac{3}{4} \cdot \frac{5}{7} = \frac{15}{28}$$

Divisão

Para dividir frações, multiplicar a primeira fração com o inverso da segunda fração.

$$\frac{2}{3} \div \frac{4}{5} = \frac{2}{3} \cdot \frac{5}{4} = \frac{10}{12} = \frac{5}{6}$$

(Simplificado por 2)

Toda vez, que for possível, deve simplificar a fração até sua fração irredutível (aquela que não pode mais ser simplificada).

Potenciação

Se a multiplicação é a soma de uma quantidade de parcelas fixas, a potenciação é a multiplicação de uma quantidade de fatores fixos, tal quantidade indicada no expoente que acompanha a base da potência.

A potenciação é expressa por: a^n, cujo **a** é a base da potência e o **n** é o expoente.

$4^3 = 4 \cdot 4 \cdot 4 = 64$

Propriedades das potências:

$a^0 = 1$
$\quad 3^0 = 1$

$a^1 = a$
$\quad 5^1 = 5$

$a^{-n} = 1/a^n$
$\quad 2^{-3} = 1/2^3 = 1/8$

$a^m \cdot a^n = a^{(m+n)}$
$\quad 3^2 \cdot 3^3 = 3^{(2+3)} = 3^5 = 243$

$a^m : a^n = a^{(m-n)}$
$\quad 4^5 : 4^3 = 4^{(5-3)} = 4^2 = 16$

$(a^m)^n = a^{m \cdot n}$
$\quad (2^2)^4 = 2^{2 \cdot 4} = 2^8 = 256$

$a^{m/n} = \sqrt[n]{a^m}$
$\quad 7^{2/3} = \sqrt[3]{7^2}$

Não confunda: $(a^m)^n \neq a^{m^n}$

Não confunda também: $(-a)^n \neq -a^n$.

Radiciação

É a expressão da potenciação com expoente fracionário.

A representação genérica da radiciação é: $\sqrt[n]{a}$; cujo **n** é o índice da raiz, o **a** é o radicando e $\sqrt{}$ é o radical.

Quando o índice da raiz for o 2 ele não precisa aparecer e essa raiz será uma raiz quadrada.

Propriedades das raízes:

$\sqrt[n]{a^m} = (\sqrt[n]{a})^m = a^{m/n}$

$\sqrt[m]{\sqrt[n]{a}} = \sqrt[m \cdot n]{a}$

$\sqrt[m]{a^m} = a = a^{m/m} = a^1 = a$

Racionalização: se uma fração tem em seu denominador um radical, faz-se o seguinte:

$$\frac{1}{\sqrt{a}} = \frac{1}{\sqrt{a}} \cdot \frac{\sqrt{a}}{\sqrt{a}} = \frac{\sqrt{a}}{\sqrt{a^2}} = \frac{\sqrt{a}}{a}$$

4.3.2 Transformação de dízima periódica em fração

Para transformar dízimas periódicas em fração, é preciso atentar-se para algumas situações:

- Verifique se depois da vírgula só há a parte periódica, ou se há uma parte não periódica e uma periódica.
- Observe quantas são as casas periódicas e, caso haja, as não periódicas. Lembre-se sempre que essa observação só será para os números que estão depois da vírgula.
- Em relação à fração, o denominador será tantos 9 quantos forem as casas do período, seguido de tantos 0 quantos forem as casas não periódicas (caso haja e depois da vírgula). Já o numerador será o número sem a vírgula até o primeiro período menos toda a parte não periódica (caso haja).

$0,6666... = \dfrac{6}{9}$

$0,36363636... = \dfrac{36}{99}$

$0,123333... = \dfrac{123 - 12}{900} = \dfrac{111}{900}$

$2,8888... = \dfrac{28 - 2}{9} = \dfrac{26}{9}$

$3,754545454... = \dfrac{3754 - 37}{990} = \dfrac{3717}{990}$

4.3.3 Transformação de número decimal em fração

Para transformar número decimal em fração, basta contar quantas casas existem depois da vírgula; então o denominador da fração será o número 1 acompanhado de tantos zeros quantos forem o número de casas, já o numerador será o número sem a vírgula.

$0,3 = \dfrac{3}{10}$

$2,45 = \dfrac{245}{100}$

$49,586 = \dfrac{49586}{1000}$

4.4 Números irracionais

São os números que não podem ser escritos na forma de fração.

O conjunto é representado pela letra 𝕀 e tem como elementos as dízimas não periódicas e as raízes não exatas.

4.5 Números reais

Simbolizado pela letra $\mathbb{R}$, é a união do conjunto dos números racionais com o conjunto dos números irracionais.

Representado, temos:

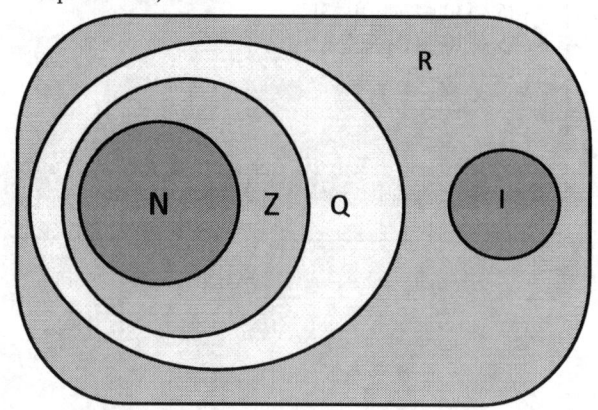

[Diagrama de conjuntos mostrando N ⊂ Z ⊂ Q, e I, todos contidos em R]

Colocando todos os números em uma reta, temos:

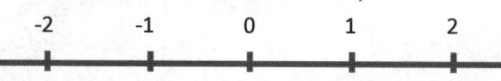

-2   -1   0   1   2

As desigualdades ocorrem em razão de os números serem maiores ou menores uns dos outros.

Os símbolos das desigualdades são:

≥ maior ou igual a.
≤ menor ou igual a.
> maior que.
< menor que.

Dessas desigualdades surgem os intervalos, que nada mais são do que um espaço dessa reta, entre dois números.

Os intervalos podem ser abertos ou fechados, depende dos símbolos de desigualdade utilizados.

Intervalo aberto ocorre quando os números não fazem parte do intervalo e os sinais de desigualdade são:

> maior que.
< menor que.

Intervalo fechado ocorre quando os números fazem parte do intervalo e os sinais de desigualdade são:

≥ maior ou igual a.
≤ menor ou igual a.

4.6 Intervalos

Os intervalos numéricos podem ser representados das seguintes formas:

4.6.1 Com os símbolos <, >, ≤, ≥

Quando usar os símbolos < ou >, os números que os acompanham não fazem parte do intervalo real. Quando usar os símbolos ≤ ou ≥, os números farão parte do intervalo real.

2 < x < 5: o 2 e o 5 não fazem parte do intervalo.
2 ≤ x < 5: o 2 faz parte do intervalo, mas o 5 não.
2 ≤ x ≤ 5: o 2 e o 5 fazem parte do intervalo.

4.6.2 Com os colchetes [ ]

Quando os colchetes estiverem voltados para os números, significa que farão parte do intervalo. Quando os colchetes estiverem invertidos, significa que os números não farão parte do intervalo.

]2;5[: o 2 e o 5 não fazem parte do intervalo.
[2;5[: o 2 faz parte do intervalo, mas o 5 não faz.
[2;5]: o 2 e o 5 fazem parte do intervalo.

4.6.3 Sobre uma reta numérica

▷ **Intervalo aberto**

2<x<5:

Em que 2 e 5 não fazem parte do intervalo numérico, representado pela marcação aberta (sem preenchimento - O).

▷ **Intervalo fechado e aberto**

2≤x<5:

Em que 2 faz parte do intervalo, representado pela marcação fechada (preenchida ●) em que 5 não faz parte do intervalo, representado pela marcação aberta (O).

▷ **Intervalo fechado**

2≤x≤5:

Em que 2 e 5 fazem parte do intervalo numérico, representado pela marcação fechada (●).

4.7 Múltiplos e divisores

Os múltiplos são resultados de uma multiplicação de dois números naturais.

Os múltiplos de 3 são: 0, 3, 6, 9, 12, 15, 18, 21, 24, 27, 30... (os múltiplos são infinitos).

Os divisores de um número são os números, cuja divisão desse número por eles será exata.

Os divisores de 12 são: 1, 2, 3, 4, 6, 12.

> **Fique ligado**
>
> Números quadrados perfeitos são aqueles que resultam da multiplicação de um número por ele mesmo.
> 4 = 2 · 2
> 25 = 5 · 5

4.8 Números primos

São os números que têm apenas dois divisores, o 1 e ele mesmo. (Alguns autores consideram os números primos aqueles que tem 4 divisores, sendo o 1, o -1, ele mesmo e o seu oposto – simétrico.)

2 (único primo par), 3, 5, 7, 11, 13, 17, 19, 23, 29, 31, 37, 41, 43, 47, 53, 59, ...

Os números primos servem para decompor outros números.

A decomposição de um número em fatores primos serve para fazer o MMC e o MDC (máximo divisor comum).

4.9 MMC e MDC

O MMC de um, dois ou mais números é o menor número que, ao mesmo tempo, é múltiplo de todos esses números.

O MDC de dois ou mais números é o maior número que pode dividir todos esses números ao mesmo tempo.

Para calcular, após decompor os números, o MMC de dois ou mais números será o produto de todos os fatores primos, comuns e não comuns, elevados aos maiores expoentes. Já o MDC será apenas os fatores comuns a todos os números elevados aos menores expoentes.

$6 = 2 \cdot 3$
$18 = 2 \cdot 3 \cdot 3 = 2 \cdot 3^2$
$35 = 5 \cdot 7$
$144 = 2 \cdot 2 \cdot 2 \cdot 2 \cdot 3 \cdot 3 = 2^4 \cdot 3^2$
$225 = 3 \cdot 3 \cdot 5 \cdot 5 = 3^2 \cdot 5^2$
$490 = 2 \cdot 5 \cdot 7 \cdot 7 = 2 \cdot 5 \cdot 7^2$
$640 = 2 \cdot 2 \cdot 2 \cdot 2 \cdot 2 \cdot 2 \cdot 2 \cdot 5 = 2^7 \cdot 5$
MMC de 18 e 225 $= 2 \cdot 3^2 \cdot 5^2 = 2 \cdot 9 \cdot 25 = 450$
MDC de 225 e 490 $= 5$

Para saber a quantidade de divisores de um número basta, depois da decomposição do número, pegar os expoentes dos fatores primos, somar +1 e multiplicar os valores obtidos.

$225 = 3^2 \cdot 5^2 = 3^{2+1} \cdot 5^{2+1} = 3 \cdot 3 = 9$

Nº de divisores $= (2 + 1) \cdot (2 + 1) = 3 \cdot 3 = 9$ divisores. Que são: 1, 3, 5, 9, 15, 25, 45, 75, 225.

4.10 Divisibilidade

As regras de divisibilidade servem para facilitar a resolução de contas, para ajudar a descobrir se um número é ou não divisível por outro. Veja algumas dessas regras.

Divisibilidade por 2: para um número ser divisível por 2, ele tem de ser par.

14 é divisível por 2.
17 não é divisível por 2.

Divisibilidade por 3: para um número ser divisível por 3, a soma dos seus algarismos tem de ser divisível por 3.

174 é divisível por 3, pois $1 + 7 + 4 = 12$.
188 não é divisível por 3, pois $1 + 8 + 8 = 17$.

Divisibilidade por 4: para um número ser divisível por 4, ele tem de terminar em 00 ou os seus dois últimos números devem ser múltiplos de 4.

300 é divisível por 4.
532 é divisível por 4.
766 não é divisível por 4.

Divisibilidade por 5: para um número ser divisível por 5, ele deve terminar em 0 ou em 5.

35 é divisível por 5.
370 é divisível por 5.
548 não é divisível por 5.

Divisibilidade por 6: para um número ser divisível por 6, ele deve ser divisível por 2 e por 3 ao mesmo tempo.

78 é divisível por 6.
576 é divisível por 6.
652 não é divisível por 6.

Divisibilidade por 9: para um número ser divisível por 9, a soma dos seus algarismos deve ser divisível por 9.

75 é não divisível por 9.
684 é divisível por 9.

Divisibilidade por 10: para um número ser divisível por 10, ele tem de terminar em 0.

90 é divisível por 10.
364 não é divisível por 10.

4.11 Expressões numéricas

Para resolver expressões numéricas, deve-se seguir a ordem:
- Resolva os parênteses ( ), depois os colchetes [ ], depois as chaves { }, sempre nessa ordem.
- Dentre as operações, resolva primeiro as potenciações e raízes (o que vier primeiro), depois as multiplicações e divisões (o que vier primeiro) e, por último, as somas e subtrações (o que vier primeiro).

Calcule o valor da expressão:

$8 - \{5 - [10 - (7 - 3 \cdot 2)] \div 3\}$
$8 - \{5 - [10 - (7 - 6)] \div 3\}$
$8 - \{5 - [10 - (1)] \div 3\}$
$8 - \{5 - [9] \div 3\}$
$8 - \{5 - 3\}$
$8 - \{2\}$
6

5 SISTEMA LEGAL DE MEDIDAS

5.1 Medidas de tempo

A unidade padrão do tempo é o segundo (s), mas devemos saber as seguintes relações:

1min = 60s
1h = 60min = 3.600s
1 dia = 24h = 1.440min = 86.400s
30 dias = 1 mês
2 meses = 1 bimestre
6 meses = 1 semestre
12 meses = 1 ano
10 anos = 1 década
100 anos = 1 século

> 15h47min18s + 11h39min59s = 26h86min77s = 26h87min17s = 27h27min17s = 1 dia 3h27min17s.
> 8h23min − 3h49min51s = 7h83min − 3h49min51s = 7h82min60s − 3h49min51s = 4h33min9s.

Cuidado com as transformações de tempo, pois elas não seguem o mesmo padrão das outras medidas.

5.2 Sistema métrico decimal

Serve para medir comprimentos, distâncias, áreas e volumes. Tem como unidade padrão o metro (m). Veja a seguir seus múltiplos, variações e algumas transformações.

Metro (m):

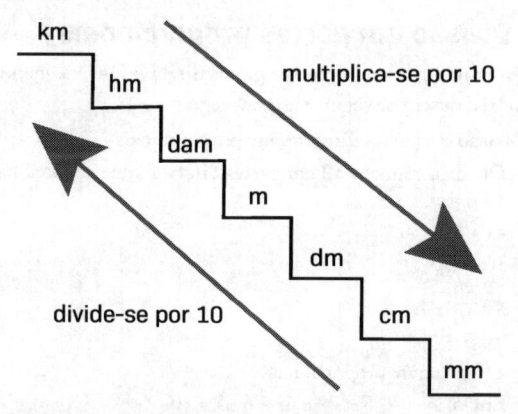

Escada: km → hm → dam → m → dm → cm → mm
multiplica-se por 10 (descendo)
divide-se por 10 (subindo)

Ao descer um degrau da escada, multiplica-se por 10, e ao subir um degrau, divide-se por 10.

> Transformar 2,98km em cm = 2,98 · 100.000 = 298.000cm (na multiplicação por 10 ou suas potências, basta deslocar a vírgula para a direita).
> Transformar 74m em km = 74 ÷ 1.000 = 0,074km (na divisão por 10 ou suas potências, basta deslocar a vírgula para a esquerda).

Fique ligado

O grama (g) e o litro (l) seguem o mesmo padrão do metro (m).

Metro quadrado (m^2):

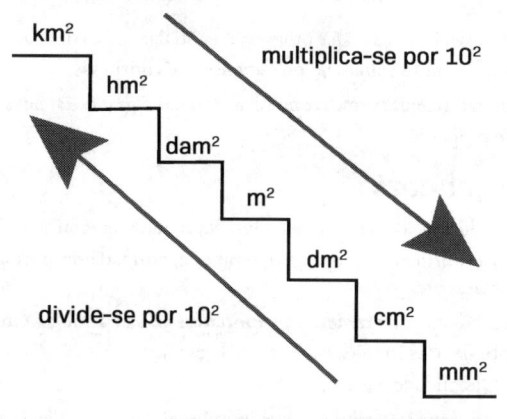

Escada: km^2 → hm^2 → dam^2 → m^2 → dm^2 → cm^2 → mm^2
multiplica-se por 10^2 (descendo)
divide-se por 10^2 (subindo)

Ao descer um degrau da escada, multiplica por 10^2 ou 100, e ao descer um degrau, divide por 10^2 ou 100.

> Transformar 79,11m^2 em cm^2 = 79,11 · 10.000 = 791.100cm^2.
> Transformar 135m^2 em km^2 = 135 ÷ 1.000.000 = 0,000135km^2.

Metro cúbico (m^3):

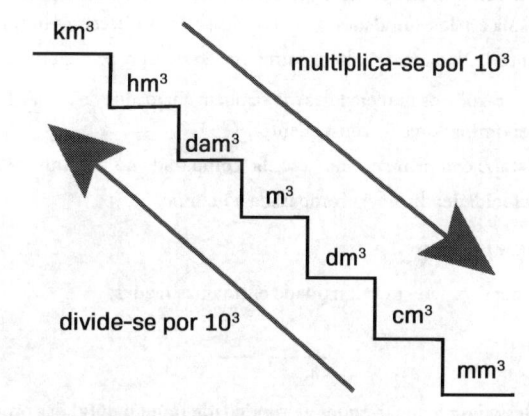

Escada: km^3 → hm^3 → dam^3 → m^3 → dm^3 → cm^3 → mm^3
multiplica-se por 10^3 (descendo)
divide-se por 10^3 (subindo)

Ao descer um degrau da escada, multiplica-se por 10^3 ou 1.000, e ao subir um degrau, divide-se por 10^3 ou 1.000.

> Transformar 269dm^3 em cm^3 = 269 · 1.000 = 269.000cm^3.
> Transformar 4.831cm^3 em m^3 = 4.831 ÷ 1.000.000 = 0,004831m^3.

O metro cúbico, por ser uma medida de volume, tem relação com o litro (l), e essa relação é:

1m^3 = 1.000 litros.
1dm^3 = 1 litro.
1cm^3 = 1 mililitro.

6 PROPORCIONALIDADE

Os conceitos de razão e proporção estão ligados ao quociente. Esse conteúdo é muito solicitado pelas bancas de concursos.

Primeiramente, vamos compreender o que é grandeza, em seguida, razão e proporção.

6.1 Grandeza

É tudo aquilo que pode ser contado, medido ou enumerado.

| Comprimento (distância), tempo, quantidade de pessoas e/ou coisas etc.

Grandezas diretamente proporcionais: são aquelas em que o aumento de uma implica o aumento da outra.

| Quantidade e preço.

Grandezas inversamente proporcionais: são aquelas em que o aumento de uma implica a diminuição da outra.

| Velocidade e tempo.

6.2 Razão

É a comparação de duas grandezas. Essas grandezas podem ser da mesma espécie (unidades iguais) ou de espécies diferentes (unidades diferentes). Nada mais é do que uma fração do tipo $\frac{a}{b}$, com $b \neq 0$.

Nas razões, os numeradores são também chamados de antecedentes e os denominadores de consequentes.

Escala: comprimento no desenho comparado ao tamanho real.

Velocidade: distância comparada ao tempo.

6.3 Proporção

É determinada pela igualdade entre duas razões.

$$\frac{a}{b} = \frac{c}{d}$$

Dessa igualdade, tiramos a propriedade fundamental das proporções: o produto dos meios igual ao produto dos extremos (a chamada multiplicação cruzada).

$$\boxed{b \cdot c = a \cdot d}$$

É basicamente essa propriedade que ajuda resolver a maioria das questões desse assunto.

Dados três números racionais a, b e c, não nulos, denomina **quarta proporcional** desses números um número x tal que:

$$\frac{a}{b} = \frac{c}{x}$$

Proporção contínua é a que apresenta os meios iguais.

De um modo geral, uma proporção contínua pode ser representada por:

$$\frac{a}{b} = \frac{b}{c}$$

As outras propriedades das proporções são:

Numa proporção, a soma dos dois primeiros termos está para o 2º (ou 1º) termo, assim como a soma dos dois últimos está para o 4º (ou 3º).

$$\frac{a+b}{b} = \frac{c+d}{d} \text{ ou } \frac{a+b}{a} = \frac{c+d}{c}$$

Numa proporção, a diferença dos dois primeiros termos está para o 2º (ou 1º) termo, assim como a diferença dos dois últimos está para o 4º (ou 3º).

$$\frac{a-b}{b} = \frac{c-d}{d} \text{ ou } \frac{a-b}{a} = \frac{c-d}{c}$$

Numa proporção, a soma dos antecedentes está para a soma dos consequentes, assim como cada antecedente está para o seu consequente.

$$\frac{a+c}{b+d} = \frac{c}{d} = \frac{a}{b}$$

Numa proporção, a diferença dos antecedentes está para a diferença dos consequentes, assim como cada antecedente está para o seu consequente.

$$\frac{a-c}{b-d} = \frac{c}{d} = \frac{a}{b}$$

Numa proporção, o produto dos antecedentes está para o produto dos consequentes, assim como o quadrado de cada antecedente está para quadrado do seu consequente.

$$\frac{a \cdot c}{b \cdot d} = \frac{a^2}{b^2} = \frac{c^2}{d^2}$$

A última propriedade pode ser estendida para qualquer número de razões.

$$\frac{a \cdot c \cdot e}{b \cdot d \cdot f} = \frac{a^3}{b^3} = \frac{c^3}{d^3} = \frac{e^3}{f^3}$$

6.4 Divisão em partes proporcionais

Para dividir um número em partes direta ou inversamente proporcionais, devem-se seguir algumas regras.

▷ **Divisão em partes diretamente proporcionais**

| Divida o número 50 em partes diretamente proporcionais a 4 e a 6.
| $4x + 6x = 50$
| $10x = 50$
| $x = \frac{50}{10}$
| $x = 5$
| x = constante proporcional
| Então, $4x = 4 \cdot 5 = 20$ e $6x = 6 \cdot 5 = 30$
| Logo, a parte proporcional a 4 é o 20 e a parte proporcional ao 6 é o 30.

▷ **Divisão em partes inversamente proporcionais**

| Divida o número 60 em partes inversamente proporcionais a 2 e a 3.
| $\frac{x}{2} = \frac{x}{3} = 60$
| $\frac{3x}{6} + \frac{2x}{6} = 60$
| $5x = 60 \cdot 6$
| $5x = 360$
| $x = \frac{360}{5}$
| $x = 72$
| x = constante proporcional

Então, $\dfrac{x}{2} = \dfrac{72}{2} = 36$ e $\dfrac{x}{3} = \dfrac{72}{3} = 24$

Logo, a parte proporcional a 2 é o 36 e a parte proporcional ao 3 é o 24.

Perceba que, na divisão diretamente proporcional, quem tiver a maior parte ficará com o maior valor. Já na divisão inversamente proporcional, quem tiver a maior parte ficará com o menor valor.

6.5 Regra das torneiras

Sempre que uma questão envolver uma situação que pode ser feita de um jeito em determinado tempo (ou por uma pessoa) e, em outro tempo, de outro jeito (ou por outra pessoa), e quiser saber em quanto tempo seria se fosse feito tudo ao mesmo tempo, usa-se a regra da torneira, que consiste na aplicação da seguinte fórmula:

$$t_T = \dfrac{t_1 \cdot t_2}{t_1 + t_2}$$

Em que **T** é o tempo.

Quando houver mais de duas situações, é melhor usar a fórmula:

$$\dfrac{1}{t_T} = \dfrac{1}{t_1} + \dfrac{1}{t_2} + \ldots + \dfrac{1}{t_n}$$

Em que **n** é a quantidade de situações.

Uma torneira enche um tanque em 6h. Uma segunda torneira enche o mesmo tanque em 8h. Se as duas torneiras forem abertas juntas quanto tempo vão levar para encher o mesmo tanque?

$$t_T = \dfrac{6 \cdot 8}{6 + 8} = \dfrac{48}{14} = 3h25min43s$$

6.6 Regra de três

Mecanismo prático e/ou método utilizado para resolver questões que envolvem razão e proporção (grandezas).

6.6.1 Regra de três simples

Aquela que só envolve duas grandezas.

Durante uma viagem, um carro consome 20 litros de combustível para percorrer 240km, quantos litros são necessários para percorrer 450km?

Primeiro, verifique se as grandezas envolvidas na questão são direta ou inversamente proporcionais, e monte uma estrutura para visualizar melhor a questão.

Distância	Litro
240	20
450	x

Ao aumentar a distância, a quantidade de litros de combustível necessária para percorrer essa distância também vai aumentar, então, as grandezas são diretamente proporcionais.

$$\dfrac{20}{x} = \dfrac{240}{450}$$

Aplicando a propriedade fundamental das proporções:
$240x = 9.000$

$x = \dfrac{9.000}{240} = 37,5$ litros

6.6.2 Regra de três composta

Aquela que envolve mais de duas grandezas.

Dois pedreiros levam nove dias para construir um muro com 2m de altura. Trabalhando três pedreiros e aumentando a altura para 4m, qual será o tempo necessário para completar esse muro? Neste caso, deve-se comparar uma grandeza de cada vez com a variável.

Dias	Pedreiros	Altura
9	2	2
x	3	4

Note que, ao aumentar a quantidade de pedreiros, o número de dias necessários para construir um muro diminui, então as grandezas pedreiros e dias são inversamente proporcionais. No entanto, se aumentar a altura do muro, será necessário mais dias para construí-lo. Dessa forma, as grandezas muro e dias são diretamente proporcionais. Para finalizar, monte a proporção e resolva. Lembre-se que quando uma grandeza for inversamente proporcional à variável sua fração será invertida.

$$\dfrac{9}{x} = \dfrac{3}{2} \cdot \dfrac{2}{4}$$

$$\dfrac{9}{x} = \dfrac{6}{8}$$

Aplicar a propriedade fundamental das proporções:
$6x = 72$

$x = \dfrac{72}{6} = 12$ dias

7 FUNÇÕES

7.1 Definições

A função é uma relação estabelecida entre dois conjuntos A e B, em que exista uma associação entre cada elemento de A com um único de B por meio de uma lei de formação.

Podemos dizer que a função é uma relação de dois valores, por exemplo: $f(x) = y$, sendo que x e y são valores, nos quais x é o domínio da função (a função está dependendo dele) e y é um valor que depende do valor de x, sendo a imagem da função.

As funções possuem um conjunto chamado domínio e outro, imagem da função, além do contradomínio. No plano cartesiano, que o eixo x representa o **domínio** da função, enquanto no eixo y apresentam-se os valores obtidos em função de x, constituindo a imagem da função (o eixo y seria o **contradomínio** da função).

Com os conjuntos A = {1, 4, 7} e B = {1, 4, 6, 7, 8, 9, 12} cria-se a função f: A → B definida por $f(x) = x + 5$, que também pode ser representada por y = x + 5. A representação, utilizando conjuntos, desta função é:

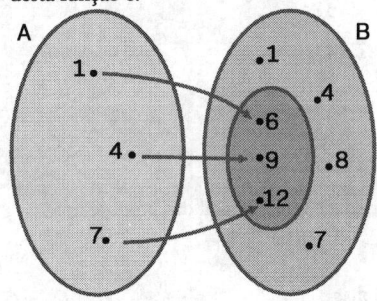

O conjunto A é o conjunto de saída e o B é o conjunto de chegada. Domínio é um sinônimo para conjunto de saída, ou seja, para esta função o domínio é o próprio conjunto A = {1, 4, 7}.

Como, em uma função, o conjunto de saída (domínio) deve ter todos os seus elementos relacionados, não precisa ter subdivisões para o domínio.

O domínio de uma função é chamado de campo de definição ou campo de existência da função, e é representado pela letra D.

O conjunto de chegada B, também possui um sinônimo, é chamado de contradomínio, representado por CD.

Note que é possível fazer uma subdivisão dentro do contradomínio e ter elementos do contradomínio que não são relacionados com algum elemento do domínio e outros que são. Por isso, deve-se levar em consideração esta subdivisão.

Este subconjunto é chamado de conjunto **imagem**, e é composto por todos os elementos em que as flechas de relacionamento chegam.

O conjunto imagem é representado por Im, e cada ponto que a flecha chega é chamado de imagem.

7.2 Plano cartesiano

Criado por René Descartes, o plano cartesiano consiste em dois eixos perpendiculares, sendo o horizontal chamado de eixo das abscissas e o vertical de eixo das ordenadas. O plano cartesiano foi desenvolvido por Descartes no intuito de localizar pontos em determinado espaço.

As disposições dos eixos no plano formam quatro quadrantes, mostrados na figura a seguir:

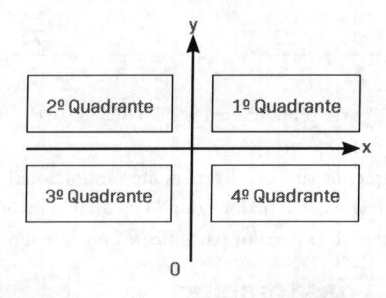

O encontro dos eixos é chamado de origem. Cada ponto do plano cartesiano é formado por um par ordenado (x, y), em que x: abscissa e y: ordenada.

7.2.1 Raízes

Em matemática, uma raiz ou zero da função consiste em determinar os pontos de interseção da função com o eixo das abscissas no plano cartesiano. A função f é um elemento no domínio de f tal que $f(x) = 0$.

Considere a função:
$f(x) = x^2 - 6x + 9$
3 é uma raiz de f, porque:
$f(3) = 3^2 - 6 \cdot 3 + 9 = 0$

7.3 Funções injetoras, sobrejetoras e bijetoras

Função injetora: é a função em que cada x encontra um único y, ou seja, os elementos distintos têm imagens distintas.

Função sobrejetora: a função em que o conjunto imagem é exatamente igual ao contradomínio (y).

Função bijetora: a função que for injetora e sobrejetora ao mesmo tempo.

7.4 Funções crescentes, decrescentes e constantes

Função crescente: à medida que x aumenta, as imagens vão aumentando.

Com $x_1 > x_2$ a função é crescente para $f(x_1) > f(x_2)$, isto é, aumentando valor de x, aumenta o valor de y.

Função decrescente: à medida que x aumenta, as imagens vão diminuindo (decrescente).

Com $x_1 > x_2$ a função é crescente para $f(x_1) < f(x_2)$, isto é, aumentando x, diminui o valor de y.

Função constante: em uma função constante qualquer que seja o elemento do domínio, eles sempre terão a mesma imagem, ao variar x encontra sempre o mesmo valor y.

7.5 Funções inversas e compostas

7.5.1 Função inversa

Dada uma função f: A → B, se f é bijetora, se define a função inversa f^{-1} como sendo a função de B em A, tal que $f^{-1}(y) = x$.

Determine a inversa da função definida por:
$y = 2x + 3$
Trocando as variáveis x e y:
$x = 2y + 3$

Colocando y em função de x:
2y = x - 3
$y = \frac{x-3}{2}$, que define a função inversa da função dada.

7.5.2 Função composta

A função obtida que substitui a variável independente x por uma função, chama-se função composta (ou função de função).

Simbolicamente fica:

$$f_o g(x) = f(g(x)) \text{ ou } g_o f(x) = g(f(x))$$

Dadas as funções $f(x) = 2x + 3$ e $g(x) = 5x$, determine $g_o f(x)$ e $f_o g(x)$.
$g_o f(x) = g[f(x)] = g(2x + 3) = 5(2x + 3) = 10x + 15$
$f_o g(x) = f[g(x)] = f(5x) = 2(5x) + 3 = 10x + 3$

7.6 Função afim

Chama-se função polinomial do 1º grau, ou função afim, qualquer função f dada por uma lei da forma $f(x) = ax + b$, cujo a e b são números reais dados e $a \neq 0$.

Na função $f(x) = ax + b$, o número a é chamado de coeficiente de x e o número b é chamado termo constante.

7.6.1 Gráfico

O gráfico de uma função polinomial do 1º grau, y = ax + b, com $a \neq 0$, é uma reta oblíqua aos eixos x e y.

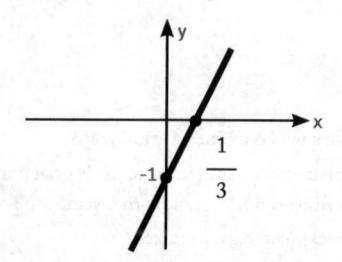

7.6.2 Zero e equação do 1º grau

Chama-se zero ou raiz da função polinomial do 1º grau $f(x) = ax + b$, $a \neq 0$, o número real x tal que $f(x) = 0$.

Assim: $f(x) = 0 \Rightarrow ax + b = 0 \Rightarrow x = \frac{-b}{a}$

7.6.3 Crescimento e decrescimento

A função do 1º grau $f(x) = ax + b$ é crescente, quando o coeficiente de x é positivo (a > 0).

A função do 1º grau $f(x) = ax + b$ é decrescente, quando o coeficiente de x é negativo (a < 0).

7.6.4 Sinal

Estudar o sinal de qualquer $y = f(x)$ é determinar o valor de x para os quais y é positivo, os valores de x para os quais y é zero e os valores de x para os quais y é negativo.

Considere uma função afim $y = f(x) = ax + b$, essa função se anula para a raiz $x = \frac{-b}{a}$.

Há dois casos possíveis:

a > 0 (a função é crescente)

$y > 0 \Rightarrow ax + b > 0 \Rightarrow x > \frac{-b}{a}$

$y < 0 \Rightarrow ax + b < 0 \Rightarrow x < \frac{-b}{a}$

Logo, y é positivo para valores de x maiores que a raiz; y é negativo para valores de x menores que a raiz.

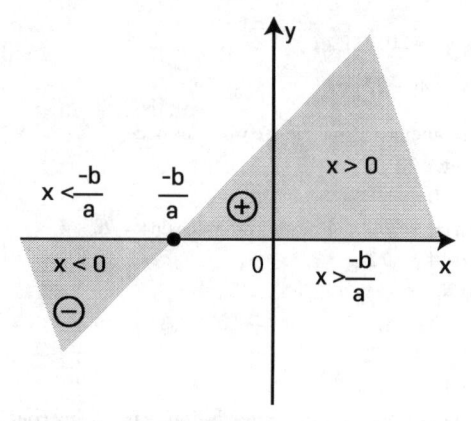

a < 0 (a função é decrescente)

$y > 0 \Rightarrow ax + b > 0 \Rightarrow x < \frac{-b}{a}$

$y < 0 \Rightarrow ax + b < 0 \Rightarrow x < \frac{-b}{a}$

Portanto, y é positivo para valores de x menores que a raiz; y é negativo para valores de x maiores que a raiz.

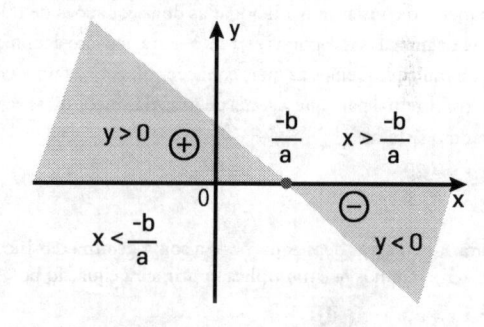

7.6.5 Equações e inequações do 1º grau

Equação

Uma equação do 1º grau na incógnita x é qualquer expressão do 1º grau que pode ser escrita em uma das seguintes formas:

$$ax + b = 0$$

Para resolver uma equação, basta achar o valor de x.

▷ **Sistema de equação**

Um sistema de equação de 1º grau com duas incógnitas é formado por duas equações de 1º grau com duas incógnitas diferentes em cada equação.

$$\begin{cases} x + y = 20 \\ 3x - 4y = 72 \end{cases}$$

Para encontrar o par ordenado desse sistema, é preciso utilizar dois métodos para a sua solução, são eles: substituição e adição.

▷ **Método da substituição**

Esse método consiste em escolher uma das duas equações, isolar uma das incógnitas e substituir na outra equação.

FUNÇÕES

Dado o sistema $\begin{cases} x + y = 20 \\ 3x - 4y = 72 \end{cases}$ enumeramos as equações.

$\begin{cases} x + y = 20 \quad \boxed{1} \\ 3x - 4y = 72 \quad \boxed{2} \end{cases}$

Escolhemos a equação 1 e isolamos o x:

x + y = 20
x = 20 - y

Na equação 2, substituímos o valor de x = 20 - y.

3x + 4y = 72
3(20 - y) + 4y = 72
60 - 3y + 4y = 72
- 3y + 4y = 72 - 60
y = 12

Para descobrir o valor de x, substituir y por 12 na equação:

x = 20 - y.
x = 20 - y
x = 20 - 12
x = 8

Portanto, a solução do sistema é S = (8, 12)

▷ **Método da adição**

Este método consiste em adicionar as duas equações de tal forma que a soma de uma das incógnitas seja zero. Para que isso aconteça, será preciso que multipliquemos as duas equações ou apenas uma equação por números inteiros para que a soma de uma das incógnitas seja zero.

Dado o sistema:

$\begin{cases} x + y = 20 \\ 3x - 4y = 72 \end{cases}$

Para adicionar as duas equações e a soma de uma das incógnitas de zero, teremos que multiplicar a primeira equação por –3.

$\begin{cases} x + y = 20 \quad (-3) \\ 3x - 4y = 72 \end{cases}$

Agora, o sistema fica assim:

$\begin{cases} -3x - 3y = -60 \\ 3x + 4y = 72 \end{cases}$

Adicionando as duas equações:

- 3x - 3y = - 60
+ 3x + 4y = 72
y = 12

Para descobrir o valor de x, escolher uma das duas equações e substituir o valor de y encontrado:

x + y = 20
x + 12 = 20
x = 20 - 12
x = 8

Portanto, a solução desse sistema é: S = (8, 12)

Inequação

Uma inequação do 1º grau na incógnita x é qualquer expressão do 1º grau que pode ser escrita em uma das seguintes formas:

ax + b > 0
ax + b < 0
ax + b ≥ 0
ax + b ≤ 0

Sendo **a**, **b** são números reais com a ≠ 0.

-2x + 7 > 0
x - 10 ≤ 0
2x + 5 ≤ 0
12 - x < 0

▷ **Resolvendo uma inequação de 1º grau**

Uma maneira simples de resolver uma inequação do 1º grau é isolar a incógnita x em um dos membros da desigualdade.

Resolva a inequação -2x + 7 > 0:

-2x > -7 · (-1)
2x < 7
$x < \dfrac{7}{2}$

Logo, a solução da inequação é $x < \dfrac{7}{2}$.

Resolva a inequação 2x - 6 < 0:

2x < 6
$x < \dfrac{6}{2}$
x < 3

Portanto, a solução da inequação é x < 3.

Pode-se resolver qualquer inequação do 1º grau por meio do estudo do sinal de uma função do 1º grau, com o seguinte procedimento:

- Iguala-se a expressão ax + b a zero.
- Localiza-se a raiz no eixo x.
- Estuda-se o sinal conforme o caso.

-2x + 7 > 0
-2x + 7 = 0
$x = \dfrac{7}{2}$

x < 7/2

2x - 6 < 0
2x - 6 = 0
x = 3

x < 3

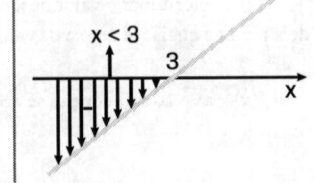

7.7 Equação e função exponencial

Equação exponencial é toda equação na qual a incógnita aparece em expoente.

Para resolver equações exponenciais, devem-se realizar dois passos importantes:
- Redução dos dois membros da equação a potências de mesma base.
- **Aplicação da propriedade:**

$a^m = a^n \Rightarrow m = n \ (a \neq 1 \text{ e } a > 0)$

7.7.1 Função exponencial

Funções exponenciais são aquelas nas quais temos a variável aparecendo em expoente.

A função $f: \mathbb{R} \to \mathbb{R}_+$, definida por $f(x) = a^x$, com $a \in \mathbb{R}_+$ e $a \neq 1$, é chamada função exponencial de base a. O domínio dessa função é o conjunto $\mathbb{R}$ (reais) e o contradomínio é $\mathbb{R}_+$ (reais positivos, maiores que zero).

7.7.2 Gráfico cartesiano da função exponencial

Há dois casos a considerar:

Quando a > 1:

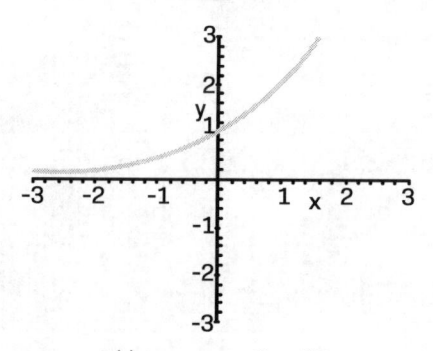

$f(x)$ é crescente e $Im = \mathbb{R}_+$

Para quaisquer x_1 e x_2 do domínio: $x_2 > x_1 \Rightarrow y_2 > y_1$ (as desigualdades têm mesmo sentido).

Quando 0 < a < 1:

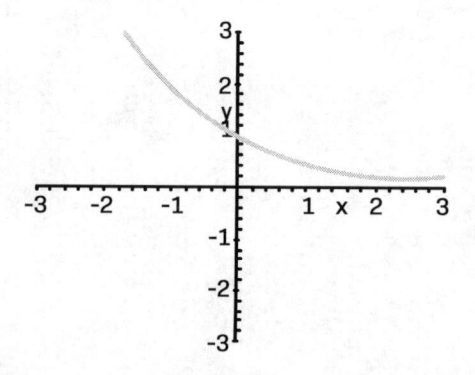

$f(x)$ é decrescente e $Im = \mathbb{R}_+$

Para quaisquer x_1 e x_2 do domínio: $x_2 > x_1 \Rightarrow y_2 < y_1$ (as desigualdades têm sentidos diferentes).

Nas duas situações, pode-se observar que:
- O gráfico nunca intercepta o eixo horizontal.
- A função não tem raízes; o gráfico corta o eixo vertical no ponto (0,1).
- Os valores de y são sempre positivos (potência de base positiva é positiva), portanto, o conjunto imagem é $Im = \mathbb{R}_+$.

7.7.3 Inequações exponenciais

Inequação exponencial é toda inequação na qual a incógnita aparece em expoente.

Para resolver inequações exponenciais, devem-se realizar dois passos:
- Redução dos dois membros da inequação a potências de mesma base.
- **Aplicação da propriedade:**

a > 1

$a^m > a^n \Rightarrow m > n$

(as desigualdades têm mesmo sentido)

0 < a < 1

$a^m > a^n \Rightarrow m < n$

(as desigualdades têm sentidos diferentes)

7.8 Equação e função logarítmica

7.8.1 Logaritmo

$$a^x = b \Leftrightarrow \log_a b = x$$

Sendo $b > 0$, $a > 0$ e $a \neq 1$

Na igualdade $x = \log_a b$ tem:

a = base do logaritmo

b = logaritmando ou antilogaritmo

x = logaritmo

Consequências da definição

Sendo $b > 0$, $a > 0$ e $a \neq 1$ e m um número real qualquer, em seguida, algumas consequências da definição de logaritmo:

$\log_a 1 = 0$

$\log_a a = 1$

$\log_a a^m = m$

$a^{\log_a b} = b$

$\log_a b = \log_a c \Leftrightarrow b = c$

Propriedades operatórias dos logaritmos

$\log_a (x \cdot y) = \log_a x + \log_a y$

$\log_a \left[\dfrac{x}{y}\right] = \log_a x - \log_a y$

$\log_a x^m = m \cdot \log_a x$

$\log_a \sqrt[n]{x^m} = \log_a x^{\frac{m}{n}} = \dfrac{m}{n} \cdot \log_a x$

Cologaritmo

$\operatorname{colog}_a b = \log_a \dfrac{1}{b}$

$\operatorname{colog}_a b = -\log_a b$

FUNÇÕES

Mudança de base

$$\log_a x = \frac{\log_b x}{\log_b a}$$

7.8.2 Função logarítmica

A função $f: \mathbb{R}_+ \to \mathbb{R}$, definida por $f(x) = \log_a x$, com $a \neq 1$ e $a > 0$, é chamada função logarítmica de base a. O domínio dessa função é o conjunto $\mathbb{R}_+$ (reais positivos, maiores que zero) e o contradomínio é $\mathbb{R}$ (reais).

Gráfico cartesiano da função logarítmica

Há dois casos a se considerar:

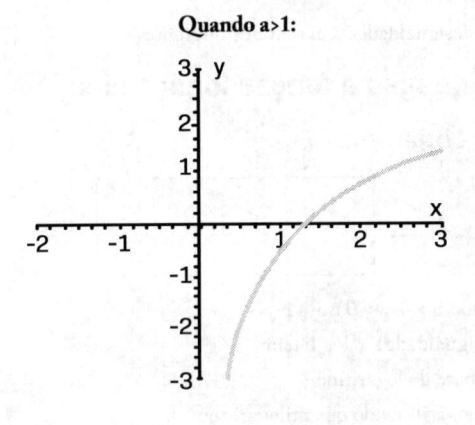

Quando a>1:

$f(x)$ é crescente e Im = IR

Para quaisquer x_1 e x_2 do domínio: $x_2 > x_1 \Rightarrow y_2 < y_1$ (as desigualdades têm mesmo sentido).

Quando 0<a<1:

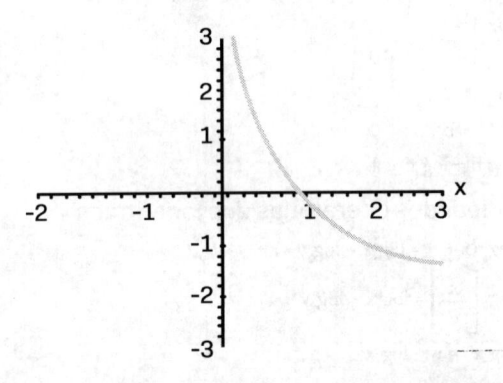

$f(x)$ é decrescente e Im = IR

Para quaisquer x_1 e x_2 do domínio: $x_1 > x_2 \Rightarrow y_1 < y_2$ (as desigualdades têm sentidos diferentes).

Nas duas situações, pode-se observar que:
- O gráfico nunca intercepta o eixo vertical.
- O gráfico corta o eixo horizontal no ponto (1, 0).
- A raiz da função é x = 1.
- Y assume todos os valores reais, portanto, o conjunto imagem é Im = IR.

7.8.3 Equações logarítmicas

Equações logarítmicas são toda equação que envolve logaritmos com a incógnita aparecendo no logaritmando, na base ou em ambos.

7.8.4 Inequações logarítmicas

Inequações logarítmicas são toda inequação que envolve logaritmos com a incógnita aparecendo no logaritmando, na base ou em ambos.

Para resolver inequações logarítmicas, devem-se realizar dois passos:
- Redução dos dois membros da inequação a logaritmos de mesma base.
- **Aplicação da propriedade:**

a > 1

$\log_a m > \log_a n \Rightarrow m > n > 0$

(as desigualdades têm mesmo sentido)

0 < a < 1

$\log_a m > \log_a n \Rightarrow 0 < m < n$

(as desigualdades têm sentidos diferentes)

8 SEQUÊNCIAS NUMÉRICAS

Neste capítulo, conheceremos a formação de uma sequência e também do que trata a P.A. (Progressão Aritmética) e a P.G. (Progressão Geométrica).

8.1 Definições

Sequências: conjunto de elementos organizados de acordo com certo padrão, ou seguindo determinada regra. O conhecimento das sequências é fundamental para a compreensão das progressões.

Progressões: são sequências numéricas com algumas características exclusivas.

Cada elemento das sequências e/ou progressões são denominados termos.

Sequência dos números quadrados perfeitos: (1, 4, 9, 16, 25, 36, 49, 64, 81, 100...).

Sequência dos números primos: (2, 3, 5, 7, 11, 13, 17, 19, 23, 29, 31, 37, 41, 43, 47, 53...).

O que determina a formação na sequência dos números é: $a_n = n^2$.

8.2 Lei de formação de uma sequência

Para determinar uma sequência numérica é preciso uma lei de formação. A lei que define a sequência pode ser a mais variada possível.

| A sequência definida pela lei $a_n = n^2 + 1$, com $n \in \mathbb{N}$, cujo a_n é o termo que ocupa a n-ésima posição na sequência é: 0, 2, 5, 10, 17, 26... Por esse motivo, a_n é chamado de termo geral da sequência.

8.3 Progressão aritmética (P.A.)

Progressão aritmética é uma sequência numérica em que cada termo, a partir do segundo, é igual ao anterior adicionado a um número fixo, chamado razão da progressão (r).

Quando r > 0, a progressão aritmética é crescente; quando r < 0, decrescente e quando r = 0, constante ou estacionária.

- (2, 5, 8, 11, ...), temos r = 3. Logo, a P.A. é crescente.
- (20, 18, 16, 14, ...), temos r = -2. Logo, a P.A. é decrescente.
- (5, 5, 5, 5, ...), temos r = 0. Logo, a P.A. é constante.

A representação matemática de uma progressão aritmética é: $(a_1, a_2, a_3, ..., a_n, a_{n+1}, ...)$ na qual:

$$\begin{cases} a_2 = a_1 + r \\ a_3 = a_2 + r \\ a_4 = a_3 + r \\ \vdots \end{cases}$$

Se a razão de uma P.A. é a quantidade que acrescentamos a cada termo para obter o seguinte, podemos dizer que ela é igual à diferença entre qualquer termo, a partir do segundo, e o anterior. Assim, de modo geral, temos:

$$r = a_2 - a_1 = a_3 - a_2 = ... = a_{n+1} - a_n$$

Para encontrar um termo específico, a quantidade de termos ou até mesmo a razão de uma P.A., dispomos de uma relação chamada termo geral de uma P.A.: $a_n = a_1 + (n-1)r$, onde:

- a_n é o termo geral.
- a_1 é o primeiro termo.
- n é o número de termos.
- r é a razão da P.A.

Propriedades:

P_1. Em toda P.A. finita, a soma de dois termos equidistantes dos extremos é igual à soma dos extremos.

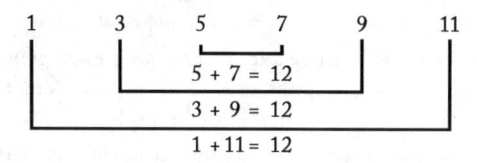

```
1    3    5    7    9    11
          5 + 7 = 12
     3 + 9 = 12
1 + 11 = 12
```

Dois termos são equidistantes quando a distância entre um deles para o primeiro termo da P.A. é igual a distância do outro para o último termo da P.A.

P_2. Uma sequência de três termos é P.A. se o termo médio é igual à média aritmética entre os outros dois, isto é, (a, b, c) é P.A. $\Leftrightarrow b = \dfrac{a+c}{2}$

| Seja a P.A. (2, 4, 6), então, $4 = \dfrac{2+6}{2}$

P_3. Em uma P.A. com número ímpar de termos, o termo médio é a média aritmética entre os extremos.

| (3, 6, 9, 12, 15, 18, 21, 24, 27, 30, 33, 36, 39), $21 = \dfrac{3+39}{2}$

P_4. A soma S_n dos n primeiros termos da P.A. $(a_1, a_2, a_3, ... a_n)$ é dada por:

$$S_n = \dfrac{(a_1 + a_n)}{2} \cdot n$$

Calcule a soma dos termos da P.A. (1, 4, 7, 10, 13, 16, 19, 22, 25).
$a_1 = 1$; $a_n = 25$; n = 9

$$S_n = \dfrac{(a_1 + a^n) \cdot n}{2}$$

$$S_n = \dfrac{(1 + 25) \cdot 9}{2}$$

$$S_n = \dfrac{(26) \cdot 9}{2}$$

$$S_n = \dfrac{234}{2}$$

$$S_n = 117$$

8.3.1 Interpolação aritmética

Interpolar significa inserir termos, ou seja, interpolação aritmética é a colocação de termos entre os extremos de uma P.A. Consiste basicamente em descobrir o valor da razão da P.A. e inserir esses termos.

Utiliza-se a fórmula do termo geral para a resolução das questões, em que **n** será igual a **k + 2**, cujo **k** é a quantidade de termos que se quer interpolar.

| Insira 5 termos em uma P.A. que começa com 3 e termina com 15.
| $a_1 = 3$; $a_n = 15$; k = 5 e   Então, P.A.
| n = 5 + 2 = 7   (3, 5, 7, 9, 11, 13, 15)
| $a_n = a_1 + (n-1) \cdot r$
| $15 = 3 + (7-1) \cdot r$
| $15 = 3 + 6r$
| $6r = 15 - 3$
| $6r = 12$
| $r = \dfrac{12}{6}$
| $r = 2$

SEQUÊNCIAS NUMÉRICAS

8.4 Progressão geométrica (P.G.)

Progressão geométrica é uma sequência de números não nulos em que cada termo, a partir do segundo, é igual ao anterior multiplicado por um número fixo, chamado razão da progressão (q).

A representação matemática de uma progressão geométrica é $(a_1, a_2, a_3, ..., a_{n-1}, a_n)$, na qual $a_2 = a_1 \cdot q$, $a_3 = a_2 \cdot q$,... etc. De modo geral, escrevemos: $a_{n+1} = a_n \cdot q$, $\forall n \in \mathbb{N}^*$ e $q \in \mathbb{R}$.

Em uma P.G., a razão q é igual ao quociente entre qualquer termo, a partir do segundo, e o anterior.

| (4, 8, 16, 32, 64)
| $q = \dfrac{8}{4} = \dfrac{16}{8} = \dfrac{32}{16} = \dfrac{64}{32} = 2$
| (6, -18, 54, -162)
| $q = \dfrac{186}{6} = \dfrac{54}{-18} = \dfrac{-162}{54} = -3$

Assim, podemos escrever:

$\dfrac{a_2}{a_1} = \dfrac{a_3}{a_2} = ... = \dfrac{a_{n+1}}{a_n} = q$, sendo q a razão da P.G.

Podemos classificar uma P.G. como:

Crescente:

Quando $a_1 > 0$ e $q > 1$

| (2, 6, 18, 54,...) é uma P.G. crescente com $a_1 = 2$ e $q = 3$

Quando $a_1 < 0$ e $0 < q < 1$

| (-40, -20, -10,...) é uma P.G. crescente com $a_1 = -40$ e $q = 1/2$

Decrescente:

Quando $a_1 > 0$ e $0 < q < 1$

| (256, 64, 16,...) é uma P.G. decrescente com $a_1 = 256$ e $q = 1/4$

Quando $a_1 < 0$ e $q > 1$

| (-2, -10, -50,...) é uma P.G. decrescente com $a_1 = -2$ e $q = 5$

Constante:

Quando $q = 1$

| (3, 3, 3, 3,...) é uma P.G. constante com $a_1 = 3$ e $q = 1$

Alternada:

Quando $q < 0$

| (2, -6, 18, -54) é uma P.G. alternada com $a_1 = 2$ e $q = -3$

A fórmula do termo geral de uma P.G. nos permite encontrar qualquer termo da progressão.

$$a_n = a_1 \cdot q^{n-1}$$

Propriedades:

P_1. Em toda P.G. finita, o produto de dois termos equidistantes dos extremos é igual ao produto dos extremos.

1   3   9   27   81   243

$9 \cdot 27 = 243$
$3 \cdot 81 = 243$
$1 \cdot 243 = 243$

Dois termos são equidistantes quando a distância de um deles para o primeiro termo P.G. é igual a distância do outro para o último termo da P.G.

P_2. Uma sequência de três termos, em que o primeiro é diferente de zero, é uma P.G., e sendo o quadrado do termo médio igual ao produto dos outros dois, isto é, $a \ne 0$.

| (a, b, c) é P.G. $\Leftrightarrow b^2 = ac$
| (2, 4, 8) $\Leftrightarrow 4^2 = 2 \cdot 8 = 16$

P_3. Em uma P.G. com número ímpar de termos, o quadrado do termo médio é igual ao produto dos extremos.

| (2, 4, 8, 16, 32, 64, 128, 256, 512), temos que $32^2 = 2 \cdot 512 = 1.024$.

P_4. Soma dos n primeiros termos de uma P.G.: $S_n = \dfrac{a_1(q^n - 1)}{q - 1}$

P_5. Soma dos termos de uma P.G. infinita:

$S_\infty = \dfrac{a_1}{q - 1}$, se $-1 < q < 1$

$1 - q$

- $S_\infty = +\infty$, se $q > 1$ e $a_1 > 0$
- $S_\infty = -\infty$, se $q > 1$ e $a_1 < 0$

8.4.1 Interpolação geométrica

Interpolar significa inserir termos, ou seja, interpolação geométrica é a colocação de termos entre os extremos de uma P.G. Consiste basicamente em descobrir o valor da razão da P.G. e inserir esses termos.

Utiliza-se a fórmula do termo geral para a resolução das questões, em que **n** será igual a **p + 2**, cujo **p** é a quantidade de termos que se quer interpolar.

| Insira 4 termos em uma P.G. que começa com 2 e termina com 2.048.
| $a_1 = 2$; $a_n = 2.048$; $p = 4$ e $n = 4 + 2 = 6$
| $a_n = a_1 \cdot q^{(n-1)}$
| $2.048 = 2 \cdot q^{(6-1)}$
| $2.048 = 2 \cdot q^5$
| $q^5 = \dfrac{2.048}{2}$
| $q^5 = 1.024$ $(1.024 = 4^5)$
| $q^5 = 4^5$
| $q = 4$
| P.G. (2, **8, 32, 128, 512**, 2.048).

8.4.2 Produto dos termos de uma P.G.

Para o cálculo do produto dos termos de uma P.G., usar a seguinte fórmula:

$$P_n = \sqrt{(a_1 \cdot a_n)^n}$$

| Qual o produto dos termos da P.G. (5, 10, 20, 40, 80, 160)?
| $a_1 = 5$; $a_n = 160$; $n = 6$
| $P_n = \sqrt{(a_1 \cdot a_n)^n}$
| $P_n = \sqrt{(5 \cdot 160)^6}$
| $P_n = (5 \cdot 160)^3$
| $P_n = (800)^3$
| $P_n = 512.000.000$

9 TRIGONOMETRIA

Neste capítulo, estudaremos os triângulos e as relações que os envolvem.

9.1 Triângulos

O triângulo é uma das figuras mais simples e também uma das mais importantes da Geometria. O triângulo possui propriedades e definições de acordo com o tamanho de seus lados e medida dos ângulos internos.

▷ **Quanto aos lados, o triângulo pode ser classificado em:**
- **Equilátero:** possui todos os lados com medidas iguais.
- **Isósceles:** possui dois lados com medidas iguais.
- **Escaleno:** possui todos os lados com medidas diferentes.

▷ **Quanto aos ângulos, os triângulos podem ser denominados:**
- **Acutângulo:** possui os ângulos internos com medidas menores que 90°.
- **Obtusângulo:** possui um dos ângulos com medida maior que 90°.
- **Retângulo:** possui um ângulo com medida de 90°, chamado ângulo reto.

No triângulo retângulo existem importantes relações, uma delas é o **Teorema de Pitágoras**, que diz o seguinte: "A soma dos quadrados dos catetos é igual ao quadrado da hipotenusa".

$$a^2 = b^2 + c^2$$

A condição de existência de um triângulo é: um lado do triângulo ser menor do que a soma dos outros dois lados e também maior do que a diferença desses dois lados.

9.2 Trigonometria no triângulo retângulo

As razões trigonométricas básicas são relações entre as medidas dos lados do triângulo retângulo e seus ângulos. As três funções básicas da trigonometria são: seno, cosseno e tangente. O ângulo é indicado pela letra x.

Função	Notação	Definição
seno	sen(x)	$\dfrac{\text{medida do cateto oposto a x}}{\text{medida da hipotenusa}}$
cosseno	cos(x)	$\dfrac{\text{medida do cateto adjacente a x}}{\text{medida da hipotenusa}}$
tangente	tg(x)	$\dfrac{\text{medida do cateto oposto a x}}{\text{medida do cateto adjacente a x}}$

Relação fundamental: para todo ângulo x (medido em radianos), vale a importante relação:

$$\cos^2(x) + \text{sen}^2(x) = 1$$

9.3 Trigonometria em um triângulo qualquer

Os problemas envolvendo trigonometria são resolvidos em sua maioria por meio da comparação com triângulos retângulos. No cotidiano, algumas situações envolvem triângulos acutângulos ou triângulos obtusângulos. Nesses casos, necessitamos da Lei dos Senos ou dos Cossenos.

9.3.1 Lei dos senos

A Lei dos Senos estabelece relações entre as medidas dos lados com os senos dos ângulos opostos aos lados. Observe:

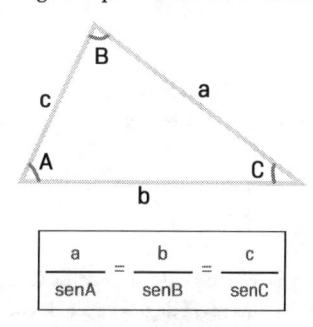

$$\frac{a}{\text{sen}A} = \frac{b}{\text{sen}B} = \frac{c}{\text{sen}C}$$

9.3.2 Lei dos cossenos

Nos casos em que não pode aplicar a Lei dos Senos, existe o recurso da Lei dos Cossenos. Ela permite trabalhar com a medida de dois segmentos e a medida de um ângulo. Dessa forma, dado um triângulo ABC de lados medindo a, b e c, temos:

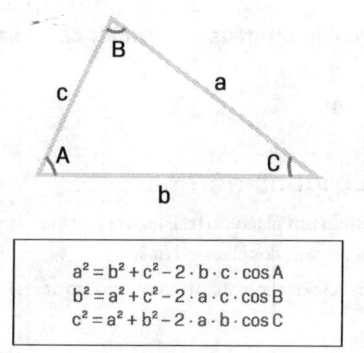

$$a^2 = b^2 + c^2 - 2 \cdot b \cdot c \cdot \cos A$$
$$b^2 = a^2 + c^2 - 2 \cdot a \cdot c \cdot \cos B$$
$$c^2 = a^2 + b^2 - 2 \cdot a \cdot b \cdot \cos C$$

9.4 Medidas dos ângulos

9.4.1 Medidas em grau

Sabe-se que uma volta completa na circunferência corresponde a 360°; se dividir em 360 arcos, haverá arcos unitários medindo 1° grau. Dessa forma, a circunferência é simplesmente um arco de 360° com o ângulo central medindo uma volta completa ou 360°.

É possível dividir o arco de 1° grau em 60 arcos de medidas unitárias iguais a 1' (arco de um minuto). Da mesma forma, podemos dividir o arco de 1' em 60 arcos de medidas unitárias iguais a 1" (arco de um segundo).

9.4.2 Medidas em radianos

Dada uma circunferência de centro O e raio R, com um arco de comprimento s e α o ângulo central do arco, vamos determinar a medida do arco em radianos de acordo com a figura a seguir:

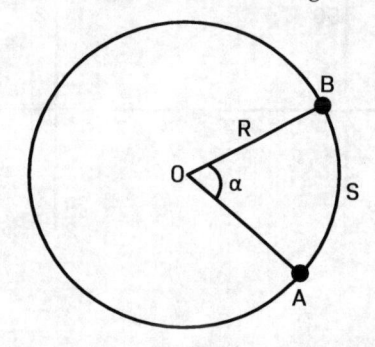

TRIGONOMETRIA

Diz-se que o arco mede um radiano se o comprimento do arco for igual à medida do raio da circunferência. Assim, para saber a medida de um arco em radianos, deve-se calcular quantos raios da circunferência são precisos para obter o comprimento do arco. Portanto:

$$\alpha = \frac{S}{R}$$

Com base nessa fórmula, podemos encontrar outra expressão para determinar o comprimento de um arco de circunferência:

$$s = \alpha \cdot R$$

De acordo com as relações entre as medidas em grau e radiano de arcos, vamos destacar uma regra de três capaz de converter as medidas dos arcos.

360° → 2π radianos (aproximadamente 6,28)
180° → π radiano (aproximadamente 3,14)
90° → π/2 radiano (aproximadamente 1,57)
45° → π/4 radiano (aproximadamente 0,785)

Medida em graus	Medida em radianos
180	π
x	a

9.5 Ciclo trigonométrico

Considerando um plano cartesiano, representados nele um círculo com centro na origem dos eixos e raios.

Divide-se o ciclo trigonométrico em quatro arcos, obtendo quatro quadrantes.

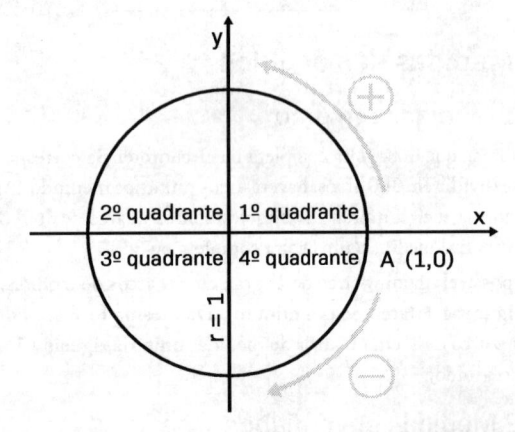

Dessa forma, obtêm-se as relações:

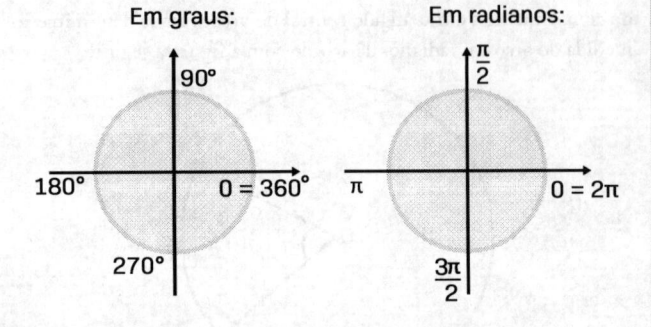

Em graus: 90°, 180°, 0 = 360°, 270°

Em radianos: $\frac{\pi}{2}$, π, 0 = 2π, $\frac{3\pi}{2}$

9.5.1 Razões trigonométricas

As principais razões trigonométricas são:

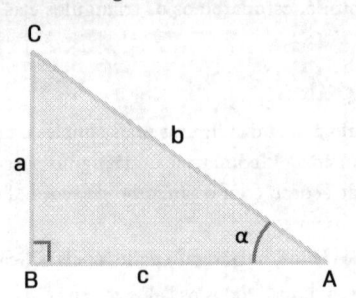

$$\operatorname{sen} \alpha = \frac{\text{comprimento do cateto oposto}}{\text{comprimento da hitotenusa}} = \frac{a}{b}$$

$$\cos \alpha = \frac{\text{comprimento do cateto adjacente}}{\text{comprimento da hitotenusa}} = \frac{c}{b}$$

$$\operatorname{tg} \alpha = \frac{\text{comprimento do cateto oposto}}{\text{comprimento do cateto adjacente}} = \frac{a}{b}$$

Outras razões decorrentes dessas são:

$$\operatorname{tg} x = \frac{\operatorname{sen} x}{\cos x}$$

$$\operatorname{cotg} x = \frac{1}{\operatorname{tg} x} = \frac{\cos x}{\operatorname{sen} x}$$

$$\sec x = \frac{1}{\cos x}$$

$$\operatorname{cossec} x = \frac{1}{\sec x}$$

A partir da relação fundamental, encontram as seguintes relações:
$(\operatorname{sen} x)^2 + (\cos x)^2 = 1$ = [relação fundamental da trigonometria]
$1 + (\operatorname{cotg} x)^2 = (\operatorname{cossec} x)^2$
$1 + (\operatorname{tg} x)^2 = (\sec x)^2$

9.5.2 Redução ao 1° quadrante

$\operatorname{sen}(90° - \alpha) = \cos \alpha$
$\cos(90° - \alpha) = \operatorname{sen} \alpha$
$\operatorname{sen}(90° + \alpha) = \cos \alpha$
$\cos(90° + \alpha) = -\operatorname{sen} \alpha$
$\operatorname{sen}(180° - \alpha) = \operatorname{sen} \alpha$
$\cos(180° - \alpha) = -\cos \alpha$
$\operatorname{tg}(180° - \alpha) = -\operatorname{tg} \alpha$
$\operatorname{sen}(180° + \alpha) = -\operatorname{sen} \alpha$
$\cos(180° + \alpha) = -\cos \alpha$
$\operatorname{sen}(270° - \alpha) = -\cos \alpha$
$\cos(270° - \alpha) = -\operatorname{sen} \alpha$
$\operatorname{sen}(270° + \alpha) = -\cos \alpha$
$\cos(270° + \alpha) = \operatorname{sen} \alpha$
$\operatorname{sen}(-\alpha) = -\operatorname{sen} \alpha$
$\cos(-\alpha) = \cos \alpha$
$\operatorname{tg}(-\alpha) = -\operatorname{tg} \alpha$

9.6 Funções trigonométricas

9.6.1 Função seno

Função seno é a função $f(x) = \operatorname{sen} x$.

O domínio dessa função é R e a imagem é Im [−1,1], visto que, na circunferência trigonométrica, o raio é unitário.

Então:
- Domínio de $f(x) = \operatorname{sen} x$; $D(\operatorname{sen} x) = R$.
- Imagem de $f(x) = \operatorname{sen} x$; $\operatorname{Im}(\operatorname{sen} x) = [-1,1]$.

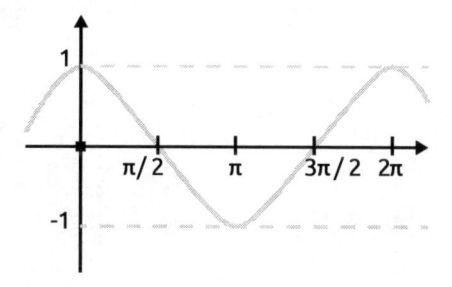

Sinal da função

$f(x) = \operatorname{sen} x$ é positiva no 1º e 2º quadrantes (ordenada positiva).

$f(x) = \operatorname{sen} x$ é negativa no 3º e 4º quadrantes (ordenada negativa).

- **Quando** $x \in \left[0, \dfrac{\pi}{2}\right]$: 1º quadrante, o valor de sen x cresce de 0 a 1.
- **Quando** $x \in \left[\dfrac{\pi}{2}, \pi\right]$: 2º quadrante, o valor de sen x decresce de 1 a 0.
- **Quando** $x \in \left[\pi, \dfrac{3\pi}{2}\right]$: 3º quadrante, o valor de sen x decresce de 0 a −1.
- **Quando** $x \in \left[\dfrac{3\pi}{2}, 2\pi\right]$: 4º quadrante, o valor de sen x cresce de −1 a 0.

9.6.2 Função cosseno

Função cosseno é a função $f(x) = \cos x$.

O domínio dessa função também é R e a imagem é Im [−1,1]; visto que, na circunferência trigonométrica, o raio é unitário.

Então:
- Domínio de $f(x) = \cos x$; $D(\cos x) = R$.
- Imagem de $f(x) = \cos x$; $\operatorname{Im}(\cos x) = [-1,1]$.

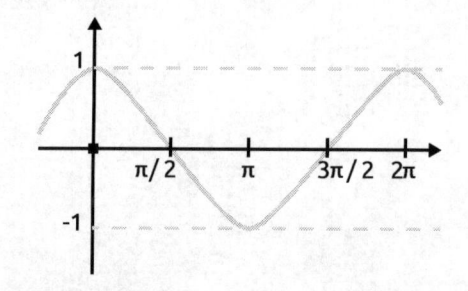

9.6.3 Sinal da função

$f(x) = \cos x$ é positiva no 1º e 4º quadrantes (abscissa positiva).

$f(x) = \cos x$ é negativa no 2º e 3º quadrantes (abscissa negativa).

- **Quando** $x \in \left[0, \dfrac{\pi}{2}\right]$: 1º quadrante, o valor de cos x cresce de 0 a 1.
- **Quando** $x \in \left[\dfrac{\pi}{2}, \pi\right]$: 2º quadrante, o valor de cos x decresce de 1 a 0.
- **Quando** $x \in \left[\pi, \dfrac{3\pi}{2}\right]$: 3º quadrante, o valor de cos x decresce de 0 a −1.
- **Quando** $x \in \left[\dfrac{3\pi}{2}, 2\pi\right]$: 4º quadrante, o valor de cos x cresce de −1 a 0.

9.6.4 Função tangente

Função tangente é a função $f(x) = \operatorname{tg} x$.

Então:
- **Domínio de $f(x)$:** o domínio dessa função são todos os números reais, exceto os que zeram o cosseno, pois não existe cos x = 0
- Imagem de $f(x) = \operatorname{Im} = \,]-\infty, \infty[$

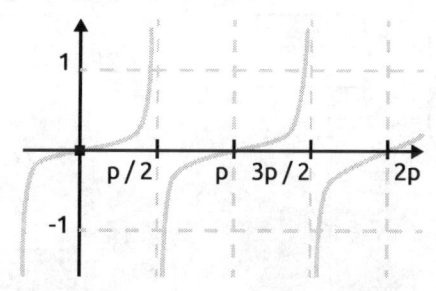

Sinal da função

$f(x) = \operatorname{tg} x$ é positiva no 1º e 3º quadrantes (produto da ordenada pela abscissa positiva).

$f(x) = \operatorname{tg} x$ é negativa no 2º e 4º quadrantes (produto da ordenada pela abscissa negativa).

9.6.5 Outras funções

Função secante

Denomina-se função secante a função: $f(x) = \dfrac{1}{\cos x}$

Função cossecante

Denomina-se função cossecante a função: $f(x) = \dfrac{1}{\operatorname{sen} x}$

Função cotangente

Denomina-se função cotangente a função: $f(x) = \dfrac{1}{\operatorname{tg} x}$

9.7 Identidades e operações trigonométricas

As mais comuns são:

$\operatorname{sen}(a + b) = \operatorname{sen} a \cdot \cos b + \operatorname{sen} b \cdot \cos a$

$\operatorname{sen}(a - b) = \operatorname{sen} a \cdot \cos b - \operatorname{sen} b \cdot \cos a$

$\cos(a + b) = \cos a \cdot \cos b - \operatorname{sen} a \cdot \cos b$

$\cos(a - b) = \cos a \cdot \cos b + \operatorname{sen} a \cdot \cos b$

$\operatorname{tg}(a + b) = \dfrac{\operatorname{tg} a + \operatorname{tg} b}{1 - \operatorname{tg} a \cdot \operatorname{tg} b}$

$\operatorname{tg}(a - b) = \dfrac{\operatorname{tg} a - \operatorname{tg} b}{1 + \operatorname{tg} a \cdot \operatorname{tg} b}$

TRIGONOMETRIA

$\text{sen}(2x) = 2 \cdot \text{sen}(x) \cdot \cos(x)$

$\cos(2x) = \cos^2(x) - \text{sen}^2(x)$

$\text{tg}(2x) = \left(\dfrac{2 \cdot \text{tg}(x)}{1 - \text{tg}^2(x)}\right)$

$\text{sen}(x) + \text{sen}(y) = 2 \cdot \text{sen}\left(\dfrac{x+y}{2}\right) \cdot \cos\left(\dfrac{x-y}{2}\right)$

$\text{sen}(x) - \text{sen}(y) = 2 \cdot \text{sen}\left(\dfrac{x-y}{2}\right) \cdot \cos\left(\dfrac{x+y}{2}\right)$

$\cos(x) + \cos(y) = 2 \cdot \cos\left(\dfrac{x+y}{2}\right) \cdot \cos\left(\dfrac{x-y}{2}\right)$

$\cos(x) - \cos(y) = 2 \cdot \text{sen}\left(\dfrac{x+y}{2}\right) \cdot \text{sen}\left(\dfrac{x-y}{2}\right)$

9.8 Bissecção de arcos ou arco metade

Também temos a fórmula do arco metade para senos, cossenos e tangentes:

$\sin\left(\dfrac{a}{2}\right) = \pm\sqrt{\dfrac{1 - \cos(a)}{2}}$

$\cos\left(\dfrac{a}{2}\right) = \pm\sqrt{\dfrac{1 + \cos(a)}{2}}$

$\tan\left(\dfrac{a}{2}\right) = \pm\sqrt{\dfrac{1 - \cos(a)}{1 + \cos(a)}}$

10 GEOMETRIA PLANA

▷ **Ceviana:** são segmentos de reta que partem do vértice do triângulo para o lado oposto.

▷ **Mediana:** é o segmento de reta que liga um vértice deste triângulo ao ponto médio do lado oposto a este vértice. As medianas se encontram em um ponto chamado de baricentro.

▷ **Altura:** altura de um triângulo é um segmento de reta perpendicular a um lado do triângulo ou ao seu prolongamento, traçado pelo vértice oposto. As alturas se encontram em um ponto chamado ortocentro.

▷ **Bissetriz:** é o lugar geométrico dos pontos que equidistam de duas retas concorrentes e, por consequência, divide um ângulo em dois ângulos congruentes. As bissetrizes se encontram em um ponto chamado incentro.

▷ **Mediatrizes:** são retas perpendiculares a cada um dos lados de um triângulo. As mediatrizes se encontram em um ponto chamado circuncentro.

10.1 Semelhanças de figuras

Duas figuras (formas geométricas) são semelhantes quando satisfazem a duas condições: os seus ângulos têm o mesmo tamanho e os lados correspondentes são proporcionais.

Nos triângulos existem alguns casos de semelhanças bem conhecidos:

▷ **1º caso: LAL (lado, ângulo, lado):** dois lados congruentes e o ângulo entre esses lados também congruentes.

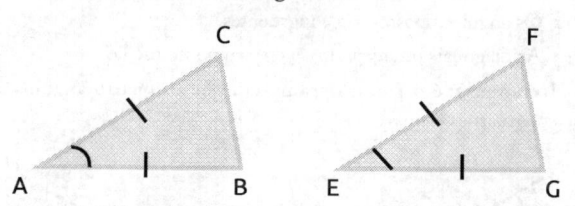

▷ **2º caso: LLL (lado, lado, lado):** os três lados congruentes.

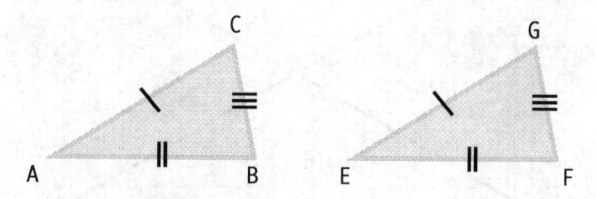

▷ **3º caso: ALA (ângulo, lado, ângulo):** dois ângulos congruentes e o lado entre esses ângulos também congruentes.

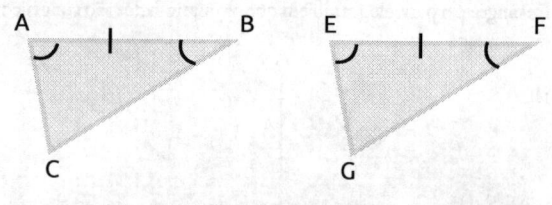

▷ **4º caso: LAAo (lado, ângulo, ângulo oposto):** congruência do ângulo adjacente ao lado, e congruência do ângulo oposto ao lado.

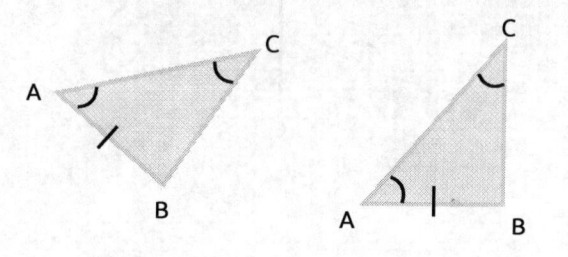

10.2 Relações métricas nos triângulos

10.2.1 Triângulo retângulo e suas relações métricas

Denomina-se triângulo retângulo o triângulo que tem um de seus ângulos retos, ou seja, um de seus ângulos mede 90°. O triângulo retângulo é formado por uma hipotenusa e dois catetos, a hipotenusa é o lado maior, o lado aposto ao ângulo de 90°, e os outros dois lados são os catetos.

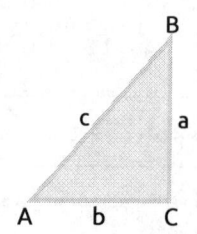

Na figura, podemos observar o triângulo retângulo de vértices A, B e C, e lados a, b e c. Como o ângulo de 90° está no vértice C, então a hipotenusa do triângulo é o lado c, e os catetos são os lados a e b.

Assim, podemos separar um triângulo em dois triângulos semelhantes:

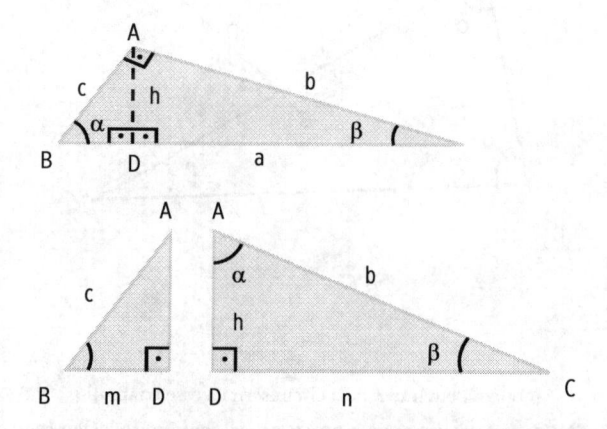

Neste segundo triângulo, podemos observar uma perpendicular à hipotenusa até o vértice A; essa é a altura h do triângulo, separando a hipotenusa em dois segmentos, o segmento m e o segmento n, separando esses dois triângulos obtemos dois triângulos retângulos, o triângulo ΔABD e ΔADC. Como os ângulos dos três triângulos são congruentes, então podemos dizer que os triângulos são semelhantes.

Com essa semelhança, ganhamos algumas relações métricas entre os triângulos:

$$\frac{c}{a} = \frac{m}{c} \Rightarrow c^2 = am$$

$$\frac{c}{a} = \frac{h}{b} \Rightarrow cb = ah$$

$$\frac{b}{a} = \frac{n}{b} \Rightarrow b^2 = an$$

$$\frac{h}{m} = \frac{n}{h} \Rightarrow h^2 = mn$$

Da primeira e da terceira equação, obtemos:

$c^2 + b^2 = am + an = a(m + n)$.

Como vimos na figura que m+n=a, então temos:

$c^2 + b^2 = aa = a^2$

ou seja, trata-se do Teorema de Pitágoras.

GEOMETRIA PLANA

10.2.2 Lei dos cossenos

Para um triângulo qualquer demonstra-se que:

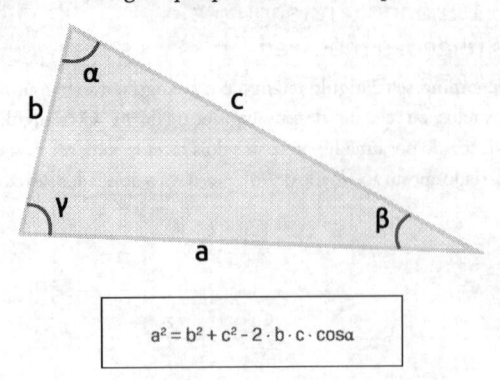

$$a^2 = b^2 + c^2 - 2 \cdot b \cdot c \cdot \cos\alpha$$

Note que o lado a do triângulo é oposto ao cosseno do ângulo α.

10.2.3 Lei dos senos

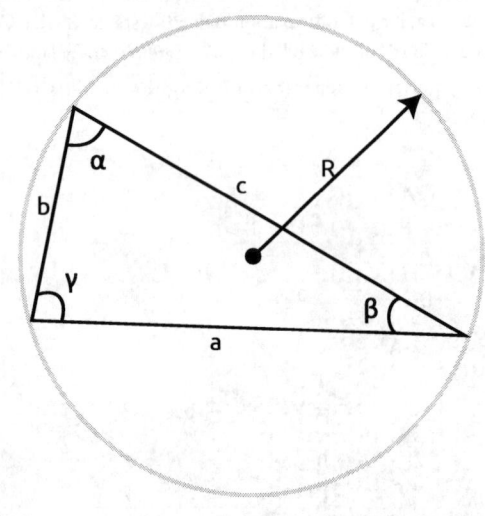

R é o raio da circunferência circunscrita a esse triângulo.

Neste caso, valem as seguintes relações, conforme a lei dos senos:

$$\frac{a}{\text{sen}\alpha} = \frac{b}{\text{sen}\beta} = \frac{c}{\text{sen}\gamma} = 2R$$

10.3 Quadriláteros

Quadrilátero é um polígono de quatro lados. Eles possuem os seguintes elementos:

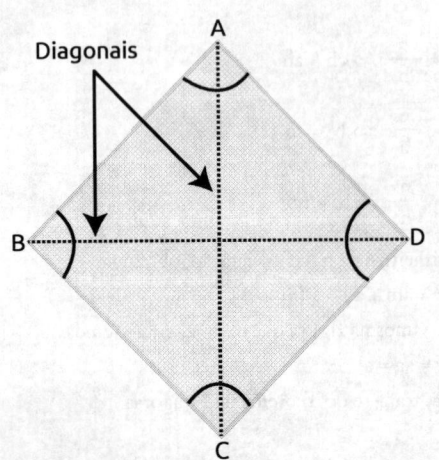

Vértices: A, B, C, e D.
Lados: AB, BC, CD, DA.
Diagonais: AC e BD.
Ângulos internos ou ângulos do quadrilátero ABCD: $\hat{A}, \hat{B}, \hat{C}, \hat{D}$.
Todo quadrilátero tem duas diagonais.

O perímetro de um quadrilátero ABCD é a soma das medidas de seus lados, ou seja, AB + BC + CD + DA.

10.3.1 Quadriláteros importantes

▷ **Paralelogramo:** é o quadrilátero que tem os lados opostos paralelos.

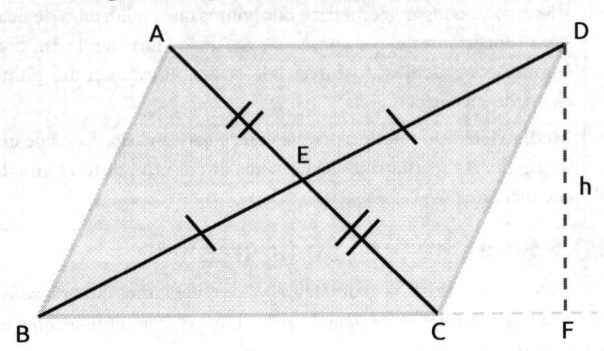

h é a altura do paralelogramo.

Em um paralelogramo:
- Os lados opostos são congruentes.
- Cada diagonal o divide em dois triângulos congruentes.
- Os ângulos opostos são congruentes.
- As diagonais interceptam-se em seu ponto médio.

▷ **Retângulo:** é o paralelogramo em que os quatro ângulos são congruentes (retos).

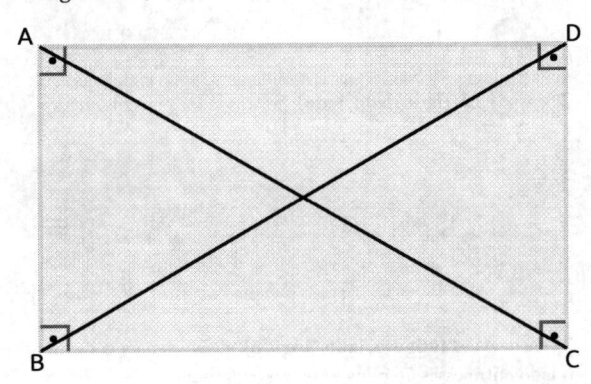

▷ **Losango:** é o paralelogramo em que os quatro lados são congruentes.

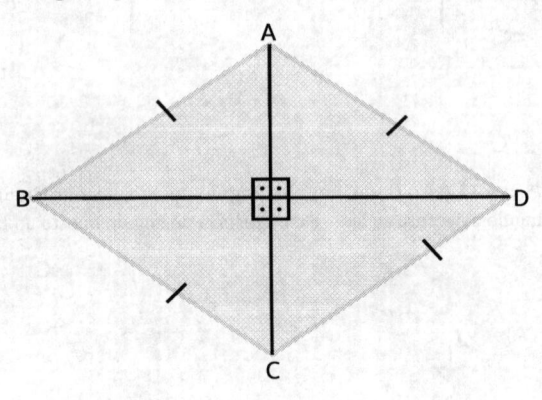

RACIOCÍNIO LÓGICO-MATEMÁTICO

▷ **Quadrado:** é o paralelogramo em que os quatro lados e os quatro ângulos são congruentes.

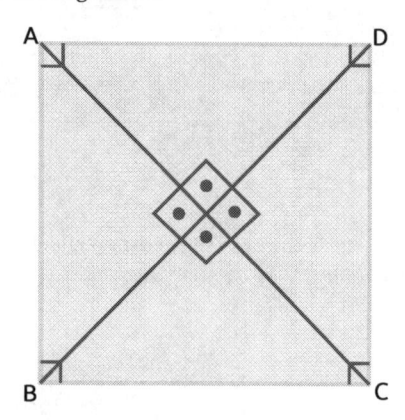

▷ **Trapézio:** é o quadrilátero que apresenta somente dois lados paralelos chamados bases.

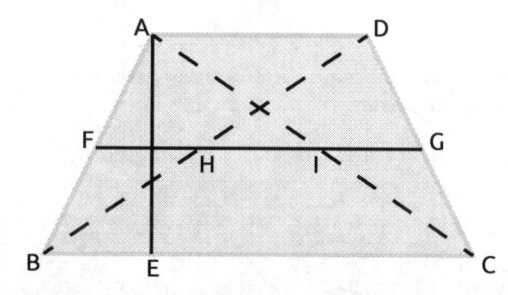

- **Trapézio retângulo:** é aquele que apresenta dois ângulos retos.

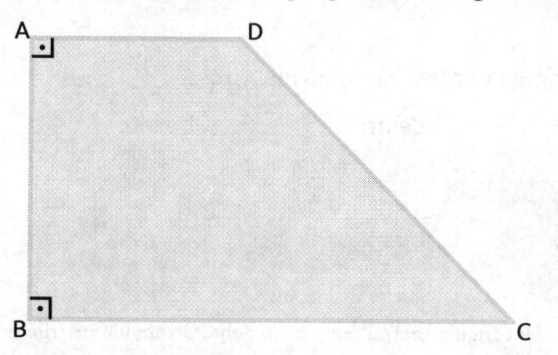

- **Trapézio isósceles:** é aquele em que os lados não paralelos são congruentes.

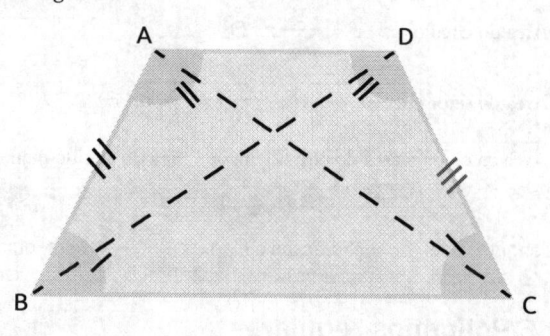

10.4 Polígonos regulares

Um polígono é regular se todos os seus lados e todos os seus ângulos forem congruentes.

Os nomes dos polígonos dependem do critério que se utiliza para classificá-los. Usando **o número de ângulos** ou o **número de lados**, tem-se a seguinte nomenclatura:

Número de lados (ou ângulos)	Nome do Polígono	
	Em função do número de ângulos	Em função do número de lados
3	triângulo	trilátero
4	quadrângulo	quadrilátero
5	pentágono	pentalátero
6	hexágono	hexalátero
7	heptágono	heptalátero
8	octógono	octolátero
9	eneágono	enealátero
10	decágono	decalátero
11	undecágono	undecalátero
12	dodecágono	dodecalátero
15	pentadecágono	pentadecalátero
20	icoságono	icosalátero

Nos polígonos regulares cada ângulo externo é dado por:

$$e = \frac{360°}{n}$$

A soma dos ângulos internos é dada por:

$$S_i = 180 \cdot (n-2)$$

E cada ângulo interno é dado por:

$$i = \frac{180(n-2)}{n}$$

10.4.1 Diagonais de um polígono

O segmento que liga dois vértices não consecutivos de polígono é chamado de diagonal.

O número de diagonais de um polígono é dado pela fórmula:

$$d = \frac{n \cdot (n-3)}{2}$$

GEOMETRIA PLANA

10.5 Círculos e circunferências

10.5.1 Círculo
É a área interna a uma circunferência.

10.5.2 Circunferência
É o contorno do círculo. Por definição, é o lugar geométrico dos pontos equidistantes ao centro.

A distância entre o centro e o lado é o raio.

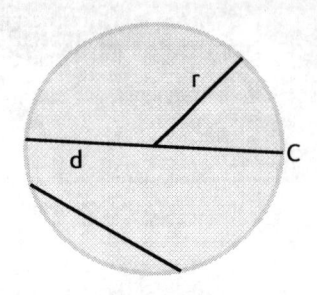

Corda
É o seguimento que liga dois pontos da circunferência.

A maior corda, ou corda maior de uma circunferência, é o diâmetro. Também dizemos que a corda que passa pelo centro é o diâmetro.

Posição relativa entre reta e circunferência

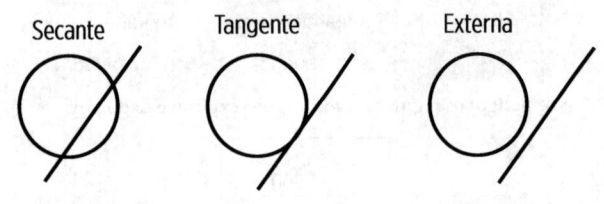

Secante Tangente Externa

Uma reta é:
- **Secante:** distância entre a reta e o centro da circunferência é menor que o raio.
- **Tangente:** a distância entre a reta e o centro da circunferência é igual ao raio.
- **Externa:** a distância entre a reta e o centro da circunferência é maior que o raio.

Posição relativa entre circunferência

As posições relativas entre circunferência são basicamente 5:

▷ **Circunferência secante:** a distância entre os centros é menor que a soma dos raios das duas, porém, é maior que o raio de cada uma.

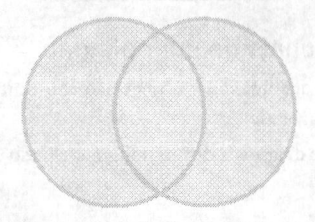

▷ **Externo:** a distância entre os centros é maior que a soma do raio.

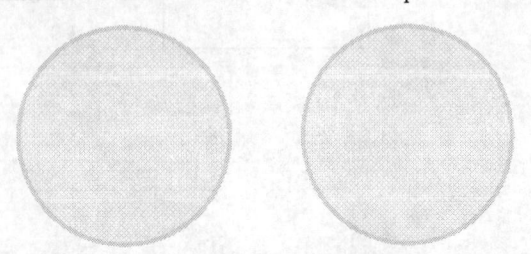

▷ **Tangente:** distância entre os centros é igual à soma dos raios.

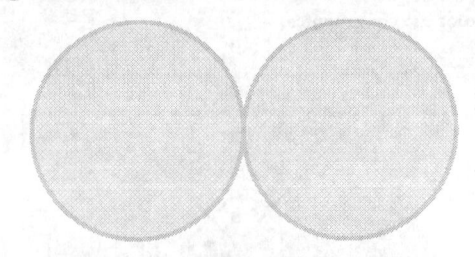

▷ **Interna:** distância entre os centros mais o raio da menor é igual ao raio da maior.

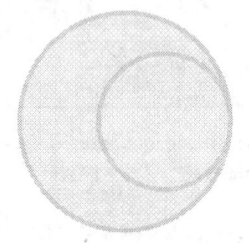

▷ **Interior:** distância entre os centros menos o raio da menor é menor que o raio da maior.

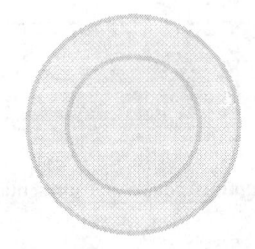

Ângulo central e ângulo inscrito

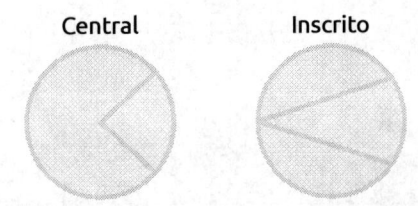

Central Inscrito

Um ângulo central sempre é o dobro do ângulo inscrito de um mesmo arco.

As áreas de círculos e partes do círculo são:

Área do círculo = $\pi \cdot r^2 = \dfrac{1}{4} \pi \cdot D^2$

Área do setor circular = $\pi \cdot r^2 = \dfrac{\alpha}{360°} = \dfrac{1}{2} \alpha \cdot r^2$

Área da coroa = área do círculo maior − área do círculo menor

Fique ligado
Os ângulos podem ser expressos em graus (360° = 1 volta) ou em radianos (2π = 1 volta)

10.6 Polígonos regulares inscritos e circunscritos

As principais relações entre a circunferência e os polígonos são:
- Qualquer polígono regular é inscritível em uma circunferência.
- Qualquer polígono regular e circunscritível a uma circunferência.

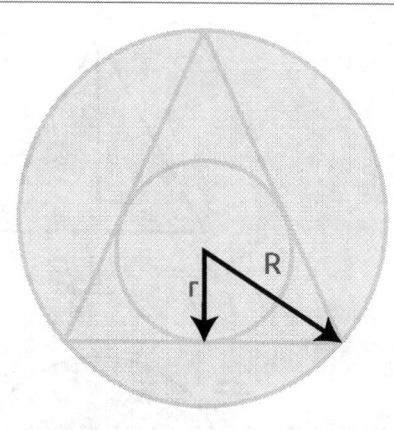

RACIOCÍNIO LÓGICO-MATEMÁTICO

Polígono circunscrito a uma circunferência é o que possui seus lados tangentes à circunferência. Ao mesmo tempo, dizemos que esta circunferência está inscrita no polígono.

Um polígono é inscrito em uma circunferência se cada vértice do polígono for um ponto da circunferência, e neste caso dizemos que a circunferência é circunscrita ao polígono.

Da inscrição e circunscrição dos polígonos nas circunferências podem-se ter as seguintes relações:

Apótema de um polígono regular é a distância do centro a qualquer lado. Ele é sempre perpendicular ao lado.

Nos polígonos inscritos:

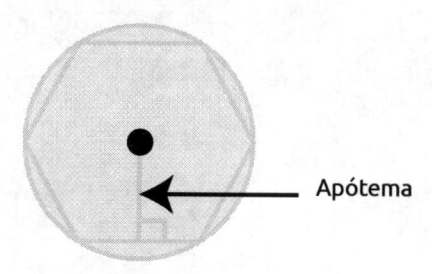

10.6.1 No quadrado

Cálculo da medida do lado (L):

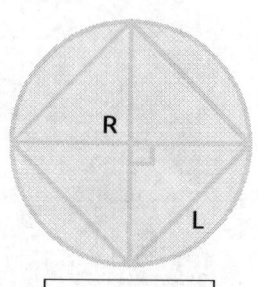

$$L = R\sqrt{2}$$

Cálculo da medida do apótema (a):

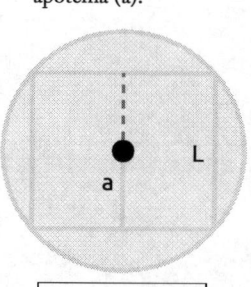

$$a = \frac{R\sqrt{2}}{2}$$

10.6.2 No hexágono

Cálculo da medida do lado (L):

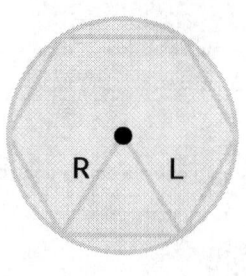

$$L = R$$

Cálculo da medida do apótema (a):

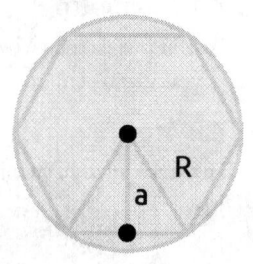

$$a = \frac{R\sqrt{3}}{2}$$

10.6.3 No triângulo equilátero

Nos polígonos circunscritos:

Cálculo da medida do lado (L):

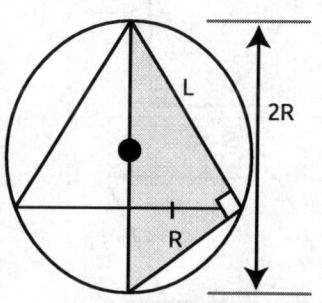

$$L = R\sqrt{3}$$

Cálculo da medida do apótema (a):

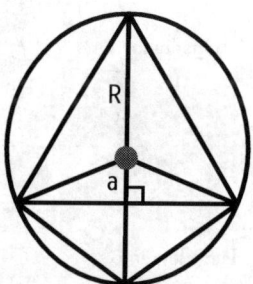

$$a = \frac{R}{2}$$

10.6.4 No quadrado

Cálculo da medida do lado (L):

$$L = 2R$$

Cálculo da medida do apótema (a):

$$a = R$$

10.6.5 No hexágono

Cálculo da medida do lado (L):

$$L = \frac{2R\sqrt{3}}{3}$$

Cálculo da medida do apótema (a):

$$a = R$$

10.6.6 No triângulo equilátero

Cálculo da medida do lado (L):

$$L = 2R\sqrt{3}$$

Cálculo da medida do apótema (a):

$$a = R$$

GEOMETRIA PLANA

10.7 Perímetros e áreas dos polígonos e círculos

10.7.1 Perímetro

É o contorno da figura, ou seja, a soma dos lados da figura.
Para calcular o perímetro do círculo utilize: $P = 2\pi \cdot r$

10.7.2 Área

É o espaço interno, ou seja, a extensão que ela ocupa dentro do perímetro.

Principais áreas (S) de polígonos

Retângulo 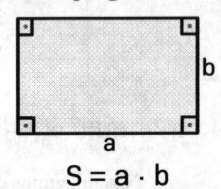
$S = a \cdot b$

Quadrado 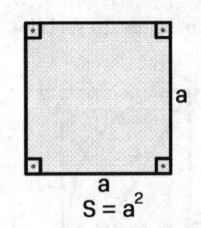
$S = a^2$

Paralelogramo 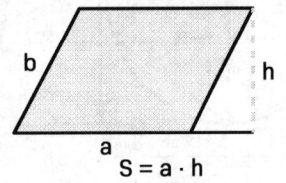
$S = a \cdot h$

Losango 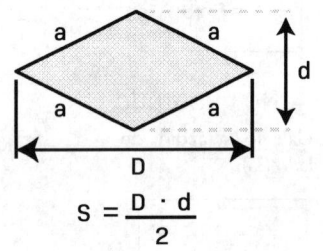
$S = \dfrac{D \cdot d}{2}$

Trapézio 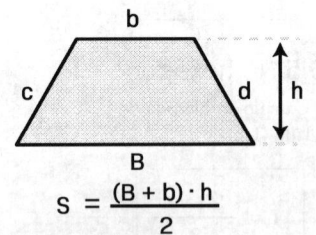
$S = \dfrac{(B + b) \cdot h}{2}$

Triângulo 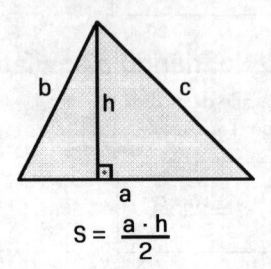
$S = \dfrac{a \cdot h}{2}$

Triângulo equilátero 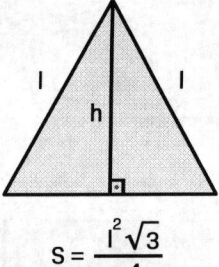
$S = \dfrac{l^2 \sqrt{3}}{4}$

Círculo 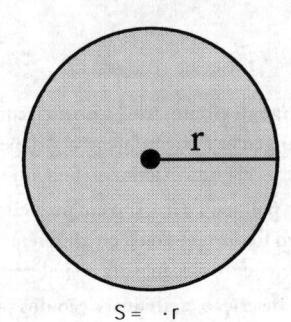
$S = \cdot r$

11 ANÁLISE COMBINATÓRIA

As primeiras atividades matemáticas estavam ligadas à contagem de objetos de um conjunto, enumerando seus elementos.

Vamos estudar algumas técnicas para a descrição e contagem de casos possíveis de um acontecimento.

11.1 Definição

A análise combinatória é utilizada para descobrir o **número de maneiras possíveis** para realizar determinado evento, sem que seja necessário demonstrar essas maneiras.

> Quantos são os pares formados pelo lançamento de dois **dados** simultaneamente?
>
> No primeiro dado, temos 6 possibilidades – do 1 ao 6 – e, no segundo dado, também temos 6 possibilidades – do 1 ao 6. Juntando todos os pares formados, temos 36 pares ($6 \cdot 6 = 36$).
>
> (1,1), (1,2), (1,3), (1,4), (1,5), (1,6),
> (2,1), (2,2), (2,3), (2,4), (2,5), (2,6),
> (3,1), (3,2), (3,3), (3,4), (3,5), (3,6),
> (4,1), (4,2), (4,3), (4,4), (4,5), (4,6),
> (5,1), (5,2), (5,3), (5,4), (5,5), (5,6),
> (6,1), (6,2), (6,3), (6,4), (6,5), (6,6).
>
> Logo, temos **36 pares**.

Não há necessidade de expor todos os pares formados, basta que saibamos quantos pares existem.

Imagine se fossem 4 dados e quiséssemos saber todas as quadras possíveis, o resultado seria 1.296 quadras. Um número inviável de ser representado. Por isso utilizamos a análise combinatória.

Para resolver as questões de análise combinatória, utilizamos algumas técnicas, que veremos a seguir.

11.2 Fatorial

É comum, nos problemas de contagem, calcularmos o produto de uma multiplicação cujos fatores são números naturais consecutivos. Fatorial de um número (natural) é a multiplicação deste número por todos os seus antecessores, em ordem, até o número 1.

$$n! = n(n-1)(n-2)...3.2.1, \text{ sendo } n \in N \text{ e } n > 1.$$

Por definição, temos:
- $0! = 1$
- $1! = 1$
- $4! = 4 \cdot 3 \cdot 2 \cdot 1 = 24$
- $6! = 6 \cdot 5 \cdot 4 \cdot 3 \cdot 2 \cdot 1 = 720$
- $8! = 8 \cdot 7 \cdot 6 \cdot 5 \cdot 4 \cdot 3 \cdot 2 \cdot 1 = 40.320$

Observe que:
- $6! = 6 \cdot 5 \cdot 4!$
- $8! = 8 \cdot 7 \cdot 6!$

Para n = 0, teremos: $0! = 1$.
Para n = 1, teremos: $1! = 1$.

> Qual deve ser o valor numérico de n para que a equação $(n + 2)! = 20 \cdot n!$ seja verdadeira?
>
> O primeiro passo na resolução deste problema consiste em escrevermos **(n + 2)!** em função de **n!**, em busca de uma equação que não mais contenha fatoriais:
>
> $(n+2)(n+1) n! = 20n!$, dividindo por $n!$, temos:
> $(n+2)(n+1) = 20$, fazendo a distributiva.
> $n^2 + 3n + 2 = 20 \Rightarrow n^2 + 3n - 18 = 0$
>
> Conclui-se que as raízes procuradas são **-6** e **3**, mas como não existe fatorial de números negativos, já que eles não pertencem ao conjunto dos números naturais, ficamos apenas com a raiz igual a **3**.

Portanto:
O valor numérico de n, para que a equação seja verdadeira, é igual a 3.

11.3 Princípio fundamental da contagem (PFC)

O PFC é utilizado nas questões em que os elementos podem ser repetidos **ou** quando a ordem dos elementos fizer diferença no resultado.

É uma das técnicas mais importantes e uma das mais utilizadas nas questões de análise combinatória.

> **Fique ligado**
>
> Esses elementos são os dados das questões, os valores envolvidos.

Consiste de dois princípios: o **multiplicativo** e o **aditivo**. A diferença dos dois consiste nos termos utilizados durante a resolução das questões.

Multiplicativo: usado sempre que na resolução das questões utilizarmos o termo e. Como o próprio nome já diz, faremos multiplicações.

Aditivo: usado quando utilizarmos o termo **ou**. Aqui realizaremos somas.

> Quantas senhas de 3 algarismos são possíveis com os algarismos 1, 3, 5 e 7?
>
> Como nas senhas os algarismos podem ser repetidos, para formar senhas de 3 algarismos temos a seguinte possibilidade:
>
> SENHA = Algarismo E Algarismo E Algarismo
>
> Nº de SENHAS = $4 \cdot 4 \cdot 4$ (já que são 4 os algarismos que temos na questão, e observe o princípio multiplicativo no uso do e). Nº de SENHAS = 64.

> Quantos são os números naturais de dois algarismos que são múltiplos de 5?
>
> Como o zero à esquerda de um número não é significativo, para que tenhamos um número natural com dois algarismos, ele deve começar com um dígito de 1 a 9. Temos, portanto, 9 possibilidades.
>
> Para que o número seja um múltiplo de 5, ele deve terminar em 0 ou 5, portanto, temos apenas 2 possibilidades. A multiplicação de 9 por 2 nos dará o resultado desejado. Logo: são 18 os números naturais de dois algarismos e múltiplos de 5.

11.4 Arranjo e combinação

Duas outras técnicas usadas para resolução de problemas de análise combinatória, sendo importante saber quando usa cada uma delas.

Arranjo: usado quando os elementos (envolvidos no cálculo) não podem ser repetidos E quando a ordem dos elementos faz diferença no resultado.

A fórmula do arranjo é:

$$A_{n,p} = \frac{n!}{(n \cdot p)!}$$

Sendo:
- **n** = todos os elementos do conjunto.
- **p** = os elementos utilizados.
- pódio de competição

Combinação: usado quando os elementos (envolvidos no cálculo) não podem ser repetidos E quando a ordem dos elementos não faz diferença no resultado.

A fórmula da combinação é:

$$C_{n,p} = \frac{n!}{p! \cdot (n-p)!}$$

ANÁLISE COMBINATÓRIA

Sendo:

n = a todos os elementos do conjunto.

p = os elementos utilizados.

| salada de fruta.

11.5 Permutação

11.5.1 Permutação simples

Seja **E** um conjunto com **n** elementos. Chama-se permutação simples dos **n** elementos, qualquer agrupamento (sequência) de **n** elementos distintos de **E** em outras palavras. Permutação é a **organização** de **todos** os elementos

Podemos, também, interpretar cada permutação de **n** elementos como um arranjo simples de **n** elementos tomados **n** a **n**, ou seja, p = n.

Nada mais é do que um caso particular de arranjo cujo p = n.

Logo:

Assim, a fórmula da permutação é:

$$P_n = n!$$

Quantos anagramas tem a palavra prova?

A palavra **prova** tem 5 letras, e nenhuma repetida, sendo assim n = 5, é:

P5 = 5!

P5 = 5 · 4 · 3 · 2 · 1

P5 = 120 anagramas

Fique ligado

As permutações são muito usadas nas questões de anagramas. Anagramas são palavras formadas com todas as letras de uma palavra, desde que essas novas palavras tenham sentido ou não na linguagem comum.

11.5.2 Permutação com elementos repetidos

Na permutação com elementos repetidos, usa-se a seguinte fórmula:

$$P_n^{k,y,...,w} = \frac{n!}{k! \cdot y! \cdot ... \cdot w!}$$

Sendo:

n = o número total de elementos do conjunto.

k, y, w = as quantidades de elementos repetidos.

Quantos anagramas tem a palavra concurso?

Observe que na palavra **concurso** existem duas letras repetidas, C e O, e cada uma duas vezes, portanto, n = 8, k = 2 e y = 2, sendo:

$$P_8^{2,2} = \frac{8!}{2! \cdot 2!}$$

$$P_8^{2,2} = \frac{8 \cdot 7 \cdot 6 \cdot 5 \cdot 4 \cdot 3 \cdot 2!}{2 \cdot 1 \cdot 2!} \text{ (Simplificando o 2!)}$$

$$P_8^{2,2} = \frac{20.160}{2}$$

$$P_8^{2,2} = 10.080 \text{ anagramas}$$

Resumo:

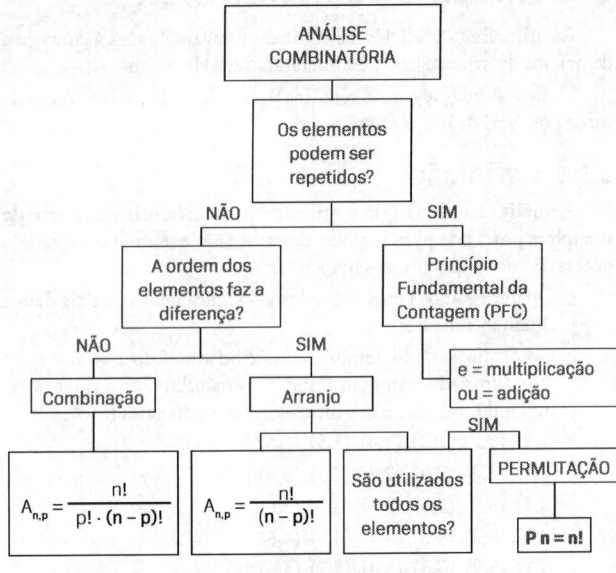

```
                ANÁLISE
              COMBINATÓRIA
                   |
          Os elementos podem ser repetidos?
           /                           \
         NÃO                           SIM
          |                             |
  A ordem dos elementos           Princípio Fundamental
   faz a diferença?                da Contagem (PFC)
    /         \                         |
  NÃO         SIM                e = multiplicação
   |           |                 ou = adição
Combinação  Arranjo                    |
                                      SIM
A_{n,p} = n!/(p!·(n-p)!)    São utilizados    PERMUTAÇÃO
A_{n,p} = n!/(n-p)!         todos os
                            elementos?         Pn = n!
```

Para saber qual das técnicas utilizar, faça duas, no máximo, três perguntas para a questão, como segue:

Os elementos podem ser repetidos?

Se a resposta for sim, deve-se trabalhar com o PFC; se a resposta for não, passe para a próxima pergunta.

A ordem dos elementos faz diferença no resultado da questão?

Se a resposta for sim, trabalha-se com arranjo; se a resposta for não, trabalha-se com as combinações (todas as questões de arranjo podem ser feitas por PFC).

Vou utilizar todos os elementos para resolver a questão? (opcional)

Para fazer a 3ª pergunta, dependerá se a resposta da 1ª for não e a 2ª for sim; se a resposta da 3ª for sim, trabalha-se com as permutações.

11.5.3 Permutações circulares e combinações com repetição

Casos especiais dentro da análise combinatória

Permutação circular: usada quando houver giro horário ou anti-horário. Na permutação circular o que importa são as posições, não os lugares.

$$PC_n = (n-1)!$$

Sendo:

n = o número total de elementos do conjunto.

Pc = permutação circular.

Combinação com repetição: usada quando p > n ou quando a questão deixar subentendido que pode haver repetição.

$$A_{n,p} = C_{(n+p-1,p)} = \frac{(n+p-1)!}{p! \cdot (n-1)!}$$

Sendo:

n = o número total de elementos do conjunto.

p = o número de elementos utilizados.

Cr = combinação com repetição.

12 PROBABILIDADE

A que temperatura a água entra em ebulição? Ao soltar uma bola, com que velocidade ela atinge o chão? Ao conhecer certas condições, é perfeitamente possível responder a essas duas perguntas, antes mesmo da realização desses experimentos.

Esses experimentos são denominados determinísticos, pois neles os resultados podem ser previstos.

Considere agora os seguintes experimentos:

- No lançamento de uma moeda, qual a face voltada para cima?
- No lançamento de um dado, que número saiu?
- Uma carta foi retirada de um baralho completo. Que carta é essa?

Mesmo se esses experimentos forem repetidos várias vezes, nas mesmas condições, não poderemos prever o resultado.

Um experimento cujo resultado, mesmo que único, é imprevisível, é denominado experimento aleatório. E é justamente ele que nos interessa neste estudo. Um experimento ou fenômeno aleatório apresenta as seguintes características:

- Pode se repetir várias vezes nas mesmas condições.
- É conhecido o conjunto de todos os resultados possíveis.
- Não se pode prever o resultado.

A teoria da probabilidade surgiu para nos ajudar a medir a chance de ocorrer determinado resultado em um experimento aleatório.

12.1 Definições

Para o cálculo das probabilidades, temos que saber primeiro os três conceitos básicos acerca do tema:

Fique ligado

Maneiras possíveis de se realizar determinado evento (análise combinatória).
(diferente)
Chance de determinado evento ocorrer (probabilidade).

Experimento aleatório: é o experimento em que não é possível garantir o resultado, mesmo que esse seja feito diversas vezes nas mesmas condições.

Lançamento de uma moeda: ao lançar uma moeda os resultados possíveis são cara ou coroa, mas não tem como garantir qual será o resultado desse lançamento.

Lançamento de um dado: da mesma forma que a moeda, não temos como garantir qual é o resultado (1, 2, 3, 4, 5 e 6) desse lançamento.

Espaço amostral (Ω) ou (U): é o conjunto de todos os resultados possíveis para um experimento aleatório.

Na moeda: o espaço amostral na moeda é $\Omega = 2$, pois só temos dois resultados possíveis para esse experimento, que é ou cara ou coroa.

No dado: o espaço amostral no dado é $U = 6$, pois temos do 1 ao 6, como resultados possíveis para esse experimento.

Evento: qualquer subconjunto do espaço amostral é chamado evento.

No lançamento de um dado, por exemplo, em relação à face voltada para cima, podemos ter os eventos:

O número par: $\{2, 4, 6\}$.
O número ímpar: $\{1, 3, 5\}$.
Múltiplo de 8: $\{\ \}$.

12.2 Fórmula da probabilidade

Considere um experimento aleatório em que para cada um dos n eventos simples, do espaço amostral U, a chance de ocorrência é a mesma. Nesse caso, o cálculo da probabilidade de um evento qualquer dado pela fórmula:

$$P(A) = \frac{n(A)}{n(U)}$$

Na expressão acima, **n(U)** é o número de elementos do espaço amostral **U** e **n(A)**, o número de elementos do evento **A**.

$$P = \frac{evento}{espaço\ amostral}$$

Os valores da probabilidade variam de 0 (0%) a 1 (100%).

Quando a probabilidade é de 0 (0%), diz-se que o evento é impossível.

| Chance de você não passar num concurso.

Quando a probabilidade é de 1 (100%), diz-se que o evento é certo.

| Chance de você passar num concurso.

Qualquer outro valor entre 0 e 1, caracteriza-se como a probabilidade de um evento.

Na probabilidade também se usa o PFC, ou seja, sempre que houver duas ou mais probabilidades ligadas pelo conectivo e elas serão multiplicadas, e quando for pelo ou, elas serão somadas.

12.3 Eventos complementares

Dois eventos são ditos **complementares** quando a chance do evento ocorrer somado à chance de ele não ocorrer sempre dá 1.

$$P(A) + P(\bar{A}) = 1$$

Sendo:
- **P(A)** = a probabilidade do evento ocorrer.
- **P(Ā)** = a probabilidade do evento não ocorrer.

12.4 Casos especiais de probabilidade

A partir de agora, veremos algumas situações típicas da probabilidade, que servem para não perdermos tempo na resolução das questões.

12.4.1 Eventos independentes

Dois ou mais eventos são independentes quando não dependem uns dos outros para acontecer, porém ocorrem simultaneamente. Para calcular a probabilidade de dois ou mais eventos independentes, multiplicar a probabilidade de cada um deles.

Uma urna tem 30 bolas, sendo 10 vermelhas e 20 azuis. Se sortear 2 bolas, 1 de cada vez e repondo a sorteada na urna, qual será a probabilidade de a primeira ser vermelha e a segunda ser azul?
Sortear uma bola vermelha da urna não depende de uma bola azul ser sorteada e vice-versa, então a probabilidade da bola ser vermelha é $\frac{10}{30}$, e para a bola ser azul a probabilidade é $\frac{20}{30}$. Dessa forma, a probabilidade de a primeira bola ser vermelha e a segunda azul é:

$$P = \frac{20}{30} \cdot \frac{10}{30}$$

$$P = \frac{200}{900}$$

$$P = \frac{2}{9}$$

12.4.2 Probabilidade condicional

É a probabilidade de um evento ocorrer, sabendo que já ocorreu outro, relacionado a esse.

A fórmula para o cálculo dessa probabilidade é:

$$P_{A/B} = \frac{P(A \cap B)}{P_B}$$

$$P = \frac{\text{probabilidade dos eventos simultâneos}}{\text{probabilidade do evento condicional}}$$

12.4.3 Probabilidade da união de dois eventos

Assim como na teoria de conjuntos, faremos a relação com a fórmula do número de elementos da união de dois conjuntos. É importante lembrar o que significa união.

A fórmula para o cálculo dessa probabilidade é:

$$P(A \cup B) = P(A) + P(B) - P(A \cap B)$$

Ao lançar um dado, qual é a probabilidade de obter um número primo ou um número ímpar?

Os números primos no dado são 2, 3 e 5, já os números ímpares no dado são 1, 3 e 5, então os números primos e ímpares são 3 e 5. Ao aplicar a fórmula para o cálculo da probabilidade fica:

$$P_{(A \cup B)} = \frac{3}{6} + \frac{3}{6} - \frac{2}{6}$$

$$P_{(A \cup B)} = \frac{4}{6}$$

$$P_{(A \cup B)} = \frac{2}{3}$$

12.4.4 Probabilidade binomial

Essa probabilidade é a chamada probabilidade estatística e será tratada aqui de forma direta e com o uso da fórmula.

A fórmula para o cálculo dessa probabilidade é:

$$P = C_{n,s} \cdot P_{sucesso}^{s} \cdot P_{fracasso}^{f}$$

Sendo:
- **C** = o combinação.
- **n** = o número de repetições do evento.
- **s** = o número de sucessos desejados.
- **f** = o número de fracassos.

13 NOÇÕES DE MATEMÁTICA FINANCEIRA

Porcentagem e juros fazem parte da matemática financeira e são assuntos amplamente difundidos em variados segmentos.

13.1 Porcentagem

É a aplicação da taxa percentual a determinado valor.

Taxa percentual: é o valor que vem acompanhado do símbolo %.

Para fins de cálculo, usa-se a taxa percentual em forma de fração ou em números decimais.

- 3% = 3/100 = 0,03
- 15% = 15/100 = 0,15
- 34% de 1.200 = 34/100 · 1.200 = 40.800/100 = 408
- 65% de 140 = 0,65 · 140 = 91

13.2 Lucro e prejuízo

Lucro e prejuízo são resultados de movimentações financeiras.

Custo (C): gasto.
Venda (V): ganho.
Lucro (L): quando se ganha mais do que se gasta.

$$L = V - C$$

Prejuízo (P): quando se gasta mais do que se ganha.

$$P = C - V$$

Basta substituir no lucro ou no prejuízo o valor da porcentagem, no custo ou na venda.

Um computador foi comprado por R$ 3.000,00 e revendido com lucro de 25% sobre a venda. Qual o preço de venda?
Como o lucro foi na venda, então L = 0,25V:
L = V − C
0,25V = V − 3.000
0,25V − V = −3.000
−0,75V = −3.000 (−1)
0,75V = 3.000
$V = \dfrac{3.000}{0,75} = \dfrac{300.000}{75} = 4.000$

Logo, a venda se deu por R$ 4.000,00.

13.3 Juros simples

Juros: atributos (ganhos) de uma operação financeira.

Juros simples: os valores são somados ao capital apenas no final da aplicação. Somente o capital rende juros.

Para o cálculo de juros simples, usa-se a seguinte fórmula:

$$J = C \cdot i \cdot t$$

- J = juros.
- C = capital.
- i = taxa de juros.
- t = tempo da aplicação.

Um capital de R$ 2.500,00 foi aplicado a juros de 2% ao trimestre durante um ano. Quais os juros produzidos?
Em 1 ano há exatamente 4 trimestres, como a taxa está em trimestre, agora é só calcular:
J = C · i · t
J = 2.500 · 0,02 · 4
J = 200

13.4 Juros compostos

Os valores são somados ao capital no final de cada período de aplicação, formando um novo capital, para incidência dos juros novamente. É o famoso caso de juros sobre juros.

Para o cálculo de juros compostos, usa-se a seguinte fórmula:

$$M = C \cdot (1 + i)^t$$

- M = montante.
- C = capital.
- i = taxa de juros.
- t = tempo da aplicação.

Um investidor aplicou a quantia de R$ 10.000,00 à taxa de juros de 2% a.m. durante 4 meses. Qual o montante desse investimento?
Aplique a fórmula, porque a taxa e o tempo estão na mesma unidade:
M = C · (1 + i)^t
M = 10.000 · (1 + 0,02)^4
M = 10.000 · (1,02)^4
M = 10.000 · 1,08243216
M = 10.824,32

13.5 Capitalização

Capitalização: acúmulo de capitais (capital + juros).

Nos juros simples, calcula-se por: M = C + J.

Nos juros compostos, calcula-se por: J = M − C.

Em algumas questões terão de ser calculados os montantes dos juros simples ou dos juros compostos.

> **Fique ligado**
> Nas questões de juros, as taxas de juros e os tempos devem estar expressos pela mesma unidade.

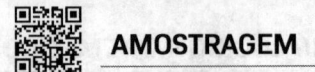

14 AMOSTRAGEM

Amostragem é uma técnica de seleção de uma amostra que possibilita o estudo das características de uma população.

População	Amostragem →	Amostra
	← Generalização	

Alguns conceitos importantes:

▷ **População:** é o conjunto completo de dados sobre o qual a amostra é selecionada.
▷ **Amostra:** é uma parte da população.
▷ **Erro Amostral:** é o erro que ocorre na utilização de uma amostra.
▷ **Unidade de amostragem:** é cada um dos itens individuais que constituem uma população.
▷ **Estratificação:** é o processo de dividir uma população em subpopulações, cada uma sendo um grupo de unidades de amostragem com características semelhantes.

Existem dois métodos para composição de uma amostra:

▷ **Probabilístico:** cada elemento da população tem uma probabilidade conhecida de fazer parte da amostra; e
▷ **Não-probabilístico:** há uma escolha deliberada dos elementos da amostra.

Métodos Probabilísticos:

▷ **Amostragem Aleatória Simples:** todos os elementos da população têm a mesma chance de serem selecionados. Atribui-se a cada elemento da população um número distinto. Efetuam-se sucessivos sorteios até completar o tamanho da amostra n. Para realizar o sorteio, utilizar a tábua de números aleatórios. É indicado para populações homogêneas.

> Aplicar um questionário de satisfação sobre os serviços prestados por uma agência bancária em 10 clientes de um banco de dados de 100 pessoas.

▷ **Amostragem Estratificada:** Consiste em dividir a população em subgrupos mais homogêneos (estratos), de tal forma que haja uma homogeneidade dentro dos estratos e uma heterogeneidade entre os estratos. A definição dos estratos pode ser de acordo com sexo, idade, renda, grau de instrução, etc. Em geral, a retirada das amostras nos estratos é realizada de forma aleatória simples.

- **Amostragem Estratificada Proporcional:** A proporcionalidade do tamanho de cada estrato da população é mantida na amostra.

> Se um estrato abrange 25% da população, ele também deve abranger 25% da amostra.

- **Amostragem Estratificada Uniforme:** Selecionamos o mesmo número de elementos em cada estrato. É o processo usual quando se deseja comparar os diversos extratos.

> Número de pessoas que vivem nos domicílios de Curitiba. Dividir os domicílios em níveis socioeconômicos e depois selecionar domicílios em cada nível aleatoriamente (rendas baixa, média, alta).

Baixa → 50%	Baixa	Amostra Proporcional Baixa: 30% de 100: 30 Média: 50 de 100: 50 Alta: 20% de 100:20
Média → 30%	Média	
Alta → 20%	Alta	
↓	essa tabela tem que ficar na mesma coluna	
População	Amostra	Amostra Estratificada Uniforme 100/3 ≅ 33
↓	↓	
1.000.000	100	Baixa: 33
Habitantes	Habitantes	Média: 33
		Alta: 33

▷ **Amostragem por conglomerados:** divide-se uma população em pequenos grupos e sorteia-se um número suficiente desses pequenos grupos (conglomerados), cujos elementos constituirão a amostra. Este esquema amostral é utilizado quando há uma subdivisão da população em grupos que sejam bastante semelhantes entre si, mas com fortes discrepâncias dentro dos grupos, de modo que cada um possa ser uma pequena representação da população de interesse específico.

> Os bairros de uma cidade, que constituiriam conglomerados de domicílios.

▷ **Amostragem Sistemática: Conveniente quando a população está ordenada segundo algum critério como fichas, lista telefônica. A amostragem sistemática somente pode ser retirada se a ordenação da lista não tiver relação com a variável de interesse:** imagine que queremos obter uma amostra de idades de uma listagem justamente ordenada desta forma, neste caso a amostragem sistemática não seria apropriada (a não ser que reordenássemos a lista).

> Em uma produção diária de peças automotivas, podemos, a cada 10 peças produzidas, retirar uma para pertencer a uma amostra da produção de um dia.

Métodos não probabilísticos:

▷ **Amostragem por acessibilidade ou por conveniência:** Seleção dos elementos aos quais se tem acesso.

> Entrevistar os gerentes gerais dos hotéis x e y, pois foram os que autorizaram a entrevista.

▷ **Amostragem Intencional:** O investigador se dirige intencionalmente a um grupo de elementos dos quais deseja saber opinião.

> Entrevista com os representantes de turma de um determinado curso, aplicação de questionários com os líderes da comunidade.

▷ **Amostragem por Quotas:** Amplamente utilizada em pesquisa de mercado e em pesquisa de opinião política, em que tempo e dinheiro são escassos.

15 VARIÂNCIA E DESVIO PADRÃO DA VARIÁVEL ALEATÓRIA

Símbolos para Variância: $V(X) = Var(X) = \sigma^2 x$
Fórmula: $V(X) = E(X - \mu)^2$
Fórmula alternativa para o cálculo da Variância: $E(X^2) - E(X)^2$
Desvio padrão: $\sigma = \sqrt{\sigma^2}$
| Lançamento de um dado de 6 faces: média ($\mu = 3,5$).

X	e	e²	P	e²·P
1	(1 - 3,5) = -2,5	(-2,5)² = 6,25	1/6	6,25/6
2	(2 - 3,5) = -1,5	(-1,5)² = 2,25	1/6	2,25/6
3	(3 - 3,5) = -0,5	(-0,5)² = 0,25	1/6	0,25/6
4	(4 - 3,5) = 0,5	(0,5)² = 0,25	1/6	0,25/6
5	(5 - 3,5) = 1,5	(1,5)² = 2,25	1/6	2,25/6
6	(6 - 3,5) = 2,5	(2,5)² = 6,25	1/6	6,25/6
				Σ = 17,5/6

Sendo:
X = valores observados do lançamento de um dado (1,2,3,4,5,6)
e = desvio em relação à média ($\mu = 3,5$)
P = probabilidade de cada face
Portanto, $V(X) = 17,5/6$ (o quanto os valores estão dispersos em torno da Média/Esperança)

Quadro comparativo

Descritiva	Inferencial
Freq. relativa simples	Probabilidade
Dados em rol/agrupados em classe	Variáveis aleatórias discretas
Variância de um conj. de dados	Variância da variável aleatória
Média	Esperança da variável aleatória
Média dos quadrados dos desvios	Esperança do quadrado dos desvios

Propriedades da Variância:
I) $V(k \cdot X) = k^2 \cdot V(X)$
II) $V(X + k) = V(X)$

15.1 Coeficiente de variação

$$CV = \sigma / \mu$$

Sendo:
CV : Coeficiente de Variação
σ : Desvio Padrão
μ : Média (Esperança)

16 COVARIÂNCIA

Serve para indicar se duas variáveis têm relação direta ou inversa.

▷ **Relação direta:** quando uma variável aumenta, a outra aumenta também.

| Altura e peso de uma pessoa.

▷ **Relação inversa:** quando uma variável aumenta, a outra diminui.

| Preço e quantidade de um produto no mercado.

É possível também que não exista uma relação entre as duas variáveis.

Cov > 0: relação direta

Cov = 0: relação inversa

Cov < 0: ausência de relação linear

$Cov(X,Y) = E[(X - \mu x) \times (Y - \mu y)]$

$Cov(X,Y) = E(X,Y) - \mu x \, \mu y$

Observações:

I) Se X e Y forem independentes, então $Cov(X,Y) = 0$.

II) Se $Cov(X,Y) = 0$, não podemos concluir que são independentes.

Variância da Soma e da Diferença:

I) $V(X + Y) = V(X) + V(Y) + 2Cov(X,Y)$

II) $V(X - Y) = V(X) + V(Y) - 2Cov(X,Y)$

16.1 Densidade de probabilidade

A densidade de probabilidade é igual à probabilidade dividida pela amplitude do intervalo. Análogo à densidade de frequência:

$$dp = p/h$$

Sendo:

dp: densidade de probabilidade

p: probabilidade

h: amplitude do intervalo

| Temperatura de 20 °C entre 20 °C e 30 °C. Vamos calcular a densidade de probabilidade.
| P(20<X<30) = 20%
| Logo,
| p = 20%
| h = 10 (entre 20 e 30)
| dp = p/h
| dp = 0,2/10
| dp = 0,02

16.2 Função densidade de probabilidade

É empregada para cálculo de probabilidade associadas a intervalos. É preciso calcular a área abaixo da curva.

Propriedades:

I) f.d.p ≥ 0.

II) Área total abaixo da f.d.p = 1.

17 MEDIDAS DE FORMA: ASSIMETRIA E CURTOSE

17.1 Assimetria

A medida de assimetria indica o grau de distorção da distribuição em relação à distribuição simétrica. As distribuições podem ser:

- **Simétrica:** existe um eixo de simetria no gráfico gerado pela tabela de frequência. Esse eixo divide o gráfico em duas partes iguais.

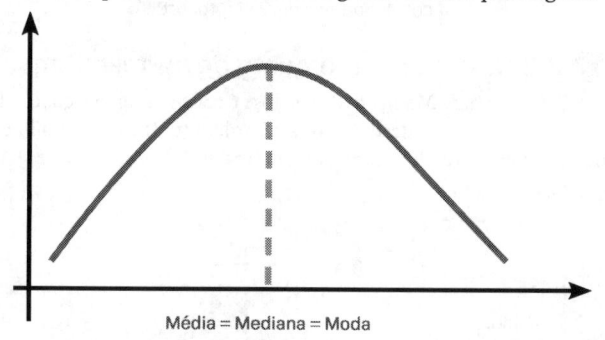

Média = Mediana = Moda
X = Me = Mo

- **Assimétrica à direita (ou assimetria positiva):** nesse caso, a cauda à direita é mais alongada que a cauda à esquerda.

Média < Mediana < Moda
X > Me > Mo

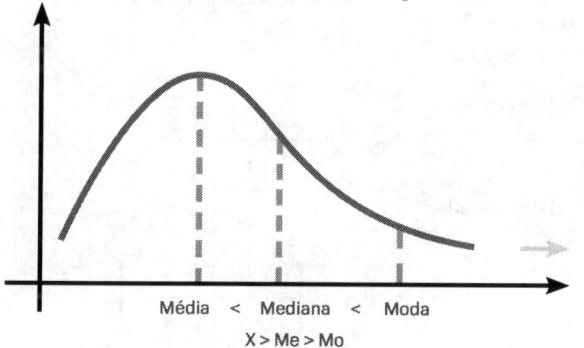

- **Assimétrica à esquerda (ou assimetria negativa):** nesse caso, a cauda à esquerda é mais alongada que a cauda à direita.

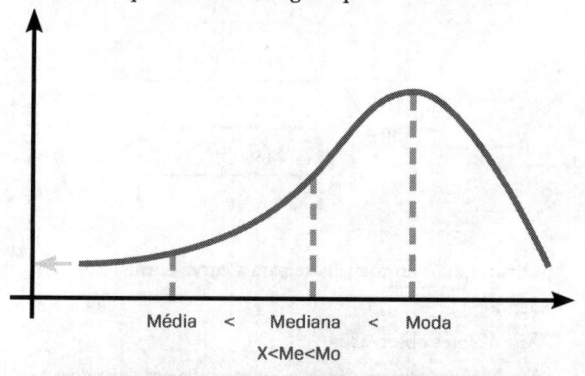

Média < Mediana < Moda
X < Me < Mo

Quadro resumo: tipos de assimetria	
Simétrica	$X = M_e = M_o$
Assimetria positiva	$X > M_e > M_o$
Assimetria negativa	$X < M_e < M_o$

Sendo:
X: Média da Distribuição
Mo: Moda da Distribuição
Me: Mediana da Distribuição

Sempre que os dados tiverem média, mediana e moda iguais, a distribuição será simétrica.

17.1.1 Classificação da distribuição por meio do coeficiente da assimetria de *Pearson*

1º coeficiente: $As = \dfrac{(X - Mo)}{S}$

2º coeficiente: $As = \dfrac{3(X - Me)}{S}$ → mais usada

Se:
- AS = 0, diz-se que a distribuição é simétrica.
- AS > 0, diz-se que a distribuição é assimétrica positiva ou à direita.
- AS < 0, diz-se que a distribuição é assimétrica negativa ou à esquerda.

Quanto maior é o coeficiente de assimetria de *Pearson*, mais assimétrica é a curva.

Se:
As < 0,15 então, a distribuição é praticamente simétrica.
0,15 < As < 1,00 a distribuição é moderadamente assimétrica.
As > 1 a distribuição é fortemente assimétrica.

> **Obs.:** os valores dos dois coeficientes de assimetria de *Pearson* serão iguais somente quando a distribuição for simétrica.

17.1.2 Coeficiente quartílico de assimetria

$$As = \dfrac{Q3 + Q1 - 2 \cdot Me}{Q3 - Q1}$$

Obs.: o coeficiente quartílico de assimetria está sempre compreendido entre –1 e +1.

Sendo:

As: Coeficiente de Assimetria

X: Média da Distribuição

Mo: Moda da Distribuição

Me: Mediana da Distribuição

S: Desvio Padrão da Distribuição

Q1: Primeiro Quartil

Q3: Terceiro Quartil

> Um estudo sobre as distribuições dos pesos dos alunos da escola ABC, em que já calculamos os valores de:
> X: (59,3 kg)
> Mo: (56,8 kg)
> S: (9,0 kg)
> *Calcule o coeficiente de assimetria da distribuição e classifique a distribuição.*

$$As = \dfrac{X - Mo}{S}$$

$$As = \dfrac{59,3 - 56,8}{9,0}$$

$$As = 2,5/9,0 = 0,28$$

Portanto, a distribuição é moderadamente assimétrica.

MEDIDAS DE FORMA: ASSIMETRIA E CURTOSE

17.2 Curtose (ou achatamento)

A medida de curtose nos indica a forma da curva de distribuição em relação ao seu achatamento, podendo ser:

a) leptocúrtica;
b) mesocúrtica;
c) platicúrtica.

Leptocúrtica: a distribuição é mais pontiaguda que a normal.

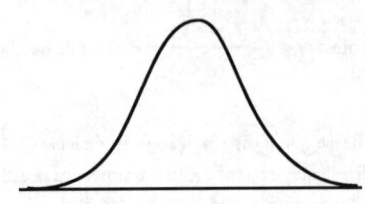

Mesocúrtica: a curva é normal e referencial.

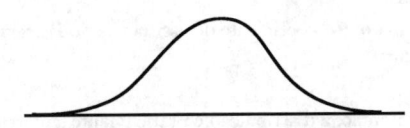

Platicúrtica: a distribuição é mais achatada que a normal.

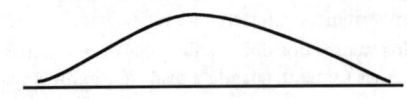

17.2.1 Coeficiente percentílico de curtose (C)

$$C = \frac{Q_3 - Q_1}{2(P_{90} - P_{10})}$$

Outra forma de apresentar o Coeficiente Percentílico de Curtose é:

$$C = \frac{K}{(D9 - D1)}$$

Sendo:
C: Coeficiente de curtose
Q1: Primeiro quartil
Q3: Terceiro quartil
P10: Décimo percentil
P90: Nonagésimo percentil
K: Amplitude semi-interquartílica: (Q3-Q1)/2
D1: Primeiro decil
D9: Nono decil

17.2.2 Classificação do coeficiente percentílico de curtose

Se:
C = 0,263 → corresponde à curva mesocúrtica;
C < 0,263 → corresponde à curva leptocúrtica;
C > 0,263 → corresponde à curva platicúrtica.

Uma curva normal apresenta um coeficiente de curtose de valor C = 0,263. Assim, podemos estabelecer comparações entre as diversas curvas e classificá-las.

> Considere o seguinte resultado, relativo à distribuição de frequência:

Distribuição	Q_1	Q_3	P_{10}	P_{90}
A	3	15	2	25

Determine o coeficiente de curtose e classifique a distribuição.

$$C_A = \frac{Q_3 - Q_1}{2(P_{90} - P_{10})} = \frac{15 - 3}{2(25 - 2)} = \quad C_A = 0,261$$

→ corresponde à curva leptocúrtica

17.2.3 Coeficiente momento de curtose (Cm)

O Coeficiente Momento de Curtose é definido como o quociente entre o momento centrado de quarta ordem (m4) e o quadrado do momento centrado de segunda ordem (variância).

Dado pela fórmula:

$$Cm = \frac{m_4}{S^4}$$

Sendo:

m4: é o momento de 4ª Ordem Centrado na Média Aritmética
S4: é o Desvio Padrão do conjunto, elevado à quarta potência

Ao calcular isoladamente o valor do numerador e depois o valor do denominador, as fórmulas seriam:

Numerador:

$$m_4 = \frac{\Sigma(X_i - \overline{X})^4 \cdot f_i}{n}$$

Denominador:

$$S^4 = (S^2)^2 = \left[\frac{\Sigma(X_i - \overline{X})^2 \cdot f_i}{n}\right]$$

Fica assim:

$$Cm = \frac{\dfrac{\Sigma(X_i - \overline{X})^4 \cdot f_i}{n}}{\left[\dfrac{\Sigma(X_i - \overline{X})^2 \cdot f_i}{n}\right]^2}$$

Obs.: o valor do coeficiente para a curva normal é 3,00.

Sendo:
Xi = Valores observados
X = Média aritmética (colocar a barrinha em cima do X)

17.2.4 Classificação do coeficiente momento de curtose (Cm)

Portanto:
- Quando Cm ≅ 3,00 → diremos que a distribuição é mesocúrtica.
- Quando Cm < 3,00 → diremos que a distribuição é platicúrtica.
- Quando Cm > 3,00 → diremos que a distribuição é leptocúrtica.

Fique ligado

A quarta potência do desvio padrão é o quadrado da Variância.

18 CORRELAÇÃO LINEAR

A correlação linear é a medida padronizada da relação entre duas variáveis e indica a força e a direção do relacionamento linear entre duas variáveis aleatórias, como:

a) Preço × Demanda;
b) Preço × Oferta;
c) Investimento em Propaganda × Quantidade Vendida;
d) Tempo de Treinamento × Desempenho (Performance);
e) Peso × altura.

| Peso × altura

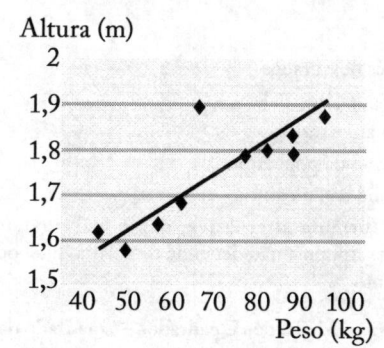

Peso	Altura
80	1,80
85	1,83
50	1,65
70	1,90
55	1,60
77	1,80
85	1,76
93	1,86
65	1,70
60	1,6

Modelos de gráficos de Dispersão:

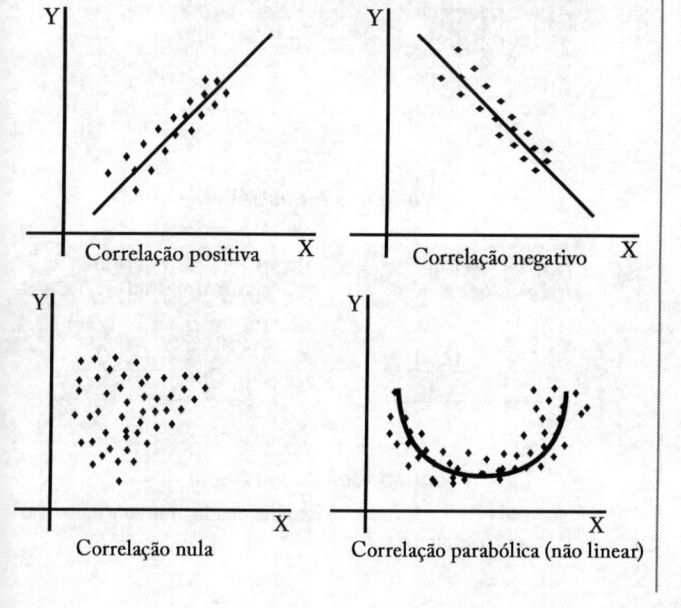

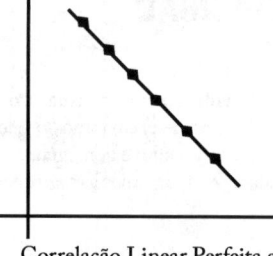

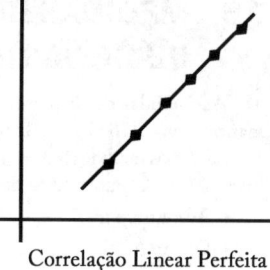

Correlação positiva
Correlação negativo
Correlação nula
Correlação parabólica (não linear)

Correlação Linear Perfeita e Negativa (r = -1)
Correlação Linear Perfeita e Positiva (r = 1)

| Fórmula para medir a Correlação Linear:

$$r = \frac{\sum (X_i - \overline{X}) \times (Y_i - \overline{Y})}{\sum (X_i - \overline{X})^2 \times \sum (Y_i - \overline{Y})^2}$$

Sendo:

r: Coeficiente de Correlação Linear
O valor de r estar sempre entre 1 e -1, ou seja -1 r 1
Se:

r > 0: Relação linear direta (se r está próximo de 1, há uma forte correlação positiva).

r < 0: Relação linear indireta (se r está próximo a -1, há uma forte correlação negativa).

r = 0: Não há correlação linear (o que não impede que haja outro tipo de relação: exponencial, logarítmica etc.).

I. Propriedades do coeficiente de correlação

- Soma e subtrações nas variáveis não alteram o coeficiente.
- Se multiplicar as variáveis por constantes de mesmo sinal, o coeficiente não se altera.
- Se multiplicar as variáveis por constantes de sinais opostos, o coeficiente troca de sinal.

II. Coeficiente de correlação entre variáveis aleatórias

$$\rho = \frac{Cov(X, Y)}{\sigma_x \times \sigma_y}$$

Sendo:

x: Desvio Padrão (Variável X)
y: Desvio Padrão (Variável Y)
Cov (X,Y): Covariância entre X e Y.
Lembre-se:

$$cov(X, Y) = E(XY) - E(X)E(Y)$$

Obs.:

- A covariância é chamada de medida de dependência linear entre as duas variáveis aleatórias.
- Variáveis aleatórias cuja covariância é zero são chamadas descorrelacionadas.
- Se X e Y são independentes, então a sua covariância é zero.

19 MEDIDAS DE DISPERSÃO OU DE VARIAÇÃO

As medidas de dispersão ou variabilidade permitem visualizar a maneira como os dados espalham-se (ou concentram-se) em torno do valor central. Essas medidas indicam se um conjunto de dados é homogêneo ou heterogêneo. Como medida de variabilidade, consideremos as seguintes:
- Amplitude total
- Desvio Médio
- Variância
- Desvio padrão
- Coeficiente de variação
- Desvio Interquartílico

19.1 Amplitude total ou range (R)

É a medida estatística de variabilidade ou dispersão mais simples, definida pela diferença entre o maior e o menor valor.

$$AT = X_{máx} - X_{mín}$$

Sendo:
AT: Amplitude total ou Range (R)
Xmáx: o maior valor no conjunto de dados
Xmín: o menor valor no conjunto de dados

> Verificar a situação em que foram medidas as idades das pessoas de uma família, sendo elas: 5, 10, 12, 35, 38. Qual é a amplitude das idades nessa família?
> AT = Xmáx - Xmín
> AT = 38 – 5
> AT = 33 anos

Obs.: essa medida de dispersão não leva em consideração os valores intermediários, perdendo a informação de como os dados estão distribuídos. É baseada somente em duas observações, sendo altamente influenciada pelos valores extremos; quanto maior a amplitude, maior será a variabilidade.

19.2 Desvio médio

É uma medida da dispersão dos dados em relação à média de uma sequência; o afastamento em relação a essa média.

Para determinar o Desvio (D) e o Desvio Médio (DM), utilizamos as seguintes fórmulas:

Fórmula para calcular o Desvio (D):

$$D = |X_i - \bar{X}|$$

Fórmula para calcular o Desvio Médio (DM):

$$DM = \frac{\Sigma |X_i - \bar{X}|}{n}$$

Resumindo, o desvio médio corresponde à média dos valores absolutos dos desvios.

Sendo:
D: Desvio
DM: Desvio Médio
Xi: Valores observados
x: Média aritmética
n = Tamanho da amostra

> Determine o desvio médio da seguinte série: 3, 5, 7, 8, 10.
> 1º passo: determinar a Média Aritmética.

$$\bar{X} = \frac{3+7+8+10}{5} = 6,6$$

> 2º passo: calcular o Desvio (D).
> 3 - 6,6 = -3,6 = |-3,6| = 3,6
> 5 - 6,6 = -1,6 = |-1,6| = 1,6
> 7 - 6,6 = 0,4 = |0,4| = 0,4
> 8 - 6,6 = 1,4 = |1,4| = 1,4
> 10 - 6,6 = 3,4 = |3,4| = 3,4
> 3º passo: calcular o Desvio Médio (DM).
> DM = (|-3,6| + |-1,6| + |0,4| + |1,4| + |3,4|) / 5
> DM = (3,6 + 1,6 + 0,4 + 1,4 + 3,4) / 5
> DM = 2,08

19.3 Variância

É uma medida que expressa um desvio quadrático médio do conjunto de dados, e sua unidade é o quadrado da unidade dos dados.

Notação:
Na amostra, denominamos por S2.
Na população, denominamos por: σ2.

19.3.1 Fórmulas

Variância Populacional

$$\sigma^2 = \frac{\sum_{i=1}^{N}(X_i - \mu)^2}{N}$$

Variância Amostral

$$S^2 = \frac{\sum_{i=1}^{N}(X_i - \bar{x})^2}{n-1}$$

Sendo:
Xi: Valores observados
μ: Média populacional
X: Média amostral
N: Tamanho da população
n: Tamanho da amostra

Há uma fórmula alternativa, que é útil quando o valor da média não é exato, pois não depende da média que pode ter sofrido arredondamento.

Variância = Média dos Quadrados – Quadrado da Média

Variância Populacional

Para dados não agrupados	Para dados ponderados/ agrupados
$\sigma^2 = \dfrac{\sum x_i^2}{N} - \mu^2$	$\sigma^2 = \dfrac{\sum f_i x_i^2}{N} - \mu^2$

Variância Amostral

Para dados não agrupados	Para dados ponderados/ agrupados
$s^2 = \dfrac{\sum x_i^2 - \dfrac{(\sum x_i)^2}{N}}{n-1}$	$s^2 = \dfrac{\sum f_i x_i^2 - \dfrac{(\sum f_i x_i)^2}{N}}{n-1}$

Propriedades da Variância

P1: se a cada Xi (i = 1, 2, ... , n) for adicionada uma constante real k, a variância não se altera.

RACIOCÍNIO LÓGICO-MATEMÁTICO

P2: se cada Xi (i = 1, 2, ... , n) for multiplicado por uma constante real k, a variância fica multiplicada por k2.

| Calcule a variância dos seguintes valores: 2 – 3 – 4 – 7.

Resolução:

1º passo: calcular a média aritmética.

$$\overline{X} = \frac{2+3+4+7}{4} = 4$$

2º passo: subtrair cada valor da média aritmética.

2 – 4 = -2
3 – 4 = -1
4 – 4 = 0
7 – 4 = 3

3º passo: elevar cada valor ao quadrado e somá-los.

$(-2)^2 = 4$
$(-1)^2 = 1$
$(0)^2 = 0$ $\Sigma = 14$
$(3)^2 = 9$

4º passo: dividir o valor encontrado pela quantidade.
14/4 = 3,5

19.4 Desvio padrão

É ideia de distribuição dos desvios ao redor do valor da média. Para obtermos o desvio padrão, basta que se extraia a raiz quadrada da variância.

Notação:

Na amostra denominamos por: S.

Na população denominamos por: σ.

Fórmulas

População: $\sigma = \sqrt{\sigma^2}$
Amostra: $S = \sqrt{S^2}$

Propriedades do Desvio Padrão

P1: quando adicionamos uma constante a cada elemento de um conjunto de valores, o desvio padrão não se altera.

P2: quando multiplicamos cada elemento de um conjunto de valores por uma constante real k, o desvio padrão fica multiplicado por k.

| Considerando o exemplo citado no caso da Variância em que a Variância encontrada foi de 3,5, o cálculo do desvio padrão fica bastante simples, ou seja:
| $\sigma = \sqrt{variância} = \sqrt{3,5} \cong 1,87$

Obs.: para saber se o desvio padrão está alto ou baixo, devemos compará-lo com o valor da média. Quanto maior for o valor do desvio padrão em relação à média, maior será a variação dos dados e mais heterogêneo é o nosso conjunto de observações.

Quadro resumo das propriedades de Soma e Produto

Se tomarmos todos os elementos de um conjunto e os ...

	... somarmos a uma constante	... multiplicarmos por uma constante
A nova **média** será	também somada a esta constante	também multiplicada por esta constante
O novo **desvio padrão** será	inalterado	multiplicado pelo módulo desta constante
A nova **variância** será	inalterada	multiplicada pelo quadrado desta constante

O Desvio Padrão é a raiz quadrada da variância, e sua unidade de medida é a mesma que a do conjunto de dados.

$$\sigma = \sqrt{variância} = \sqrt{\sigma^2}$$

19.5 Coeficiente de variação (CV) ou de dispersão

É uma medida de variabilidade relativa, definida como a razão percentual entre o desvio padrão e a média, e assim sendo uma medida adimensional expressa em percentual. O CV é também conhecido por Dispersão Relativa.

$$CV \; \frac{S}{\overline{x}}$$

Quanto à representatividade em relação à média, podemos dizer que quando o coeficiente de variação (CV) é ou está:

- **Menor que 10%:** significa que é um ótimo representante da média, pois existe uma pequena dispersão (desvio padrão) dos dados em torno da média.
- **Entre 10 e 20%:** é um bom representante da média, pois existe uma boa dispersão dos dados em torno da média.
- **Entre 20 e 35%:** é um razoável representante da média, pois existe uma razoável dispersão dos dados em torno da média.
- **Entre 35 e 50%:** representa fracamente a média, pois existe uma grande dispersão dos dados em torno da média.
- **Acima de 50%:** não representa a média, pois existe uma grandíssima dispersão dos dados em torno da média.

1. Calcule o coeficiente de variação (CV) para o seguinte conjunto de dados: 5, 10, 12, 35, 38

$$\overline{x} = \frac{5 + 10 + 12 + 35 + 38}{5} = 20$$

S = 15,31
CV – S/$\overline{X}$ = 15,31/20 = 0,7655 = 76,55%

Conclusão: verifica-se uma grande variação, ou seja, uma alta dispersão dos dados e, assim, a média não seria uma boa representante para estes conjuntos de dados.

2. Para uma distribuição cuja média é 161 cm e o desvio padrão é s = 5,57 cm, calcule o coeficiente de variação:

$$CV = 8/\overline{X} \quad \frac{5,57}{161} \times 100 = \quad 3,459 = 3,5\%$$

19.6 Desvio interquartílico (IQR)

O Desvio Interquartílico (IQR), ou simplesmente Intervalo Quartílico, corresponde à diferença entre o 3º quartil (Q3 = 75%) e o 1º quartil (Q1 = 25%).

$$IQR = Q3 - Q1$$

As características mais importantes são:

- medida simples e fácil de ser calculada;
- mede a distribuição da metade central dos dados, em torno da mediana;
- é uma medida resistente, pois não é afetada pelos extremos;
- não é suficiente para avaliar a variabilidade, pois despreza 50% dos dados (os extremos);
- é utilizada na determinação de outliers (valores atípicos) de uma amostra.

Em Distribuições Simétricas, a distância entre Q1 e Q2 é igual a Q2 e Q3, enquanto em Distribuições Assimétricas essas distâncias são diferentes.

MEDIDAS DE DISPERSÃO OU DE VARIAÇÃO

O Intervalo Interquartil é uma medida de dispersão mais robusta para *outliers*, pois não é tão afetada pelos outliers como a média aritmética.
O Desvio ou Amplitude Semi-interquartílica é definido por:

$$\frac{Q3 - Q1}{2}$$

19.7 Boxplot

O gráfico *Boxplot* - também conhecido como Diagrama de Caixas ou Diagrama de Extremos e Quartis - nos fornece informações sobre a posição central, dispersão e assimetria da respectiva distribuição de frequências dos dados. Utiliza cinco medidas estatísticas: mínimo, máximo, mediana, primeiro quartil, e terceiro quartil.

O *Boxplot* é a forma gráfica de representar as medidas estatísticas, em um único conjunto de resultados, conforme mostrado a seguir:

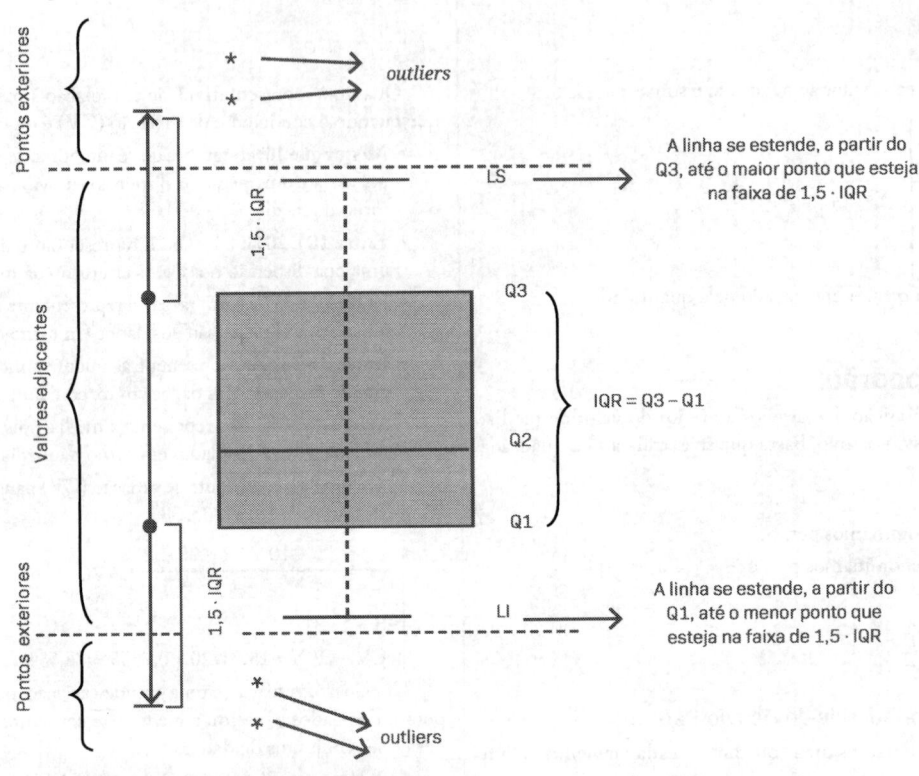

A posição central é dada pela mediana, e a dispersão define-se por desvio interquartílico.

Obs.:

- As posições dos quartis Q1, Q2 e Q3 fornecem evidência sobre o nível de assimetria da distribuição dos dados.
- Os comprimentos das caudas da distribuição são dados pelas linhas que vão do retângulo aos valores atípicos. Estes valores atípicos são chamados de outliers.
- **Um outlier pode ser produto de um erro de observação ou de arredondamento. Contudo, as denominações pontos exteriores e outliers são frequentemente usadas. Outros sinônimos:** pontos discrepantes, atípicos ou observações fora de lugar.
- A média aritmética é sensível a outliers. Uma única observação pode distorcer a média, ou seja, pode colocar a média longe do centro da distribuição de frequências.
- **De modo geral, um ponto será considerado outlier quando estiver fora do intervalo denotado por (LI; LS), em que:**

Limite Inferior (LI): Q1 – 1,5.IQR
Limite Superior (LS): Q3 + 1,5.IQR

O gráfico *Boxplot* pode também ter o seguinte aspecto:

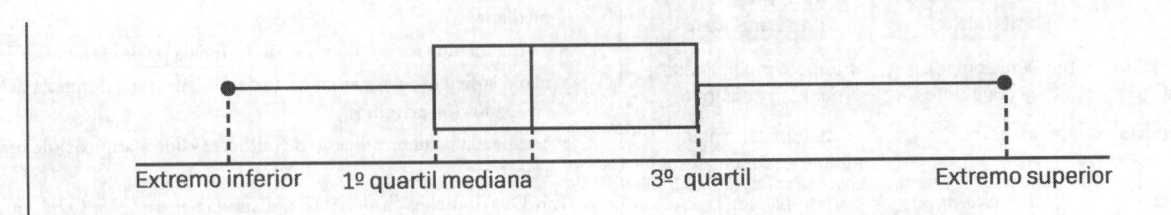

RACIOCÍNIO LÓGICO-MATEMÁTICO

1. Considere a seguinte amostra aleatória de um experimento:

| 0,5 | 2,3 | 4,0 | 6,4 | 8,0 | 9,8 | 12,0 | 13,5 | 15,3 |

Vamos determinar algumas estatísticas sobre os dados:
Mediana = 8,0
1º quartil (Q_1) = (2,3 + 4)/2 = 3,15
3º quartil (Q_3) = (12 + 13,5)/2 = 12,75
IQR: $Q_3 - Q_1$ = 12,75 – 3,15 = 9,6
Vamos determinar os Limites (LI e LS):
(LI): Q_1 – 1,5.IQR = 3,15 – 1,5.(9,6) = –11,25
(LS): Q_3 + 1,5.IQR = 12,75+1,5.(9,6) = 27,15
Quaisquer valores fora desse intervalo [-11, 25, 27, 15] são os chamados outliers. Observemos que, nesse caso, não há nenhum.

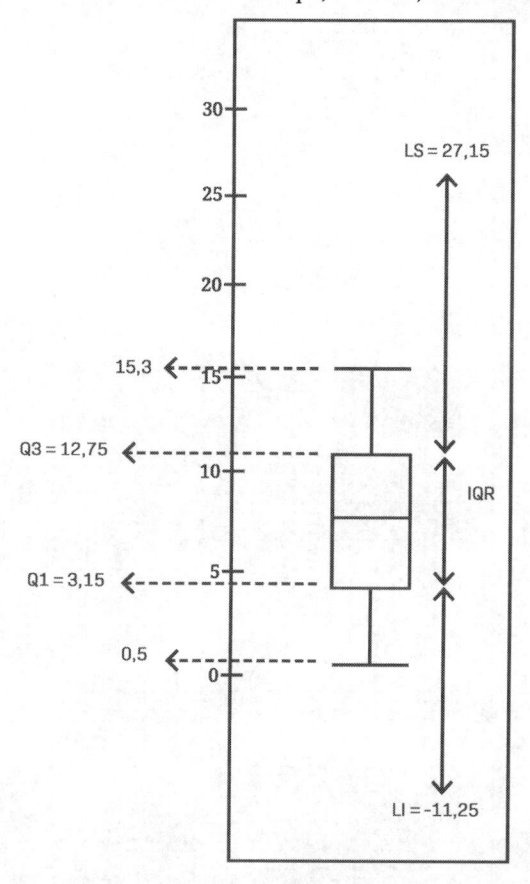

Vamos determinar os Limites (LI e LS):
(LI): Q_1 – 1,5.IQR = 4 – 1,5.(4) = – 2
(LS): Q_3 + 1,5.IQR = 8 + 1,5.(4) = 14

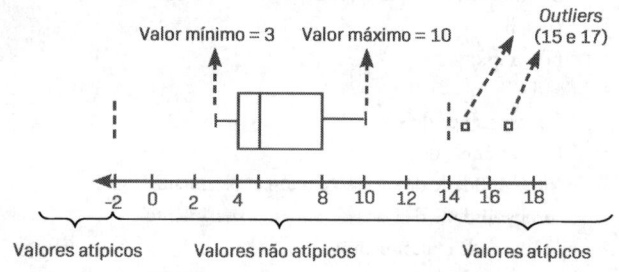

Qualquer observação menor que -2 ou maior que 14 será considerada valor atípico e terá tratamento diferenciado. Observamos os valores e verificamos que não há observação menor que -2. Porém, há duas observações maiores que 14, denominadas *outliers* (15 e 17).

19.8 Esquema dos cinco números

Existe ainda outra representação das cinco medidas estatísticas já mencionadas; é o esquema dos cinco números, conforme mostrado genericamente a seguir:

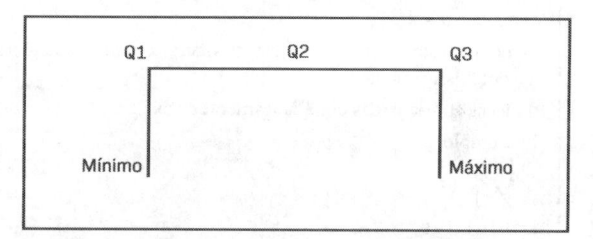

Vejamos um exemplo de representação do esquema dos cinco números:

População das UFs Brasileiras (em 1.000 hab)

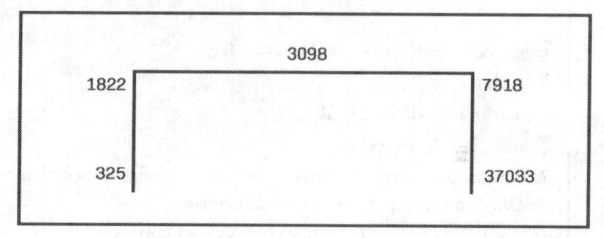

2. O quadro a seguir mostra o número de horas de estudo de 50 alunos de uma determinada escola:

3	3	3	3	3	4	4	4	4	4
4	4	4	4	4	5	5	5	5	5
5	5	5	5	5	5	5	6	6	6
6	6	7	7	7	7	7	8	8	8
8	8	8	9	9	9	9	10	15	17

Vamos determinar algumas estatísticas sobre os dados:
Mediana: 5
1º quartil (Q_1) = 4
3º quartil (Q_3) = 8
IQR: $Q_3 - Q_1$ = 8 – 4 = 4

20 DISTRIBUIÇÃO BINOMIAL

É a soma de n variáveis de Bernoulli independentes.

$P(x = k) = C_{n,k} \times p^k \times q^{n-k}$

$E(x) = n.p$

$V(x) = n.p.q$

Sendo:

$E(x)$: esperança de x

$V(x)$: variância de x

p: probabilidade de sucesso em um experimento

q: probabilidade de fracasso em um experimento

n: número de experimentos

k: quantidade de sucessos

1. Considere um dado de 6 faces e ao lançar, várias vezes, vamos considerar sucesso se sair um número múltiplo de 3 e fracasso, caso isso não ocorra.

Variável (I):

Assume: (1) /sucesso: {3,6}. Então, a probabilidade de sucesso é : 2/6 = 1/3

Assume: (0) / fracasso: {1,2,4,5}. Então, a probabilidade de fracasso é: 4/6 = 2/3

Vamos considerar a variável X, representando o número de sucessos em 3 lançamentos.

As faces apresentadas em 3 lançamentos são:

1º exemplo:

{2, 3, 5}
↙ ↓ ↘
| = 0, | = 1, | = 0 → X = 1

2º exemplo:

{6, 3, 2}
↙ ↓ ↘
| = 1, | = 1, | = 0 → X = 2

Logo, X é o somatório das variáveis I.

$X = \Sigma I_i$

I: distribuição de Bernoulli

X: distribuição Binomial

2. Vamos calcular, qual a chance de X = 2, ou seja, qual a chance de lançar o dado 3 vezes e obter 2 sucessos.

1ª possibilidade: S S F → 1/3 . 1/3 . 2/3 = $(1/3)^2 . (2/3)^1$

2ª possibilidade: S F S → 1/3 . 2/3 . 1/3 = $(1/3)^2 . (2/3)^1$

3ª possibilidade: F S S → 2/3 . 1/3 . 1/3 = $(1/3)^2 . (2/3)^1$

Logo, o probabilidade de X=2 é:

$3 \quad . (1/3)^2 . (2/3)^1$

$C_{n,k} \quad p \quad q$

Portanto, generalizando temos : $P(x = k) = C_{n,k} \times p^k \times q^{n-k}$

21 INTERVALO DE CONFIANÇA PARA A MÉDIA

Até o momento, os estimadores apresentados foram pontuais, isto é, especificam um único valor, o que não permite julgar qual a possível magnitude do erro. Daí, surge a ideia de construir os intervalos de confiança, que são baseados na distribuição amostral do estimador pontual.

Variância da população = 16
Amostras com tamanho = 4
Amostras obtidas: 10, 16, 9, 5
X é normal.

Vamos analisar o comportamento de todas as amostras possíveis:

$X \begin{cases} \mu = ? \\ \sigma^2 = 16 \end{cases}$

$\overline{X} \begin{cases} E(\overline{X}) = \quad = ? \\ \sigma^2_{\overline{x}} = \sigma^2/n = 16/4 = 4 \end{cases}$

Logo $\sigma_{\overline{x}} = 2$

Sendo:
X: Variável X
μ: Média da população
σ^2: Variância da população
$\overline{X}$ = Média amostral
($E\overline{X}$): Esperança da Média Amostral
σ^2_x: Variância da média amostral
n: tamanho da amostra.
$\sigma_{\overline{x}}$: Desvio padrão da Amostra

Vamos representar os gráficos:

a) Gráfico da função densidade de probabilidade para ($\overline{X}$):

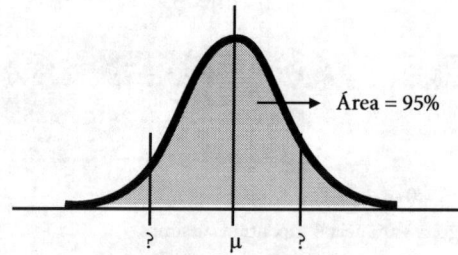

b) Gráfico da função densidade de probabilidade para a Distribuição Normal Reduzida (Z):

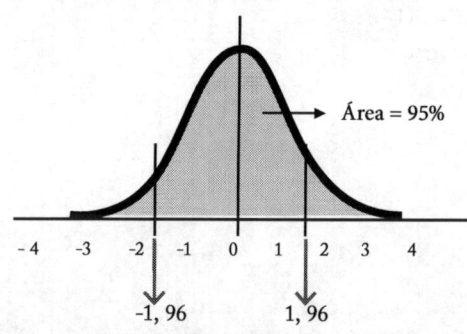

Vamos comparar com a Distribuição Normal Reduzida (Z) para achar os valores correspondentes:

$$Z = \frac{\overline{x} - \mu_x}{\sigma_{\overline{x}}}$$

Logo, quando Z = 1,96, temos:

$$1,96 \quad \frac{\overline{x} - \mu}{\sigma_{\overline{x}}}$$

$\overline{X} = \mu + 1,96 \cdot \sigma_{\overline{x}}$

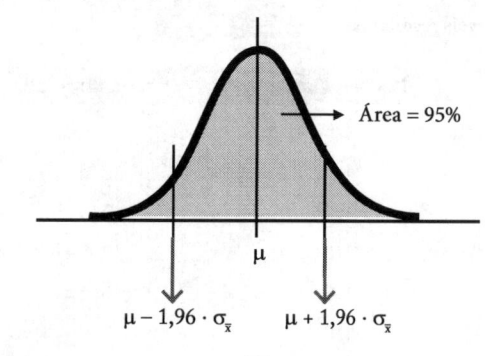

Portanto, a Probabilidade de $\overline{X}$ assume valores entre:
$\mu - 1,96 \cdot \sigma_{\overline{x}} < \overline{X} < \mu + 1,96 \cdot \sigma_{\overline{x}}$
$P(\mu - 1,96 \cdot \sigma_{\overline{x}} < \overline{X} < \mu + 1,96 \cdot \sigma_{\overline{x}}) = 95\%$

Isolando a média da população (μ), temos:
$\overline{X} - 1,96 \cdot \sigma_{\overline{x}} < \mu < \overline{X} + 1,96 \cdot \sigma_{\overline{x}}$

Isso significa que neste intervalo existe uma probabilidade de 95% incluir a média da população μ.

Vamos nos referir a uma Amostra: 10, 16, 9, 5. Agora $\overline{X}$ deixa de ser uma variável aleatória e passa a ser um valor fixo (constante).

$\overline{X} = (11 + 15 + 8 + 6)/4 - 40/4 - 10$
$\sigma_{\overline{x}} = 2$

Vamos encontrar o intervalo de confiança:
$\overline{X} - 1,96 \cdot \sigma_{\overline{x}} < \mu < \overline{X} + 1,96 \cdot \sigma_{\overline{x}}$
$10 - 1,96 \cdot 2 < \mu < 10 + 1,96 \cdot 2$
$6,08 < \mu < 13,92$

Este é o intervalo de confiança para a média amostral. O correto é afirmar que temos uma confiança de 95% de conter a média populacional μ.

Convém lembrar que μ não é uma variável aleatória e sim, um parâmetro. A expressão anterior pode ou não conter o parâmetro μ, mas pelo exposto temos 95% de confiança de que contenha.

Resume-se que:
$$\overline{X} \pm Z_0 \times \sigma_{\overline{x}}$$

ou

$$\overline{X} \pm Z_0 \times \frac{\sigma}{\sqrt{n}}$$

Sendo:
Z_0: Valor de Z que delimita uma área qualquer. (No exemplo Z = 1,96, delimitando uma área de 95%).
σ: Desvio padrão populacional
n: tamanho da amostra
$\sigma_{\overline{x}}$: Desvio padrão da Amostra

22 FUNÇÃO DISTRIBUIÇÃO DE PROBABILIDADE

Fornece a probabilidade acumulada.
Exemplo: Um lançamento de um dado de 6 faces.
Possíveis resultados:

X	Probabilidade	Prob. acumulada
1	1/6	1/6
2	1/6	2/6
3	1/6	3/6
4	1/6	4/6
5	1/6	5/6
6	1/6	6/6

A função Distribuição de Probabilidade é uma função que corresponde cada valor de X a correspondente Probabilidade Acumulada.

Gráfico representativo:

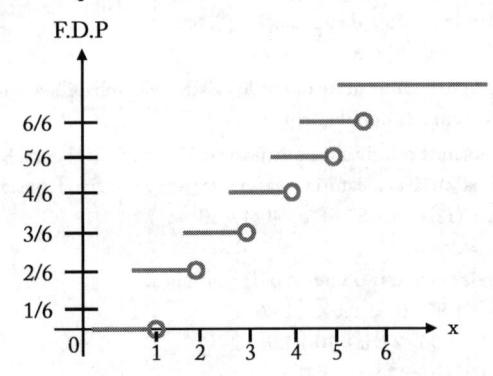

F.D.P

Características da F.D.P:
a) $- \to 0$
b) $+ \to 1$
c) Tem formato de "escada".

Obs.: sempre que o gráfico da Função Distribuição de Probabilidade tem formato de escada é porque a Variável Aleatória original é discreta. Os saltos são os valores que a variável aleatória pode assumir e os incrementos nos dão as probabilidades.

Quadro comparativo:

Descritiva	Inferencial
Densidade de freq. relativa	Densidade de probabilidade
Histograma	Densidade de probabilidade
Freq. relativa acumulada	Distribuição de probabilidade

22.1 Distribuição uniforme discreta

Todos os valores possíveis de x têm a mesma probabilidade.

$$E(x) = \frac{\Sigma x_i}{n}$$

$E(x)$ = Esperança (é a média aritmética dos possíveis valores).
Lançamento de um dado de 6 faces.
Possíveis resultados:

X	Probabilidade	Prob. acumulada
1	1/6	1/6
2	1/6	2/6
3	1/6	3/6
4	1/6	4/6
5	1/6	5/6
6	1/6	6/6

$\Sigma(x) = 21/6 = 3,5$

Uma urna contém dez bolas, cada uma gravada com um número diferente, de 1 a 10. Uma bola é retirada da urna, aleatoriamente, e X é o número marcado nesta bola. X é uma variável aleatória cujo(a):

Desvio padrão é 10.
Primeiro quartil é 0,25.
Média é 5.
Distribuição de probabilidades é uniforme.
Distribuição de probabilidades é assimétrica.
Média: $\Sigma(x) = (1+2+3+...+9+10)/10 = 55/10 = 5,5$.

22.2 Distribuição de *Bernoulli*

Assume apenas os valores 0 e 1, com probabilidades q e p. Considera-se:

q: fracasso (0).
p: sucesso (1).
$E(x) = p$

x	Probabilidade	x.p
0	q	0
1	p	p

$E(x) = 0 + p = p$

x^2	Probabilidade	$x^2.p$
0	q	0
1	p	p

$E(x^2) = 0 + p = p$

Logo, a Variância é encontrada assim:

$V(x) = E(x^2) - [E(x)]^2$
$V(x) = p - p^2$
$V(x) = p(1-p)$
$V(x) = p.q$

23 DISTRIBUIÇÃO *POISSON*

Partimos da probabilidade para distribuição binomial. Quando n é muito elevado e p é pequeno, ela tende para:

$$P(x = k) = e^{-np} \cdot \frac{(np)^k}{k!}$$

Sendo:

e: nº de Euler (aproximadamente 2,7)

p: probabilidade de sucesso em um experimento

q: probabilidade de fracasso em um experimento

n: número de experimentos

k: quantidade de sucessos

Observe que np é a média da variável binomial. Vamos substituir np por λ. Logo a fórmula fica:

$$P(x = k) = \frac{e^{-\lambda} \cdot (\lambda)^k}{k!}$$

Fórmula da probabilidade para distribuição de Poisson

Portanto,

$E(x) = \lambda$

$V(x) = \lambda$

Sendo:

E(x): esperança de x

V(x): variância de x

23.1 Distribuição uniforme contínua

Todos os valores têm mesma função densidade de probabilidade. Se a Variável Aleatória é uniforme no intervalo entre a e b, então:

$$E(x) = (a+b)/2$$

$$V(x) = (b-a)^2/12$$

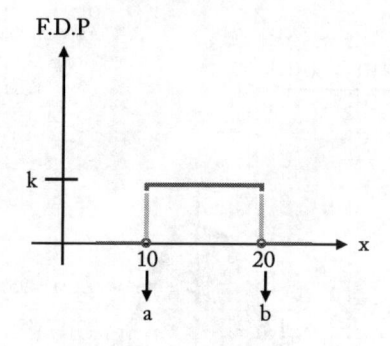

$$K = 1/(b-a)$$

Sendo X uma variável aleatória uniformemente distribuída no intervalo [0,1], determine sua variância.

(A) 1/2
(B) 1/3
(C) 1/4
(D) 1/6
(E) 1/12

$V(x) = (b-a)^2/12$
$V(x) = (1-0)^2/12$
$V(x) = 1/12$

24 TESTE DE HIPÓTESES PARA A MÉDIA

Exemplo: Investigação de fraudes em licitações. Sabe-se que a aquisição de certo produto se dá livre de fraudes, quando o valor tem média de R$ 200,00.

Licitações livres de fraude: média R$ 200,00.

Tipos de testes: Unilateral (unicaudal)
Bilateral (bicaudal)

Ho: $\mu = 200$

Pode-se aceitar ou rejeitar a Ho. Se rejeitar a Ho, temos que analisar a Ha.

Teste Bilateral: Ha: $\mu \neq 200$

Teste Unilateral: Ha > 200

Teste Unilateral: Ha < 200

Teste para a média – Bilateral

Licitações livres de fraude: média R$ 200,00 e variância 120.

Amostra com 30 elementos e média R$ 210,00.

Ho: $\mu = 200$

Ha: $\mu \neq 200$

- Confiança de 95%: $P(196,08 < \overline{X} < 203,92) = 0,95$

Supõe: Ho (verdadeira)

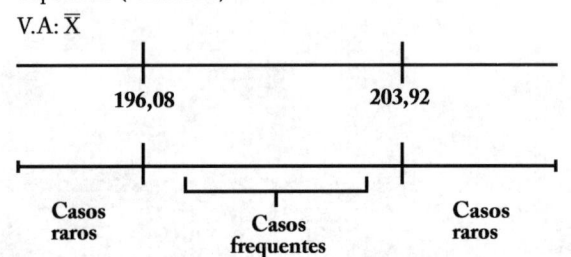

V.A: $\overline{X}$

```
         196,08          203,92
   Casos         Casos          Casos
   raros       frequentes       raros
```

Passos do teste

a) Determinar o valor crítico.

b) Determinar a estatística teste:

$$Z_t = \frac{\overline{x} - \mu_x}{\sigma_{\overline{x}}}$$

c) Comparar estatística teste com valor crítico.

Supor: Ho (verdadeira)

$\mu = 200$

$\sigma^2 = 120$

$\overline{X} = \begin{cases} E(\overline{X}) = 200 \\ V(\overline{X}) = \sigma^2/n = 120/30 = 4 \end{cases}$

$\therefore \sigma = 2$

Vamos definir o intervalo que delimita 95% dos casos:

$Z = \dfrac{\overline{x} - \mu_x}{\sigma_{\overline{x}}}$

$\sigma_x \cdot Z + \mu_x = \overline{X}$

$2 \cdot Z + \mu_x = \overline{X}$

$Z = -1,96$	ou	$Z = 1,96$
$2 \cdot (-1,96) + 200 = \overline{X}$		$2 \cdot (1,96) + 200 = \overline{X}$
$\overline{X} = 196,08$		$\overline{X} = 203,92$

Normal Padrão:

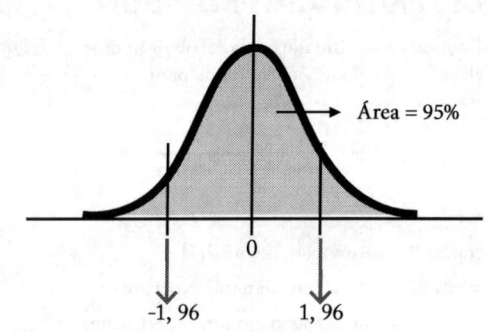

Área = 95%, entre $-1,96$ e $1,96$

f.d.p ($\overline{X}$):

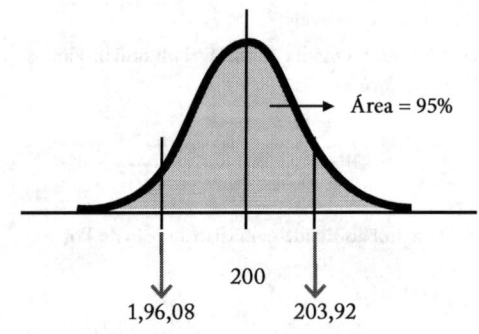

Área = 95%, entre 196,08 e 203,92, centrada em 200

Para variável Z:

$Z \to -1,96 / 1,96$

$Z \to -$ Para o experimento

$$Z_t = \frac{\overline{x} - \mu_x}{\sigma_{\overline{x}}}$$

Z_t: Estatística teste

(valor obtido para experimento em questão)

$\overline{X} = 210$

$\mu_x = 200$

$\sigma_{\overline{x}} = 2$

$Z_t = ?$

$$Z_t = \frac{210 - 200}{2}$$

$Z_t = 5$

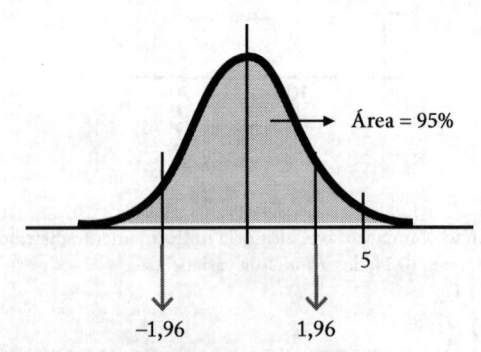

Área = 95%, entre $-1,96$ e $1,96$; valor 5 fora da região

Teste para a média – Variância desconhecida

Licitações livres de fraudes: média R$ 200,00.

Amostra com 30 elementos e média R$ 210,00 e variância 120.

Ho: $\mu = 200$

Ha: $\mu \neq 200$

Confiança de 95%: (t = 2,045)

Obs.: sempre que se desconheça a variância populacional, usa-se a distribuição t, que nos fornece intervalos maiores, para manter a mesma confiança.

Teste para a média – Unilateral

Licitações livres de fraudes: média R$ 200,00 e variância 120.

Amostra com 30 elementos e média R$ 210,00.

Ho: $\mu = 200$

Ha: $\mu > 200$

Confiança de 95%: (Z = 1,64)

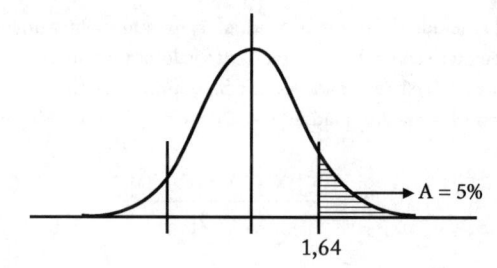

25 REGRESSÃO LINEAR

Na correlação linear, estávamos interessados em ver se duas variáveis X e Y tinham uma relação linear forte ou não. Considere que X e Y tenham uma relação linear forte.

Por meio da regressão linear definimos a melhor reta que descreve esta relação.

25.1.1 Cálculo da reta de regressão

Sejam X e Y duas variáveis. Um modelo de regressão linear que as relaciona é da seguinte forma:

$$Y_i = \alpha + \beta X_i + \varepsilon_i$$

Sendo:
Xi: Variável independente
Yi: Variável dependente
α, β: constantes
ε: variável aleatória (erro em torno da reta)
Pressupostos para εi:
Esperança nula: $E(\varepsilon i) = 0$
Os vários ε_i são não correlacionados: $Cov(\varepsilon i; \varepsilon j) = 0$ (para i # j)
Tem sempre variância constante: $V(\varepsilon i) = \delta 2$

Obs.:
Heteroscedasticidade: a variância dos erros não é **constante**.
Homocedasticidade: a variância dos erros não é **constante**.

Peso	Altura
80	1,80
85	1,83
50	1,65
70	1,90
55	1,60
77	1,80
85	1,78
93	1,86
65	1,70
60	1,65

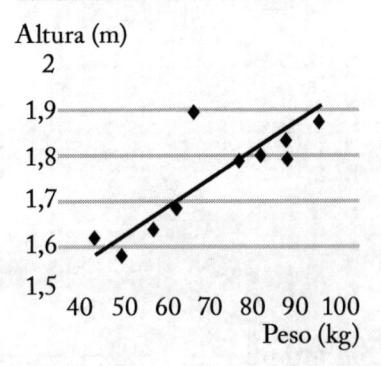

Um método para encontrar a melhor reta de regressão é chamado de métodos de mínimos quadrados.

Equação da Reta de Regressão:

$$\hat{Y}_i = a + bX_i$$

Sendo:

a:	Estimativa de
b:	Estimativa de β.
$\hat{Y}$	Estimativa de Y.

A diferença entre Y e sua estimativa, chamamos desvio (erro). O desvio é dado por:

$$e = Y - \hat{Y}$$

Pelo método de mínimos quadrados, tentamos obter uma reta de tal modo que a soma dos quadrados dos valores (desvio) seja mínima. Os valores de a e b (estimadores de e β), obtidos a partir da consideração de que a soma dos quadrados dos desvios seja mínima, são:

$$b = \frac{\sum [(X_i - \overline{X}) \times (Y_i - \overline{Y})]}{\sum (X_i - \overline{X})^2}$$

$$a = \overline{Y} - b\overline{X}$$

Modelo de Reta de Regressão Estimada:

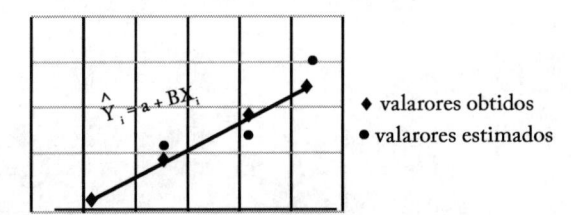

A reta (estimada) em vermelho é tal que a soma dos quadrados é mínima.

Nos cálculos envolvidos com a regressão linear, utilizaremos algumas igualdades envolvendo somatório. São elas:

$$\sum_{i=1}^{N} [(X_i - \overline{x}) \times (Y_i - \overline{Y})] = \sum_{i=1}^{N} (X_i \cdot Y_i) - n\overline{X}\,\overline{Y}$$

$$\sum_{i=1}^{N} (X_i - \overline{x})^2 = \sum_{i=1}^{N} (X_i^2) - n\overline{X}^2$$

$$\sum_{i=1}^{N} (Y_i - \overline{Y})^2 = \sum_{i=1}^{N} (Y_i^2) - n\overline{Y}^2$$

26 ESTATÍSTICA DESCRITIVA

26.1 Conceitos

26.1.1 Estatística

Compreende os métodos científicos utilizados para coleta, organização, resumo, apresentação e análise, ou descrição, de dados de observação. Também abrange métodos utilizados para tomadas de decisões sob condições de incerteza.

26.1.2 Estatística descritiva

Inclui as técnicas empregadas para coleta e descrição de dados. Também é empregada na análise exploratória de dados.

26.1.3 Estatística inferencial

Utiliza informações incompletas para tomar decisões e tirar conclusões satisfatórias. O alicerce das técnicas de estatística inferencial está no cálculo de probabilidades. As duas técnicas de estatística inferencial são: estimação e teste de hipóteses.

26.1.4 População

Emprega-se para designar um conjunto de indivíduos que possuem pelo menos uma característica, ou atributo, em comum.

26.1.5 Amostra

Refere-se a qualquer subconjunto de uma população. A amostragem é uma das etapas mais importantes na aplicação de métodos estatísticos e envolve aspectos como determinação do tamanho da amostra, metodologia de formação e representatividade da amostra com relação à população.

26.1.6 Variável

É usada para atribuição dos valores correspondentes aos dados observados. É importante ressaltar que os dados em questão não são necessariamente numéricos, uma vez que podem dizer respeito a atributos qualitativos observados na população.

26.1.7 Censo

É um conjunto de dados obtidos de todos os membros da população.

26.1.8 Experimento aleatório

Fenômeno que, quando repetido inúmeras vezes em processos semelhantes, possui resultados imprevisíveis. As variáveis podem ser quantitativas (discreta ou contínua) ou qualitativas (nominal ou ordinal).

Quantitativa discreta: pode assumir apenas alguns valores.
| Número de filhos.
Quantitativa contínua: pode assumir infinitos valores.
| Peso, altura.
Qualitativa nominal: apenas identifica as categorias.
| Gênero (feminino e masculino).
Qualitativa ordinal: podem-se ordenar as categorias.
| Grau de instrução.

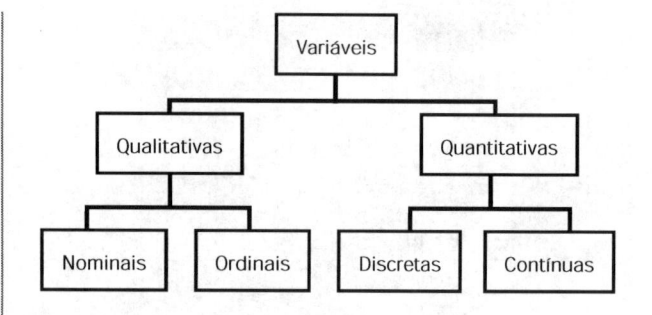

26.2 Apresentação dos dados

A apresentação dos dados pode ocorrer basicamente de três maneiras:
- Isolados.
- Ponderados.
- Agrupados.

Dados Isolados: representam os dados na forma bruta.
| 2, 2, 3, 5, 7, 8, 8, 9

Dados Ponderados: consistem em uma tabela que contém, para cada valor observado, o número de vezes que ele ocorre (frequência), mas não se pode saber a quem corresponde cada valor.

Nota	Frequência
0	2
1	1
1,5	1
2	2
2,5	1
3,5	2
4	3
4,5	3
5	5
5,5	2
6	3
6,5	2
7	3
8	1
8,5	1
Total	32

Dados agrupados: apenas para dados quantitativos. É uma tabela que contém divisões da variável em estudo (intervalos), em que é observado o número de vezes que ocorrem os valores contidos nestes intervalos.

ESTATÍSTICA DESCRITIVA

Intervalo de Nota	Frequência
0 ⊢ 2	4
2 ⊢ 4	5
4 ⊢ 6	13
6 ⊢ 8	8
8 ⊢ 10	2
Total	32

26.2.1 Dados brutos

Trata-se da designação para um conjunto de dados não ordenados.

| 42, 41, 58, 50, 41, 42, 41, 60, 43, 44, 46, 45, 57, 46, 50, 51, 52, 60, 54, 58.

26.2.2 Rol

É um conjunto de dados ordenados.

| 41, 41, 41, 42, 42, 43, 44, 45, 46, 46, 50, 50, 51, 52, 54, 57, 58, 58, 60, 60.

26.2.3 Tabelas

Servem para organizar e apresentar os dados coletados, por meio das variáveis, no sentido de facilitar a sua interpretação. Os dados obtidos por meio das variáveis também podem ser organizados no ROL, que consiste em colocar os dados em ordem crescente, mesmo que estes sejam ou estejam repetidos.

| Quantidade de alunos matriculados no Empresa X.

Tabela 1
Quantidade de alunos matriculados por curso na Empresa X

Curso	Número de Alunos
Polícia Federal	250
DEPEN	150
INSS	350
Receita Federal	250

Obs.: ROL: 150, 250, 250, 350.

26.2.4 Tabela de frequência

A tabela de frequência serve para organizar dados. A frequência absoluta (F.A) é o valor real do dado e a frequência relativa (F.R) é o valor em porcentagem quando comparado ao total.

As idades dos alunos de uma sala são: 12, 13, 13, 14, 11, 12, 15, 14, 13, 14, 15, 11, 12, 13, 13, 13, 15, 12, 12, 13. Ao organizar no ROL e na tabela de frequência, como fica?

No ROL fica: 11, 11, 12, 12, 12, 12, 12, 13, 13, 13, 13, 13, 13, 13, 14, 14, 14, 15, 15, 15.

Na tabela, fica:

Tabela 2

Idade	F.A	F.R (%)	Frequência acumulada
11	2	10	2
12	5	25	7
13	7	35	14
14	3	15	17
15	3	15	20
Total	20	100	

26.2.5 Tipos de Frequência

Geralmente, dados isolados são agrupados na forma de tabelas de frequência, que consistem em dados ponderados ou agrupados. Existem quatro tipos de frequência:

- Frequência Absoluta Simples (fi);
- Frequência Relativa Simples (fri);
- Frequência Acumulada (Fi);
- Frequência Acumulada Relativa (Fri).

| 0, 2, 1, 2, 3, 1, 2, 2, 3, 4

x	f_i	f_{ri}	F_i	F_{ri}
0	1	1/10 = 10%	1	10%
1	2	2/10 = 20%	3	30%
2	4	4/10 = 40%	7	70%
3	2	2/10 = 20%	9	90%
4	1	1/10 = 10%	10	100%
Σ	10	1 = 100%	-	-

26.2.6 Gráficos

Servem para representar e apresentar os dados coletados. Os gráficos podem ser em barra, coluna, setores (pizzas), linhas, dentre outros.

Barras

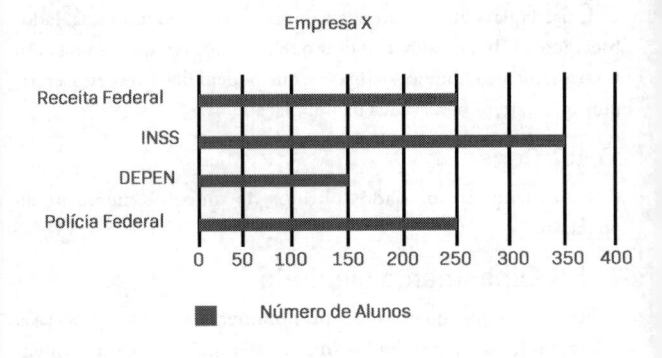

Empresa X

Colunas

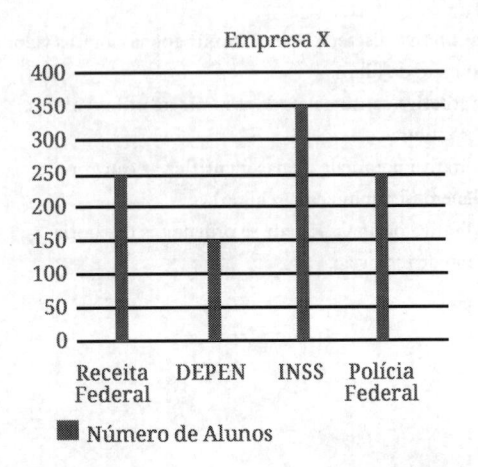

Empresa X

RACIOCÍNIO LÓGICO-MATEMÁTICO

Setores

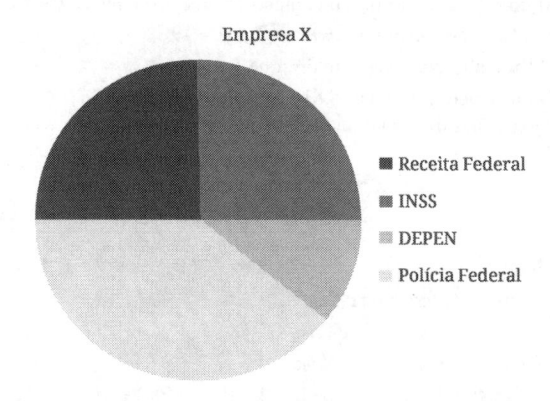

Empresa X

- Receita Federal
- INSS
- DEPEN
- Polícia Federal

Linhas

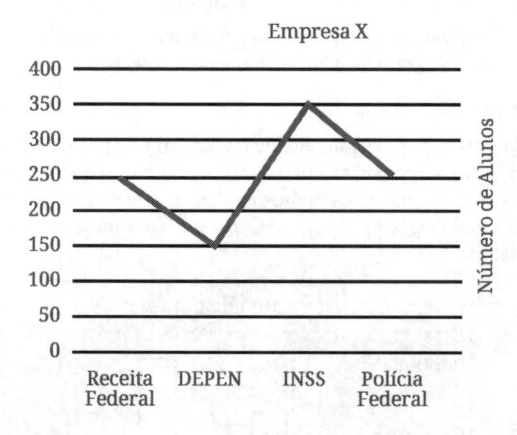

Empresa X

26.2.7 Diagrama de ramos e folhas

Há outra forma de apresentação de dados que tem sido explorada frequentemente em provas: o diagrama de ramos e folhas.

Em um diagrama de ramos e folhas cada número é separado em um ramo e uma folha

Vejamos alguns exemplos:

1. Considere a tabela de dados a seguir:

155	159	144	129	105	145	126	116	130	114	122	112	142	126
118	118	108	122	121	109	140	126	119	113	117	118	109	119
139	139	122	78	133	126	123	145	121	134	119	132	133	124
129	112	126	148	147									

Representação dos dados no diagrama de ramos e folhas:

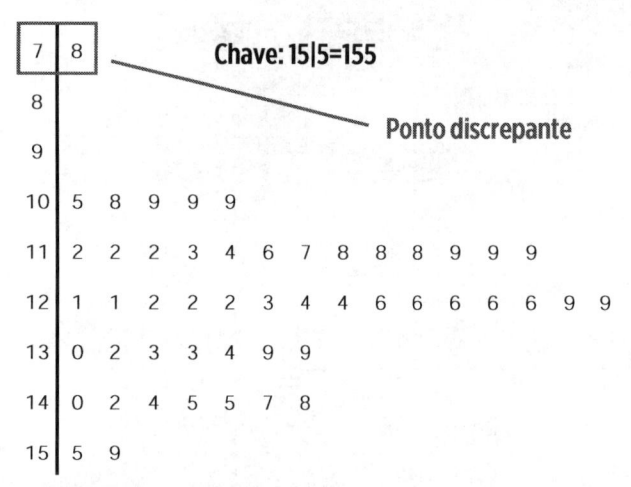

7	8													Chave: 15|5=155
8														Ponto discrepante
9														
10	5	8	9	9	9									
11	2	2	2	3	4	6	7	8	8	8	9	9	9	
12	1	1	2	2	2	3	4	4	6	6	6	6	9	9
13	0	2	3	3	4	9	9							
14	0	2	4	5	5	7	8							
15	5	9												

2. Construir o diagrama de ramos e folhas dos seguintes dados:
56, 62, 63, 65, 65, 65, 68, 70, 72
Unidade das Folhas - 1

Ramos	Folhas
5	6
6	235558
7	02

As folhas contêm o último dígito, e os ramos contêm os restantes em sequência (mesmo que alguns ramos fiquem sem folhas).

26.3 Distribuição de frequências

Uma distribuição de frequência é um método de agrupar dados em classes de modo a fornecer a quantidade (e/ou a percentagem) de dados em cada classe.

Uma distribuição de frequência (absoluta ou relativa) pode ser apresentada em tabelas ou gráficos.

26.3.1 Intervalo de classe

Os limites de cada classe podem ser definidos de quatro modos distintos, mostrados a seguir:

- Intervalo "exclusive – exclusive": _____
- Intervalo "inclusive – exclusive": |_____
- Intervalo "inclusive – inclusive": |_____|
- Intervalo "exclusive – inclusive": _____|

26.3.2 Distribuição de frequência (sem intervalos de classe)

É a simples condensação dos dados conforme as repetições de seus valores.

ESTATÍSTICA DESCRITIVA

Dados	Frequência
41	3
42	2
43	1
44	1
45	1
46	2
50	2
51	1
52	1
54	1
57	1
58	2
60	2
Total	20

26.3.3 Distribuição de frequência (com intervalos de classe)

Quando o tamanho da amostra é elevado, é racional efetuar o agrupamento dos valores em vários intervalos de classe.

Classes	Frequências
41 ├ 45	7
45 ├ 49	3
49 ├ 53	4
53 ├ 57	1
57 ├ 61	5
Total	20

26.3.4 Elementos de uma distribuição de frequência (com intervalos de classe)

Classe: corresponde aos intervalos de variação da variável e é simbolizada por i; e o número total de classes é simbolizado por k.

| Na tabela anterior k = 5 e 49 ├ 53 é a 3ª classe, em que i = 3.

Limites de classe: são os extremos de cada classe. O menor número é o limite inferior de classe (li) e o maior número, limite superior de classe (Li).

| Em 49 ├ 53... l3 = 49 e L3 = 53

Amplitude do intervalo de classe: é obtida por meio da diferença entre o limite superior e inferior da classe e é simbolizada por

$$hi = Li - li$$

| Tabela anterior hi = 53 - 49 = 4.

Obs.: Na distribuição de frequência com classe o hi será igual em todas as classes.

Amplitude total da distribuição (AT): é a diferença entre o limite superior da última classe e o limite inferior da primeira classe.

$$AT = L_{(max)} - l_{(min)}$$

| Na tabela anterior AT = 61 - 41 = 20.

Amplitude total da amostra (AA): é a diferença entre o valor máximo e o valor mínimo da amostra (ROL). em que AA = Xmáx - Xmín. Em nosso exemplo, AA = 60 - 41 = 19.

Obs.: AT sempre será maior que AA.

Ponto médio de classe (Xi): é o ponto que divide o intervalo de classe em duas partes iguais. ...

$$Xi = \frac{Li + LI}{2}$$

Sendo:
Li: limite inferior da classe
LI: limite superior da classe
X3: Ponto médio da 3ª classe

| Em 49 ├ 53 o ponto médio x3 = (53 + 49)/2 = 51

26.3.5 Representações gráficas

As distribuições de frequências podem ser representadas por meio de três tipos de gráficos, não mutuamente exclusivos.

Histograma

É formado por um conjunto de retângulos justapostos, cujas bases se localizam sobre o eixo horizontal, de tal modo que seus pontos médios coincidam com os pontos médios dos intervalos de classe. A área de um histograma é proporcional à soma das frequências simples ou absolutas.

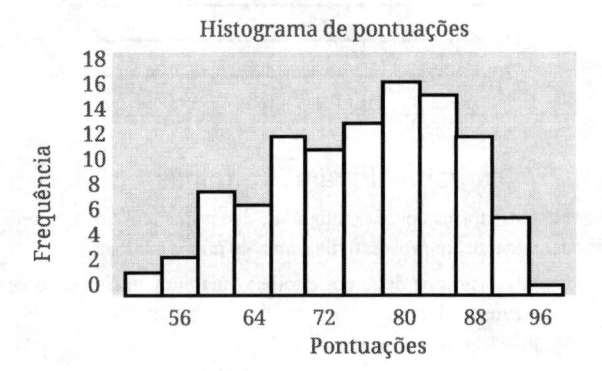

Polígono de frequências

É um gráfico em linha, sendo as frequências marcadas sobre perpendiculares ao eixo horizontal, levantadas pelos pontos médios dos intervalos de classe. Para obter um polígono (linha fechada), devemos completar a figura, ligando os extremos da linha obtida aos pontos médios da classe anterior à primeira, e da posterior à última da distribuição.

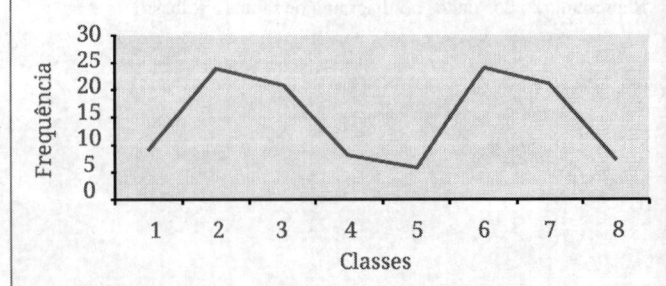

Obs.: é importante notar que tanto o histograma quanto o polígono de frequência indicam a frequência absoluta de cada classe.

Curva de frequências

Enquanto o polígono de frequência nos dá a imagem real do fenômeno estudado, a curva de frequência nos dá a imagem tendencial. O polimento (geometricamente, corresponde à eliminação dos vértices da linha poligonal) de um polígono de frequência nos mostra o que seria tal polígono com um número maior de dados em amostras mais amplas.

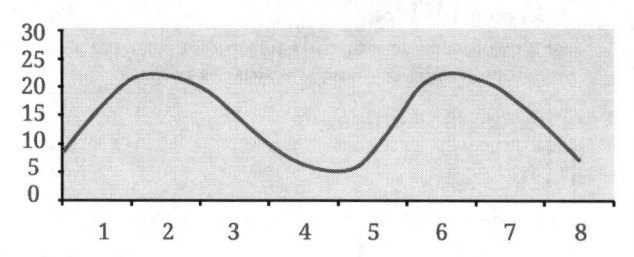

26.4 Medidas de tendência central ou de posição

São medidas utilizadas principalmente para a descrição de dados. As principais medidas de posição são a média aritmética, a mediana e a moda.

O esquema a seguir resume a classificação das Medidas de Tendência Central ou de Posição:

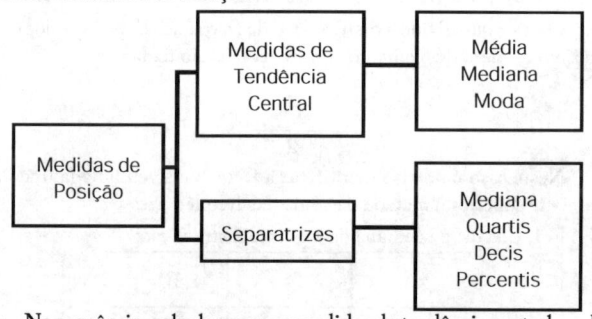

Na sequência, calcularemos as medidas de tendência central ou de posição para três possibilidades a seguir:

- para dados não agrupados;
- para dados agrupados sem intervalos de classes;
- para dados agrupados com intervalos de classes.

26.4.1 Média aritmética (x)

Para Dados Não Agrupados

Seja um conjunto de dados $\{x_1, x_2, ..., x_n\}$.

A média aritmética, ou simplesmente média, é dada por:

$$\overline{x} = \frac{\sum_{i=1}^{n} x_i}{n}$$

Seja o conjunto $\{2, 4, 3, 5, 6, 2, 5\}$.
Então, a média aritmética é:

$$\overline{x} = \frac{2+4+3+5+6+2+5}{7} = 3,8571$$

Obs.: a notação x é empregada para representar a média de uma amostra de valores. A média da população costuma ser representada pela letra grega μ (mi).

Para dados agrupados sem intervalos de classes

Para dados agrupados em distribuições de frequências, calcula-se a média ponderada, sendo que a frequência observada para cada valor é o peso dele, então a média aritmética é dada por:

$$\overline{x} = \frac{\sum_{i=1}^{k} x_i f_i}{\sum_{i=1}^{k} f_i}$$

Considerando a distribuição:

x	f_i
2	1
4	3
5	2

$$\overline{x} = \frac{2 \cdot 1 + 4 \cdot 3 + 5 \cdot 2}{1 + 3 + 2} = \frac{2 + 12 + 10}{6} = 4$$

Para dados agrupados com intervalos de classes

A seguinte tabela a seguir representa o tempo de utilização de um aparelho de ginástica de uma academia pelos seus usuários:

Tempo de Utilização (em minutos)	Frequência Absoluta
1 ⊢ 4	18
4 ⊢ 7	108
7 ⊢ 10	270
10 ⊢ 13	150
13 ⊢ 16	54
Total	600

Seja x_i o ponto médio de um determinado intervalo.

Tempo de Utilização (em minutos)	Ponto Médio	Frequência Absoluta	Frequência Relativa
1 ⊢ 4	2,5	18	18/600 = 0,03
4 ⊢ 7	5,5	108	108/600 = 0,18
7 ⊢ 10	8,5	207	270/600 = 0,45
10 ⊢ 13	11,5	150	150/600 = 0,25
13 ⊢ 16	14,5	54	54/600 = 0,09

O tempo médio de utilização do aparelho é dado por:

$$\overline{x} = \frac{18 \cdot 2,5 + 108 \cdot 5,5 + 270 \cdot 11,5 + 54 \cdot 14,5}{600}$$

$\overline{x} = 9,07$ minutos (aproximadamente)

Propriedades da média aritmética

P1: se a cada x_i (i = 1, 2, ..., n) adicionarmos uma constante real k, a média aritmética fica adicionada de k unidades.

P2: se multiplicarmos cada x_i (i = 1, 2, ..., n) por uma constante real k, a média aritmética fica multiplicada por k.

Outros Tipos de Média

Podemos definir outros tipos de média de um conjunto de dados, como:

- Média aritmética ponderada;
- Média geométrica;
- Média harmônica;
- Média das médias.

ESTATÍSTICA DESCRITIVA

Média aritmética ponderada

A média aritmética ponderada é calculada por meio do somatório das multiplicações entre valores e as frequências desses valores divididas pelo somatório dessas frequências.

Notas de um aluno.

Nota	Peso
7,0	1
6,0	2
8,0	3
7,5	4

A média ponderada é:

$$\frac{7,0 \cdot 1 + 6,0 \cdot 2 + 8,0 \cdot 3 + 7,5 \cdot 4}{1 + 2 + 3 + 4} = \frac{73}{10} = 7,3$$

Média geométrica (G)

A média geométrica é definida como n-ésima raiz (em que n é a quantidade de termos) da multiplicação dos termos.

Calcular a média geométrica entre os valores 2 e 8.

$$G = \sqrt{2 \cdot 8} = \sqrt{16} = 4$$

Média harmônica (H)

A média harmônica H dos números reais positivos $x_1, \ldots, x_n > 0$ é definida como sendo o número de membros dividido pela soma do inverso dos membros.

Calcular a média harmônica entre os valores 2 e 8.

$$H = \frac{2}{\frac{1}{2} + \frac{1}{8}} = \frac{2}{\frac{5}{8}} = 2 \cdot \frac{8}{5} = \frac{16}{5} = 3,2$$

Para um conjunto de observações não negativas, vale a seguinte relação:

$$\overline{X} \geq G \geq H$$

Média das médias (média global)

Sejam os conjuntos A com valores, B com valores, ..., e K com valores. Se A tem média, B tem média, ..., e K tem média, então a média do conjunto maior, que é formado pela reunião de todos os elementos dos conjuntos A, B, ..., K em um único conjunto, é dada por:

$$\overline{X} = \frac{n_A \overline{X}_A + n_A \overline{X}_A + \ldots n_K X_K}{n_A + n_B + \ldots n_K}$$

Em uma empresa, há 400 homens e 100 mulheres. Os salários médios pagos aos empregados dos gêneros masculinos e femininos são de R$ 2.550,00 e 2.480,00, respectivamente. Calcule a média global dos salários.

$$\overline{X} = \frac{n_H \overline{X}_H + n_M \overline{X}_M}{n_H + n_M}$$

$$\overline{X} = \frac{400 \times 2550 + 100 \times 2480}{400 + 100} = 2536$$

26.4.2 Mediana (Me)

É uma medida de tendência central que indica exatamente o valor central de uma amostra de dados.

Obs.:
- os valores da amostra devem ser colocados em ordem crescente;
- se a quantidade de valores da amostra for ímpar, a mediana é o valor central da amostra;
- se a quantidade de valores da amostra for par, é preciso tirar a média dos valores centrais para calcular a mediana.

Para Dados Não Agrupados

1.
3 - 4 - 9 - 6 - 3 - 8 - 2 - 4 - 5 - 6
$M_e = 2 - 3 - 3 - 4 - \mathbf{4 - 5} - 6 - 6 - 8 - 9$

$$M_e = \frac{4+5}{2} = \frac{9}{2} = 4,5$$

2.
4 - 5 - 7 - 2 - 9
$M_e = 2 - 4 - \mathbf{5} - 7 - 9$
$M_e = 5$

Para dados agrupados sem intervalos de classes

O valor que divide a distribuição de frequências em 2 grupos com mesmo número de elementos estará na posição dada por:

$$\frac{\sum f_i}{2}$$

Neste caso é preciso identificar a frequência acumulada imediatamente superior à metade da soma das frequências:

1. Calcule a Mediana da seguinte distribuição:

x_i	f_i	F_i
0	2	2
1	6	8
2	10	18
3	12	30
4	4	34
	$\sum = 34$	

Temos que:

$$\frac{\sum f_i}{2} = \frac{34}{2} = 17$$

Neste caso, a frequência acumulada é imediatamente superior à metade da soma das frequências.

X_i	f_i	F_i
0	2	2
1	6	8
2	10	18
3	12	30
4	4	34
	$\sum = 34$	

Logo,
$M_e = 2$

2. Calcule a Mediana da seguinte distribuição:

X_i	f_i	F_i
12	1	1
14	2	3
15	1	4
16	2	6
17	1	7
20	1	8
	$\Sigma = 8$	

Temos que:

$$\frac{\Sigma f_i}{2} = \frac{8}{2} = 4$$

Neste caso, a mediana será a média aritmética entre o valor da variável correspondente a essa frequência acumulada e o seguinte.

X_i	f_i	F_i
12	1	1
14	2	3
15	1	④
16	2	⑥
17	1	7
20	1	8
	$\Sigma = 8$	

Logo,

$$Me = \frac{15 + 16}{2}$$

$Me = 15,5$

Para dados agrupados com intervalos de classes

Neste caso, devemos seguir os seguintes passos:
- determinar as frequências acumuladas;
- calcular $\Sigma f_i/2$;
- marcar a classe correspondente à frequência acumulada imediatamente à $\Sigma f_i/2$ (classe mediana) e, em seguida, aplicar a seguinte fórmula:

$$M_e = L_i + h \cdot \frac{\Sigma f_i/2 - F_{(ant)}}{f}$$

Sendo:
Li: limite inferior da classe mediana;
F(ant): frequência acumulada da classe anterior à classe mediana;
f: frequência acumulada da classe anterior à classe mediana;
h: amplitude do intervalo da classe mediana.
Calcule a Mediana da seguinte distribuição:

Classes	f_i
150 ⊢154	4
154 ⊢158	9
158 ⊢162	11
162 ⊢166	8
166 ⊢170	5
170 ⊢174	3
	$\Sigma = 40$

1º passo: determinar as frequências acumuladas.

Classes	f_i	F_i
150 ⊢154	4	14
154 ⊢158	9	13
158 ⊢162	11	24
162 ⊢166	8	32
166 ⊢170	5	37
170 ⊢174	3	40
	$\Sigma = 40$	

2º passo: calcular $\dfrac{\Sigma f_i}{2}$

$$\frac{\Sigma f_i}{2} = \frac{40}{2} = 20$$

3º passo:

h=4

Classes	f_i	F_i
150 ⊢154	4	14
154 ⊢158	9	⑬
⑮⑧⊢162	⑪	24
162 ⊢166	8	32
166 ⊢170	5	37
170 ⊢174	3	40
	$\Sigma = 40$	

Logo,

$$Me = Li + h \cdot \frac{\Sigma fi/2 - F_{(ant)}}{f}$$

$$Me = 158 + 4 \cdot \frac{20 - 13}{11}$$

$Me = 158 + 2,54$

$Me = 160,54$

ESTATÍSTICA DESCRITIVA

Propriedades da mediana

P1: a mediana não depende de todos os valores observados; além disso não sofre influência de valores extremos.

P: não pode ser aplicada a variáveis nominais.

P3: adequado quando os dados apresentam grande variabilidade ou distribuição assimétrica, além de valores extremos indefinidos (Exemplo: maior do que...).

26.4.3 Moda (Mo)

A moda de uma série de valores é o valor de maior frequência absoluta, ou seja, o valor que aparece o maior número de vezes na distribuição.

Para dados não agrupados

1.
6 - 9 - 12 - 9 - 4 - 5 – 9
$M_o = 9$

2.
12 - 13 - 19 - 13 - 14 - 12 – 16
$M_o = 12$ e 13 (Bimodal)

3.
4 - 29 - 15 - 13 - 18
Mo = Não há moda (Amodal), pois não existe valor mais presente.

> **Fique ligado**
>
> Pode haver mais de uma moda em um conjunto de valores. Se houver apenas uma moda, a distribuição é dita Unimodal; se houver duas, é Bimodal; se houver três é Trimodal, e assim sucessivamente.

Para dados agrupados sem intervalos de classes

Consideremos a seguinte distribuição:

x	f_i
2	1
4	3
5	2

O valor de frequência máxima é o 4.
Logo, $M_o = 4$.

Para dados agrupados com intervalos de classes

Neste caso, a classe que apresenta a maior frequência é denominada classe modal. Se os dados de uma variável quantitativa estão dispostos em uma tabela agrupada em classe, e não há acesso aos dados originais, é possível encontrar a Moda por vários procedimentos. São eles:

- Moda Bruta
- Moda de Pearson
- Moda Czuber
- Moda Kink

Vejamos os exemplos a seguir.

Cálculo da Moda Bruta: método mais simples; consiste em tomar como Moda o ponto médio da classe modal.

Determine a Moda Bruta da seguinte distribuição:

Altura	f_i
155 ⊢165	3
165 ⊢175	18
175 ⊢185	11
185 ⊢195	9

Altura	f_i	X_i
155 ⊢165	3	160
165 ⊢175	18	170
175 ⊢185	11	180
185 ⊢195	9	190

$M_o: \dfrac{165 + 175}{2} = 170$

Cálculo da Moda de Pearson, Czuber e King: para o cálculo da Moda de Pearson, Czuber e King utilizaremos as seguintes fórmulas:

- **Moda de Pearson:**

$$M_o = 3 \cdot M_e - 2\bar{x}$$

- **Moda de Czuber:**

$$M_o = L_i + h \cdot \dfrac{F_{max} - F_{ant}}{2F_{max} - (F_{ant} + F_{post})}$$

- **Moda King:**

$$M_o = L_i + h \cdot \dfrac{F_{post}}{F_{ant} + F_{post}}$$

Sendo:
M_o = Moda
M_e = Mediana
x = Média
Li = Limite inferior da classe modal
h = Intervalo da classe modal
$F_{máx}$ = Frequência da classe modal
F_{ant} = Frequência da classe anterior à classe modal;
F_{post} = Frequência da Classe Posterior à classe modal.

Esses três procedimentos são aproximações; a Moda real seria obtida a partir dos dados brutos.

Calcule a Moda de Pearson, King e Czuber, da tabela a seguir:

Classes	f_i
0 ⊢10	1
10 ⊢20	3
20 ⊢30	6
30 ⊢40	2

RACIOCÍNIO LÓGICO-MATEMÁTICO

- **Obs.:** vamos determinar a classe modal:

Classes	f_i
0 ⊢10	1
10 ⊢20	3
20 ⊢30	⑥ ⟹ classe modal
30 ⊢40	2

Moda de Pearson

Classes	f_i
0 ⊢10	1
10 ⊢20	3
20 ⊢30	6
30 ⊢40	2

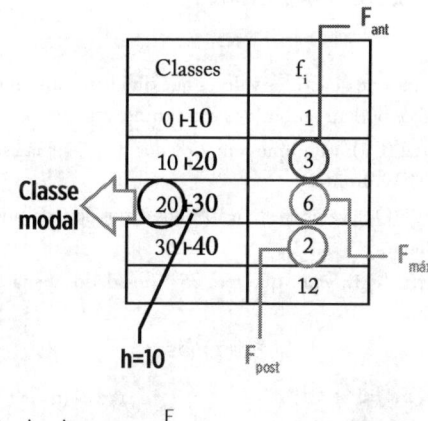

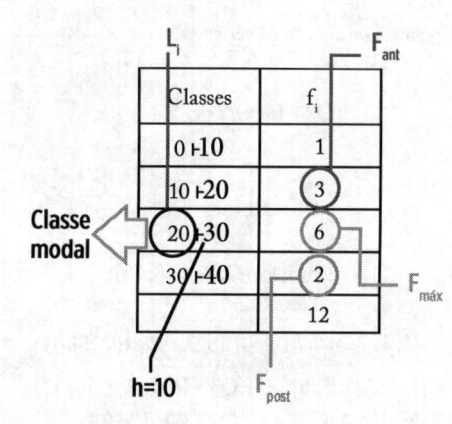

1º passo: determinar a Mediana (Me).

Classes	f_i	F_i
0 ⊢10	1	1
10 ⊢20	3	4
20 ⊢30	6	10
30 ⊢40	2	12

⟸ Freq. Acumulada

$$M_e = L_i + h \cdot \frac{\Sigma F_i - F_{(ant)}}{f}$$

$$M_e = 20 + 10 \cdot \frac{12/2 - 4}{6}$$

$M_e = 23,33$

2º passo: calcular a Média.

Classes	f_i	X_i
0 ⊢10	1	5
10 ⊢20	3	15
20 ⊢30	6	25
30 ⊢40	2	35
	Σ = 12	

⟸ X_i = Ponto médio

$$\overline{X} = \frac{1 \cdot 5 + 3 \cdot 15 + 6 \cdot 25 + 2 \cdot 35}{12} = \frac{270}{12} = 22,5$$

3º passo: aplicar a fórmula.
$M_e = 3 \cdot M_e - 2\overline{X}$
$M_e = 3 \cdot 23,33 - 2(22,5) = 25$

Moda King

Classes	f_i
0 ⊢10	1
10 ⊢20	3
20 ⊢30	6
30 ⊢40	2

Classes	f_i
0 ⊢10	1
10 ⊢20	③ ← F_{ant}
20 ⊢30	⑥ ← Classe modal
30 ⊢40	② ← F_{post} ... $F_{máx}$
	12

h=10

$$M_o = L_i + h \cdot \frac{F_{post}}{F_{ant} + F_{post}}$$

$$M_o = 20 + 10 \cdot \frac{2}{3 + 2}$$

$M_o = 24$

Moda Czuber

Classes	f_i
0 ⊢10	1
10 ⊢20	3
20 ⊢30	6
30 ⊢40	2

Classes	f_i
0 ⊢10	1
10 ⊢20	③ ← F_{ant}
20 ⊢30	⑥ ← Classe modal
30 ⊢40	② ← F_{post}, $F_{máx}$
	12

h=10

$$M_o = L_i + h \cdot \frac{F_{max} - F_{ant}}{2 \cdot F_{max} - (F_{ant} + F_{post})}$$

$$M_o = 20 + 10 \cdot \frac{6 - 3}{2(6) - (3 + 2)}$$

$M_o = 24,29$

ESTATÍSTICA DESCRITIVA

A Moda é o ponto de maior probabilidade. Ao contrário da Média e da Mediana, a Moda tem de ser um valor existente no conjunto de dados.

Quando todos os dados de uma série estatística são iguais, a média, a mediana e a moda coincidirão com este valor e, portanto, qualquer uma delas representará bem a série.

26.4.4 Separatrizes

As separatrizes são os valores que dividem as séries em partes iguais. As principais medidas separatrizes são: a mediana (já estudada) e os quartis, os decis e os percentis.

Quartis

Chamamos de quartis os valores que dividem a distribuição em 4 partes iguais e podem ser obtidos da seguinte maneira:

1º quartil (Q1): valor que tem 25% dos dados à sua esquerda e o restante (75%) à direita.

2º quartil (Q2): valor que tem 50% dos dados de cada lado, coincide com a mediana.

3º quartil (Q3): valor que tem 75% dos dados à sua esquerda e 25% à direita.

Fórmulas

1º quartil	$P = 0{,}25 \cdot (n+1)$
2º quartil	$P = 0{,}50 \cdot (n+1)$
3º quartil	$P = 0{,}75 \cdot (n+1)$

Sendo:
n – nº de dados

1. Calcule os quartis da série: $\{5, 2, 6, 9, 10, 13, 15\}$.

O primeiro passo a ser dado é o da ordenação (crescente ou decrescente) dos valores: $\{2, 5, 6, 9, 10, 13, 15\}$.

Se n for ímpar, a Mediana é o valor central do rol: 4º número.

O valor que divide a série acima em duas partes iguais é igual a 9, logo a Md = 9 que será = Q2.

Temos agora $\{2, 5, 6\}$ e $\{10, 13, 15\}$ como sendo os dois grupos de valores iguais. Para o cálculo do primeiro quartil e do terceiro quartil, basta calcular as medianas de cada uma das partes.

Em $\{2, 5, 6\}$ a mediana é 5, ou seja: Q1 = 5 e
Em $\{10, 13, 15\}$ a mediana é 13, ou seja:
Q3 = 13

2. Encontre os quartis da série:
$$\{1, 1, 2, 3, 5, 5, 6, 7, 9, 9, 10, 13\}$$

$$Q2 = (5+6)/2 = 5{,}5$$

$$5{,}5 \downarrow$$

$$\{1, 1, 2, 3, 5, 5, 6, 7, 9, 9, 10, 13\}$$

$\{1, 1, 2, 3, 5, 5\}$ $\qquad$ $\{6, 7, 9, 9, 10, 13\}$

Q1 = $\{1, 1, 2, 3, 5, 5\}$ $\qquad$ Q3 = $\{6, 7, 9, 9, 10, 13\}$
Q1 = $(2+3)/2 = 2{,}5$ $\qquad$ Q3 = $(9+9)/2 = 9$

Portanto, os quartis encontrados foram:

Q1 = 2,5
Q2 = 5,5
Q3 = 9

Decis

Chamamos de decis os valores que dividem uma série em 10 partes iguais. Portanto, temos nove decis; o primeiro tem 10% dos dados à sua esquerda, e 90% à sua direita; o segundo tem 20% dos dados à sua esquerda, e 80% à sua direita, e assim por diante, até o nono decil, que tem 90% dos dados à sua esquerda, e 10% à sua direita.

Fórmulas

1º decil	$P = 0{,}10 \cdot (n+1)$
2º decil	$P = 0{,}20 \cdot (n+1)$
3º decil	$P = 0{,}30 \cdot (n+1)$
4º decil	$P = 0{,}40 \cdot (n+1)$
5º decil	$P = 0{,}50 \cdot (n+1)$
6º decil	$P = 0{,}60 \cdot (n+1)$
7º decil	$P = 0{,}70 \cdot (n+1)$
8º decil	$P = 0{,}80 \cdot (n+1)$
9º decil	$P = 0{,}90 \cdot (n+1)$

Sendo:
n: nº de dados

Percentis

Chamamos de percentis os 99 valores que separam uma série em 100 partes iguais. O cálculo dos percentis está relacionado com a percentagem. No quadro a seguir são mostrados alguns percentis.

Fórmulas

4º percentil (P_4)	$P = 0{,}04 \cdot (n+1)$
12º percentil (P_{12})	$P = 0{,}12 \cdot (n+1)$
20º percentil (P_{50})	$P = 0{,}20 \cdot (n+1)$

Sendo:
n: nº de dados

Cálculos das separatrizes para dados agrupados com intervalos de classes

Para determinar os quartis, utilizaremos as seguintes fórmulas:

$$Q1 = Li + h \cdot \frac{1 \cdot \Sigma fi / 4 - F_{(ant)}}{f}$$

$$Q2 = Li + h \cdot \frac{2 \cdot \Sigma fi / 4 - F_{(ant)}}{f}$$

$$Q3 = Li + h \cdot \frac{3 \cdot \Sigma fi / 4 - F_{(ant)}}{f}$$

Sendo:
Li = Limite inferior da classe quartílica
h = Intervalo de classe
f = Frequência simples da classe quartílica
F(ant) = Frequência acumulada da classe anterior à classe quartílica
As expressões $\Sigma fi/4$, $fi/4$ e $fi/4$ servem também para determinar a Classe Quartílica.

Consideremos a seguinte distribuição de frequências em classe:

RACIOCÍNIO LÓGICO-MATEMÁTICO

Classes	f_i
150 ⊢154	4
154 ⊢158	9
158 ⊢162	11
162⊢ 166	8
166 ⊢170	5
170⊢174	3
	Σ = 40

Vamos determinar a Frequência acumulada:

Classes	f_i	F_i
150 ⊢154	4	4
154 ⊢158	9	13
158 ⊢162	11	24
162⊢ 166	8	32
166 ⊢170	5	37
170⊢174	3	40
	Σ = 40	

⟵ Freq. acumulada

Vamos calcular o Q1, Q2 e Q3:
1º quartil (Q1):

$$Q1 = Li + h \cdot \frac{1 \cdot \Sigma fi / 4 - F_{(ant)}}{f}$$

1º passo: determinar a classe quartílica para o Q1:
Σ fi/4 = 1 . 40/4 = 10

Classes	f_i	F_i
150 ⊢154	4	④
154 ⊢158	9	13
158 ⊢162	11	24
162⊢ 166	8	32
166 ⊢170	5	37
170⊢174	3	40
	Σ = 40	

Frequência acumulada anterior à classe quartílica → 4
classe quartílica → 154 ⊢158

Logo,

$$Q1 = 154 + 4 \cdot \frac{1 \cdot \Sigma fi / 4 - F_{(ant)}}{f}$$

Q1 = 156,66...

2º Quartil (Q2):

$$Q2 = Li + h \cdot \frac{2 \cdot \Sigma fi / 4 - F_{(ant)}}{f}$$

1º passo: determinar a classe quartílica para o Q2:
Σ fi/4 = 2 . 40/4 = 20

Classes	f_i	F_i
150 ⊢154	4	4
154 ⊢158	9	⑬
158 ⊢162	11	24
162⊢ 166	8	32
166 ⊢170	5	37
170⊢174	3	40
	Σ = 40	

Frequência acumulada anterior à classe quartílica → 13
classe quartílica → 158 ⊢162

$$Q2 = 158 + 4 \cdot \frac{(20 - 13)}{11}$$

Q2 = 160,5454...

3º Quartil (Q3):

$$Q3 = Li + h \cdot \frac{3 \cdot \Sigma fi / 4 - F_{(ant)}}{f}$$

1º passo: determinar a classe quartílica para o Q3:
Σ fi/4 = 3 . 40/4 = 30

Classes	f_i	F_i
150 ⊢154	4	4
154 ⊢158	9	13
158 ⊢162	11	㉔
162⊢ 166	8	32
166 ⊢170	5	37
170⊢174	3	40
	Σ = 40	

Frequência acumulada anterior à classe quartílica → 24
classe quartílica → 162⊢ 166

$$Q2 = 162 + 4 \cdot \frac{(30 - 24)}{8}$$

Q3 = 165

Analogamente, para calcular os Decis e os Percentis de uma distribuição, adaptamos as fórmulas utilizadas anteriormente para o cálculo dos Quartis, conforme o disposto a seguir:

Para os Decis:

$$Dn = Li + h \cdot \frac{n \cdot \Sigma fi / 10 - F_{(ant)}}{2}$$

Para os Percentis:

$$P_n = Li + h \cdot \frac{n \cdot \Sigma fi / 100 - F_{(ant)}}{f}$$

ESTATÍSTICA DESCRITIVA

Consideremos a seguinte distribuição de frequências em classe:

Classes	f_i
150 ⊢154	4
154 ⊢158	9
158 ⊢162	11
162 ⊢166	8
166 ⊢170	5
170 ⊢174	3
	$\Sigma = 40$

Determine o 1º decil (D1) e o 90º percentil (P90).

1º decil (D1):

1º passo: determinar a classe quartílica para o Q1:

$\Sigma f_i / 10 = 1.\ 40/10 = 4$

Classes	f_i	F_i
150 ⊢154	4	4
154 ⊢158	9	13
158 ⊢162	11	24
162 ⊢166	8	32
166 ⊢170	5	37
170 ⊢174	3	40
	$\Sigma = 40$	

$$D_n = Li + h \cdot \frac{n \cdot \Sigma f_i / 10 - F_{(ant)}}{f}$$

$$D_n = 150 + 4 \cdot \frac{[4 - 0]}{4}$$

$D_n = 154$

90º percentil (P90):

1º passo: determinar a classe quartílica para o Q1:

$\Sigma f_i / 100 = 90.\ 40/100 = 36$

$$P_n = Li + h \cdot \frac{n \cdot \Sigma f_i / 100 - F_{(ant)}}{f}$$

$$P_{90} = 166 + 4 \cdot \frac{(90 \cdot 40/100 - 32)}{5}$$

$$D_n = 169,2$$

No caso da Mediana, vimos que ela divide o conjunto em duas metades. Já o Quartil, separa o conjunto em quatro partes iguais; o Decil, em dez partes e, finalmente, o Centil (ou Percentil), em cem partes iguais. Observemos esta relação visual entre as separatrizes:

```
!-------------------!-------------------!
                    Md
!---------!---------!---------!---------!
          Q1        Q2        Q3
!---!---!---!---!---!---!---!---!---!
   D1  D2  D3  D4  D5  D6  D7  D8  D9
!---!---!---!---!---!---!---!---!---!
   C10 C20 C30 C40 C50 C60 C70 C80 C90
```

Concluímos que:

$$Md = Q2 = D5 = C50$$

27 INTERVALO DE CONFIANÇA PARA A PROPORÇÃO

Antes de estudarmos o intervalo de confiança para a proporção, vamos ver como se comporta a proporção amostral através do seguinte exemplo:

> Lançar 3 vezes o dado e calcular a proporção de casos múltiplos de 3.
>
> Vamos considerar a seguinte amostra em particular:
> $(2, 3, 5) \to \hat{p} - 1/3$

$\hat{p}$: proporção amostral.

Tivemos um único caso favorável. Logo, neste caso, a proporção amostral é de 1/3.

Se considerar todas as possíveis amostras, então a proporção amostral varia. Se ela varia e para cada possível valor tem-se uma probabilidade, isto é uma variável aleatória. Portanto, vamos calcular a sua média e variância:

a) Cálculo da Esperança da $\hat{p}$:

$\hat{p}$	$\hat{p}^2$	$\hat{p} \times p$
0	64/216	0
1/3	96/216	96/648
2/3	48/216	96/648
3/3	8/216	24/648
Total	1	216/648

$$E(\hat{p}) = 216/648 = 1/3$$

b) Cálculo da Variância da $\hat{p}$

$\hat{p}$	$\hat{p}$	p	$\hat{p} \times p$
0	0	64/216	0
1/3	1/9	96/216	96/1944
2/3	4/9	48/216	192/1944
3/3	9/9	8/216	74/1944
----	Toral	1	360/1944

$E(\hat{p}^2)$: esperança do quadrado da proporção amostral.

Agora, vamos terminar de calcular a Variância:

$$V(\hat{p}) = E(\hat{p}^2) - E(\hat{p})^2$$

$$V(\hat{p}) = 40/216 - (1/3)^2 = 2/27$$

Resultado (expressões):

$$E(\hat{p}) = p$$

$$V(\hat{p}) = p \cdot q/n$$

Sendo:
$E(\hat{p})$: Esperança da proporção amostral
$V(\hat{p})$: Variância da proporção amostral
p: proporção de sucesso na população
q: proporção de fracasso
n: tamanho da amostra

No exemplo fica assim:

$$E(\hat{p}) = p = 1/3$$

$$V(\hat{p}) = (1/3 \cdot 2/3)/3 = 2/27$$

Intervalo de confiança para a proporção

$$\bar{x} \pm Z_o \times \sigma_{\bar{x}}$$

$$\hat{p} \pm Z_o \times \sigma_{\hat{p}}$$

Ou

$$\hat{p} \pm Z_o \times \sqrt{p \cdot q / n}$$

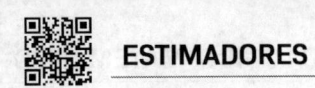

28 ESTIMADORES

Obtida uma amostra, muitas vezes desejamos usá-la para produzir alguma característica específica, por exemplo a média da amostra. Dos resultados obtidos da amostra podemos usar para generalizar para a população (estimativa). Para isto, usamos os estimadores.

Existem dois processos para inferir estatisticamente:

a) Estimação pontual: obter um valor (que constitua a melhor aproximação).

A média da amostra é R$ 1.000,00, com isso espera-se que a média da população também seja R$ 1.000,00.

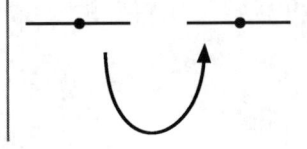

b) Estimação por intervalos: obter um conjunto de valores (no qual seja provável que o parâmetro da população se encontre). Nesta caso, o intervalo obtido é também chamado Intervalo de Confiança.

Na população a média deve estar entre R$ 900,00 e R$ 1.100,00.

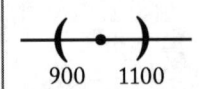

Estatística é uma característica da amostra.
Parâmetro é uma característica da população.

Principais Características dos Estimadores:
a) Nãoviciados (não tendencioso)
b) Máxima verossimilhança
c) Mínimos quadrados
d) Variância mínima

Estimadores pontuais:
- Média amostral é estimador para a Média Populacional:

$$\bar{x} \text{ estima } \mu$$
média amostral — média populacional

Obs.: a média amostral é uma estimador nãoviciado.

- Proporção amostral é estimador para proporção populacional:

$$\hat{p} \text{ estima } p$$
proporção amostral — proporção populacional

- Variância amostral estima variância populacional:

$$S^2 \text{ estima } \sigma^2$$
Variância amostral — Variância populacional

Obs.:
a) Se usar n-1 no denominador: não viciado.
b) Se usar n no denominador e a distribuição for normal: máxima verossimilhança.

Fórmula da Variância Amostral:

$$S^2 = \frac{\sum (X_i - \bar{X})^2}{n-1} \rightarrow \textbf{Não viciado}$$

$$S^2 = \frac{\sum (X_i - \bar{X})^2}{n} \rightarrow \textbf{Máxima Verossimilhança}$$

Ou seja, para a Variância não coincidem os estimadores. O estimador que tem a propriedade de não viciado não é o mesmo que tem a máxima verossimilhança.

Considere uma amostra aleatória simples de n unidades extraída de uma população na qual a característica, X, estudada tem distribuição normal com média μ e variância σ^2, ambas desconhecidas, mas finitas. Considere, ainda, as estatísticas média da amostra,

$$\bar{X} = 1/n \cdot \sum X_i$$

e variância da amostra:

$$S^2 = 1/n \cdot \sum (X_i - \bar{X})^2$$

Então, é correto afirmar que:

a) $\bar{X}$ e S2 são, ambos, não tendenciosos para a estimação da média e da variância da população, respectivamente.
b) $\bar{X}$ é não tendencioso, mas é S2 tendencioso para a estimação da média e da variância da população, respectivamente.
c) $\bar{X}$ é tendencioso, mas S2 é não tendencioso para a estimação da média e da variância da população, respectivamente.
d) $\bar{X}$ e S2 são, ambos, tendenciosos para a estimação da média e da variância da população, respectivamente.
e) $\bar{X}$ e S2 são, ambos, não tendenciosos para a estimação da média e da variância da população, mas apenas é consistente.

GABARITO B.

29 AMPLITUDE DO INTERVALO E ERRO MÁXIMO COMETIDO

(tamanho da amostra)

Introdução: uma pesquisa eleitoral, em que se tem 30% de preferência em uma possível votação, com 2% de variação.

Observação: existe como, antes de iniciar uma pesquisa, definir um erro máximo (amplitude). Para que essa amplitude seja obedecida, temos que calcular o tamanho da amostra.

Vamos, antes, lembrar sobre o intervalo de confiança:

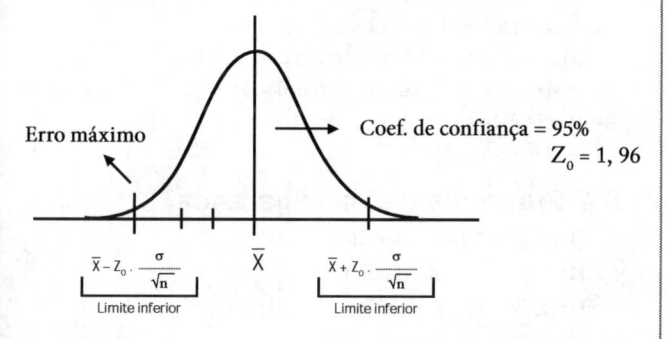

Erro máximo

Coef. de confiança = 95%
$Z_0 = 1,96$

$\overline{X} - Z_0 \cdot \dfrac{\sigma}{\sqrt{n}}$ | $\overline{X}$ | $\overline{X} + Z_0 \cdot \dfrac{\sigma}{\sqrt{n}}$
Limite inferior — Limite inferior

a) o erro máximo, neste caso, é se a média populacional estiver em um dos limites (inferior ou superior).

b) considerando o nível de confiança apresentado, o erro máximo cometido é a metade da amplitude do intervalo.

Como calcular a amplitude do intervalo:

Maior valor:

$$\overline{X} + Z_0 \cdot \dfrac{\sigma}{\sqrt{n}}$$

Menor valor:

$$\overline{X} - Z_0 \cdot \dfrac{\sigma}{\sqrt{n}}$$

Amplitude do intervalo = Maior valor − Menor valor

Amplitude do intervalo = $\overline{X} + Z_0 \cdot \dfrac{\sigma}{\sqrt{n}} - \left[\overline{X} - Z_0 \cdot \dfrac{\sigma}{\sqrt{n}} \right]$

Amplitude do intervalo = $2 \cdot Z_0 \cdot \dfrac{\sigma}{\sqrt{n}}$

Logo, como o erro máximo é a metade da amplitude do intervalo, temos que:

Erro máximo = $\dfrac{\text{Amplitude do intervalo}}{2}$

Erro máximo = $\dfrac{2 \cdot Z_0 \cdot \dfrac{\sigma}{\sqrt{n}}}{2}$

Erro máximo = $Z_0 \cdot \dfrac{\sigma}{\sqrt{n}}$

Obs.: se fosse diante da proporção amostral, o raciocínio seria análogo:

Erro máximo = $Z_0 \sqrt{\dfrac{p \cdot q}{n}}$

30 VARIÁVEIS ALEATÓRIAS (INTRODUÇÃO)

A cada possível valor de x, associamos uma probabilidade (função densidade de probabilidade).

1. O ponteiro de um relógio indica os segundos (1, 2, 3, 4, 5, ...). Observa-se que varia de uma forma determinística. Sabemos qual é o próximo valor!

2. O dado de 6 faces (2, 3, 3, 4, 5, 6, ...). Observa-se que varia de forma aleatória, ou seja, não conseguimos determinar ou prever qual é o próximo valor. Neste caso podemos associar para cada face possível uma probabilidade.

Vejamos:

Face nº 1: 1/6
Face nº 2: 1/6
Face nº 3: 1/6
Face nº 4: 1/6
Face nº 5: 1/6
Face nº 6: 1/6

Isto é possível porque neste caso a variável x é discreta. Podemos afirmar que a variável é discreta (assume valores em um conjunto enumerável de valores).

3. Medição da temperatura de uma estufa (intervalo: 20 °C a 30 °C)

1ª Medição: 20,1 °C

2ª Medição: 22,1 °C

3ª Medição: 22,01 °C

4ª Medição: 22,432 °C

Assume qualquer valor em um intervalo real, são infinitos valores. Neste caso a variável é contínua.

Qual seria a probabilidade de em uma medição apresentar um valor de 26 °C?

1 / infinito valores possíveis = 0. Não faz sentido falar em probabilidade de um determinado valor, pois sempre será nulo. Vamos usar a função densidade de probabilidade neste caso.

Variáveis quantitativas:

- **Discretas (conjunto enumerável de pontos). Exemplo:** lançamento de uma dado de 6 faces. São fruto de uma contagem.
- **Contínuas (qualquer valor em um intervalor real). Exemplo:** Medição da temperatura. Assume qualquer valor em um intervalo real, são infinitos valores.

Quadro paralelo entre a estatística descritiva e inferencial:

Descritiva	Inferencial
Freq. relativa simples	Probabilidade
Dados em rol/agrupados por valor	Variáveis aleatórias discretas
Dados em classe	Variáveis aleatórias contínuas

30.1 Esperança para variáveis aleatórias discretas

É a média da variável aleatória.

Simbologia para a esperança:

$E(x) = \mu x$

Fórmula de cálculo: $E(x) = \Sigma X_i \times P(X_i)$

Exemplo: um lançamento de um dado de 6 faces.

Possíveis resultados:

X	P (probabilidade)	X.P
1	1/6	1/6
2	1/6	2/6
3	1/6	3/6
4	1/6	4/6
5	1/6	5/6
6	1/6	6/6
	Σ = 1	Σ = 21/6

$\Sigma X_i \times P(X_i) = 21/6 = 7/2 = 3,5$

Portanto, 3,5 / 1 = 3,5 (Esperança ou média).

Isso significa que se lançarmos o dado várias vezes e tirar a média, a média será 3,5.

$E(x) = 3,5$.

30.2 Propriedades da esperança

I) $E(X + Y) = E(X) + E(Y)$

II) $E(X - Y) = E(X) - E(Y)$

III) $E(k \times X) = k \times E(X)$

IV) $E(k) = k$

V) Se X e Y forem eventos independentes, então: $E(XY) = E(X) \times E(Y)$

VI) Se $E(XY) = E(X) \times E(Y)$ não podemos concluir que são independentes.

31 DISTRIBUIÇÃO DA MÉDIA AMOSTRAL

Vamos considerar a média amostral como uma variável aleatória. Para isso vamos considerar o seguinte exemplo:

Observar o resultado de um tetraedro duas vezes.

1 e 1	1 e 2	1 e 3	1 e 4
2 e 1	2 e 2	2 e 3	2 e 4
3 e 1	3 e 2	3 e 3	3 e 4
4 e 1	4 e 2	4 e 3	4 e 4

Vamos considerar a seguinte amostra de todos os possíveis resultados do lançamento de um tetraedro 2 vezes:

$$(2,4) - \overline{X} = (2+4)/2 = 3$$

Para esta amostra a média ($\overline{X}$) é igual a 3.

Média amostral: é a média da amostra.

Vamos considerar X o resultado de cada face do tetraedro e calcular a sua média e variância:

Média: $E(X) = (1+2+3+4) / 4$
$E(X) = 10/4 = $ **2,5**

Variância: V(X)

X	X²	p	X² . p
1	1	¼ = 0,25	0,25
2	4	¼ = 0,25	1
3	9	¼ = 0,25	2,25
4	16	¼ = 0,25	4
--	Total	1	7,5

$V(X) = E(X^2) - E(X)^2$
$V(X) = 7,5 - 2,5^2 = 1,25$

Vamos calcular a média de todas as amostras possíveis (16 possibilidades):

Amostra	$\overline{X}$	Amostra	$\overline{X}$
1 e 1	1	3 e 1	2
1 e 2	1,5	3 e 2	2,5
1 e 3	2	3 e 3	3
1 e 4	2,5	3 e 4	3,5
2 e 1	1,5	4 e 1	2,5
2 e 2	2	4 e 2	3
2 e 3	2,5	4 e 3	3,5
2 e 4	3	4 e 4	4

Vamos agora nos referir a todas as médias possíveis e considerar com se fosse uma variável aleatória. Podemos, então, calcular a média e variância de $\overline{X}$.

I) Cálculo da $E(X)$ de $\overline{X}$:

$\overline{X}$	p	$\overline{X} \cdot p$
1	1/16	1/16
1,5	2/16	3/16
2	3/16	6/16
2,5	4/16	10/16
3	3/16	9/16
3,5	2/16	7/16
4	1/16	4/16
Total	1	40/16

$E(X) = 40/16 = 2,5$

Observação importante: A Esperança da média amostral é igual a média da população μ.

$$E(X) = \mu$$

$E(X)$ = esperança da média amostral
μ = média da população

II) Cálculo da $V(X)$ de $\overline{X}$:

$\overline{X}$	$\overline{X}^2$	p	$\overline{X}^2 \cdot p$
1	1	1/16	1/16
1,5	2,25	2/16	4,5/16
2	4	3/16	12/16
2,5	6,25	4/16	25/16
3	9	3/16	27/16
3,5	12,25	2/16	24,5/16
4	16	1/16	16/16
----		Total	1	110/16

$E(\overline{X}^2) = 110/16 = 6,875$
$V(\overline{X}) = E(\overline{X}^2) - \mu^2$
$V(\overline{X}) = 6,875 - 2,5^2$
$V(\overline{X}) = 0,625$

Observe que:

$$V(\overline{X}) = 1,25/2 = V(X)/2$$

Então,

$$\sigma^2_{\overline{x}} = V(X) = \sigma^2/n$$

Sendo:
n: tamanho da amostra
V(X): Variância de X
$\sigma^2_{\overline{x}}$: Variância da média amostral
σ^2: variância da população

Conclusão: A média amostral pode ser vista como uma variável aleatória quando consideramos todas as amostras possíveis.

Sendo algo que varia ela tem uma Esperança E(X) que coincide com a Esperança da população:

$$E(X) = \mu$$

Ainda, sendo algo que varia ela tem uma Variância V(X) que pode ser calculada da seguinte forma:

$$\sigma^2_{\overline{x}} = V(X) = \sigma^2/n$$

32 TESTE DE HIPÓTESES

2 moedas
- moeda honesta
- moeda viciada: P(coroa) = 2/3

Escolhe-se uma moeda e lança-se 3 vezes:

Critério adotado
- 3 coroas: viciada
- 0, 1, 2 coroas: honesta

Hipóteses:
- H_0: P(coroa) = ½ { moeda honesta
- $H_A = H_1$: P(coroa) = 2/3 { moeda viciada

Vamos supor que ao lançar a moeda, obtemos 3 coroas. Portanto, com o critério de decisão, dizemos que a moeda é viciada.

1º caso (3 coroas): rejeitar a H_0

Chance de isso ocorrer = $C_{n,k} \cdot p^k \cdot q^{n-k}$

$C_{3,3} \cdot (0,5)^3 \cdot 0,5^0 = 1/8$ (chance de erro)

2º caso (2 coroas): Aceito a H_0

Chance de isso ocorrer = $C_{n,k} \cdot p^k \cdot q^{n-k}$

$C_{3,0} \cdot (2/3)^0 \cdot (1/3)^0 +$	$C_{3,1} \cdot 2/3 \cdot (1/3)^2 +$	$C_{3,1} \cdot (2/3)^2 \cdot (1/3)^1$
0 coroa	1 coroa	2 coroa

Resumo (tabela):

	Aceitar a H_0	Rejeitar a H_0
H_0 verdadeira		Erro de tipo I
H_0 Falsa	Erro de tipo II	$(1 - \beta)$

Nomes especiais:
- P(erro I) = nível de significância = α
- P(erro II) = β
- Poder do teste: $1 - \beta$

33 DISTRIBUIÇÃO DE QUI-QUADRADO

Corresponde à soma dos quadrados de n variáveis normais reduzidas e independentes entre si.

Trata-se da distribuição de Qui-Quadrado com n graus de liberdade.

| Exemplo: $(Z_1)^2 + (Z_2)^2 + (Z_3)^2 + (Z_4)^2 = X^2$

Neste caso, temos uma Distribuição de Qui-Quadrado com 4 grau de liberdade.

Sendo:

Z: Símbolo da Normal Reduzida

X^2: Símbolo da Distribuição de Qui-Quadrado

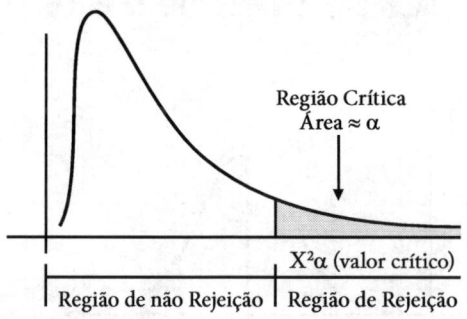

Obs.: se o número de graus de liberdade for alto, mais se aproxima de uma Distribuição Normal (mais simétrico).

33.1 Utilização da distribuição do qui-quadrado

Distribuição de Qui-quadrado e Variância:

$$\frac{(n-1) \cdot S^2}{\delta^2}$$

Sendo:

S2: Variância Amostral

δ2: Variância Populacional

n: tamanho da amostra

Tem distribuição de Qui-quadrado com n–1 graus de liberdade.

Usado para estudos sobre Variância.

33.2 Teste de qui-quadrado para proporções

Estatística Teste:

$$X^2 = \Sigma \frac{(O-e)^2}{e}$$

Sendo:

X^2: Qui-Quadrado

e: Valor Esperado

o: Valor Observado

Número de graus de liberdade: número de células que podemos preencher livremente sem alterar os totais.

34 DISTRIBUIÇÃO NORMAL

A Distribuição Normal é uma função de densidade contínua simétrica, em formato de sino, com média e variância representadas pelas letras gregas μ e σ², respectivamente. Tanto a mediana, como a moda, coincidem com sua média. É padronizada quando a média é nula e desvio padrão é unitário (Z).

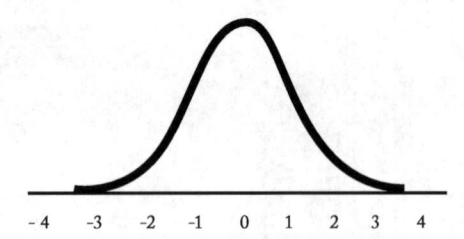

Existem vários tipos de variável normal:

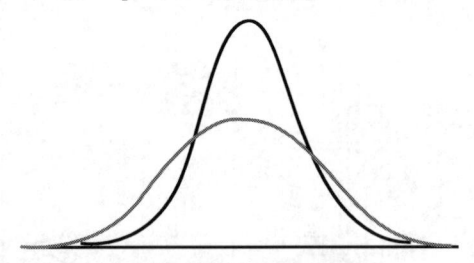

- A curva em vermelho tem maior dispersão (desvio padrão grande).
- A curva em azul tem menor dispersão (desvio padrão pequeno)

Observe ainda o gráfico a seguir:

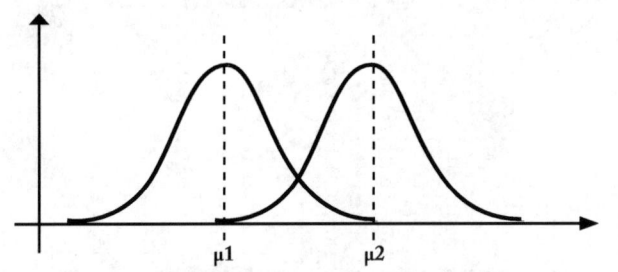

Vamos analisar agora o gráfico de uma Distribuição Normal Padronizada ou Reduzida:

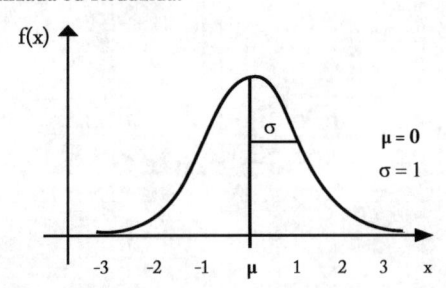

Sendo:
μ: Média
σ: Desvio Padrão
Z: Símbolo para Distribuição Normal

É a mais comum em provas e a tabela é fornecida em função deste padrão, ou seja, é padronizada quando a média é nula e desvio padrão é unitário. O símbolo para esta distribuição normal Z.

Vamos entender a aplicação, por meio dos seguintes exemplos:

k	P(0 ≤ Z ≤ k)
1. 0,3	0,15

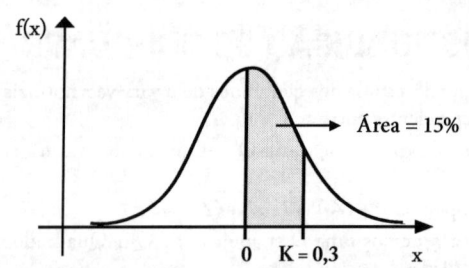

Isso significa que a chance da Variável Z estar entre 0 e k (k=0,3) é de 15%.

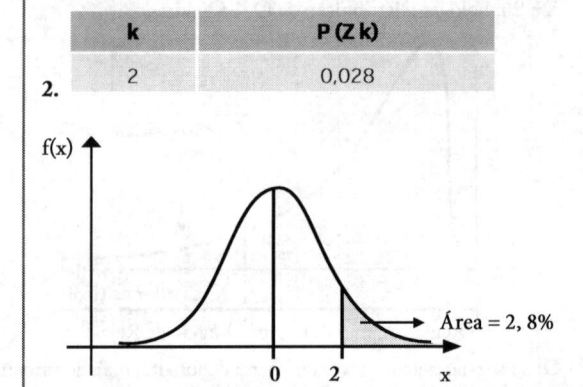

k	P(Z ≥ k)
2. 2	0,028

Isso significa que a chance da Variável Z ser maior que 2 é de 2,8%.

A Distribuição Normal Padronizada é um caso particular da Distribuição Normal. A Distribuição Normal não padronizada pode ser convertida em Distribuição Normal Padronizada, usando a seguinte relação:

Distribuição Normal → Distribuição Normal Reduzida

Converter

$$Z = \frac{x - \mu_x}{\sigma_x}$$

Sendo:
Z: Distribuição normal reduzida
x: Variável Normal x
μ_x: Média de x
σ_x: Desvio Padrão de x

O resultado será exatamente uma distribuição normal reduzida.

Fique ligado

Importante! Valores mais conhecidos para Distribuição Normal Padrão!

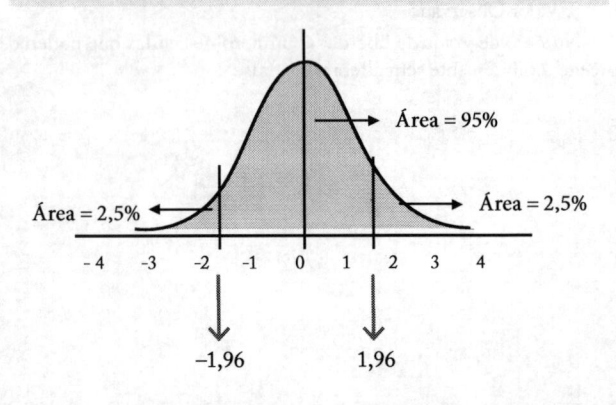

Área = 95%
Área = 2,5%
Área = 2,5%
−1,96   1,96

QUESTÕES COMENTADAS

Texto para as próximas 5 questões.

O futuro da educação começa agora

Você, com certeza, já se pegou perguntando, em tom de curiosidade, para onde as mudanças desse mundo vão nos levar e qual será o destino das próximas gerações. Todos nós, ao lançar os olhos para o horizonte, questionamos qual o melhor caminho para o futuro. Uma coisa é certa: para chegar bem ao destino final é preciso enxergar a educação como uma das principais ferramentas de transformação do mundo.

Aprender deve ser o ponto de partida de qualquer pessoa que busca realização e sucesso numa sociedade cada vez mais exigente e dinâmica. O desafio atual é garantir que o processo de aprendizagem seja mais efetivo, até porque educar não significa apenas transmitir conhecimento. Escola e professores devem servir como um guia norteador que levam o aluno ao aprimoramento de suas capacidades intelectuais, sociais e políticas, promovendo assim o desenvolvimento humano. E a evolução da educação deve seguir o princípio de que o aprendizado é construído a partir da realidade do aluno. O interacionismo valoriza a bagagem que cada indivíduo traz de seu cotidiano e, a partir da percepção da realidade que ele já possui, estimula a busca do conhecimento. O processo educativo torna-se mais dinâmico, mais amplo e mais adequado ao mundo atual.

No conceito do interacionismo, não é possível oferecer ao aluno a aprendizagem de conteúdos conceituais sem considerar seus modos de agir e pensar, suas crenças e valores. O que nos leva a concluir que não há separação entre vida e educação. E, ainda, se enxergarmos para além da figura de cada aluno, a importância da formação do cidadão, vemos que é preciso prepará-lo para muito além do vestibular e ingresso em uma faculdade. Vencida a etapa do Ensino Superior, existe uma vida inteira a ser vivida, e, quanto mais preparados estiverem, mais condições esses futuros cidadãos terão de corresponder às necessidades e expectativas do mercado de trabalho e da sociedade, podendo contribuir significativamente no processo de transformação do mundo.

Diante de tão complexos desafios, o perfil do profissional da educação foi profundamente alterado. Hoje, o professor deixou para trás a função de mero transmissor de conhecimentos para se tornar um orientador, um estimulador que leva os alunos a construírem seus conceitos, valores e habilidades. Novas linguagens e ferramentas tecnológicas ajudam o educador nesse processo ao aproximar a escola do mundo do aluno. O mundo digital e as redes sociais ganharam tanta relevância no processo de ensino a ponto de educadores passarem a atuar como mediadores, gerenciando conteúdos e ferramentas a fim de melhor orientar seus alunos na hora de consumir informação.

Nossa sociedade exige mudanças que atendam às suas necessidades. O ser humano que se formava anos atrás certamente será muito diferente daquele que sairá da escola ou da universidade nas gerações futuras. Durante muito tempo, esperava-se do indivíduo que ele apenas reproduzisse aquilo que ouviu e aprendeu. Hoje, é necessário educar pessoas para que se transformem em cidadãos com senso crítico e capacidade de interagir com o cotidiano a sua volta. É por isso, e para isso, que especialistas na arte de ensinar avançam firmes e confiantes rumo ao futuro, formando profissionais para profissões que ainda não existem e cidadãos para um mundo melhor.

SANTOS, Emerson dos. O futuro da educação começa agora. **Campo Grande News**, Mato Grosso do Sul, 25 maio 2017.
Disponível em: www.jornaldosudoeste.com/colunista/Emerson/o-futuro-da-educacao-comeca-agora. Acesso em: 13 nov. 2017.

01. (PM-MG – 2018 – PM/MG – ASPIRANTE) Atente para as seguintes afirmativas:

I. Ensinar hoje significa desenvolver as capacidades intelectuais, sociais e políticas dos alunos para o desenvolvimento humano deles, e isso deve ocorrer intramuros, dentro da realidade da escola.

II. A interação dos alunos com o mundo digital e as redes sociais, por si só, já oferece condições para que eles superem a uniformidade dos conteúdos apresentados na escola.

III. A escola deve se aproximar do mundo do aluno, com vistas a interferir na realidade dele e assim direcioná-lo para um futuro melhor.

IV. Educar pessoas para o futuro significa desenvolver sua capacidade de lidar com a realidade atual de forma que contribuam para a transformação da vida em sociedade.

V. O interacionismo valoriza os conhecimentos anteriores das pessoas e por isso o processo educativo se torna mais eficiente e eficaz para a realidade atual.

Em relação ao texto, são corretas as assertivas:

a) IV e V, apenas.
b) I, II e III, apenas.
c) I, IV e V, apenas.
d) III e IV, apenas.

I: Incorreta. Não corresponde ao que o texto traz, já que a escola precisa partir da realidade dos alunos para que eles consigam fazer as relações entre o que aprendem na escola e o que vivem fora dela.

II: Incorreta. O texto menciona que é importante que a escola trabalhe com a internet, mas não por si só, visto que a escola precisa trabalhar esses conteúdos e a partir deles criar uma reflexão crítica, a fim de que os alunos possam tomar as decisões de forma consciente.

III: Incorreta. A escola não pode se responsabilizar por interferir na realidade dos alunos. A escola precisa entender e conhecer a realidade deles para ajudá-los a interagir com o ambiente.

IV: Correta. Traz que educar é oferecer aos alunos condições para que eles reflitam e possam transformar a vida deles em sociedade.

V: Correta. A ideia de interacionismo é justamente a de que a escola precisa interagir com os alunos, respeitando o ambiente social do qual eles fazem parte.

GABARITO: A.

02. (PM-MG – 2018 – PM/MG – ASPIRANTE) De acordo com o texto, assinale a alternativa incorreta em relação às características do professor, nos dias atuais.

a) Mediatário quanto ao consumo de informação.
b) Instigador na busca do conhecimento.
c) Exímio transmissor de conhecimento.
d) Interacionista em relação à realidade do aluno.

A: Correta. O professor é um intermediador entre a informação e o aluno.

B: Correta. O professor é um incentivador do aluno, a fim de que ele busque conhecimento.

C: Incorreta. O próprio conhecimento vai muito além do que o professor é capaz de estudar e transmitir.

D: Correta. O professor tem o papel de interagir com o aluno.

GABARITO: C.

03. (PM-MG – 2018 – PM/MG – ASPIRANTE) De acordo com o 2º e 3º parágrafos do texto, é correto afirmar que:

a) O aluno deve se preparar para o vestibular e ingresso em uma faculdade, e assim garantir seu futuro.

QUESTÕES COMENTADAS

b) A aquisição de conhecimento é um processo construído pelo indivíduo durante toda a sua vida.

c) O aprendizado deve ser construído a partir dos interesses da escola e do mundo atual.

d) A escola como transmissora de conhecimento tem a incumbência de desenvolver o senso crítico do aluno.

A: Incorreta. Segundo o texto, se preparar para o vestibular e ingressar na faculdade não irá garantir o futuro necessariamente.

B: Correta. A construção do conhecimento acontece durante a vida toda.

C: Incorreta. O aprendizado deve ser construído com base nos interesses dos alunos e não da escola.

D: Incorreta. A escola só vai desenvolver o senso crítico dos alunos se fizer a intermediação entre o conhecimento e a realidade deles.

GABARITO: B.

---

04. (PM-MG – 2018 – PM/MG – ASPIRANTE) No período "O mundo digital e as redes sociais ganharam tanta relevância no processo de ensino a ponto de educadores passarem a atuar como mediadores, gerenciando conteúdos [...].", os verbos "passaram a atuar" formam uma locução verbal.

Considerando os períodos a seguir apresentados, marque a alternativa correta em que os termos em destaque formam também uma locução verbal:

a) Alunos e professores **têm sido influenciados** pelo mundo digital.

b) **Havíamos estudado** muito para o ENEM/2017.

c) **Temos aprendido** a lidar com a realidade do nosso cotidiano.

d) O professor **está atuando** como mediador nas redes sociais.

A: Incorreta. Há locução verbal com tempo composto na voz passiva.

B: Incorreta. Há locução verbal com tempo composto na voz ativa.

C: Incorreta. Também há locução verbal com tempo composto na voz passiva.

D: Correta. Só ocorre locução verbal.

GABARITO: D.

---

05. (PM-MG – 2018 – PM/MG – ASPIRANTE) Observe as palavras destacadas nas orações a seguir e marque a alternativa correta:

"[...] as mudanças desse mundo vão nos levar e qual será o destino das próximas **gerações**."

"Aprender deve ser o ponto de **partida** de qualquer pessoa que busca realização [...]".

"O interacionismo valoriza a **bagagem** que cada indivíduo traz de seu cotidiano [...]."

De acordo com a Linguística, as palavras que reúnem vários significados são consideradas:

a) Homônimas.

b) Polissêmicas.

c) Sinônimas.

d) Antônimas.

A: Incorreta. As palavras homônimas podem ter som ou grafia igual.

B: Correta. Polissêmicas são palavras com mais de um sentido ou significado.

C: Incorreta. As palavras sinônimas têm o mesmo significado.

D: Incorreta. As palavras antônimas têm sentidos contrários.

GABARITO: B.

---

06. (PM-MG – 2018 – PM/MG – ASPIRANTE) Nos termos da Declaração Universal dos Direitos Humanos, marque a alternativa incorreta:

a) Todo ser humano tem direito à liberdade de locomoção e residência dentro das fronteiras de cada Estado.

b) Ninguém será privado de sua nacionalidade, nem do direito de mudar de nacionalidade.

c) No exercício de seus direitos e liberdades, todo ser humano estará sujeito apenas às limitações determinadas pela lei, exclusivamente com o fim de assegurar devido reconhecimento e respeito dos direitos e liberdades de outrem e de satisfazer as justas exigências da moral, da ordem pública e do bem-estar de uma sociedade democrática.

d) Ninguém poderá ser culpado por qualquer ação ou omissão que, no momento, não constituíam delito perante o direito nacional ou internacional. Também não será imposta pena mais forte do que aquela que, no momento da prática, era aplicável ao ato delituoso.

A: Correta. Representa corretamente disposições da DUDH previstas no art. 13.1.

B: Incorreta. De acordo com o art. 15.2 da Declaração Universal dos Direitos Humanos (DUDH) ninguém será arbitrariamente privado de sua nacionalidade, nem do direito de mudar de nacionalidade.

C: Correta. Representa corretamente disposições da DUDH previstas no art. 29.2.

D: Correta. Representa corretamente disposições da DUDH previstas no art. 11.1.

GABARITO: B.

Texto para as próximas 2 questões.

Vantagem evolutiva

Sabe-se há algum tempo que indivíduos chamados "dominantes" tendem a subir mais alto em hierarquias diversas. Trata-se daquele indivíduo que, comumente, é mais hábil em tomar a frente das situações em relação aos seus pares, sendo o primeiro a tomar decisões e chegar aos recursos que lhe garantam o referido destaque e, consequentemente, a sobrevivência. Uma vantagem evolutiva.

O que não se sabia era se esses sujeitos seriam capazes de tomar decisões mais rapidamente, exibindo o comportamento relacionado à dominância fora de um contexto social, sem que houvesse algum tipo de competição entre os dois ou mais indivíduos. Algo que se mostrou, pela primeira vez, interligado, segundo estudo publicado recentemente na revista *Cerebral Cortex*.

A pesquisa envolveu 240 estudantes do sexo masculino, classificados em grupos de alta ou baixa dominância por um questionário padrão de "pontuação de dominância" que foi validado em estudos anteriores. A velocidade de tomada de decisão foi medida com cinco experimentos que avaliaram sua memória e capacidade de reconhecimento visual, sua capacidade de distinguir emoções, o aprendizado de rotas entre eles e, por fim, sua capacidade de resposta.

A primeira tarefa envolveu a discriminação entre emoções vistas em várias imagens de rostos. Então eles se mudaram para uma tarefa de memória e reconhecimento, na qual foram solicitados a lembrar e reconhecer uma série de rostos. O terceiro experimento fez com que os participantes tivessem de se lembrar de um percurso, e o quarto, um experimento de controle, fez com que os participantes batessem na barra de espaço de um teclado assim que vissem um quadrado cinza na tela. Nesta parte do estudo, nenhum dos dois grupos parecia ser mais rápido que o outro.

Num quinto experimento, sinais neurais foram avaliados por exame de eletroencefalograma (EEG), com base na rapidez da realização das tarefas propostas: distinguir imagens de rostos felizes daqueles tristes e, em seguida, de rostos com raiva e neutros. A prontidão para responder, nesse momento, foi acompanhada por um sinal cerebral notavelmente amplificado em torno de 240 milissegundos em homens de alta dominância.

GOYANO, Jussara. **Psique Ciência & Vida**. 151 Edição. ed. set. 2018.

07. (PM-MG – 2019 – PM/MG – ASPIRANTE) *"Trata-se daquele indivíduo que, comumente, é mais hábil em tomar a frente das situações em relação aos seus pares, sendo o primeiro a tomar decisões e chegar aos recursos que lhe garantam o referido destaque [...]".*

O fragmento do texto apresentado contém características de um indivíduo dominante.

Marque a opção correta que indica essas características na ordem em que se apresentam.

a) Competência, atitude e habilidade.
b) Habilidade, percepção e conhecimento.
c) Técnica, atitude e conhecimento.
d) Habilidade, atitude e conhecimento.

Observe a primeira oração: "[...] Trata-se daquele indivíduo que, comumente, é mais hábil em tomar a frente das situações em relação aos seus pares, [...]", ou seja, **habilidade**. "[...] sendo o primeiro a tomar decisões [...]", ou seja, **atitude**. Por fim, " [...] e chegar aos recursos que lhe garantam o referido destaque [...]", isto é, **conhecimento**.

As demais alternativas (A, B, e C) não indicam as devidas características na ordem em que se apresentam.

GABARITO: D.

08. (PM-MG – 2019 – PM/MG – ASPIRANTE) *"O que não se sabia era se esses sujeitos seriam capazes de tomar decisões mais rapidamente, exibindo o comportamento relacionado à dominância fora de um contexto social, sem que houvesse algum tipo de competição entre os dois ou mais indivíduos".*

Em relação às informações implícitas no período apresentado, assinale a opção incorreta.

a) O ambiente é um forte influenciador do temperamento humano.
b) O comportamento da pessoa é condicionado ao grupo social do qual faz parte.
c) Indivíduos dominantes exibem comportamentos de competição entre as pessoas de um grupo.
d) O indivíduo dominante adota comportamento desafiador dentro e fora de um grupo social.

A, B e C: Corretas. Estão conforme o texto, pois podemos considerar que o ambiente influencia o temperamento humano, que é possível medir o comportamento de acordo com o grupo social do qual o indivíduo faz parte e, por fim, que a competição entre pessoas de um grupo social é normal.

D: Incorreta. É possível deduzir que o indivíduo dominante adota comportamento desafiador dentro de um grupo social, mas não podemos afirmar que fora do grupo esse indivíduo adote esse comportamento.

GABARITO: D.

09. (PM-MG – 2019 – PM/MG – ASPIRANTE) *"O terceiro experimento fez com que os participantes tivessem de se lembrar de um percurso, e o quarto, um experimento de controle, fez com que os participantes batessem na barra de espaço de um teclado assim que vissem um quadrado cinza na tela".*

Marque a alternativa correta em que o uso da vírgula antes da conjunção "e", em destaque no período do texto apresentado, se justifica.

a) Há o desejo de uma pequena pausa para em seguida dar ênfase ao termo imediatamente posposto ao "e".
b) A conjunção "e" equivale a "*mas*", caso em que se classifica como conjunção adversativa.
c) A conjunção "e" dá início a outra oração no período, sendo diferentes os sujeitos.
d) As conjunções "e" e "nem" não dispensam a vírgula, quando ligam orações, palavras ou expressões de pequena extensão.

A: Incorreta. A vírgula está separando orações coordenadas com sujeitos diferentes e não está dando ênfase ao termo imediatamente posposto ao "e".

B: Incorreta. As ideias das orações são de sequência e não de adversidade.

C: Correta. A conjunção "e" dá início a outra oração, sendo diferentes os sujeitos.

D: Incorreta. As palavras ou expressões de pequena extensão podem dispensar o uso da vírgula.

GABARITO: C.

10. (PM-MG – 2019 – PM/MG – ASPIRANTE) Quanto à nacionalidade estabelecida na Constituição Federal de 1988 (CF/88), marque a alternativa correta:

a) São brasileiros natos, os nascidos no estrangeiro, desde que sejam registrados em repartição brasileira e venham a residir no Brasil após atingida a maioridade.
b) Podem se naturalizar brasileiro, os estrangeiros de qualquer nacionalidade, que residem no Brasil há mais de 05 (cinco) anos ininterruptos.
c) Será declarada a perda da nacionalidade do brasileiro que tiver cancelada sua naturalização, por sentença judicial, em virtude de atividade nociva ao interesse nacional.
d) A lei não poderá estabelecer distinção entre brasileiros natos e naturalizados, exceto quando declarado estado de sítio ou estado de defesa.

A: Incorreta. O Brasil adotou o *ius soli*, como regra, segundo o qual são brasileiros natos os nascidos em território brasileiro, mitigado por algumas exceções decorrentes do critério do *ius sanguinis* e abrangendo o chamado critério funcional, de acordo com o art. 12, I, da Constituição Federal. Desse modo, para que o nascido no estrangeiro adquira a nacionalidade originária, deverá ser filho de pai brasileiro ou mãe brasileira:

Art. 12 São brasileiros:

I - natos:

c) os nascidos no estrangeiro de pai brasileiro ou de mãe brasileira, desde que sejam registrados em repartição brasileira competente ou venham a residir na República Federativa do Brasil e optem, em qualquer tempo, depois de atingida a maioridade, pela nacionalidade brasileira.

B: Incorreta. A nacionalidade derivada ou secundária diz respeito ao residente naturalizado, cujas regras brasileiras encontram-se no art. 12, II, da Constituição. Assertiva incorreta, pois para adquirir a naturalização brasileira, os estrangeiros em geral devem residir no Brasil há mais de 15 anos ininterruptos e sem condenação penal, conforme a alínea "b", do inciso II, do art. 12. Além disso, aos originários de países de língua portuguesa é exigida residência por um ano ininterrupto e idoneidade moral (art. 12, II, "a"):

Art. 12 São brasileiros:

II - naturalizados:

a) os que, na forma da lei, adquiram a nacionalidade brasileira, exigidas aos originários de países de língua portuguesa apenas residência por um ano ininterrupto e idoneidade moral;

b) os estrangeiros de qualquer nacionalidade, residentes na República Federativa do Brasil há mais de quinze anos ininterruptos e sem condenação penal, desde que requeiram a nacionalidade brasileira (naturalização extraordinária ou quinzenária).

C: Correta. A nacionalidade é um vínculo jurídico-político, de direito público interno, atribuída à pessoa como uma das qualificações necessárias para aquisição da cidadania de um País. Cada Estado define suas próprias regras para atribuir ou não a nacionalidade. Essas regras são definidas dentro do regime constitucional e jurídico de cada Nação. A Constituição Federal de 1988 estabelece no o § 4º do art. 12 as possibilidades de perda da nacionalidade do brasileiro, dentre elas, a do inciso I, que corresponde à questão:

Art. 12 § 4º Será declarada a perda da nacionalidade do brasileiro que:

I – tiver cancelada sua naturalização, por sentença judicial, em virtude de atividade nociva ao interesse nacional;

II – adquirir outra nacionalidade, salvo nos casos:

a) de reconhecimento de nacionalidade originária pela lei estrangeira;

b) de imposição de naturalização, pela norma estrangeira, ao brasileiro residente em estado estrangeiro, como condição para permanência em seu território ou para o exercício de direitos civis.

D: Incorreta. O estado de sítio e o estado de defesa não autorizam qualquer distinção entre brasileiros natos e naturalizados.

Art. 12 § 2º A lei não poderá estabelecer distinção entre brasileiros natos e naturalizados, salvo nos casos previstos nesta Constituição.

Uma das exceções está justamente na reserva de determinados cargos políticos para brasileiros natos, prevista no § 3º do art. 12.

Art. 12 § 3º São privativos de brasileiro nato os cargos:

I – de Presidente e Vice-Presidente da República;

II – de Presidente da Câmara dos Deputados;

III – de Presidente do Senado Federal;

IV – de Ministro do Supremo Tribunal Federal;

V – da carreira diplomática;

VI – de oficial das Forças Armadas;

VII – de Ministro de Estado da Defesa.

Também o art. 222 da CRFB/1988 estabelece que a propriedade de empresa jornalística e de radiodifusão sonora e de sons e imagens é privativa de brasileiros natos ou naturalizados há mais de dez anos, ou de pessoas jurídicas constituídas sob as leis brasileiras e que tenham sede no País.

GABARITO: C.

---

11. (PM-MG – 2019 – PM/MG – ASPIRANTE) De acordo com as ações constitucionais previstas na Constituição Federal de 1988, marque "V" para a(s) assertiva(s) verdadeira(s) e "F" para a(s) falsa(s) e, ao final, responda o que se pede.

( ) O Mandado de segurança coletivo pode ser impetrado por associação legalmente constituída e em funcionamento há pelo menos um ano, quando em defesa dos interesses de seus membros ou associados.

( ) O *habeas corpus* é o instrumento utilizado para coibir a ilegalidade ou abuso de poder quando alguém sofra ou é ameaçado na sua liberdade de expressão.

( ) Conceder-se-á mandado de segurança para proteger direito líquido e certo amparado por *habeas datas*.

( ) Quando as prerrogativas inerentes à nacionalidade, à soberania e à cidadania tornam-se inviáveis por falta de norma reguladora, o "remédio constitucional" adequado é o mandado de injunção.

( ) A ação popular é o instrumento constitucional previsto para anular ato lesivo ao meio ambiente e ao patrimônio histórico e cultural.

Marque a opção que contém a sequência correta de respostas, na ordem de cima para baixo.

a) V, F, F, V, V.
b) F, F, V, F, V.
c) V, V, F, V, F.
d) F, V, V, F, F.

Na ordem em que as assertivas foram apresentadas:

(V) Com base no art. 5º, LXX, da CRFB/1988:

Art. 5º LXX – o mandado de segurança coletivo pode ser impetrado por:

b) organização sindical, entidade de classe ou associação legalmente constituída e em funcionamento há pelo menos um ano, em defesa dos interesses de seus membros ou associados.

Perceba que aqui se trata de hipótese de substituição processual (CRFB/88, art. 5º, LXX), que dispensa autorização específica dos associados para o mandado de segurança coletivo e não de representação processual (CRFB/88, art. 5º, XXI), que exige essa autorização individual para as demais ações:

Art. 5º XXI – as entidades associativas, quando expressamente autorizadas, têm legitimidade para representar seus filiados judicial ou extrajudicialmente.

(F) O *habeas corpus* é o remédio constitucional utilizado contra ilegalidade ou abuso de poder relacionado ao direito de locomoção - direito de ir, vir e permanecer (CRFB/1988, art. 5º, LXVIII):

Art. 5º LXVIII – conceder-se-á "habeas-corpus" sempre que alguém sofrer ou se achar ameaçado de sofrer violência ou coação em sua liberdade de locomoção, por ilegalidade ou abuso de poder.

(F) Por força do art. 5º, LXIX, da CRFB/1988:

Art. 5º LXIX – conceder-se-á mandado de segurança para proteger direito líquido e certo, não amparado por habeas corpus ou habeas data, quando o responsável pela ilegalidade ou abuso de poder for autoridade pública ou agente de pessoa jurídica no exercício de atribuições do Poder Público.

(V) De acordo com o inciso LXXI do art. 5º da CRFB/1988:

Art. 5º LXXI – conceder-se-á mandado de injunção sempre que a falta de norma regulamentadora torne inviável o exercício dos direitos e liberdades constitucionais e das prerrogativas inerentes à nacionalidade, à soberania e à cidadania.

Ou seja, se um indivíduo perceber que omissão governamental está inviabilizando o exercício de seus direitos e liberdades constitucionais e das prerrogativas inerentes à nacionalidade, à soberania e à cidadania poderá utilizar-se do mandado de injunção.

(V) A ação popular é outro tipo de remédio constitucional, previsto para anular ato lesivo ao patrimônio público ou de entidade de que o Estado participe, à moralidade administrativa, ao meio ambiente e ao patrimônio histórico e cultural. Item verdadeiro, nos termos do art. 5º, LXXIII da CF/1988:

Art. 5º LXXIII – qualquer cidadão é parte legítima para propor ação popular que vise a anular ato lesivo ao patrimônio público ou de entidade de que o Estado participe, à moralidade administrativa, ao meio ambiente e ao patrimônio histórico e cultural, ficando o autor, salvo comprovada má-fé, isento de custas judiciais e do ônus da sucumbência.

O STF apenas tem exigido a condição de cidadão na ação popular. Assim, a legitimidade para impetração da AP é exclusiva do cidadão brasileiro (no pleno gozo de seus direitos políticos), nato ou naturalizado, ou português equiparado (com igualdade de direitos), excluídos os estrangeiros, os apátridas e as pessoas jurídicas (Súmula nº 365/STF). Quanto à condição de eleitor, o Supremo Tribunal Federal já assentou que *"o sujeito ativo da ação [popular] será sempre o cidadão – pessoa física no gozo de seus direitos políticos –, isto é, o eleitor".* (ACO 224, Relator Ministro Gilmar Mendes, decisão monocrática, julgamento em 24/8/2005), com fundamento no art. 1º, § 3º, da Lei da Ação Popular (Lei nº 4.717/1965):

Art. 1º § 3º A prova da cidadania, para ingresso em juízo, será feita com o título eleitoral, ou com documento que a ele corresponda.

O documento que corresponda ao título eleitoral poderá ser o último comprovante de votação.

GABARITO: A.

Texto para as próximas 5 questões.

Perdedor, vencedor

O perdedor cumprimentou o vencedor. Apertaram-se as mãos por cima da rede. Depois foram para o vestiário, lado a lado. No vestiário, enquanto tiravam a roupa, o perdedor apontou para a raquete do outro e comentou, sorrindo:

- Também, com essa raquete...

Era uma raquete importada, último tipo. Muito melhor do que a do perdedor. O vencedor também sorriu, mas não disse nada. Começou a descalçar os tênis. O perdedor comentou, ainda sorrindo:

- Também, com esses tênis...

O vencedor quieto. Também sorrindo. Os dois ficaram nus e entraram no chuveiro. O perdedor examinou o vencedor e comentou:

- Também, com esse físico...

O vencedor perdeu a paciência.

- Olha aqui - disse. - Você poderia ter um físico igual ao meu, se se cuidasse. Se perdesse essa barriga. Você tem dinheiro, senão não seria sócio deste clube. Pode comprar uma raquete igual à minha e tênis melhores do que os meus.

Mas sabe de uma coisa? Não é equipamento que ganha jogo. É a pessoa. É a aplicação, a vontade de vencer, a atitude. E você não tem uma atitude de vencedor.

Prefere atribuir sua derrota à minha raquete, aos meus tênis, ao meu físico, a tudo menos a você mesmo. Se parasse de admirar tudo que é meu e mudasse de atitude, você também poderia ser um vencedor, apesar dessa barriga.

O perdedor ficou em silêncio por alguns segundos, depois disse:

- Também, com essa linha de raciocínio...

Luis Fernando Verissimo

Disponível em: https://docente.ifrn.edu.br/marcelmatias/Disciplinas/lingua-portuguesa/lingua-portuguesa2012.2/perdeedor-vencedor/view. Crônica de Luis Fernando Verissimo publicada no livro **Diálogos impossíveis**.

12. (PM-MG – 2020 – PM/MG – ASPIRANTE) Analise as proposições a seguir sobre o texto "Vencedor, perdedor", e assinale a opção correta:

I. O perdedor não consegue enxergar em si as causas dos seus fracassos.

II. O perdedor também poderia ser um vencedor se perdesse a barriga.

III. O vencedor manteve a calma, apesar dos comentários injustos do perdedor.

IV. O vencedor usava tênis melhores do que os do perdedor.

V. O perdedor sorria porque estava feliz, mesmo perdendo no jogo.

a) Somente os itens II e III estão corretos.
b) Somente os itens I e V estão corretos.
c) Todos estão corretos.
d) Somente os itens I e IV estão corretos.

I e IV: Corretas. Contêm falas e ideias do texto

II: Incorreta. Está incompleta, não é somente a perda da barriga que fará do perdedor um vencedor, mas também a mudança dos hábitos.

III: Incorreta. O vencedor perdeu a paciência.

V: Incorreta. Traz uma informação que não está contida no texto.

GABARITO: D.

13. (PM-MG – 2020 – PM/MG – ASPIRANTE) Assinale a única opção correta. Utilizando a ironia e o humor, o autor do texto "Perdedor, vencedor" promove uma reflexão em relação:

a) A identificar as falhas pessoais, tratá-las e seguir adiante.
b) A descobrir os pontos fortes da eficiência e eficácia pessoal dos perdedores.
c) À capacidade para ouvir ironias e conseguir sorrir, sem perder a paciência.
d) À demonstração de rivalidade entre perdedor e vencedor.

A: Correta. O autor do texto traz a reflexão de que todos nós devemos identificar nossas falhas pessoais, resolvê-las, seguir adiante e, por fim, tentar vencer nossos obstáculos sem, necessariamente, jogar a culpa de nossas ações nos outros, mas, sim, olhar para nós mesmos.

B: Incorreta. O perdedor não faz reflexão sobre suas ações em nenhum momento.

C: Incorreta. O vencedor em determinado momento acaba perdendo a paciência.

D: Incorreta. Não vemos uma demonstração de rivalidade, mas desdém do perdedor e a firmeza do vencedor em dizer ao perdedor o que ele precisava fazer para passar a ser, também, um vencedor.

GABARITO: A.

14. (PM-MG – 2020 – PM/MG – ASPIRANTE) Considerando o texto "Vencedor, perdedor", em qual opção a expressão entre parênteses não poderia substituir a palavra destacada no fragmento do texto porque não preservaria o sentido original?

a) "É a aplicação, a vontade de vencer, a atitude." (avocação).
b) "Também, com essa linha de raciocínio..." (direção).
c) "E você não tem uma atitude de vencedor." (comportamento).
d) "O perdedor examinou o vencedor e comentou:" (estudou).

A: Incorreta. A palavra "aplicação" quer dizer "dedicação", ou seja, o tempo que a pessoa investe em melhorar para alcançar sua vitória. Já a palavra "avocação" vem do verbo "avocar", que significa "chamar". Portanto, as palavras têm significados distintos.

B, C, D: Corretas. Todas as expressões destacadas podem ser substituídas pelas palavras que estão entre parênteses, no contexto em que estão inseridas.

GABARITO: A.

15. (PM-MG – 2020 – PM/MG – ASPIRANTE) Assinale a única opção correta. Considerando os fragmentos do texto "Perdedor, vencedor" a seguir apresentados, a palavra também, nos quatro fragmentos, é classificada como:

"Também, com essa raquete..."
"Também, com esses tênis..."
"Também, com esse físico..."
"Também, com essa linha de raciocínio..."

a) Conjunção, e exprime inclusão.
b) Adjetivo, e exprime inclusão.
c) Conotativa, e exprime inclusão.
d) Denotativa, e exprime inclusão.

A: Incorreta. A palavra "também", nesse contexto, é classificada como interjeição.

B: Incorreta. "Também" não se relaciona a um substantivo, nem apresenta alguma qualidade.

C: Incorreta. Não traz nenhuma ideia de linguagem figurada.

D: Correta. "Também" é uma palavra denotativa, já que, nesse contexto, é classificada como interjeição, mesmo que usada informalmente.

GABARITO: D.

QUESTÕES COMENTADAS

16. (PM-MG – 2020 – PM/MG – ASPIRANTE) Assinale a única opção correta. "E você não tem uma atitude **de vencedor**." A devida classificação sintática do termo em destaque nessa oração é:

a) Complemento nominal.
b) Adjunto adnominal.
c) Objeto indireto preposicionado.
d) Adjunto adverbial.

A: Incorreta. "de vencedor" não está completando o sentido de um nome.

B: Correta. "de vencedor" é um termo preposicionado que se liga a um substantivo concreto. Logo, temos um substantivo que necessita de um adjetivo que faça restrição, ou seja, termos adjetivos são adjuntos adnominais.

C e D: Incorretas. Tanto objeto indireto quanto adjunto adverbial são complementos de verbos e não de substantivos.

GABARITO: B.

17. (PM-MG – 2020 – PM/MG – ASPIRANTE) Considerando apenas o contido na Constituição da República Federativa do Brasil de 1988 (CRFB/1988) e os Direitos e Deveres Fundamentais Individuais, marque a alternativa correta:

a) Em quaisquer circunstâncias, a Norma Constitucional Brasileira veda as penas de morte, de caráter perpétuo, de trabalhos forçados, de banimento e cruéis.
b) Com o advento da CRFB/1988, dentro do ideário do Estado Democrático de Direito, visando prevenir cerceamentos indevidos à liberdade, ficou estatuído que ninguém será preso senão em flagrante delito ou por ordem escrita e fundamentada de autoridade judiciária competente.
c) Nos termos da CRFB/1988, é livre a expressão da atividade intelectual, artística, científica e de comunicação, independentemente de censura ou licença, porém a própria Norma Constitucional modera tal expressividade ao determinar que são invioláveis a intimidade, a vida privada, a honra e a imagem das pessoas, assegurado o direito a indenização pelo dano material ou moral decorrente de sua violação.
d) Na forma da CRFB/1988, constitui crime inafiançável, imprescritível e insuscetível de graça ou anistia a ação de grupos armados, civis ou militares, contra a ordem constitucional e o Estado Democrático.

A: Incorreta. De acordo com a CRFB/1988:

Art. 5º XLVII - não haverá penas:

a) de morte, salvo em caso de guerra declarada, nos termos do art. 84, XIX;

b) de caráter perpétuo;

c) de trabalhos forçados;

d) de banimento;

e) cruéis.

B: Incorreta. De acordo com a CRFB/1988:

Art. 5º LXI - ninguém será preso senão em flagrante delito ou por ordem escrita e fundamentada de autoridade judiciária competente, salvo nos casos de transgressão militar ou crime propriamente militar, definidos em lei.

C: Correta. Foi cobrado do candidato o conhecimento do teor do art. 5º, IX e X, da CRFB/1988:

Art. 5º Todos são iguais perante a lei, sem distinção de qualquer natureza, garantindo-se aos brasileiros e aos estrangeiros residentes no País a inviolabilidade do direito à vida, à liberdade, à igualdade, à segurança e à propriedade, nos termos seguintes:

IX - é livre a expressão da atividade intelectual, artística, científica e de comunicação, independentemente de censura ou licença;

X - são invioláveis a intimidade, a vida privada, a honra e a imagem das pessoas, assegurado o direito a indenização pelo dano material ou moral decorrente de sua violação.

D: Incorreta. De acordo com a CRFB/1988:

Art. 5º XLIV - constitui crime inafiançável e imprescritível a ação de grupos armados, civis ou militares, contra a ordem constitucional e o Estado Democrático.

GABARITO: C.

Texto para as próximas 6 questões.

Viver em sociedade

Dalmo de Abreu Dallari

A sociedade humana é um conjunto de pessoas ligadas pela necessidade de se ajudarem umas às outras, a fim de que possam garantir a continuidade da vida e satisfazer seus interesses e desejos. Sem vida em sociedade, as pessoas não conseguiriam sobreviver, pois o ser humano, durante muito tempo, necessita de outros para conseguir alimentação e abrigo.

E no mundo moderno, com a grande maioria das pessoas morando na cidade, com hábitos que tornam necessários muitos bens produzidos pela indústria, não há quem não necessite dos outros muitas vezes por dia. Mas as necessidades dos seres humanos não são apenas de ordem material, como os alimentos, a roupa, a moradia, os meios de transportes e os cuidados de saúde.

Elas são também de ordem espiritual e psicológica. Toda pessoa humana necessita de afeto, precisa amar e sentir-se amada, quer sempre que alguém lhe dê atenção e que todos a respeitem. Além disso, todo ser humano tem suas crenças, tem sua fé em alguma coisa, que é a base de suas esperanças.

Os seres humanos não vivem juntos, não vivem em sociedade, apenas porque escolhem esse modo de vida, mas porque a vida em sociedade é uma necessidade da natureza humana. Assim, por exemplo, se dependesse apenas da vontade, seria possível uma pessoa muito rica isolar-se em algum lugar, onde tivesse armazenado grande quantidade de alimentos. Mas essa pessoa estaria, em pouco tempo, sentindo falta de companhia, sofrendo a tristeza da solidão, precisando de alguém com quem falar e trocar ideias, necessitada de dar e receber afeto. E muito provavelmente ficaria louca se continuasse sozinha por muito tempo.

Mas, justamente porque vivendo em sociedade é que a pessoa humana pode satisfazer suas necessidades, é preciso que a sociedade seja organizada de tal modo que sirva, realmente, para esse fim. E não basta que a vida social permita apenas a satisfação de algumas necessidades da pessoa humana ou de todas as necessidades de apenas algumas pessoas. A sociedade organizada com justiça é aquela em que se procura fazer com que todas as pessoas possam satisfazer todas as suas necessidades, é aquela em que todos, desde o momento em que nascem, têm as mesmas oportunidades, aquela em que os benefícios e encargos são repartidos igualmente entre todos.

Para que essa repartição se faça com justiça, é preciso que todos procurem conhecer seus direitos e exijam que eles sejam respeitados, como também devem conhecer e cumprir seus deveres e suas responsabilidades sociais.

ROSENTHAL, Marcelo *et al*. **Interpretação de textos e semântica para concursos**.
Rio de Janeiro: Elsevier, 2012.

18. **(PM-MG - 2017 - PM/MG - SOLDADO)** A partir do texto lido, podemos afirmar que, para o autor, viver em sociedade é:
    a) uma condição imprescindível para a sobrevivência, uma vez que o homem não conseguiria viver isolado.
    b) uma forma que um grupo de pessoas unidas encontra para satisfazer seus interesses pessoais.
    c) como viver em uma comunidade preparada para o caos futuro.
    d) uma forma de regressão como ser humano.

A: Correta. É exatamente a mensagem do referido texto.

B: Incorreta. Viver em sociedade implica o coletivo, ou seja, existe a ideia do compromisso com a coletividade e não com interesses pessoais.

C: Incorreta. As pessoas estão preocupadas em sobreviver no presente e não com o caos futuro.

D: Incorreta. Trata-se de uma forma de sobrevivência e não de regressão.

GABARITO: A.

19. **(PM-MG - 2017 - PM/MG - SOLDADO)** "Toda pessoa humana necessita de afeto, precisa amar e sentir-se amada, quer sempre que alguém lhe dê atenção e que todos a respeitem. Além disso, todo ser humano tem suas crenças, tem sua fé em alguma coisa, que é a base de suas esperanças."

    De acordo com o texto apresentado, marque a opção correta:
    a) Os seres humanos vivem juntos por mera escolha.
    b) As emoções e sentimentos não são necessários ao homem.
    c) A vida em sociedade é uma necessidade da natureza humana.
    d) Os ricos não precisam de pessoas para sobreviverem, apenas de bens materiais.

A: Incorreta. Não é uma mera escolha, mas, sim, imprescindível, sendo parte da natureza humana as pessoas viverem juntas.

B: Incorreta. Os sentimentos são necessários, e todo ser humano tem necessidade de afeto.

C: Correta. De acordo com o texto, a vida em sociedade não é uma escolha, mas, sim, uma necessidade.

D: Incorreta. O próprio texto relata que as pessoas que vivem isoladamente tendem a ficar loucas.

GABARITO: C.

20. **(PM-MG - 2017 - PM/MG - SOLDADO)** Quanto à tipologia, o texto apresenta as características de um (a):
    a) Carta.
    b) Artigo de opinião.
    c) Debate.
    d) Crônica.

A: Incorreta. O texto não tem destinatário, data ou local que caracterizam uma carta.

B: Correta. É um texto argumentativo, ou seja, ele esclarece uma opinião sobre determinado assunto.

C: Incorreta. Não é um debate, pois não há um interlocutor.

D: Incorreta. Não se trata de uma crônica, porque não há interação com fatos do cotidiano.

GABARITO: B.

21. **(PM-MG - 2017 - PM/MG - SOLDADO)** Em relação ao texto, nas assertivas apresentadas, marque "V" se for verdadeira ou "F" se for falsa e, em seguida, marque a alternativa que contém a sequência de respostas correta, na ordem de cima para baixo:
    ( ) O autor apresenta uma série de argumentos ordenados logicamente não se importando em convencer o leitor.
    ( ) O autor fala de forma subjetiva a respeito do tema abordado.
    ( ) Seria impossível a sobrevivência se não existisse a sociedade.
    ( ) Na sociedade organizada basta que as pessoas possam satisfazer todos os seus desejos.
    a) V, V, F, F.
    b) F, F, V, V.
    c) V, V, F, V.
    d) F, F, V, F.

Na ordem em que as assertivas foram apresentadas:

(F) Nenhum autor escreve algum argumento sem se importar em convencer o leitor, ou seja, todos que defendem uma opinião expõem seus argumentos no intuito de convencer o outro a pensar como eles.

(F) O autor cita dados, pesquisas, ou seja, ele não expõe simplesmente o que pensa sobre o tema. Logo, o autor utiliza uma forma objetiva de analisar o tema embasada em pesquisas feitas.

(V) O autor traz em seu texto que viver em sociedade é a razão da sobrevivência.

(F) O autor argumenta que, em uma sociedade, o importante é que todas as pessoas realizem seus desejos, em vez de a maioria não ter desejo nenhum realizado.

GABARITO: D.

22. **(PM-MG - 2017 - PM/MG - SOLDADO)** A função da linguagem predominante no texto é a:
    a) Apelativa.
    b) Metalinguística.
    c) Referencial.
    d) Dissertativa.

A: Incorreta. Na função apelativa, o foco é chamar a atenção e convencer o outro, não sendo o caso desse texto.

B: Incorreta. A função metalinguística trata da própria linguagem, ou seja, do vocabulário empregado no intuito de explicar as palavras. Logo, não é isso que acontece no texto.

C: Correta. A função referencial trata de um contexto, defendendo uma informação.

D: Incorreta. A função da linguagem dissertativa não existe, ou seja, não está no rol das classificações.

GABARITO: C.

23. **(PM-MG - 2017 - PM/MG - SOLDADO)** "E não basta que a vida social permita apenas a satisfação de algumas necessidades da pessoa humana ou de todas as necessidades de apenas algumas pessoas."

    De acordo com o excerto apresentado, marque a opção correta:
    a) Na sociedade organizada com justiça, todas as pessoas satisfazem todas as suas necessidades.
    b) A tendência da satisfação se torna unilateral e impactante.
    c) As oportunidades e encargos na sociedade serão repartidos aos mais bem preparados.
    d) Basta na sociedade apenas a satisfação de algumas necessidades da pessoa humana.

A: Correta. O texto traz que todos devem ter a oportunidade de satisfazer seus desejos.

B: Incorreta. O texto não traz que a satisfação deve ser unilateral, mas, sim, de todos.

C: Incorreta. Em uma sociedade justa, o autor propõe que todos os indivíduos devem ter suas necessidades supridas.

D: Incorreta. Para o autor, na sociedade, todas as pessoas têm que ter a oportunidade de satisfazer as suas necessidades.

GABARITO: A.

24. **(PM-MG – 2017 – PM/MG – SOLDADO)** Escolha a alternativa correta que apresenta coesão:
    a) Solange e Ana caminham e conversam.
    b) Maria estuda. Maria trabalha. Maria dorme.
    c) Tatisa olha. Tatisa bebe. Tatisa come.
    d) Batendo as asas cai na escravidão. Perde a liberdade.

A: Correta. A coesão é o entrelaçamento de partes de um texto. Nessa oração, o elemento de coesão é a conjunção "e".

B: Incorreta. O sinal de ponto-final separa as orações, ou seja, elas não estão encadeadas e, sim, independentes.

C: Incorreta. Trata-se do mesmo mecanismo da alternativa anterior.

D: Incorreta. Nessa oração, os pontos-finais também não permitem que haja coesão.

GABARITO: A.

25. **(PM-MG – 2017 – PM/MG – SOLDADO)** "Não existem marcas que mostrem a mudança do discurso. Por isso, as falas dos personagens e do narrador – que sabe tudo o que se passa no pensamento dos personagens – podem ser confundidas."

    Marque a alternativa que contém o tipo de discurso correto utilizado no excerto apresentado:
    a) Discurso indireto.
    b) Discurso indireto livre.
    c) Discurso direto livre.
    d) Discurso direto.

A: Incorreta. No discurso indireto, só existe a fala do narrador que conta o que o personagem teria dito.

B: Correta. O discurso indireto livre mistura as falas de personagens e do narrador.

C: Incorreta. O discurso direto livre não existe.

D: Incorreta. No discurso direto, existem as falas do narrador e do personagem separadas por pontuações.

GABARITO: B.

26. **(PM-MG – 2017 – PM/MG – SOLDADO)** Observe as palavras destacadas em negrito dos exemplos.

    Pegou o bonde **andando**.
    André é **cobra** em matemática.
    Maria superou a decepção, os **cacos** da vida foram colados.
    Marque a alternativa correta que denomina as palavras destacadas.
    a) Paradoxo.
    b) Denotação.
    c) Conotação e denotação.
    d) Conotação.

A: Incorreta. Paradoxo é a aproximação de palavras contrárias que expressam ideias contraditórias.

B: Incorreta. Denotação é o sentido literal da palavra descrito no dicionário.

C: Incorreta. As frases são conotativas.

D: Correta. Essas palavras estão empregadas em sentido conotativo, ou seja, em linguagem figurada (elas não transmitem exatamente o que parece, mas assumem outro sentido no contexto no qual se inserem).

GABARITO: D.

27. **(PM-MG – 2017 – PM/MG – SOLDADO)** Observe as orações que apresentam a palavra destacada em negrito e responda:

    A reunião dos agricultores aconteceu sob a **mangueira** do quintal.
    A **mangueira** furou ao ser arrastada pelo carro.
    Marque a alternativa correta que denomina a palavra quando esta apresenta multiplicidade de sentidos.
    a) Homônimo.
    b) Sinônimo.
    c) Polissemia.
    d) Antônimo.

A: Incorreta. Homônima é a palavra que tem a mesma grafia e/ou a mesma pronúncia que outra, mas apresenta significado diferente desta.

B: Incorreta. As palavras sinônimas têm o mesmo sentido.

C: Correta. As palavras polissêmicas têm vários sentidos.

D: Incorreta. As palavras antônimas apresentam significados contrários.

GABARITO: C.

28. **(PM-MG – 2017 – PM/MG – SOLDADO)** De acordo com os princípios fundamentais previstos na Constituição da República Federativa do Brasil de 1988, assinale a alternativa correta:
    a) São Poderes da União, independentes e harmônicos entre si, o Judiciário, o Ministério Público, a Advocacia-Geral da União e a Defensoria Pública.
    b) A República Federativa do Brasil, formada pela união indissolúvel dos Estados e Municípios e do Distrito Federal, constitui-se em Estado Democrático de Direito e tem como um de seus fundamentos a cidadania.
    c) Constitui um dos objetivos fundamentais da República Federativa do Brasil a solução pacífica dos conflitos.
    d) Constitui um princípio da República Federativa do Brasil que rege as suas relações internacionais promover o bem de todos, sem preconceitos de origem, raça, sexo, cor, idade e quaisquer outras formas de discriminação.

A: Incorreta. Os poderes da União são apenas o Legislativo, o Executivo e o Judiciário:

Art. 2º São Poderes da União, independentes e harmônicos entre si, o Legislativo, o Executivo e o Judiciário.

B: Correta. De acordo com o art. 1º:

Art. 1º A República Federativa do Brasil, formada pela união indissolúvel dos Estados e Municípios e do Distrito Federal, constitui-se em Estado Democrático de Direito e tem como fundamentos:

II - a cidadania.

C: Incorreta. Em desacordo com o art. 4º:

Art. 4º A República Federativa do Brasil rege-se nas suas relações internacionais pelos seguintes princípios:

VII - solução pacífica dos conflitos.

D: Incorreta. Em desacordo com o art. 3º:

Art. 3º Constituem objetivos fundamentais da República Federativa do Brasil:

IV - promover o bem de todos, sem preconceitos de origem, raça, sexo, cor, idade e quaisquer outras formas de discriminação.

GABARITO: B.

29. **(PM-MG – 2017 – PM/MG – SOLDADO)** De acordo com os direitos e garantias fundamentais previstos na Constituição da República Federativa do Brasil de 1988 é correto afirmar que:
    a) É livre a manifestação do pensamento, sendo consentido apenas o anonimato.
    b) A casa é asilo inviolável do indivíduo e ninguém nela nunca pode penetrar durante a noite.
    c) Ninguém será preso senão em flagrante delito ou por ordem escrita e fundamentada de autoridade judiciária competente, salvo nos casos de transgressão militar ou crime propriamente militar, definidos em lei.
    d) O preso poderá ser informado de seus direitos, entre os quais o de permanecer quieto, sendo-lhe assegurado a assistência de defensor constituído às expensas do Estado.

Art. 5º Todos são iguais perante a lei, sem distinção de qualquer natureza, garantindo-se aos brasileiros e aos estrangeiros residentes no País a inviolabilidade do direito à vida, à liberdade, à igualdade, à segurança e à propriedade, nos termos seguintes:

IV - é livre a manifestação do pensamento, sendo vedado o anonimato.

XI - a casa é asilo inviolável do indivíduo, ninguém nela podendo penetrar sem consentimento do morador, salvo em caso de flagrante delito ou desastre, ou para prestar socorro, ou, durante o dia, por determinação judicial.

LXI - ninguém será preso senão em flagrante delito ou por ordem escrita e fundamentada de autoridade judiciária competente, salvo nos casos de transgressão militar ou crime propriamente militar, definidos em lei.

LXIII - o preso será informado de seus direitos, entre os quais o de permanecer calado, sendo-lhe assegurada a assistência da família e de advogado.

A: Incorreta. É livre a manifestação do pensamento, sendo vedado o anonimato, conforme art. 5º, IV, da CRFB/1988.

B: Incorreta. Embora a regra seja a inviolabilidade do domicílio, o art.5º, XI, da CRFB/1988 admitiu a penetração no domicílio alheio, ainda que sem o consentimento do morador, nas seguintes situações, a qualquer hora do dia: nos casos de flagrante delito, desastre, para prestar socorro. A entrada para cumprimento de ordem judicial se dará apenas durante o dia (das 6 às 18h).

C: Correta. Está coerente com a norma inscrita no art. 5º, LXI, da CRFB/1988:

D: Incorreta. O preso será informado de seus direitos, entre os quais o de permanecer calado, sendo-lhe assegurada a assistência da família e de advogado, conforme art. 5º, LXIII, da CRFB/1988.

GABARITO: C.

30. **(PM-MG – 2017 – PM/MG – SOLDADO)** De acordo com os direitos e garantias fundamentais previstos na Constituição da República Federativa do Brasil de 1988, assinale a alternativa correta:
    a) O Estado indenizará o condenado por erro judiciário, assim como o que ficar preso além do tempo fixado na sentença.
    b) Ninguém será levado à prisão ou nela mantido, quando a lei admitir a prisão preventiva ou a prisão temporária.
    c) O Estado prestará assistência jurídica integral e onerosa aos que comprovarem insuficiência de recursos logísticos.
    d) A todos, no âmbito judicial e administrativo, são defesos a razoável duração do processo e os meios que garantam a celeridade de sua tramitação.

Art. 5º Todos são iguais perante a lei, sem distinção de qualquer natureza, garantindo-se aos brasileiros e aos estrangeiros residentes no País a inviolabilidade do direito à vida, à liberdade, à igualdade, à segurança e à propriedade, nos termos seguintes:

LXVI - ninguém será levado à prisão ou nela mantido, quando a lei admitir a liberdade provisória, com ou sem fiança.

LXXIV - o Estado prestará assistência jurídica integral e gratuita aos que comprovarem insuficiência de recursos.

LXXV - o Estado indenizará o condenado por erro judiciário, assim como o que ficar preso além do tempo fixado na sentença.

LXXVIII - a todos, no âmbito judicial e administrativo, são assegurados a razoável duração do processo e os meios que garantam a celeridade de sua tramitação.

A: Correta. Está em consonância com a norma inscrita no art. 5º, LXXV, da CRFB/1988.

B: Incorreta. Nos termos do art. 5º, LXVI,CRFB/1988, ninguém será levado à prisão ou nela mantido, quando a lei admitir a liberdade provisória, com ou sem fiança.

C: Incorreta. O Estado prestará assistência jurídica integral e gratuita aos que comprovarem insuficiência de recursos, conforme art. 5º, LXXIV, da CRFB/1988.

D: Incorreta. O art. 5º, LXXVIII, CRFB/1988, assegurou a todos a razoável duração do processo e os meios que garantam a celeridade de sua tramitação.

GABARITO: A.

31. **(PM-MG – 2017 – PM/MG – SOLDADO)** De acordo com o disposto na Constituição da República Federativa do Brasil de 1988, marque a alternativa correta:
    a) As Forças Armadas, constituídas pela Marinha, pelo Exército, pela Aeronáutica, pelas Polícias Militares e Corpos de Bombeiros Militares e pelas Guardas Municipais são instituições nacionais permanentes e regulares, organizadas com base na hierarquia e na disciplina, sob a autoridade suprema do Presidente da República, e destinam-se à defesa da Pátria, à garantia dos poderes constitucionais e, por iniciativa de qualquer destes, da lei e da ordem.
    b) O oficial somente perderá o posto e a patente e a praça a graduação, se forem julgados indignos com a carreira militar ou com ela incompatível, por decisão de tribunal militar de caráter excepcional, em tempo de paz, ou de tribunal especial, em tempo de guerra.
    c) Às polícias militares cabem a polícia ostensiva e a preservação da ordem pública; aos corpos de bombeiros militares, além das atribuições definidas em lei, incumbe a execução de atividades de defesa civil.
    d) A polícia rodoviária federal, órgão permanente, organizado e mantido pela União e estruturado em carreira, destina-se, na forma da lei, ao patrulhamento ostensivo das rodovias e ferrovias federais.

A: Incorreta. Você já interromperia a leitura no "pelas Polícias Militares...", pois você sabe que as Forças Armadas são constituídas apenas pelos Comandos da Marinha, do Exército e da Aeronáutica, nos termos do art. 142 da CF/1988:

Art. 142 As Forças Armadas, constituídas pela Marinha, pelo Exército e pela Aeronáutica, são instituições nacionais permanentes e regulares, organizadas com base na hierarquia e na disciplina, sob a autoridade suprema do Presidente da República, e destinam-se à defesa da Pátria, à garantia dos poderes constitucionais e, por iniciativa de qualquer destes, da lei e da ordem.

B: Incorreta. A Constituição não permite tribunais de exceção ou ad hoc, em tempos de paz, nos termos do inciso VI, do § 3º, do art. 142, da Constituição, aplicável aos militares dos Estados e do Distrito Federal, por força do art. 42, § 1º, da CRFB/1988:

QUESTÕES COMENTADAS

Art. 142 § 3º Os membros das Forças Armadas são denominados militares, aplicando-se-lhes, além das que vierem a ser fixadas em lei, as seguintes disposições:

VI - o oficial só perderá o posto e a patente se for julgado indigno do oficialato ou com ele incompatível, por decisão de tribunal militar de caráter permanente, em tempo de paz, ou de tribunal especial, em tempo de guerra.

Art. 42 Os membros das Polícias Militares e Corpos de Bombeiros Militares, instituições organizadas com base na hierarquia e disciplina, são militares dos Estados, do Distrito Federal e dos Territórios.

§ 1º Aplicam-se aos militares dos Estados, do Distrito Federal e dos Territórios, além do que vier a ser fixado em lei, as disposições do art. 14, § 8º; do art. 40, § 9º; e do art. 142, §§ 2º e 3º, cabendo a lei estadual específica dispor sobre as matérias do art. 142, § 3º, inciso X, sendo as patentes dos oficiais conferidas pelos respectivos governadores.

C: Correta. A banca cobrou do candidato a literalidade do § 5º do art. 144 da CRFB/1988.

Art. 144 A segurança pública, dever do Estado, direito e responsabilidade de todos, é exercida para a preservação da ordem pública e da incolumidade das pessoas e do patrimônio, através dos seguintes órgãos:

§ 5º Às polícias militares cabem a polícia ostensiva e a preservação da ordem pública; aos corpos de bombeiros militares, além das atribuições definidas em lei, incumbe a execução de atividades de defesa civil.

D: Incorreta. A Polícia Ferroviária Federal cuida do patrulhamento ostensivo das ferrovias federais e a Polícia Rodoviária Federal das rodovias federais, conforme o art. 144, §§ 2º e 3º, da CRFB/1988:

Art. 144 A segurança pública, dever do Estado, direito e responsabilidade de todos, é exercida para a preservação da ordem pública e da incolumidade das pessoas e do patrimônio, através dos seguintes órgãos:

§ 2º A polícia rodoviária federal, órgão permanente, organizado e mantido pela União e estruturado em carreira, destina-se, na forma da lei, ao patrulhamento ostensivo das rodovias federais.

§ 3º A polícia ferroviária federal, órgão permanente, organizado e mantido pela União e estruturado em carreira, destina-se, na forma da lei, ao patrulhamento ostensivo das ferrovias federais.

GABARITO: C.

32. **(PM-MG – 2017 – PM/MG – SOLDADO)** Com base na Declaração Universal dos Direitos Humanos proclamada pela Assembleia Geral das Nações Unidas, marque a alternativa correta:

a) Todos os seres humanos nascem livres e iguais. São dotados de razão e emoção e devem pensar em relação uns aos outros com espírito de consciência.

b) Todo ser humano tem deveres para com a comunidade, em que o livre e pleno desenvolvimento de sua personalidade é possível.

c) Homens e mulheres, sem qualquer restrição de idade, raça, nacionalidade ou religião, têm o direito de contrair matrimônio e fundar uma família.

d) Todo ser humano tem direito ao lazer e ao repouso semanal aos domingos e feriados, inclusive à limitação semanal de 44 horas de trabalho e férias anuais remuneradas.

A: Incorreta. O correto seria: todos os seres humanos nascem livres e iguais em dignidade e direitos. São dotados de razão e consciência e devem agir em relação uns aos outros com espírito de fraternidade.

B: Correta. Reproduz integralmente o disposto no art. 29.1 da Declaração Universal dos Direitos Humanos (DUDH): "Todo ser humano tem deveres para com a comunidade, na qual o livre e pleno desenvolvimento de sua personalidade é possível."

C: Incorreta. A DUDH não proíbe restrição de idade para o casamento, mas somente de raça, nacionalidade ou religião.

D: Incorreta. A previsão da DUDH é que todo ser humano tem direito a repouso e lazer, inclusive a limitação razoável das horas de trabalho e a férias remuneradas periódicas.

GABARITO: B.

33. **(PM-MG – 2017 – PM/MG – SOLDADO)** "A", Policial Militar da ativa, se candidatou ao cargo eletivo de vereador nas eleições municipais de sua cidade. Para ser considerado alistável e elegível deverá atender determinadas condições. Com base na Constituição da República Federativa do Brasil de 1988, marque a alternativa correta:

a) se "A" contar mais de dez anos de serviço, será agregado pela autoridade subordinada pelo prazo de 30 dias.

b) se "A" for eleito, passará automaticamente, no ato da diplomação, para a atividade remunerada.

c) "A" não pode se candidatar, pois durante o período do serviço na Polícia Militar é considerado conscrito.

d) se "A" contar menos de dez anos de serviço, deverá afastar-se da atividade.

Conforme expresso no art. 14, § 8º, I, da CRFB/1988, se o militar alistável e elegível contar com menos de 10 anos de serviço, deverá se afastar de suas atividades para se dedicar ao cargo eletivo que pretende concorrer:

Art. 14 A soberania popular será exercida pelo sufrágio universal e pelo voto direto e secreto, com valor igual para todos, e, nos termos da lei, mediante:

§ 8º O militar alistável é elegível, atendidas as seguintes condições:

I - se contar menos de dez anos de serviço, deverá afastar-se da atividade;

II - se contar mais de dez anos de serviço, será agregado pela autoridade superior e, se eleito, passará automaticamente, no ato da diplomação, para a inatividade.

Por essas razões, está correta a alternativa D ao dizer que o policial militar "A", candidato ao cargo eletivo de vereador, deverá afastar-se de suas atividades se contar com menos de 10 anos de serviço na corporação.

GABARITO: D.

Texto para as próximas 6 questões.

Passeio noturno

Cheguei em casa carregando a pasta cheia de papéis, relatórios, estudos, pesquisas, propostas, contratos. Minha mulher, jogando paciência na cama, um copo de uísque na mesa de cabeceira, disse, sem tirar os olhos das cartas, você está com um ar cansado. Os sons da casa: minha filha no quarto dela treinando impostação de voz, a música quadrifônica do quarto do meu filho. Você não vai largar essa mala?, perguntou minha mulher, tira essa roupa, bebe um uisquinho, você precisa aprender a relaxar.

Fui para a biblioteca, o lugar da casa onde gostava de ficar isolado e como sempre não fiz nada. Abri o volume de pesquisas sobre a mesa, não via as letras e números, eu esperava apenas. Você não pára de trabalhar, aposto que os teus sócios não trabalham nem a metade e ganham a mesma coisa, entrou a minha mulher na sala com o copo na mão, já posso mandar servir o jantar?

A copeira servia à francesa, meus filhos tinham crescido, eu e a minha mulher estávamos gordos. É aquele vinho que você gosta, ela estalou a língua com prazer. Meu filho me pediu dinheiro quando estávamos no cafezinho, minha filha me pediu dinheiro na hora do licor. Minha mulher nada pediu, nós tínhamos conta bancária conjunta. Vamos dar uma volta de carro?, convidei. Eu sabia que ela não ia, era hora da novela. Não sei que graça você acha em passear de carro todas as noites, também aquele carro custou uma fortuna, tem que ser usado, eu é que cada vez me apego menos aos bens materiais, minha mulher respondeu. Os carros dos meninos bloqueavam a porta da garagem, impedindo que eu tirasse o meu. Tirei os carros dos dois, botei na rua, tirei o meu, botei na rua, coloquei os dois carros novamente na garagem, fechei a porta, essas manobras todas me deixaram levemente irritado, mas ao ver os pára-choques salientes do meu carro, o reforço especial duplo de aço cromado, senti o coração bater apressado de euforia. Enfiei a chave na ignição, era um motor poderoso que gerava a sua força em silêncio, escondido no capô aerodinâmico. Saí, como sempre sem saber para onde ir, tinha que ser uma rua deserta, nesta cidade que tem mais gente do que moscas. Na avenida Brasil, ali não podia ser, muito movimento. Cheguei numa rua mal iluminada, cheia de árvores escuras, o lugar ideal. Homem ou mulher? Realmente não fazia grande diferença, mas não aparecia ninguém em condições, comecei a ficar tenso, isso sempre acontecia, eu até gostava, o alívio era maior. Então vi a mulher, podia ser ela, ainda que mulher fosse menos emocionante, por ser mais fácil. Ela caminhava apressadamente, carregando um embrulho de papel ordinário, coisas de padaria ou de quitanda, estava de saia e blusa, andava depressa, havia árvores na calçada, de vinte em vinte metros, um interessante problema a exigir uma grande dose de perícia. Apaguei as luzes do carro e acelerei. Ela só percebeu que eu ia para cima dela quando ouviu o som da borracha dos pneus batendo no meio-fio. Peguei a mulher acima dos joelhos, bem no meio das duas pernas, um pouco mais sobre a esquerda, um golpe perfeito, ouvi o barulho do impacto partindo os dois ossões, dei uma guinada rápida para a esquerda, passei como um foguete rente a uma das árvores e deslizei com os pneus cantando, de volta para o asfalto. Motor bom, o meu, ia de zero a cem quilômetros em nove segundos. Ainda deu para ver que o corpo todo desengonçado da mulher havia ido parar, colorido de sangue, em cima de um muro, desses baixinhos de casa de subúrbio.

Examinei o carro na garagem. Corri orgulhosamente a mão de leve pelos pára-lamas, os pára-choques sem marca. Poucas pessoas, no mundo inteiro, igualavam a minha habilidade no uso daquelas máquinas.

A família estava vendo televisão. Deu a sua voltinha, agora está mais calmo?, perguntou minha mulher, deitada no sofá, olhando fixamente o vídeo. Vou dormir, boa noite para todos, respondi, amanhã vou ter um dia terrível na companhia.

Referência: FONSECA, Rubem. Passeio Noturno. *In: Contos Reunidos*. São Paulo: Companhia das Letras. 1994.

34. (PM-MG – 2018 – PM/MG – SOLDADO) Marque a alternativa correta que corresponda ao perfil psicológico do personagem protagonista da história:
a) Possui hábitos incomuns aos demais cidadãos no tocante aos seus deveres do cotidiano, mas age de forma previsível e irrepreensível para satisfazer seus desejos íntimos.
b) Possui hábitos anormais aos demais cidadãos no tocante aos seus deveres do cotidiano, mas age de forma esperada e magistral para satisfazer seus desejos íntimos.
c) Possui hábitos incomuns aos demais cidadãos no tocante aos seus deveres do cotidiano, mas age de forma irreprovável e incensurável para satisfazer seus desejos íntimos.
d) Possui hábitos comuns aos demais cidadãos no tocante aos seus deveres do cotidiano, mas age de forma imprevisível e repreensível para satisfazer seus desejos íntimos.

A: Incorreta. Os hábitos incomuns do personagem não dizem respeito aos seus deveres. A psicopatia é realizada fora de sua rotina e de seus deveres. Não age de forma previsível.

B: Incorreta. Novamente, os hábitos incomuns do personagem não dizem respeito aos hábitos do cotidiano ou deveres. Não age de forma esperada.

C: Incorreta. Novamente, os hábitos incomuns do personagem não dizem respeito aos hábitos do cotidiano ou deveres. Sua atitude é reprovável e censurável.

D: Correta. Os hábitos são comuns, mas age de forma imprevisível e repreensível.

GABARITO: D.

35. (PM-MG – 2018 – PM/MG – SOLDADO) "(...) ao ver os pára-choques salientes do meu carro, o reforço especial duplo de aço cromado, senti o coração bater apressado de euforia. (...). Saí, como sempre sem saber para onde ir, tinha que ser uma rua deserta, nesta cidade que tem mais gente do que moscas. Na avenida Brasil, ali não podia ser, muito movimento. Cheguei numa rua mal iluminada, cheia de árvores escuras, o lugar ideal. Homem ou mulher? Realmente não fazia grande diferença (...).".
Baseado no trecho apresentado, podemos afirmar que o autor desvela uma personagem que demonstra:
a) Amor à máquina e a seus semelhantes.
b) Necessidade de guiar seu carro pelas ruas ermas da cidade.
c) Desprezo a seus semelhantes, um desejo de transgredir.
d) Medo de dirigir pela avenida Brasil por ser muito movimentada.

A: Incorreta. Não demonstra amor ao semelhante.

B: Incorreta. A conduta da personagem não tem relação com o carro, mas com a necessidade de matar.

C: Correta. Trata-se de desprezo que pode ser observado pelo trecho: "[...] Homem ou mulher? Realmente não fazia grande diferença [...]".

D: Incorreta. A conduta da personagem não tem relação com medo de dirigir, mas com desejo de matar.

GABARITO: C.

36. (PM-MG – 2018 – PM/MG – SOLDADO) Leia o trecho a seguir:
"(...) Então vi a mulher, podia ser ela, ainda que mulher fosse menos emocionante, por ser mais fácil. (...) Ela só percebeu que eu ia para cima dela quando ouviu o som da borracha dos pneus batendo no meio-fio. (...) ouvi o barulho do impacto partindo os dois ossões, dei uma guinada rápida para a esquerda, passei como um foguete rente a uma das árvores e deslizei com os pneus cantando, de volta para o asfalto. Motor bom, o meu, ia de zero a cem quilômetros em nove segundos. (...)."
Marque a alternativa correta que corresponda ao momento da narrativa que é evidenciado pelo trecho apresentado:
a) Momento ápice ou clímax da narrativa.
b) Momento subsequente ao ápice ou clímax da narrativa.
c) Momento do desfecho final da narrativa.
d) Momento introdutório da trama da narrativa.

A: Correta. Momento em que decide quem matar e comete o atropelamento.

B: Incorreta. Esse momento é o mesmo do desfecho final.

C: Incorreta. O desfecho final é marcado pelo retorno do personagem, que examina o veículo após cometer o homicídio.

D: Incorreta. Início do texto, em que o personagem chega do trabalho e espera pelo jantar na biblioteca.

GABARITO: A.

QUESTÕES COMENTADAS

37. **(PM-MG – 2018 – PM/MG – SOLDADO)** Leia o fragmento a seguir e marque a alternativa correta.

    "Examinei o carro na garagem. Corri orgulhosamente a mão de leve pelos pára-lamas, os pára-choques sem marca. Poucas pessoas, no mundo inteiro, igualavam a minha habilidade no uso daquelas máquinas."

    No fragmento, o autor demonstra que o personagem se orgulha da sua perícia e do veículo intacto. No entanto, ao analisarmos todo o texto podemos afirmar que:

    a) O personagem demonstra um sentimento de rejeição ao poder que lhe inspira a potência do carro.
    b) O personagem demonstra um sentimento faccioso em relação ao sentimento altruísta que lhe inspira a sua vítima.
    c) O personagem se inebria com a sensação de poder, materializada na potência do carro e na sua inigualável habilidade no uso da máquina.
    d) O personagem demonstra um sentimento de pragmatismo em relação à potência do carro e sua habilidade no uso da máquina.

    A: Incorreta. O sentimento revelado no trecho é de orgulho, satisfação, não de rejeição.

    B: Incorreta. Ser altruísta é se preocupar com o outro. O personagem é oposto ao altruísta.

    C: Correta. O personagem sente orgulho, satisfação em ter tamanho domínio sobre a máquina (carro), sequer deixando marcas do atropelamento.

    D: Incorreta. Pragmático é quem revela sentimento prático e eficaz sobre algo. Apesar de sua perícia com o carro, os sentimentos do personagem são de orgulho e satisfação.

    GABARITO: C.

38. **(PM-MG – 2018 – PM/MG – SOLDADO)** Leia o fragmento a seguir e marque a alternativa correta.

    "A família estava vendo televisão. Deu a sua voltinha, agora está mais calmo?, perguntou minha mulher, deitada no sofá, olhando fixamente o vídeo. Vou dormir, boa noite para todos, respondi, amanhã vou ter um dia terrível na companhia."

    De acordo com o fragmento apresentado, podemos afirmar que o protagonista vive em um mundo de:

    a) Reflexão e integração.
    b) Isolamento e fragmentação.
    c) Relaxamento e dedicação.
    d) Massificação e satisfação.

    A: Incorreta. O personagem não apresenta condutas ou sentimentos de reflexão e integração. Sua integração resume-se ao carro.

    B: Correta. Isolamento: as pessoas não interagem, ou seja, cada membro da família realiza suas atividades. Fragmentado: vive uma conduta em sociedade e outra dentro do seu carro.

    C: Incorreta. O personagem apresenta satisfação, mas não relaxamento.

    D: Incorreta. O personagem não tem condutas de massificação. Ele vive em um mundo de isolamento.

    GABARITO: B.

39. **(PM-MG – 2018 – PM/MG – SOLDADO)** Leia o trecho apresentado e responda à questão:

    "A família estava vendo televisão. Deu a sua voltinha, agora está mais calmo?, perguntou minha mulher, deitada no sofá, olhando fixamente o vídeo. Vou dormir, boa noite para todos, respondi, amanhã vou ter um dia terrível na companhia."

    Com base no trecho apresentado, marque a alternativa correta que corresponda à inferência feita pela mulher em relação ao passeio de carro feito pelo marido:

    a) A mulher inferiu que o passeio não seria uma maneira do marido liberar o estresse diário.
    b) A mulher inferiu que o passeio seria uma maneira do marido, relaxado, conduzir o carro sem um objetivo específico.
    c) A mulher inferiu que o passeio seria uma maneira do marido se ocupar com algo inútil que aumentasse o nível de estresse diário.
    d) A mulher inferiu que o passeio seria uma maneira do marido liberar o estresse diário.

    A: Incorreta. Esta afirmativa é oposta ao sentido do trecho. Pelo questionamento: "Ficou mais calmo?", percebe-se que a esposa acreditava que o passeio faria bem ao marido, deixando-o mais calmo.

    B: Incorreta. Esta afirmativa extrapola o texto, uma vez que não há indícios nesse trecho do diálogo sobre dirigir sem objetivo específico.

    C: Incorreta. Esta afirmativa extrapola o texto, uma vez que não há indícios nesse trecho do diálogo sobre ocupar-se com algo inútil. Além disso, a ideia do texto é estar mais calmo, e não aumentar o nível de estresse.

    D: Correta. "Ficou mais calmo?" aponta para o fato de que a esposa acreditava que o passeio faria bem ao marido, deixando-o mais calmo.

    GABARITO: D.

40. **(PM-MG – 2018 – PM/MG – SOLDADO)** De acordo com os critérios da seleção vocabular e emprego das variedades de língua padrão e não padrão, leia as orações a seguir e marque a alternativa correta, de acordo com a norma culta.

    a) A ansiedade era grande, <u>mais</u> a habilidade do condutor era maior.
    b) Estava eufórico com o feito, <u>mas</u> relaxado o suficiente para voltar à casa.
    c) O condutor fingia se surpreender <u>mas</u> e <u>mas</u> a cada instante.
    d) Não era apenas um fugitivo, <u>mais</u> alguém feliz com o que acabara de fazer.

    Importante saber a diferença entre mais e mas:

    Mais: advérbio ou pronome que representa ideia de quantidade, intensidade.

    Mas: conjunção adversativa, pode ser substituída por porém.

    A: Incorreta. Trata-se de um trecho adversativo, logo o correto é **mas**. Isso porque há oposição entre as ideias de "ansiedade" e "habilidade".

    B: Correta. O trecho apresenta uma ideia de oposição entre "euforia" e "relaxamento". Logo, está correto o uso da conjunção adversativa **mas**.

    C: Incorreta. A expressão correta é **mais** e **mais**, uma vez que indica intensidade.

    D: Incorreta. Trata-se de um trecho adversativo, logo o correto é **mas**. Isso porque há oposição entre as ideias de "ser fugitivo" e "estar feliz".

    GABARITO: B.

41. **(PM-MG – 2018 – PM/MG – SOLDADO)** Marque a alternativa que apresenta a justificativa correta para o emprego das locuções e palavras em destaque nas orações a seguir:

    1. **Muitas das vezes** que fui à igreja, ele estava lá.
    2. **Muitas vezes** fui à biblioteca.
    3. Ele marcou um horário com o dentista, **a fim** de verificar a situação de seus dentes.
    4. O latim é uma língua **afim** com o italiano.

a) 1 – várias vezes; 2 – de um determinado número de vezes; 3 – afinidade; 4 – propósito.

b) 1 – sem um determinado número de vezes; 2 – de um determinado número de vezes; 3 – semelhança; 4 – razão.

c) 1 – de um determinado número de vezes; 2 – várias vezes; 3 – objetivo; 4 – semelhante.

d) 1 – de um indeterminado número de vezes; 2 – às vezes; 3 – semelhante; 4 – intento.

Significado:

- **Muitas das vezes:** um determinado número de vezes.

- **Muitas vezes:** sinônimo de "várias vezes".

- **A fim:** tem dois significados: "vontade e desejo" ou "finalidade e objetivo de algo". Quando tiver a ideia de finalidade de algo, pode ser substituído por "para".

Exemplo: **vontade ou desejo:** Estou a fim de ir ao cinema.

Exemplo: **finalidade/objetivo:** Estou estudando a fim de passar. (Estou estudando para passar).

- **Afim:** semelhança ou afinidade.

1. **Um determinado número de vezes** que fui à igreja, ele estava lá.

2. **Várias vezes** fui à biblioteca.

3. Ele marcou um horário com o dentista, **para** verificar a situação de seus dentes.

4. O latim é uma língua **semelhante** ao italiano.

GABARITO: C.

---

42. (PM-MG – 2018 – PM/MG – SOLDADO) Quanto ao emprego de pronomes, marque a alternativa correta.

a) Os pneus, troquei-os logo após o passeio noturno.

b) Me espantei com a potência do motor e a rigidez dos parachoques.

c) Não maltratei-a, apenas acelerei até deixar ela caída em meio a poeira.

d) Depois, me encaminhei para casa eufórico e feliz.

A: Correta. O pronome está corretamente organizado na oração. Trata-se de ênclise, uma vez que o pronome não pode iniciar a oração.

B: Incorreta. Não se inicia período com pronome oblíquo. O correto é "Espantei-me".

C: Incorreta. O advérbio "não" atrai o pronome. Logo, é obrigatório o uso da próclise. Além disso, "deixar ela" deve ser substituída por "deixá-la".

D: Incorreta. O correto é "encaminhei-me", uma vez que o pronome não pode iniciar a oração. Se não houvesse a vírgula, o advérbio "Depois" atrairia o pronome e a colocação pronominal da oração estaria correta.

GABARITO: A.

---

43. (PM-MG – 2018 – PM/MG – SOLDADO) Marque a alternativa que contenha a seleção de palavras para o preenchimento correto dos espaços nas frases a seguir, na sequência em que aparecem:

1. Este teatro _____ vamos é mantido pela universidade.
2. O policial esteve no local _____ ocorrera o crime.
3. Domingo, _____ fomos ao clube, fez sol.
4. A cidade de _____ ele vem fica no norte do estado.
5. Já era noite, _____ a lua apareceu.

a) Onde, aonde, onde, aonde, onde.

b) Quando, aonde, aonde, aonde, aonde.

c) Onde, aonde, quando, onde, onde.

d) Aonde, onde, quando, onde, quando.

1. Este teatro AONDE vamos é mantido pela universidade. (verbo IR + ONDE)

2. O policial esteve no local ONDE ocorrera o crime. (local + verbo estar)

3. Domingo, QUANDO fomos ao clube, fez sol. (a relação é temporal e não local, uma vez que a relação é com o "domingo")

4. A cidade de ONDE ele vem fica no norte do estado. (já existe a preposição "DE" antes de "onde". Assim, não há espaço para outra preposição)

5. Já era noite, QUANDO a lua apareceu. (a relação é temporal e não local, uma vez que a relação é com "noite")

Entenda a questão:

O pronome relativo ONDE é usado para referir-se a lugar físico. Assim, na substituição de substantivos que não têm relação com a ideia de lugar, não caberá o uso desse pronome.

Exemplos:

- A casa onde moro está localizada na rua Paraná.

- A vila onde nasci.

- A empresa onde trabalho.

É importante saber que há substantivos que apresentam a falsa ideia de lugar, portanto, não podem ser substituídos ou referenciados pelo pronome ONDE, por exemplo: reunião, manifestação, evento, show. Outra informação importante é que ONDE não pode substituir termos como Constituição Federal ou qualquer outra lei, uma vez que não são lugares.

Exemplos de como não se deve usar ONDE:

- Fui a um show onde muitas bandas se apresentaram (**errado**)

- Fui a um show no qual muitas bandas se apresentaram (**certo**)

- A Constituição Federal onde estão previstos direitos fundamentais. (**errado**)

- A Constituição Federal a qual prevê direitos fundamentais. (**correto**)

O pronome AONDE é a junção da preposição A + ONDE (pronome). Assim, AONDE só é usado em uma relação sintática entre um verbo que apresenta uma ideia de movimento e que tenha a regência "A". Os verbos mais comuns são: chegar (a), levar (a), dirigir-se (a), ir (a), voltar (a).

Exemplos:

- Ele chegou aonde sempre quis.

- Ela levou o documento aonde?

GABARITO: D.

---

44. (PM-MG – 2018 – PM/MG – SOLDADO) Sobre os direitos e garantias fundamentais previstos na Constituição da República Federativa do Brasil de 1988 – CRFB/88, assinale a alternativa correta.

a) Ninguém será levado à prisão ou nela mantido, quando tiver condições de contratar um defensor ou caso não tenha condições, será nomeado um defensor público.

b) A prisão de qualquer pessoa e o local onde se encontre serão comunicados imediatamente ao delegado de Polícia Civil competente e à família do preso ou à pessoa por ele indicada.

c) O preso tem direito à identificação dos responsáveis por sua prisão ou por seu interrogatório policial.

d) O Brasil não admite pena de morte em hipótese alguma.

A: Incorreta. Não existe vedação constitucional à prisão em decorrência da existência de defensor.

B: Incorreta. A CF/1988 determina que a partir da realização da prisão de qualquer pessoa assim como o respectivo local onde se encontre deverá ser imediatamente comunicado ao juiz competente e à família do preso ou à pessoa por ele indicada.

Art. 5º [...] LXII - a prisão de qualquer pessoa e o local onde se encontre serão comunicados imediatamente ao juiz competente e à família do preso ou à pessoa por ele indicada.

C: Correta. Segundo a literalidade do inciso LXIV, do art. 5º, da CF/1988, se trata de direito assegurado ao preso à identificação dos responsáveis por sua prisão ou por seu interrogatório policial.

Art. 5º [...] LXIV - o preso tem direito à identificação dos responsáveis por sua prisão ou por seu interrogatório policial.

D: Incorreta. Excepcionalmente (em caso de guerra) poderá ocorrer pena de morte.

Art. 5º [...] XLVII - não haverá penas: a) de morte, salvo em caso de guerra declarada, nos termos do art. 84, XIX.

GABARITO: C.

---

45. **(PM-MG – 2018 – PM/MG – SOLDADO)** A CRFB/1988 estabelece que todos são iguais perante a lei, sem distinção de qualquer natureza, garantindo-se aos brasileiros e aos estrangeiros residentes no País a inviolabilidade do direito à vida, à liberdade, à igualdade, à segurança e à propriedade. Nestes termos, assinale a alternativa correta.

   a) Todos podem reunir-se pacificamente, sem armas, em locais abertos ao público, mediante autorização, desde que não frustrem outra reunião anteriormente convocada para o mesmo local, sendo apenas exigido prévio aviso à autoridade competente.

   b) É assegurado a todos o acesso à informação de segurança pública sempre com a indicação da respectiva fonte, visando manter a transparência das ações quando necessário ao exercício profissional.

   c) Não haverá juízo ou tribunal de exceção, ressalvados os casos envolvendo parlamentares.

   d) No caso de iminente perigo público, a autoridade competente poderá usar de propriedade particular, assegurada ao proprietário indenização ulterior, se houver dano.

De acordo com a CF/1988:

Art. 5º [...] XIV - é assegurado a todos o acesso à informação e resguardado o sigilo da fonte, quando necessário ao exercício profissional;

XVI - todos podem reunir-se pacificamente, sem armas, em locais abertos ao público, independentemente de autorização, desde que não frustrem outra reunião anteriormente convocada para o mesmo local, sendo apenas exigido prévio aviso à autoridade competente;

XXV - no caso de iminente perigo público, a autoridade competente poderá usar de propriedade particular, assegurada ao proprietário indenização ulterior, se houver dano;

XXXVII - não haverá juízo ou tribunal de exceção.

A: Incorreta. Vide art. 5º, XVI.

B: Incorreta. Vide art. 5º, XIV.

C: Incorreta. Vide art. 5º, XXXVII.

D: Correta. A CRFB/1988, no art. 5º, XXV, autoriza em situações excepcionais, onde ocorra iminente perigo público, o uso da propriedade particular, assegurada ao proprietário indenização ulterior, se houver dano.

GABARITO: D.

---

46. **(PM-MG – 2018 – PM/MG – SOLDADO)** Sobre a organização político-administrativa prevista na CRFB/1988, assinale a alternativa correta.

   a) Os Estados em hipótese alguma podem incorporar-se entre si, subdividir-se ou desmembrar-se para se anexarem a outros, ou formarem novos Estados ou Territórios Federais.

   b) Os Territórios Municipais integram a União, e sua criação, transformação em Estado ou reintegração ao Estado de origem serão reguladas em lei ordinária.

   c) A criação, a incorporação, a fusão e o desmembramento de Municípios, far-se-ão por lei estadual, dentro do período determinado por Lei Complementar Federal, e dependerão de consulta prévia, mediante plebiscito, às populações dos Municípios envolvidos, após divulgação dos Estudos de Viabilidade Municipal, apresentados e publicados na forma da lei.

   d) A União, os Estados, o Distrito Federal e os Municípios devem estabelecer cultos religiosos ou igrejas, subvencioná-los, embaraçar-lhes o funcionamento ou manter com eles, ou seus representantes, relações de dependência ou aliança, ressalvada, na forma da lei, a colaboração de interesse público.

A: Incorreta. Podem fazê-lo, por expressa disposição constitucional, no art. 18, §3º, CRFB/1988:

Art. 18 [...] § 3º Os Estados podem incorporar-se entre si, subdividir-se ou desmembrar-se para se anexarem a outros, ou formarem novos Estados ou Territórios Federais, mediante aprovação da população diretamente interessada, através de plebiscito, e do Congresso Nacional, por lei complementar.

B: Incorreta. Serão reguladas em lei complementar (art. 18, § 2º, CRFB/1988):

Art. 18 [...] § 2º Os Territórios Federais integram a União, e sua criação, transformação em Estado ou reintegração ao Estado de origem serão reguladas em lei complementar.

C: Correta. A banca cobrou do candidato o conhecimento sobre organização político-administrativa. Nos termos do art. 18, § 4º, da CRFB/1988:

Art. 18 A organização político-administrativa da República Federativa do Brasil compreende a União, os Estados, o Distrito Federal e os Municípios, todos autônomos, nos termos desta Constituição. [...]

§ 4º A criação, a incorporação, a fusão e o desmembramento de Municípios, far-se-ão por lei estadual, dentro do período determinado por Lei Complementar Federal, e dependerão de consulta prévia, mediante plebiscito, às populações dos Municípios envolvidos, após divulgação dos Estudos de Viabilidade Municipal, apresentados e publicados na forma da lei.

Os passos para criação e modificação territorial de municípios são os seguintes:

1º) aprovação de lei complementar federal fixando genericamente o período dentro do qual poderá ocorrer a criação, a incorporação, a fusão e o desmembramento de municípios;

2º) aprovação de lei ordinária federal estabelecendo a forma de apresentação e publicação dos estudos de viabilidade municipal;

3º) divulgação dos estudos de viabilidade municipal, na forma estabelecida pela lei ordinária federal acima mencionada;

4º) consulta prévia, mediante plebiscito, às populações dos municípios envolvidos; nesse sentido, o Supremo entendeu compatível o art. 7º, da Lei nº 9.709/1998 com a Constituição Federal, e que se aplica tanto a modificação territorial de estados quanto de municípios (ADI, 2.650, rel. Min. Dias Toffoli, julg. 24/8/2011):

Art. 7º Nas consultas plebiscitárias previstas nos arts. 4º e 5º entende-se por população diretamente interessada tanto a do território que se pretende desmembrar, quanto a do que sofrerá desmembramento; em caso de fusão ou anexação, tanto a população da área que se quer anexar quanto a da que receberá o acréscimo; e a vontade popular se aferirá pelo percentual que se manifestar em relação ao total da população consultada.

5º) aprovação de lei ordinária estadual formalizando a criação, a incorporação, a fusão ou o desmembramento do município, ou dos municípios.

D: Incorreta. Vedação expressa do art. 19, I, da CRFB/1988:

Art. 19 É vedado à União, aos Estados, ao Distrito Federal e aos Municípios:

I - estabelecer cultos religiosos ou igrejas, subvencioná-los, embaraçar-lhes o funcionamento ou manter com eles ou seus representantes relações de dependência ou aliança, ressalvada, na forma da lei, a colaboração de interesse público.

GABARITO: C.

47. (PM-MG-2018-PM/MG-SOLDADO) As Forças Armadas, constituídas pela Marinha, pelo Exército e pela Aeronáutica, são instituições nacionais permanentes e regulares, organizadas com base na hierarquia e na disciplina, sob a autoridade suprema do Presidente da República. Conforme CRFB/1988 marque a alternativa correta.

a) As mulheres e os eclesiásticos ficam isentos do serviço militar obrigatório em tempo de paz, sujeitos, porém, a outros encargos que a lei lhes atribuir.
b) Ao militar são permitidas a sindicalização e a greve.
c) O serviço militar é voluntário nos termos da lei.
d) Os membros das Forças Armadas são denominados policiais.

A: Correta. Está de acordo com a previsão do art. 142, e art. 143, § 2º, da Constituição da República:

Art. 142 As Forças Armadas, constituídas pela Marinha, pelo Exército e pela Aeronáutica, são instituições nacionais permanentes e regulares, organizadas com base na hierarquia e na disciplina, sob a autoridade suprema do Presidente da República, e destinam-se à defesa da Pátria, à garantia dos poderes constitucionais e, por iniciativa de qualquer destes, da lei e da ordem [...].

Art. 143 O serviço militar é obrigatório nos termos da lei. [...]

§ 2º - As mulheres e os eclesiásticos ficam isentos do serviço militar obrigatório em tempo de paz, sujeitos, porém, a outros encargos que a lei lhes atribuir.

B: Incorreta. Trata-se de vedação expressa do art. 142, § 3º, IV, da CRFB/1988:

Art. 142 [...] § 3º Os membros das Forças Armadas são denominados militares, aplicando-se-lhes, além das que vierem a ser fixadas em lei, as seguintes disposições: [...]

IV - ao militar são proibidas a sindicalização e a greve.

C: Incorreta. Trata-se de serviço obrigatório, nos termos do art. 143, da CRFB/1988:

Art. 143 O serviço militar é obrigatório nos termos da lei.

Vale aqui mencionar a denominada "escusa ou objeção de consciência", previsto no art. 5º, VIII, da Constituição:

Art. 5º [...] VIII - Ninguém será privado de direitos por motivo de crença religiosa ou de convicção filosófica ou política, salvo se as invocar para eximir-se de obrigação legal a todos imposta e recusar-se a cumprir prestação alternativa, fixada em lei.

A consequência do não cumprimento da prestação alternativa àquele que se recusar a cumprir o serviço militar obrigatório por escusa de consciência, está no art. 15, IV, que é a perda dos direitos políticos:

Art. 15 É vedada a cassação de direitos políticos, cuja perda ou suspensão só se dará nos casos de: [...]

IV - recusa de cumprir obrigação a todos imposta ou prestação alternativa, nos termos do art. 5º, VIII.

A lei que estabelece as prestações alternativas ao cumprimento de determinadas obrigações é a Lei nº 8.239/1991.

D: Incorreta. São denominados militares (art. 142, § 3º, CRFB/1988):

Art. 142 [...] § 3º Os membros das Forças Armadas são denominados militares, aplicando-se-lhes, além das que vierem a ser fixadas em lei, as seguintes disposições: [...].

GABARITO: A.

---

48. (PM-MG-2018-PM/MG-SOLDADO) Sobre os aspectos da segurança pública, de acordo com a CRFB/1988 marque a opção correta.

a) Às polícias militares cabe, exclusivamente, a polícia repressiva criminal; aos corpos de bombeiros militares incumbe a execução de atividades de defesa civil.
b) Os Municípios poderão constituir guardas municipais destinadas à proteção de seus bens, serviços e instalações, conforme dispuser a lei.
c) As polícias militares e corpos de bombeiros militares, forças complementares do Exército, subordinam-se, juntamente às polícias civis, aos Governadores dos Estados, do Distrito Federal e dos Territórios.
d) Às polícias civis, dirigidas por delegados de polícia de carreira, incumbem, ressalvada a competência da União, as funções de polícia judiciária e a apuração de infrações penais, inclusive as militares.

A: Incorreta. A polícia militar possui a função de polícia ostensiva e a preservação da ordem pública (art. 144, § 5º, CF/1988):

Art. 144 [...] V - polícias militares e corpos de bombeiros militares. [...]

§ 5º Às polícias militares cabem a polícia ostensiva e a preservação da ordem pública; aos corpos de bombeiros militares, além das atribuições definidas em lei, incumbe a execução de atividades de defesa civil.

B: Correta. É o que dispõe o art. 144, § 8º, da CRFB/1988:

Art. 144 A segurança pública, dever do Estado, direito e responsabilidade de todos, é exercida para a preservação da ordem pública e da incolumidade das pessoas e do patrimônio, através dos seguintes órgãos: [...]

§ 8º Os Municípios poderão constituir guardas municipais destinadas à proteção de seus bens, serviços e instalações, conforme dispuser a lei.

C: Incorreta. Na realidade, são forças auxiliares e reserva do Exército, por expressa disposição do art. 144, § 6º, da CRFB/1988:

Art. 144 [...] § 6º As polícias militares e corpos de bombeiros militares, forças auxiliares e reserva do Exército, subordinam-se, juntamente com as polícias civis, aos Governadores dos Estados, do Distrito Federal e dos Territórios.

D: Incorreta. Segundo art. 144, § 4º, a apuração de infrações penais militares compete à polícia militar:

Art. 144 [...] IV - polícias civis; [...]

§ 4º Às polícias civis, dirigidas por delegados de polícia de carreira, incumbem, ressalvada a competência da União, as funções de polícia judiciária e a apuração de infrações penais, exceto as militares.

Guarde ainda que nos termos do art. 125, § 4º, da Constituição Federal, compete à Justiça Militar julgar os crimes militares e atos disciplinares militares, ressalvada a competência do júri:

Art. 125 Os Estados organizarão sua Justiça, observados os princípios estabelecidos nesta Constituição. [...]

§ 4º Compete à Justiça Militar estadual processar e julgar os militares dos Estados, nos crimes militares definidos em lei e as ações judiciais contra atos disciplinares militares, ressalvada a competência do júri quando a vítima for civil, cabendo ao tribunal competente decidir sobre a perda do posto e da patente dos oficiais e da graduação das praças.

Quanto aos policiais militares, a Lei nº 13.491/2017 alterou o art. 9º do Código Penal Militar, para assentar que os crimes dolosos contra a vida praticados por militares contra civil serão da competência do Tribunal do Júri, que é o tribunal por excelência para os crimes dolosos contra a vida (art. 9º, XXXVIII, "d", CRFB/1988):

Art. 9º [...] § 1º Os crimes de que trata este artigo, quando dolosos contra a vida e cometidos por militares contra civil, serão da competência do Tribunal do Júri.

Essa já era inclusive a jurisprudência do STF: "Competência. Homicídio. Agente militar. Inexistente qualquer elemento configurador, a teor do disposto no art. 9º do CPM, de crime militar, a competência é da Justiça comum, do Tribunal do Júri" (HC 110.286, rel p/ o ac. min. Marco Aurélio, j. 14/2/2012).

GABARITO: B.

QUESTÕES COMENTADAS

49. (PM-MG – 2018 – PM/MG – SOLDADO) De acordo com a Declaração Universal dos Direitos Humanos, assinale "V" para a(s) assertiva(s) verdadeira(s) e "F" para a(s) assertiva(s) falsa(s).

( ) Todo ser humano tem direito, em plena igualdade, a uma justa audiência por parte do Tribunal Internacional da ONU, para decidir sobre seus direitos e deveres na esfera do Direito Internacional.

( ) Ninguém será sujeito à interferência em sua vida privada, em sua família, em seu lar ou em sua correspondência, sem prévia autorização da autoridade policial.

( ) Todo ser humano tem direito à liberdade de opinião e expressão; esse direito inclui a liberdade de, sem interferência, ter opiniões e de procurar, receber e transmitir informações e ideias por quaisquer meios e independentemente de fronteiras.

( ) Todo ser humano tem direito a repouso semanal, diversão e lazer oferecido pelo Estado, inclusive a limitação máxima de 44 horas semanais de trabalho e férias anuais remuneradas com adicional de 1/3.

( ) Todo ser humano tem direito a uma ordem social e internacional em que os direitos e liberdades estabelecidos na Declaração Universal dos Direitos Humanos possam ser plenamente realizados.

Marque a alternativa que contém a sequência de respostas correta, na ordem de cima para baixo.

a) V, F, F, V, F.
b) F, F, V, F, V.
c) F, V, F, V, F.
d) V, F, V, F, V.

Assertiva 1: Falsa. Observe o art. 10 da DUDH: "Todo ser humano tem direito, em plena igualdade, a uma justa e pública audiência por parte de um tribunal independente e imparcial, para decidir seus direitos e deveres ou fundamento de qualquer acusação criminal contra ele" (e não um "tribunal internacional da ONU").

Assertiva 2: Falsa. O art. 12 da DUDH estabelece que "ninguém será sujeito à interferência na sua vida privada, na sua família, no seu lar ou na sua correspondência, nem ataque à sua honra e reputação. Todo ser humano tem direito à proteção da lei contra tais interferências ou ataques" – note que não há menção à "prévia autorização da autoridade policial".

Assertiva 3: Verdadeira. A afirmativa reproduz o art. 19 da DUDH.

Assertiva 4: Falsa. Estes direitos estão previstos no art. 7º da CF/1988 (com exceção ao "lazer oferecido pelo Estado"). A DUDH apenas prevê, em seu art. 24, que "todo ser humano tem direito a repouso e lazer, inclusive a limitação razoável das horas de trabalho e a férias remuneradas periódicas".

Assertiva 5: Verdadeira. Isso está previsto no art. 28 da DUDH, reproduzido na afirmativa.

GABARITO: B.

Texto para as próximas 6 questões.

Mesmo?

Há alguns anos, namorei um professor de Direito e procurador-geral da União (do tipo com mestrado, doutorado, pós-doutorado e mil especializações) cujo apreço pela língua portuguesa chegava a ser irritante até para mim. Não sei se por implicância ou por exibicionismo, esse homem, nos nossos momentos de brigas (que não eram poucos; afinal, éramos mais possessivos do que todos os pronomes possessivos juntos), tentava, de todas as formas, mostrar que dominava a última flor do Lácio, vulgo língua portuguesa, mais do que eu. E o que acontecia? Eu ficava tão irritada com a situação que sempre perdia no quesito argumentação.

Certa vez, após almoçarmos em uma tarde de sábado, ele foi para a minha casa. Enquanto esperávamos pelo elevador, eu comentei:

— Ainda chegará o dia em que todas essas placas de aviso de elevadores serão corrigidas. Aff!

— Oi?

— Você nunca reparou? "Antes de entrar no elevador, verifique se o mesmo se encontra parado neste andar."

— E daí?

— E daí que a palavra "mesmo" não pode retomar outra palavra, como elevador.

— Claro que pode! "Mesmo" é um pronome demonstrativo. Está demonstrando onde devemos ou não entrar.

— Realmente, "mesmo" pode atuar como pronome demonstrativo, mas ele retoma uma oração, não uma palavra, Maurício.

— Exemplo?

— Eu sou uma namorada fiel; por isso espero que o meu namorado faça o mesmo. Viu? Recupera-se, aí, a oração sobre fidelidade.

— Isso é uma indireta, Cíntia?

— Não, é direta mesmo.

— E esse "mesmo" de agora?

— É um advérbio com valor reforçativo, Maurício. Ele reforça quão galinha você é. O elevador chegou. Vamos.

— Mesmo? Hahaha...

— Não fuja do assunto. Estou cansada das suas ciscadas por aí.

Chegando, eu retirei as minhas roupas e coloquei um roupão. Ele tirou os sapatos, como quem mostra que vai ficar, mas recebeu um telefonema sei lá de quem e prontamente respondeu:

— Claro que vou. Em dez minutos estarei aí.

— Oi??? Você vai me deixar aqui mesmo?

— E esse "mesmo"?

— Equivale à palavra "realmente" e ao provável término do nosso namoro se você sair daqui.

Perguntei para ele de quem se tratava, mas Maurício desconversou. Disse que eu não conhecia a pessoa em questão, que ele precisava "dar uma passada" no tal lugar, que eu não iria gostar do barzinho, blá-blá-blá... E começou a ladainha linguisticamente ortodoxa comum aos discursos que ele ensaiava nas nossas brigas:

— Cíntia, eu sou um homem de conduta ilibada, de quem você não pode duvidar. E você é a mulher pela qual sou apaixonado. Você tem tudo quanto quer de mim e ainda assim sempre duvida dos lugares onde digo que estou.

— É mesmo? Fiquei lisonjeada...

— Esse "mesmo" foi irônico. Não admito ironias sobre a minha fidelidade.

— Maurício, você não me engana. Eu ouvi voz de mulher. Quem está lá? Quantas mulheres são? De onde é esse amigo misterioso do qual eu nunca ouvi falar? Aposto que é aniversário de mulher, por isso você não quer me levar. Não é? Você já estava distante na hora do almoço. Eu senti!

— Não me venha, Cíntia Chagas (ele sempre me chamava de Cíntia Chagas durante as brigas), com o seu discurso falacioso! Sou um namorado de cuja fidelidade você não pode duvidar. Quer saber? Vou embora. Passar bem.

E saiu correndo do meu apartamento. E eu saí correndo atrás dele, afinal de contas, ele tinha de me ouvir. Mas o caso é que eu estava de roupão e não me lembrei desse detalhe. Pois bem: vi-me de roupão, no meio da rua, brigando com o Senhor Sabe-Tudo. Cena de novela: atirei-me na frente do carro dele e disse:

— Daqui você não sai.

Ele, frio como um iceberg, respondeu:

— Só se você me disser que "mesmo" substitui palavra, que estou certo.

— Maurício, não me irrite! Já expliquei que "mesmo" não substitui palavra e ponto final.

— Ele, divertindo-se com a situação, disse:

— Então, como ficaria a placa do elevador, Rainha da Língua Portuguesa?

— "Antes de entrar no elevador, verifique se este se encontra parado neste andar". Pronto, Maurício. Agora saia do carro. Os vizinhos já estão olhando. Não vê que estou de roupão?

— É mesmo? Coitadinha... Isso é para você aprender a não desconfiar de mim.

Deu ré e foi embora.

Então eu fiquei ali, na rua, de roupão, sem a chave do portão do prédio, à espera de um vizinho com quem eu pudesse contar.

E você, leitor, neste momento pergunta a si mesmo: mesmo? De roupão na rua? Mesmo...

CHAGAS, Cíntia. *Sou péssimo em português*: chega de sofrimento! Aprenda as principais regras de português dando boas risadas. 1 ed. Rio de Janeiro: HarperColllins, 2018.

50. **(PM-MG – 2021 – PM/MG – SOLDADO)** Assinale a única opção correta. Os tipos textuais predominantes no fragmento do texto *"Há alguns anos, namorei um professor de Direito e procurador-geral da União (do tipo com mestrado, doutorado, pós-doutorado e mil especializações) cujo apreço pela língua portuguesa chegava a ser irritante até para mim."* são os tipos:

a) descritivo e injuntivo.
b) descritivo e dissertativo.
c) narrativo e argumentativo.
d) narrativo e descritivo.

A: Incorreta. O texto descreve o professor de Direito entre parênteses, porém não pode ser um texto injuntivo, pois não apresenta características de uma ação desejada, ou seja, instruções.

B: Incorreta. O texto descreve o professor de Direito entre parênteses, mas não é dissertativo, já que não apresenta argumentos do autor.

C: Incorreta. O texto é narrativo, já que se conta uma história com data e começa com aspas (alguém narrando), entretanto não é argumentativo, pois não contém argumentos do autor.

D: Correta. O texto é narrativo, já que começa com aspas e apresenta um trecho descritivo sobre o professor de Direito e procurador-geral da União entre parênteses.

GABARITO: D.

51. **(PM-MG – 2021 – PM/MG – SOLDADO)** Os pressupostos são informações implícitas que são marcadas lexicalmente na frase. Considerando o contexto, analise os fragmentos a seguir do texto "Mesmo?" quanto à ocorrência de informações implícitas, e, a seguir, assinale a opção correta:

I. "[...] tentava, de todas as formas, mostrar que dominava a última flor do Lácio, vulgo língua portuguesa, mais do que eu."
II. "Estou cansada de suas ciscadas por aí."
III. "É mesmo? Fiquei lisonjeada..."
IV. "— Então como ficaria a placa do elevador, Rainha da Língua Portuguesa?"

Há informações implícitas nos itens:

a) I, II, III e IV.
b) II e IV, apenas.
c) I e II, apenas.
d) II e III, apenas.

I: Correta. "[...] tentava, de todas as formas, mostrar que dominava a última flor do Lácio, vulgo língua portuguesa, **mais do que eu**." – "Mais do que eu" (Cíntia – implícita).

II: Correta. "Eu estou cansada de suas ciscadas por aí." – Eu (implícito) – informa que Maurício se encontra com outras mulheres.

III: Correta. "É mesmo? Eu fiquei lisonjeada..." – Eu (implícito) – informa que Cíntia não acredita em Maurício.

IV: Correta. "— Então como ficaria a placa do elevador, **Rainha da Língua Portuguesa**?" – "Rainha da Língua Portuguesa" – Cíntia (autora – implícita) – Mostra que Maurício despreza o conhecimento de Cíntia acerca da gramática.

GABARITO: A.

52. **(PM-MG – 2021 – PM/MG – SOLDADO)** Assinale a opção correta. A situação que dá origem aos acontecimentos (conflito) no conto "Mesmo?" é:

a) O caráter possessivo dos personagens do conto que culminou no término do namoro.
b) O emprego inadequado da palavra "mesmo" na placa de aviso do elevador.
c) O domínio linguístico do personagem Maurício e suas falácias.
d) O acerto gramatical da frase do elevador conforme a norma culta da Língua Portuguesa.

A: Incorreta. Os personagens até possuem caráter possessivo, assim como está no texto, mas não foi por isso que terminaram o namoro.

B: Correta. O pronome demonstrativo "mesmo" não pode ser utilizado para retomar um nome, mas, sim, uma ideia. O uso inadequado da palavra "mesmo" originou o conflito entre os personagens.

C: Incorreta. O conflito não foi ocasionado pelas falácias de Maurício, mas, sim, pelo uso da palavra "mesmo" no elevador.

D: Incorreta. Maurício queria ser melhor do que Cíntia na Língua Portuguesa.

GABARITO: B.

53. **(PM-MG – 2021 – PM/MG – SOLDADO)** Analise as assertivas abaixo e assinale a única opção correta em relação às características do gênero literário conto:

a) O narrador é sempre o protagonista no conto.
b) O foco narrativo pode ser de 1ª pessoa ou de 3ª pessoa.
c) Não há espaço para o uso conotativo da linguagem.
d) Apresenta vários conflitos básicos.

O conto é um texto curto em que o narrador conta uma história desenvolvida em um enredo. Há poucos personagens e locais. A sua estrutura é formada por 4 partes: enredo, desenvolvimento dos acontecimentos, clímax e desfecho. Suas características são: espaço delimitado, tempo marcado, presença de narrador, poucos personagens e enredo.

A: Incorreta. Nem sempre o narrador é o protagonista do conto, já que pode ser narrado em 1ª ou 3ª pessoa.

B: Correta. O foco narrativo pode ser de 1ª pessoa ou de 3ª pessoa, ou seja, o narrador-observador, o narrador-personagem ou o narrador-onisciente.

C: Incorreta. No conto, pode haver o uso conotativo ou denotativo da linguagem.

D: Incorreta. Por ser um conto, é necessário que ele seja curto; por isso, o conflito é uma situação-problema vivenciada pelos personagens.

GABARITO: B.

54. (PM-MG – 2021 – PM/MG – SOLDADO) *"E começou a ladainha linguisticamente ortodoxa comum aos discursos que ele ensaiava nas nossas brigas."*

Assinale a opção que apresenta a classificação morfológica correta da palavra destacada no fragmento do texto "Mesmo?":

a) pronome relativo.
b) conjunção subordinativa integrante.
c) preposição.
d) pronome expletivo.

A: Correta. Para o "que" ser um pronome relativo, basta substituí-lo por "o(os) qual(is)", "a(as) qual(ais)".

B: Incorreta. Para ser uma conjunção integrante, o pronome "que" precisaria ser trocado por "isso", contudo essa troca não faz sentido na oração.

C: Incorreta. Não existe preposição "que".

D: Incorreta. Para o "que" ser pronome expletivo, ele deveria ser retirado da oração sem mudar o sentido, já que também é chamado de partícula de realce.

GABARITO: A.

55. (PM-MG – 2021 – PM/MG – SOLDADO) Em relação ao fragmento do texto "Mesmo?", analise as assertivas a seguir e marque (V), se a assertiva for verdadeira ou (F), se a assertiva for falsa. A seguir, assinale a opção que contém a sequência de resposta correta, na ordem de cima para baixo:

"Esse 'mesmo' foi irônico."

( ) O predicado é nominal e o verbo é intransitivo.
( ) O sujeito da oração é "esse".
( ) "esse" é um pronome relativo quanto à classificação morfológica.
( ) "irônico" é predicativo do objeto e do sujeito ao mesmo tempo.
( ) "mesmo" é adjunto adnominal do sujeito.

a) V, V, F, V, V.
b) F, F, F, F, F.
c) F, F, V, F, V.
d) V, V, V, F, F.

Vamos fazer a análise da oração: "Esse 'mesmo' foi irônico":

"Esse mesmo" – sujeito.
Núcleo do sujeito – "mesmo".
"Foi" – verbo de ligação (ir) – predicado nominal.
"Irônico" – predicativo do sujeito.

(F) O predicado é nominal e o verbo é intransitivo – o verbo é de ligação.
(F) O sujeito da oração é "esse" – o sujeito é "esse mesmo".
(F) "esse" é um pronome relativo quanto à classificação morfológica – "esse" é pronome demonstrativo.
(F) "irônico" é predicativo do objeto e do sujeito ao mesmo tempo – "irônico" é predicativo do sujeito, já que há um verbo de ligação.
(F) "mesmo" é adjunto adnominal do sujeito – "mesmo" é núcleo do sujeito.

GABARITO: B.

56. (PM-MG – 2021 – PM/MG – SOLDADO) Analise os períodos a seguir quanto ao emprego da(s) palavra(s) em destaque:

I. A discussão foi vista pelos vizinhos, e <u>os mesmos</u> ficaram espantados.
II. Cíntia Chagas estava <u>mesmo</u> de roupão na rua.
III. De fato, foi Maurício <u>mesmo</u> quem começou a discussão.
IV. É isso <u>mesmo</u>!

De acordo com a gramática tradicional, o emprego da(s) palavra(s) destacada(s) está correto em:

a) I e IV, apenas.
b) I, III e IV, apenas.
c) I, II, III e IV.
d) II, III e IV.

I: Incorreto. Não se pode usar o vocábulo "mesmo" para retornar uma palavra, mas somente uma ação; neste caso, não pode retomar "os vizinhos".

II: Correto. "Mesmo" é um advérbio, visto que pode ser substituído por "de fato".

III: Correto. "Mesmo" tem a função de adjetivo da oração.

IV: Correto. "Mesmo" é adjetivo.

GABARITO: D.

57. (PM-MG – 2021 – PM/MG – SOLDADO) Assinale a única opção correta. Considere os períodos I, II e III, pontuados de duas maneiras diferentes:

I. Retificadas as placas, pelo síndico será marcada uma reunião para discussão de outros problemas do prédio. Retificadas as placas pelo síndico, será marcada uma reunião para discussão de outros problemas do prédio.

II. As placas dos elevadores serão trocadas, de imediato, pelo síndico do prédio. As placas dos elevadores serão trocadas de imediato pelo síndico do prédio.

III. É necessário corrigir essas placas de aviso, que estão com emprego inadequado de palavras. É necessário corrigir essas placas de aviso que estão com emprego inadequado de palavras.

Com a pontuação diferente, ocorreu alteração de significado em:

a) III, somente.
b) I e II, somente.
c) I, II e III.
d) I e III, somente.

I: Correto. Quando se exclui a vírgula depois de "placas", muda-se o sentido, pois, na segunda oração, parece que as placas foram retificadas pelo síndico.

II: Incorreto. As vírgulas da primeira oração separam um adjunto adverbial de tempo e, na segunda oração, podem ser excluídas as vírgulas, sem alterar o sentido.

III: Correto. A primeira oração apresenta valor explicativo (com a vírgula), já a segunda oração tem valor restritivo, porque a exclusão da vírgula modificou o sentido.

GABARITO: D.

58. (PM-MG – 2021 – PM/MG – SOLDADO) Identifique a opção na qual as palavras complementam, corretamente, os espaços dos períodos:

I. Maurício, _____ você vai hoje à tarde?
II. O namorado _____ deu atenção a ela.
III. Maurício não fazia outra coisa, _____ criticar.
IV. O namoro acabou devido ao _____ - entendido.
V. onde – se quer – se não – mau.

a) onde – sequer – senão – mau.
b) aonde – sequer – senão – mal.
c) aonde – se quer – se não – mal.

I. Maurício, **aonde** você vai hoje à tarde? Quem vai, vai a algum lugar.

II. O namorado **sequer** deu atenção a ela. A mesma ideia de "nem".

III. Maurício não fazia outra coisa, **senão** criticar. Sinônimo de "a não ser".
IV. O namoro acabou devido ao **mal**-entendido. Antônimo de "bem".

GABARITO: C.

59. (PM-MG-2021-PM/MG-SOLDADO) Segundo o art. 5º, da Constituição da República Federativa do Brasil de 1988, assinale a alternativa incorreta:
    a) A casa é asilo inviolável do indivíduo, ninguém nela podendo penetrar sem consentimento do morador, salvo em caso de flagrante delito ou desastre, ou para prestar socorro, ou, durante o dia, por determinação judicial.
    b) A prisão de qualquer pessoa e o local onde se encontre serão comunicados imediatamente ao juiz competente e à família do preso ou à pessoa por ele indicada.
    c) No caso de iminente perigo público, a autoridade competente poderá usar de propriedade particular, assegurada ao proprietário indenização ulterior, sendo irrelevante a ocorrência de dano.
    d) A prática do racismo constitui crime inafiançável e imprescritível, sujeito à pena de reclusão, nos termos da lei.

A: Correta. De acordo com o art. 5º, inciso XI, da CF/1988: "a casa é asilo inviolável do indivíduo, ninguém nela podendo penetrar sem consentimento do morador, salvo em caso de flagrante delito ou desastre, ou para prestar socorro, ou, durante o dia, por determinação judicial".

B: Correta. Consoante o art. 5º, inciso LXII, da CF/1988: "a prisão de qualquer pessoa e o local onde se encontre serão comunicados imediatamente ao juiz competente e à família do preso ou à pessoa por ele indicada".

C: Incorreta. Segundo o art. 5º, inciso XXV, da CF/1988, deverá ser constatado dano para que se configure a indenização: "no caso de iminente perigo público, a autoridade competente poderá usar de propriedade particular, assegurada ao proprietário indenização ulterior, se houver dano".

D: Correta. A medida que expressa o art. 5º, inciso XLII, da CF/1988: "a prática do racismo constitui crime inafiançável e imprescritível, sujeito à pena de reclusão, nos termos da lei".

GABARITO: C.

60. (PM-MG - 2021 - PM/MG - SOLDADO) Com base na Constituição da República Federativa do Brasil de 1988, não é privativo de brasileiro nato o cargo:
    a) de oficial das Forças Armadas.
    b) de vice-presidente da República.
    c) de ministro de Estado da Defesa.
    d) de ministro do Superior Tribunal Militar.

A questão abrange a necessidade de conhecimento da norma constitucional "seca", dado que está devidamente pormenorizado no art. 12, § 3º, da CF/1988:

Art. 12 § 3º São privativos de brasileiro nato os cargos:

I - de Presidente e Vice-Presidente da República;

II - de Presidente da Câmara dos Deputados;

III - de Presidente do Senado Federal;

IV - de Ministro do Supremo Tribunal Federal;

V - da carreira diplomática;

VI - de oficial das Forças Armadas;

VII - de Ministro de Estado da Defesa.

Conseguinte, o único cargo constante nas alternativas que não é privativo para brasileiro nato, é o de "ministro do Superior Tribunal Militar", que não está incluído no rol taxativo do dispositivo legal mencionado.

GABARITO: D.

61. (PM-MG - 2021 - PM/MG - SOLDADO) Segundo o art. 5º, da Constituição da República Federativa do Brasil de 1988, assinale a alternativa incorreta:
    a) Nenhum brasileiro será extraditado, salvo o naturalizado, em caso de crime político ou de opinião, praticado antes da naturalização, ou de comprovado envolvimento em tráfico ilícito de entorpecentes e drogas afins, na forma da lei.
    b) A lei considerará crimes inafiançáveis e insuscetíveis de graça ou anistia a prática da tortura, o tráfico ilícito de entorpecentes e drogas afins, o terrorismo e os definidos como crimes hediondos, por eles respondendo os mandantes, os executores e os que, podendo evitá-los, se omitirem.
    c) O preso será informado de seus direitos, entre os quais o de permanecer calado, sendo-lhe assegurada a assistência da família e de advogado. Tendo direito também à identificação dos responsáveis por sua prisão ou por seu interrogatório policial.
    d) Conceder-se-á *habeas-corpus* sempre que alguém sofrer ou se achar ameaçado de sofrer violência ou coação em sua liberdade de locomoção, por ilegalidade ou abuso de poder.

A: Incorreta. A alternativa aborda que nenhum brasileiro será extraditado, salvo o naturalizado, em caso de crime político e, conforme art. 5º, inciso LI, da CF/1988, nenhum brasileiro será extraditado, salvo o naturalizado, em caso de crime comum se praticado antes da sua naturalização ou tráfico de entorpecentes e afins. A extradição por crime político ou de opinião será estrangeiros conforme art. 5º, inciso XLII, da CF/1988.

B: Correta. De acordo com texto do art. 5º, inciso XLIII, da CF/1988: "a lei considerará crimes inafiançáveis e insuscetíveis de graça ou anistia a prática da tortura , o tráfico ilícito de entorpecentes e drogas afins, o terrorismo e os definidos como crimes hediondos, por eles respondendo os mandantes, os executores e os que, podendo evitá-los, se omitirem".

C: Correta. Consoante o art. 5º, inciso LXII, da CF/1988, o preso será comunicado sobre os seus direitos, podendo permanecer em silêncio, sendo garantida o suporte familiar e de representação de advogado.

D: Correta. Quando um indívudo verificar-se em situação de ameaça sob violência ou coação em sua liberdade de locomoção, desde que por ilegalidade ou abuso de poder, poderá ser impetrado *habeas corpus*, conforme trata o art. 5º, inciso XLVIII, da CF/1988.

GABARITO: A.

62. (PM-MG - 2021 - PM/MG - SOLDADO) Segundo a Constituição da República Federativa do Brasil de 1988, assinale a alternativa incorreta:
    a) Ninguém será preso senão em flagrante delito ou por ordem escrita e fundamentada de autoridade judiciária competente, salvo nos casos de transgressão militar ou crime propriamente militar, definidos em lei.
    b) Compete aos juízes de Direito do juízo militar processar e julgar, singularmente, os crimes militares cometidos contra civis e as ações judiciais contra atos disciplinares militares, cabendo ao Conselho de Justiça, sob a presidência de juiz de Direito, processar e julgar os demais crimes militares.
    c) Compete à Justiça Militar estadual processar e julgar os militares dos estados, nos crimes militares definidos em lei, inclusive naqueles praticados contra a vida de civis, e as ações judiciais contra atos disciplinares militares.
    d) A lei estadual poderá criar, mediante proposta do Tribunal de Justiça, a Justiça Militar estadual, constituída, em primeiro grau, pelos juízes de Direito e pelos Conselhos de Justiça e, em segundo grau, pelo próprio Tribunal de Justiça, ou por Tribunal de Justiça Militar nos Estados em que o efetivo militar seja superior a 20 mil integrantes.

A: Correta. Consoante o inciso LXI, do art. 5º da CF/1988, com exceção às transgressões ou aos crimes militares, somente poderão ser presos em flagrante delito ou por ordem escrita e fundamentada autoridade judiciária.

B: Correto. O texto contido na alternativa é a reprodução *ipsis litteris* do art. 125, § 5º, da CF/1988, indicando a competência do juízo militar em processar e julgar os crimes militares cometidos contra civis e contra atos disciplinares militares.

C: Incorreta. Em concordância com a fundamentação do art. 125, § 5º, da CF/1988, é mister salientar que o processo e o julgamento serão de competência do Tribunal do Júri, quando se tratar de vítima civil e não compete à Justiça Militar.

D: Correta. Conforme compreendido no art. 125, § 3º, da CF/1988, o texto legal traz a possibilidade da criação, por meio de lei estadual apresentada ao TJ, da Justiça Militar Estadual e do Tribunal de Justiça Militar (quando efetivo militar for maior que 20 mil integrantes.

GABARITO: C.

63. **(PM-MG – 2021 – PM/MG – SOLDADO)** Considerando a Constituição da República Federativa do Brasil de 1988, julgue as assertivas a seguir segundo sua veracidade, e assinale a alternativa correta:

   I. É garantido ao servidor público civil e militar o direito à livre associação sindical.

   II. A investidura em cargo ou emprego público depende de aprovação prévia em concurso público de provas ou de provas e títulos, de acordo com a natureza e a complexidade do cargo ou emprego, na forma prevista em lei, ressalvadas as nomeações para cargo em comissão declarado em lei de livre nomeação e exoneração.

   III. O militar alistável é elegível. Se contar menos de 10 anos de serviço, deverá afastar-se da atividade e, se contar mais de 10 anos de serviço, será agregado pela autoridade superior e, se eleito, passará automaticamente, no ato da diplomação, para a inatividade.

   IV. As polícias militares e os corpos de bombeiros militares subordinam-se hierarquicamente ao Exército.

   a) Todas as assertivas são verdadeiras.
   b) As assertivas I e IV são falsas.
   c) As assertivas I e III são falsas.
   d) Apenas uma assertiva é falsa.

I: Falsa. Apenas ao servidor público civil é garantido à livre associação sindical. Há expressa proibição dos servidores militares, conforme consta no texto constitucional (art. 142, § 3º, IV, CF/1988). A garantia para o servidor civil está devidamente fundamentada no art. 37, VI, da CF/1988.

II: Verdadeira. Em consonância com o texto constitucional, em seu art. 37, II, estabelece que, com exceção ao cargo em comissão, a investidura em cargo ou emprego público dependerá de aprovação em concurso público.

III: Verdadeira. Conforme estabelece o art. 14, § 8º, será elegível e alistável o militar, sendo que com menos de 10 anos de serviço será afastado e se dispor mais de 10 anos será agregado pela autoridade, sendo que no caso de eleição passará para a inatividade.

IV: Falsa. Tanto as polícias militares como o corpo de bombeiros militares não estão subordinados ao Exército, conforme afirmado na alternativa. Ambos são subordinados aos governadores dos estados, do Distrito Federal e dos Territórios, assim como as polícias civis e as polícias penais estaduais e distrital (art. 144, § 6º, CF/1988).

GABARITO: B.

64. **(PM-MG – 2021 – PM/MG – SOLDADO)** Analise o breve relato a seguir, considerando apenas as informações nele contidas, e assinale, segundo a Constituição da República Federativa do Brasil de 1988, a alternativa correta:

"Anneliese nasceu no Brasil, filha de dois holandeses. Passados pouco mais de 5 anos vivendo no país, mudou-se para a Holanda com a família, onde viveu por mais de 13 anos, e, posteriormente, já atingida a maioridade, resolveu retornar ao Brasil. Depois de mais 10 anos vivendo em uma pequena cidade do sul do país, Anneliese se casou com um brasileiro, com quem teve dois filhos. Contando, ao todo, mais de 15 anos de residência no Brasil, e desejando ficar no país de modo permanente, ela, então, decidiu requerer a nacionalidade brasileira."

Diante disso, Anneliese:

a) será considerada brasileira naturalizada.
b) será considerada brasileira naturalizada, mas somente se não tiver nenhuma condenação penal.
c) não terá a nacionalidade brasileira, uma vez que os quinze anos de residência exigidos pelo texto constitucional devem ser ininterruptos.
d) será considerada brasileira nata.

O tema abordado na questão é sobre nacionalidade brasileira. Primeiramente, é preciso entender as possibilidades sobre a nacionalidade primária encontrada no escopo do art. 12, inciso I, da CF/1988, especialmente na alínea *a*, que traz: "os nascidos na República Federativa do Brasil, ainda que de pais estrangeiros, desde que estes não estejam a serviço de seu país". Diante do texto constitucional, observa-se que em nenhum momento na questão é mencionado que os pais holandeses estavam a serviço da Holanda quando do nascimento da filha. Portanto, Anneliese é **brasileira nata**, não necessitando comprovação de tempo ou qualquer outro requisito, pois, nesse caso, é notório o emprego do critério territorial puro (*jus solis*).

GABARITO: D.

65. **(PM-MG – 2021 – PM/MG – SOLDADO)** De acordo com o previsto na Convenção Americana de Direitos Humanos: Pacto São José da Costa Rica, de 1969, enumere a segunda coluna de acordo com a primeira e a seguir, marque a única alternativa que contém a sequência de respostas CORRETA, na ordem de cima para baixo.

1. **Todos os cidadãos devem gozar dos seguintes direitos e oportunidades:** a) de participar da condução dos assuntos públicos, diretamente ou por meio de representantes livremente eleitos.

2. Toda pessoa tem direito a que se respeite sua integridade física, psíquica e moral.

3. Ninguém pode ser objeto de ingerências arbitrárias ou abusivas em sua vida privada, em sua família, em seu domicílio ou em sua correspondência, nem de ofensas ilegais à sua honra ou reputação.

4. Não se pode restabelecer a pena de morte nos Estados que a hajam abolido.

( ) Direito à integridade pessoal.
( ) Direitos políticos.
( ) Direito à vida.
( ) Proteção da honra e da dignidade.

Marque a alternativa que contém a sequência correta de respostas, na ordem de cima para baixo:

a) 1, 2, 3, 4.
b) 3, 1, 4, 2.
c) 4, 2, 3, 1.
d) 2, 1, 4, 3.

A alternativa D está correta, pois a combinação correta é a seguinte: toda pessoa tem direito a que se respeite sua integridade física, psíquica e moral diz respeito ao direito à integridade pessoal (art. 5.1 da CADH); todos os cidadãos devem gozar dos seguintes direitos e oportunidades: a) de participar da condução dos assuntos públicos, diretamente ou por meio de representantes livremente eleitos diz respeito aos direitos políticos (conforme art. 23.1 da CADH); ninguém pode ser objeto de ingerências arbitrárias ou abusivas em sua vida privada, em sua família, em seu domicílio ou em sua correspondência, nem de ofensas ilegais à sua honra ou reputação, consiste à proteção da honra e da dignidade (art. 11.2 da CADH); enquanto a expressão não se pode restabelecer a pena de morte nos Estados que a hajam abolido refere-se ao direito à vida (art. 4.3 da CADH).

GABARITO: D.

---

66. **(PM-MG – 2021 – PM/MG – SOLDADO)** Em relação à Convenção Americana de Direitos Humanos, também chamada de Pacto de São José da Costa Rica, o texto aprovado em 1969 reconheceu direitos civis e políticos relevantes. Quanto ao direito à liberdade pessoal prevista no art. 7º do referido Pacto, marque a alternativa correta:

   a) Toda pessoa detida ou retida deve ser informada das razões da detenção e notificada, sem demora, da acusação ou das acusações formuladas contra ela.

   b) Crimes classificados como hediondos permitem a detenção ou encarceramento arbitrários, haja vista a gravidade da conduta.

   c) Toda pessoa presa, detida ou retida deve ser conduzida, sem demora, à presença de um juiz ou outra autoridade autorizada por lei a exercer funções judiciais e tem o direito de ser julgada em prazo razoável, porém não será posta em liberdade se a conduta praticada for grave.

   d) Ninguém deve ser detido por dívidas, inclusive em casos de mandado de autoridade judiciária competente expedidos em virtude de inadimplemento de obrigação alimentar.

A: Correta. Reproduz o conteúdo do art. 7.5 da Convenção Americana de Direitos Humanos que tem a seguinte redação:

Toda pessoa detida ou retida deve ser conduzida, sem demora, à presença de um juiz ou outra autoridade autorizada pela lei a exercer funções judiciais e tem direito a ser julgada dentro de um prazo razoável ou a ser posta em liberdade, sem prejuízo de que prossiga o processo. Sua liberdade pode ser condicionada a garantias que assegurem o seu comparecimento em juízo.

Registre-se que esse dispositivo foi responsável pela criação, no Brasil, da audiência de custódia.

B: Incorreta. Não há qualquer menção na CADH sobre crimes hediondos, que é um conceito interno.

C: Incorreta. A resposta é contrária ao texto da Convenção Americana de Direitos Humanos.

D: Incorreta. A vedação à prisão civil por dívidas é excepcionada na Convenção Americana de Direitos Humanos, justamente, pela possibilidade de prisão do devedor de alimentos, conforme art. 7.7: "7. Ninguém deve ser detido por dívidas. Este princípio não limita os mandados de autoridade judiciária competente expedidos em virtude de inadimplemento de obrigação alimentar."

GABARITO: A.

---

67. **(PM-MG – 2021 – PM/MG – SOLDADO)** Considerando o que dispõe a Convenção Americana de Direitos Humanos (CADH), também chamada de Pacto de São José da Costa Rica, de 1969, sobre o direito à integridade pessoal prevista no art. 5º da referida norma, analise as assertivas:

   I. A pena não pode passar da pessoa do delinquente.

   II. As penas privativas de liberdade devem ter por finalidade essencial a punição social dos condenados.

   III. Os menores, quando puderem ser processados, devem ser separados dos adultos e conduzidos a tribunal especializado, com a maior rapidez possível, para seu tratamento.

   IV. Os processados devem ficar separados dos condenados, salvo em circunstâncias excepcionais, e devem ser submetidos a tratamento adequado à sua condição de pessoas não condenadas

Estão corretas as assertivas:

   a) II e IV, apenas.
   b) I, III e IV, apenas.
   c) I e III, apenas.
   d) III e IV, apenas.

I, III e IV: Corretas. As informações dos itens I (cf. art. 5.3 da CADH), III (cf. art. 5.5 da CADH) e IV (cf. art. 5.4 da CADH) reproduzem os citados artigos da Convenção Americana de Direitos Humanos.

II: Incorreta. Está em desacordo com o art. 5.6 da Convenção Americana de Direitos Humanos, que prevê que as penas privativas da liberdade devem ter por finalidade essencial a reforma e a readaptação social dos condenados.

GABARITO: B.